公文写作规范与例文解析（第二版）

Official Document Writing: Norms and Sample Analysis

杨霞 主编

图书在版编目(CIP)数据

公文写作规范与例文解析 / 杨霞主编. —2版. —北京：北京大学出版社，2013.5
ISBN 978-7-301-22297-3

Ⅰ.公⋯　Ⅱ.杨⋯　Ⅲ.公文–写作–高等学校–教材　Ⅳ.H152.3

中国版本图书馆CIP数据核字（2013）第051440号

书　　　名	公文写作规范与例文解析（第二版）
著作责任者	杨　霞　主编
责 任 编 辑	李淑方
标 准 书 号	ISBN 978-7-301-22297-3
出 版 发 行	北京大学出版社
地　　　址	北京市海淀区成府路205号　100871
网　　　址	http://www.pup.cn　　　新浪微博：@北京大学出版社
微信公众号	通识书苑（微信号：sartspku）　科学元典（微信号：kexueyuandian）
电 子 邮 箱	编辑部 jyzx@pup.cn　　　总编室 zpup@pup.cn
电　　　话	邮购部 010-62752015　发行部 010-62750672　编辑部 010-62767857
印 刷 者	北京虎彩文化传播有限公司
经 销 者	新华书店
	787毫米×980毫米　16开本　29印张　630千字
	2009年4月1版
	2013年5月第2版　2023年10月第10次印刷
定　　　价	68.00元

未经许可，不得以任何方式复制或抄袭本书之部分或全部内容。
版权所有，侵权必究
举报电话：010-62752024　电子邮箱：fd@pup.cn
图书如有印装质量问题，请与出版部联系，电话：010-62756370

第二版修订说明

2012年4月16日,中共中央办公厅与国务院办公厅联合下发了《党政机关公文处理工作条例》(以下简称《条例》),同时废止了1996年5月3日中共中央办公厅发布的《中国共产党机关公文处理条例》,2000年8月24日国务院发布的《国家行政机关公文处理办法》。《条例》规定了党政机关公文的组成,并明确要求党政机关公文的格式要按照国家质量监督检验检疫总局和国家标准化管理委员会2012年6月29日正式批准发布的GB/T 9704—2012《党政机关公文格式》(以下简称《格式》)国家标准执行。《条例》和《格式》的发布和实施,是我国第一次将党的机关和国家行政机关的公文处理有机结合起来进行统一规范、统一要求,开创了我国党政机关公文处理工作规范化的新局面,具有重要的里程碑意义。这必将进一步提高各级党政机关公文处理、管理、制作的水平和质量,推动党政机关公文处理工作的科学化、规范化。

基于上述现实的变化和发展情况,使本教材内容能与时俱进,保持其内容的规范性和现实性,我们对本教材的内容进行了及时修订,修订内容如下:

一是进一步补充细化了第五章第一节"行文规则"的相关内容,将上行文、下行文的行文规则归入行文的相关具体规则中,使行文规则的表述和解说更加集中明晰。

二是调整增补了第三章第一节"公文格式"的相关内容,按照公文通用格式和特定格式各要素的增减和编排新要求,删除了教材原有的"主题词的标引"内容,增加了联合行文公文首页版式等更多公文格式排版的式样,并从概念、作用、排版位置、编排要求等角度深入介绍了各公文要素。

三是对各章节中涉及到已废止的党政机关公文写作与处理的相关内容进行了修改更新,以保持与现行《条例》和《格式》规定的统一性和一致性。

四是补充更新了附录中公文写作与处理中常用的规范和相关的国家标准。

本教材自2009年出版以来已连续重印了7次。广大读者认为此书体例编排合理,内容针对性强,例文解析清晰易懂,很好地适应了高校公文写作教学和机关单位公文写作实践的需要。通过此次修订,将使本教材的内容与我国当前党政机关公文写作的新规范、新标准相适应,更便于读者阅读理解和查用。

编著者

2012年8月31日

前　言

　　公文是各级、各类社会组织履行职责、实施管理、实现职能的不可缺少的重要工具,因此任何组织的管理都离不开公文,都需要借助公文写作来制发规范的公文,以实现领导指导工作、商洽事项、联系业务、交流思想、沟通信息、传播经验、记载认识等目的。公文具有清晰的逻辑结构、深刻的思想、庄重得体的规范格式、准确严谨的语言表达,体现了撰稿人的理性与智慧、思想力与表达力,是公文撰稿人在意志支配下的一种创造性精神活动的结果。

　　与文学创作大多为个人行为不同,公文写作是一种组织行为。负责公文撰稿的大多是组织内的公务人员并常由多人参与,写作依据的是组织自身现实工作的需求,内容表达的是一定组织的管理意图,目标追求的是公文的实用实效,而且写作过程总是与职能管理活动的过程同步或相互交织进行,成为一定组织职能管理工作内容或流程中的重要组成部分,体现了鲜明的现实性、实用性。为此,公文写作必须自始至终服从、服务于各项管理工作,严格遵守有关法律法规、规章制度以及行文规则,依照职能权限范围和公文规范体式来准确行文。只有这样,才能赋予公文以法定效用,实现公文的行文目的。可见,公文的合法性与有效性取决于公文写作的规范性。

　　基于上述认识,在本教材的编写过程中,我们努力尝试突出以下特点:

　　首先,注重理论联系实际,突出内容的现实性。

　　公文写作的应用性与实践性很强,管理活动的日新月异也推动着公文写作理论与实践的不断变化发展。编排本教材的内容时充分考虑到了当代社会的变化,各级、各类社会组织管理活动的新情况、新形势与新发展,以及正在快速普及的电子政务与电子商务的新特点和新要求,密切结合当前公文写作的现实需求,尊重公文写作活动自身的特点和规律,准确地阐述了公文写作的科学理论和概念,并注重将公文写作的理论知识、写作规范与国家机关、企事业单位等的管理理论与实践相结合,避免了枯燥的理论演绎、概念推导,便于学生理解掌握;同时,在典型例文和典型案例的选择与编写上,十分注意联系当前各种组织管理活动的实际情况,进行了广泛的调查研究,查阅了大量研究文献,在继承传统公文写作理论体系的基础上增加并特别突出了公文写作的制度化、法治化、技术化的相关内容,尤其是详细介绍并深入解读了有关公文写作的法律法规、规章制度、国家标准、行文管理与行文规则等写作规范,使教材内容不仅凸现出鲜明的时代特色,而且反映了现阶段公文理论研究和教学研究的最新成果。

　　其次,注重直观深入的例文解析,突出教材的传播性。

　　公文内容是管理职能的集中体现,往往比较理性、郑重,难以像文学作品那样以情动人,因此,本教材在选编、剖析例文时十分重视教材传播知识的功能与效果,充分考虑学生的阅读需求:一是综合考虑国家机关、企事业单位、人民团体等不同性质的社会组织公文写作的实际需求来选择具有通用性的文种及选编比较规范的典型例文,以便摹写参考;二是改变了过去同类教材中单纯附加例文不做说明的做法(理论知识与公文实例脱节),而是对所选编的比较规范的例文进行了全面解析,详细解读例文写作的目的、思路、结构层次安排和语言表达等特点,易于学生课后学习与应用;同时,采用了图示标注的方法,更直观清楚地解析例文内容,有利于学生掌握有关文种的写作规范与特点,使比较严整、庄重的公文内容的表达方式更加新颖、生动,这不仅有效适应了人们线性阅读的习惯,而且也很好地满足了教材的知识传播性、可读性要求,符合教学规律和认知规律,更富有针对性与启发性,有助于激发学生的学习兴趣,便于学生自主学习。

第三,注重写作训练的情景案例化,突出能力培养的针对性。

公文写作是撰稿人沟通理解能力、逻辑思维能力、提出与解决问题的能力、语言表达能力等多种能力的综合体现。因此,公文写作教材只有高度重视写作能力的训练,才能有效提高学生的公文写作水平。为此,本教材的每一章除了设计关于重点知识的"复习思考"题目,还精心设计了案例化、情景化的实训项目——"案例研习",如再现公文写作活动的情景,或者编制具有各种写作错漏的病文,或者设计公文写作的典型环境等,目的在于将公文写作能力专项训练的任务嵌入到一个个模拟的、生动的、具体的组织管理的办公环境中,以引导学生运用所学的公文写作知识来发现问题、分析问题、解决问题。案例化、情景化写作训练方法的最大优点在于:一是能够训练学生的形象思维能力和逻辑思维能力,增强写作训练的针对性和有效性;二是使学生在训练中熟练掌握常用公文格式、结构、语言的写作模式,在模拟的情景中潜移默化地加强公文写作的修养和逐步提高公文写作的实际技能,达到举一反三的学习效果;三是对案例的讨论、交流,有助于培养学生的沟通、理解能力及不断探索创新的精神,在不断找寻问题答案的研讨过程中,充分发挥其主观能动作用,砥砺思想,掌握方法,增强学习和运用知识与经验的能力。

本教材的主要内容共15章,每章又分为各文种写作规范、例文解析、复习思考、案例研习。

第一至五章,主要介绍公文写作的基础知识,包括公文与公文写作的概念与特点、公文主题与材料、公文格式与结构、公文语言与修辞、行文规则与写作流程等基本知识。

第六至十四章,主要介绍各级、各类组织中的通用公文:规范类公文、领导类公文、请报类公文、告知类公文、洽商类公文、会议公文、计划类公文、契约类公文等类别中常用文种的写作规范与例文解析。每章主要内容包括:各文种的主要特点、主要类型、相似文种差异比较、写作结构要素、撰写要求、规范例文解析、不规范例文纠错训练、情景写作训练等,试图使学生从各文种写作规范、规范例文解析、不规范案例研习三个层面较全面系统地学习、掌握公文写作的知识与技能。

其中,第十四章的"信息材料"不属于正式公文,但是随着信息材料对组织决策与管理的重要性日益凸现,信息材料写作成为一种常用的公文写作,在各级、各类社会组织中广泛使用;加之,信息材料与公文写作在写作目的、写作要求、结构格式、语言表达等方面有许多相同或相似之处,为此,本教材专用一章予以介绍,便于学生从公文写作的整体上去掌握组织中常用文种的写作技巧。

第十五章主要介绍办公自动化系统平台上电子公文的写作活动,如电子公文写作的特点、写作方式、写作过程、主要方法等。电子公文写作是电子政务与电子商务不断发展的产物,是传统公文写作的发展方向,需要我们与时俱进地加以研究与学习。

本教材各章的撰写者是:第一至第十章,第十三至十五章,全书统稿工作,杨霞;第十一章、第十二章,李春颖。

本教材是一本融合了公文写作理论知识与公文写作实践活动的实用型教材。它主要用做高等学校文秘、档案管理、公共管理、行政管理、企业管理等专业的学生学习公文写作或应用文写作知识与技巧的专门教材,也可作为国家公务员、企事业单位相关人员学习公文写作知识、提升公文写作能力的培训与自学教材。

在本教材编写的过程中,中国人民大学信息资源管理学院曹润芳教授给予了精心的指导,提出了许多宝贵的意见和建议,在书稿付印之前还审阅了本教材的重点章节;同时,作为首都师范大学"校级教材建设项目""北京市高等教育精品教材建设立项项目",本教材得到了首都师范大学与北京市教委的大力支持;编写中还大量参阅了已经出版的同类教材和许多学者的著作、文章,在此一并向他们表示由衷的感谢!

总之,本教材试图在基本思想与观点、体系结构方面有所创新,突出教材的理论性、实用性和新颖性,但由于我们的水平及客观实践经验等多方面的限制,书中难免有不正确、不准确之处,敬请广大读者提出批评意见,以便进一步修改完善。

杨　霞

目　　录

第一章　公文写作 …………………………………………………… (1)
第一节　公文 ……………………………………………………… (1)
一、公文的含义 ………………………………………………… (1)
二、公文的特点 ………………………………………………… (3)
三、公文的分类 ………………………………………………… (5)
第二节　公文写作 ………………………………………………… (10)
一、公文写作的含义 …………………………………………… (10)
二、公文写作的特点 …………………………………………… (10)
第三节　公文撰稿人 ……………………………………………… (14)
一、公文撰稿人职责 …………………………………………… (14)
二、公文撰稿人素养 …………………………………………… (15)
【复习思考】 ………………………………………………………… (17)
【案例研习】 ………………………………………………………… (17)

第二章　公文主题与材料 …………………………………………… (19)
第一节　公文主题 ………………………………………………… (19)
一、公文主题的特点 …………………………………………… (19)
二、公文主题的作用 …………………………………………… (20)
三、公文主题的表达 …………………………………………… (21)
四、公文主题的要求 …………………………………………… (22)
第二节　公文材料 ………………………………………………… (24)
一、公文材料的类型 …………………………………………… (24)
二、公文材料的收集 …………………………………………… (26)
三、公文材料的选择 …………………………………………… (29)
【复习思考】 ………………………………………………………… (30)
【案例研习】 ………………………………………………………… (30)

第三章　公文格式与结构 …………………………………………… (34)
第一节　公文格式 ………………………………………………… (34)
一、公文的通用格式 …………………………………………… (35)
二、公文的特定格式 …………………………………………… (56)

第二节　公文篇章结构 ·· (66)
　　一、结构思路 ·· (66)
　　二、整体构架 ·· (67)
　　三、局部设计 ·· (70)
第三节　公文逻辑结构 ·· (76)
　　一、逻辑递进式 ··· (77)
　　二、类别并进式 ··· (77)
　　三、复合式 ··· (78)
【复习思考】 ··· (79)
【案例研习】 ··· (79)

第四章　公文语言与修辞 ·· (83)

第一节　公文语体 ·· (83)
　　一、公文语体的特点 ··· (83)
　　二、公文语言与文学语言的差别 ·· (85)
第二节　公文词句 ·· (86)
　　一、词语选用 ·· (86)
　　二、语句组织 ·· (101)
　　三、要素表达 ·· (107)
第三节　公文修辞 ·· (111)
　　一、修辞特点 ·· (111)
　　二、修辞方法 ·· (112)
第四节　公文表达方式 ·· (117)
　　一、说明 ·· (117)
　　二、记叙 ·· (119)
　　三、议论 ·· (121)
【复习思考】 ··· (123)
【案例研习】 ··· (123)

第五章　公文行文规则与流程 ·· (128)

第一节　行文规则 ·· (128)
　　一、行文主体 ·· (128)
　　二、行文依据 ·· (129)
　　三、行文对象 ·· (132)
　　四、行文方式 ·· (133)
第二节　写作程序 ·· (136)
　　一、明确目的 ·· (136)
　　二、收集选材 ·· (136)

三、拟写提纲 …………………………………………………………… (137)
　　四、草拟文稿 …………………………………………………………… (137)
　　五、修改审核 …………………………………………………………… (137)
　　六、签发定稿 …………………………………………………………… (138)
【复习思考】………………………………………………………………… (139)
【案例研习】………………………………………………………………… (139)

第六章　规范类公文 …………………………………………………… (142)
第一节　规范类公文写作规范 ………………………………………… (142)
　　一、规范类公文的特点 ………………………………………………… (142)
　　二、规范类公文的结构 ………………………………………………… (143)
　　三、规范类公文的撰写要求 …………………………………………… (146)
第二节　各文种写作规范 ……………………………………………… (146)
　　一、条例 ………………………………………………………………… (146)
　　二、规定 ………………………………………………………………… (148)
　　三、办法 ………………………………………………………………… (150)
　　四、细则 ………………………………………………………………… (152)
第三节　例文解析 ……………………………………………………… (154)
【复习思考】………………………………………………………………… (164)
【案例研习】………………………………………………………………… (164)

第七章　领导类公文 …………………………………………………… (166)
第一节　写作规范 ……………………………………………………… (166)
　　一、命令 ………………………………………………………………… (166)
　　二、决议 ………………………………………………………………… (167)
　　三、决定 ………………………………………………………………… (168)
　　四、意见 ………………………………………………………………… (171)
　　五、批复 ………………………………………………………………… (173)
　　六、通报 ………………………………………………………………… (175)
　　七、通知 ………………………………………………………………… (177)
第二节　例文解析 ……………………………………………………… (180)
【复习思考】………………………………………………………………… (205)
【案例研习】………………………………………………………………… (205)

第八章　请报类公文 …………………………………………………… (208)
第一节　写作规范 ……………………………………………………… (208)
　　一、议案 ………………………………………………………………… (208)
　　二、请示 ………………………………………………………………… (210)
　　三、报告 ………………………………………………………………… (213)

第二节　例文解析 …………………………………………………… (228)
　　【复习思考】 ………………………………………………………… (265)
　　【案例研习】 ………………………………………………………… (266)
第九章　告知类公文 ……………………………………………………… (273)
　　第一节　写作规范 …………………………………………………… (273)
　　　　一、公报 ………………………………………………………… (273)
　　　　二、公告 ………………………………………………………… (276)
　　　　三、通告 ………………………………………………………… (278)
　　第二节　例文解析 …………………………………………………… (280)
　　【复习思考】 ………………………………………………………… (293)
　　【案例研习】 ………………………………………………………… (293)
第十章　商洽类公文 ……………………………………………………… (298)
　　第一节　写作规范 …………………………………………………… (299)
　　　　一、商洽函 ……………………………………………………… (299)
　　　　二、问复函 ……………………………………………………… (300)
　　　　三、请批函 ……………………………………………………… (302)
　　　　四、知照函 ……………………………………………………… (303)
　　第二节　例文解析 …………………………………………………… (305)
　　【复习思考】 ………………………………………………………… (312)
　　【案例研习】 ………………………………………………………… (312)
第十一章　会议类公文 …………………………………………………… (316)
　　第一节　写作规范 …………………………………………………… (316)
　　　　一、会议纪要 …………………………………………………… (316)
　　　　二、会议讲话稿 ………………………………………………… (319)
　　第二节　例文解析 …………………………………………………… (321)
　　【复习思考】 ………………………………………………………… (326)
　　【案例研习】 ………………………………………………………… (327)
第十二章　计划类公文 …………………………………………………… (329)
　　第一节　写作规范 …………………………………………………… (330)
　　　　一、规划 ………………………………………………………… (330)
　　　　二、计划 ………………………………………………………… (330)
　　　　三、方案 ………………………………………………………… (332)
　　第二节　例文解析 …………………………………………………… (334)
　　【复习思考】 ………………………………………………………… (339)
　　【案例研习】 ………………………………………………………… (339)

第十三章 契约类公文 (343)
第一节 写作规范 (343)
一、合同 (343)
二、意向书 (352)
第二节 例文解析 (354)
【复习思考】 (363)
【案例研习】 (364)

第十四章 信息材料 (372)
第一节 写作规范 (374)
一、简报 (374)
二、大事记 (379)
三、消息 (381)
第二节 例文解析 (384)
【复习思考】 (392)
【案例研习】 (393)

第十五章 电子公文 (397)
第一节 电子公文 (397)
一、电子公文的含义 (397)
二、电子公文的特点 (398)
第二节 电子公文写作 (399)
一、电子公文的写作特点 (399)
二、电子公文的写作方法 (401)
三、电子公文的写作流程 (406)
【复习思考】 (410)
【案例研习】 (410)

附 录 (412)
附录1 党政机关公文处理工作条例 (412)
附录2 标点符号用法 (418)
附录3 出版物上数字用法 (438)
附录4 中华人民共和国法定计量单位使用方法 (443)
附录5 校对符号及其用法 (447)

参考文献 (452)

第一章　公文写作

第一节　公　　文

如何定义公文？许多专家学者和一些社会组织都提出了自身的看法，由于各自看问题的角度不同，强调的侧重点不同，得出的结论或者给出的定义也就各不相同。

一、公文的含义

公文，是指各级、各类社会组织在各种公务活动中直接形成和使用的具有规范体式与法定效用的信息记录，不论其信息记录形式与载体材料如何。

公文形成和使用的目的是为了满足各级、各类社会组织记载事物、表达意志、交流信息、联系工作、处理各种事务等活动的需要，因此，公文是社会组织实现职能、履行职责、实施管理的不可缺少的重要工具。

在我国，"公文"一词与"文件""文书"等概念同时广泛使用于社会实践活动中。为了避免理论认识上的模糊和实际使用中的混乱，我们有必要廓清这三个概念的基本含义与相互关系。

"文书"一词出现较早。西汉贾谊《过秦论》中有"秦王怀贪鄙之心，行自奋之志，不信功臣，不亲士民，废王道，立私权，禁文书而酷刑法"之句，东汉班固《汉书·刑法志》中有"文书盈于几阁，典者不能遍睹"，这里的"文书"一词均是指当时政务管理中形成的各种记录材料。到宋代，王昭禹的《周礼详解》中有"要之八成皆文书也。比居、简稽、版图、礼命、要会，文书之用于公者也；传别、书契、质剂，文书之用于民者也"，此处"文书"一词已包含公文书、私文书两种。此后，"文书"一直沿用至今，并嵌入到"文书人员""文书工作""文书学""司法文书"等常用固定词组的表达中。

"文件"一词出现于晚清时期，郑观应《盛世危言·考试上》有"次第而升，以资历练，文件自理，枪炮自发"。此处"文件"是指公文、信件等。随着清末国事活动的增加，"文件"一词被广泛运用，如"交涉文件""往来文件""工商文件"等词组已为人们经常使用。

"文件"一词产生后，"文书"一词并未被取而代之，而是作为"文件"的同义词用于社会活动中，而且人们往往是根据语言习惯或语言环境来选用这两个词的。例如：人们一般习惯将纸张等传统载体形成的材料称为"文书",而对光介质、磁介质等近现代出现的新型载体记录的材料更多使用"文件"一词。文书(文件)分为公务文书(文件)和私人文书(文件)。

"公文"一词主要针对党政机关、企事业单位、人民团体等社会组织在各种公务活动中形成、使用的文书(文件)。侧重强调"公务活动",是文书(文件)的主要使用领域。人们基于不同的认识角度而对"公文"概念有不同的理解:一是强调"国家政务活动":公文仅指国家机关在管理活动中形成、使用和处理的各种信息记录;二是强调"发文红头标记":公文仅指"红头文件",即以正式套红发文机关标志的格式(在文件的首页上方以套红的大字标注发文机关名称)形成的文件;三是强调"组织活动记录":公文指各种社会组织在履行各种管理职能的活动中所形成和使用的一切信息记录。

在国外,"文件(文书)"的概念也使用多个词语来表达,例如:英语中,"file"多指装订成册的文件,"record"则表示记录、记载,含有历史、原始凭证性文件之意,二者均较接近"archives"(档案)之意。用得最广的是"document",表示文书、文件、记录等含义,如国际政务和商务活动中常用的国会文件、机密文件、行政文件、会计文件、投标文件、商业文件、汇兑文件、有价证券、经济计划说明书、毕业证等就常用"document"一词。此外,一些国家或国际组织对"文件"一词的定义也比较具有代表性:

一是以美国为代表的"文件外延列举法":如美国 1976 年颁布的《联邦文件管理法》第 2901 条规定:文件,指美国政府各机关根据联邦法律或在开展公务活动中产生或接收的……包括各种形式和特点的簿册、证件、地图、照片、机读文件和其他公文材料。加拿大 1978 年颁布的《关于开放公共文件的指示》中指出:公共文件,指通讯文件、工作文摘和其他文件、地图、图样、照片、影片、缩微胶卷、录音磁带或其他各种形式或制成材料的文件。

二是以英国为代表的"属概念定义法":英国档案学家迈克尔·库克在其《档案管理》(1977 年)中指出,文件是任何一个现行组织在处理事务过程中起草的,为查考、利用而保存的,并在处理事务时所使用的纸质材料和以其他载体记录信息的材料。苏联 1985 年颁布的国家标准《文书工作和档案工作的术语和定义》认为,文件是为了在时间和空间上传递信息而用人为的方法固定了信息的物体。

三是国际档案理事会"广义文件定义法":国际档案理事会主编的《档案术语词典》(1984 年)认为,文件是由一个团体、机构、组织或个人在履行其法律义务时或在各种具体事务活动中形成或收到和保管的记录信息,不论其形式和载体如何。

综上所述,无论是古代还是现代,无论是国际还是国内,人们对"公文""文件""文书"概念的认识既具有共性,也存在一些差异。经过考察分析,我们认为:

理论上:上述三个概念在内涵上是一致的,均是管理活动的信息记录;而在概念外延方面存在着差异,其外延范围大小关系表现为:文书=文件>公文。

实践中:一方面,"文书"一词逐渐固化在一些专有词语或职位名称上,多使用于司法与军队系统;而"文件"一词的组配能力大大增强,使用频率更高,与"公文"一词作为同义词广泛使用于行政、财经、科技等各领域,它们既可作为类概念,也可作为类中一分子的概念使用,例如:"商业文件(公文)""技术文件(公文)""经济文件(公文)""电子文件(电子公文)"等词语中的

"文件(公文)"是类概念,而"办公室王秘书正在起草一份文件(公文)"一句中的"文件(公文)"则是作为类中一分子的概念使用。另一方面,由于我国文书学、文件学研究的对象均仅限于公文(不研究私人文书或文件),实际上人们在《文书学》《文件学》等著作中普遍将文书、文件与公文作为同义词使用。

基于上述认识,为了遵循客观现实和尊重习惯,本教材也将"文件"作为"公文"的同义词,因此,本教材中所涉及的"文件"一词均指"公文",即指各级、各类社会组织在各种公务活动中直接形成和使用的、具有规范体式与法定效用的信息记录,不论其信息记录形式与载体材料如何。

二、公文的特点

公文与图书、情报等信息资源,都是"信息记录"这个大家族的组成成员。所谓信息记录,是指以一定的记录手段记载信息后形成的信息与物质的复合体。任何信息记录都由两部分构成:信息内容与信息载体。

所谓信息内容,是人们对某一事物的认识、看法、知识等。无论是公文还是图书、情报,都无法脱离信息内容而独立存在,否则就失去了它们存在的意义,因为人们制作这些信息记录的根本目的就是为了获取、了解以及保管这些信息内容,以处理事务。

所谓信息载体,是指承载信息内容的物质材料。任何信息记录都必须借助一定的物质载体方能固定下来。在漫长的历史长河中,人类使用的结绳、图画、语言、文字、声像、电磁信息符号,以及各种数字、化学符号、数学公式等代码符号就曾与灯草、兽骨、金石、竹木、缣帛、纸张、胶片、磁带、磁盘、光盘等物质材料相结合来表达信息内容。世界上不存在完全脱离物质载体的信息内容,即使是被人们认为在"虚拟空间"生成、运行的电子文件,也并不是超然于物外的,它仍然以光电子这种物质形式进行运动、传递,以磁带、磁盘等物质载体来存储信息。因此,正是信息记录这种内容与形式的统一,确保了信息的稳定性与可传递性,使古老的殷墟甲骨、悠久的汉谟拉比法典跨越漫漫时空,历经沧桑,直至今日仍向我们诉说着先人们的探索与文明。

公文是一种信息记录,能够有效地穿越时空,记录、传递和处理各种公务活动中所需的权威性、凭证性信息。这种及时、有效地传递权威性、凭证性信息的独特功能,是由公文形成、使用与处理的独特个性特点所决定的。

(一)公文具有直接应用性

图书的目的是传播知识,报纸的目的是传达动态新闻,文学作品的目的是反映社会生活或供人娱乐,而公文是为满足各级、各类社会组织直接处理各种管理事务的需要而形成、使用的,是为了解决在各项管理活动中产生的具体问题而制作的,它是管理和处理各种事务必不可少的一种工具。这就决定了公文的内容与形式自始至终都必须服务于社会组织的各项管理需要。例如:为了向上级主管部门汇报、请示工作,需要制发"报告""请示"文种;为了向下级机关下达指令、安排重大行动、发布规范性文件等,则可以选择"命令""决定""通知"等文种。可见,公文直接表达了本组织的管理意图,其根本目的是为了解决组织管理中的各种现实问题,它是组织进行信息传递和交流的重要手段。

（二）公文具有原始记录性

公文是为处理各种社会事务而形成、使用的,各种实践活动中信息传递与交流的需求是其产生和存在的前提条件。同时,任何组织在传达意图、沟通交流信息、处理解决问题的管理过程中都在同时形成、使用、处理公文,因此,公文始终伴随着各项管理活动,与整个活动相始终,公文的形成使用与管理活动过程是"同步"的,它是管理活动的一个重要的组成部分。"办文"与"办事"总是密不可分的,从而使公文自然而然地承载了当时、当事的原始信息,真实地记载了整个活动的全过程,成为反映某项活动发生、发展历程的初始信息。与其他信息记录的形成特点相比较,如文学作品是根据现实材料进行的艺术创作,新闻报道更多是事后采写创作,情报资料多根据需要收集筛选等,公文反映特定社会问题或管理活动的可靠性更高。这也是公文可以转变为值得信赖的历史档案,或者成为可资采信的法律证据的重要原因之一。

（三）公文具有现行效用

所谓效用,实际上就是一个事物所能产生的影响、效力、功用或结果。公文的现行效用,是指公文在一定时空范围内,对有关社会组织及其内部机构或者公民个人的行为具有强制性影响。

公文的现行效用主要来源于三个方面:

首先,法定作者的法定职能。法定作者是根据宪法、法律、行政法规以及其他规范性文件等成立的、并能以自身的名义行使法定权利与承担法定义务的社会组织及其法定代表人。法定作者依照法定职权制发的公文,体现了它的管理方略,并将受到国家法律、法规和各种规章的强制保护,也会对受文者的行为产生不同程度的强制性影响。例如:下级政府接到国务院颁布的命令、作出的决定后,均应按照其精神遵照执行,反之,下级组织或其他社会组织向上级政府报送的请示,上级政府也应在规定的权限和时限内认真处理。可见,法定作者所制定的公文在传递文件信息内容的同时也将法定作者的法定地位、法定职能信息传递给了受文者,从而直接影响受文者的行为选择,这也就对其行为产生了现行效用。

其次,公文形成和处理的法定程序。处理程序合法是公文合法的前提。大部分公文的制作或者办理必须经过一定的步骤和环节,其中一些环节是文件生效或者赋予文件合法性的不可缺少的关键环节。不履行这些程序,公文就不具有法定效力。发文处理过程的签发程序、收文处理过程的批办程序,都是赋予公文以法定效用的处理程序,如"命令"必须经有关机关的正职负责人签署后才有法定效用。因而,只有履行了法定程序,经过处理的公文才能对受文者的现实管理行为产生影响力（现行执行效用）,否则,公文无效。

再次,公文的内容或形式标记。公文中有部分内容或标记可为作者的真实性、内容合法性提供证据保障,从而影响受文者的行为判断和选择。公文内容总是与法定作者的职权、业务范围及地位相一致的,公文记录其处理某项社会事务活动的过程,具有客观的真实性和原始性;

反之，如果公文内容超越了发文机关的法定职权范围，如××工商局制定了"关于增值税管理"方面的文件，属于越权行文，那么，该公文将自始不产生现行效用。此外，公文形式上的一些标记，如负责人的签发意见、签署手迹、发文机关公章、领导人批示、公文部门的处理戳记、个人印鉴、手印等都能直观地记载公文形成或者处理过程的基本信息，反映公文的真实性、合法性和权威性，使受文者对公文产生信任和尊重，并以其传达的信息来规范、约束自身管理行为，或者指导、处理现实中各项管理活动。

（四）公文具有规范的体式

任何信息记录要得到完整的表达都必须依赖于一定的信息记录体式。信息记录的体式是指文体、结构和格式三个方面的内容。文体是信息记录的体裁、样式；结构是指信息记录的数据构成体例；格式则是数据符号在物质载体上的排列规定。与图书、资料等信息记录不要求体式的整齐划一，有时甚至还追求"标新立异"的情况不同，公文作为一种信息记录，更强调规范化的体式，如以说明为主、兼用记叙和议论的文体表达方式，表达信息记录所使用的要素项目及其排版格式，在载体上的位置和排布体例等都有一整套的固定规范，以使同类公文的体式趋于一致。

公文需要规范体式的主要原因在于：公文是管理活动中的办事工具，如何迅速、准确地传达发文机关的管理意图，及时、快速、高效地制作、使用以及处理公文是其始终追求的目标。约定俗成的固定体式或者通过法律、法规规定公文的法定体式，可以维护公文的特定权威和法定效用，便于经济、高效地完成公文制作与处理，从而提高办文、办事的效率；反之，丰富多彩的公文体式需要花费大量人力和时间去搜寻与处理信息，也不利于公文法定效用的识别、发挥和及时快捷地处理公文。因此，一方面，在长期的公文写作实践中，人们对公文写作体式进行了不断的总结、归纳、提炼和发展，逐渐形成了公认的固定公文体式；另一方面，国家有关部门高度重视公文的规范化与标准化建设，也明文规定公文规范体式，如国家质量监督检验检疫总局、国家标准化管理委员会 2012 年 6 月 29 日正式批准发布了《党政机关公文格式》国家标准（GB/T 9704—2012）、中共中央办公厅、国务院办公厅联合下发的《党政机关公文处理工作条例》、国务院办公厅制发了《电子公文传输管理办法》（国办发〔2003〕65 号）等，其根本目的就在于规范公文的体式和制作处理程序，更加有效地发挥公文的管理功能。

三、公文的分类

公文的分类着眼于公文的对象范围，也就是对公文概念的外延所涵盖的不同文种的分类。文种，即公文的名称，如"请示""报告""意见"等。不同的文种具有不同的性质特征。公文的分类就是把不同的文种归入所属的不同类别。

通常，公文的分类应遵循以下原则：

首先，遵守分类的逻辑规则。即同一分类层次上必须自始至终使用同一分类标准，中途不得变换；同一层次类别之间是相互排斥的并列关系，上下层次之间不得互为包含，同一层次属类间不得相互交叉；各属类概念的总和应与其上位类概念及其外延相等。如通用公文包含"通知""通报"等若干文种，每一文种下又包含若干具体类型，如"通知"又分为指示性通知、转发性通知、事务性通知等。

其次，类别的包容量要大。公文类别应包容尽可能多的文种，使各种文种有类可归，如果类别太小，其包容性就小。如果第一个层次将公文分为上行文、下行文、平行文，由于行文方向不稳定，因而往往很难将所有文种归入相应的类别，如简报、调查报告、会议纪要、意见等文种就既可划入下行文，也可划入上行文，甚至还可归入平行文。

第三，公文分类应具有实际意义。公文的分类应以公文撰写和处理的实际需要为依据，例如：公文按处理形式可划分为承办性公文和参阅性公文，按发文方向可划分为问文和复文等，这样的分类标准和划分方法就缺乏分类的周延性。

公文的分类不是仅一次性划分就可以完成的，通常要经过几个层次的划分，在不同的层次上可以采用不同的标准，各个层次共同组成一个分类体系。同时，根据公文写作和处理的需要，根据不同的分类标准，可以多角度地将公文划分成不同的种类，但是，其划分方法应当具有实际价值。

（一）按照公文形成和使用范围划分

第一层次：根据形成和使用范围，将公文划分为通用公文和专用公文。

通用公文，是指在党组织、立法机关、行政机关、军队机关、企业事业单位、人民团体等各种社会组织中普遍适用的公文。

专用公文，是指在专业机构或专门部门根据特定的工作需要而形成的公文。

第二层次：依据规范化程度，将通用公文划分为法定公文和非法定公文；依据形成的专门领域，将专用公文分为司法、外交、科技、财经、教学、军事等类公文。

法定公文，是指根据国家法律、行政法规和规章等形式予以明确规范的公文。

非法定公文，是指在长期的公文写作实践活动中总结、概括而约定俗成的公文。这类公文未经国家有关部门明确规范，但却在各类组织的管理活动中广泛使用，并按照习惯和人们的共识进行写作和处理，如工作总结、计划、调查报告、述职报告、会议记录等。

第三层次：根据公文的性质特征，划分为通用文种与专用文种。

1. 通用文种

通用法定文种：《宪法》《中华人民共和国地方各级人民代表大会和地方各级人民政府组织法》《立法法》《行政法规制定程序条例》《规章制定程序条例》等法律法规中对命令、决议、公告、议案、条例、规定、办法等文种进行了明文规定。《党政机关公文处理工作条例》明确规定了党政机关常用的公文文种15种。此外，全国人大常委会办公厅2000年1月15日印发的《人大机关公文处理办法》中规定常用公文19种；中央军委2005年10月8日修订发布的《中国人民解放军机关公文处理条例》规定了常用公文12种。最高人民法院1996年4月9日印发的《人民法院公文处理办法》中规定了常用公文13种；香港、澳门、台湾等地也规定了常用文种。这些规定有效规范了各级、各类机关公文文种的使用，推动了公文处理工作的规范化、制度化、科学化。

通用非法定文种：常用文种有计划、总结、调查报告、述职报告、论证报告、会议记录、提案、建议、申请书、演讲词、发言稿、工作简报、大事记、证明书、介绍信、柬帖、启事、礼仪函电等文种。

2.专用文种

专用公文的文种比较固定地应用于专门领域,主要包括:

司法公文：起诉书、抗诉书、裁定书、判决书、法庭笔录等;

外交公文：国书、照会、护照、备忘录、声明、外交函件等;

财经公文：凭证、账簿、报表、经济活动分析、统计分析报告;

教学公文：教学大纲、教学计划、课程表、试题、试卷分析表等;

军事公文：作战命令、指示、图表、战斗报告等。

以上分类体系详见下列分类表：

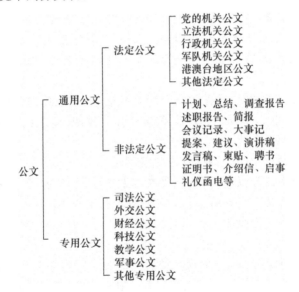

上述不同类别或同一类别的不同文种既有共性又有个性,要认真区分其异同,如请示与报告,通知与通报,通告与公告,命令与决定,条例、规定与办法,决定与指示,请示与议案等,不应混淆使用,否则会改变文种的性质,导致公文内容、结构、语言等表达的不当甚至错误。

(二) 根据公文的不同稿本划分

公文的稿本,指公文的文稿和文本。文稿,主要指未制作公文正本之前的稿本,如草稿、修订稿、讨论稿等;文本,指按照公文规范格式印制好的公文的稿本,如正本、副本、修订本、试行本等。公文稿本不同,其用途、法定效用和凭证价值也各不相同,公文写作与处理中应认真对待。

1. 草稿

草稿主要是供讨论、征求意见、修改、审批使用的文稿,其内容未经正式认定,不具备正式公文的法定效用。通常情况下,除部分重要的规范性公文为了反映内容前后重大变化的经过需留存历次修改稿之外,一般公文形成过程的历次修改稿、讨论稿等均不作为归档文件予以专门保存。

2. 定稿

定稿是内容已最终确定并已履行法定生效程序(如相关负责人依法依职审核签发)的最后完成稿,已具备正式公文的法定效用,是制作公文正本的标准依据。定稿一经确定,非经法定签发人的允许,任何人不得对其随意修改,否则文稿无效。如遇定稿中确有错漏需要修改,修改者必须请示签发人同意后予以修正,并在修正完毕后呈送签发人对文稿进行再次审核签发,确保公文的法定效用和发文的质量。

3. 正本

正本是根据定稿制作的、供主要受文者使用的、具有法定效用的正式文本。其信息内容必须是对定稿的完整再现。公文正本外形格式特征应符合公文格式规范,并具有发文组织的公章或发文组织的负责人签署等生效标识,以明确标示公文的真实有效性、权威性和合法性。

草稿、定稿和正本是公文制作过程的三个阶段性稿本,草稿是定稿的基础,定稿是正本的依据,但三者在法律效用上是不同的:草稿不具有法定效用,而定稿和正本具有同等的法定效用。

法规类公文中,公文的正本有三种特殊表现形式:

试行本:规范类公文内容尚不成熟,还需在实践中实验、检验后予以修订时使用的文本。试行本在规定试行期间具有法定效用。其文本类型通常在公文标题的文种之前或之后予以注明,如《××市××局关于医药费报销的试行办法》或《××市××局关于××××的规定(试行)》。

暂行本:一时无法制订内容完善的规范类公文而暂时制定并公布施行的一种文本。暂行本在规定的暂行期内具有法定效用。其文本类型一般在标题文种之前或之后予以注明,如《×××大学学籍管理暂行办法》或《××市×××管理办法(暂行)》。

修订本:已发布生效的规范类公文经一段时间的实践和检验,重新予以修正补充后再行发布的文本。修订本颁布生效之日,即是原文本失效之时。其文本类型一般在标题文种后用圆括号注明"(修订本)",如《××市工商局关于税务登记管理办法(修订本)》,或者用题注说明,如《××市工商局关于税务登记管理办法(20××年3月7日修订)》。

4. 副本

副本是指再现公文正本内容及全部或部分外形特征的公文正本的重份或复制本、抄录本。其用途在于保存备查或供抄送传阅时使用。副本分为两种情况:

正本重份副本:是与正本同一版式制作出的重份公文。正本重份副本与公文正本的法定效用相同。在印制公文时除发往主送机关的正本之外,需备一定数量的副本,一可作为存本,即作为档案保存的文本,需与其定稿放在一起保存,以互相印证;二可作为抄送本,向需要了解公文内容的抄送机关发送。此外,在需要时也可以转化成正本使用。

复制抄录副本:通过复印或重新印制的正本公文的复制本,或者正本公文的抄录本,其真实性和法定效用必须通过发文机关或者保有该公文的机关对此文本内容进行核查无误后加盖证明章,或以其他有效方式予以明确,否则即不具备法定效用。

5. 多语种文本

多语种文本是指同一内容的公文使用两种或两种以上的语言文字撰写和制作所形成的公文文本。多语种文本尽管使用多种语言文字,但所表达的信息内容必须一致。通常情况下,多语种文本之间的法定效用完全相同。如一份《关于建立××××若干意见》,除汉语文本之外,还同时制作成蒙、回、藏等多种少数民族语言文字的文本,这份意见的多种语言文字形成的文本间的法定效用是等同的。多语种公文文本在当今国际政治与经济活动中的使用也越来越广泛,许多公文也都需要同时制作成中文文本和外文文本(如英、法、俄等语种)。制作多语种公文文本要特别注意不同语言的语法规则和表达习惯,确保多语种文本之间内容的准确性和一致性。

(三)根据公文载体形态划分

随着社会经济、科技的不断进步和发展,公文的物质记录载体的种类和形式越来越丰富多彩。依据当前公文常用的载体形态,可将公文划分为以下主要种类:

1. 纸质公文,是以纸张作为信息载体的公文,其物理性能比较稳定持久,信息的原始性和真实性易于确认和保存,人们对其信赖程度很高。纸质公文在当前各级、各类社会组织中普遍使用。

2. 光介质公文,是使用感光材料作为信息载体的公文,如胶片型照片文件、影片文件、缩微胶片文件,以及利用激光发生器发出的高能量激光束记录信息的光盘文件等。光介质公文的原始记录性、信息内容保真性较好,但对形成、使用和保管环境的要求比纸质公文要高。

3. 磁介质公文,是以磁带、磁盘、磁鼓等磁性材料作为物质载体的公文,如,磁介质的录音文件、录像文件、电子文件等。其信息存储量大,制作成本较低,携带方便,传递快捷,复制修改简单易行,较之纸质公文、光介质公文,其信息内容的原始性、真实性与稳定性较弱,因而磁介质公文在形成、传递、办理和管理的全过程中对各种信息技术软件与硬件设备的依赖性更强。

(四)根据公文行文方向划分

依据公文不同的行文方向可以将其划分为以下种类:

下行文,是指向被领导、被指导的下级机关制发的公文,例如:命令、决定、批复等。

上行文,是指向上级机关制发的公文,例如:请示、报告等。

平行文,是指不相隶属的机关之间制发的公文,例如:函、评估性意见等。

第二节　公文写作

一、公文写作的含义

公文写作,是通过书面形式,以语言文字为媒体,根据客观事物、社会生活以及管理职能等方面的实际需要而进行的创作活动。它是各级、各类社会组织完成职能、履行职责的一种组织行为,是由多人参与的群体活动,并通过群体协同工作的成果——公文,来表达其管理规划、决策、指令、目标和意图。

公文写作是一种智力活动。公文写作需要借助于书面语言,是对发文者的思想意图、观念认识、情感态度、目的目标等进行选择、提炼、加工,并以"公文"的形式完整表达出来的一种创作行为。这种行为的动力来源于组织意志,因而公文撰稿人要反复领会、斟酌、审核自己所撰写的公文文稿是否切实体现了组织领导人的思想认识,是否充分体现了组织的价值取向、利益目标,在这种深刻、全面的思想过程中,撰稿人的思想观念、专业知识与能力、毅力耐性、责任感等都将综合调动和运转起来,目的是使公文内容不断接近以至完全达到组织集体意志的表达。这种行为过程与文学创作一样,同样是一个不断筛选加工、分析综合、思考认识、创新创作的智力活动过程。这不仅仅是一种语言与格式的表达,而更重要的是组织管理的理念、思路、决策、措施以及方式和方法等的准确的逻辑再现,能够使受文者读懂并理解发文者的意图。清晰合理的逻辑结构、深刻的思想、准确严谨的语言等,无不体现出撰写者的理性与智慧、思想力与表达力。可见,公文写作是一种创造性的精神劳动。

公文写作是一种组织管理行为。组织与组织之间通过各自的公文写作行为制作规范的公文,来商洽工作、联系业务、交流思想、沟通信息、传播经验、记载认识、改造世界和人类自身。尽管公文写作通常不是一个组织的主要职能,但是它传递权威性、凭证性管理信息的功能是促使其主要职能活动顺利完成的必要手段和重要方式,是任何组织都不可缺少的,例如:政府通过制发公文来表达其行政管理的理念、内容、方式、方法和步骤等,以便行政人员和社会公众了解、执行和贯彻落实;而企业通过公文写作活动来传递、发布其产品信息,传达经营理念,商洽购销业务,营销各种商品等,以实现高额经营利润;一些事业单位通过撰发公文表达其机构宗旨、组织愿望、交流经验、争取支持等。事实上,公文写作不是一种单纯的写作行为,而是一项具体工作过程中的一个流程或者一项内容,因而公文写作活动是与社会组织管理活动融合交织在一起的,是其管理行为中的一个重要组成部分。

二、公文写作的特点

公文写作产生并服务于社会组织的各项管理活动,是一项集管理性、政策性、思想性、理论性、实践性、技术性等于一体的创造性活动。它反映了一个组织的业务内容、质量指标和工作效率,体现了一个组织管理者的管理理念、管理水平、业务能力、指挥才能等,是记录一个组织管理活动和塑造组织形象的重要手段。因此,公文撰稿人要高效完成写作任务,就必须透彻了解公文写作的基本特征,准确地把握"授意—构思—撰文—审核—定稿"过程的特点和规范。

根据公文写作实践活动的实际情况,可将公文写作的主要特征概括为实用性、合法性、被动性、群体性、技术性。

（一）实用性

公文写作是为了适应管理活动的需要而产生的一种写作行为,具有明确的功利性和现实的适用性。"以用为本""写以致用"的实用性特点始终贯穿在公文写作活动的全过程中。

从历史看,我国历朝历代都很重视和强调公文写作的"致用"性,有很多文献可以证明这一点,兹举例如下。需要说明的是尽管如下的论述中并没有明确使用"公文"的字样,但就当时特定的历史环境来看,这里的"文"大多是指各种政论、策论等管理国家的公文。先秦的韩非子说:"今日之谈也,皆道辩说文辞之言,人主览其文而忘其用。墨子之说,传先王之道,论圣人之言以宣告人。若辩其辞,则恐人怀其文,忘其文,直以文害其用也。"(韩非子:《外储说左上》)这段话指出文以"载道"、文以"告人"是公文写作的目的,并提醒人们不能只是披览文辞而忘记其用途。汉代的王充认为,"为世用者,百篇无害;不为用者,一章无补"(王充:《论衡·自纪》),强调公文形成和使用的功用性。宋代的王安石说,"文者,务为有补于世而已矣","诚使适用,亦不必巧且华。要之以适用为本"(王安石:《临川集·上人书》),更加明确地指出了公文写作的适用性。这种公文写作的功利适用思想数千年来一直贯穿于人们的生产、管理以及其他社会生活领域的各项活动中,直至今天,仍然适用于以解决现实存在的问题为宗旨的公文写作行为。毛泽东同志曾指出,"任何机关做决定、发指示,任何同志写文章,做演说,一概要靠马克思主义的真理,要靠有用"(毛泽东《反对党八股》),特别强调了公文写作应具有求真性和有用性。

从现实来看,公文写作的内容和形式也体现出公文的直接应用性。公文的内容信息是依据现实社会生活各方面的要求而形成的,它直截了当、真实准确地说明了人们履行职责、管理业务、沟通信息、协调关系、规范行为等现实活动的内容,并依靠这些内容所传递的信息来解决实际工作中的各种问题。同时,为了更好地表达公文的实用信息内容,公文在外在形式上采用了法定的或约定的规范体式,如使用国家标准化的公文格式,以说明为主的表达方式,程式化的公文结构,简明精练、郑重严肃的公文专用语词,等等,以便公文的制作者和阅文者能够按照规范的程式快速、高效地形成和处理公文,从而提高各项活动的管理效率。

可见,公文写作的原动力来源于公务活动的应用需求,目的在于实用,强调的是公文的工具性。因此,实用性是公文写作的本质特征,也是它与文学写作这一艺术创作活动的根本区别。

（二）合法性

随着现代民主政治的推进,国家和社会治理正在步入法治文明阶段。我国社会生活的各个方面也在进一步法治化,"依法治国""依法行政""依法管理""依法经营"等思想理念日渐深入人心。作为社会各项事务的一种管理工具,公文在从信息内容到表现形式以及制作过程、程序和时限等方面,都必然打上法治化的深深烙印。因此,无论是国家机关,还是企业事业单位和其他组织,都应在法律、法规、规章的范围内履行组织职能,管理自身事务,制发符合自身职权范围和法定地位的公文,否则,就会违背法律法规的要求,扰乱甚至破坏社会生活的正常秩序。例如:一些地方政府为给相关利益集团谋取不法利益越权制发公文,或违反法定程序制作公文;一些经济组织为了扩张行业垄断利益把行规凌驾于法规之上,制作侵犯消费者合法权益的违法公文;一些组织借用、滥用、盗用其他组织的名义制发公文,等等,这些公文均属于无效公文,应予坚决撤销。

目前,我国还没有专门的《文件法》,但国家制发的有关法律法规及规章制度针对公文制作内容、形式以及程序合法性等也作了相应规定,这些法律法规包括《保密法》《档案法》《行政程序法》《行政复议法》《行政许可法》《行政法规制定程序暂行条例》《党政机关公文处理工作条例》《党政机关公文格式》等。各类组织的公文写作行为必须遵守相关法律法规的要求,不得随意而为,否则就会损害相关机构或人员的合法权益,甚至引起严重的法律后果。如××市政府制发了一份《关于为×××区综合开发公司提供贷款担保的函》,主送中国建设银行本市分行,这一公文制发行为就明显地违法。因为《中华人民共和国担保法》第八条明确规定:"国家机关不得为保证人";此外,国务院办公厅也曾发文严禁国家机关为经济活动提供担保,因为国家行政机关不具备代偿债务的能力,会形成银行的呆账、死账,影响社会正常的经济活动和经济秩序。总之,这份公文明显与法律相抵触,应自始不产生法定效用。

总之,公文写作的主体、内容、程序、行为等必须合法,只有这样才能确保公文的合法性,从而有效实现公文的行文目的。

(三)被动性

公文写作活动中,公文撰稿人的写作行为是由组织授权的公务行为,而不是撰稿人自身内心情感的自然驱动,因此公文写作是被动的而非主动的写作行为。

通常,写作行为的产生,是从需求开始的,而需求是生理和社会的要求在人脑中的反映,它与人类的各项活动密切相关,是人类活动的基本动力。需求可以分为个人需求与组织需求。与写作者因内在的主观情感的直接需要而去主动写作的文学写作行为不同,公文写作行为来源于社会组织的管理活动需求,是组织力量驱动下而产生的写作行为。它要求撰稿人按照已定的写作目标去完成具体的写作任务,其写作行为自始至终都受政策法规、领导意图、发文目标、组织利益取向等诸多外部因素的制约,以至在写作活动中的思维换位、主题先定、时效限定等方面都突出地表现了这种写作活动的被动性。

公文写作主要采用形式逻辑的思维形式,撰稿人是公文的直接起草者,起草文稿并不是其内在情感冲动的结果,而是一种职务行为,是一种组织行为,故撰稿人不能随情而感,随心所至,而必须摆正自己"代组织立言"的位置,必须要站在授意者(组织及其负责人)"要我写"的被动立场,采用"换位思维"的方式去深刻理解、"吃透"授意者的意图,掌握实际工作情况,并依照已确定的公文主题方向,按照规范的体式,在规定的时间内,依靠自身的理性、意志以及职业道德与写作规范，立意选材，谋篇布局，创制公文。

（四）群体性

公文写作是一种群体行为。公文写作活动不是公文撰稿人一人单独完成的，通常需要多部门多人参与配合，共同完成。

公文文稿内容的形成是参与者集体智慧的结晶。公文主题的确定通常是一个组织的管理层针对现实管理活动提出的，或者是业务部门根据自身管理工作的需要而确定的，然后由文秘人员或职能部门专业人员具体负责公文写作；公文草稿完成后，撰稿人除了要认真修改，还要听取本部门业务负责人、综合办公室核稿人、签发人对公文文稿的意见，或者听取公文内容所涉及的其他组织或人员以及专业技术部门的意见，或者精通各种政策、法律等的专业人员的意见。行政机关制发一些行政法规规章、公共政策等公文时，往往还需要听证或者公开公文草案，广泛征求公众意见。上述参与者，均从不同角度、不同程度地为不断修改和完善公文内容提出了自己的看法，贡献了自己的思想和智慧。

公文写作的质量控制由多种人员共同完成。公文写作是一个由多种环节构成的动态活动过程。通常，一份规范公文的形成需要履行以下程序：撰稿人认真负责地拟稿；撰稿人所在部门的负责人进行审核；本单位综合办公部门的负责人或者专门核稿人进行审核把关；报送本单位正职领导或者分管业务的副职领导进行签发，赋予公文文稿以法定效力；复核无误的文稿进行印制校对、制作公文正本；用印或签署，确定公文正本的法定效力。上述流程往往需要多部门人员的沟通联络、协同工作，才能顺利完成公文写作任务，提高公文写作的效率。

（五）技术性

考察公文写作的技术特征必须先界定"技术"这个概念。

"技术"有广义和狭义之分。狭义的"技术"是指人与自然的关系以及物质生产过程中所使用的各种手段的总和。广义的"技术"是指人们在物质和精神生产过程中所使用的各种手段的总和。狭义的"技术"概念仅立足于物质生产过程，而广义的"技术"概念既包括物质生产过程，也包括精神生产过程中的目标、模式、程序、规则、方法等范畴。我们将"公文写作"与"技术"联系起来考察，正是基于"技术"的广义概念，它是我们认识公文写作技术性的理论前提和依据。

公文写作作为一种精神劳动，生产的是公文这一"非物质的产品"，其活动本身同样形成了系列范畴并构成了一个有机体系：

既定的功利性的写作目标，即公文写作活动能够解决社会生活各个领域中的实际问题，如商洽公务、联系工作、沟通信息、交流经验、记载事物等，从内容到形式都围绕这一目标行动。

要素化的数据模式，即表达公文信息内容的各项数据要素，具有法定或约定的规范表达程式，如正式的对外发文要使用发文机关标志，对上级机关发文要有签发人，涉密文件应注明密级，公文主体部分要有标题、正文、成文日期等项目，逻辑结构通常按"提出问题——分析问题——解决问题"的模式来表达，等等。撰稿人只有熟练掌握这些表达模式，才能从宏观和微观上把握公文写作的基本要领。

标准化的写作规则,即对达到写作目标的各种行为制定的一系列说明或标准,是公文写作的行为规范,具有一定的强制性。其中,一部分是针对不同的实际情况的可选择性规则,如文种的选择,行文对象、行文方向、行文方式的确定,公文内容的表达要素的选择等。另一部分则是必须遵循的规则,如格式要素在载体上的排列规范,有关数字、标点、符号和图表等的使用和安排规则等。

逻辑性的写作程序,即按照一定的步骤和环节写作公文,各步骤和环节之间往往具有内在的逻辑关系,如按照"授意—构思—撰文—审核—定稿"的逻辑顺序进行,各环节具有内在的逻辑推演性,不可随意调换流程顺序,否则,就会违背公文写作规则;公文正文写作中通常按照"提出问题—分析问题—解决问题""分析现状—预测趋势—提出建议""成因—危害—对策"等安排逻辑顺序,而前者是后者的基础或者条件、结果或结论,一般不应破坏这种思维的逻辑规则。

规范化的语言表达,即必须使用规范的现代汉语以及约定俗成的公文专用语来表达公文的内容。公文的规范语言是表达发文者思想和意图的工具。从历朝历代官方文书提炼出的有别于文学语言的公文专用词语的使用,能减少公文内容理解上的障碍,能够更有效地实现信息沟通与交流,增强公文的郑重性和表现力。

现代化的写作手段,即使用计算机及其网络等信息技术手段和媒介以及复制、传真等现代化的办公方法进行公文写作。通信与信息技术日益普及,成为当今社会的显著特征,特别是当前电子政务和电子商务活动的日益深入,办公自动化无纸化,改变了传统的公文写作方式、思维模式、表达方式、存储形态、传播速度等。以键盘和显示器为书写和表达工具,以硬盘和软盘为信息载体,采用多维的网络思维模式和立体的超文本结构、交互性和流动性的文本语言、标准化和统一化的文本体式等,使现代公文写作尤其是电子公文写作具有鲜明的技术特征。

综上所述,公文写作目标、写作模式、规则、程序、专用语言、写作手段等从不同的角度体现了公文写作的技术性特点。正确理解并熟练掌握这些技术性特点,有助于规范公文写作行为,提高公文写作的效率。

第三节 公文撰稿人

一、公文撰稿人职责

公文撰稿人,是指负责撰写公文文稿的个体或群体。公文撰稿人是公文写作要素系统的主体因素,他们是公文文稿的实际起草者,是公文文稿生命的缔造者,是公文写作活动的具体执行者。

公文撰稿人的工作职责:主要负责撰写公文文稿,以及负责组织公文文稿内容的审核、签发等工作。

公文撰稿人可以是个体,也可以是群体。一般公文内容比较单一,行文简短,可由撰稿人个体来完成;一些重要的、内容比较复杂的公文,也可由一个撰稿人群体来承担,如一份××省人民政府的《政府工作报告》,内容涉及本行政区域内政治、经济、文化教育、劳动保障等社会生活方方面面的工作,需要经过多次会议各种人员反复研究、讨论,征求社会各方面的意见,其调研、写作、修改任务繁重,因而通常需要一个写作团队通过共同承担、分工合作来完成撰稿任务。

通常,各级、各类社会组织中,公文撰稿人主要包括以下人员:

1. 职能部门的业务人员及其业务主管人员。他们熟悉业务,具有专业知识,明确管理需求,适合根据本部门自身业务活动的实际情况撰写业务性较强的公文。

2. 办公部门的文秘人员及其业务主管人员。他们辅助领导部门与职能部门完成管理职能,掌握的信息比较全面,便于协调问题,通常承担一些综合性、全局性公文的撰稿任务。

此外,一些单位领导人也亲自动手写公文。由于领导着一个方面的工作,甚至是领导着一项全局性的事业,领导人管理工作中的辛劳、感慨、激情、灵感等,文秘人员往往难以感受和准确表达。一些领导自己撰写的调研报告、述职报告、工作总结、讲话稿等充满激情,富有创见,具有很强的思想性、说服力和感染力。

二、公文撰稿人素养

一篇优秀的公文不是仅熟知公文格式和能够自如运用公文专用语言就能完成的,而需要撰稿人具备扎实的专业知识、科学的思维能力、深厚的语言功底以及严谨的写作态度。

(一) 扎实的专业知识

面对日新月异的现实社会、复杂多变的管理环境、渗透融合的管理技术、不断膨胀的海量知识与信息等,公文撰稿人需要学习更多的知识,如掌握现代汉语、公文写作、文书学、逻辑学等专业基础知识,以及现代管理学、行政管理学、企业管理学、经济学、政治学、社会学、组织行为学、心理学、伦理学等方面的知识,掌握外语以及以计算机及其网络通信技术为代表的现代自动化办公手段的使用技能,尤其要根据公文撰稿人自身所从事的行业和所在单位的实际,充实自己的专业知识,建构合理的知识结构。

高水平的公文撰稿人应是高水平的管理者,只有这样才能使公文具有充实的内涵。因而公文撰稿人应切实了解国家有关法律法规、规章制度以及国家宏观管理的政策和趋势,深入理解和明确本单位的管理职能和发展目标,熟悉所在行业的发展状况和趋势,并能高屋建瓴地对上述信息进行收集、筛选、加工、提炼和应用,提高自身的独立判断能力、分析能力以及科学处理各项管理问题的能力。只有这样,才能创作出适应业务需求或符合管理目标的公文来,否则,写出的公文虽然格式完整,但往往会思想苍白、内容空洞,无法解决现实中的问题。

(二) 较强的逻辑思维能力

逻辑思维能力,是指正确、合理地对事物进行观察、比较、分析、综合、抽象、概括、判断、推理,采用科学的逻辑方法,准确而有条理地表达自己的思维过程的能力。科学的逻辑思维能力是一种辩证的、多向的、严密的思维能力。

逻辑思维能力有助于公文撰稿人正确领悟和运用国家法律法规,快速领会写作意图,准确把握行文重点和要求,根据主题思路进行符合管理逻辑的拓展和延伸写作,有助于公文撰稿人在面对错综复杂的管理工作,甚至是与事实或实质相违背的情况时,沉着冷静地观察、研究和分析问题,准确地把握事物的本质,提出科学合理、切实可行的解决问题的方案;同时,还有助于增强公文文稿的逻辑表达力度,高效传递管理者的意图,从而大大提高组织管理水平和管理效率。总之,培养较强的逻辑思维能力是写出内容充实、逻辑清晰的优秀公文的一个重要前提。

（三）深厚的语言功底

语言是表达思想的工具。准确而熟练地掌握语言的特点和使用规律,是每一位公文撰稿人提高公文写作水平的首要突破口。公文撰稿人要想公文能够做到文约而事丰、文简而理周,使受文者准确理解发文者的意图和把握公文的主题,就必须掌握语言知识,例如:熟悉语言的语法与词法规范;注意语言的准确与模糊,有效避免语言歧义;重视词语的锤炼,注重语言的准确性和规范性;掌握特定的表达方式,使语言言简意赅,等等。这就需要培养学习兴趣,加强语言知识学习,练就厚实的语言文字功底。

撰稿人可从阅读和写作训练两个方面着力培养自身的语言文字表达能力。一方面要多读,广泛阅读优秀的公文,学习其语词表达和使用的范式和经验;另一方面要多写,即亲自动手,将所学知识应用到自身的写作活动中,不断思考、写作、修改,循环往复,逐渐将别人的经验转化成自身的知识和能力,从而创造性地撰写出高水平的公文。多读是多写的前提,但是仅披览范文而不动手撰写训练,语言功底是练不出来的。只有多读、多写双管齐下,才能有效提高公文写作的语言表达能力。

（四）严谨的写作态度

作为各级、各类社会组织办文办事的工具,公文写作活动是一项艰苦的创作活动,它往往要求公文撰稿人在较短的时间内快捷地完成。这就要求公文撰稿人除了具有充分的写作材料和高超的写作能力外,还应具有认真负责的工作态度和勤奋敬业、甘于奉献的工作精神。这是撰稿人能保质保量、按时完成各项公文写作任务的重要因素。

常言道,态度决定行为,行为决定细节,细节决定成败。同样,在公文写作活动中,公文撰稿人的态度决定着公文写作的质量,而公文质量代表着一个组织的对内对外的形象,并直接影响着组织的管理效率。因此,公文撰稿人要时刻以组织利益为重,以吃苦耐劳、一丝不苟、踏实负责的工作作风创作公文,做到言之有据、言之有理;否则,公文中的认识就缺乏深度,思路就缺乏新意,措施就缺乏力度。例如:工作不认真不仔细所造成的公文内容错误、失真,或语焉不详,或模棱两可,必将影响组织形象,甚至给组织带来巨大损失。为此,公文的撰稿人不仅要有较高的写作能力,还应当具有严谨负责的写作态度,实事求是地反映客观事物的规律,以事立言,不夸大成绩,不回避问题,不以主观代客观,不凭好恶下结论。只有这样才能客观、准确、高效地完成公文写作任务。

【复习思考】

1. 什么是公文？公文具有什么功能？
2. 与图书、情报等信息记录相比较,公文具有哪些特点？
3. 如何理解公文、文件、文书概念之间的关系？
4. 公文写作与文学创作有何区别？如何理解其合法性、技术性？
5. 如何理解"公文写作是一种组织行为"？
6. 如何正确认识公文撰稿人的职责？
7. 公文撰稿人与公文法定作者具有怎样的关系？
8. 公文撰稿人应当具备哪些专业素养？

【案例研习】

1. 2006年3月1日,兰州市城关区的高树新、王明生、朱德尧、王相庭、张文玺、周永生等6人注册成立了甘肃大森电力开发有限公司。高树新任公司董事长兼总经理,王明生任公司副总经理兼财务处处长,朱德尧任公司副总经理兼技术处处长。随后,该公司以国家部委及甘肃省、市有关行政部门的名义,制发了大量有关"黑山峡水电站开发工程"的公文资料,其中包括关于黑山峡河段梯级水电站立项、授权引资、授权委托建设等公文,凭借这些公文,大森电力开发有限公司先后与国内外数家公司签订投资协议,总金额达1000亿人民币,还与中国远东开发公司、中铁二十三局等签订施工协议,获得了大量投资款和工程质保金。(资料来源:http://www.sina.com.cn)

研讨问题:

请从公文以及公文写作特点出发,分析甘肃大森电力开发有限公司制发公文的行为存在哪些问题。这些公文对甘肃大森电力开发有限公司、国家部委及甘肃省市有关行政部门、签订投资与施工协议的各公司将会带来哪些影响？为什么？

2. 2006年5月7日,某地村民李某因用水问题与本村村民王某发生争执和殴斗,李某被王某打得满脸是血,门牙打掉2颗,王某则被李某咬伤手臂。村治保委员会出面调解未果,于是村治保委员会以村委会的名义,分别发出了给予二人行政警告处分的通知与对王某实施行政罚款200元的书面通知。

研讨问题:

请分析说明村治保委员会是否能以村委会的名义行文,村委会制发行政警告处分通知以及对王某实施行政罚款200元的书面通知是否符合村委会的职权职责。并请陈述理由。

3. 王盛在大学时就因写作诗歌和散文而小有名气,曾在省、市各种征文比赛中获奖,并经常在报刊上发表一些散文、诗歌作品。2006年7月毕业后王盛到××市财政局担任秘书工作,主要负责机关日常公文写作工作。他很高兴,认为在这一岗位上能发挥自己的文学才能,充分驰骋自己的想象。他也确实写出了辞藻华美、文采飞扬的公文,但局办公室主任看后,往往不以为然,甚至一再要求其从内容到形式进行反复修改,这样一来,最后的定稿已全然没有了王盛的个人风格。王盛认为丢失了自我,陷入了深深的苦恼中。

研讨问题：

你认为导致王盛"认为丢失了自我,陷入了深深的苦恼中"的主要原因是什么？如果你是办公室主任,你会给王盛怎样的工作建议？如果你是王盛,你又应采取哪些措施来调整自己,尽快适应当前的岗位要求？

4.××省××市的许多商店里,一幅烟草广告特别醒目,因为这份广告上贴印着该省省委办公厅的红头文件。这种名为"将军天元"的高档香烟由××将军烟草集团出品,每条售价500元。在烟草商店的广告招贴中,写着"××省接待用烟",同时在广告右下角的广告图案上,贴印着一份××省委办公厅的公文,内容为同意该品牌的卷烟作为该省接待用烟,发文机关为××省委办公厅接待办公室。

研讨问题：

从公文写作特点出发,分析××省委办公厅接待办公室关于××品牌卷烟作为该省接待用烟专门下发红头文件的行为是否存在问题,为什么？企业的促销广告上贴印着一份××省委办公厅的公文,这对该企业、省委办公厅、消费者会有哪些影响？为什么？

第二章 公文主题与材料

第一节 公文主题

公文写作的主要构成要素包括主题、材料、结构、语言、表达方式等方面。其中,公文主题是公文的"灵魂",材料是公文的"血肉",结构是公文的"骨骼",语言是表达主题的"外衣",而表达方式是语言的组织方式。只有在公文主题的统帅之下,公文的诸多要素才能有机地组织起来,形成"血肉丰满"的优秀公文。

公文主题,是指公文的中心思想、主要意图,即每篇公文中明确的行文目的和基本观点。主题贯穿于公文的全部内容中,集中表现了发文机关对某一问题、事项、人物等客观管理对象的基本理解、看法、认识和意向等。

一、公文主题的特点

任何公文都有一个主题,即发文者的制发意图、制发目的和主张。与文学作品的主题表达相比,公文主题具有如下特点:

(一) 被动性

任何写作行为的产生都有一个引起写作的动因。写作动因的萌发是写作活动的起点。与文学作品主题萌发于作者内心不同,公文主题的确立是外在的、被动的。公文撰稿人不是因自身内在的写作动机和情感冲动而引发写作行为,而是因为工作需要或上级领导授意,因而,公文撰稿人大多是在"主题先行"下进行的"遵命写作",主题多来源于业务职能、上级指示和领导意图。基于此,撰稿人只有正确把握职能职权,领会领导意图,认真听取领导对公文写作的意见,围绕领导意图来选材、立意、谋篇布局,才能将领导交代的主题以公文的形式明白、准确地表达出来。写作过程中,撰稿人不能随心所欲地掺加个人的观点和情感。

(二) 鲜明性

文学作品的主题一般不言明,隐含在故事情节与典型矛盾冲突中,主要通过各种文学手段生动、含蓄地暗示出来,讲究意在言外,追求弦外之音,要让读者去琢磨、领会主题。而公文主题恰好忌讳婉曲,而要求发文者在公文中鲜明地表达自己的观点,直言不讳地表明写作目的、意图,以使受文者能迅速了解公文内容,方便办文办事,因此,公文主题必须观点鲜明,态度明确,表达清晰。

（三）单一性

一些文学作品由于篇幅长、容量大,反映的社会生活面比较宽广,因而可能不止一个主题。而公文要求一篇公文一个主题,一个中心,一条主线,阐述一个观点,解决一个问题,全文要紧紧围绕一个主题行文。即使内容较多、结构较复杂,需要撰稿人多角度、多层次表达意向的公文,也要求主题单一,次要观点必须从属于主要观点并为其服务,集中、凝练地凸现公文主题,增强公文的表现力。

（四）针对性

文学作品的社会功能是审美教育功能,往往是对诸多人物、事件以及社会生活现象的概括、提炼和塑造,主题形成并不具有特定的具体针对性。而公文的主要社会功能是实用,主题形成中要求明确针对实践中的实际问题提出对策,因此,它必须从实际出发,发现问题,深入分析、研究问题,有针对性地提出处理和解决这些问题的意见、方案,形成公文主题,再回到相应的实践活动中去回答和解决这些问题。其主题在形成、确立以及表述过程中始终存在着明确的目的性和针对性。

二、公文主题的作用

公文主题的作用,是指主题在一篇公文中所具有的实际功能和效用。清代王夫之所言"意犹帅也,无帅之兵,谓之乌合",强调的就是主题在文章中的统帅作用。公文的主题也是公文的灵魂,公文的结构、材料、格式等要素均需服从并服务于主题的表达。公文主题的具体作用主要表现在：

主题决定着公文效用。主题是公文的核心和灵魂,公文能否发挥实际效用,解决实际问题,都是由其主题来决定的。如国务院颁布的《关于促进奶业持续健康发展的意见》,各省、自治区、直辖市人民政府,国务院各部委、各直属机构收到后都会积极贯彻执行。但是,公文这种影响力的发挥,直接取决于公文主题表达的明确、清晰,如果主题含糊不清、似是而非或表达错误,就会使受文者产生歧义或者错误认识,影响工作的交流与沟通,甚至带来严重损失。

主题影响着公文材料的选择。公文材料的详略、取舍,必须有利于突出、表现主题,因而选材时要根据主题的需要来选择。如果材料与公文主题相违背,无论材料如何新颖、典型,均不得选用。如果主题与材料内容相矛盾,材料杂芜,逻辑混乱,文不对题,势必无法准确传递管理决策、意见,这样的公文也就失去了管理工具的作用。

主题制约着文件的篇章结构、语言修辞的运用、表达方式的选择。公文写作过程中要针对主题选择与之相适应的结构、语言、表达方式等,如《关于召开教学改革工作会议的通知》就不能过多地议论和评论、过多地分析会议召开的原因,而应用简短的文字交代召开会议的依据,选用分条列款的结构方式交代会议的时间、地点等参加会议的各要素。

三、公文主题的表达

公文是办事的工具,公文主题大多要求一文一事,这是由行文目的和公文处理程序决定的。从行文目的看,公文主题单一而明确,恰好便于受文机关理解、把握、处理、执行。从公文处理程序看,公文从写作、制发到受文者知晓、执行以及立卷归档,每一个环节都要以公文主题为处理依据。主题单一明确的公文,便于发文者和受文者办理,这是现代公文处理工作程序化、规范化的客观要求。

通常,一份公文只能有一个行文意图和基本精神,主题内涵要明确,提倡什么、反对什么、该怎么做、不该怎么做,都应当旗帜鲜明地表达出来,不能模棱两可、含糊其辞。公文主题在标题中、正文中的表达,各有自己的表现特点。

(一) 标题中主题的表达

即在标题之中一目了然地把公文的主题凝练地表达出来。标题比较简短,要用标题表达主题,就必须做到高度浓缩、准确概括。这种表达方式极为简便,对内容单一、简短的公文尤其适用。

通常,在标题中表达主题的是一个复杂的名词性偏正短语,例如:"最高人民检察院关于认真查办巨额财产来源不明犯罪案件的通知"这一标题中的名词中心词"案件"受到"犯罪""财产来源不明""巨额"等多重限定后内容确定,外延清晰,而且事由部分反映了公文的主要内容和行文意图。其文件性质是一份"通知",主要内容是"查办巨额财产来源不明的犯罪案件",行文关系是最高人民检察院向下级部门发送的一份通知,属于下行文。又如:"党政机关公文处理工作条例"这一标题,是用一个词组"党政机关公文处理工作"表达公文的主要内容,直接点名公文的主题,其概括性强,限定明确,便于阅文者一目了然地知悉公文主题。

标题中主题的表达要注意准确概括发文事项,用精练的语言将其表述出来,体现公文主题的单一明晰。如果标题抓不准公文的中心思想,概括不够准确,就难以实现行文目的,如一篇公文标题为"关于新建行政办公楼的请示",从标题上看这是向上级请求批准修建一栋新的行政办公楼,但看了正文后却发现该请示的发文意图并不在于此,而是请求上级划拨新建办公楼的经费,因此,此标题事项就过于概括笼统。

拟写标题时,还应注意慎用或不用含有多重意义的词语以及一些过于抽象的词语。标题要反映公文的本质内涵,因而要实实在在,要多使用一些含义明确的实词,而"很优秀""效果较好""初见成效""工作成绩显著"等缺乏个性的词语只能给人笼统的印象,不能说明具体情况,因而在公文标题中应尽量不用。

(二) 正文中主题的表达

即在正文开头、中间或结尾,以片言点明主题或用成段的议论性文字揭示主题。主要适用于一些篇幅较长、内容层次较多的公文。

篇首点明主题,是在公文开头揭示主旨,开宗明义地点出全文的中心,方便阅文者开门见山地抓住公文要领,了解行文目的,把握公文的基本内容。

篇中表达主题,是在正文中以议论或夹叙夹议的方式表达主题,特别是一些篇幅较长的如工作总结、报告等,由于阐述问题较多,往往通过分析典型事例,阐明自己的观点,层层深入,剖析事物内在的规律,来照应主题,层层揭示主题。

篇尾表达主旨,是在公文结尾处进行结论性的表达,概括性地道出全文的主旨。它可以加深阅文者的印象。

由上可见,正文表达方式比标题表达方式能够更加深入、更加充分地表现公文主题。公文写作过程中,主题表达要抓住重点,详细表述发文事项的主要内容是什么,有什么意见、建议或者对策方案等,简略介绍发文背景或其他有关事项。朱光潜曾说:"每篇文章必有一个主旨,你须把重点完全摆在主旨上,在这上面鞭辟入里,渲染尽致,使你所写的事理情态成一个世界,突出于其他一切世界之上,像浮雕出现于石面一样。"公文的写作也完全符合上述规律。正文中也要提炼主题,使之像"浮雕"一样凸现出来。

四、公文主题的要求

根据公文主题的作用和地位,公文写作中其主题要力求做到:正确、鲜明、集中、深刻。

(一) 正确

主题正确,指在公文中作者对事物或问题的认识是正确的,是符合事物发展的客观规律的,符合党和国家的政策、法律法规和规章的,是符合本单位管理职权和领导的管理意图的。公文只有主题正确,才能指导各项工作的顺利推进。这是公文主题的基本要求。

公文主题是在各项管理活动的实践中产生和形成的。只有深入实践,才能发现问题,总结经验,提炼出符合事物发展规律的主题。正确的公文主题将推动我们的工作前进,相反,错误的公文主题必将给工作带来混乱、损失,甚至造成无法弥补的灾难性后果。如关于某一产品大量投放市场的分析报告,撰稿人没有全面深入地调查市场,没有认真仔细地分析研究,就得出应当大量生产该产品的认识和结论,这一结论为企业决策层提供了错误的市场信息,使企业损失巨大,陷入困境。

公文主题正确,还应体现在公文合法性上。如果公文主题违背了党和国家的方针政策和法律法规,超越了法定的职权范围,就得不到法律法规的保护,也就无法实现文件的法定效用,而且还会受到相关法律法规的责任追究。例如:山东省××县供电局在对农村进行电路改造时,以红头文件的形式作了明确规定:农户不论原来使用的电能表是新是旧,都必须更换、使用17种新型号的电能表。但是在被推荐的17种电能表中仅1种在该县市场上有售,且由供电局经营部专营,价格为每部77元,比同类商品市场价高出24元左右。对于购买其指定以外的电能表的农户,供电站则以不合格或未经检验为由拒绝予以安装。这一公文内容严重违反了《反不正当竞争法》和《关于禁止公用企业限制竞争行为的若干规定》:"公用企业或其他依法具有独占地位的经营者,不得限定他人购买其指定的经营者的商品,以排挤其他经营者的公平竞争。"据此,该县供电局的行为已构成不正当竞争,其发文是无效文件,该县工商局责令其予以改正。可见,公文主题的合法性是实现行文目的的重要条件。

公文主题切实反映了一个单位及其领导人的管理思路、组织决策,因此,撰稿人在提炼主题时还需要始终如一地坚持并忠实地表达领导意图,只有这样才能够实现组织管理的目标和行文目的。通常,撰稿人不断修改文稿的过程正是不断找寻适应领导管理指令、决定和意见等的恰当表达方法的过程。如果公文主题不符合领导管理需求,写作行为也就失去了意义。

此外,公文主题的正确,还必须依靠准确的语言表达,否则,就会产生歧义,模糊主题思想,为此,应尽可能选用恰当的词语对中心词加以限定,确保主题的单一性;选用模糊词语时,应界定和说明其内涵和外延,以消除其模糊性和歧义。

(二) 鲜明

主题鲜明,是指主题应清楚明白,直截了当。这是由公文特定的行文目的决定的。发文者希望通过公文传达其管理的意见和决定,而受文者需要从公文中及时获取可应用的认识和信息,这就要求公文的制发者在文中清清楚楚、明明白白地表达出自己的立场、态度、观点、意见,如反对什么,提倡什么,要解决什么问题,怎样解决,最终达到什么目的等,不能含糊其辞,模棱两可。

在标题中表达公文主题可凸现公文的主题内容,另外标题的位置突出醒目,有助于扼要地表现公文的主要内容、行文关系、文件性质等;公文主题还可直接出现在文件的开头部分或者结尾部分,以便阅文者能准确把握公文的主题,如《党政机关处理工作条例》的第一条"为了适应中国共产党机关和国家行政机关(以下简称党政机关)工作需要,推动党政机关公文处理工作科学化、制度化、规范化,制定本条例。"即传达出发布文件的意图和全文的主题,具有"立片言以居要"的表达效果。

(三) 集中

主题集中,是指一篇公文只能有一个主题。由于公文的主要功能是联系上下、沟通左右、处理公务,以提高办事效率,因而主题内容要求单一明确,这是受文机关把握公文主要精神、执行和落实其内容的重要条件。

公文主题集中,有助于文秘人员在处理公文的活动中果断地判断公文的运转方向和承办部门。公文制发、受文者接收和执行文件内容、办毕文件的整理、立卷归档或销毁的全过程的各项工作,都是以公文的主题为依据来展开的。如果公文主题不清,产生歧义,或者一文多事,公文就会在多个部门之间辗转处理,延长运行时间,造成办文推诿,出现"公文旅行"(公文游历在各个部门)的现象,而无法实现发文的目的。

一些涉及面广、内容复杂的事项,可将一个大主题分解为多个小主题分别制发公文,以保持每一份公文集中、简练,例如:有关公务员考试工作的公文内容比较多,就可将"公务员考试工作"这一主题分解为系列小主题分别制发多份公文,而每份公文只集中表达公务员考试某一个方面的问题,如分别说明报考人员资格审查、考试范围、试卷命题工作、考试时间、评卷工作、不同考试要求等问题。公文主题集中,便于有效地实现每一份公文的实际效用。

(四) 深刻

深刻,是要求主题能够透过现象看到事物的本质,由表层进入深层,解决"为什么"的问题。深刻,是对人物的品格、事件的社会意义或者问题、现象产生原因的更深层次的理性认识与揭示。为此,公文正文部分不能单纯地就事论事,还要融进对主题的思考、分析、论证等富有现实针对性、操作可行性的思想内容,用深刻的思想内涵统一认识,把主题提升到一个高屋建瓴的高度,再行贯彻执行,就能更有效地指导社会实践。

深刻的主题来源于对事物的深入认识。如何做到深入认识事物呢?首先,要选择好认识角度。角度,是人们观察事物和思考问题的方位。同一事物从不同的角度去分析,往往会得出不同的认识。认识不同,写出来的公文主题也就不同。角度选择得好,能使主题深入、新颖。一篇公文具体从哪个角度入手,要根据不同情况而定,要看它是否有助于深入地认识事物。公文写作时行文目的、行文方向、发文者、收文者不同,其主题也会有所区别,例如:发文者向上级机关行文要从请示、汇报工作角度入手,向其下属机构行文就要突出领导和指导作用,向平级机关发文则更注重工作的沟通与商洽。其次,要用系统的、整体的观点,辩证地看待与认识客观事物。认识一个事物,单从事物本身来看有时很难对它有全面细致的了解,但是,如果将它放到一个大背景下,把它作为整体的一个部分来看,就比较容易"以小见大",看清它的实质。大背景、整体背景是认识事物的一个角度。此外,还可以通过分析事物各个发展阶段的情况,找出某一事物所处的位置,发现其本质特点。总之,在公文写作中,我们只有选择新颖独特的视角,采取纵横向的系统分析方法,抽丝剥茧,分条析缕,深入挖掘,认真剖析,才能够发现事物的本质,提炼出深刻、新颖的主题,并运用准确的语言来表达主题,说明事理。可以说,公文主题的深刻、准确、新颖决定着一篇公文品位的高低。

第二节 公文材料

公文材料,是公文撰稿人为了某一行文目的,从管理活动中搜集、摄取并写入公文的系列事实、数据、道理和引语等。公文主题只有借助于材料的说明才能有理有据,丰满充实,才能充分"站立"起来。没有充实的材料,公文就显得空洞苍白,难以令人信服。因此,材料是公文写作中不可缺少的要素。

一、公文材料的类型

通常公文材料可以分为理论材料和事实材料。

理论材料,是指公文中所引用的党的路线、方针、政策,国家的法律、法规、规章,各种理论、定理,以及名人名言与警句等。引用时,要忠于理论材料的原意,必要时应说明材料的出处。

例如:在公文开头常常引用上级机关的文件内容,在论述某个论点时引用一些法律、法规条款、警句、名人名言,有助于更充分地说明公文主题。

事实材料,是指公文中所引用的反映人、物的真实数据、事例及其他材料。根据内容可将其分为两类:

一是数据资料,如有关对象的理论结论、鉴定结果、获得的荣誉、收到的实效、关系重大的金额、产量、质量等级、次数以及其他重要的数据等。这些材料可以明确说明客观事物的本质特征,是公文取信于阅文者的关键因素。在述职报告、工作报告、总结报告、项目可行性研究报告等公文中常用此类材料,能使公文丰厚充实,具有说服力。

例如:在2007年3月温家宝总理在《2007年政府工作报告》中回顾"2006年国民经济快速平稳增长"时就引用一系列数据加以说明:"2006年,国内生产总值实现209407亿元,比上年增长10.7%。这是继2003年经济增长10.0%、2004年增长10.1%、2005年增长10.4%后,经济增速第四年达到或略高于10%。经济运行不仅没有出现大起大落,而且还呈现出比较平稳的态势。表现在季度经济增速升降差较小,一季度经济增长10.4%,二季度增长11.5%,三季度增长10.6%,四季度增长10.4%;还表现在经济快速增长的同时,价格涨幅却出现回落。全年居民消费价格上涨1.5%,比上年回落0.3个百分点。我国经济在世界经济中的分量和地位进一步提升。2005年我国国内生产总值占世界经济总量的比重为5.0%,位居第四位,仅比位居第三位的德国少5576亿美元。按2006年德国经济增长2.5%计算,2006年德国国内生产总值将增加698亿美元,而我国大约增加2391亿美元,我国国内生产总值与德国的差距进一步缩小到3883亿美元。"这些数据直观、清晰,有力地支撑了"2006年国民经济快速平稳增长"的结论,读来令人信服和振奋。

使用数据资料时,要求其真实确凿,不弄虚作假,表述准确,不似是而非或模棱两可。如"受贿十几万元""产量增加了好几倍""获得省、市、县各级奖励10余次"等模糊表述就往往难以令阅文者信服。

二是典型事例,如人物的行为表现、事件的特殊细节或简要过程等。这类材料具有一定的弹性,可以灵活地选择提炼。使用这类材料,可以增强公文的生命力,使其生动、丰满而且具有可读性。但由于这类材料具有极大的伸缩性,这就需要撰稿人具有较高的认识事物的能力,能在司空见惯的平凡事实中提炼出具有典型性、代表性的事例,挖掘隐藏在现象背后的有价值的事实细节,使公文言之有物。典型事例在各类报告、通报、指示性通知、奖惩性决定等公文中经常使用。

例如:在一份表彰见义勇为的通报中用简短的文字陈述了一个事实过程:"5月29日上午11时30分左右,××供电所对××扬水站变压器检查完成合闸送电过程中,B项线路铜接线柱突然断开,万伏火线蹿着火球、摇摆着向该所电工宁勇打了过来。为躲闪高压线,宁勇掉入4米多深的扬水站出水池中并沉了下去。正从扬水站值班室走出的水利局职工常刚,听到呼救声后,奋不顾身地跳入池中,经多次潜入水中找寻,终于将宁勇托出水面,并奋力游到浅水池,在三名同事的帮助下将宁勇拉上池墙。由于施救及时,宁勇脱离了生命危险。"通过这一事实陈述,常刚在危急关头临危不惧、挺身而出、舍己救人的高尚品质和助人为乐的精神就跃然纸上,增强了通报的可信度和感染力。

总之,理论材料和事实材料是支撑公文主题内容的两类主要材料,在公文写作中应恰当选择,正确使用,避免公文停留在口号和枯燥空洞的说理上干巴无味,缺乏活力。因此,灵活恰当地选用材料,有助于使公文骨力刚健、血肉丰满,更好地实现公文的行文目的。

二、公文材料的收集

文件撰稿人要获得大量充实而丰富的写作材料,需要广泛搜集。收集材料可以在广泛阅读中、调查研究中以及观察现实中进行。

(一)在广泛阅读中收集

公文撰稿人可以从日常阅读的大量文件、简报、报刊、资料中筛选、分析、归纳出诸多有价值的信息。逐步收集积累,就能从这些材料中发现重要的动态,学到有用的知识,并为撰写公文提供参考资料。

公文撰稿人要博览群书,养成阅读时收集材料的好习惯。一方面,可根据本单位的业务范围和常用文种所需材料的范围、方向和性质,在平时的阅读中有意识地筛选和积累。另一方面,在接到写作任务后,根据行文目的和写作内容的需要,有目的、有重点地集中时间进行阅读,收集材料。

通常,凡与本系统、本部门、本行业有关的文字资料是阅读时重点收集的对象,如上级下发的正式文件、会议文件、法令规章、各种信息资料,以及领导同志的讲话;下属单位、部门的工作报告、总结、信息材料、统计资料,以及各种群众来信、来访中所反映的现实情况、问题,所提出的意见、建议;本部门制发的各种规章制度、计划总结及其他材料;不相隶属机关的来函来文;报纸杂志上的重要社论,以及与本部门职能密切相关的文章、资料等。公文撰稿人可以有意识地在日常阅读中不断搜集、储备相关材料,积少成多。如只针对一次具体写作活动,则不必全部阅读,而应视写作任务的需要,选择阅读范围。

(二)在调查研究中收集

调查就是通过到现场实地勘察、找知情人询问、通过问卷获得数据等方法,对某一情况进行了解和认识。毛泽东同志曾说过:"没有调查就没有发言权。"因此,我们必须在充分调查研究的基础上,关注管理活动中各种真实、生动、典型、新颖的材料。

调查研究中,调查和研究属于两个不同的程序,分别有自己不同的方法。常用的调查方法有:

1. 座谈会调查法:是指召集有关知情人、当事人在一起进行座谈,通过座谈讨论,达到了解情况、收集信息目的的一种直接调查法。其特点是信息集中、直接,易于当场辨明是非、真伪,便于及时筛选、优化信息,从而提高信息的信度和效度。使用此种方法时要注意使参加座谈的人员明了情况,提前发放调研提纲便于准备,适当控制人数便于讨论发言。

2. 访谈法:是公文撰稿人依据调查提纲或问卷与调查对象直接交谈、收集资料的一种口头交流式的调查方法。其主要特点是,被调查者与调查者采用对话、讨论等方式面对面地交往与互动,双方相互作用,相互影响。

3. 实地考察法:是指深入现场或进入一定情境,运用感觉器官或借助科学仪器,直接观察调查对象来获得资料的一种调查方法。使用此种方法,要在确定调查对象、制定观察计划和提纲后,亲自进入观察现场,要在与被观察者建立友好关系后做好观察与记录。实地观察时要注意现场的真实性,保证考察获得信息的可靠性。

4. 问卷调查法:是根据调查的目的和要求设计书面调查问卷进行调查的一种方法。调查表发给被调查者认真填写,然后回收,集中统计、分析。问卷调查的一般程序:设计调查问卷,选择调查对象,分发问卷,回收问卷和审查问卷。

问卷的一般结构:问卷一般包括前言、主体、结语三个组成部分。前言是对调查的目的、意义及有关事项的说明;主体包括调查的问题和回答的方式,以及对回答的指导和说明等内容,是问卷的主要组成部分;结语是对被调查者的合作表示真诚的感谢,这一部分较简短。

问卷的设计要求:从实际出发,围绕具体调查目的、要求或假设进行设计,问题的表述要清楚,所列问题不能超出被访者的能力,应尽量避免社会上的禁忌问题和敏感问题,问题的排列顺序要恰当,文字应简明扼要。

运用上述方法时,必须认真研究调查所获得的丰富材料,以认清本质,把握规律。调查基础上的研究,是调查的深化和发展。常用的研究方法有:

1. 矛盾分析法:是指运用马克思主义关于矛盾的理论、法则,具体分析调查对象的内部矛盾及其运动状况,进而认识调研对象的本质属性和特点的一种分析研究方法。

2. 系统分析法:是把调查的对象放在整体的系统环境中进行认识、比较、分析的方法。它是反映客观事物整体性的思维方式,要求从客观世界(即研究对象)的整体与要素、整体与层次、整体与结构、整体与环境的辩证统一关系出发,揭示事物的整体关系与整体特征。

3. 定性定量分析法:是关于认识事物的性质和数量的研究方法。定性分析是确定对象是否具有某种性质的分析,主要解决"是不是""是什么"的问题;定量分析是为了确定认识对象的规模、速度、范围、程度等数量关系而进行的分析,主要解决"是多大""有多少"等问题。我们调研时应将定性分析和定量分析结合起来使用,以定性分析来指导定量分析,定性的理论分析要在定量的统计分析的基础上进行,研究结论和建议应是定性分析和定量分析的综合体现。

4. 逻辑分析法:是以思维的逻辑形式即概念、判断、推理,从已有的认识合乎逻辑地推论出新认识的方法。它从对象的、纯粹的、概括的状态上考察客体发展的必然性,在揭示其内部逻辑的基础上再现其发展。常用的具体方法有:分析和综合、归纳和演绎、抽象和概括、分类和比较等。

5. 因果分析法:即分析事物间的因果关系,追根溯源查找问题原因的一种方法。任何结果均由一定的原因引起,一定的原因产生一定的结果。按事物之间的因果关系,运用辩证思维分析,知因测果或知果查因,找到问题产生的各种原因,深层挖掘问题产生的根源,这是能够对症下药地提出解决问题的对策的前提和关键。

在公文材料收集活动中，公文撰稿人不能只满足于阅读各种公文材料，或听别人的汇报，而应根据写作任务的要求，适当选择一种或多种调查方法，深入业务活动或基层管理实践中，全面深入地了解并掌握实际情况，努力把事情的来龙去脉了解得清清楚楚。只有这样，才能根据"具体情况具体分析"的原则，运用科学的研究方法，得出正确的判断和认识，从而写出切合实际、指导实践的具有创新性的公文来。

通常，公文撰稿人接受写作任务后，如果平时收集的材料还不能满足写作需要，这时，可采取电话、电子邮件等方式调查，也可带着具体写作任务和明确的写作目的进行实地调查研究，搜集所需的第一手材料。开展调查前，要根据写作需要来确定调查对象、范围、有关背景，拟定调查提纲，选择恰当的调查方法和程序。这样既可节约时间，避免盲目性，又可使搜寻的材料与写作任务、写作目的有机联系起来，增强材料的针对性和可用性，提高材料的搜集效率。

（三）在观察现实中收集

观察是对事物的某一局部和细节进行审视，或者对事物的整体进行把握。在观察时，可以有意识地将同类事物进行同中求异的比较，或者将异类事物进行异中求同的比较，或者仔细辨析一个事物发展变化的过程。观察现实不仅是对事物外部形态的感知，更重要的是透过现象把握本质，通过现状认识发展规律。

鲁迅曾说："如要创作，第一要观察。"在公文写作实践中，公文撰稿人通过直接观察、体验和感受现实，能够获取有价值的材料。如表达事故现场、工作情景、人物情态、产品外观等所使用的材料，就往往来自于撰稿人的直接观察。同时，个人的生活阅历、工作经验，以及在人际交往和工作交往中所接收到的各种信息，常常以内隐、潜在的形式成为写作材料的一部分，它们会自然地渗透到写作过程中，会对某些搜集来的材料起到补充、加强作用，使之更鲜明、更生动。所以，公文撰稿人要注意培养自己观察事物的能力，并力求做到"四勤"：一是眼勤，留心观察周围的人和事，注意发现新情况、新问题、新经验；二是耳勤，广泛听取各方面的意见和反映；三是手勤，将耳闻目睹的各种有价值的情况及时地记录下来；四是脑勤，善于开动脑筋，认真思考，对得到的材料进行分析、归纳，透过事物的现象看到事物的本质，思考解决问题的措施和办法。只要养成"四勤"的良好习惯，坚持不懈，就能逐渐积累有价值的写作材料，建立起一个充实的、动态的材料资源库，使日常的公文写作变得更加轻松自如。

通常，收集材料要求做到：

首先，尊重材料的客观性。不能够主观随意地、先入为主地判断事物。也就是说，不能根据筛选者本人的意愿、口味感受来决定材料的取舍，不能以偏概全。任何事物的发展总有其自身的规定性，这种规定性是不以人们的主观意识为转移的。收集材料时如果不能维护其客观性，就不能保证材料的原始性、真实性、准确性。如此一来，势必会直接影响材料作用的发挥。

其次，注重材料的多样性。系统全面地、多角度地调查、收集材料，如，广泛收集、积累古今、中外、正反、点面、前后、纵横等各个方面的材料，能使我们从广度和深度上反映事物各个方面的情况，为比较、了解、研究事物的全貌提供全方位的参考。通常，材料积累得充分，公文撰稿人在选择材料时就会左右逢源,游刃有余,写作时就能信手拈来,得心应手,写出的公文自然也就会更充实、更具有说服力。

最后,坚持平时收集材料。公文撰稿人平日随时收集那些与自身管理活动密切相关的文件、简报材料,以及做好剪报、笔记、卡片等,能为及时、快捷地完成公文写作任务提供一个良好的材料基础。而在写作任务下达时"临时抱佛脚"地突击收集材料,往往会影响公文以及公文写作的时效性,限制撰稿人在短时间内创作出材料翔实、内容丰富的具有说服力的文稿来。

总之,公文撰稿人在日常工作实践中应当做一个有心人,善于借助多种渠道去了解情况、收集信息、储备材料;应当持之以恒,养成良好的收集材料的习惯。只有这样,才有可能获得大量有价值的材料,及时高效地完成公文写作任务。

三、公文材料的选择

公文材料来源于社会实践,但并不是所有收集来的材料都可以写入公文,也不是材料越多越好。撰稿人要想写出一篇高质量的文稿,就必须针对公文主题的需要严格地筛选材料,恰当地使用材料。

(一)分类加工材料

我们查阅、调查、搜集、积累材料时,切忌机械地照搬、照录,而是要不断地分类整理,分析研究,进行筛选,进行合并、剪裁、润色等加工整理工作,例如:按照一定的分类标准将无序的零散材料归纳成有序的系统材料,根据需要将长篇的材料压缩成短小精悍的材料,将口语材料加工成公文语体的书面材料,将芜杂的材料去粗取精提炼为观点和理性认识等。只有这样才能恰到好处地表达主题。

材料加工整理工作应遵循一定的原则:忠实于材料的原意以及数据资料的客观性,准确再现材料中所要表达的主题思想,也就是说,不得主观地根据自己的需要断章取义,或者歪曲原材料所反映的主题思想。只有这样才能保证公文的真实性,实现公文写作的目的。

(二)恰当选用材料

收集积累的材料并不是全都可以应用到公文写作中,而是要根据公文主题的需要对材料进行"去粗取精、去伪存真、由此及彼、由表及里"的严格仔细的筛选鉴别工作,从而选择切合公文主题的材料,因为选取的材料是用来反映、阐述、论证公文主题的,所以必须保持材料与观点的一致性,特别是在内容上不能离题。一份公文,该说的话没有说透,而说了些题外话,或者该解决的问题没有解决,却抓了一大堆节外生枝的事,这都是筛选材料不切题之故。如果筛选出来的材料不符合题旨,不能说明观点,那么即使再真实、再客观、再典型、再概括也是无用之材。

公文写作时,应当选择那些具有真实性、典型性和现实性的材料来说明问题,表现主题。

真实性材料,是指公文材料真实确凿。真实是指,真正发生过或者正在发生的事实,能够显示事物的本质和规律。确凿是要求事实、引文、数据可靠,经得起核实,如时间、地点、统计数字要精确,直接引文中的字、词、句、标点符号,都要和原文相符,防止表述事实时移花接木,引文时断章取义。要做到筛选材料的真实,一方面,要有实事求是的工作作风,要尊重事实,既要报喜也要报忧,要敢于反映客观事物的本来面目;另一方面,要认真鉴别材料的真伪,要做"去伪存真"的工作,尽可能地查对原始材料和第一手材料,还要在此基础上,花较大的精力,做大量的考证工作,考证其真伪程度,然后决定取舍。如果选用的材料不真实,那么,用以说明或论证的观点、对策或主张也就是虚假的,其危害巨大。

典型性材料,是指同类材料中具有代表性的材料,这些材料具有引人入胜的魅力和广泛的指导意义,并由此产生强大的说服力。典型性材料具有两个特点:一是具有鲜明独特的个性,通常是一些具体的、个别的,而且是新鲜的、奇特的材料,它们容易被人接受,能够给人留下深刻的印象。二是具有明显的共性特征,能够体现同类事物的本质和规律,因而具有普遍意义。选用典型材料表现主题,能够起到以一当十的作用。

现实性材料,是指新近发生或新近发现的事实材料。公文多是各类组织处理当前发生的事件和出现的问题的重要工具,具有较强的应用性和时效性,因此,其内容的针对性、现实性和新鲜感是公文价值的重要体现。选择材料时要密切关注现实生活、社会发展中日新月异的新变化、新形势和新情况,恰当选用与自身公务活动相关联的大量的新鲜事实性材料、最新趋势材料或者能产生创新意义的材料进行写作,只有这样,才能增强公文的针对性和时效性,实现文件的应用价值。

总之,公文材料是丰富多彩的,写作时要围绕主题进行选材,重点选择那些经过核实的材料,禁止似是而非的材料;选择一些能够作为判断事物性质的依据的材料,如理论依据、政策依据、法律依据、事实依据;选择能说明主题的典型事例、图表、数字统计材料;选择能反映事物基本状况的材料。运用真实、恰当的材料来说明、论证、凸显主题,这是收集、选择材料的最终目的。

【复习思考】

1. 公文主题的含义是什么?公文主题具有哪些特点?如何理解在一份公文中主题的"统帅"作用?
2. 在公文标题中如何表达主题?在公文正文中如何表达主题?
3. 公文主题有哪些要求?怎样理解公文主题的合法性问题?
4. 公文材料具有哪些特点?公文写作中常用的公文材料有哪几种?
5. 如何收集公文写作的材料?
6. 公文材料加工要遵循哪些原则?
7. 如何围绕公文主题选择材料?

【案例研习】

1. 朱元璋为何震怒?

洪武九年(公元1376年),刑部主事茹太素呈上了一份洋洋洒洒17000字的《陈时务书》。

明太祖朱元璋让侍从读给他听,读到6300字时,朱元璋仍不知所云,一直念到16500字时,朱元璋才明白茹太素要转入正题,说5件事。朱元璋不禁勃然大怒,下令痛打了茹太素一顿板子。

研讨问题:

按照公文写作的要求,茹太素所呈奏折存在的主要问题是什么?这样的公文如果出现在今天,将给党政机关或者企事业单位的管理带来怎样的影响?如何避免此类问题的发生?

2."红头文件"借款

××市××县的城关镇过去一直在县城中心办公。为了新建办公楼,该镇党委、政府于2005年1月2日联合下发红头文件《中共城关镇委员会、城关镇人民政府关于筹集我镇搬迁政府办公楼建设资金的决定》(以下简称《决定》)。

《决定》要求,镇党委、人大、政府的领导干部每人筹资3万元,或者每人购宅基地一块,预交购地款2万元,另交筹资1万元;普通职工(含聘用、借用),则每人筹资2万元,或每人购宅基地一块,预交购地款2万元。《决定》表示,该借款借用期限为10个月(即到2005年11月7日),"借款期满后,本息一并归还"。文件还要求:"筹资或购地款,必须在2005年1月7日之前按额完成。完成任务情况将作为领导干部、普通职工年终考核、评优的依据之一。"一些每月只靠几百元工资收入维持生活的职工,不得不"响应号召"从银行贷款支付镇政府的"借款"。但直至2007年底,仍有部分借款未归还。

该镇党委书记华××说,镇政府建新办公楼非常有必要,"我们借款是有文件规定,经领导班子集体讨论通过的",并一再强调,根据文件的规定,80万元借款"全部用于支付征地补偿费及上交土地报批部分费用"。高高耸立的新办公楼是一栋7层建筑,楼内办公室宽敞、明亮,该镇一负责人颇为得意地介绍,这种规模的镇级办公楼在本地同级别的乡镇里,算是最好的。

研讨问题:

××市××县的城关镇政府这份关于借款的红头文件是"经领导班子集体讨论通过的",所借款项"全部用于支付征地补偿费及上交土地报批部分费用",其主题是否正确?请陈述理由。

3. ××汽车贸易公司销售部王总监正在撰写一份"汽车销售工作年度总结",你认为他应重点选用下列哪些材料,为什么?

(1) 统计数据显示,2007年全年生产汽车888.24万辆,同比增长22.02%,比上年净增160.27万辆;销售879.15万辆,同比增长21.84%,比上年净增157.60万辆。小排量车销量下滑和企业两极分化趋势明显。

(2) 加大了对政府采购和出租车市场的投入力度,专门成立了出租车销售组和大宗用户组,分公司成为了××出租车协会理事单位,利用行业协会的宣传来正确引导出租公司,宣传××品牌政策。平时采取主动上门,定期沟通反馈的方式,密切跟踪市场动态。与出租车公司保持良好的合作关系,主动上门,了解出租车公司换车的需求、司机行为及思想动态;对出租车公司每周进行电话跟踪,每月上门服务一次,了解新出租车的使用情况,并现场解决一些常见故障;与出租车公司协商,对出租车司机进行现场培训。

（3）确定了人人收集、及时沟通、专人负责的制度，每天上班前召开销售晨会，了解销售人员所反馈的资料和信息，制定销售对比分析报表，细化下一步的销售任务，制定下一步要采取的销售方式、方法。

（4）针对销售淡季，本公司在管理上采取了如下措施：销售队伍治理目标化；服务流程标准化；日常工作表格化；检查工作规律化；销售指标细分化；晨会、培训例会化；服务指标进考核。

（5）在售后维修服务中，规范行为和用语，做到尊重用户和爱护车辆；在车间推行看板治理，接待和治理人员照片、姓名上墙，接受用户监督。为了进一步提高用户满意度，缩短用户排队等待时间，从6月份起，维修厂每晚延长服务时间至凌晨1:00。

（6）针对高校消费群知识层次高的特点，重点开展"毕加索"的推荐销售，同时辅以"雪铁龙"的品牌介绍和文化宣传，让顾客感受到雪铁龙的悠久历史和丰富的企业文化内涵。另外和××市高校后勤集团强强联手，先后和××理工大学后勤车队联合，成立校区××维修服务点，将××的服务带入高校，并定期在高校组织车辆免费义诊和保养检查，在高校范围内树立了良好的品牌形象，带动了高校市场的销售工作。

（7）在今年两次"顾客满意度"调查中，我公司售后维修服务的顾客综合满意度较之去年有了小幅上涨，特别是在引入新的质量体系以后，顾客综合满意度已提升至72。

（8）通过与人力资源部合作，对我部员工进行科学的考核，将考核结果与员工的薪酬待遇、岗位调整、培训及休假等挂钩，建立能上能下、能进能出、企业自我约束的用人机制，以实现我部各岗位的优化配置，促进高素质市场销售人员的开发、管理与合理使用，建立精干、高效的销售人员队伍。

4. 根据公文主题表达规范和材料选择要求，分析下列文稿中存在的不当之处，并予以改正：

**××市妇联幼师学校关于扩建教学楼、
购买消防设备所需经费的请示**

市计委：

××市妇联幼师学校隶属市妇联，是一所承担我市初、高中落榜女学生职前教育，下岗转岗女职工、农村妇女进城务工者职前培训任务的中等职业学校。作为发展我市职业教育事业的一支重要力量，市妇联幼师学校建校20年来，在为我市培养了大批合格幼教人才的同时，还培养了近万名幼儿园园长、骨干教师，为我市幼教事业做出了积极的贡献。

学校现有两处教学区，但因社会需求和学校规模不断扩大，近两年招生规模每年以20%的速度增长，现有在校生1300余人，致使校舍严重不足。学校发展面临的如下困难：校舍紧张，常年外租教室和宿舍，总共外租面积2000平方米，存在管理难度大，费用支出高，资金紧张等问题；教学楼狭小，人员密度大，上下楼经常堵塞，拥挤不堪，无法满足师生学习、生活、健康使用要求；目前学校正在筹措增设具有前瞻性的育婴师专业、家政与社区服务专业、老年人服务与管理专业，学校的发展也迫使学校急需扩大校舍，扩大招生。

基于上述原因,经过论证,学校拟将对教学楼及楼旁小平房进行改造增层。在教学楼接一层半,增加1210平方米;在小平房处接三层,增加180平方米;将室外楼梯改为室内楼梯,增加90平方米,合计1480平方米。接楼后可增加12个教室、2个舞蹈房、2个练琴房,基本能改善校舍严重不足的窘境。

经过测算,接楼工程每平方米造价为850元,扩建1480平方米,需资金125万元;办理接楼手续费需3万元,设计费需4万元。此外,学校原有灭火机等安全防火物资已经过期,必须批量更换,故也请你委拨10万元用于购置防火器具,以保证学校的安全。

以上事项共需资金142万元。资金来源:市计委帮助解决接楼资金100万元,学校自筹解决32万元。

以上请示,恳请你委给予大力支持,批准为盼。

××市妇女联合会
200×年6月10日

第三章　公文格式与结构

公文格式是指公文的规格和式样，是公文的外部表现形式。这种表现形式是经过统一规范或者是约定俗成而固定下来的。公文写作要求撰稿人在撰写文稿时把一些内容固定地排布在纸面的某些位置上，不能随意改动。如按照《党政机关公文处理工作条例》和《党政机关公文格式》的规定，主送机关要在标题之下、正文的左上方，且要顶格书写，发文字号、标题、正文、成文日期、附注、抄送机关、印发机关等在公文的文面上都有各自固定的位置。

公文的结构是指公文的开头、主体、结尾各个组成部分的搭配和排列。一篇公文可以分成几个部分，每个部分又可分为几个层次，每个层次分为几个自然段，层次段落之间如何连接，前后信息内容的逻辑如何安排等，撰稿人搭建公文结构时都必须予以考虑。公文的结构是支撑公文主题思想的"骨骼"。

公文格式是公文在整体上呈现出的外部格式，公文结构是公文的篇章布局结构和正文信息内容的逻辑表达结构。公文外部格式—正文篇章布局—信息内容的逻辑结构是由表及里逐层深入的，其中，信息内容的逻辑结构是核心，公文外部格式、正文篇章结构的建构都要满足它的表达需要。三者之间彼此联系，共同服务于公文主题的表达。

第一节　公文格式

公文格式是公文各种要素排布的外在表现形态。包括两种类型：一种是法定格式，即由国家有关部门通过法律法规规章等明文规定的外部格式结构，如原国家标准局制发的《科学技术报告、学位论文和学术论文的编写格式》（国家标准 GB 7713－87）、国家质量监督检验检疫总局和国家标准化管理委员会发布的《党政机关公文格式》（GB/T 9704－2012），国家科委的《关于发送"技术鉴定证书"使用格式的通知》和《发明申报书编写说明》以及《中华人民共和国合同法》对合同范本、《中华人民共和国统计法》对统计报表的规定，等等；另一种是约定格式，即在长期的公文写作的实践活动中形成的、为人们所习惯和认同的相对固定的表达格式，如调查报告、计划、总结、会议记录等文种的表达要素的排布结构即属于此种情况。法定格式来源于约定俗成的格式，而约定俗成的格式为法定格式奠定了基础。

下面着重介绍我国党政机关的公文格式，因为党政机关公文是党政机关实施领导、履行职能、处理公务的具有特定效力的文书,是传达贯彻党和国家方针政策,公布法规和规章,指导、布置和商洽工作,请示和答复问题,报告、通报和交流情况等的重要工具。党政机关具有国家和社会公共事务领导和管理的职能,且管理行为具有强制性、示范性和导向性,其公文格式不仅仅在党政机关强制执行,而且在其他国家机关、各种企业、事业单位等组织中也得以广泛应用,因此了解党政机关公文格式对各类组织编制规范的公文具有重要的指导意义。

根据《党政机关公文格式》的规定,党政机关公文采用 A4 纸型,其成品幅面为 210mm×297mm。上、下、左、右四个页边不能印刷文字,其尺寸为:天头(上白边)为 37mm±1mm,地脚为(下白边)为 35mm±1mm,订口为(左白边)为 28mm±1mm,翻口为(右白边)为 26mm±1mm;能印刷文字的区域称为版心,其尺寸为 156mm×225mm。一般每面排 22 行,每行排 28 字,特殊情况可作适当调整。党政机关公文格式分为通用格式、特定格式。特定格式包括信函格式、命令(令)格式、纪要格式。

一、公文的通用格式

公文的通用格式,由版头、主体和版记三部分构成。公文首页红色分隔线以上的部分称为版头,它相当于文件的"头";公文首页红色分隔线(不含)以下、公文末页首条分隔线(不含)以上的部分称为主体,它相当于文件的"身";公文末页首条分隔线以下、末条分隔线以上的部分称为版记,它相当于文件的"脚"。页码位于版心外。

(一)版头

版头位置是相对固定的,又俗称"文头"。主要包括以下要素:

1. 份号

份号是指公文印制份数的顺序号。当同一文稿需要印制若干份时,为每份公文编制的顺序号。其主要作用是便于公文的分发、清退和查找,有助于在日常公文管理中明确管理人员的责任。但并不是所有的公文都需要编制份号,它主要适用于涉密公文(秘密、机密和绝密的公文)。如果发文机关认为有必要,也可对不带密级的公文编制份号,如需清退的公文等。

公文如需标注份号,一般用 6 位 3 号阿拉伯数字表达。实际编号时,推荐采用 3~6 位阿拉伯数字,编虚位补齐,即第一份公文的份号可编为"001""0001""00001""000001",不应编为"1""01",以免与其他符号混淆。份号,既可用印号机手工加盖,也可用印刷设备印制。份号的字体各发文机关可自行掌握。

公文份号需顶格编排在版心左上角第一行,即横向紧贴版心左边缘(即订口边缘,距左页边 28mm),距公文上页边 37mm 处下面的第一行,份号上边缘紧贴天头下边缘。

2. 密级和保密期限

密级和保密期限是指公文的秘密等级和保密的期限。公文的密级是标识公文保密程度的标志,分为秘密、机密、绝密;保密期限是对公文密级的时效的规定。涉密公文应当根据涉密程度分别标注"绝密""机密""秘密"和保密期限。公文制发机关应当按照《中华人民共和国保守国家秘密法》和有关规定来确定公文的密级和保密期限。在公文中标识此项目的主要作用是便于公文管理、确保公文安全。

其标识位置：用3号黑体字顶格标识于版心左上角第二行。只标密级不标保密期限的，"绝密""机密"或"秘密"两字之间空1字。如需同时标识密级与保密期限的，"绝密""机密""秘密"两字之间不空格，保密期限中阿拉伯数字与"年"字也不空格；密级和保密期限之间加"★"隔开，如"机密★1年"。根据有关规定，国家秘密的保密期限，除特殊情况外，绝密级事项不超过三十年，机密级事项不超过二十年，秘密级事项不超过十年。保密期限在一年及一年以上的，以年计；保密期限在一年以内的，以月计。

密级和保密期限一定编排在版心左上角第二行，不能编排在版心左上角第一行，因为涉密文件应当标注份数，这就意味着标注密级就必须标注份数，份号排在第一行，密级和保密期限就一定编排在第二行。

3. 紧急程度

紧急程度是对公文送达和办理的时限要求。标注此项目的目的在于引起办文人员的注意，提醒公文办理时限，为催办公文提供依据，避免办文、办事延误。

根据紧急程度，紧急公文应当分别标注"特急""加急"，电报应当分别标注"特提""特急""加急""平急"。通常情况下，紧急公文中的"特急"是指内容重要并特别紧急，已临近规定的办结时限，需特别优先传递处理的公文，一般要求在当日办结。"加急"是指内容重要并紧急，需打破工作常规，优先传递处理的公文，一般须在3日内办结。电报中的"特提"，适用于极少数当日要办结的十分紧急的事项，注明"特提"等级的电报，发电单位应提前通知收文单位机要部门；"特急"适用于3日内要办结的紧急事项；"加急"适用于5日内要办结的较急事项；"平急"适用于10日内要办结的稍缓事项。

紧急程度标识位置：一般用3号黑体字，顶格编排在版心左上角。具体排在第几行，有三种情况：如果只有份号，没有密级和保密期限，紧急程度就排在左上角第二行；如果有份数、密级和保密期限，紧急程度就排在左上角第三行；如果没有份数、密级和保密期限，紧急程度就排在左上角版心第一行。需要指出的是，如果同时标注密级和保密期限、紧急程度，表达紧急程度的两个汉字之间不空格，如标注为"特急"；如果只标注密级或紧急程度，不同时标注保密期限，表达紧急程度的两个汉字之间应空1字，如标注为"特　急"。

4. 发文机关标志

发文机关标志即人们通常所说的"红头"。一般由发文机关全称或者规范化简称加"文件"二字组成，也可以使用发文机关全称或者规范化简称。发文机关全称应以批准该机关成立的文件核定的名称为准。规范化简称应由该机关的上级机关规定，也有由本机关自定的，但一定明文通知其他机关，以便增强简称使用的规范性、郑重性和准确性。如"北京市人民政府文件""中华人民共和国农业部文件""国务院文件"等，或者"南京市人民政府""中华人民共和国商务部"等。

发文机关标识居中排布，一般使用小标宋体字，字体颜色为红色，以凸显公文的权威性和郑重性。其字号大小自行酌定，一般不大于上级机关文件的发文机关标志所用字号，以醒目、美观、庄重为原则。

在具体排布上,发文机关名称文字少的情况下要尽量拉宽字间距,文字多的情况下尽量压缩字间距,总体上要小于版心的宽度。通常,单一机关行文时,发文机关名称"一"字排开。联合行文时,发文机关标志可以同时标注联署发文机关的名称,也可单独使用主办机关的名称。如需同时标注联署发文机关名称,一般应当将主办机关排列在前,协办单位依次排列其后,如行政机关与同级党的机构、军队机关、人民团体联合行文,按照党、政、军、群的顺序排列。如有"文件"二字,应当置于发文机关名称右侧,以联署发文机关名称为准上下居中排布。如联合行文机关过多,必须保证公文首页显示正文。

发文机关标志的编排位置:发文机关标志居中排布,上边缘至版心上边缘为35mm。平行文、下行文、上行文的发文机关标志的位置相同。版心左上角标注份号、密级和保密期限以及紧急程度,可以使发文机关标志右上侧留出空白区域,便于公文处理。

5. 发文字号

发文字号由发文机关代字、年份和发文顺序号组成。它是公文的"身份标识",在文件登记、文件查询引用、文件归档管理等环节都有重要作用。

发文机关代字由发文机关文秘部门为本机关所有部门统一编制的规范化缩写加"发""函"等组成。如中共中央的代字为"中",国务院的代字为"国",中共成都市委的代字用"成委",江苏省人民政府的代字用"苏政"。编制发文机关代字时,要做到明确、简洁、规范,不应产生歧义,例如:"国办发"就明确清楚,其中"国办"是国务院办公厅的代字,"发"代表发文的意思。实践中一些机构的发文机关代字过长如"教人学销发字〔200×〕×号",或者过于简略如"办发〔2012〕5号",这些发文字号中的发文机关代字的表意不明。一些发文机关代字在编制中,通常还将发文机关的具体办文部门、文件的性质等标注其中,如"×教计发〔2012〕20号"是某市教育局计划处2012年的第20号发文,"×人社办函〔2012〕56号"则表明该份文件是某省人力资源与社会保障厅办公室的一份平行发文,这些表达方法也必须以简洁、规范和准确表意为原则。

年份要用四位年代号,用4位阿拉伯数字表达,并用六角号"〔 〕"括起,如〔2012〕。不应简化年份,不应将"〔 〕"改为[ ]、( ),如将2012年简化为〔12〕,或者表达为[2012]、(2012)等,都是不正确的。

发文顺序号是一个发文机关一年内制发文件的统一流水号。所谓统一流水号,一般是以不同发文形式分别进行统一编号,如以本机关名义制发的公文可以统一编号,以本机关办公厅名义制发的公文另行统一编号,以便于发文的管理。发文顺序号要用阿拉伯数字表达,每年年初从"1"开始,编号不编虚位(即1不编为01),在顺序数字前不加"第"字,在顺序数字后加"号",如"国办发〔2012〕45号"就表明该份文件是国务院办公厅2012年制发的顺序号为45的发文。

一份公文只应标注一个发文字号。单一机关行文时,发文机关的发文字号居中"一"字排开。联合行文时,也只标注一个发文字号,一般应标注主办单位的发文字号。

发文字号的位置:置于发文机关标志下空二行的位置,采用3号仿宋字体。平行文、下行文的发文字号居中排布。上行文的发文字号居左空一字编排,与最后一个签发人姓名处在同一行。发文字号之下4mm处印一条与版心等宽的红色分隔线。红色分隔线的高度推荐使用

0.35mm~0.5mm,具体高度可根据发文机关标志的字体字号酌定。

6. 签发人

签发人是指发文机关最后核查并批准公文向外发出的主要负责人。标注签发人姓名,主要目的是为上级机关处理公文时了解下级机关谁对上报的事项负责。只有上行文才要求标注签发人姓名。任何一份公文都有签发人,一般性公文由主管领导就可以签发,而上行文必须由机关主要负责人(各机关的正职或主持工作的负责人)签发,因此上行文标注的只能是机关的主要负责人。

签发人项目由"签发人"三字加全角冒号和签发人姓名组成。"签发人"三字用3号仿宋字,签发人姓名用3号楷体字。联合行文时,所有联合发文机关的负责人都称为签发人,并都需要标注其姓名,主办机关的签发人姓名应排在第一位。

签发人标注位置:单一机关或者两个机关联合上行文,签发人排布于发文字号右侧,与发文字号处在同一行,发文字号居左空1字,签发人项目居右空1字,以便对称美观。三个或三个以上机关联合上行文,"签发人"三字和全角冒号与首行签发人姓名排在发文机关标志下空二行的位置,按发文机关顺序编排签发人姓名,每行一般排2个签发人姓名,两个签发人姓名之间空1字。回行时每行签发人姓名的第一个字都要对齐。为了与三个字的人名对齐,两个字的人名中间空1字。红色分隔线依次下移,应使发文字号始终与最后一个签发人姓名处在同一行,并使红色分隔线与之的距离为4mm,红色分隔线居中并与版心等宽。

版头部分的上述6个要素,除了发文机关标志和发文字号是必备要素外,份号、密级和保密期限、紧急程度以及签发人四个要素可以根据发文内容、办理时限、行文对象等情况选择使用。

(二)主体

主体是公文信息内容的表达部分。公文实质性的内容均在此部分表达。主要包括以下要素:

1. 标题

标题是对公文主要内容的概括与揭示。其作用在于简要、概括地向阅读者传达公文的基本内容、行文目的要求,提供一些阅文线索,也便于公文的检索和处理。通常情况下,写作公文均要求拟写标题。

标题结构由发文机关名称、事由、文种三要素组成,三要素均应表达齐全完整、明确简洁、鲜明醒目。

发文机关名称:应使用经有关部门核准的全称或规范化简称,避免随意简化造成歧义而影响文件的严肃性和郑重性。通常,三个和三个以下机关联合行文时,应列出所有发文机关的名称,四个和四个以上机关联合发文时,可以采用排列在前的发文机关加"等"的方式表达。

事由:事由概括应与公文正文内容相一致,应防止标题和正文内容不符或标题过宽或过窄的现象。事由部分大多是将公文正文内容简要概括成一个名词性词组或动词性词组。其中,名词性词组是针对某项工作、事项或者问题等的概括表达,如《关于办学场地的意见》;而动词性词组是为开展某项工作、办理某项事情、解决某一问题等的概括表达,如《关于开展暑期社会实践活动的意见》。

通常,事由部分使用介词"关于""对"等来连接,与其后的词语一起构成介词词组。要注意这两个词语的搭配关系:"关于"多用来表示范围,"对"多用来表示对象;"关于"后大多接动宾词组,表示一个事件的过程或进行某项工作,如《关于加强湿地保护工作的通知》;"对"后常接名词性词组,表示公文内容涉及的对象,如"对胜利粉碎劫机事件的民航杨继海机组的嘉奖令"。"关于"和"对"不应重叠使用,如《关于对××××××通报》就不规范。

文种:又称文件名称,应当准确、恰当使用,避免混用、重叠使用或者生造文种,以免影响公文处理的效率。

公文标题结构的主要类型:

一是三要素标题:即由发文机关名称、事由、文种三要素组成,揭示出公文的作者、主题内容和文件的性质,使阅文者能够一目了然地了解到该文件的基本信息。适用于撰写各种行文方向、不同性质的公文。例如:《××市××局关于国有土地使用审批的通知》,其中,"××市××局"是发文机关名称,"国有土地使用审批"是事由,"通知"是文种。

二是二要素标题:即由发文机关名称(或事由)、文种构成。如《中华人民共和国主席令》《北京市公安局通告》《中华人民共和国国务院公告》《中国人民银行通告》《互联网信息服务管理规定》《关于×××项目进展情况的报告》等。这类标题多适用于令知类、公布类、法规类公文,以及科技、经济类专用文件的标题。

三是单一要素标题:即只标明文件名称的标题,如《通知》《公告》《通告》《布告》《通报》等。这种标题适用于张贴公布的告知类公文。因为张贴性告知类公文行文篇幅短小,公文主题内容在简短的正文中可以直截了当地清楚说明,阅文者可以快速获知主要信息,因此标题可以简单地用文种表达。这种标题在使用时应严格限定其使用范围,非张贴性告知类文件的写作中应避免使用。

四是复合标题:通过正副两个标题共同表达,正标题可以是文章式的,也可以是公文要素式的标题,而副标题是对正标题的进一步补充说明。如《最高人民法院工作报告——200×年×月××日在第×届全国人民代表大会第四次会议上》。这种标题多用于会议类、报告类文件。

五是文章式标题:即按照一般文章的标题写作,如《继往开来 与时俱进 全力以赴向国家级示范性高中冲刺》《乡村关系冲突现象剖析》《崛起广厦千万间》等。这种标题多适用于工作报告、总结报告、述职报告、调查报告等报告类公文。

拟写公文标题应遵守逻辑规则、语法规则以及有关的要求,规范地表达公文内容等主要信息。标题的字数一般不超过50字。

公文标题不是一个句子,是以文种(文件名称)为中心词的一个偏正词组,因而在标题中一般不加标点符号,但下列特殊情况除外:

——转发法规性文件的标题,可以使用书名号"《》"将被转发文件括起,如"关于转发《×××××管理办法》的通知"中《××××××管理办法》是被转发的法规性文件,即用书名号

括起;

——标题事由部分出现多个机关、人名并列时,并列内容之间可使用顿号"、"来停顿,如《××局关于表彰章平、王力同志先进事迹的通报》;

——标题中使用缩略词以及具有特定含义的词语时,应当使用引号,如《关于"5·12"汶川大地震灾后重建×××的决定》;

——标题中某一部分需要注释或者说明时使用圆括号,如《关于印发〈×××××管理办法〉(暂行)的通知》;

——正副标题中,副标题前加破折号。例如:

《关于建设马克思主义学习型政党的几点学习体会和认识——在中央党校 2009 年秋季学期第二批进修班开学典礼上的讲话》

公文标题的标识位置:一般用 2 号小标宋体字,在红色分隔线下空二行,分一行或多行居中排布。标题多行排布时,一般采用上梯形、下梯形或菱形排布。如果出现每行标题的字数过多顶到版心边缘或者标题占行太多把正文挤出首页的情况,必须遵循标题排列美观、回行不断开词意、公文首页必须显示正文等原则进行适当调整,力求做到标题表达词意完整,排列对称,长短适宜,间距恰当。

2. 主送机关

主送机关是公文的主要受理机关,对公文负有主办或答复责任。

主送机关的标注有三种方法:一是直接使用主送机关的全称,如"中华人民共和国财政部";二是使用主送机关的规范化简称,以不产生歧义为原则,如"中华人民共和国国务院"的简称为"国务院";三是使用同类型机关的统称,如"部属各高等院校""下属各单位"等。

主送机关的标注要求:一要准确,主送机关必须是具有该公文受理权限的单位;若公文内容是涉及几个单位职能的事项,其主送机关应当是主办单位,其他单位可采取抄送形式。二要规范,要使用全称、规范化简称或者统称。主送机关较少时,应使用全称或规范化简称全部列出;主送机关较多时,应使用统称或简称。三要有序,一般按照重要程度排列,或者按主要执行单位在前的原则排列。各有关单位之间用顿号或逗号分清层次。一般是同一层级、同一性质、同一类型的机关之间使用顿号分隔,不同层级、不同性质、不同类型的机关之间使用逗号分隔。如"各省、自治区、直辖市党委和人民政府,中央和国家机关各部委,解放军各总部、各大单位,各人民团体"。

主送机关的编排位置:用 3 号仿宋体字,在标题下空一行,居左顶格编排,回行时仍顶格,最后一个主送机关名称后标全角冒号。如主送机关名称过多而使公文首页不能显示正文时,应将主送机关名称移至版记,置于抄送机关的上一行,与抄送机关之间不加分隔线。除将"抄送"二字改为"主送"外,其标注方法同抄送机关。

3. 正文

正文是公文的主体部分,用以表述公文的内容。

正文的结构一般分为导语、主体与结语。文中结构层次序号可以用"一""(一)""1""(1)"标注;一般第一层用黑体字、第二层用楷体字、第三层和第四层用仿宋字标注。

公文正文编排时,首页必须显示正文,如因联合行文机关过多、主送机关过多以及签发人过多造成正文被挤出首页的情况,可以采用各种相应的变通方法予以调整,以满足首页必须有正文的基本要求。

正文的编排位置:一般用3号仿宋字体编排于主送机关名称下一行,每自然段左空2字,回行顶格。

正文内容表达请参见本章"公文结构"的相关内容。

4. 附件说明

附件说明是公文附件的顺序号和名称。而附件是指附属于公文正文的图表、图形、名单和其他公文等材料。附件对公文正文起说明、解释、补充、证实、参考作用,是公文正文内容的组成部分,与正文具有同等效力。附件主要包括与公文内容相关的各种文字材料、数据、名单、图表、图形等,这些内容如果穿插在公文正文中,往往会隔断公文前后文的联系,影响阅读的整体感和效率。将这些内容作为附件单独表述,既能补充完善正文,又能使正文表意完整、简洁和明确。为此,需要借助于附件说明这一要素来连接和呼应正文中涉及附件内容处所注明的"见附件"或者"附后"等的相关内容,以显示公文的附件与正文之间不可分割的关系。

附件说明的编排要求:用3号仿宋体字在正文下空一行左空2字处标注"附件"二字,后标全角冒号和附件名称。如果公文带有两个或两个以上的附件,附件名称前面用阿拉伯数字标注附件的顺序号,之后紧跟一个小圆点(如"附件:1.×××××××")。如果附件名称较长需回行时,应与上一行附件名称的首字对齐。附件名称后不加标点符号。

附件应另面编排,并在版记之前,与公文正文一起装订。"附件"二字及附件顺序号用3号黑体字顶格编排在版心左上角第一行,如"附件""附件2"。附件标题居中编排在版心第三行。附件顺序号和附件标题要与正文中、附件说明处的表述一致。附件内容表达的要求同正文。

如附件与公文正文不能一起装订,应在附件左上角第一行顶格标注公文的发文字号并在其后标识"附件"二字及附件顺序号,如"国办发〔2012〕36号附件""发改办环资〔2012〕1972号附件2",以防止附件散乱、丢失,方便阅读查对。

针对批转转发印发类公文,被批转、转发、印发的内容不按附件处理,在公文正文中不加附件说明,直接另面编排,其首页也不标注"附件"二字,内容表达的要求与正文一致。

5. 发文机关署名、成文日期和印章

发文机关署名应当用发文机关全称或规范化简称。单一行文、联合行文时均须标注发文机关署名。公文一般以发文机关名义来署名,发文机关署名要与发文机关标志、标题中发文机关名称相一致。议案、命令(令)等文种需要由签发人署名的,应当写明签发人职务并加盖签发人签名章。

成文日期表示公文形成时间。确定公文成文日期的原则是:一般公文以机关负责人签发日期为准;经会议讨论通过的公文,以通过日期为准;法规性公文以批准日期为准;两个以上机关(部门)的联合发文,以最后签发的机关负责人签发的日期为准。

成文日期的位置有两种情况:一是在公文标题之下居中标注,应标全年、月、日并用圆括号()括起来,如会议通过的决定、决议等。二是在公文正文或附件说明的右下方标注,应标全年、月、日。成文时间的年、月、日用阿拉伯数字,年份要用四位阿拉伯数字标全,月、日不编虚位(即1不编为01),如"2012年10月1日"。

印章是公文生效的标识,代表发文机关的职权。一般公文均应加盖发文机关印章。不加盖印章的如会议纪要、上报的意见等文件,常作为其他公文的附件,也就借助于其他公文的正文的印章来确定文件的法定效力。而议案、命令(令)等则是通过加盖签发人签名章来确定其法定效力,合同、协议书等公文往往具有印章和签署(或签发人签名章)两种生效标识。

发文机关署名、成文日期和印章的编排规则如下:

——加盖印章的公文:成文日期右空4字编排,印章用红色,不得出现空白印章。单一机关行文时,一般在成文日期之上、以成文日期为准编排发文机关署名(如其全称或规范化简称过长,可考虑分排两行),印章要端正、居中下压发文机关署名和成文日期,使之居印章中心偏下位置,印章顶端应当上距正文(或附件说明)一行之内。联合行文时,将各发文机关署名按照发文机关顺序整齐排列在相应位置,并将印章一一对应、端正、居中下压发文机关署名,最后一个印章要下压发文机关署名和成文日期;印章之间排列要整齐、互不相交或相切,每排印章不得超出版心,首排印章顶端应当上距正文(或附件说明)一行之内。

——不加盖印章的公文:单一机关行文时,在正文(或附件说明)下空一行右空2字编排发文机关署名;联合行文时,应当先编排主办机关署名,其余发文机关依次向下编排。成文日期标注在发文机关署名的下一行,其首字比发文机关署名首字右移2字。如果成文日期长于发文机关署名,应当使成文日期右空2字编排,并相应增加发文机关署名右空字数;如果成文日期短于发文机关署名,那么发文机关署名居右空2字编排。

——加盖签发人签名章的公文:单一机关制发的公文加盖签发人签名章时,在正文(或附件说明)下空二行右空4字加盖签发人签名章,签名章左空2字标注签发人职务,以签名章为准上下居中排布;在签发人签名章下空一行右空4字编排成文日期。联合行文加盖签发人签名章时,应当先排主办机关签发人职务、签名章,其余机关签发人职务和签名章依次向下排布,与主办机关签发人职务和签名章对齐;每行只排一个机关的签发人职务和签名章,签发人职务应当标注全称。签名章一般为红色。在签发人签名章下空一行右空4字标注成文日期。

上述几种情况中,如出现公文排版后所剩空白处不能容下印章或签发人签名章、成文日期时,可以采取调整行距、字距的措施来解决。

6. 附注

附注是指对文件内容或有关事项、办文要求的注释与说明,如对公文的印发传达范围、使用方法、上行文办理的沟通信息("联系人""联系电话")等加以说明,并在文字外加圆括号,其格式如下:(此件公开发布)或(此件发至县团级)或(联系人:×××,联系电话:××××××)。

附注的作用是方便公文处理部门对公文的分发、办理,保证公文处理的安全性。附注不是对公文正文内容的解释,对公文的注释或解释一般在公文正文中采用句内括号或句外括号的方式解决。

附注的编排位置:在成文日期之下一行居左空2字加圆括号用3号仿宋体字编排,如附注文字较长需回行时,回行要顶格。

上述要素中,标题、正文、发文机关署名、成文日期是公文的基本要素,主送机关、印章、附件说明、附注等要素可以根据行文目的、文件性质、受文对象、发送范围等实际情况进行选用。主体部分各要素的选用、编排要完整、简明、准确地传达和表现公文的内容信息,以便公文的传播和执行。

(三) 版记

版记主要标注公文处理与管理的有关信息。版记中各要素与印发机关和印发日期之间加一条分隔线隔开,以显示各要素的区别,也可使之更加美观。分隔线的宽度同版心宽度(即156mm)。首条分隔线与末条分隔线用粗线(推荐高度为0.35mm),中间的分隔线用细线(推荐高度为0.25mm)。首条分割线位于版记中第一个要素之上,末条分隔线要置于公文的最后一面的最后一行。

版记的编排位置:版记一定在公文的偶数页上。由于公文是双面印刷,即使公文很短,版记也必须移至第2页,即使第2页除了版记没有任何内容。公文的篇幅如果在一个折页(即有四面)以上,这时公文的页数一般应是4的倍数(如A3纸印制、骑马装订),此时版记也一定要放在最后一面,而不管前面的空白有多少,版记页和空白页都不标页码。如果附件是被转发的文件,该文件后面也有版记,这时被转发文件的版记不能代替转发文件的版记,转发文件还应编排自己的版记。

在公文版记中不需要标注拟稿人、校对人和份数等信息。在各机关的公文发文稿纸中已经记录了拟稿人、校对人和份数等,是反映机关内部发文事务过程和人员的信息,在正式对外发布的公文中就不再需要标注。

版记一般包括抄送机关、印发机关和印发日期等要素。

1. 抄送机关

抄送机关是指除主送机关外需要执行或者知晓公文内容的其他机关,应当使用机关全称、规范化简称或者同类型机关统称。

公文如有抄送机关,用4号仿宋字,左右各空1字。左空1字标注"抄送"二字,后加全角冒号,随后标注抄送机关名称,回行时与冒号后的第一个抄送机关名称首字对齐。抄送机关排列的一般顺序:首先是上级机关,其次是同级机关,再次是下级机关。按照党、政(地方党委政府在前,部门和厅局在后)、军、群的顺序排列。抄送机关之间标点符号使用的一般方法:同一系统内同级机关之间用顿号分隔,不同系统机关之间用逗号分隔,最后一个抄送机关名称之后标注句号。如果在抄送机关之上一行要标注主送机关,主送机关与抄送机关之间不用分隔线分开,其编排的具体方法除将"抄送"二字改为"主送"外,各主送机关的排序和标点使用等均同抄送机关。

2. 印发机关和印发日期

印发机关和印发日期是指公文的送印机关和送印日期。印发机关不是指公文的发文机关,而是指公文的印制主管部门,一般应是各机关的办公厅(室)或文秘部门,如有的机关没有专门的文秘部门,那么发文机关就是印制机关。印发日期准确反映了公文的送印时间。标注印发机关和印发日期的目的在于明确公文印制部门的责任,掌握公文制发的效率,帮助受文者了解发文机关的发文情况,有利于公文办理和工作效率的提高。

印发机关和印发日期的编排位置:用4号仿宋体字编排在末条分隔线之上,印发机关与印发日期只能占一行。印发机关左空1字,用机关全称或者规范化简称;印发日期右空1字,用阿拉伯数字完整标全年、月、日,后加"印发"二字。

翻印文件时,需给出翻印机关和翻印日期,并注明在印发机关和印发日期的下方位置;翻印机关居左空1字标注,用翻印机关全称或者规范化简称;翻印日期居右空1字标注,用阿拉伯数字完整标全年、月、日,后面加"翻印"二字。

版记中如有其他要素,应当将其与印发机关和印发日期用一条细分隔线隔开。

3. 页码

页码是为公文每页编制的顺序号,是公文的重要组成部分之一。标注公文页码,有助于保证公文不散页、不丢失,维护公文的有效性和完整性,有利于对公文进行查阅、统计、检索、印制和装订。

页码的编排位置:用4号半角宋体阿拉伯数字标注,置于版心下边缘之下一行,数字左右两边各放一条一字线;一字线距版心下边缘7mm;单页码居右空1字,双页码居左空1字。页码数字左右各放一条一字线,主要是为了美观和方便阅读。

公文的版记页前有空白页的,空白页和版记页都不编排页码(即页码只编排到公文主体部分结束的一页)。公文的附件与正文一起装订时,页码应当连续编排;附件与正文不在一起装订时,附件另编页码。

上述公文要素的编排式样详见下列图示[①]:

图 3-1　公文首页版式
图 3-2　联合行文公文首页版式1
图 3-3　联合行文公文首页版式2
图 3-4　公文末页版式1(单一机关发文加盖印章)
图 3-5　公文末页版式2(单一机关发文不加盖印章)
图 3-6　联合行文公文末页版式1
图 3-7　联合行文公文末页版式2
图 3-8　附件说明页版式
图 3-9　带附件公文末页版式(与正文一起装订)
图 3-10　与正文不一起装订的附件首页版式

---

① 本书有关公文格式式样图是以A4纸面为例对各要素编排位置的示意。图中版心虚线框仅为示意,在印制公文时并不印出。版心所排文字的字体、字号大小与线段长宽尺寸等,请详见本章公文格式各要素的文字叙述内容。

000001

机密★1年

特急

×××〔2012〕10号

×××××关于××××××的通知

×××××××：
　　××。
　　××××××××××××××××××××××××××××××××。
　　××××××××××。
　　××××××。××××××××××××××××××××××××××××××××××

— 1 —

图3-1　公文首页版式

图3-2 联合行文公文首页版式1

000001

机　密

特　急

XXXXXX

X　　X　　X

XXXXXX

签发人：XXX　XXX

XXX

XXX〔2012〕10号

XXXXXX关于XXXXXXX的请示

XXXXXXXXX：

XXXXXXXXXXXXXXXXXXXXXXXXXXXXXXXXXXXXXXXXXXXXXXXXXXXXXXXXXXXXXXXXXXXXXXXXXXXXXXXXXX。

XXXXXXXXXXXXXXXXXXXXXXXXX

— 1 —

图 3-3　联合行文公文首页版式 2

×××××××××××××××。
　××××××××××××××××××××××××
×××××××××××××××××××××××××××
××××××××××。

2012 年 7 月 1 日

　（×××××）

抄送：×××××××，××××××，×××××，×××××，
　　　×××××。
　××××××××　　　　　　　　2012 年 7 月 1 日印发

— 2 —

图 3-4　公文末页版式 1（单一机关发文加盖印章）

×××××××××××××。
　　×××××××××××××××××××
×××××××××××××××××××××××
××××××××。

　　　　　　　　××××××××××
　　　　　　　　2012 年 7 月 1 日
（×××××）

抄送：×××××××,××××××,×××××,×××××,
　　　×××××。
×××××××× 　　　　　　　　2012 年 7 月 1 日印发

— 2 —

图 3-5　公文末页版式 2(单一机关发文不加盖印章)

×××××××××××××。
　　×××××××××××××××××××××
×××××××××××××××××××××××
××××××××××。

2012年7月1日

（×××××）

抄送：×××××××,××××××,×××××,×××××,
　　　×××××。
××××××××　　　　　　　　2012年7月1日印发

— 2 —

图 3-6　联合行文公文末页版式 1

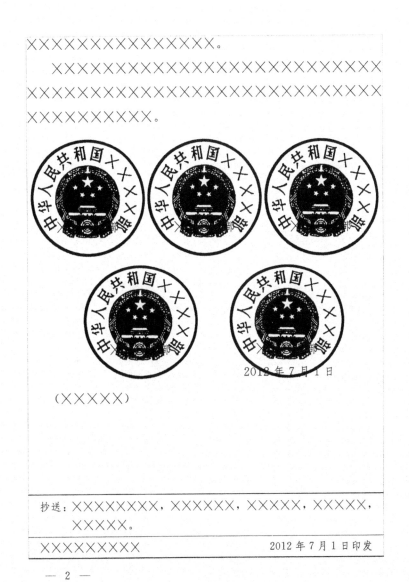

图 3-7 联合行文公文末页版式 2

×××××××××××××。
　×××××××××××××××××××
×××××××××××××××××××
××××××××××。

　附件：1. ×××××××××××××××××
　　　　×××××
　　　2. ××××××××××××

　　　　　　　　　　×××××××
　　　　　　　　　×　×　×　×
　　　　　　　　　2012 年 7 月 1 日

（×××××）

— 2 —

图 3-8　附件说明页版式

图 3-9 带附件公文末页版式(与正文一起装订)

×××〔2012〕10号附件

××××××××××××

　　××。
　　××。
　　××××××××××××××××××××××××××××××××××××。

— 2 —

图 3-10　与正文不一起装订的附件首页版式

(四) 公文中表格的编排

表格是按项目画成格子,分别填写文字和数字的书面材料。表格表述是普通文字表述的延展,从表达公文信息的角度看,它是语言文字表达的有益补充。对于一些需要叙述与引用大量数据或者进行数据对比性表述的公文,文字陈述存在明显的局限性,而借助于具有较强的对比、分类功能的表格,可以使信息表达得简洁、明快。公文中表格的尺寸设计,一般应以能被容纳在一个版面内为限,尽可能不用插页表和转页表。

表格一般由表题、表项、表文和表注构成。

表题,如一篇文章的标题一样,是对一个表格内容的定性概括。表题由表号和表题文组成。表号为表格的顺序号,用阿拉伯数字标注;表题文必须准确地反映表格内具体内容的意义。表题一般放在表格的正上方,表号与表题文之间空一个汉字位置,居中排布。公文正文中插入表格,应当标注表题,如"表1　××××一览表";公文正文后附加表格(附表),还应在正文中提示,同时在附件说明中标注表题,如"2.××××市场运行监测周报表"。

表项,是表格中具体内容的项目名称和类别。表项的表达,应当精炼完整,不能缺项,以避免出现错误信息。表格横线之间为行,竖线之间为列(栏)。在每行和每列的第一格内所写的文字或符号分别称为行题(左)和列题(上)。而第一行与第一列的交汇处称为栏头,其他部分为项目栏。栏头,可用对角线将栏头分为两半,分别概括行题和列题的内容;也可把栏头作为行题或列题,对第一行或第一列进行概括。一般情况下,行题所提出的是事物对象,列题所标示的是工作中所需要表达的具体项目。在标注行题和列题时,应从上到下,从左到右,按照一定的逻辑顺序标出。表项的排列,应以突出问题的重点和实质为目标进行逻辑组合,使阅文者能方便地理解和接受信息,以免造成歧义。

表文,是表格中的核心部分,即表格内表述的信息内容,常常是一些数据,也可是文字。表格中的数据应准确无误,书写清楚。表中文字的写法,要简明扼要,横写与竖写应全表统一,文字较少时可居中书写。表中数字的写法,上下对齐,小数以小数点为准对齐,小数点后的位数应统一。表中计量单位的标注,如各栏参数的计量单位相同时,应将单位写在表的右上角,即在表题后空一格书写或包括在表题中;如多数参数的计量单位相同时,可将该单位写在表格的右上角,将其余单位写在有关栏内。如相邻栏目的单位相同时,可合并写在它们共同的栏目内。

表注,是对表格中一些项目和数据的注释与说明。表注的位置在表格的底线下方,文字一定要简明准确,最后用句号。注释或说明标记可用星号"＊"标在所注对象的右上角。注释或说明多于一个时,应编顺序号,如"1.……2.……"如果表中需要说明的项目较多,在表格外用表注文字叙述时不易理解或所需文字过多,可以在表格的最右一列或最下一行设置"备注栏"。

近年来,党政机关、企事业单位等都在公文中大量使用表格,目的在于简化公文,提高公文写作与处理的效率。通常,表格多与文字文本结合形成公文,也可以将单一表格作为独立公文。与文字文本配合形成公文的,表格可以在公文正文中,也可附在公文正文后。公文正文后的附表,有助于进一步补充、论证以及说明公文正文的内容。

公文中如需附带表格,如果是竖排,其编排方法与一般文字相同。如果是 A4 纸型的表格横排时,应将页码放在横表的左侧,单页码置于表的左下角,双页码置于表的左上角,单页码表头在订口一边,双页码表头在切口一边,这样放置可保证连续编排的表格能够依次向下顺序翻看,否则有可能出现单双页表格全部放在钉口一边或切口一边,阅读公文就要反复颠倒来看,很不方便。

公文如需附带 A3 纸型的表格,表格的开本相对比较大,且是作为公文的最后一页时,为避免表格脱落,应使表格处于封三之前的位置,而不应将表格贴在封四上,一般不编排页码;如果 A3 表格在公文中间,页码编暗页码。

二、公文的特定格式

公文的特定格式是相对于公文的通用格式而言,是公文通用格式的补充,主要包括信函格式,命令(令)格式和纪要格式。使用特定格式的公文,其作用和法定效用与使用通用格式的公文相同。

(一)信函格式

信函格式,是区别于上述通用格式的一种特定格式。信函格式主要适用于政府各部门及其内设机构处理日常事务而制发的平行文或下行文。

信函格式与公文的通用格式制发的各种公文具有同等的法定效力。与通用格式相比,信函格式中各要素的编排出现了如下变化:

1. 发文机关标志:只标明发文机关名称,其后不加"文件"二字。发文机关名称一般使用全称或者规范化简称。发文机关名称上边缘距上页边的距离为 30mm,居中排布,推荐使用红色小标宋体字,字号大小自定。联合行文时,使用主办机关标志。与通用格式相比,信函格式的发文机关标志更靠近上页边。

2. 分隔线:发文机关标志下 4mm 处印一条上粗下细的红色双线(俗称"武文线"),距下页边 20mm 处印一条上细下粗的红色双线(俗称"文武线"),两条线长均为 170mm,均居中排布;与通用格式相比,信函格式有两条红色双线,而通用格式的文头与正文之间的分隔线只有一条红色分隔线(156mm)。

3. 各要素的位置:份号、密级与保密期限、紧急程度、发文字号等要素,应当顶格居版心左边缘编排在第一条红色双线下,各要素自上而下分行排列;第一条红色双线下一行的第一个要素的文字和第二条红色双线上面的文字距红色双线的距离均为 3 号字字高的 7/8;发文字号置于顶格居版心右边缘第一条红色双线下;标题标注在份号、密级和保密期限、紧急程度、发文字号中最后一个要素的下边缘下空二行位置;首页不显示页码,由第二面开始标注;版记不加印发机关和印发日期、分隔线,位于公文最后一面版心内最下方。

信函式格式中除了上述变化外,其他各要素的标识方法均同公文的通用格式。

信函格式并不是一种文种,与"函"的文种有本质区别。信函格式是区别于公文通用格式的一种公文格式,而不是指公文种类。虽然在公文实践中,"函"这种文种采用信函格式的情况较多,但绝不意味着只有"函"这一种文种能够使用信函格式。以信函格式发文应当选择使用与行文方向一致、与公文内容相符的文种,例如:通常,政府各部门及其内设机构处理日常事务如商洽工作、询问和答复问题、审批事项的平行文或下行文,如函、通知、批复、意见等文种,均可以选择使用信函格式发文。

信函格式公文首页版式见图3-11,其末页格式见图3-12。

中华人民共和国×××××部

000001　　　　　　　　　　　　×××〔2012〕10号

机　密

特　急

　　　　　×××××关于×××××××的通知

××××××××：
　　××。
　　××。
　　××。

图3-11　信函格式首页版式

××××××××××××××××××××××××××××××××
××××××××××××××××××××××××××××××××
××××××。××××××××××××××××××××。
　　×××××××××××××××××××××××××××××
××××××××××××××××××××××××××××
×××××××。
　　×××××××××××××××××××××××××××××
××××××××××××××××××××××××××××
×××××××。

(×××××)

抄送：×××××，×××××，×××××，××××，
　　　××××××。

— 2 —

图 3-12　信函格式末页版式

（二）命令格式

命令格式是颁布命令（令）的特定格式。《党政机关公文处理工作条例》规定，命令（令）适用于公布行政法规和规章、宣布施行重大强制性措施、批准授予和晋升衔级、嘉奖有关单位和人员。为命令（令）设定特定格式有助于从表现形式上维护国家政令的权威性和统一性。

与通用格式相比，命令格式中各要素的编排规则如下：

1. 发文机关标志：发文机关名称全称后加"命令"或"令"字组成。发文机关名称应以批准本机关成立的批文核定的全称为准，一般不使用规范化简称。如农业部令的发文机关标志就是"中华人民共和国农业部"。发文机关标识用红色小标宋体字，字号由发文机关酌定。联合发布的命令（令），发文机关名称顺序分行编排，两端对齐，"命令"或"令"字置于所有联署发文机关名称右侧，上下居中编排。

命令格式的发文机关标志的位置：发文机关标志上边缘距版心上边缘20mm标识，推荐用红色小标宋体字。如果是联合发布命令（令），排列在首位的发文机关也要在此处编排，其余发文机关下移。

2. 令号，是命令（令）的编号，作用等同于发文字号。一般由"第"字加命令发布的顺序号组成，采用"第×号"的形式，不编序号，如"第8号"。令号的位置：在发文机关标志下边缘空二行居中编排。

3. 正文：命令（令）一般无标题，令号之下空二行直接编排正文。正文的内容一般比较简短，大多是一个自然段。正文中各要素表达同通用格式的相关要素。

4. 签名章：正文下空二行右空4字标识签发人签名章。签名章左空2字编排签发人职务，相对于签名章上下居中。命令的签发人应是发文机关的正职负责人。联合发布的命令（令），应当先排主办机关签发人职务、签名章，其余机关签发人职务、签名章依次向下编排；签发人职务应标注全称，如"××部部长"。成文日期置于签发人签名章之下空一行位置，右空4字编排。签名章用红色。

命令（令）的版记与通用公文相比有一点不同，即命令（令）的主送机关和抄送机关统称分送机关，编排于版记的首条分隔线之下，其标识方法同通用格式的抄送机关。命令格式的其他要素的表达和编排方法均同通用格式。

单一机关发布命令（令）格式的首页版式见图3-13、联合发布命令（令）的首页版式见图3-14。

图 3-13 单一机关发布命令(令)的首页版式

```
        ××××××
        ××××××  令
        ××××××

            第×××号

    ××××××××××××××××××××
××××××××××××××××××××××××
××××××××××××××××××××××××
×××××××××××。


        ×××部长    ×    ×    ×
        ××××部长   ×    ×    ×
        ×××部长    ×    ×    ×


                  2012年7月1日


                              —1—
```

图3-14 联合发布命令(令)的首页版式

(三) 纪要格式

纪要格式是用于会议纪要行文的特定格式。纪要是用来记载会议主要情况和议定事项的文种。纪要主要印发给与会者执行、备忘和存查,同时起到沟通会议情况的作用。会议纪要不加盖印章。会议纪要可以上报,也可以下发,一般只发给与会议纪要内容所涉及的相关单位。

与公文的通用格式相比,纪要格式中各要素的编排规则如下:

1. 纪要标志:使用"××××纪要"的格式,不加"文件"二字,如"××市人民政府全体会议纪要""××省人民政府常务会议纪要""××市人民政府专题会议纪要""××××市人民政府市长办公会议纪要"等。纪要标志用红色小标宋体字,字号由发文机关自定。纪要标志的位置:其上边缘至版心上边缘为35mm,居中排布。

2. 纪要编号:根据会议召开的顺序次数编写,其作用等同于发文字号,居中编排于纪要标志下空二行位置,可以采用"第××次"的形式,不编虚号,如"第7次"。由于会议纪要标志中已标明会议名称,这样的标注不会造成歧义。

3. 正文:交代会议讨论和议决的主要事项的具体内容。由于纪要标志中已标明了会议名称及文种,其正文标题大多情况下可省略,纪要正文在红色分隔线下方空二行直接编排。如果纪要标志不能准确说明会议事项需要标注纪要标题的,在红色分隔线下方空二行编排纪要标题,在标题下空一行编排正文。

4. 与会人员:出席人员、请假人员、列席人员等应在正文后标出。其位置:在正文或附件说明下空一行左空2字用3号黑体字编排"出席"二字,后标全角冒号,冒号后用3号仿宋字标注出席人单位、姓名,同一单位不同人员之间、不同单位之间的分隔符号可根据实际情况确定,回行时与冒号后的首字对齐,段末加句号。如需标注请假和列席人员名单,除依次另起一行并将"出席"二字改为"请假"或"列席"外,编排方法同出席人员名单。

5. 印发机关与印制日期:纪要标志下红色分隔线上方平行排布,印发机关居左空1字,印制日期居右空1字排布。

会议纪要的主送机关和抄送机关统称分送机关,编排在版记中首条分隔线之下,其标注方法同通用格式的抄送机关。

在现实工作中,不同单位、不同性质的会议多种多样,一种会议纪要格式很难满足全部的需求,因此,各级党政机关、企事业单位、人民团体等可以根据实际情况、参照上述格式来制定满足自身实际需求的会议纪要格式。

纪要格式首页版式见图3-15、纪要格式末页版式见图3-16。

000001

机　密
特　急

××××××会议纪要

（×××）

××××××　　　　　　　　　　　2012 年 7 月 1 日

××××××××××××

　　××××××××××××××××××××××××××
××××××××××××××××××××××××××××。
　　××××××××××××××××××××××××××
××××××。
　　××××××××××××××××××××××××××
××××××。
　　××××××××××××××××。
　　××××××××××××。
　　××××××××××××××××××××××××××
××××××××××××××××××××××××××××

— 1 —

图 3-15　纪要格式首页版式

××××××××××××××××××××××
××××××××××××××××××××××
×××××××××××××××××。
　　××××××××××××××××××
××××××××××××××××××××××
××××××××××××××××××××××
××××××××××××××××××，×××
××××××××××××××××××××××
×××××××××××。

出席：×××、×××、×××、×××、×××、×××、×××、
　　　×××、×××。
请假：×××、×××、×××。
列席：×××、×××、×××、×××。

分送：×××××××××，××××，×××××。

××××××××× 　　　　　　2012年7月1日印发

— 2 —

图3-16　纪要格式末页版式

第二节　公文篇章结构

公文篇章结构布局是指公文正文框架、层次与段落、承转与详略的组织结构方式，是在服从不同公文主题内容需要的前提下，对公文材料进行排列组合，以寻求最佳的表现形式。恰当地安排公文的开头、结尾、段落、层次、过渡、照应等，能使公文结构布局合理，眉目清楚，前后衔接流畅，从而更有效地突出公文主题，实现公文写作的目的。

一、结构思路

思路，指人们解决问题的思维轨迹。思路形成的过程一般表现为出发点、中途停顿点和终点等基本部分。在公文写作中撰稿人对客观事物的认识与思考同样具有一个思路，如在公文撰稿人头脑中形成的公文开头、中间、结尾的顺序等。用文字记录下这种安排顺序，就是公文的结构。因而思路是公文形式结构的基础，只有思路清晰有条理，才能有次序地组织安排公文材料，形成合理的篇章结构。

与一般文章相比，公文的结构思路的特点主要表现为思维的稳定性、表达的多样性、层次的有序性、逻辑的连贯性。

（一）思维的稳定性

思维的稳定性是人们在长期撰写各种公文的实践中逐渐形成的一种思维定式，表现为公文中各种程式化的结构形式。这些已有的固定模式在无形之中刺激并内在地规范着人们对公文结构思路的设计与选择，一旦接到写作任务，撰稿人就会自然而然地想到该文种程式化的内容结构。例如：撰写调查报告时，人们总是首先想到并按照"基本情况—主要问题—解决办法"或"基本情况—主要问题—深层原因—对策建议"等程式化的思路安排公文结构。使用程式化的稳定的思维模式安排结构，有助于及时完成公文写作的任务。

（二）表达的多样性

表达的多样性是人们思维多样性和现实需要多样性的具体表现。公文思维模式的稳定性与程式化，并不排斥公文表达方式的多样性。一篇公文结构的思路安排可以根据公文主题表达的需要，而采取不同的形式，或者按时间先后，或者按空间位置移动，或者按事情发展经过，或者按因果关系等来表达。叶圣陶曾精辟地说："思想路径未必仅有一个方式，可以这样发展，也可以那样发展，同样地表达了主旨。"例如：撰写典型经验的调查报告，安排其结构布局就有多种方式：一是按"基本情况—取得的成绩—经验（或体会）—问题和意见"安排结构；二是分条列项介绍典型经验；三是分层次使用小标题分别介绍经验；四是根据工作进程分阶段介绍主要成绩与经验；五是采用横向比较的方法介绍、评价工作经验，等等。

（三）层次的有序性

层次的有序性是人们思维活动层次性、演进性的具体体现。公文结构思维的进程总是一步一步往前推进的，这种思维进程用语言文字表达出来，就表现为公文的层次性和有序性。例如：撰写工作调研报告，首先要交代具体的工作情况，其次分析存在的问题，第三找出问题的根源，最后提出解决问题的对策、建议。上述四个层次遵循了工作研究的思维过程，层次之间有秩序地推进，连接紧密，条理分明，协同表达公文主题。

（四）逻辑的连贯性

逻辑的连贯性是人们思维活动集中性和联系性的体现。一篇结构缜密的公文总要沿着一条逻辑思维路线展开，正是这条逻辑思维线路把公文的各部分有机地衔接起来，使公文成为一个前后连贯的整体。逻辑思维路线像一根"红线"串联起公文的层次和段落，使公文主题突出、层次分明、承转流畅。例如：国务院办公厅《关于油料生产发展的意见》就按照"如何发展油料生产"这一逻辑思维路线，将"油料生产发展的基本原则、目标和任务""油料生产扶持政策与项目""生产科技支撑能力建设""植物油市场调控""科学引导社会消费""强化组织领导"等六个方面串联起来，使全文各层次衔接紧密，有机配合，突出了公文主题。

总之，公文撰稿人在写作过程中要始终关注以下问题：公文主旨是否集中突出？材料的安排是否先后有序？层次的衔接是否上下连贯？结构形式是否根据授意者的意图和受文者的情况而随机应变？开头结尾是否简明扼要？详略安排是否得当？承转起合是否顺畅？……对以上问题的不断反诘、思考和解决，能够不断完善公文的形式结构。

二、整体构架

整体架构是指公文正文的谋篇布局，是从整体上对公文正文进行规划和安排。公文正文构成如下：篇章←层次←段落←语句，即篇章是由一个或多个层次构成，层次是由一个或多个段落构成，段落是由一个或多个语句构成。根据各种社会组织的公务活动内在的逻辑规律以及公文写作与处理的特点，公文正文整体构架通常可概括为三种结构方法。

（一）三部分结构方法

三部分结构方法，即公文由开头、主体、结尾三个组成部分构成。开头部分说明行文的背景、目的、原因、依据、意义等；主体部分说明具体事项和要求，即告知或要求贯彻执行的具体事项、作出的具体评价或决定、提出需要解决的具体问题、指明解决问题的主要原则和对策等；结尾部分作出结论或者提出希望、号召等。三个部分互相呼应，互为关照，完整地表达出事物发生、发展的内在逻辑和基本规律，以及人们解决问题的基本思维路径，形成一个有机联系的整体结构，有助于人们对公文所表达的事物形成全面的、深入的认识。这种方法在请示、工作报告、调查报告、述职报告、通报、公函、讲话稿等文种中常用。

公文三部分布局结构如表 3-1 所示。

表 3-1 公文三部分结构解析表

整体结构解析	例文内容
第一部分 开头：简要交代发文的缘由和依据，指出执行中应遵循的总体思路。	**农业部关于贯彻《国务院关于促进奶业持续健康发展的意见》的通知** 　　近日，国务院下发了《关于促进奶业持续健康发展的意见》（国发〔20××〕31号，以下简称《意见》），对促进奶业持续健康发展提出明确要求，作出重大部署。《意见》立足当前奶牛养殖面临的突出问题，加大对奶业发展的扶持力度，恢复养殖信心，稳定奶牛存栏；着眼奶业长远发展，建立奶业持续健康发展的长效机制，推进奶牛生产方式转变，全面提升奶业的综合生产能力。各级畜牧兽医部门要从全局和战略的高度，充分认识促进奶业持续健康发展的重大意义，积极采取有效措施，切实把稳定奶业发展工作抓紧抓实抓好。现将有关事项通知如下：
第二部分 主体：从政策、奶牛良种、生产方式、奶农、疫病控制质量标准、消费市场等八个方面对促进奶业持续健康发展工作进行了明确指示和规定，以便下级机关有效执行。	一、抓紧贯彻落实各项扶持政策 …… 二、加强奶牛良种繁育体系建设 …… 三、加快奶牛生产方式转变 …… 四、优化奶业发展布局 …… 五、提高奶农组织化程度 …… 六、加强奶牛疫病防控 …… 七、规范液态奶标识 …… 八、开拓奶制品消费市场 ……
第三部分 结尾：提出贯彻落实具体工作的要求。	当前我国奶业正处在调整转型的关键时期。各级畜牧兽医部门要把工作中心转移到稳定奶业发展上来，要在当地政府的领导下，加强与各有关部门的沟通与协作，建立严格的稳定奶业发展工作责任制，细化工作方案，强化工作措施，切实落实好《意见》中稳定奶业发展的各项政策措施，确保奶农尽快得到政策实惠，稳步推进奶业的持续健康发展。 　　　　　　　　　　　　　　　　　　农业部 　　　　　　　　　　　　　　　20××年9月30日

（二）两部分结构方法

两部分结构方法，即公文由开头与主体，或者主体与结尾两部分组成。

开头与主体两部分的结构中，开头部分说明行文的目的、原因、依据及基本背景情况，主体部分说明对事项的具体意见、要求、处置措施和方法等。意见、决定、批复、通知、复函、会议纪要、合同、协议书等公文常采用此种方法。

主体与结尾两部分结构中，开头就单刀直入告知公文的内容事项，结尾提出希望、号召或执行要求，或以公文专用词（短语）结尾。公告、通告、转发文通知等告知性文种常用此种方法。

公文两部分布局结构如表3-2所示。

表3-2　公文两部分结构解析表

整体结构解析	例文内容
	国务院关于促进奶业持续健康发展的意见
第一部分 开头： 开门见山说明奶业、乳品在农业和菜篮子工程中的重要地位。	各省、自治区、直辖市人民政府，国务院各部委、各直属机构： 　　奶业是农业的重要组成部分，乳品是重要的"菜篮子"产品，与人民生活息息相关。为促进我国奶业持续健康发展，现提出以下意见：
第二部分 主体： 是公文的中心，采用分条列项形式，从五个层面具体交代促进奶业发展的重要性和紧迫性、工作指导思想和基本原则、工作任务和重点、扶持政策和工作措施等。	**一、充分认识保持奶业持续健康发展的重要性和紧迫性** 　　（一）正确认识当前奶业发展面临的形势。改革开放以来特别是近几年，我国奶业快速发展，饲养规模不断扩大，加工能力明显增强，奶类产量持续增长，乳品消费稳步提高，对丰富城乡市场、优化农业结构、增加农民收入作出了重要贡献。但是去年以来，我国奶牛养殖效益大幅度下降，部分奶牛养殖户亏损，个别地区出现宰杀母牛犊现象。对此…… 　　（二）促进奶业持续健康发展具有重要意义。奶业是农业现代化的重要标志，是我国农民增收的重要渠道。…… **二、促进奶业持续健康发展的指导思想和基本原则** 　　（三）指导思想。…… 　　（四）基本原则。…… **三、促进奶业持续健康发展的主要任务和重点工作** 　　（五）加强良种繁育和推广，提高奶牛生产水平。…… 　　（六）推进养殖方式转变，提高原料奶质量。…… 　　（七）积极发展产业化经营，形成合理的原料奶定价机制。…… 　　（八）优化奶业布局，提高企业素质。…… 　　（九）健全质量标准体系和标识制度，规范市场秩序。…… 　　（十）引导乳品消费，开拓奶业市场。…… **四、加大奶业发展的政策扶持** 　　（十一）加大奶牛养殖补贴力度。…… 　　（十二）建立奶牛政策性保险制度。…… 　　（十三）支持建设标准化奶牛养殖小区。…… 　　（十四）加强对奶牛养殖农户信贷支持。…… 　　（十五）完善产业政策。…… **五、加强组织领导，落实政策措施** 　　（十六）切实加强对奶业的领导。…… 　　（十七）加强对奶业的指导和支持。…… <div style="text-align:right">国务院 20××年9月27日</div>

（三）篇段合一结构方法

篇段合一结构方法，即全篇由一个层次一个段落构成，直接交代事项，或者表达行文的意图、目的、态度等，其内容简单，篇幅短小，结构单一。命令、决定、议案、公告、转发批转性通知等公文常用此种方法。

篇段合一结构的公文虽然在外在的形式结构上有明显的特殊性，但在内在逻辑上常常体现出公文写作的普遍性规律。一些正文虽然只有一个段落，但依然包括了发文的缘由、依据或目的，发文的具体事项，对收文者提出的希望、要求等。

此外，少数篇段合一的公文，正文内容简单，从外在结构上看只是一个句子，如公布行政法规和规章的公布令、发布规章的发布性通知、部分批转转发性通知等。

公文篇段合一布局结构如表3-3所示。

表3-3　公文篇段合一结构解析表

整体结构解析	例文内容
全篇一个自然段。 正文依次交代了发文依据、转发文标题以及转发文的执行要求，直截了当，简洁明晰。	**北京市人民政府办公厅转发市劳动保障局关于全面推进本市实施劳动合同制度意见的通知** 各区、县人民政府，市政府各委、办、局，各市属机构： 　　经市政府同意，现将市劳动保障局制订的《关于全面推进本市实施劳动合同制度的意见》转发给你们，请认真组织实施。 　　　　　　　　　　　　　　北京市人民政府办公厅 　　　　　　　　　　　　　　20××年10月20日

三、局部设计

在公文结构中，一些局部结构的巧妙设计能够增加公文整体结构的完整性和系统性，使公文的外在形式结构与内在逻辑结构互为表里，更好地服务于公文主题。主要包括公文的开头与结尾、层次与段落、过渡与照应、内容详略等方面的设计。

（一）开头和结尾

1. 开头，是公文的起始段落。公文的开头要求开门见山地交代公文制发的目的、根据、背景、意义等，简洁地概括公文的主要内容，以使阅文者一目了然地了解公文主题，及时快捷地阅读和处理公文。

公文开头常用的写作方法有：

(1) 导语方法，是在公文的开端处以简要的文字，对事情的全貌进行概括，或者介绍事情的结果，或者点明推导出的结论，或者揭露矛盾、提出尖锐的问题等，以此直接揭示公文的主题，引起阅文者的注意，引导其阅读。这种开头主要用于通报、指示性通知、调查报告、工作总结、工作报告、会议纪要等公文的写作中。

例如：国务院办公厅《关于进一步做好改善农民进城就业环境工作的通知》的开头："农民有序进城就业，对于促进农村富余劳动力转移，增加农民收入，满足城市劳动力需求，统筹城乡发展，都具有重要意义。党中央、国务院高度重视改善农民进城就业环境工作，《国务院办公厅关于做好农民进城务工就业管理和服务工作的通知》（国办发〔2003〕1号）下发以来，各地区、各有关部门做了大量工作，农民进城就业的环境不断改善，但是，目前仍存在一些亟待解决的问题。主要是农民进城就业管理服务制度建设滞后，城市公共职业介绍、培训服务还不能满足农民进城就业的需要，一些不法分子以职业介绍为名坑骗农民工钱财的违法犯罪活动时有发生，农民进城就业收费多、手续繁的问题有待进一步解决，部分行业和企业拖欠农民工工资、侵害农民工权益等问题仍然比较突出。为进一步改善农民进城就业环境，维护农民工合法权益，经国务院同意，现就有关问题通知如下："这段开头集中介绍了农民进城就业的重要意义，农民进城就业环境不断改善的状况、现存的突出问题以及发文的目的，为后文提出加强农民进城就业管理和服务、维护其合法权益、健全劳务市场等有针对性的对策奠定了逻辑基础。

(2) 引叙方法，是使用"为了""根据""由于""遵照"等公文专用引叙词来简要交代行文的目的、依据、原因、意义等，直接引起公文的开始，使行文简洁，并有助于表现行文的合法性。多用于请示、报告、决定、条例、规定、办法、通知、合同、协议书等公文的开头。这种公文开头的方法具有较普遍的应用价值。

例如：××省人民政府《关于做好纠正回收违纪挤占挪用社会保险基金工作的通知》的开头："近期，根据国家有关部门的布置，我省劳动保障厅、财政厅、监察厅组织对各市社会保险基金管理情况进行了清理检查。检查发现，我省一些市县政府和部门法纪观念淡薄，违反国家和省的社会保险法规规定，继续挤占挪用社会保险基金，严重影响了社会保险基金的安全，损害、侵犯了劳动者的利益。这种行为是十分错误的，必须坚决纠正。为了做好纠正回收违纪挤占挪用的社会保险基金工作，通知如下："。在这段开头中，由"根据……""为了……"等引叙词引导的语句，简要交代了行文的依据和目的，有助于阅文者知悉公文内容的来龙去脉。

(3) 表态方法，即直接表明公文制发者对人、事物等的意见、态度。一般多用于命令、批复、复函、批转和转发文件的通知、回复性意见等公文的开头。

例如："国务院同意财政部关于××××××的意见，现批转给你们，请结合实际情况认真执行。"这个开头直接使用表态词"同意"，态度明确，用语肯定，以便受文者执行公文提出的要求。

2. 结尾，是公文的收束段落。公文结尾一般要与其开头相呼应。结尾要求自然、简练、直接，言止意尽，不需要留有弦外之音。

公文结尾的常用方法有：

（1）概括总结的方法：对公文前述内容进行概括总结，做出最后结论，点明公文主题，给阅文者一个完整深刻的印象。多用于工作总结、调查报告、市场预测报告、会议纪要等公文的结尾。例如："由上可见，制定岗位考核标准，严格按照考核标准进行考核和根据考核结果实行奖惩三位一体，是落实岗位责任制，使企业各项管理工作进一步扎根基层的行之有效的办法。"这是对前文所述内容的概括总结。这种结尾强调了公文的主题内容，有助于强化阅文者对公文内容的认识与理解。

（2）号召激励的方法：在结尾处发出号召，寄托希望，指明努力方向，以名言警句鼓舞斗志，使公文更具感召力和鞭策性。多用于嘉奖令、决定、通报、通知、工作报告、会议纪要等公文的结尾。例如："会议号召，全国各族人民在中国共产党的领导下，振奋精神，团结一致，艰苦奋斗，开拓进取，沿着有中国特色的社会主义道路继续前进！"

（3）要求建议的方法：有针对性地向有关单位、部门以及工作人员提出要求和合理化的建议，以推动工作顺利展开。多用于决定、指示、通报、通知、意见、批复等公文的结尾。例如：国务院《关于重庆市城乡总体规划的批复》的结尾："重庆市人民政府要根据本批复精神，认真组织实施《总体规划》，任何单位和个人不得随意改变。建设部要对《总体规划》实施工作进行指导、监督和检查。"对重庆市人民政府和建设部下一步的工作提出了要求，明确了各自的分工和执行要求，有助于批复内容的切实落实。

（4）公文专用词语的方法：用公文专用词语结尾，或者以专用词语组成的短语来强调行文目的和要求，从而明确表示结束全文，这些词语之后一般不再有正文内容。多用于请示、报告、公函、通报、批复、通告等公文的结尾。例如：用于报告、通知、批复、通报、通知的：特此报告（通知、批复、函复、函告、通报、通知）；用于请示的："以上方案，当否，请示""以上意见，妥否，请批示"；用于报告的："以上报告，请审阅""以上报告，如无不当，请批转××××执行"等；用于公函的："以上事项，请尽快函复为盼""即请回复为荷"，等等。

（二）层次和段落

1. 层次，指公文的逻辑组成次序。它反映了公文撰稿人思维过程的步骤和表现其思想内容的次序，它着眼于思想意义的划分。

公文中常用的层次安排方法有：

（1）总分方法，即先从总体上概括事物，然后分类别加以说明。分别说明的几个方面具有并列关系。常用于意见、决定、工作计划、总结、通知等公文。

（2）递进方法，即按照事物发生的进程和逻辑演进过程、时空变化的先后顺序、事理的有机联系等安排层次。各层次之间是层层递进的关系。常用于请示、决定、调查报告、工作报告、科技实验报告等公文。

（3）并列方法，即独立表达各层次内容，各个层次互不统属，平行并列，共同表达主题。常用于条例、规定、办法、通告、合同、协议书等公文。

在一份公文中并不一定单纯使用一种层次安排方法，逻辑层次较多的公文也可同时使用几种方法。总之,层次的划分和安排应尽力做到前后有序,逻辑清楚,符合公文内容表达的客观需要。

公文中不同层次表达的常用方法有:

一是使用逻辑小标题表达:例如:《中共中央关于加快农业发展若干问题的决定》的第一个层次即用三个逻辑小标题来表达:"统一全党对我国农业问题的认识""当前发展农业生产力的政策经验""实现农业现代化的部署"等。

二是使用数词表达:四级逻辑层次采用四种不同格式的数字:

第一级:一、……

第二级:(一)……

第三级:1.……

第四级:(1)……

三是使用词或词组表达:首先,……其次,……再次,……;第一,……第二,……第三,……;会议认为,……会议同意,……会议决定……

四是使用标点符号表达:如分号";"表示复句中不同分句层次,破折号"——"表示分项陈述等。

2. 段落,是公文结构的基本构成单位,又称自然段。其作用是表达思维进程中的间歇、转折。它既是连缀若干句子而成的、集中表达一层意思的话语片段,又是撰稿人根据自己的思路由公文整体结构中析出的、处于由句子到篇章之间的一个不可缺少的过渡单位。一个段落一般表达一个意思,并尽量把一个意思在一个段落中表达完毕。

公文中常用的段落安排方法有:

(1) 按类别分段,即将公文内容分成不同的类别,每一个类别独立成为一个自然段,其意义相对独立,各段落内容不得交叉或重复。通常将段落的中心内容概括成一个句子,称为主题句或段旨,并将其置于段落之首,以便醒目地揭示段落意义。如一份关于科技在农村经济发展中作用的调查报告,就将科技与农村经济结合所取得的成就分成不同类别,通过"促进农村经济的发展,增加了农民的收入""提高了乡镇企业的管理水平,推动了城乡一体化进程"等主题句分段落进行叙述,使人一目了然地了解公文的内容。

(2) 按条项分段,即每一条款安排一个段落,条款内容之间不得交叉。常见于条例、规定、办法、合同、协议书等公文中。如《党政机关公文处理工作条例》中就采用分条列款的方法来交代公文种类、行文规则、收文处理、发文处理等各项内容。

(3) 按操作步骤或程序分段,即将工作进展的每一个程序或操作步骤作为一个自然段落,独立表达一定的意义。在科技类文件的写作中经常如此。如一份产品使用说明书就按其安装、调试、使用、操作、故障排除等工作流程中的具体操作步骤来安排段落。

公文的层次和段落之间是密切联系的。多数情况下,段落要小于层次,一个层次由两个或两个以上的段落组成,共同表达一个层次的意义。但有时一个段落就是一个层次,独立地表达一个层次的意义。个别情况下,段落大于层次,如篇段合一式的段落就是如此。在安排公文段落、层次时应根据实际需要灵活恰当地处理。

(三) 过渡与照应

1. 过渡,指公文上下文之间的衔接和转换,具有承上启下的作用。它是连接层次、段落和语句之间的纽带。公文正文中各个部分之间的过渡承转应该力求做到自然、流畅,这就需要用一定的方法来联系和衔接各个段落和层次,这就是过渡的安排。

公文写作中过渡安排的常用方法有:

(1) 选用过渡词。过渡词是承接上文转入下文,或上一个段落和层次转入下一个段落或层次的关联词语。如表示语意转折的"相反""与此不同",表示递进的"更加""而且",表示总结的"总之""由上可见""由此可见""综上所述""有鉴于此""为此""据此""故此""因此",表示指代的"此""这样",表示强调的"尤其""特别"等。恰当使用这些词语可以使上文对事实的介绍、叙述转为作者主张的阐发、议论或总结,从而自然地承上启下。例如:"要完成全年工业生产任务,必须加强运输力量,保证生产能源的供应,为此,交通、电力、煤炭等部门,要采取得力措施,作出相应的安排。"

(2) 使用过渡句。过渡句是用于前一段之末或后一段之首以提起下文或承接上文的语句。如使用"按照上级文件精神……""特函复如下:……""特作如下批复:……""现将有关事项通知如下:……""经××人民政府同意,现将××××××工作进展情况通报如下:……"等句子,使上一层次的内容自然转接入下一层次的内容。例如:"你局《关于办理商标注册附加证件问题的请示》收悉。国务院同意关于办理商标变更、转让……的意见,但考虑到这一问题涉及《中华人民共和国商标法实施细则》(以下简称商标法实施细则)的修改,特批复如下:……"其中"特批复如下"的恰当使用,将公文从对行文缘由、背景的开头交代部分转入到对具体批复意见(一、……二、……三、……)的陈述和说明,承转自然、顺畅。

(3) 插入过渡段。即用一个自然段连通上下文。例如:在《国务院办公厅关于四川山东两省部分市(县)乱集资乱收费问题的通报》一文中,通过以下自然段来概括前文罗列的事实,并开启后文的决定事项:"四川省德阳市、黔江县、石柱县和山东省临邑县的上述做法,严重违反了国家有关坚决制止乱集资、乱收费的规定和有关金融法规,加重了企事业单位和群众的负担,扰乱了当地的金融秩序,错误是严重的。为维护国家法律、法规和政令的统一,严肃纪律,保护企事业单位和人民群众的合法权益,国务院决定:……"

2. 照应,指针对公文前面提到的内容,后面应有补充、强调或说明;针对后面说到的内容,前面应有所交代和提示,以便保持公文各部分、各层次之间的联系性和整体性,使公文前后照应,文气畅通。

公文写作中照应的常用方法有:

(1) 文题照应。即公文内容与标题要相互照应,以突出公文主题。尤其是公文正文应始终紧扣公文标题中所简要概括表达的主题内容,以免出现文不对题的现象,使阅文者产生误解,从而影响对公文的理解、办理和执行。例如:在一篇题为"关于民生问题的若干意见"的公文中,正文一直在说明"教育事业发展情况"。正文内容与标题"民生问题"具有被包含关系(教育事业仅是民生问题之一),但不具有对应关系,题文照应头重脚轻,正文难以支撑标题。

（2）首尾照应。即公文的开头和结尾要密切关联，相互呼应，使首尾内容相互贯通，从而自然地形成一个结构整体。在意见、请示、工作报告、通报、发言稿等文种的写作中常常使用这种照应方法。例如：一份"意见"在开头部分简要地说明了发文目的和提出面临的问题："目前，在……工作中存在……，为了……，解决××××、××××等单位面临的……问题，经深入调研，我局提出以下意见："此文结尾部分再次提出发文要求和强调行文目的："……以上意见，如无不妥，请批转××××、××××等单位执行。"针对开头提出的问题，结尾部分在提出解决的意见、对策后请求转发此意见，公文首尾呼应，主题突出。

（3）前后照应。即公文前面提出的问题在后面应作出相应的回应，以保持前后文在结构和内容上的连续性、完整性。例如：在一份《关于××粮油公司经营亏损情况的通报》中，首先介绍了严重的亏损情况，指出现存的问题及其严重性，随后一一分析这些问题并提出了解决的原则和措施。这样，文件前后密切相连，层层递进，行文十分紧凑。

（四）主次与详略

主次，是公文各部分内容在全文中所占的主要或者次要的地位和所起的作用。居于主要地位和发挥主要作用、分量重的部分为主，其余为辅。撰写公文应分清主次轻重，这样可以避免公文平淡呆板，使公文内容轻重凸显，产生较强的跌宕起伏的表达效果。如果不明主次，不分轻重，公文必定显得零乱芜杂。另外，各个层次毫无主次地均匀用力，公文往往很难引起受文者的阅读兴趣。公文内容的主次之分直接表现为内容详略的安排和篇幅长短的控制。

详略，是公文中哪些该详写，哪些该略写。公文写作讲究开阖自如，详略得当，以使公文写得有疏有密，疏密相间，这样不仅能使主题突出，主次分明，而且还能使公文错落有致，匀称和谐。公文写作中，一般根据内容的主次、材料的典型程度等来安排详略，即：主要观点和重要条文要详写，一般观点和次要条文要略写；最能表现公文主题的典型材料的说服力强，要表述得充分一些，应详写；表现公文主题的非典型性的辅助材料，则可以表述得简略一些，应略写。详写部分篇幅长一些，略写部分篇幅短一些。

公文详略安排的主要方法有：

1. "点"详"面"略。"点"是指重要的、富有特色的、引人注目的典型情况，"面"是指横向展开的各个方面的情况。一般"面"上的情况应以概括的方法粗笔勾勒，而"点"上的具体情况则应详细表达。如在工作报告、调查报告、市场调查报告中就经常运用点面结合的写法，先用简短的文字概括某一工作或对象的总体情况，然后引用具有典型意义、特点突出的事例等来说明主题，以点为主，以点带面，点面结合，使公文既具有广度，又具有深度。

2. "实"详"虚"略。"实"是指工作情况、典型事例、数据等材料，"虚"是指认识、道理、看法等观点。由于公文的针对性和实用性较强，因而其观点要少而精，材料要实而详。无论是部署工作，还是请示工作、反映情况，都应把具体情况、措施和事项写得详细些，而长篇的大道理、空洞的议论要少写些，避免那种念起来朗朗上口，听起来铿锵入耳，而执行起来却难以落实的公文。

3. "主"详"次"略。从表现公文主题的角度来衡量，主要的、重点的内容应详写，次要的应略写。如一篇科研项目可行性论证报告应详细表现项目的可行性论证，而人员构成、研究现状等应略写，以使该科研项目能够达到通过论证予以立项的目的。

4. "新"详"旧"略。新情况、新事物、新经验、新问题代表了事物发展的最新动态和趋势，具有较高的参考利用价值，有助于体现公文主题的现实性和时效性，因而应写得详细些，而一些众所周知的情况可以简略些。如某高校一篇反映学生管理工作的报告写了四个方面的经验，其中一个方面是公开选拔"优秀学生助理"参加学校各部门的日常管理，以提高学校管理的民主化和培养学生能力，这是一个新经验，做法是有特点和新意的，应详细介绍；而党课学习、学生社团活动、读书活动等是常规性的工作，不应作为主要经验来写，在文中应略写。

第三节　公文逻辑结构

公文内容的逻辑结构是指公文正文信息内容的内在逻辑的组织方式，它是公文撰稿人认识事物、表达意图、传递信息等活动的逻辑再现。它是整个公文结构的核心部分，公文内容的逻辑结构如果得不到合理安排，公文整体结构布局就失去了存在的基础和意义。

公文内容的逻辑结构安排要严谨自然、完整精当，主要依据如下：

1. 依据各种公务活动过程的内在逻辑联系。一切管理活动本质上都有一个"提出问题—分析问题—解决问题"的过程。在工作的具体运行中，有些是按照开始—发展—结束的时间先后顺序推进的，有些是按照空间变化来进行的，还有一些是按照规范的步骤、程序运转的，等等。公文内容的逻辑结构通常依照公务活动中最具明显特征的内在联系来搭建，因为这样能够切实反映管理活动的逻辑，符合人们解决问题的逻辑思路。当然，一份公文的逻辑结构形式也不是对公务活动的机械反映，撰稿人只有对诸多逻辑联系进行综合、分析、研究，才能寻找出最能反映事物之间突出的、主要的逻辑联系，并以此为依据安排逻辑框架。

2. 依据公文主题表达的需要。公文的主题是公文的灵魂，而公文结构是表现主题的脉络框架。写作公文时，如何组织安排材料，怎样划分段落，怎样过渡与照应，开头与结尾如何呼应等，都必须自始至终围绕公文的主题思想或基本观点来组织安排，使结构更好地服务于公文主题。

3. 依据不同公文文种的要求。不同的文种应当具有不同的结构方式和逻辑表达习惯。如请示、报告、公函、通知等文种各自具有不同的逻辑结构，安排其逻辑结构时就应根据不同文种的性质和特点，恰当组织公文的逻辑结构，力求做到公文内容与形式的有机统一。

总之，公文逻辑结构的安排要力求做到逻辑清晰、条理分明。各种公文在主题、材料等方面各不相同，因而其内在的逻辑结构也就存在不同的安排方法。一般来说，公文的逻辑结构主要包括逻辑递进式、类别并列式和复合式。

一、逻辑递进式

逻辑递进式,又称纵向结构,是按人们思维活动的顺序或者按管理活动发生发展的自然规律来安排行文结构。明确问题—分析原因—提出对策、总述—分述、原因—结果等均属于此类结构方法。

1. "明确问题—分析原因—提出对策"结构。这是处理各项公务活动的通用步骤,它准确地反映了客观事物的发展规律,符合管理活动的处理程序以及思维逻辑的规律和原则。其中,"明确问题"是在公文开头就直截了当地提出公文所要解决的主要问题或现实工作中存在的各种问题;"分析原因"是深入浅出地分析问题产生的深层背景、原因;"提出对策"是公文的中心,提出一些具体的主张、意见、解决问题的措施和方法等,这是行文的根本目的。这种结构形式有根有据,逻辑清晰,层层深入,符合人们的阅读、思维习惯和管理活动的处置流程。请示、意见、通报、市场预测报告、项目可行性研究报告等文种的结构大多如此安排。例如:《关于制止乱砍、乱伐森林的通知》一文首先提出问题:当前各地乱砍、乱伐之风的盛行和蔓延;接着分析产生问题的原因:领导认识不足,打击不力,不抓不管……;最后提出解决问题的措施:加强学习提高认识,依法行政严格执法……

2. "总述—分述"结构。公文开头先总述,主体部分再分述,其开头和主体往往构成总分关系,这是在归纳的基础上形成的一种演绎形式。通报、工作报告、调查报告、计划等文种常采用这一结构。例如:一份工作计划,其开头就先概括性地介绍制订计划的目的、总体目标、要求等,主体部分则按照主要工作任务("做什么")和实现途径("怎样做")的逻辑关系来安排层次顺序。

3. "原因—结果"结构。这是按照"因"与"果"两项要素来组合内容的结构模式。"因"是指制发公文或提出要求事项的缘由,主要包括原因、目的、背景、理论根据及事实根据等;"果"是指公文提出的具体事项,主要包括实施的路线、方针、政策,提出的要求、建议,公布的事项,颁发的文件,执行的原则、方法、措施、步骤、时限、要求、希望等。可见,因果结构是按照"是什么,为什么,怎么办"的思路来安排内容顺序的,主要表达了原因、根据、目的、事项和要求等基本要素的因果逻辑关系。这种结构清楚回答了:为什么要办,出于什么原因,有什么根据,为了什么目的,要做什么事,如何做,有什么要求等。既符合发文者表达事物的思维规律和行文目的,又符合受文者阅办公文时的需求。命令、布置工作的决定、通报、通知、请示、公函等常用此种结构方法。例如:请示一般先写请求理由,然后陈述请示事项,最后提出请求。其中,理由与事项构成直接的因果关系,而请求是由事项产生的,在这里事项是因,请求是果,这是间接的因果关系。但有时理由偏长,为便于上级了解全文的核心,可先写请示事项,后写原因。

二、类别并进式

类别并进式,又称横向结构,是将公文所反映的问题或主题内容按性质、主题和特点等加以归类,然后分门别类按照一定的联系安排行文的结构顺序。在这种结构中,各类别条目之间说明和反映的问题或主题内容彼此独立,不能相互交叉和重复,但各类别条目之间仍需按照一定的内在逻辑联系安排顺序,共同说明公文的主题。此类逻辑结构方法包括条款并列、主题并列、时段并列、空间并列等。通常在规定、办法、决定、工作计划、总结、述职报告等文件中使用。

1."条款并列"结构。即公文内容全篇或主要内容采取分列若干条款的表述形式。正文可分为"章""节""条""款""项""目"等多级,以"条"为基本单位。条数多、篇幅长的可分设若干章,第一章为总则,最末一章为"附则",其他各章依据行文内容的要求拟写相应的小标题。必要时章下可分"节"。每条表达一个独立的内容,条款内涵释义要单一,外延不应相交或重复,事项清楚,条理分明。每条内容又根据层次系统或事项门类划分为"款",款下分"项",项下分"目"。条款的内在逻辑可以根据条款内容之间存在的从属关系、并列关系或者递进关系来排序。章、节、条、款、项、目的序数的编次方法有所不同。条下分款,款则单独编次,形成通常所说的"条连款断",项和目的安排也是如此。法律、法规、规章以及其他规范性公文多采取这种条款式的结构。

2."主题并列"结构。即公文内容全篇或主要内容采取分列不同主题类别的表述形式。不同类别项目用小标题或者段首主题句来表达,主题类别之间不能交叉和重复。例如:一份教育部的公文《关于进一步深化本科教学改革全面提高教学质量的若干意见》的第一个逻辑层次就分六个小标题来说明公文主题:"一、全面贯彻落实科学发展观,进一步加强对教学工作的领导和管理。二、适应国家经济社会发展需要,加强专业结构调整。三、深化教育教学改革,全面加强大学生素质和能力培养。四、加大教师队伍建设力度,发挥教师提高教学质量的重要作用。五、加强教学评估,建立保证提高教学质量的长效机制。六、加强教学基础建设,提高人才培养的能力和水平。"六个方面分别是组织领导、专业结构、教学改革、师资队伍、教学评估、教学设施等,共同说明"提高教学质量"这一主题,各项目之间是并列关系。此种结构多用于通知、工作报告、调查报告、通报等公文。

3."时段并列"结构。这是按管理活动发生发展的自然推移的时间顺序来安排行文顺序。各项管理活动随着时间不断地向前推进,会形成若干工作阶段。因此,将这些工作阶段作为独立的类别并列,按照其时段的前后顺序安排结构,自然能够反映工作活动的进展过程,使公文脉络清楚,前后连贯。如《××××汽车制造厂200×年生产工作计划》以季度为单位将全年工作分成四个阶段,对每个阶段的工作内容、工作进度、工作量等一一进行规划和安排,其优点是逻辑清楚,便于执行。这种结构多用于工作规划、计划、总结报告、工作报告等公文。

4."空间并列"结构。这是按照管理活动的起点、运动地点等空间方位的变化和分布来安排行文顺序。如一份关于五城市电信服务质量的调查报告把记者即将开展调查活动的北京、上海、广州、成都、西安等五个城市的电信服务作为五个并列的类别项目,按照这次活动的空间位移来安排结构。这种结构多用于工作报告、调查报告等公文。

三、复合式

复合式逻辑结构,是将两种或两种以上的逻辑结构方法结合起来安排行文的结构顺序。

事物之间相互联系的复杂性是复合式结构的客观基础。这种方法的使用应根据公文内容的需要恰当选用。

从总体上看,复合式结构的主体内容层次(第一层次)是按照纵向逻辑递进的,但纵中有横,每一层次下又以横向并列的类别项目来表述层次;或者主体内容层次(第一层次)总体上按照横向并列的类别项目排列,但横中有纵,每一类别中又可按逻辑内容递进的方式来安排。这种结构类型在内容较多、篇幅较长的意见、决定和工作报告等公文中普遍采用。

例如:有一份《关于煤矿安全情况的工作报告》,其第一层次包括三个方面,是按照"问题—原因—对策"的递进逻辑安排结构的,第二层次在每一部分之下采用并列方式分门别类地安排内容,"原因"包括五个方面:"1. 煤炭生产供不应求,煤矿超能力生产。……2. 投入严重不足,安全基础薄弱。……3. 我国煤炭赋存和开采条件差,易发事故灾害。……4. 职工队伍素质下降,不适应安全生产要求。……5. 安全责任不落实,管理不到位。……""措施"包括六个方面:"1. 完善煤矿安全监察体制,落实安全生产责任。……2. 多渠道加大煤矿安全投入,建立国家、地方和企业共同投入的机制。……3. 开展煤矿瓦斯集中治理,防范重特大瓦斯事故。……4. 推进安全生产科技进步,加强教育培训工作。……5. 进一步加强宏观调控,缓解煤炭供求矛盾和安全生产压力。……6. 狠抓落实,确保各项安全措施到位。……"

【复习思考】

1. 公文格式具有哪些特点?"通用格式"主要包括哪三个部分?每一部分主要包括哪些要素?
2. "通用格式"的每一个要素在排布位置与表达上有哪些规范?
3. "特定格式"包括哪几种?各种特定格式分别包括哪些要素?
4. 如何撰写规范的公文标题?主送机关与抄送机关有什么不同?
5. 公文中表格编排应遵循哪些规范?
6. 公文的正文整体布局结构一般包括哪几部分?
7. 公文的开头结尾、承转起合、详略安排有哪些常用方法?
8. 公文内容的逻辑结构安排有哪些主要方法?各适用于哪些文种?

【案例研习】

1. 根据下列公文的正文内容写出公文标题:

(1)公文标题为:

机关各部门、各单位:

为贯彻国务院关于投资体制改革的精神,认真履行出资人职责,加强对所属企业投资项目的管理,现将《××公司关于投资项目管理的规定(暂行)》印发给你们,请遵照执行。在执行过程中有何问题,请及时报告。

二○○×年一月二十日

(2) 公文标题为:

××开发投资总公司:

你公司《关于出让××投资发展有限公司股权的函》(××字〔200×〕8号)已收悉。经研究,现函复如下:

同意你公司出让所持有的上海××投资发展有限公司16%的股权,并以2005年10月31日为基准日的净资产评估值8061398.48元为出让价格。由××区国资办选择中介机构进行产权交易。

请你公司按照规范程序,抓紧办理好相关手续。

××市国有资产管理办公室
二○○×年五月八日

2. 指出下列公文中的不当之处,并予以改正:

××有限责任公司

(2009)××字第3号　　　　　　　　　　　　　　　　　　　签发人:崔××

关于对先进集体和个人进行嘉奖的命令

刚刚过去的2008年,是我们的公司技改项目全面投产后,参与激烈市场竞争的一年,也是接受严峻挑战和考验的一年。一年来,面对市场各种不利因素和困难,全体员工团结一致,群策群力,艰苦奋斗,开拓创新,为公司创造了良好的业绩。其中,涌现出了一大批先进集体和先进个人,他们在工作中敢于创新、成绩突出、管理科学、兢兢业业、勤勤恳恳、勇于奉献、尽职尽责。为了鼓励先进,树立典型,激发干部职工在逆境中奋勇向前的热情,推动全公司整体工作再上新台阶,经公司研究,决定对以下先进集体和先进个人予以通令嘉奖:

1. 先进集体六个:××部、××部、××处、××处、××室、××车间。
2. 先进个人十五人:(人员名单略)

公司希望,受表彰的先进集体和先进个人要谦虚谨慎,戒骄戒躁,再接再厉,再创佳绩。公司号召,全体干部、职工要虚心学习他们的经验,不计得失,勤于动脑,敢于负责,勇于革新,胸怀全局,积极探索,扎实工作,埋头苦干,以严谨的科学态度、扎实的工作作风和敢为人先的创新意识,为××公司的不断发展作出更大的贡献!

××公司人力资源部
1月15日

主题词:表彰　先进集体　先进个人　决定
主送:董事长、副董事长、总经理、副总经理、顾问、生产厂长、总工、总经理助理、公司各部、室、生产系统各处、室、车间、供销公司各部门、集团公司办公室、集团《××人》编辑部

二○○九年一月二十八日共印制五十份

3. 根据公文标题"作者—内容—文种"三要素结构方法,修改下列公文标题:
(1) 关于批复××××问题的公函
(2) 上级××部有关××地区地震赈灾工作的情况小结
(3) 我局召开全区中小学书记校长会议函
(4) 关于××××厂的工业废水污染××××河水的请示
(5) ××局关于处罚走私贩私的决定
(6) ××汽车制造厂关于上半年技术改造情况问题给市汽车工业总公司的请示报告
(7) 我局关于同意你校建立××学院的请示的批复
(8) 本校关于开展"共建"的通知
(9) 关于对章光平老师进行表彰的通知
(10) 关于我公司与全体员工签订劳动合同的若干问题的通知

4. 认真阅读下列公文,分析其整体布局和内容逻辑结构安排的特点:

国务院办公厅关于进一步加强
鲜活农产品运输和销售工作的通知

各省、自治区、直辖市人民政府,国务院各部委、各直属机构:

今年1月10日以来,我国自西向东连续出现两次大范围雨雪天气,部分地区出现大雾、冰冻天气,导致公路等交通运输大范围受阻,鲜活农产品运输和销售受到影响。……为进一步加强鲜活农产品(包括蔬菜、水果、活畜活禽,下同)的运输和销售,保障春节市场供应,保持价格基本稳定,经国务院同意,决定从2008年1月26日至2月5日,采取临时性应对措施。现就有关事项通知如下:

一、畅通公路运输

交通部门要加强对干支线道路的维护,及时清除冰雪路障;公安部门要加强对交通的监管和组织,维护交通秩序,尤其要确保鲜活农产品"绿色通道"畅通。对运输鲜活农产品的车辆,各地交通、公安部门要切实做到:1.优先放行;……5.高速公路沿线服务站、收费站要主动做好服务工作。

二、增加铁路运力

铁道部门要进一步加强组织调度,全力保障铁路鲜活农产品的运输,特别是对重点大中城市等鲜活农产品主销区,要切实在运力上给予保障。各地农业、商务部门要及时提出运输需求,铁道部门负责安排。

三、减免流通环节费用

各地价格、财政、工商、质检等有关部门要及时清理针对鲜活农产品批发销售环节的各种收费项目,能免除的要尽量免除。对进入批发市场或农贸市场销售鲜活农产品的车辆入场费、工商管理费等各类费用一律减半征收。

四、促进产销衔接

对海南等鲜活农产品的重要产地,要抓紧调度车辆,及时组织运输。各地商务、农业部门要采取有效措施,积极组织农副产品批发市场、大型流通企业和运销大户加强与产地衔接,适当扩大鲜活农产品收购、运输和销售量。

五、加强信息服务

新闻媒体要客观、及时、准确地报道鲜活农产品的市场供求和价格信息,农业、商务部门要及时提供有关信息。要充分发挥农业信息网、新农村商业网的作用,及时发布农产品供求信息。

各地区、各有关部门一定要高度重视,按照本通知要求,将有关政策措施落到实处,切实保障鲜活农产品的市场供应。

二〇〇八年一月二十五日

第四章 公文语言与修辞

第一节 公文语体

公文语体是指为适应公务活动领域的交际需要而形成的具有自身风格特点的语言表达体式。在长期的公文写作实践中，发文者要通过书面方式向受文者逻辑地、稳定地传达自身的意图和主张，双方就需要具有共同默认和掌握的交流沟通媒介——语言，这是实现公文效用的前提。在这一过程中人们不断地对公文语词进行着创造、筛选、提炼和规范，逐步形成了独具特色的、具有独立表现力的公文语体风格。

一、公文语体的特点

与文学语言表达的形象、生动与华美相比，公文语言的表达必须服务于公文制作的目的，要写得清楚明确、句稳词妥、通顺易懂，以便于受文者处理和落实。因此，公文语言的语体特点表现为：庄重、准确、简练、平实。

（一）庄重

庄重是指公文语言典雅、端庄、郑重，具有严肃性和规范性，这是由公文应用的场合和领域的规范性与严肃性所决定的。

公文是各类组织依法管理自身事务的工具，是其履行各种职能活动的记录，公文制发机关应具有认真负责的工作态度、严谨规范的办事作风、正规合法的操作程序，而这些正是通过公文语言传出来的。因此要求公文语言确切严谨、细致周密、分寸得当。

公文语言的表达要庄重，一要符合公文使用范围的客观需要。公文是组织管理活动中交流意见、协商工作、表达意图的工具，直接表现了正式的、严肃的公务活动过程，其语言的表达应当准确、规范、得体，少用俚语、俗语、口语，以及夸张、幽默、讽刺等修辞方法，否则会破坏公文的郑重性。二要符合公务活动的特殊规范性要求。公文语言是组织交流与沟通的媒介，它必须准确、规范地表达诸如经济、法律、外交、军事、科技教育等特定领域的内容，这样可以增强公文的准确性与严肃性。三要严格遵守现代汉语的语法规则和一般的逻辑规则，使主题明确、逻辑层次清晰、结构合理,增强公文程式和语言的规范性。四要恰当地使用公文专用的文言词语和句式,形成文白相映、协调和谐、简约典雅的表达效果,从而有效地提升公文的庄重性。

(二) 准确

准确,是指语意明确,限定清楚,符合客观实际。这是由公文的直接应用性所决定的。

公文语言的虚假、错漏,将使公文传递的信息失真,而失真的信息一旦作为领导决策的依据,或者作为下级贯彻、执行上级指示的依据,均会带来工作上的重大失误。因此,撰写公文时要避免发生词不达意、模糊歧义的现象。

公文语言表达要准确,一要正确使用模糊词语。以实事求是的态度,从语言所反映概念的内涵和外延上真正把握模糊语言的实质,在用语和措辞上要有一定的弹性,正确地运用模糊语言,从而提高公文语言表述的准确性。二要有意识地避免语言歧义。这需要公文撰稿人不断加强语言知识的学习和积累,准确区分语言同义、多义和歧义,特别是要注意区分语言歧义。引起歧义的原因既有语音方面的,也有语义和语法方面的,应采取多种方法消除公文歧义,以便于受文者阅知、把握行文的目的和内容,以及理解并切实执行公文的内容。

(三) 简练

简练,是指语言精练简洁、言简意赅、词约意丰。这是公文实用性和时效性的基本要求。

公文不像文学作品那样是供人们茶余饭后阅读欣赏的,它是社会组织管理的工具,具有极强的现实应用价值和时效特点,因此不能长篇大论,用洋洋洒洒数万言去追求细腻婉转、曲径通幽的表达效果,而是要求开宗明义、简洁明了地表达行文意图,使受文者能够及时有效地办理公文中所言的事项,使公文在有效的时限内充分发挥其功用。

公文语言的表达要简练,一要围绕主题,删繁就简。去掉那些假话、大话、空话,力争达到"益一字则文赘,损一字则意阙"的境界。公文要开门见山,详略得当,主题突出。二要语意明确,语句凝练。公文行文的目的是为了说明情况、提出要求,便于受文者理解和办理。这就要求在公文中多采用陈述句和祈使句,少用或不用疑问句和感叹句,多采用并列语句,使语意集中,句式紧凑。

(四) 平实

平实,是指语言平直自然,通俗易懂。这是公文工具性的要求。

公文是办事的依据和工具,要求语义鲜明,用语得体,不装腔作势,哗众取宠,无浮华夸饰,刻意雕琢,而是追求平淡之中见神奇。要防止粉饰做作,防止废话、空话、套话连篇和故弄玄虚高深莫测,实事求是地反映情况,传递信息,使受文者一目了然地读懂公文内容并照文办理落实。

公文语言表达要平实,一要尊重客观事实,如实说明和陈述事实,语言质朴准确,切忌细腻的描摹、夸张的抒情或者天马行空式的驰骋想象。二要尽量采用以说明为主的表达方式,多用比较平和、朴实、稳定的陈述性语言和凝练、简洁、理性的说明性语言,力求语言通俗易懂、平允顺达。

二、公文语言与文学语言的差别

公文写作与文学写作都需要使用丰富的词汇来表达思想意图、说明或描述事物，都需要使用恰当的修辞手法，以增强其表现力和可读性。但由于使用领域、写作目的、社会功用和思维形式等因素的不同，两种语体在语言表达上呈现出截然不同的风格与特色，如公文语言严肃、准确、质朴、简明、规范、富于理性，而文学语言生动、形象、创新、优美、富于情感。

（一）抽象与形象的差别

语言是思维的外衣，不同的思维方式要用不同的语言来表达。公文写作以抽象的逻辑思维为主，注重对事物进行系统的分析、说明与论述，运用综合、归纳、分析、判断等逻辑方法，使用内容清晰、语意稳定、语体庄重规范的书面语言。公文内容不得出现多义、歧义，要求无论时间、空间还是人员的变动都不能影响公文语意的唯一性，避免因理解的多样性而导致认识不一、自行其是、管理无序、效率低下等问题，确保公文行文目的能顺利实现。而文学写作主要运用形象思维，多以记叙、描写、抒情等表达方式塑造典型环境中的典型形象，注重对人、事、物等进行摹写和刻画，其语言具有强烈的生活气息，辞藻华美，文采绚丽，具有较强的语言美感；同时，由于文学语言的形象性和模糊性，读者在阅读过程中可以针对作品中的形象或思想，凭借自己的文化修养和生活阅历去认同或否定、丰富或修正以及再创作、再认识，以获得精神上的审美愉悦。可见，公文语言注重逻辑说明，以理服人；文学语言则强调形象描写，以情动人。

（二）真实与虚构的差别

公文是传达和贯彻党和国家的方针政策、发布行政法规和规章、施行行政措施、请示和答复问题、指导和商洽工作、报告情况和交流经验的重要工具，是各种社会组织按照特定的体式，经过一定处理程序制成的，用以表达自己的管理意愿和处理各种公务而使用的一种办事工具，具有权威性、凭证性，这就决定了表达公文内容的语言必须庄重、严肃、准确、朴实无华，从而真实地表达工作中的人和事，否则，"差之毫厘"就可能"谬以千里"，给工作带来损失。而文学语言是人的主观感受活动与情感活动规律的表现，它往往不囿于既成的语法规律，对于现实生活的反映是生动、形象的，可以自由想象，大胆虚拟，在创造作品的人、物与事的过程中追求语言的优美、瑰丽，允许进行艺术夸张，以充分激活读者对语言的感受和想象，尽力体现出语言的创新与个性，达到言尽旨远、余韵悠长的艺术效果。可见，公文语言要求实事求是，而文学语言讲究的是艺术的真实。

（三）显露与隐含的差别

公文是办理各种公务活动的工具，它讲究实用性和时效性，这就要求公文撰稿人直陈其事，一文一事，开门见山地表达发文的目的和要求，以使阅文者能够一目了然地了解公文内容，及时快捷地办文办事,提高组织的管理效率。因此,公文主旨必须鲜明,切忌隐讳与婉曲。而文学作品是供欣赏的,是依靠各种形象、人物和事件来反映社会生活的各个方面,作者的主题观点、思想情感往往是从场景和情节中自然而然地流露出来,而不是直截了当地呈现出来,而读者要在详细阅读、反复欣赏中逐渐发现、挖掘隐藏在作品中的主题,因而文学作品的语言表达越是含蓄、委婉,越能任情任性,曲径通幽,扣人心弦,制造出跌宕起伏、余味萦回的艺术效果,并给读者留有无限广阔的联想空间。可见,公文语言追求直陈其意、直述不曲,力求言止意尽;而文学语言则讲究意在言外,追求言尽而意无穷。

(四)程式与独创的差别

公文创制是撰稿人、核稿人、签批人等多种人员共同参与的群体写作活动,为了保持不同人员工作的一致性和时效性,便于受文者快捷地处理公文,在公文语言的运用上要求采用一些约定俗成的、程式化的、规范的公文用语,如公文开头、结尾、过渡、照应等均有相对固定的程式化语言供各种文种写作时选用,写作者往往不能随意而为、随心所欲,语词选用具有被动性和限制性。而文学写作恰恰相反,它是创作者对丰富多彩的社会生活的个体体验和心灵感悟的产物,是作者个体对事物或社会生活的主观感受和认识。因而其语言表达注重创新性,带有鲜明的个人特点或风格。可见,公文语言追求共性,强调模式化;文学语言追求个性,强调创新性。

第二节　公文词句

任何文章都是由词语和句子组成的,公文也不例外。由于公文在使用目的、范围上的特殊性,因而其语言在词汇和语句方面除了具有一般文章的相同特点外,还基于公务活动的需要逐步形成了一些约定俗成的公文专用语词和常用句式。

一、词语选用

词语是语言的基本构成单位,是公文写作的"砖石"。词语的选择运用体现了公文语言的鲜明语体特点。只有选择恰当的词语,才能组织好表情达意的语句,写出规范得体的公文来。

(一)词语选用要求

1. 选用规范的书面词语,避免口语、方言、不规范的简称等。

语言的表达应当与特定的语言环境相适应。公文写作应当准确地选用规范的书面词语来表达公务活动,注意区分词语色彩,并避免使用口语。例如:

商量—商洽　生日—诞辰　不几天—不日　私自—擅自　见面—会见　告诉—宣布

掂量—研究　钞票—资金　当面商量—面洽　客人—来宾　打发—委派　孩子—子女
摆谈—谈话　带领—率领　正好—恰巧　百姓—人民　脑袋—头部　大伙儿—大家
吃饭睡觉—食宿　打算在—拟于

以上各组词语尽管都是同义词，但由于语体色彩不同而适用于不同的场合：前者自然、亲切、活泼，适用于面对面的口头交流；后者庄重、严肃、平实，适用于书面交流。公文写作应当选择后者，以使公文能收庄重、得体和精练之效。这是公文语言运用约定俗成的一种规范。

此外，在公文中不要使用晦涩难懂的词语、不规范的方言和简称或生造的不知所云的词语。例如：在公文中将"马铃薯"写成"洋芋"或"芋头"、将"自行车"写成"单车"或"脚踏车"、将"少女"称为"细妹子"等，前者是书面语，后者是不同地方的方言，如果使用这些方言，往往就会造成交流障碍。又如将"打击经济犯罪办公室"简化为"打办"，就显得不郑重、不规范。

2. 正确使用多音多义词、同音词以及形似字词。

在汉语语言词汇系统中有大量的多音多义词、同音词和形似字词。公文写作选用这类词语时要借助一定的言语环境和相关的限定成分来准确定位其语意，避免因使用多音多义词、形似字词等而产生交流障碍，或造成误解，甚至引发争议与纠纷。

例如：一位被告（甲方）因交通肇事致原告（乙方）受伤，经交警调解，由甲方赔偿乙方七千元。甲方当场写下了"欠款七千元"的欠条。次日，甲方到乙方家偿还了两千元，并在原欠条上直接写上"还欠款五千元"字样。事后，乙方要求甲方支付欠款五千元，而甲方却称已支付了五千元，尚欠两千元。双方相持不下，于是形成了诉讼。法院审理后认为，原告证据不足，驳回其返还五千元欠款的诉讼请求，致使本案交通事故受害一方无故损失赔偿金三千元。此案欠条上的"还"字是一个多音字，两种不同的读音导致了两种截然不同的解释：一种读"huán"，是动词，"把借来的钱或物归回原主"；另一种读"hái"，"表示动作或状态保持不变，相当于'仍然'"。这个例子中一词多音多义致使公文内容产生歧义。

使用同音词语时，要特别注意区分其含义，避免影响公文内容的准确表达。因为同音词语虽读音相同，但意义并不完全相同，甚至有时意义是截然不同的，使用不当就会造成公文内容歧义。

公文写作中要正确理解并恰当选用如下同音不同义的词语：

【必须】、【必需】：前者是副词，表示一定要，必要；后者是动词，表示一定得有，不可缺少。

【报道】、【报到】：前者是通过媒体把新闻传播出去；后者是向有关单位报告自己已经来到。

【反映】、【反应】：前者指向上级或有关部门报告情况或问题；后者指事情发生后在人们中间引起的意见或者行动。

【法制】、【法治】：前者是名词，指由立法或行政机关制定的法律制度；后者是动词，指根据法律制度治理国家。

【公正】、【公证】：前者指公平正直；后者指由国家依法授权的机关对有关民事权利义务关系所作出的有法律效力的证明。

【核算】、【合算】：前者指核查计算；后者指考虑、计算，或者算起来利大于弊，得大于失。

【合计】、【核计】：前者指总计、共计的意思；后者指计算并核对结果，有时也指自己盘算或与人商量。

【界限】、【界线】：前者指不同事物的分界；后者指两个地区之间分界的线。

【检查】、【检察】、【监察】："检查"是指为了发现问题而细心查看；"检察"指考察，特指对犯罪事实进行审查；"监察"是指监督各级国家工作人员的工作，并检举违法失职的机关或工作人员。

【截止】、【截至】：前者指（某个时间）停止，用在时间概念之后；后者指截至（某个时间），用在时间概念之前。

【记录】、【纪录】：前者是将听到的话或看到的事用文字记下来；后者是指对有新闻价值的人物或事件，经过综合、整理、加工而成的材料。

【聚集】、【聚积】：前者指由分散状态集合到一起；后者指一点一滴地积累。

【急待】、【亟待】：前者是指紧急待办，强调时间的紧迫性；后者是指急迫待办，强调意义的重要性或者问题的严重性。

【决不】、【绝不】：前者指"决心不"，强调意志上的控制；后者指"绝对不"，强调的是没有任何条件限制。

【即】、【既】：前者是"马上、立刻"的意思；后者是"既然"的意思。如"既来之"错写为"即来之"，其意义就相差很远了。

【俱】、【具】：前者指"全""都"的意思；后者指具体、具备的意思。

【竟】、【竞】：前者指完毕、从头到尾、终于、出乎意外的意思；后者指竞争、竞赛的意思。

【考察】、【考查】：前者指实地观察、调查；后者指用一定的标准来检查衡量对象的行为、活动，对象主要是人。

【拟定】、【拟订】：前者是指起草、拟议的过程已经结束；后者是指正在起草、拟议的过程中。

【厉害】、【利害】：前者指严厉、剧烈、严重；后者指利益和害处。

【起用】、【启用】：前者是指重新任用退职或免职人员，对象是人；后者是开始使用什么物品，对象是物。

【启事】、【启示】：前者是一种应用文种，为了说明某事登报或者公开张贴的文字；后者是从启发提示中领悟的道理。

【权利】、【权力】：前者是依法应当享受的权力和利益；后者指政治上的强制力量或职责范围内的支配力量。

【签订】、【签定】：前者指订立合同或条约并签字；后者除了有"签订"的意思外，还指签订的条约或合同是确定不变的。

【审定】、【审订】：前者强调审查决定；后者强调审阅修订。

【违反】、【违犯】：前者指不符合、不遵守；后者指违背、触犯。后者比前者语义重。

【形式】、【形势】：前者指事物的形状、结构；后者指事物发展的状况。

【像】、【象】：前者指以模仿、比照等方法制成的人或物的形象，也包括光线经反射、折射而形成的与原物相同或相似的图景，如"录像""摄像"等；后者是指自然界、人或物的形态、样子，如"形象""印象"等。

【学历】、【学力】：前者指学习的经历；后者指实际达到的文化程度或学术造诣。

【须】、【需】：前者指必要、应该的意思；后者指对事物的欲望和要求。

【逾期】、【预期】：前者指超过所规定的期限；后者是指预先所期望的。

【盈利】、【赢利】、【营利】："盈"是多出来的意思，作为动词指获得利益，作为名词指获得的利益；"赢"有获得的意思，"赢利"同"盈利"；"营利"是动词，指谋求利润，表达了通过一定方式去获取利润的主观意图。

【以至】、【以致】：前者是指事物扩展、延伸或发展到一定程度而产生的效果，强调程度的升级；后者是指事态发展形成的结果，强调由原因导致的结果。

【制定】、【制订】：前者是将拟订和创制的东西确定为定案；后者指拟订和创制的过程，不一定是定案。

【帐】、【账】：前者是指用布、纱或绸子等做成遮蔽用的东西；后者是关于货币、货物出入的记载，一般与钱财有关。

【作】、【做】：前者多用于抽象对象和不产生实物的活动，动作性较弱；后者指从事某种具体工作或者进行某种具体活动，动作性较强。

在公文写作中，尤其是用电脑写作利用字型输入法进行文字输入的过程中，特别容易错用形似字，导致公文内容歧义或者不知所云，严重影响公文的质量。

例如："丙戌(xū)年"错写成"丙戍(shù)年"，"自己(jǐ)"错写成"自已(yǐ)"，"暧(ài)昧"错写成"暖(nuǎn)昧"，"夙(sù)愿"错写成"凤(fèng)愿"，"萦(yíng)绕"错写成"索(suǒ)绕"，"草菅(jiān)人命"错写成"草管(guǎn)人命"，"盲(máng)人"错写成"肓(huāng)人"，"未(wèi)来"错写成"末(mò)来"，"莜(yóu)麦"错写成"筱(xiǎo)麦"，等等。因此在校对公文时必须认真检查，核对无误。

3. 恰当选用含义单一、意义确定的词语。

公文写作时应选用含义明确、范围限定的词语。如尽量选用数量词、名词及专有名词、动词、代词、介词词语、偏正词语、科学术语、专用词语、公文专用词语等，不用或少用含义不确定的副词与形容词。例如：

(1) 他近来表现不好。（"不好"，使人无法准确理解该人的具体表现情况。）

(2) 我厂的××产品远销欧美，质量达到先进水平。（"先进水平"之前应加上"国际"，以限定其范围。）

(3) 五个公司市场调研部门的人员在会议室开会。（"五个"限定说明对象不清，既可以理解为开会的来自"五个公司"，也可以理解成开会的就是一个公司的"五个人员"。）

(4) 章总监深入分析了 A 公司和 B 公司近三年开展市场竞争时所采取的竞争策略的特点。（"和"可作连词也可作介词，词性不同，上述句子的意义就不同。如作连词，表示分析的是A、B 两个公司的竞争策略特点；如作介词，则表示分析了 A 公司同 B 公司作为竞争对手的竞争策略特点。）

(5) 在本公司工作 10 年以上的职工一年可享受 15 天以下的带薪旅游假。（"以上""以下"的词义不确定，对是否包含本数的理解不一，执行过程中很可能会因此而产生纠纷。）

(6) 民法所称："以上""以下""届满"，均包括本数；所称的"不满""以外"，不包括本数。（句中对文中概念不清的"以上""以下""届满""不满""以外"等词语进行了明确限定，保证了公文内容表达的精确性。）

由于词语表达概念的多义性，公文写作中应尽量少用或不用含义不清的多义词，如果需要使用，也应如例(6)那样对其加以适当限定，或者对词语表述概念的本质属性做出补充性揭示和说明，以便准确表意。

4. 准确选用表达事物范围和程度的词语。

范围是对事物量的限制，用以规定或反映事物的性质或状态。在公文中对事物范围的正确表达直接关系到公文内容的客观性与准确性。在公文写作中，范围常常是通过副词、数量词以及它们的重叠形式来表达的，如"所有""凡""全部""任何一个""总共""统统""个个""完全""普遍""一切""全体""凡是"等可用来表示全部，"有些""有的""部分""个别""多数""绝大部分""百分之几"等则用来表示部分。使用这类词语时应注意以下几点：只有在对事物作全面肯定或否定时，才能用表示全部的词语，稍有保留或不好确定数量时只能用表示部分的词语；表示部分时应尽量使用词义精确的词语，如分数、百分比等；一个语句中不能同时出现表示全部、部分的词语，以免自相矛盾。例如：

(1) 所有公司职员大部分都参加了今天的春游活动。（"所有""大部分"在同一个句子中使用，前后矛盾。）

(2) 凡现在生产岗位上的工人同志，不少是在建厂初条件十分艰难的情况下进厂的。（"凡"是全部肯定，"不少"是部分肯定，两个分句相互矛盾。）

公文在表达某种事物或现象的程度时，常使用各种副词，如"很""极其""非常""比较""多么""太""最""最近""更加""尤其""越发""特别""略微""基本"等。此外，不同的词语在表示程度时语义也会有细微的差别，这些差别直接关系到对公文内容的把握与执行。因此，表述事物的程度时切不可避轻就重或避重就轻，力求恰到好处。例如：

(1) 部标准(专业标准)和企业标准不得与国家标准相抵触，企业标准不得与部标准(专业标准)相抵触。不符合标准的产品，一律不列入计划完成数，不计入产值，不准出厂。国家质量奖的评选、审批，要坚持高标准、严要求的原则，严禁弄虚作假。（"不得""不准""严禁"三个词都有不允许的意思，但在程度上存在着明显区别："不得抵触"，说明标准应保持一致；"不准"比"不得"语气要重，"不准出厂"强调对不合标准的产品要严格控制；"严禁"的语气最重，鲜明地指出不允许"弄虚作假"，否则将严惩。）

(2) 我们认为上述意见尽管与贵校的观点略微有些出入，但尚有一定道理，望予以考虑。（"略微"一词委婉地说出己方的意见，但留有余地，使对方乐于接受。）

(3) 他贪污公款五千元，是一个极其贪婪的人。（"极其"是表示最高级别的，与前面"五千元"的数目不对称，如果还有更大数目，又如何表达呢？）

(4) 大会讨论的问题基本达成了一致意见。（"基本"和"一致"相互矛盾。）

(5) 最近我局将派员对你单位进行××××年审，请予接洽。（时间概念"最近"表达过于笼统模糊，不利于工作安排和推进。）

（6）最首要的任务是制订出工作规划。（"首要的"的含义就是"第一重要的"，"最"修饰"首要的"多余。）

（7）近100多个公司参加了这次展览会。（"近"是接近，"多"是超过，一个句子中同时使用这两个词，自相矛盾。）

5. 规范选用外来词、新生词。

近年来，随着社会政治、经济、文化的迅速发展和对外交往的不断扩大，出现了大量反映时代特征的新生词、外来词，给公文语言带来了强烈的冲击。

公文中使用外来词应遵循一定的原则：如果汉语中已有现成的、相对稳定的词语就不应选择新生词来表达，应优先选用已经广泛为人们所熟知的、惯用的外来词，如"艾滋病""CT（计算机X射线断层摄影）""卡拉OK"等，而不应新造词语，人为地增加信息交流的障碍，以至于影响公文的阅读理解与办理。如"空港""镭射"在汉语中已有含义相同的现成词语"机场""激光"，就无必要使用外来词，以免把"空港"理解成"无船舶停泊的港口"。

由于语言具有创新和再生能力，因而生活中新词语、新说法层出不穷，这些词语具有鲜明的时代感和社会性，具有很强的生命力。这是社会发展和语言自身发展变化的必然。一些社会流行语作为对特定时代社会生活、社会心理、社会特点以及风俗、时尚、文化观念和价值取向的具体生动的反映，其产生的速度越快，说明一个社会越开放、越活跃、越发展。公文写作要客观地反映社会生活，必然也会选用一些随时代发展、随新事物产生而出现的新词语。但是，选用新词汇仍然应当符合公文语言郑重性、准确性的要求，要以符合现代汉语规范且没有别的规范词可以替代为前提。

公文写作选用新词，一般应选用社会生活中为人们所广泛使用的、语意明确稳定、通俗易懂、言简意赅、富有表现力的词汇。如"社会保险""和谐社会""打白条""减轻农民负担""关注民生""两免一补""农村合作医疗""扶贫""调研""农转非""希望工程""第二职业""钟点工""克隆""转基因""翻两番""乱摊派""乱涨价""旅游热""建房热""商品房""挂靠""共建""网吧"等。

为了统一认识，使用新词汇、新概念时可以界定其含义，如××市公安局《关于加强××地区"网吧"安全管理的通知》中就在第一条规定中明确了"网吧"一词的含义："网吧"是指通过计算机与公众信息网络联网，向消费者提供上机学习、信息查阅和交流等服务的经营性场所。这样的定义就使通知的内容更加明确、清晰。

选用新词时要慎用社会流行语和网络语言，因为这些词语在现代汉语词汇中大多已有规范词语，公文写作时应当首选规范词语；此外，这些词语往往只在某一社会群体中流行或使用，不具有通用性和规范性，如果在公文中大量使用"帅呆""酷毙""没商量""搞定""服装秀""政治秀""晒工资"等词语，或者选用网络流行词语"顶（支持）""稀饭（喜欢）""野猪（业主）""FB（腐败一词的字母缩写，吃饭聚聚）""反腐败（请人吃饭）""表（不要）""粉丝（fans）""PK（对决）""有木有（有没有）""亲（亲爱的）"……等时髦新词，不仅有损政府、公司等组织的社会形象，影响公文的严肃性和郑重性，而且也会在维护汉语语言系统的纯洁性与规范性方面起到不良的导向作用。

6. 恰当选用模糊词语。

此处所言的"模糊词语"是指反映客观事物中那些在内涵和外延上不确定、不明晰的词语,但并不是指含糊不清、模棱两可、容易产生歧义的词语。也就是说,"模糊词语"与"词语模糊"是两个不同的概念,模糊词语的含义清晰程度比不上精确语言,但使用在公文的特定语境里,它的含义是清晰的,与准确并不矛盾,而是始终围绕准确这一目标来使用的,使用这些模糊词语的目的就是力求表达准确。因此,模糊词语同精确语言并不是一对不可调和的矛盾,在特定的语言环境中二者都具有准确反映公务活动的功能。

准确是公文语言的前提,但准确的公文并不仅仅是由表意精确的词语来表现的,有时恰当地选用模糊词语反而能够更加准确地表现事物的特点、性质或状态。在公文中存在大量的模糊词语,例如:"一切""进一步""有关各方""十分""非常""加大力度""各方面""各级政府""逐年""大批""各种措施""酌情办理""各地""各级""很大""不少""有些""任何单位和个人""均须""深刻""进一步""切实""健康有序""望参照执行""请认真贯彻执行""近年来""一些地区""个别单位(人)""各种意见""屡次""酌情""大体上""大约""预计""往往""数万""八百多""大多数""个别""有的"等模糊性词语,它们精练、严谨、周密,使公文的表达更具弹性,富有分寸感,增强了公文语言的表现力。

模糊词语的使用是由事物运动变化发展的模糊性以及人们认识客观事物本身的模糊性所决定的。首先,公文反映的很多事物和现象往往处在逐步形成、发展和变化的过程中,对它们无法作出精确的切割,也无法用准确的语言进行陈述,只有依靠模糊语言才能准确地反映处于模糊状态的事物和现象。如"今天""过去"和"将来"就是一组时间名词,各时段之间没有截然分明的界限。其次,由于人们对客观世界的认识也存在一定的局限性,如人们对某些事物的认识还处在初级阶段,或者有些事物是不能或不必用精确的语言来表达的。因此,公文写作中有时就不可避免地要使用模糊词语来表示物体的多少、形状,时间的快慢、长短,空间的大小、宽窄,程度的深浅、高低,年龄的长幼、老少等,这是对事物认识模糊性的表达,使公文在模糊之中呈现精确。例如:

(1) 通过学习,大家进一步明确了科教兴国的重要性。

(2) 应采取切实有效的措施,保证整个工程如期完成。

(3) 全社会应高度重视教育,把教育摆在优先发展的地位。

其中,"进一步""切实有效""高度重视"等词语的使用使问题的表述留有余地,具有一定的灵活性,便于因地制宜,变通执行。

由于模糊词语内涵和外延的不确定性,选用模糊词语时必须注意其使用的特定情况或特殊要求,应使用精确词语时就不宜使用模糊词语,该使用模糊词语的地方也不应机械地强行使用精确词语。因此,公文写作时,要明确词语表意的模糊性和精确性是相对的,选用模糊词语必须符合实际需要,该用则用,恰到好处。

(二) 公文专用词语

公文专用词语,是在长期的公文写作和处理中使用的一些词形确定、词义特定、用途稳定的词语。这些词语是在公文写作中经常使用且约定俗成的、具有特定的内涵和固定的结构,主要来源于旧时官方文书的"套语",但经过历朝历代的精简、筛选,以及近现代多次公文改革的提炼,已基本上去除了其反映封建社会等级观念的糟粕,而保留了其具有积极作用的部分,在公文写作中使用率高,实用性强。公文专用词语的选用不具有强制性,可以根据公文内容和行文目的而恰当选用。这样不仅能使公文表意精当得体、庄重典雅,而且还可以增强公文的可读性,使阅文者容易理解,便于执行,从而提高公文制发和处理的质量和效率。

公文专用词语具有准确、简要、庄重、稳定的特点。准确是公文语言的重要特征,公文重在实用不在欣赏,公文用语要能准确地反映公务活动。简要就是简洁扼要,运用专用词语能缩短陈述时间,加大信息密度,收到"文约而事丰"的效果。庄重就是庄严郑重,符合组织管理中以严肃持重的态度处理公务的要求。稳定指专用词语在字词的组配上表现出相对固定化、模式化的特点,也就是说,这些专用词语经过筛选提炼,不能随意拆开,也不宜换成其他同义词。

选用公文专用词语要规范,一要根据文种表达的需要来选用,不同文种选择不同的专用词语;二要符合行文关系,符合发文、收文对象的职权范围;三是要符合不同公文结构的需要,开头、主体、结尾应当分别选用不同的公文专用词语;四是必须遵循约定俗成的原则,不能随意更改;五是要仔细辨析意义和范围相近的专用词语的词义,准确选用合适的词语。

按照不同的用途,可以将公文专用语划分为不同的种类。

1. 称谓指代词语

称谓指代词语,是在公文中表示指代称谓关系的词语。在现代社会,人与人、机构与机构、人与机构之间是新型的关系,能平等地直呼人员的姓名、职务,机关的全称或简称。同一机构或人员的名称在文中反复出现时可以使用指代称谓关系的词语,使行文简明、清晰。

称谓指代词语分为第一人称、第二人称、第三人称三种。

第一人称有"我""本",其后加上"部""委""办""校""公司"等机构名称代字,表示这些事物是属于作者这方面的。"我"常表示发文作者与受文机关属于同一组织系统,二者关系比较密切。"我"与第二人称的"你"可以对称使用。"本"与"我"有时也可以通用,但"本"比"我"更具郑重、严肃的色彩,常用在比较庄重的正式场合。例如:

(1)我校今年的招生工作业已结束。

(2)本局各项工作进展顺利。

(3)本国与贵国政府通力合作,确保此事得到圆满解决。

第二人称有"贵""你",其后加上"部""委""办""校""公司"等机构名称代字,表示与受文机关一方有关的事物。"贵"与"你"不能完全通用。"贵"表示行文双方具有正式的工作关系,并特别表示对对方机关的尊敬和礼貌,常用于涉外公文和不相隶属机关的正式行文中。"你"比较平易随和,多用于下行文或平行文中。例如:

(1)欣闻贵公司成立,谨表贺意。

(2)真诚希望能与贵公司携手合作,共同发展。

(3)你局2008年6月17日关于章××同志任职的请示收悉。

第三人称有"该",其后加上表示人、机构、事物的名称代字,用来指代上文中提到的人、机构、事物。这些人、机构、事物不是作者和受文者自身,但可以是与其有关系的人、机构、事物。"该"的使用可以减少重复并有助于增添公文的郑重色彩。公文中第一次使用"该"时,必须在上文中已出现过所指代的人、机构或事物的全称,以避免指代不明,造成公文歧义。例如:

(1) 该同志作风正派,工作勤奋,为人坦诚,乐于助人。

(2) 该公司已提前完成了今年的销售任务。

(3) 该校法律系学生王××获得演讲比赛第一名。

2. 引叙词

引叙词,用以开门见山、开宗明义地引出制发公文的根据、理由或公文的具体内容,如引出法律、法规以及政策、知识或事实根据,通常用于公文的开头。有时也用于公文中间,起到前后过渡和衔接的作用。恰当地使用引叙词,可以使语言表达简明扼要,直截了当。

常用的引叙词有:查、奉、顷奉、根据、遵照、依照、本着、收、前收、近收、现收、接、前接、顷接、近接、现接、鉴于、欣悉、惊悉、谨悉、已悉、收悉、均悉、详悉、知悉、闻、近闻、惊闻、欣闻、喜闻,等等。例如:

(1) 顷接上级指示,全力协助有关部门抢救遇险人员。

(2) 来函收悉,现就所询之事答复如下……

(3) 本着实事求是的原则,调查并处理好此次事故。

(4) 根据全国增值税培训班上各地反映的问题和意见,现对……

3. 时态词语

时态词语,是表示时间状态或时间要求的词语。不同的时间状态应选用不同的时态词语。

常用的时态词语有:兹、现、顷、即将、即行、一向、一直、届时、届此、值此、定期、如期、按期、先期、限期、为期、预期、逾期、行将、即将、亟待、已、着即、不时、不日、即日、日趋、日益、他日,等等。例如:

(1) 兹介绍我局李×同志前去你公司联系设备购置一事,请予接洽。

(2) 现定于2008年6月15日上午8时在×××多功能厅召开×××大会,请届时出席。

(3) 目前,本县人、畜饮水问题亟待解决。

(4) 该厂订购的机械设备,已如期运抵×××。

4. 追述词语

追述词语,是用以引出被追叙的事实的词语。在使用时,要注意其在表达次数和时态方面的差异,以便有选择地使用。

常用的追述词语有:经、业经、前经、后经、未经、即经、复经、并经、迭经、报经,等等。例如:

(1) 经局党委会研究决定:李建华同志任财务处处长。

(2) 关于我校扩建计划,业经市教育局批准。

(3) 代表们所提全部提案,均经大会秘书处汇编完毕,并已交有关部门研究办理。

5. 承转词语

承转词语,是用以陈述理由、事实之后引出作者的意见、方案等的词语。这些词语起着承上启下的关联作用,有利于行文简明,便于上下文前后呼应、彼此关照。

常用的承转词语有:为此、据此、故此、因此、综上所述、总而言之、有鉴于此、由此可见,为了……特……,现……如下……,根据……特作如下决定,为了……提出如下意见,现将情况(通报、报告)如下,特(现)批复(函告)如下,等等。例如:

(1)……,有鉴于此,扩建体育场的项目,拟待明年再行安排。
(2)……,为此,各部门要采取得力措施,作出相应的安排。
(3)……,综上所述,自由主义有各种表现。

6. 期请词语

期请词语,是用于向受文者表示请求与希望的敬辞。其目的在于造成机关之间相互尊重、和谐协作的良好工作氛围。除法规性公文外,大多数公文均可以使用这类词语。

常用的期请词语有:请、敬请、恳请、务请、烦请、敬希、希望、尚望、切望、盼、急盼、切盼等。例如:

(1)以上问题,恳请领导尽快解决。
(2)……,请有关单位教育所属机动车驾驶员遵照执行。
(3)是否同意合作,烦请尽快回复。

7. 洽商词语

洽商词语,是有礼貌地向对方征询意见和表示探询语气的词语。洽商词语不是客套词,在公文中所表达的看法、提出的措施或方案确需征询对方意见时使用。这类词语多用于上行文、平行文中。

常用的洽商词语有:接洽、面洽、洽商、洽谈、商定、商洽、商讨、商榷、商议、妥否、当否、可否、能否、是否可行、是否得当、意见如何、有无意见、如有不当、如无不当、如果不妥、如果可行、意见如何等。例如:

(1)以上办法,如无意见,请遵照执行。
(2)以上意见,可否,请指示。
(3)你部提交的方案是否可行,尚需与××公司进一步洽谈。

8. 命令词语

命令词语,是表示命令和告诫语气的词语。用以增强文件的严肃性与权威性,引起受文者的高度重视。命令词一般用于下行文。

常用的命令词语有:着令、着即、迅即、特命、勒令、责令、责成、务须、务必、切务、切切、严禁、不得、毋庸、毋违、不得有误、无谓言之不预、以……为宜等。例如:

(1)汛期将至,各地、各单位务须做好防洪抢险的准备工作。
(2)接通知后,请迅即办理。
(3)休渔期间,严禁捕鱼。

9. 表态词语

表态词语,是表示对事物的认识、主张、态度,以便受文者了解其思想的词语。

常用的词语有:应予、应将、应即、应以、理应、确应、均应、本应、似应、准予、特予、不予、定予、希予、应予、拟于、定于、应于、希于、业于、准于、订于、同意、不同意、原则同意、原则批准、拟同意、不拟同意、缓议、再议、认为、以为、不可以、供参考、可借鉴、参照执行、照此办理、遵照执行、组织实施、酌情处理、宜……等。例如：

(1) 对蓄意破坏电信设施者，定予严惩。
(2) 工程所需的全部物资，应于七月底以前运抵工地。
(3) 公司团委拟于五月三日举行"五四"演讲比赛。

10. 报送词语

报送词语，是表示文件或有关材料等上报过程、方式或要求的词语。

常用的报送词语有：呈请、呈上、呈报、呈送、呈交、申请、申报、层报、径报、报送、报批、报请、送达、送审、送请、附上、提请、提交等。例如：

(1) 请于7月20日前，将第二季度的生产情况统计报表报送我处。
(2) 你公司的文件，本公司将在2小时内送达。
(3) 一般纳税人纳税申报的具体办法如下……

11. 颁行词语

颁行词语，是表达文件颁发、执行方式、办理过程或要求的词语。

常用的颁行词语有：颁布、发布、公布、颁发、转发、下发、下达、批转、审批、阅批、公布颁行、施行、履行、执行、暂行、试行、(遵照、认真、切实、贯彻、研究、参照、参酌、暂缓、酌情)执行等。例如：

(1) 现发布《××××电信业务市场管理暂行规定》，自即日起施行。
(2) 《关于×××××××的意见》已经国务院同意，现转发给你们，请认真贯彻执行。
(3) 现将《×××办法》转发给你们，并结合实际研究执行。

12. 查办词语

查办词语，是表达文件核对、核定、审查、办理要求的词语。

常用的查办词语有：核发、核定、核拨、核对、核算、核实、核准、核销、审查、审定、审订、审核、审议、审批、审阅、查询、查证、查明、查访、查照、查办、查收、存查、存档、备查、备案、酌定、酌予、酌办、催办、承办、注办等。例如：

(1) 现将我公司捐赠灾区的款物送上，请查收。
(2) 应届毕业生报考高校的有关问题，请向××市招生办查询。
(3) 该车使用的汽车牌照，已于2008年被核销。
(4) 现将车辆购买方案报送董事会，请予审批。

13. 结尾词语

结尾词语，是在正文末表示正文结束的词语。其作用在于给阅文者以正文已结束的明确认识，也可以防止在正文末添加语句，有助于保证公文的完整性和原始性。

公文的结尾词语在不同的文种之中具有不同的用法，而且部分文种还有相对稳定的结尾词语。有时，结尾词语还与其他词语相互组配后共同表示行文的目的、行文要求，或表示感激、盼望，或表示训诫及执行要求等含义。如报告的结尾常用"如有不当，请指正"

"以上意见,如无不妥请批转……执行",请示文种的结尾常用"以上请示,妥否,请即批复为盼"等。

常用的结尾语词有:特此(批复、函告、通报、通知、公告)、……为要(用于下行文)、……为盼(用于平行文、上行文)、……为荷(为感)(用于平行文)、谨致谢忱、此令、此复、当否请示、即请见复为感、此致敬礼等。例如:

(1) 以上意见,当否请示。

(2) 以上事项,请尽快函复为盼。

(3) 接通知后,请迅即办理为要。

(4) 以上事项,请予大力协助为荷。

以上各种类别的公文专用词语如能恰当使用,有助于更准确精练地表达公文意图,增强文件的郑重性和可读性。但是,使用中要正确掌握一些专用词语的含义,避免误用、错用而影响公文内容的表达。

现将公文写作中一些常用的公文专用词语举要释义如下:

【按期】:是依照规定期限或时限的意思。例如:确保按期完成南水北调工程的前期任务。

【按语】:发文单位对批转、转发、印发的文件材料所做的说明或提示。

【案卷】:党政机关、社会团体、企事业单位分类保存以备查考的文件。

【颁布】:(郑重地)发布。颁:发下,布:公布。一般用于党政领导机关及领导人公布法令、条例及其他重要的法规性文件。

【颁发】:发布(命令、指示、政策等);授予的意思,一般用于上级机关发给下级机关或个人的奖章、奖状、奖品、奖金及其他奖励物品。

【报批】:报告并请求予以批准。例如:贵校拟建×××的设想应向××局报批。

【报送】:呈报并发送。例如:现报送我校教师队伍建设发展规划一份。

【比照】:按照已有的(法规、制度、标准等)相比拟对照着行事。

【不日】:不要多少时间,不几天。例如:新学期教材不日即可送到。

【不贷】:不予宽恕。贷:饶恕。例如:学校乱收费,将严惩不贷。

【不尽】:不完全是;未必。例如:不尽如此。

【不胜】:非常;十分。例如:承蒙××××大力支持,不胜感激。

【不宜】:不适宜。例如:根据我国经济发展情况,人民币升值不宜过快。

【不予】:不准或不给的意思。例如:对违反价格法规的申请,坚决不予批准。

【报请】:用书面报告请示,多在向上级领导机关报告,并请求批复时使用。

【报经】:上报并经过的意思。例如:欠费停水需报经政府批准。

【备案】:向主管机关报告事由存案以备查考。

【参照】:参考并仿照或依照(方法、经验等)。

【查办】:① 检查办理情况并督促办理。② 查明犯罪事实或错误情况加以处理。

【查处】:① 调查处理。② 检查处罚。

【查复】:调查了解后作出答复。例如:贵公司所订商品已寄出,请查复。

【查收】：检查或清点后收下。例如：现将我校捐赠的书籍、衣物送上，请查收。

【查对】：清查核对。例如：经查对，你厂报送来的数据准确无误。

【此布】：就这些内容予以公布。用在布告类公文结尾处，另起一行，不加标点。

【此复】：就此答复。用于复函、批复等公文的结尾，另起一行，不加标点。

【此令】：就此命令。用于命令性公文正文的后面，另起一行，不加标点。

【呈报】：用公文报告上级。例如：按照会计准则呈报企业损益表。

【呈请】：用公文请求或请示。例如：由警方呈请银行实行资金冻结。

【存查】：保存起来，以备查考。例如：学生就业情况统计表由学生处存查。

【承蒙】："领受到"的雅语。例如：承蒙各界人士慨赠书刊，充实本馆馆藏，谨致谢忱。

【筹办】：筹划举办。例如：第四届校园文化艺术周由校团委、学生会联合筹办。

【筹措】：设法弄到。例如：改建图书室所需的资金，由校办公室筹措。

【当否】：是不是恰当合适。例如：以上事项，当否，请批示。

【当即】：当时、立即的意思。

【度】：量词，表示"次"的意思，例如："一度""再度"等。

【发布】：发布（命令、指示、新闻等）。

【奉告】：告诉。奉：敬辞，用于自己的举动涉及对方时。如：无可奉告（常用于外交辞令）。

【付诸】："把它用在……"或"用它来……"。付：交给；授予。诸：文言词，是"之于"的合音词。如"付诸实施""付诸行动"。

【复核】：复查核对的意思。

【凡】："凡是"的意思。例如：凡属乱收费，学校必须清理、退还给学生。

【规程】：对某种政策、制度、正确做法和程序所做的分章分条的规定。

【规定】：对某一事物的方式、方法、数量、质量所做的决定。

【规范】：约定俗成或明文规定的标准。

【规格】：是指质量的标准，如大小、轻重、精密度、性能等。

【规约】：经过相互协议规定下来的共同遵守的条款。

【规则】：是规定出来供大家共同遵守的制度或章程。

【给以】："给之以……"的省略，后面必须带宾语，其宾语多为抽象事物，如奖励、帮助等。

【公布】：（政府机关的法律、命令等事项）公开发布，使大家知道。

【概】："一律"的意思。例如：物品丢失，概不负责。

【函复】：用信函答复。常用做结束语。例如：特此函复。

【函告】：用信函报告或告诉。例如：专此函告。

【函达】：写信表达意思。例如：专此函达。

【核定】：审核决定。例如：经核定，拨付资金580万元，用于……

【核减】：审核后决定减少。例如：国家税务总局要求据实核减……

【核准】：审核后批准。例如：死刑案件核准权将一律收归最高人民法院行使。

【核拨】：查核后拨给。例如：行政赔偿义务机关向同级财政机关申请核拨行政赔偿费用。

【会同】：同有关方面会合一起。例如：请党委办公室会同组织部共同办理。

【会签】：指联合行文的各主管部门的负责人共同在发文稿纸上签注意见和姓名。

【会商】：指双方或多方在一起商议。

【即可】：立即就可以。例如：所购树苗两日内即可送到。

【即日】："当天"的意思。例如：所订货物即日送到。

【鉴于】："觉察到""考虑到"的意思。

【基于】："根据"的意思。

【接洽】："联系商量"的意思。例如：有关招生工作方面的问题，请我校教导处接洽。

【届时】："到时候"的意思。

【具名】：在文件上签名。

【谨】：敬辞，表示说话者的郑重或者听话者的恭敬。如"谨致谢忱""谨启""谨具薄礼"等。

【谨启】：恭敬地陈述。用于信函下款末尾的敬辞。

【经】："经过"的意思。如"业经"表示业已经过，"均经"表示都已经过的意思。

【径（迳）】："直接"的意思。如"径向"即"直接向""径与"即"直接同""径报"即"直接报"的意思。

【滥用】：胡乱地、过度地使用。

【莅临】：来到；来临（多用于贵宾）。例如：欢迎××主席莅临香港出席《财富》全球论坛。

【屡次】：多次；一次又一次。

【立案】：在主管机关注册登记、备案。

【列席】：参加会议有发言权而没有表决权。

【论处】：判定处分的意思。

【明文】：用文字表达出来的；见于文字的（规定等）。例如：在业已公布的法律、规章中明文规定……

【面洽】：当面接洽。例如：有关联合办班的具体事宜，请派员面洽。

【免】：去掉的意思，如"免去"就是免除掉的意思。例如：出口企业申报出口退税免于提供纸质出口收汇核销单。

【拟用】：准备采用；打算使用。

【拟于】："打算在"的意思。

【批示】：对下级机关的公文等作出书面指示意见。例如：以上意见，妥否，请批示。

【批转】：上级机关对下级机关来文作出批示并转发到有关机关。

【批复】：对下级来文的批示答复。例如：……，现批复如下……

【批件】：带有上级批示的文件。例如：房屋土地建设的批件已经寄发，请查收。

【批阅】：领导阅读文件并对其加以批示或修改。

【盼复】：盼望答复。例如：上述意见同意与否，盼复。

【洽商】：是接洽商谈的意思。

【洽谈】：接洽会谈。例如：关于联合办学问题，我院将与××公司具体洽谈。

【签收】：收到公文、信件后，在送件人的发文簿上签字，表示已收到。

【签署】：在重要公文上正式签字署名。

【签章】：在文件上签名盖章。

【签注】：在文件上写上批注意见。

【签发】：由主管人审核同意后，签字并正式发出（公文、证件等）。

【迄今】：到现在。例如：此次地震迄今为止造成×××人员伤亡。

【如期】：按照规定的日期或期限。

【如实】：按照客观实际的本来面目。

【任免】：任职和免职。例如：××区人民政府人事任免通知。

【任命】：下达命令任用。例如：国务院任命曾荫权为中华人民共和国香港特别行政区行政长官。

【日内】：最近的几天里。例如：所需资料日内寄出。

【日前】：几天前的意思。例如：全校教工日前参观了新四军纪念馆。

【日见】：天天地显示出。例如：他的病情日见好转。

【日趋】：天天走向。例如：学习微机的积极性日趋高涨。

【日后】：以后，将来。例如：他提出的问题日后再议。

【擅自】：超越权限，自作主张。

【收悉】：收到并已了解。例如：×月×日来函收悉。

【商讨】：商量讨论。

【商定】：协商确定。

【申报】：用书面向上级或有关部门报告。

【审定】：审查决定。

【审阅】：审查阅读。

【审核】：审查核定。

【审批】：审查批示。例如：请将审批材料报送我局财务处。

【审议】：审查讨论。例如：以上报告，请审议。

【施行】：实施执行，多用于公布法令规章的生效时间。例如：本条例从公布之日起施行。

【实施】：实行，用法同"施行"。

【事宜】：需要安排、处理的事情或事项。例如：未尽事宜请详见附件材料。

【事由】：公文的主要内容；事情的经过。

【推行】：普遍实行；推广（经验、办法等）。

【特此】：特地在这里；"特别为此（事）"或"专为此事"的意思，一般用于通知、通报、报告等文件的结尾处。例如：特此通知，请即办理。

【提交】：提出送交。例如：先进集体候选材料均要提交校务会讨论。

【提请】：提出要求或议题，请会议或上级研究讨论作出决定。例如：××方案应提请教代会讨论。

【提案】：向会议提出的议案。

【为荷】：荷：担负、承担，引申为承受恩惠，表示感谢。常用于公函结尾。例如：……，请大力协助为荷。

【为宜】：是比较妥当或适当的意思。

【为要】：作为重要的，多用于下行文，提醒下级单位按文件规定办理。

【为盼】：是我所盼望的，表示希望受文者按来文要求去办，多用于公函、介绍信的末尾处，用来加强语气，如"速复为盼"。

【务】："务必"，公文中常有"务请""务求""务使"等。

【希即】：希望立即。例如：关于设备维修事宜，希即处置。

【欣悉】：欣喜地知道。例如：欣悉贵校被评为省模范学校，谨表祝贺。

【须经】：必须经过。例如：×××××方案须经××办公会研究通过后方能生效。

【应即】：应该立即。例如：乱补课之风，应即狠刹。

【应予】：应该给以。例如：各部门乱罚款的问题应予足够重视。

【已悉】：已经知道。例如：9月2日来函已悉。

【业已】：已经。例如：我校美术学院招生工作业已完成。

【业经】：已经。同"业已"。例如：该规定业经职工代表大会讨论通过。

【一并】：合在一起，多在两件以上的事情、问题或公文需要合并处理时使用。

【以资】：用来作为。例如：……特发此证，以资鼓励。

【印鉴】：留作供核对用的印章底样。

【印信】：指机关、企事业单位的公章。

【与会】：参加会议。例如：与会者包括张××、××、××等六人。

【指正】：指出错误，使之改正。

【在案】：已经记录在档案之中，可以查考。

【遵行】：遵照实行。

【责成】：是指定专人或机构负责办理某件事。

【责令】：命令（某人或某机构）完成或做到某件事。

【准予】：表示准许。

二、语句组织

句子是由词或词组构成的、能够独立表达一个完整意义的语言单位。语句的精心设计和组织，直接影响着公文的质量。公文语句的组织必须符合以下基本要求：语句表意明确，准确无歧义；语序安排恰当，符合事理；句式选用妥当，富有表现力。

(一)语句表意明确,准确无歧义

1. 语句含义明确,符合逻辑规则。

公文要准确地反映客观现实,就必须符合逻辑规则。因为逻辑规则反映了思维的形式结构、基本规律,是人们进行思维活动所必须遵守的,所以撰写公文时必须注意逻辑地表达文件的内容。

(1)各级党组织应积极发现、信任、提拔、培养中青年干部。(不合逻辑。应为"发现、培养、信任、提拔"。)

(2)对少数参与严重经济犯罪的干部应严惩不贷。(不合逻辑,"少数"应放在被修饰词"干部"的前面或直接删除"少数"二字。)

2. 语句搭配得当,符合汉语语法规则。

撰写公文时还应遵守汉语语法规则,注意句子结构的完整,句子成分应完备,相关词语搭配应恰当等,力求做到公文意义确定,行文流畅,通俗易懂。例如:"经过不懈的努力,到本世纪20年代初,我国各民族的科学文化素质将提高到一个新的水平",其中"本世纪20年代初""我国""各民族""新的"等对事物的时间、空间、对象、程度等作了限定,使语句表达周密严谨。

下列语句在语法上存在一些问题:

(1)三个部门业务经理在总裁室开会。(限定不当产生歧义,"三个部门"还是"三位经理"不确定。)

(2)通过市场经济,对企业管理的要求越来越高了。(语句不完整,应去掉"通过"和"市场经济"后的逗号。)

(3)延期交货不满十天,罚原价的百分之十;超过十天罚原价的百分之二十。(列举不完整,如果延期交货恰好十天如何办?)

(4)直径八十毫米以上、有斑点的苹果不能收购。("八十毫米"和"有斑点"构成一个并列的限定条件,造成收购的都是八十毫米以下的无斑点的小苹果。)

(5)如乙方不按时付款,甲方可顺延交房;如不按违约处理。("按违约处理"前的"如不"所指的具体内容不明确,易产生歧义。)

(二)语序安排恰当,符合事理

语序是指各级语言单位(语素、词、词组、句子、句群)在语言组合中的排列顺序。语序决定语义,语序是使语义定型的关键。汉语语序的一般顺序是主语在前,谓语在后;动词谓语在前,宾语在后;定语、状语在中心语前,补语在中心语后。语序不同,其意义就不同,如"他认识问题的态度很不端正"中的"很不"换成"不很"其意义就相差甚远了。因此,在公文写作中为了准确地表达事理,必须注重语序的安排。

公文中语序的安排具体表现在以下几方面:

1. 并列概念与并列成分的表达

并列概念与并列成分的安排,一般可按层次分类排列。一是当表达一组并列概念的大小、多少、高低、轻重、主次、强弱之分时,可按由大到小或由小到大、由多到少或由少到多、由高到低或由低到高、由重到轻或由轻到重、由主到次或由次到主的顺序排列;二是当表现由若干连续的动作、行为构成的活动过程时,可按活动连续进行的时间或空间顺序排列;三是当表现一个认识过程时,可按由浅入深、由此及彼、由表及里的顺序安排,或者按由宏观到微观的逻辑次序依次排列;四是当反映因果关系时,一般按先因后果的次序排列,只有当特别申明或突出表现原因时,才先讲结果再讲原因。例如:

(1) 党的纪律处分有五种:警告、严重警告、撤销党内职务和向党外组织建议撤销党外职务、留党察看、开除党籍。(句中的处分等级由轻到重排列。)

(2) 市委、县委和乡党委都对这个村的水产业发展给予了大力支持。(句中的机构级别由高到低排列。)

(3) 国债券的面值分为10元、20元、50元、100元、500元、1000元。(句中国债券的面值由小到大排列。)

(4) 破坏火车、汽车、电车、船只、飞机,足以使火车、汽车、电车、船只、飞机发生倾覆、毁坏危险,尚未造成严重后果的,处三年以上十年以下有期徒刑。(句中交通工具的顺序按陆、海、空的顺序依次排列。)

(5) ××实业集团通过考察、讨论、洽谈,决定与美国威尔逊公司合资新上一条石材全自动生产线。(句中工作的过程按活动进程的顺序排列。)

(6) 记者受新华社派遣,于4月11日至5月15日到上海、浙江、广东、重庆、四川、陕西等地进行了电子商务开展情况的调查采访工作。(句中活动地点按活动空间从东至西依次排列。)

2. 句子成分前置

改变句子成分的语序,可以增强语句的表达效果。在不违反语法规则、不改变语义关系的前提下,将公文中一部分定语、宾语、谓语、状语等成分提前,可以突出或者强调语句中的某一成分,给人以更强烈、更深刻的印象。例如:

(1) 各地区、各部门不得开展涉及用地标准的达标评比活动。有悖于节约集约用地原则的,要坚决停止。(定语前置,特别强调"有悖于节约集约用地原则"。)

(2) 这一血的教训,全体同志都不要忘记。(宾语前置,突出"这一血的教训"。)

(3) 扶贫开发工作已经进入最艰难的攻坚阶段。必须清醒地认识到,负责此项工作的全县各级领导干部!(谓语前置,强调对"扶贫攻坚阶段"认识的重要性。)

公文写作中,介词结构运用频率较高、使用范围较广,常常在句子中做状语。为了避免句子中状语太长而影响阅读和理解,或者为了追求更好的表达效果,突出强调中心词语,介词结构常作为单独成分提前,以强调目的、依据、原因、对象、范围、方式、方法等内容。如用"根据……""据……""按……""按照……""遵照……""经过……"等构成的介词结构表示依据;用"由于……""鉴于……""为了……"等构成的介词结构表示原因;用"以……为""以……相""以……而""为……而"等构成的介词结构表示方式、行为;用"把""将"等介词还能把宾语提置于动词谓语之前,以强调行为结果或行为方式,等等。介词结构的句式稳定,语气庄重,表达的内容明确,范围确定,表述周密,便于受文者理解和处理公文。介词结构前置,可以将结构复杂的句子变得更加简单,有助于避免出现语句歧义或语意不明的现象。

例如：

（1）经过十几年的扶贫开发，贫困地区的社会和经济条件已经有所改善。（"经过"引出的介词结构前置）

（2）为坚决纠正这些错误做法，维护个体工商户的合法权益，经省人民政府同意，特作如下通知……（"为""经"引出的介词结构前置，清楚地说明制发通知的原因和依据。）

（3）按照合理布局、经济可行、控制时序的原则，统筹协调各类交通、能源、水利等基础设施和基础产业建设规划，避免盲目投资、过度超前和低水平重复建设浪费土地资源。（"按照……原则"来统领后面两个分句，表示"统筹……"和"避免……"的依据，使语句更简明。）

（三）句式选用妥当，富有表现力

为了精确表意，公文中通常选用陈述句与祈使句、主动句与被动句、长句与短句、单句与复句、整句与散句等句式。

1. 陈述句与祈使句。

公文中多用陈述句和祈使句，不用或者少用疑问句和感叹句，这样有助于准确表意。陈述句用于客观而明确地从正面或反面陈述事实，说明问题，提出意见，表达看法；祈使句则用于提出要求和希望，明确行为规定，说明行动方案或禁止行为要求，明确是非界限。公文中的祈使句又以无主句为主。这是由于公文有定向表述的特点，一些意愿的发出者、情况或问题的发现者以及进行工作活动的行动者往往是不言自明的，或者是在上下文中已经表达明白了的，或者是泛指的人或事物，或者是在语境中已经确定了的，因而一旦由其做主语，可以省去。无主句的选用，有助于公文语言表达的简洁，使公文具有严肃性、权威性的特点。一般来说，请报类公文多用陈述句式来表达，领导类公文中则大量运用祈使句尤其是无主句来表达。例如：

（1）到2015年，农村人居环境和生态状况明显改善，农业和农村面源污染加剧的势头得到遏制，农村环境监管能力和公众环保意识明显提高，农村环境与经济、社会协调发展。（陈述句）

（2）维护农民环境权益，加强农民环境教育，建立和完善公众参与机制，鼓励和引导农民及社会力量参与、支持农村环境保护。（无主句）

2. 主动句与被动句。

如果要强调动作、行为的发生者，就选用主动句；如果要强调动作的对象、行动的承受者，则采用被动句。公文常用于各类社会组织之间布置工作、提出请示、联系业务、沟通信息，因而多用主动句。主动句与被动句中还常使用一些标志词语，如"将""把"等介词常用于主动句，"被""为"等介词常用于被动句。要注意正确选用句式，尤其是选用被动句时要立足于它的表意功能，把握其使用的语境，如为了说明或强调、突出受事者，或者为了统一前后分句的叙说角度、贯通语义、使句子更加紧凑等情况时选用被动句，但注意不要滥用被动句。

（1）十月底，我厂已完成全年的生产任务。（主动句）

（2）党中央、国务院高度重视农村环境保护工作。（主动句）

(3) 凌晨5点，犯罪嫌疑人被抓获。（被动句）

3. 长句与短句。

长句和短句要根据公文不同内容的表达需要来灵活选用。长句的突出特点是附加成分长（如修饰语较长，或插入语较长，或包含几个并列的主语、谓语或宾语，或有"公用"成分），而且其结构层次复杂，具有容量大、叙事具体、语义精确、说理严密、节奏舒缓的功能。长句可从各个方面、各个角度对被表述的对象、内容进行限定，以突出表达重点，对事理的述说更加明确。短句的特点是短小精悍、生动活泼、结构简明、节奏紧凑。公文中阐发道理，说明事物的性质、状态等时，多用长句；表示命令、要求、禁止和希望等时，则多用短句。

(1) 邓小平同志视察南方发表重要讲话，精辟地分析了当前国际国内的形势，科学地总结了十一届三中全会以来党的基本实践和基本经验，明确地回答了这些年来经常困扰和束缚我们思想的许多重大认识问题。（长句，"分析……形势""总结……经验""回答……问题"三个结构相同的并列分句分别明确地说明了"讲话"的主要内容，简洁清晰。）

(2) 必须从严控制城市用地规模。（短句）

(3) 北京的交通运输能力不断增强。（短句）

为了增加公文信息表达的包容力，有时修改公文时也需进行长句与短句的转换。长句转换为短句时，要注意所改短句之间的逻辑顺序，主要办法如下：一是"提取主干"，将长句中的基本结构抽取出来单独成句；二是将长句中较多或较长的修饰限制成分剥离出来，将其改成分句或使其单独成句，不能抽出来的修饰限制成分与句子主干合在一起另成一句；三是把联合成分拆开，重复与联合成分直接相配的成分，形成排比句式。短句转换为长句时，则要首先分析、了解几个短句表达意思的共同点，理清短句间的层次关系，定出要组成的长句的主干，依据代词或某些关联词语提示的语义关系、成分对应关系，把一些语句的信息进行结构变形或者同类信息合并，以联合短语的形式组成并列式主干成分或者变成长句中主干的修饰成分。例如："城市规划要遵循以下四个原则：一是循序渐进的原则，二是节约土地的原则，三是集约发展的原则，四是合理布局的原则，并按照上述原则来科学确定城市定位，设计城市功能目标，控制城市发展规模，增强城市综合承载能力。"这是几个短句，前五个短句均在说明原则，可将其主干提炼出来作为并列成分来修饰限制中心词"原则"，接下来的三个短句说明根据原则要"确定"的对象，可以整合为三个并列对象，因此，短句改为长句："城市规划要按照循序渐进、节约土地、集约发展、合理布局的原则，科学确定城市定位、功能目标和发展规模，增强城市综合承载能力。"前一长句显得翔实具体，后者显得凝练郑重。

4. 单句与复句。

单句只有一套句子成分，即只能有一个主谓结构（主谓句）或非主谓结构（非主谓句），而复句有两套或两套以上的句子成分。复句的构成方式有两种：一是把两个或两个以上的分句按一定的次序直接组合起来，成为一个复句；二是借助关联词语把两个或两个以上的分句组合起来，成为一个复句。公文中多用单句，旨在言简意赅、通俗易懂，便于理解执行；如需要表述的事理过于复杂，也可用复句。公文中使用频率较高的有表示目的、原因、条件、递进、并列等形式的复句。

公文写作时要正确使用单句和复句来准确表达内容。一般情况下,复句的分句在结构上具有相对独立性,各个分句互不包含,互不作句子成分,而单句在结构上相互包含,互作句子成分;复句的关联词语连接的前后两部分是句子,而单句连接的只是句子成分;复句中间一般用逗号隔开,而单句中间虽用标点隔开,但往往采用句子成分共用的方法组成较长的单句,如几个并列谓语同时陈述一个主语,或者几个并列主语同时共用一个谓语,或者几个宾语共用一个主谓结构等。例如:

(1) 这次鉴定工作的一个明显特点,就是几乎在每一个环节上都采用了新技术、新方法,充分体现了开拓创新的精神。(单句,一个主语是"特点",谓语是"是""体现"。)

(2) 各级政府要大力加强社区卫生服务站点的建设,积极开展以疾病预防、医疗、保健、康复、健康教育和计划生育技术服务等为主要内容的社区卫生服务,方便群众就医,不断改善社区居民的卫生条件。(尽管句子较长,但仍是一个单句,句中"开展""方便""改善"做谓语,共同陈述一个主语"各级政府"。)

(3) 基地的建设与改革有力地促进了××大学的学风建设,增强了基地各学科的影响,发挥了示范辐射作用,有的基地还在全国产生了影响。(具有两套主谓结构的复句。前三个分句的主语是"建设与发展",谓语是"促进""增强""发挥";第四个分句的主语是"有的基地",谓语是"产生"。)

(4) 虽然我们在人力物力上投入很大,但是产生的社会效益也的确非常巨大。(用关联词"虽然……但是"连接的转折复句。)

(5) 选派国家机关干部深入基层开展扶贫工作,不仅能够促进贫困地区的经济发展,改变贫穷落后的面貌,而且有利于机关干部了解国情民意,改变工作作风。(用关联词"不仅……而且"连接的递进复句。)

5. 整句和散句。

整句,指结构相同或相似,字数大体相等、排列匀称整齐的一组句子。恰当使用整句可以使公文节奏和谐,语势畅达,语意互相映衬。整句多使用对偶句、排比句、对比句、反复句、顶针句、回环句,或者连续使用三字句、四字句、五字句、七字句等,有时也使用具有同一种关系的复句。整句形式整齐,音节和谐,气势贯通,表意强烈,体现了均衡美、整齐美,使用整句可以起到强调某种意义和加强语势的作用。

散句是结构不同、长短不齐的一组句子。散句参差错落,不拘一格,活泼自然,表意生动,富有变化,体现了参差美、变化美,使用散句可产生错综变化、抑扬顿挫、跌宕起伏的表达效果。例如:

(1) 认真挖掘和提炼祖国传统文化中的有益思想价值……特别要对天下兴亡、匹夫有责的爱国传统,天地之间、莫贵于民的民本理念,以和为贵、和而不同的和合思想,革故鼎新、因势而变的创新精神,富贵不淫、威武不屈的高尚气节,扶正扬善、恪守信义的社会美德等,进行深入研究和阐发,并结合新的实践不断发扬光大。(句中使用一系列四字整句,音节整齐匀称,声调平仄相间,形成了和谐的音节,增强了语言的节奏感,读来朗朗上口,富有韵律美。)

(2) 提倡重拎布袋子、重提菜篮子,重复使用耐用型购物袋,减少使用塑料袋,引导企业简化商品包装,积极选用绿色、环保的包装袋,鼓励企业及社会力量免费为群众提供布袋子等可重复使用的购物袋,共同营造节制使用塑料购物袋的良好氛围。(长短不一的一组散句,节奏变换,行文起伏,增强了语言的表现力。)

三、要素表达

公文正文中的一些常用要素,如时间、空间、数量、简称、引文等的表达要规范、准确,避免使公文内容产生歧义。

(一) 时间、空间概念

时间概念的表达,通常要求准确地表达事物发生发展的某个确定的具体时间,要完整地表明年、月、日。尽量避免使用"本月""上年""上年以来""上月""上月以前""很久以前""有一天"等需要借助于其他时间概念才能准确理解的不确定的时间表述词语;正文中表达时间的公历世纪、年份(四位数字)、月、日、时、分、秒等均用阿拉伯数字,如"20 世纪 80 年代""2008 年 10 月 1 日""2008 年 8 月 8 日上午 9 时 30 分";表示时间起止范围时,可用浪线"～"连接,如"2007 年～2008 年""2008 年 1 月～4 月";确实无法准确定位的模糊性时间、区间可用时间段和表示经常状态的词语来表达,如"近年来""近日""长期以来"等。

空间概念表达,是指对区域与位置的表达。区域表达需要加上行政区划的名称,位置表达常采用方位词、专有名词、指代处所的代词、非专指固定地方的处所词、名词加方位词构成的名词短语等实词表达,避免空间定位模糊不清。通常,在表述国内处所时,地名的专用名词第一次出现时应在此专用名词之前加上所属的行政区划省、市、县、区的名称,以准确地说明其地点;表示外国的处所时,须冠以标准的国家名称,国名、地名均应使用国家公布的标准名称,一般不使用别称,国名、地名不用简称。除有特殊需要外,公文中的空间概念均需精确表达,一般不使用"这里""那里"等代词,防止产生误解。

(二) 简称的使用

公文中使用的缩略词必须是约定俗成或者为公众所认可并为其广泛接受的,如"四个现代化""三个代表""第三世界"等。

除公众公知、公认的规范简称之外,使用简称时应当首先标明全称,然后注明简称,并在其简称注文外加圆括号予以说明,例如:《党政机关公文处理工作条例》(以下简称《条例》)。

公文中机构名称使用简称的,应使用规范简称,如"中华人民共和国国家发展和改革委员会"的规范简称是"国家发展改革委"。无规范简称的,第一次出现时应当用全称,并在其后用圆括号加注(以下简称××××)。简称要表意明确,通俗易懂。

公文中表述地名时一律使用全称,如"成都"不可写成"蓉","广州"不可写为"穗","呼和浩特市"不可写为"呼市",但在表示特定区域名称时,可使用习惯简称,如"京沪线""京津地区"。

使用国际组织的外文名称时,应当在其第一次出现时注明其准确的中文译名及简称或常用的英文缩写,如 The Hongkong and Shanghai Banking Corporation Limited(香港上海汇丰银行股份有限公司,简称汇丰银行,英文缩写为 HSBC);使用国外或国际性组织外文名称的缩写形式时,应当在其第一次出现时注明其准确名称的外文全称形式,如 NGO(Non-Government Organization,译为"非政府组织")。

(三)人名、引文

公文中涉及各种人名及职务时,应用全称,如"中华人民共和国主席胡锦涛""教育部副部长×××"。表示职务时,应当准确表达,副职不得省略"副"字;当一人担任多项职务时,一般只列出与公文内容有关的职务;国外人员的姓名应以新华社使用的标准译名为准,如无标准译名,译名在公文正文中首次出现时应注明其外文名称,并注意公文正文中使用同一译名前后要一致;若干人物姓名并列出现时,应当按照职务高低、姓氏笔画等一定标准进行排序。

公文引用领导批示、公文、法律法规条文等各种材料时,应说明引用材料的出处。引用材料,一要准确,避免断章取义。直接引用时,要用引号将如实抄录的内容予以标注;间接引用时,要忠实原文原意。二要适当,要结合公文写作的需要适度引用材料,能说明问题即可,避免与公文衔接不畅,或牵强附会。三要规范,按照一定的顺序引用材料,如引用公文内容,应当按照发文单位、发文时间、标题、发文字号的顺序进行,如"你公司××××年×月×日《关于××××的函》(××发〔2008〕6号)收悉";如引用法律法规条文,一般应当按照法律法规的名称、章、节、条、款、项的顺序进行;引用外文时应当注明其中文含义。

(四)标点符号的使用

标点符号是辅助文字记录语言的符号,是书面语的有机组成部分,用来表示停顿、语气以及词语的性质和作用。规范使用标点符号,有助于准确地表达公文语意,避免产生歧义。例如:一份购买一批优质羊皮的合同,购方对羊皮的质量要求是:四平方尺以上,无剪刀斑(刀伤痕)。在购销合同中写为:"羊皮大小在四平方尺以上、有剪刀斑的属于不合格产品"。结果销方轻易地利用了合同中的失误,卖给购方的尽是四平方尺以下的劣质羊皮,这宗交易中产品的优劣差价数十万元,给买方造成重大经济损失。句中将逗号误用为顿号使"四平方尺以上"与"有剪刀斑"二者成为并列关系,如果将句中顿号改成逗号,销方便无空子可钻了。

标点符号的用法详见附录。

(五)数量概念的表达

数字有基数、序数、分数、倍数、概数等几种类型。不同的数字有其不同的特点和使用范围,在公文写作中要求数字表达规范,统一严谨,限定准确。在同一公文中,同一类数字的表达应前后保持一致。

公文中的数字表达,可分为阿拉伯数字与中文数字两种。中文数字分为大写和小写,中文大写数字"零、壹、贰、叁、肆、伍、陆、柒、捌、玖、拾"的小写形式为"〇、一、二、三、四、五、六、七、八、九、十"。

1. 公文中使用阿拉伯数字的情况

(1)表示物理量,如表示重量、长度、高度、宽度、面积、体积等各种计量的数字等,必须用阿拉伯数字,例如:2358kg、3000米、58800元、190mm、90m² 等。非物理量(金额、人数等)一般也应用阿拉伯数字,例如:86人、400美元、63岁等。表示若干万、若干亿的整数,可用"万""亿"为单位和阿拉伯数字并用,如写成"10万""24亿"。

(2) 具有统计意义的数值,如统计表中的正负数、小数、百分数、比例等,必须使用阿拉伯数字,例如:"收益率约为百分之五十"的百分数应改写为"50%"。

(3) 公文字号使用阿拉伯数字。如"××字〔2008〕36号"。

(4) 表示时间概念的数字使用阿拉伯数字。如"会议时间拟定于2008年8月16日下午2:30";公文正文后的成文日期表达为:2012年10月1日。

2. 公文中使用中文数字的情况

(1) 定型的词、词组、成语、惯用语、缩略语或具有修辞色彩的词语中作为语素的数字,必须使用汉字,例如:五讲四美三热爱、七上八下、四分五裂、第四季度、二氧化碳、"十一五"规划等。

(2) 正文陈述中的分数表达应用汉字,如"四分之三的人表示赞同",其分数不能写成"4分之3";相邻数字表示概数,或者用"几""左右""上下""约"等表达概数的,一般使用汉字,例如:

房间里有六七个人在开会。

教室能够容纳五十人左右。

从威海到青岛开车约四小时。

(3) 公文中需表达中国干支纪年、夏历月日、清朝及其以前的历史纪年、非民族性公历纪年,应使用汉字。例如:八月十五中秋节、正月初四、清咸丰十年九月二十日(1860年11月2日)。

(4) 含有月日简称表示事件、节日和其他意义的词组等要使用汉字,如果涉及一月、十一月、十二月,应用间隔号"·"将表示月日的数字隔开,并外加引号,避免歧义。例如:五四运动、七七事变、十一国庆节、"一·二八"事变、"一二·九"运动等。

(5) 整数一到十,如果不是出现在具有统计意义的一组数字中可以使用汉字,但也要注意上下文体例的一致性,例如:五种类型、六个百分点、八条意见、二百、三千等。

(6) 公文的结构层次序号使用中文小写数字,例如:"一、……　二、……　三、……。"

此外,公文中引用法规中的章、节、条、款、项、目的时候,按照原法规中所用的数字,原文用中文数字的引用时就用中文数字;原文用阿拉伯数码的引用时就用阿拉伯数码。

3. 数字表达确切,含义明确

(1) 概数词语的使用要明确,表述"以上""以下""以内""不满""不到""低于""小于""少于""大于""多于""超过"等与数字密切相关的词语时,应注意与数字的含义相符合,明确界定是否连同本数在内,如表述为"三天以上(不包括三天)"或者"三天或三天以上";或者给出明确界定,如:"本条文中凡用'以上、以内'词语表述时,含该数字本身;凡用'超出''低于''小于''大于'词语表述时,不含该数字本身。"

"左右""上下"等词语应在基数之后,"约""近"等词语则在基数之前;一个句子中只应使用一个表示概数的词语,否则会造成混乱。

(2) 数字用作限定成分时,应放在限定的对象之前,以免引起读者歧解,如"××××单位拥有三套使用面积为 350m² 的高级套房",其中"三套"和"350m²"难以理解,是三套房的总面积一共"350m²",还是三套中每一套的面积均为"350m²",表达不清,易生歧义,如改为"××××单位拥有使用面积共 350m² 的三套高级套房",数字限定就清楚明了了。

(3) 公文中出现的概括性数字应与各部分数字相符,即文中表达总和的数字,应与所概括的各部分数字相符合,总数应是各部分数字之和。

(4) 公文中使用"提高""增加""增长""上升""扩大""减少""降低""下降""缩小"等词语时,要明确是否包括本数在内,严格区分这些词语含义的差别;公文中涉及分数、小数、百分数时一般可以互换,但关于"减少""降低""下降""缩小"等的表述则不能使用倍数,但可使用百分数或分数。

与数字表述有关的容易出错的一些词语,使用时要特别注意辨析其含义与用法:

【实现】与【完成】:"实现"多用于利润、税收、产值等与效益有关的内容,如"某厂去年实现利税 380 万元"。"完成"多用于产量、销量、收购量等任务性很强的事物,如"钢锭生产完成××万吨",但不能说"实现××万吨"。在比值的表述上也是一样,如可以说"完成年计划的 121%",而一般不说"实现年计划的 121%"。"实现"的数字单位一般是货币单位名称,"完成"的数字单位可以是货币单位名称,也可以是吨、米、片、张等计量单位名称。

【达】与【为】:与效益、任务有关的数字都可以用"达"和"为"表述。区别在于:前者带有一定的情感倾向,而后者没有。如"该厂去年利润达 1000 万元",表示该数字较大,显得很重要。"为"字是中性词,不带有感情色彩。如"××国民经济总产值为 312 亿元,今年达 431 亿元",如果将这句话中的"达"和"为"调换位置,其感情倾向就不同了。

【到】与【了】:在表述数值的变化时,"到"是包括基数在内的数值,而"了"则表示在原来的基数上净增的数值。如"人均收入增加到(了)1000 元",用"到"指现在就是 1000 元,用"了"表示在原来基数上净增了 1000 元。用于比值时也有区别,如"降低到 80%",即定额是 100,现在是 80;"降低了 80%",即定额是 100,现在是 20。

【倍】与【番】:数量增加一倍,或翻了一番,都是说增加了 100%。但"番"是按几何级数计算的,"两番"的数值比"两倍"多一倍,而且翻的番数越多,与同样多的倍数的量值距离就越大。

【一半】与【一倍】:"多一半"是指比原额多出 50%,如原额是 1,总额就为 1.5;"多一倍"是指比原额多出 100%,如原额是 1,总额就为 2。但在表述数量的减少时,不得使用倍数,如"技术革新后燃油单耗量由原来的 82 公斤降低到 43 公斤,节约燃油近一倍。"这句话中的"一倍"应改写为"一半"。

【同比】与【环比】:同比是与历史同时期比较,如 2008 年 9 月与 2007 年 9 月相比称为同比。环比是与上一统计段比较,如 2008 年 9 月与 2008 年 8 月相比称为环比。常用于比较说明某一对象发展速度的经济统计指标。一般同比与同比相比较,环比与环比相比较,而不能拿同比与环比相比较;为了系统反映某一事物的发展趋势,往往要把同比与环比放在一起同时进行对照。例如:"今年二季度国内市场钢材价格同比下降 0.8%,5 月份环比价格上涨 1.5%",其中,同比下降 0.8%是与去年二季度相比较的结果,环比价格上涨 1.5%是与今年 4 月份相比较的结果。

【百分点】与【百分率】：在百分数与百分数之间进行比较时，两个分子的差是百分点，如把10％和15％相比较，我们就可说后者比前者多了5个百分点。把两个数的比值用百分数的形式来表示，这种比率关系就是百分率，如1/5用百分率表示就是20％。

第三节　公文修辞

修辞是运用特定的手段来修饰文字、词句，从而增强语言的表达效果。与其他文章的写作一样，公文写作也讲究修辞。然而，公文在行文目的、写作特点、语体风格等方面的特殊要求决定了公文修辞具有自身的特点。

一、修辞特点

公文是组织管理的工具，具有管理性、规范性、指导性和制约力，因而公文修辞要讲求实用有效，多用消极修辞方法，慎用积极修辞方法。

（一）修辞运用要实用有效

公文修辞的运用要实用有效，要求必须以公文写作的实际内容为中心，并围绕这个中心去选择修辞方式，同时须适应公文性质、制发目的、作用和公文语体风格的要求，讲求内容真实、层次清楚、逻辑严密、格式完整、表达方式适当，以便于受文者理解和执行。力求做到：尊重事实、合乎逻辑、符合语法。

尊重事实，要求公文所表述的内容应以事实为基础，所反映的情况是真实的，所制订的方针政策措施是以客观事实为依据的、可行的。如果一味追求辞藻的修饰美化而忽视了事实，那就是本末倒置，必定会导致公文中假话、大话、空话泛滥，违背公文作为办事工具的本质要求。

合乎逻辑，要求做到概念准确、判断恰当、论证说理合乎规则。语言与思维互为表里，只有具有正确的思维，才会用正确的语言去表达。如果文种选择、标题拟制、内容表述、结构安排、词语运用、表达方式、行文关系等方面出现不合逻辑的问题，必然导致公文内容表达不合事理，那么，无论公文语言如何华美，也难以准确传达出组织管理意图。这种情况下，公文也就失去了存在的意义。

符合语法，要求用词造句符合汉语语言的规则和习惯，行文结构要符合法则，词语搭配要合乎语义要求。如果公文中出现语句搭配不当、语序混乱、成分残缺、成分多余或句式杂糅等病误，那就根本谈不上通过修辞方法与技巧来提高语言的表达效果、增强语言的表现力了。

（二）广泛选用消极修辞

修辞分为积极修辞和消极修辞。积极修辞就是积极地随情应景地运用各种表现手法，极尽语言文字的一切可能性,使所写的东西呈现出形象性、具体性和体验性。比喻、借代、夸张等修辞格均属于此类修辞方法。消极修辞是从更广泛、更深入的层次上运用语言的一种修辞方法,是通过语言的选择加工、修饰限制,实现语言表达的准确通顺、平允缜密、简明得体。消极修辞是抽象的、概念的,要求符合事理。

根据公文的特点,公文中主要采用消极修辞方法,即以说明事物的道理使之为人所理解为目的,运用概念的、抽象的、理性的表达方式,朴素、平实、准确、通俗地叙事、说明与论证道理,使阅文者对事物的发生、发展、变化的原因、经过、结果或问题的性质、意义,以及解决问题的对策、措施与方案等获得清楚的了解,便于理解与执行。

消极修辞贯穿于公文写作的全过程,包括字词选炼、语句组织、结构布局以及标点符号的使用等主要内容。例如:精炼文字,缩减篇幅,以求行文庄重朴实、简明扼要;辨析词语,遣词造句,做到用语规范贴切,直截了当;恰当选择句式,使表意准确清晰;合理安排结构,逻辑承转自然流畅;正确使用标点符号、辅助语句准确地表达意思,等等。因此,掌握消极修辞的各种表达手段,是写出优秀公文不可缺少的一个前提条件。

(三)严格选用积极修辞

公文写作中要求恰当选用和适当限制运用积极修辞,这是公文的庄重性、实用性所决定的。

恰当选用。一般说来,公文不刻意强调形象性和感染力,但是在公文写作实践中我们也体会到,公务活动中一些抽象的事理往往不易说明白,与其吃力不讨好地花大力气去阐述、解释、说明,还不如用一个形象的比喻来说明道理。因此,为了避免语言枯涩呆板,词不达意,或者为了将深邃的思想、抽象的理论说明得浅显易懂、形象具体,公文写作中也常常运用比喻、排比、层递、对偶等积极修辞,以增加语言的生动性和感染力。不过,选用积极修辞不得影响公文内容的正确表达和公文的严肃性、郑重性。

适当限制。公文中应慎用积极修辞,无必要时不刻意使用,而且也应当避免多处、连续使用而陷入"为修辞而修辞"的情况。可用可不用修辞的地方坚决不用,可有可无的字词句要毫不可惜地删去。追求行文准确缜密、精练顺达,反对行文含糊暧昧、繁冗堆砌。

二、修辞方法

一般情况下,公文写作可以选用比喻、借代、排比、反复、引用、换算等修辞格,而要慎用夸张、双关、幽默、讽刺、反语、婉曲、比拟、象征等修辞格。

(一)引用

引用是援引现成的名人名言、成语、典故、生动俚语等材料,使公文言简意赅,或者引用文件或领导讲话、著作中的事例、观点,以简明扼要地交代行文目的和提出各种观点的依据,借以说明自己的见解,增强公文的权威性和说服力。目前报请性、回复性公文、论证报告、讲话稿等常用此种方法。如毛泽东同志在其演讲、报告中就多次使用"看菜吃饭,量体裁衣""老鼠过街,人人喊打""失败乃成功之母""知己知彼,百战不殆""世上无难事,只怕有心人"等谚语、格言、成语,使文章充满了生活气息,通俗生动。

引用分为明引和暗引。明引,是清楚地指出所引用内容的作者或直接说明援引于某一文件、著作的出处;暗引,是未指明所引用内容的作者或出处。公文中多用明引。如果引语是原文语句还需要加上引号,如果引语不是原文语句,而是原意,则不用加引号。引用众所周知的名人名言、著名的方针政策、成语、典故、惯用语、生动俚语等,往往采用暗引方式。例如:

(1) 国务院办公厅发布的《行政法规制定程序暂行条例》明确规定:"国务院各部门和地方人民政府制定的规章不得称'条例'",你省发布的《干部培训条例》不合规定,予以撤销。(明引,直接引用文件标题和内容,来增强文件的权威性、真实性和依据性。)

(2) 官僚主义现象是我们党和国家政治生活中广泛存在的一个大问题。它的主要表现和危害是:高高在上,滥用权力,脱离实际,好摆门面,好说空话,思想僵化,墨守成规,机构臃肿,人浮于事,办事拖拉,不讲效率,不负责任,不守信用,公文旅行,互相推诿,以至官气十足,动辄训人,打击报复,压制民主,欺上瞒下,专横跋扈,徇私行贿,贪赃枉法,等等。(暗引,"高高在上""墨守成规""人浮于事""互相推诿""专横跋扈""贪赃枉法"等成语和其他四字格词语的交替运用,使音节整齐匀称,声调平仄相间,起伏有致,韵律铿锵和谐,增强了公文的音韵感。)

(3) 坚持"和平统一、一国两制"基本方针和现阶段发展两岸关系、推进祖国和平统一进程的八项主张,积极推动两岸人员往来和经济、文化等领域的交流与合作,促进直接"三通"。(暗引,句中"和平统一、一国两制""八项主张""直接'三通'"是我国解决台湾问题的基本方针与措施,是广为人知的,不必说明来源和出处。)

(二) 比喻

比喻是用某些有类似点的事物来比方想要说的某一事物,以便表达得更加生动鲜明的修辞方式。比喻能增强语言的形象性,使高深的事理变得浅显明白,使复杂的事情变得清晰突出,使抽象的事物变得具体生动。比喻分为明喻、暗喻和借喻三种。公文中常用的是暗喻和借喻。

公文中的比喻是为了形象生动地说明道理,增添理趣。例如:扶贫"攻坚阶段"、实施"阳光工程"、加强学习提供"精神食粮"、部门之间"踢皮球"、发展"龙头产品"、查处"豆腐渣工程""带病"提拔、价格"泡沫""拳头产品""窗口行业""星火计划""龙头企业""上一个台阶""两条腿走路""条条块块""开绿灯""走后门""老黄牛""一刀切""保护伞"等具有比喻手法的词语的运用,能使公文的表达更加凝练概括、形象生动、通俗易懂。

需要注意的是,比喻中喻体的选择必须以不降低公文的庄重性、准确性、权威性,便于读者理解和掌握公文的内容为原则。例如:

(1) 政府机关改革有利于打破目前吃"大锅饭"的局面。(用"大锅饭"比喻政府机关人浮于事、责任不明的现状和僵化的分配制度和方式。)

(2) 我们从容应对当前一系列关系到我国主权和安全的国际突发事件,战胜了政治、经济领域和自然界里所出现的困难和风险,经受住了一次又一次考验,排除了各种干扰,保证了改革开放和现代化建设的航船始终沿着正确的方向破浪前进。(用"航船"来比喻我国改革开放和社会主义现代化建设的伟大事业,用"破浪前进"比喻克服国际国内无数艰难险阻,顽强奋斗,不断取得巨大成绩。比喻贴切,精练形象。)

(3) 人民军队是人民民主专政的坚强柱石。(使用"柱石"两字形象鲜明地突出了人民军队的伟大作用。)

(三) 借代

借代是不直接说出事物的名称,而用另外一种与本体事物密切相关的事物(借体)来代替它的修辞方式。借代在公文中主要用来突出事物的本质特征,增加形象性,同时也使语言简约。公文中使用借代时应避免出现含有讽刺意味或带有侮辱性的、不够严肃庄重或者不为人所熟知的借体。

公文中的借代,可以分为以部分代整体、以工具代事物、以特征代本体、以具体代抽象等类别。例如:

(1) 清查"小金库"是维护经济秩序和加强廉政建设、深入开展反腐败斗争的一项重要措施。("小金库"用来指代违反国家财经法规及其他有关规定,侵占、截留国家和单位收入,未列入本单位财务会计部门账内或未纳入预算管理,私存私放的各项资金。语言简洁,具有概括力,形象。)

(2) 要抓紧落实粮食风险基金和副食品价格调节基金,制定切实措施,稳定"菜篮子""米袋子""火炉子"价格。(句中"菜篮子"指副食品供应,"米袋子"指粮食供应,"火炉子"指民用燃料如煤和煤气的供应。这是借工具来代替与民生密切相关的各种事物,通俗生动。)

(3) 纪检干部要不断撕破面子,不怕丢选票,不怕打黑枪。(用"黑枪"来指代背后的诬陷、攻击和暗算等行为。)

(四) 排比

排比是以句型结构相同或相似、语气相近或一致的三个或三个以上的语句来表达相关或相似内容的修辞方式。排比的使用有助于公文条理清楚、论述详尽、叙事生动,并能使公文行文气势贯通,语言节奏跌宕起伏、和谐流畅。

公文中的排比常常重复使用一些词语,这些词语可以称为"提纲词语"或"提挈语",用来明确表明各语句的关联性;也有一些排比强调句型结构的相同或相似性,并不使用相同的提挈语来进行标识。例如:

(1) 有的机关干部做买卖,成立各种形式的公司,买空卖空;有的任意涨价,扰乱市场,损害国家和消费者的利益;有的搞突击提职提级,扰乱国家机关和事业单位工资制度改革;有的做表面文章,弄虚作假,搞浮夸,欺上瞒下;有的制发服装成风,违反财经纪律等。(用提纲词语"有的"反复列举各种不良现象,使人深切感到新的形势下新的不正之风的多种表现和严重程度。排比句式列举,表达充分全面。)

(2) 坚持教育创新,深化教育改革,优化教育结构,合理配置教育资源,提高教育质量和管理水平,全面推进素质教育,造就数以亿计的高素质劳动者、数以千万计的专门人才和一大批拔尖创新人才。(前三个动宾结构六字排比句,语意层层深入,句式整齐,读来铿锵有力,增强了语势。)

(五) 对偶

对偶,是用字数相同、结构与词性相同或相似、意义对称的一对短语或句子来表达两个相对或相近意思的修辞方式。这种对称的语言方式,形式整齐匀称,节奏明快;音调音韵优美,音乐感强;表意凝练集中,高度概括,形成表达形式上的整齐和谐和内容上的相互映衬,整饬了语言,增强了语势,使语言颇具形式美和艺术表现力。多用于领导讲话稿、演讲稿、决议、报告等公文中。

对偶有严式和宽式之分。公文中的对偶句多用宽式,除音节相等外,结构在大同之中允许有小异,对于词性和平仄也不作严格要求,上下联中也允许有个别字重复。与排比相比,对偶的句子成对,且只有一对,语句字数相等,上下句意思可相同、相近(正对),或相对、相反(反对),也可具有假设、因果、递进等关系(流水对)。

(1) 胡锦涛总书记特别嘱咐水利部门的负责同志,防范水患任何时候都不能松懈,兴修水利任何时候都不能松劲。("防范水患……"与"兴修水利……"宽式对偶,说明两项工作同样重要,不可偏废。)

(2) 面对改革发展的艰巨任务,解决种种矛盾,澄清种种疑惑,我们基本的立足点就是要准确认识和把握好省情。("解决……"与"澄清……"上下句意义相近,说明改革发展面临着多种矛盾和疑惑。)

(3) 坚持独立自主的和平外交政策,反对霸权主义,维护世界和平,促进人类进步,同世界上一切和平力量合作,尽一切努力去促进世界和平和地区稳定。("反对……""维护……",前后对比,立场鲜明,态度明确。)

(六) 反复

反复是根据表达需要使同一词语、句子成分或句子有意地一再出现的修辞方式。一般分为"间隔反复"和"连续反复"。公文中使用反复,是为了强调某些词语或句子,它有助于引起阅文者的注意,加深阅文者的印象。

反复与排比有相似处,尤其是间隔反复,往往与排比合用。二者也有区别,区别在于:反复着眼于词语或句子字面的重复,其修辞作用在于强调突出;排比侧重于结构形式相同或相似,其修辞作用在于加强气势。运用反复的句子不一定形成排比,排比句也不一定使用反复的词语。例如:

(1) 根据十五大提出的至二〇一〇年、建党一百年和新中国成立一百年的发展目标,我们要在本世纪头二十年,集中力量,全面建设惠及十几亿人口的更高水平的小康社会,使经济更加发展、民主更加健全、科技更加进步、文化更加繁荣、社会更加和谐、人民生活更加殷实。("更加"一词交叉出现,间隔反复,形成六个排比句,增强了语意的递进性和语言的韵律感。)

(2) 我们的某些同志,却像小脚女人,东摇西摆地在那里走路,老埋怨旁人说走快了,走快了。("走快了"的连续反复,说明一些同志工作上的迟滞,形象生动。)

(3) 要提高产品的质量,必须强化干部、职工的质量意识;要提高产品的质量,必须提高职工、工人队伍的技术素质;要提高产品的质量,必须建立完善有效的质量保障体系。("要提高产品的质量"一句间隔反复,以强调产品质量这个中心。)

(七) 对比

对比是把两个对立的事物或同一事物的两个对立面放在一起进行比较,以使事物的性质更加分明,使阅文者加深对其内容的理解和认识的修辞方式。这种方式通过正反、前后、纵横等的对比,可以鲜明而深刻地表现主题。

对比不同于对偶,对比的基本特点是"对立",侧重于内容,要求意义上相反或相近,不太注重形式。而对偶的基本特点是"对称",侧重于形式,要求字数相等,结构匀称。例如:

(1) 共产党人必须随时准备坚持真理,因为任何真理都是符合人民利益的;共产党人必须随时准备修正错误,因为任何错误都是不符合人民利益的。(对真理和错误的不同态度的对比,鲜明地凸现出共产党人必须坚持"人民利益高于一切"的理念。)

(2) 目前新老干部之间的关系,从正面看,绝大部分行政村新老干部关系是融洽的,卸任干部素质总体较好,新老过渡心态平稳;新老干部沟通协调机制比较健全;大部分卸任干部支持现任班子工作。从反面看,也有少数村新老干部之间形成了互相对立、互不服气、互不沟通、互相拆台的关系,个别村卸任干部甚至拉帮结派,形成一股对抗村两委的势力,而一些现任干部也不甘示弱,凭借手中的权力与卸任干部拉嗓子、捶桌子、摆架子。(正反面情况对比、新旧干部行为对比,清晰地揭示出新老干部之间的关系状况。)

(八) 换算

换算是将难以记忆或特别强调的数量折算成更具体、直观、易感知的形式来表达的一种修辞方式。换算的对象应是阅文者熟知的通俗易懂的数字概念,与被换算对象之间在数量上应相等或大体相等。换算是一种形象化的修辞方法,具有明显的描绘功能。它可以把抽象枯燥的数量化为具体可感的形象,使繁杂的数字变得简洁明确,给人以鲜明深刻的印象,便于人们认识和了解事物。所以它是增强语言美感的一种手段。

换算的具体方法很灵活,它不只限于同一计量单位间的换算,不同计量单位间也可以换算。换算是从多角度、多侧面去认识事物的一种语言运用艺术。一种计量单位表示事物的一个属性,变换几种不同的计量单位,实际上是从几个不同的角度去认识事物的属性,多角度地观察、思考问题,有利于全面地科学地把握事物。例如:

(1) 目前全球土地沙化正以每年5万至7万平方公顷的速度扩展,已有110多个国家、40%以上的陆地表面、10亿以上的人受到荒漠化的影响。在我国,每年因荒漠化造成的直接经济损失高达540多亿元,平均每天近1.5亿元。(以大化小,将每年540亿这个巨大的数字折合换算成每天1.5亿元,使数字变得明确、形象,能使人们更深刻地理解荒漠化的巨大危害。)

(2) 全区(东北区)面积约83万平方公里,虽然还占不到全国总面积的十分之一,但同日本和英国相比,大约相当于两个多日本或三个半英国。(把"83万平方公里"换算成"大约相当于两个多日本或三个半英国",能使人直观地感到东北区的面积辽阔广大。)

第四节 公文表达方式

表达方式,就是将人、事、物以及目的、根据、见解、主张、要求等表达出来的方式。写作常用的表达方式有叙述、描写、说明、议论、抒情等,而公文写作中常用说明、记叙、议论三种方式,有时同一公文中还常兼用两种以上的表达方式。三种方式中说明方式是公文写作最基本的表达方式。

一、说明

说明是以简明的文字,将对象的形态、性质、特征、构造、成因、关系、功能等解说清楚的表达方式,其目的是扼要地说清楚人员或事项的特征、成分、功能等以让人们认识了解。由于公文的实用性特征,说明方式的使用在公文写作中占据了主要地位,它广泛使用于命令、决定、条例、规定、办法、请示、各类报告、通报、合同、协议书、产品(项目)说明书等文种中。

公文的真实性和工具性特征决定了公文中使用说明这种表达方式的运用特点:解说、明确。

(一) 解说

解说,即对公文中所涉及事物的特征状况和问题的本质进行准确概括、客观介绍、直接解释,以避免对公文产生理解上的差异和误解。公文中对人员、知照性事项、规范事项、产品项目等事物的情况、特征、要求的介绍、解释就集中体现了这一特点:

对人员情况的说明。要求客观、准确、具体地说明其个人情况,如姓名、性别、年龄、政治面貌、工作时间、文化水平、主要经历等,对这些信息一般不做描写、分析和评价。如一份表彰通报的开头就用简短的文字清楚地交代被表彰人员的基本情况:"何××,女,1966年9月出生,汉族,中共党员,河南省郑州市人,××××公司机械工程师。"

对知照事项的说明。应清楚交代事项的依据、内容、时限、方法、要求等信息,以便于受文者周知、执行,不需对周知事项进行深入剖析。如直接说明研究讨论的议决结果:"经董事会研究决定,任命张××为××××城建集团公司总经理。"又如用简短的文字概要说明转发文件的名称、依据、贯彻执行要求等:"环保总局、发展改革委、财政部、建设部、水利部《关于加强重点湖泊水环境保护工作的意见》已经国务院同意,现转发给你们,请认真贯彻执行。"

对规范事项的说明。应简要说明其根据、内容、意义以及必须承担的权利与义务,实施的有效期限,违反规定的处置办法以及注意事项等,不解释做出如此规定的原因和经过。如在《党政机关公文处理工作条例》中就分章列条地对发文的目的、公文处理的原则、公文种类、公文格式、行文规则、公文办理、公文管理等做了具体规定,而对有关办法制定的过程等不做议论和记述。

对产品(项目)的说明。解说产品(项目)的特征、用途、原理、结构、制作和维护方法等,如对金属摩擦焊机控制器的设计说明书就包括优点介绍、功能要求、方案论证、线路设计等方面的介绍,使阅文者对设计的概况有一个基本了解。

(二) 明确

明确,即在公文中表述事物特征、说明事理时,要做到有条有理,清楚明白,准确平实。公文无论是说明事物的外在特征与状况,还是内在事理与原理,都要求条理清晰,直截了当,准确严密,行文顺序符合逻辑,以便于受文者理解。

例如:《国务院关于修改〈价格违法行为行政处罚规定〉的决定》,全文采用说明方法,开门见山地直接说明"国务院决定对《价格违法行为行政处罚规定》做如下修改",然后使用"第×条修改为:……"的格式分条列项说明被修改的条款内容。全文对修改的理由和过程不做任何说明,主题集中,内容明确,阅文者可一目了然地知悉修改的情况。

为了更准确、严谨地说明事物、事理,公文撰稿人应当熟练掌握说明的主要方法。公文中常用的说明方法有:

1. 下定义,是指用准确的语言对事物的本质属性或者概念的内涵和外延做出确切的解释说明,使收文者对该事物或概念有清楚的了解和把握。如在《党政机关公文处理工作条例》中,对"党政机关公文"这一概念进行了定义解释:"党政机关公文是党政机关实施领导、履行职能、处理公务的具有特定效力和规范体式的文书,是传达贯彻党和国家的方针政策,公布法规和规章,指导和商洽工作,请示和答复问题,报告、通报和交流情况等的重要工具。"简短的文字说明了党政机关公文的形成主体、主要特征、基本作用等,使之限定明确,含义单一,简洁精练,容易理解。

2. 举事例,是选择具有代表性、典型性的具体事例来说明抽象的、不易为人所理解的事物或事理,以增强公文的生动性和说服力。如在《产品包装废弃物的污染与回收利用情况报告》中的一段文字:"我国城市垃圾的主要成分有煤灰、纸张、塑料和金属,其中纸张、塑料和金属有相当一部分来自于产品的包装,是完全可以回收利用的,可以节省大量的资源和能源,产生巨大的经济效益和社会效益。例如:在城市垃圾中,废纸(含包装纸)所占比例为2%～12%,利用1吨废纸可以重新造纸800公斤,可以节约木材4立方米,节约用电400度,节约用煤400公斤,节约用水30吨;玻璃类制品所占的比例大约为1.87%,利用1吨碎玻璃回炉加工可以节约用煤1吨,节约用电400度。我国每年产生500万吨塑料垃圾,只有30%左右由个体户自发回收利用,还有价值50亿元的资源被浪费掉了。"以废纸、玻璃类制品、塑料回收效益为例,说明了资源回收利用的必要性和重要性,能使阅文者直观地了解废弃物与回收利用的关系,并对其产生强烈的认同感。

3. 作比较,是通过对事物之间或事物内部的不同方面进行比较,更鲜明地突出事物的特征。如对事物进行正反、纵横、远近、内外等方面的比较,以揭示事物的特征和状况,使阅文者加深对事物的了解,提高对事物的本质性认识。如××市××区的政府工作报告中就使用了纵向比较:"2007年全区生产总值达到258亿元,同比增长27%,其中区属生产总值达到154

亿元,同比增长15%;财政一般预算收入达到33.96亿元,同比增长24.3%;全社会固定资产投资总额超过130亿元,同比增长13%左右;城镇居民年人均可支配收入22306元,农民年人均纯收入10447元,同比分别增长13.4%和14.3%。"通过作比较,可以直观明了地说明经济的发展状况,使阅文者清晰地看出前后两年各项经济指标的变化。

4. 分类别,即按照一定的标准,将被说明的对象分成不同的类别,一类一类地加以说明。如《××市200×年国民经济和社会发展统计公报》中将国民经济划分为第一产业、第二产业、第三产业、固定资产投资、城市建设与管理、对外经济、物价、人民生活等不同类别分别加以说明,内容系统,层次清晰,把事物特征揭示得更具体、明确,便于阅读和理解。

5. 引资料,指引用准确可靠的资料来充分说明事物、事理。如在一份关于汽车市场的预测报告中通过运用"××局宣布""据专家分析""国家信息中心分析认为"等引出具有权威性的资料,以证明汽车市场需求增加,潜力巨大。

6. 列数据,是用真实精确的具体数字来说明事物。使用这种方法要特别注意列举或引用数据的来源的真实性和权威性以及数据应用的统一性,不能出现前后矛盾、不一致的现象。另外,对大量专业数据还需要进行科学的分析与说明,以便其他非专业人员能够理解。如《××市"三资"企业管理状况调查报告》中列举了一系列数字:"××市工业区引进的321家企业中,'三资'企业占72.5%。××市200×年1月~10月份的工业总产值为159878.89万元,其中'三资'企业占了94.5%。"这里,为了说明"三资"企业的管理情况,使用了"72%""94.5%"两个数据,不用过多论证就能直接说明三资企业在该市工业生产中所占的比重以及重要作用。

7. 画图表,指用直观、形象、生动的表格、图形等来说明事物。图表是对文字材料的补充和说明,运用图表可以更鲜明地突出事物的特征。注意图表的应用一定要规范、正确,不易直接看懂的要有注文说明。这种方法常用于工作报告、调查报告、工作总结、项目可行性分析报告、经济活动分析报告等文种之中。

二、记叙

记叙是以记载与叙述人物、事件、管理动态、发展过程来表达思想、阐明观点的一种表达方式。公文中的记叙主要在于说明事物发展变化的过程,或者说明事物中所包含的道理,或者提出证明意见和办法依据,或者说明经验与教训,其最终目的是使人一目了然地了解事情的来龙去脉。常用于各类报告、请示、通报、组织沿革、大事记等文种中。

记叙的方式有顺叙、倒叙、插叙、补叙、平叙等。公文写作中大多采用平铺直叙的顺叙。顺叙是按照事物发生发展的先后顺序来记述,使叙事的层次段落与事件管理活动的发展顺序相一致。这种方式正好符合管理活动中提出问题、分析问题、解决问题的工作顺序以及事物发展的因果关系的逻辑演进顺序。

公文写作的实用性决定了其独特的叙事特点:求实、概括。

（一）求实

求实，就是要以客观事实为基础，坚持一切从实际出发、实事求是的原则，实叙其事。这是由公文的性质决定的。公文是国家机关、企事业单位以及其他组织开展公务活动的重要工具，因此它所叙述的情况，包括请示和答复的问题、指导和商洽的工作，以及交流的经验等，都必须是客观真实的，这是保证公文所传达的意见和决策正确、科学的首要条件。

要做到叙事求实，公文撰稿人必须以事实为依据，以法律为准绳，客观叙事，不得虚构、编造事实，也切忌掺杂个人的感情，主观臆断事情的是非曲直。如果叙事时不严格依据事实真相，而随意添油加醋，或者好大喜功、无中生有地胡编乱造"事实"，必将给工作造成严重的损失。如××××汽车制造厂《关于开除肖××党籍的决定》一文，首先实事求是地指出肖××在新形势下不注意改造自己的世界观而利用职权受贿渎职的犯罪行为，同时并没有抹去他曾经取得的工作业绩，还如实地交代了肖××作为建厂的元老之一为该厂的发展所作出的重要贡献。叙事准确公允，分析深刻，符合客观事实。

（二）概括

概括，要求以简短的文字叙述特定的事件或活动过程。公文以处理公务为目的，以高效快捷地办事为原则，因此，公文叙述要简洁明了，直陈其事，以简练、概括的文字阐明事情的来龙去脉、前因后果。公文叙事对时间、地点、人物、事件、原因、结果等叙事要素的表达具有高度的概括性，它注重的是精练地交代基本情况、主要特征、基本性质等。例如：对一起仓库被盗事故的通报的文字表达如下："200×年7月8日，××市××厂××仓库保管员陈平，在××库房值班时，违反规定私自与人饮酒大醉，未能关闭仓库大门以及进行例行安全检查，以致酿成××仓库材料被盗事故，给国家造成30多万元的巨大损失。"用不到100字叙述了案件发生的时间、经过以及原因和结果，文字简练，条理清楚，语言平实庄重。

公文写作中的概括叙事，所要求的是高度浓缩、惜墨如金。

1. 叙述时间时，除了事件发生的具体时间点外，一些较长时间段的表现，可以使用"自……以来""近几年""几年来""长期以来""目前""近来"等用语来压缩叙述时间的长度。例如：

（1）党的十一届三中全会以来，我国个体经济、私营经济发展快速。（用"党的十一届三中全会以来"概括一个较长的时间段。）

（2）近几年来，由于财政欠拨、欠补、欠退及企业超亏、超支等原因，粮食企业财务挂账金额增长很快。（用模糊词语"近几年来"概括一个较长时间段，避免了一一列举年代。）

2. 记叙具体事件时，除了常规的按事件发生发展的顺序叙事外，可以摆脱情节纠缠，跳跃性、有选择性地进行叙述。公文叙事不必如一般记叙文文体那样要求内容的个性化和文字表述上的形象性或情景化，它不做细节的精雕细刻，无须设置悬念，也无需运用波澜起伏的情节来刻画人物性格、塑造人物形象或以事件的新奇、曲折、生动来吸引人，更无需运用众多的写作技巧使公文的表达内敛含蓄或传情，而是要通过得心应手地运用大量模糊语言，收到缩短篇幅、文约事丰的良好效果。例如：

（1）当出现严重的危害旅客和飞机安全的险情时，机组及时采取紧急措施，多次化险为夷。在暴徒以武力相威胁而又与地面失去联系等十分危急的情况下，为了避免机毁人亡，机组沉着冷静，以高超的技术，使飞机安全降落在不适宜大型飞机降落的韩国春川机场。飞机落地后，机组人员面对各种复杂的情况，立场坚定，组织旅客团结战斗，争取返回祖国。（使用"当……时""在……情况下""面对……情况"分别从不同方面叙述机组的英勇事迹，精简概括。）

（2）20世纪90年代以来，由于经济紧缩，社会吸纳劳动力就业的能力明显减弱，而上个世纪70年代初生育高峰期出生的人口陆续进入就业年龄，加上前几年农村劳动力向城镇转移，城镇劳动力供大于求的矛盾非常尖锐……（句中运用了"20世纪90年代以来""减弱""陆续""70年代初""前几年""非常尖锐"等多处模糊语言，在短短的文本中记叙了较长的时间段落，扩展了叙事的时间和信息容量。）

三、议论

议论是运用概念、判断、推理等逻辑形式，结合有关材料反映事物，揭示其内在联系、本质与规律并阐明作者主张的表达方式。根据公文的性质和特点，议论只有做到事理相符，精当概括，具有针对性，才能够达到点石成金、一语破的之功效。切忌空发一些脱离实际、有意拔高、不着边际的大话、空话和套话。议论通常运用于意见、决定、通报、调查报告、市场预测报告、项目论证报告、会议纪要等文种中。

公文写作的针对性和时效性决定了公文中使用议论这种表达方式的特点：议理、论断。

（一）议理

公文中的议论强调议理，即着重于说明一个意见、一个态度或一个看法形成的理由、根据。由于公文行文的一文一事原则的要求，公文在议论时往往就所涉及的某一事物进行评价，或针对所提出的问题进行简要分析，或就行文目的陈述理由。其目的在于为公文所表达的观点或态度、得出的判断或结论提供充足的依据。为此，公文不能通篇发议论，而必须围绕公文主题进行分析评价，交代理由与根据。

例如：在一份关于煤矿安全问题的通报中，发文者首先列举了××省发生的一系列重大安全事故的基本情况，之后写道："这些事故的发生和瞒报行为的出现，充分暴露出少数矿主无视国家法律、无视政府监管、无视矿工生命，继续违法生产等严重问题，同时也反映出你省安全工作中还存在监管不到位、执法不严格、企业安全生产主体责任不落实等问题。"这段文字，概括分析了重大安全事故发生的诸多问题和深层次原因，既表明发文者对发生安全事故的看法，又为下文的"提出如下工作要求"提供了逻辑依据，奠定了行文基础。

（二）论断

公文中的议论强调论断，即注重在分析理由和原因的基础上，明确地进行评价、判断、表态。为了快捷有效地处理公务,公文中各种决策意见的得出并不需要如政论文或一般议论文那样运用充足的论据进行翔实、复杂的论证,而是在叙述或说明事实的基础上进行简要的总结、论断、分析、评述或者夹叙夹议,以进一步阐述公文作者的观点和态度,或提出解决问题的办法和意见。公文中的议论最后都需要落实到表达公文主题的需要上,落实到解决现实问题上,公文不需要海阔天空地空发议论,这是公文直接应用性的必然要求。

例如:在《国务院关于切实落实政策保证市场供应维护副食品价格稳定的紧急通知》中,有一段议论性文字表达得简练精当:"近期,我国居民消费价格总水平出现明显上涨,社会各方面普遍关注,已经成为当前宏观经济运行的突出问题。带动价格总水平上涨的主要是粮食、猪肉等,这与当前国际市场粮油及初级产品价格上涨、生产成本增加等密切相关,但也存在着少数经营者趁机合谋涨价、哄抬价格等现象,它们扰乱了正常的市场秩序,损害了群众的利益。对于当前某些产品出现供求偏紧、价格上涨的问题,党中央、国务院高度重视,采取了一系列措施,一些问题正在得到缓解。但是,一些地方和部门仍然存在着认识不到位、行动不迅速、执行不得力、措施不具体等问题,使中央出台的政策没有及时得到落实,延缓了副食品生产的尽快恢复。各地区、各部门必须清醒地认识到形势的严峻性,增强紧迫感,加大工作力度,切实落实各项政策,保证市场供应,维护副食品价格稳定。"开头两个句子分析论述了当前价格总水平上涨的主要问题及多种原因;紧接着第三个句子表明党和政府的态度和行动;第四句接下来说明各级政府解决这些问题时存在的突出问题,而这些问题的出现正是制发该"紧急通知"的缘由;最后一个句子是在对现存问题高度分析概括的基础上形成的明确论断和要求。

可见,公文中的议论不是严格意义上的议论文中的议论。一篇完整的议论文,通常要求具有论点、论据、论证三要素,要求具有提出论点、分析论点、论证论点的完整的逻辑推理过程,同时要求摆事实、讲道理,对论点进行多角度、多层次的分析论证,做到论点正确、鲜明,论据丰富充实,论证充分有力。然而,公文中的议论不需要有完整的逻辑论证推理过程,只需用简洁的语言对文中事实表明态度,做出评价或结论,指出问题的性质即可。公文"议理"的目标明确指向"论断",并要针对公文主题提出解决现实问题的措施、途径,因而公文中的议论离不开对事实或问题的陈述或说明,而叙述或说明也需要通过恰当的分析、评论来揭示其本质内涵,这样才能增强公文的思想性,满足公文的应用性要求。

要做到合理恰当地运用议论这种表达方式,应当掌握常用的论证方法:

1. 例证法,通过可靠的典型的具体事例来论证、说明论点的方法。如在《××省人民政府关于安全生产工作的意见》一文中,就引证了自2008年3月22日以来该省接连发生的多起特大生产安全事故,这些事故共造成26人死亡,33人被困;事故发生后,有关责任人违法瞒报事故甚至逃匿,性质极其恶劣,教训极为深刻。举例的目的在于借助事例来论证事故带来的严重危害以及加强安全生产工作的紧迫性和重要性。

除了列举具体事例外,在一定情况下公文中还采用类型化的举例方法,不列举特定的某人某事,而是列举具有代表性的某类人、某类事,常使用"许多""有些""大多数""有的"等泛指、泛称词语。如在《中共中央、国务院关于坚决制止乱收费、乱罚款和各种摊派的决定》一文中有这样一段文字："不少地区和单位继续违反国家规定,任意增加收费项目,提高收费标准,名目繁多,标准过高;有的随意对企事业单位和群众罚款,甚至乱设关卡,敲诈勒索;有的搞建设、办事业不量力而行,不按规定乱集资乱摊派;有的财务管理混乱,监督检查不严,违法违纪现象经常发生。"通过列举一系列高度概括的典型事例,说明当前存在的诸多问题,使论证更加有力。

2. 演绎推理法,是从一般原理推导出特殊情况下的结论。如一篇关于铝合金软化技术研究和应用的可行性论证报告,首先提出项目组是完全有能力承担项目研究的,并从该项目组项目立项目的、主要内容框架、承担该项目单位的基础条件和技术力量等方面论证其资格条件;其次,提出明确的具有先进性和可行性的研究方案和具体的技术线路,并通过举例和列举数字说明应用该技术将带来巨大的经济效益,从而推导出该项目应予立项的结论。

3. 因果归纳法,是根据事物的因果关系,从引用和列举的大量材料、资料中概括、总结出对事物的正确认识,得出科学合理的结论。如在《关于撤销刘××陕西省公路局党委副书记职务的通报》中,通过叙述刘××的各种违法行为及其在干部队伍和社会中造成的恶劣影响,着重分析、评述了这种行为产生的原因,最后得出为严肃党纪,给予其党纪处分的结论。

【复习思考】

1. 与文学语言相比较,公文语言具有哪些主要特点?
2. 公文中词语选择具有哪些要求?要注意些什么问题?
3. 什么是公文专用语?公文专用语在公文语言表达中具有什么作用?常用的公文专用语具有哪些种类?如何恰当使用?
4. 公文中语序与句式表达有哪些特点?
5. 积极修辞方法与消极修辞方法有何区别?公文中为什么主要选用消极修辞方法?
6. 公文中选用修辞方法要注意哪些问题?公文中应禁止使用哪些修辞方法?
7. 公文正文中应当如何规范表达时间、空间、人员、引文、简称、数字、标点等要素?
8. 公文常用的表达方式有哪些?使用时应注意哪些特点?

【案例研习】

1. 在下列语句中填入恰当的公文专用词语:

(1) 为了……需要,特_____如下指令……
(2) ……以大力协助为_____。(结尾词)
(3) ……以迅即办理为_____。(结尾词)
(4) ……以尽快批复为_____。(结尾词)
(5) _____贵局大力协助,我公司××××项目筹建事宜已基本完成。
(6) _____生_____我校中文系2008级学生。
(7) _____局意见如何,请即研究见复为荷。
(8) 一学期内旷课时数累计达四周者,_____其退学。

(9) 以上方案，_____，请予批复。
(10) _____悉_____总公司成立，谨表_____意。
(11) _____局 2008 年 8 月 24 日关于×××××的请示收悉。
(12) _____上级命令，命你团迅即奔赴地震灾区，全力做好抗震救援工作。
(13) 上述事项，_____贵公司予以大力支持。
(14) 随函附送《××××项目投标书》一份，请_____。
(15) _____介绍本公司××同志，前往贵公司了解×××情况，请予_____。
(16) _____今年财力较紧，××建设项目需待至明年我县的财政状况好转后_____安排。
(17)《×××××管理办法》_____×××会议研究通过，现_____给你们，请遵照执行。
(18) 公司职工代表大会_____ 2008 年 8 月 1 日召开，请各单位切实做好会前准备工作。
(19) 以上报告，_____，请指正。
(20) 根据……，结合我公司的实际，特_____本办法。

2. 分析下列语句，指出并修改其中的不当之处：

(1) 张××，某矿法人代表，对这起事故负有重要责任，给予行政处罚 4000 元。(摘自《××××煤矿关于对××事故责任者的处理通知》)

(2) 校园周边饭店、摊点有经营不善、卫生状况不好的要停业整顿。(摘自《××××市人民政府关于整顿学校校园及周边秩序的意见》)

(3) 为此，××银行应当及时下达专项救灾贷款 2000 万元。(摘自《关于追加灾区贷款专项指标的请示》)

(4) 几个工厂的工人来厂长办公室反映了这一情况。

(5) 本校设立的重大科研成果奖的奖金为一万元、八千元、四千元、六千元四个等级。

(6) 你局 7 月的来信收到了，并完全了解其中的内容，经研究我们同意你局的意见。

(7) 为改善我局办公用房条件，经研究，决定建造一栋综合办公楼，建筑面积约 3000 余平方米，须拨款五百万左右，征地四亩许。以上事项，请迅即批复。(摘自《××局关于修建综合办公楼的请示》)

(8) 为了节能减排，减少环境污染，从今年 6 月 1 日起，凡我市国营、集体、个体及千元以上销售额的饭店均不得再使用有烟煤。

(9) 要求所有党员，特别是党员领导干部，不得借过节之机向自己的上级领导同志送礼，不准用公款超标装修自己的住房，不准用公款大吃大喝，更不准变相使用公款进"三厅"寻欢作乐、违法嫖娼。

3. 用公文语体改写下列一段文字：

××市××仓库 217 库房保管员李××于 2008 年 7 月 1 日晚上值班时，违反仓库值班管理规定，带着 5 岁的女儿来库房值班，并私自使用电器煮烧食品，晚上 9 时许又带着女儿外出采购食物,而离开时并没有关停电器。当他1小时后匆匆回到仓库时,只见217仓库已被滚滚浓烟所吞没,猛烈的火舌还在频频上窜,映红了周围的夜幕,他顿时大惊失色,手足无措,呆坐在地上。厂区巡逻保安等人员闻讯赶到,才立即打电话报警求救。消防队赶到后全力投入救火现场。2小时后,大火才得以扑灭,但库房已化为灰烬,××仓库的××物资共损失××××万公斤,给国家造成300多万元的巨大经济损失。(摘自《关于××××火灾事故的通报》)

4. 指出下列公文文稿各项目在语言表达方面的不当之处,并予以改正:

关于××旅游出版社
激光照排中心机房改造的请示报告

市局办公室:

　　根据业务需要,我社欲购进彩色印刷系统,近期急需对机房进行重新改造和装修,现将我社研究决定的具体改造计划方案报给你办,请予审阅。

　　1. 机房由2020、2021房间调整到2017、2018房间。

　　2. 2018房间将进行重新装修。墙面刷胶漆,地面安装绝缘地板,安装暖气罩和百叶窗。

　　3. 为了充分利用空间,缓解办公用房紧张的矛盾,拟在楼道东头铝合金推拉门窗(具体样式与旅游报的办公室门窗相似)。

　　4. 由于更新设备,电路需增容至一万五千瓦。

　　以上方案,如无不妥,请批复。

××旅游出版社
200×年8月10日

5. 指出下列公文语句中所运用的修辞手法:

　　(1) 新时期最鲜明的特点是改革开放。从农村到城市、从经济领域到其他各个领域,全面改革的进程势不可挡地展开了;从沿海到沿江沿边、从东部到中西部,对外开放的大门毅然决然地打开了。这场历史上从未有过的大改革大开放,极大地调动了亿万人民的积极性,使我国成功实现了从高度集中的计划经济体制到充满活力的社会主义市场经济体制、从封闭半封闭到全方位开放的伟大历史转折。今天,一个面向现代化、面向世界、面向未来的社会主义中国巍然屹立在世界东方。(胡锦涛在中共第十七次全国代表大会上的报告)

　　(2) 必须把党的执政能力建设和先进性建设作为主线,坚持党要管党、从严治党,贯彻为民、务实、清廉的要求,以坚定理想信念为重点加强思想建设,以造就高素质党员、干部队伍为重点加强组织建设,以保持党同人民群众的血肉联系为重点加强作风建设,以健全民主集中制为重点加强制度建设,以完善惩治和预防腐败体系为重点加强反腐倡廉建设,使党始终成为立党为公、执政为民,求真务实、改革创新,艰苦奋斗、清正廉洁,富有活力、团结和谐的马克思主义执政党。(胡锦涛在中共第十七次全国代表大会上的报告)

　　(3) 马克思主义者不是算命先生,未来的发展和变化,只应该也只能说出个大的方向,不应该也不可能机械地规定时日。但我所说的中国革命高潮快要到来,绝不是如有些人所谓"有到来之可能"那样完全没有行动意义的、可望而不可即的一种空的东西。它是站在海岸遥望海中已经看得见桅杆尖头了的一只航船,它是立于高山之巅远看东方已见光芒四射喷薄欲出的一轮朝阳,它是躁动于母腹中的快要成熟了的一个婴儿。(毛泽东《星星之火,可以燎原》)

(4) 最高人民检察院的数据显示,2003年1月至2006年8月,中国检察机关共查处贪污贿赂犯罪67505人,平均每月有近1600名官员因腐败走进监狱,其中"一把手"的腐败占较大比重。

(5) 近年来,工程招投标过程中频频发生的违法行为,使招投标这一"阳光工程"出现了"暗箱操作",为工程质量埋下了隐患。

6. 根据所学知识,分析下列案例:

(1) 市长读不懂的文件谁还能懂?

2006年8月7日,××市政府常务会议正在进行,当劳动和社会保障部门有关人员汇报完《关于改革基本养老金计发办法的方案》提请审议时,会场上一时竟然无人发言,与会人员表示文件难以看懂,故无法表态。主持常务会的市长王××也发出疑问:"这个文件市民怎么看得懂?"

"老人""新人""中人"——这些词要是照词典释义来理解,就大错特错了,劳动和社会保障系统对其进行了重新"定义",变成了专业术语。譬如这个"中人",是对某一时段参保人员的称呼。难怪参加政府常务会议的市长、副市长们看不懂。宋人惠洪在其《冷斋夜话》中记载:"白乐天每作诗,问曰解否?妪曰解,则录之;不解,则易之。"政府的红头文件一般都应通俗易懂,像××市《关于改革基本养老金计发办法的方案》这样的公文,除了劳动和社会保障系统主管此项业务的人员能理解,其他人估计只能是望"文"兴叹了。(摘自http://politics.people.com.cn/)

研讨问题:

分析说明××市《关于改革基本养老金计发办法的方案》中的语言表达存在哪些问题?政府的红头文件为什么要做到通俗易懂?"专业性"太强的语言表达将会给政府和公众带来什么影响?

(2) "产权证"一词引发的纠纷

2002年12月2日,李某与××开发商签订《商品房预售合同》,李某向开发商购买临街门面一间。合同订立后,李某向开发商交纳了购房款。开发商也向李某交付了该房产,但未及时为李某办理该房产的权属证书。后经双方协商,于2004年12月28日就办理权属证书一事达成协议。该协议订明:"开发商力争两年内为李某所购房屋办理完毕产权证,否则由开发商赔偿李某人民币5000元"。2006年12月20日,某区房屋产权产籍监理所为李某核发了房屋所有权证书;2008年李某所购门面的国有土地使用权证办理完毕。李某遂依据双方于2004年12月28日签订的协议,以开发商未在合同约定的2004年12月28日至2006年12月28日的两年内为其办理国有土地使用权证为由诉至法院,要求开发商承担违约责任,支付违约金5000元。而开发商坚持认为协议中的"产权证"指的就是房屋所有权证。法院审理后,判令开发商按照约定的违约金数额5000元对李某进行赔偿。(摘自http://www.fl168.com/)

研讨问题：

公文写作中词语选用应注意哪些问题？本案例中的开发商赔款的主要原因何在？你认为该协议中上述语句如何表达才不会引发纠纷？

第五章　公文行文规则与流程

第一节　行文规则

公文写作是围绕着组织职能活动而进行的,是组织行为的规范表达和真实记录,因此,公文写作应当按照一定的制度、规程进行,不得恣意而为。

行文规则是控制公文行文对象、行文方向和行文方式等方面的制度规定。犹如城市道路交通规则规范着人们行路、行车的行为一样,行文规则规范着各种社会组织之间的行文行为,旨在确保公文有序、有效地运行,顺利实现公文的效用。

一、行文主体

行文主体,是指依照法律法规成立、能够独立行使职权、具有独立法律行为能力的组织及其负责人,包括各级国家机关、企事业单位、人民团体以及其他各类机构及其负责人。其具体含义包括:

1. 是依法成立的社会组织。其成立须获得有权机关的批准,其管理职能是由组织法规所规定的;须具有开展公务活动必不可少的办公设施;须匹配一定的办公人员;须具有一定的人事处置权,对本组织的人员任免、调配、奖惩、晋职降职等具有相对独立的处置权;须具有独立的财务管理权,是一个会计单位或独立的财务核算单位,独立编制财务预算和财务计划,自身具有一定的经费支配权。

2. 依法享有组织管理职权。社会组织的管理范围和职权应当由法律、法规和规章或其他规范性文件明文规定。如政府机关主要由宪法和有关组织法予以授权,企业、事业单位以及社会团体也由国家相关法律、法规等作出具体规定。

3. 具有独立的法律行为能力,即能够独立承担自身管理行为的法定责任义务和法律后果。任何组织的职能、职权和责任三者必须匹配。政府、企业、事业单位以及社会团体等各种类型的社会组织均具有其特定的职能,而为了履行职能它们依法享有一定的管理职权,为此这些组织也就必须依法独立地承担相应的责任。

独立的行文主体均依法具有独立的行文权,即能以自己的名义对外制发公文以表达管理意图和决策,并能独立承担发文行为的一切后果。

合法的社会组织及其法定代表可以代表该机构对外行文,而一个组织内设的机构中,除办公厅(室)之外,其他内部组织机构一般不得以自身的名义向外机关行文。特别要注意的是,确因工作需要,有些单位的内设组织机构有时也可对外制发公文,如××市教育委员会法规处对外制发了公文,但其公文的行文主体仍然是"××市教育委员会",而不是"法规处",法规处仅仅是代表××市教育委员会进行发文办理的业务机构,无论公文发出后所引发的是肯定性还是否定性的法律后果,其权利与义务的法定承担者均是"××市教育委员会"。

二、行文依据

作为处理各种公务活动的一种重要工具,制发公文必须始终服务于公务活动的需要,做到行文精简、高效,尽力避免出现文牍主义现象。凡事发文,会徒增文件数量,浪费大量人财物和时间。

(一)依据公务需求发文

制发公文必须确有必要,注重实用和实效。

公文写作具有极强的现实应用性和目的性,必须依据各项管理活动的需求来进行写作。要顺利开展管理活动,需要了解相关的信息。对信息的需求是公文产生的前提和基础。

通常,组织管理中所需要的有用信息主要包括:一是权威性信息,是来自上级的与收文者的管理活动密切相关、对受文者的行为具有强制性影响的信息,如命令、指示、决定、通知、批复、意见等公文信息;二是凭证性信息,是指从法律意义上能对有关事物的性质、状态等提供有效证据的信息;三是行业性信息,是指能够反映某一行业特点及其工作内容的有关信息,有助于收文者获取该行业其他组织或部门在解决同一问题或相近问题时采取的办法或获得的宝贵经验,便于进行纵横向的比较、评估和检查,更好地推动各项工作的开展;四是新颖性信息,是指一些新近出现的、对人们的思想认识有一定启发意义的信息。对上述信息的强烈需求,是各类组织制发公文的内在动因。

为此,制发公文必须根据公务活动的信息需求来行文,坚持行文的必要性,注重实效,精简公文,树立良好的文风,避免事事行文、滥发公文。

凡是国家法律法规、方针政策明确予以规定的,上级公文已有执行措施且本级只是原文转发的,属于职能部门管辖权限的,联合行文而未能协商一致的,已在政府公报、报纸、电视、政府网站等媒体公开发布的,能通过电话、传真、政府专网解决问题的等各种情况,不再制发公文。

凡是能以一个组织的综合办公部门名义发文的,就不以组织名义发文;能以信函格式印发的,就不以通用格式印发;能以白头文件(即无版头的公文)印发的,就不印发红头文件;属于部门职责范围发文的,原则上均由部门发文。

凡发文要适度控制公文数量,坚持少而精的原则。一是可发可不发的公文坚决不发。要适当控制公文发送范围,减少发文份数;不宜公开发布的领导同志的讲话以内部通报形式印发;已在政府网站发布的,一般不再印发各种纸质简报通报。二是可长可短的公文一定要短。要大力压缩文件篇幅,控制文件字数,精简简报数量、篇幅和种类。例如:《关于国务院办公厅精简会议文件改进会风文风的意见》中就规定,国务院印发的普发文件一般不超过5000字,国务院办公厅印发的普发类文件一般不超过4000字。起草国务院领导同志在全国性工作会议上的讲话稿,一般不超过8000字;在其他会议上的讲话稿,一般不超过5000字。简报一般不超过1500字,调研报告一般不超过4000字。

凡发文必须注重实效,切实解决实际问题。起草文件和讲话稿要注重针对性、指导性和可操作性,分析问题要切中要害,所提建议要切实可行,不搞"穿靴戴帽",尽量减少对重要性或意义的一般性论述。倡导清新简练的文风,做到意尽文止。

(二)依据职责权限发文

行文主体在自身的职权范围中要依职行文,即制发公文必须符合自身的职权、地位和身份,不得超越权限发布公文,否则,所发公文就被视为自始未产生法定效用。越权行文不仅会带来工作秩序的混乱,打破组织之间权力分工的体系,而且还会降低办文、办事的效率。

任何一个法定社会组织均有权以自身名义对外行文,独立承担行文行为产生的一切行为结果。

一个组织的内设机构,除了办公厅(室)外不得对外正式行文。以政府系统为例,首先,上级政府的职能部门(除政府办公厅室外)一般不得向下一级政府正式行文,如确需行文,应报请本级政府批转或由本级政府办公厅(室)转发。其次,职能部门内设机构不得向本部门机关以外的其他机关(包括本系统)制发政策性和规范性文件,不得代替部门审批下达应当由部门审批下达的事项;与相应的其他机关进行工作联系确需行文时,应以信函格式行文。第三,具有上下级业务关系的,应尽量直接对口行文,以减少中间环节;同级或不相隶属的单位之间,应以信函格式商洽工作、询问和答复问题及审批事项。

(三)依据工作关系发文

要按照组织之间的工作关系正确行文。任何组织在社会环境中存在和发展,都离不开与其他各类组织的相互交往和联系,相互之间便产生了一定的工作关系。工作关系不同,行文关系和行文方向便不同。

现实社会中,不同组织之间的工作关系概括起来有四种类型:

一是领导与被领导关系,即处于同一组织系统的上级单位与下级单位之间的工作关系,如北京市人民政府与海淀区人民政府的关系,二者同属政府系统,具有服从与被服从的工作关系和行政上的隶属关系(海淀区人民政府隶属于北京市人民政府)。

二是指导与被指导关系,即处于同一专业系统的上级业务主管单位与下级业务主管单位之间存在的工作关系,如国家公安部与北京市公安局之间存在着工作技术、手段、方法等业务关系。

三是平级关系,即处于同一组织系统或同一专业系统中的同级单位之间平行的工作关系,如河北省公安局与河北省教育局,二者都是河北省人民政府领导下的职能部门,相互之间属于同一行政层级。

以上三种工作关系表现了同一个组织系统中各种组织机关的相互工作关系。凡是具有领导与被领导、指导与被指导工作关系的组织之间可以相互制发上行文、下行文,如命令、决定、请示、报告等;凡是具有平行工作关系的组织之间可以制发平行文。

四是不相隶属关系,即不处于同一组织系统和同一专业系统的组织之间的工作关系,如国务院与中共中央,分别属于政府组织和党组织两个系统,××省人民政府与××省军区,是政府系统与军队系统之间的关系,××药业集团与××市工商行政管理局,是企业与行政组织之间的关系等。凡是具有不相隶属的工作关系的组织应相互制发平行文。

以上工作关系、行文关系如图5-1所示。

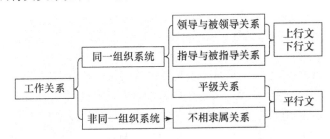

图 5-1　机关工作关系、行文关系示意图

根据上述行文关系,在公文写作中应正确选择文种,因为公文种类直接决定其性质,文种一旦选择不当,公文结构安排、语言表达、格式排布等各个方面都将发生变化。

通常,正确选用公文文种的主要依据是:

1. 行文目的的需要。制发一份公文总是要预先确定一个目标,并希望通过实现这一目标去解决实际问题,而不同的文种揭示了不同的发文目的,因此根据行文目的去选择文种,恰好体现了行文的需要。

2. 发文者的职权范围。任何一个组织都具有相对稳定的职权范围和法定的社会地位,其制发的公文只有与其自身的权限和地位相一致,才能赋予公文以合法性和有效性。

3. 行文关系的要求。社会组织之间的不同工作关系决定了不同的行文关系,具有领导与被领导、指导与被指导的工作关系的机构之间可以选择下行、上行文种,具有平行或不相隶属的工作关系的机构之间选择平行文种。

4. 各种公文处理法规规范。我国的人大机关、党政机关、军队等系统都通过条例、办法等规范性文件明确规定了本系统常用的公文种类的适用范围,这为公文写作时选择文种提供了依据。

文种选择时应注意:不能选错文种,否则将无法顺利实现行文目的;不能生造文种使受文者不知所云,以至于影响办文办事的效率。

三、行文对象

为了避免公文传递的主观随意性和非程序性,要求发文机关必须结合组织的隶属关系、职权范围以及公文的性质和内容等多方面因素,严格确定公文主送对象和抄送对象,以保证公文有条不紊地高效运转。

公文的行文对象可分为主送机关和抄送机关。

(一)主送机关

主送机关是受理并负责办理公文内容的主要机关。公文写作中选择主送机关应遵循下列规则:

1. 公文应主送主办机关。一般情况下,上行文只主送一个负责办理的主管机关,如确有需要,可同时抄送相关上级机关和同级机关,不抄送下级机关,如主送上级单位的"请示""意见"等。下行文可以主送一个或者多个下属机构,如教育部要发布一份"通知",需要下属几十所院校执行,其主送机关就是多个单位,不便一一列举主送机关名称时可用统称"部属各院校"表达。

2. 一般不主送单位负责人个人。除上级组织的领导人直接交办并要求直接报送的情况外,不得以本机关名义将"请示""报告""意见"等公文主送给上级单位负责人个人;也不得以本机关负责人名义向上级机关报送公文。有人认为公文直接主送给负责人可以减少运转环节和时间,实际上往往适得其反。因为组织的负责人公务繁杂,阅文量大,容易造成公文积压,加之文秘人员不知其事,无法做到催办,使公文的阅文时间延长,有时甚至错过了公文办理的有效时限;此外,还容易扰乱办文程序,出现违规办文办事等现象。

3. 上行公文应避免"多头主送"。将"请示""报告"等上行公文同时主送多个上级部门,往往会导致:一是相互推诿不办事,公文在多个部门间"旅行"而不能落实;二是各主送机关之间签署意见不一致甚至相抵触,使各主送机关之间产生矛盾和冲突。以上两种情况都会影响公文的办理速度和实际效用。同时,上行公文还应坚持"一文一事"原则,不得在报告等非请示性公文中夹带请示事项,以便上级机关及时办理。

4. 党政组织互不主送公文。选择主送机关时,应坚持党政分开行文的原则,避免党政部门之间直接主送请报类、领导类公文,即:不能以行政组织的名义向党的组织直接发布指示、命令或请示、报告工作;党的组织一般也不直接向行政机构直接发布指示、命令或者报告、请示工作;行政组织中的党组,是一级党委的派出机构,不是一级党的委员会,不经授权不能以党组名义向下级行政组织及其党组制发领导性公文,但可以向其所属的上级党委行文汇报工作与反映情况。因此,党政组织应在各自的系统中行文,以保证各类组织行文的有序性与规范性。

(二)抄送机关

抄送机关是只需要了解公文内容或者需要协助办理公文的机关。

抄送机关应根据公文发送范围和实际需要来确定,不得随意选择和扩大抄送对象的范围。并不是每一份公文都必须选择抄送机关,扩大公文抄送对象的范围并不能增加发文的分量、工作成绩或单位知名度；相反，乱抄乱送会增加发文数量，加大收文机关人员的阅文量，使大量的无用信息干扰有用信息的处理和使用，并给公文处理和管理带来困难，造成人、财、物和时间的浪费。因此，要恰当选择抄送机关。

通常，可以作为抄送对象的有下列机关：

1. 除主送机关外，需要知悉或执行公文内容的其他机关；
2. 需要协助主办单位办理公文的相关机关；
3. 向下级机关发布的重要公文，应同时抄报其直接的上级机关；
4. 特殊情况下的越级请示，应当抄送被越过的上级机关；
5. 受双重领导的下级机关向其中一个领导机关主送公文时，应将另一个领导机关作为抄送机关；反之，受双重领导机关的一个领导机关向共同的下级机关制发公文，应把该下级机关的另一个领导机关作为抄送机关，以便两个领导机关互通信息，避免所制发的决策和指示产生冲突或矛盾；
6. 参与会签的机关；
7. 其他需要了解公文内容的机关，等等。

确定抄送机关时应注意抄送机关与发文机关的级别、职权相适应。凡与公文办理无关的机关不应作为抄送机关。不得作为抄送机关的情况如下：

1. 请示上报的同时，不得抄送下级机关；
2. 公文的抄送机关不应再次将公文转抄、转送其他机关；
3. 联合发文时，联合发文的单位不作为抄送机关；
4. 已公开发布的公文，各地区、各部门不得层层抄转发文。

四、行文方式

行文方式，是指公文传递、运行的方式。为了保证公文迅速、准确、安全地传递并尽快发挥效用，应当根据工作需要、工作关系，恰当地选择行文方式。

（一）逐级行文

逐级行文是指按组织结构层次逐级上传下达公文。为了维护组织系统运行的层级结构，维护组织管理的总体效能，同一系统的上下层级间行文应以逐级行文为主。同一系统中的上行文、下行文都以此为主要的行文方式。如北京市海淀区人民政府应向北京市人民政府请示、汇报工作，向其下属各街道办事处布置工作。

（二）多级行文

多级行文是指将公文同时发送给上几级或下几级机关，甚至直达基层组织与人民群众。这种行文方式可迅速传递公文信息，减少逐级转发公文的时耗和信息失真的机会，多用于不容许作任何变通和发挥的下行文。如国务院为了将有关文件的精神迅速传递到各级政府，可以同时将公文下发至县级以上各级地方政府。

（三）越级行文

越级行文是指越过自己的直接上一级或直接下一级机关直接向其他上级或下级机关行文。如县政府越过其上级市政府直接向省政府请示工作。这种方式如运用得当确有路线短捷、传递迅速的效果，但除非具备一定的特殊条件，否则一般不宜采用。其原因主要在于：首先，频繁越级行文会打乱组织结构的合理层次，打乱正常的领导关系和职能分工，易造成高层次机关工作负担过重；其次，下级机关不一定能全面系统地了解直接主管部门的总体管理思路，越级上行文容易造成所越级请示报告的事项与直接主管部门的意图相冲突，或者因直接主管部门不清楚其越级请示汇报的内容而做出不当的管理决策，从而造成工作部署被打乱，使工作陷于被动，公文制发流转无效，浪费时间和精力。

实际工作中，党政机关、企事业单位等机构一般情况下应当坚持逐级行文。但是，如遇特殊情况，也可越级行文。越级行文是有条件的，要慎用此种行文方式。通常，具有下列情况之一的可采用越级行文方式：

1. 情况特殊紧急，逐级上报下达会延误时机造成重大损失的；
2. 经多次请示直接上级，问题长期未得到解决的；
3. 上级交办并指定越级上报某些事项的；
4. 检举、控告直接上级的；
5. 直接上下级之间就某一问题存在异议且无法达成一致意见的；
6. 需直接询问、答复、联系个别专门事项的；
7. 反映或处理不涉及直接上下层级的职权范围的个别随机偶发事件或问题的。

（四）联合行文

联合行文是指处于同等地位的两个或两个以上机关共同发布公文。联合行文必须满足两个条件：

1. 联合行文的组织应是"同级"组织，即联合行文的组织是行政层级相同或相当的平级机构或者不相隶属的机构，例如：同级政府、同级政府各部门、上级政府部门与下级政府可以联合行文；政府与同级党委和军队机关之间可以联合行文；政府部门与相应级别的党组织和军队机关可以联合行文；政府部门与同级人民团体和具有行政职能的事业单位可联合行文；没有隶属关系的企业、事业及各种团体等组织之间也可联合行文。

2. 联合行文应遵循协商一致的原则，即联合行文前，应当明确主办部门，各部门须就有关行文内容协商一致后，方可行文。如就发文内容沟通协调无法达成一致意见时，各单位不得按各自的意见行文，否则，将由上级机关依法责令纠正或予以撤销。

为了坚持党政分开行文的原则，应尽量减少党政组织联合行文。

（五）对口行文

对口行文是指上、下级业务部门之间相互直接传递公文的方式。下级业务主管部门不要把由上级业务主管部门职能范围内应解决或决定的事项报请本级政府，由本级政府向上级政府请示，再通过上级政府转交其所属的业务主管部门负责办理，反之，上级业务主管部门也不要以这种工作流程来对下级业务部门发文指导工作，否则，会增加公文在两级政府之间的流转时间，不利于公务活动的及时处理。如教育部与河北省教育厅之间沟通教育方面的业务活动问题，就没有必要通过两级政府来周转，双方可就其职权范围管辖的业务活动直接制发具有业务指导与被指导性质的公文。

（六）直接行文

直接行文是指平级或不相隶属的机关之间直接传递公文的方式。

属于同一组织系统的平级组织之间，采用直接行文可以避免按组织系统先上报到共同的上级组织再由其下发的传递方式，这种方法增加了公文传递的层次、手续和在各单位周转的时间，降低了办文、办事的效率，如××市财政局与该市教育局之间关于行政教育经费事宜即可用"函"来直接行文，不需再由该市人民政府作为中转环节。

不相隶属的机关之间行文，由于相互之间不属于同一组织系统，不需要考虑组织机构的级别关系，直接以"函"相互行文联系事项、商洽工作，如××省军区与其驻地所在的××市××区××街道办事处之间为××事宜行文就应采用"函"行文。

（七）公开行文

公开行文是指通过公开张贴或通过报纸、电台、电视、网络等媒体公开向社会发布公文的方式。

随着民主政治的不断推进，人们对各种信息的需求越来越强烈，按照有关法律法规的规定，一些公共管理机构的各类公文须采用不同的方式向社会公开公布。为此，此类公文通常不需采用逐级行文的方式层层传达。公开行文时，信息传递时间快、发送范围广、成本低、信息透明度高，既有利于社会公众获取、贯彻落实公文内容，又有利于监督有关组织的公共管理活动，从而形成"依法行政""依法管理"的良好的法治社会环境。

通常，各级、各类国家机关以及教育、医疗卫生、供水、供电、供气、供热、环保、公共交通等与人民群众利益密切相关的公共企事业单位制发的公文，凡符合下列情况之一的应当采取公开行文方式：

1. 涉及公民、法人或者其他组织切身利益的；
2. 需要社会公众广泛知晓或者参与的；
3. 反映本机关机构设置、职能、办事程序等情况的；
4. 其他依照法律、法规和国家有关规定应当主动公开的。

凡是经批准以报刊、电视、网络等媒体公开行文的方式发布的公文应视为正式公文，各单位应认真执行。公开行文的公文,发文单位不再逐级行文,只需印制少量文本存档备查。

第二节 写作程序

公文写作一般要经过下列步骤:明确行文目的、收集选择材料、拟写提纲、草拟文稿、修改审核文稿、签发定稿等。

一、明确目的

公文是用来记载与传递信息、处理公务活动的重要工具。每一份公文都有其特定的行文目的和要求。行文目的,即公文的写作者希望通过制发公文而实现的目标;行文要求,即公文的写作者为了实现特定目标而向受文者提出的有关公文阅读、办理、答复、执行等方面的具体规定或愿望。无论是确定行文主题或意图的负责人,还是"奉命而作"的撰稿人、核稿人,在其授意、撰写、审核修改以及定稿工作中,都必须就已确定的行文目的和行文要求达成一致的认识,并且在各自负责的工作环节中,始终围绕既定的行文目的和要求进行撰写,以确保所撰写公文的质量。

公文写作是一种群体活动,其中负责文稿撰写的业务人员,尤其是文秘人员要做到如下几点:一要弄清授意者(组织负责人)的意图,并从中提炼出公文的主题;二要使主题真实准确地反映客观实际,符合事物发展的客观规律;三要符合党和国家的法律法规和有关专业系统的政策规范。同时,还要根据公文主题和预设的行文目标,来选择相应的文种,确定行文的主送和抄送机关或者转送的范围,选用适宜的公文表达形式等。如果对公文要阐述什么不清楚,对肯定或反对什么似是而非,或者出现公文主题违背法律法规等情形,那么,就不可能写出规范的高质量的公文来。

二、收集选材

公文的撰制过程总是从实践中来(提出问题)、制定决策(制发公文)、再到实践中去指导实际工作(解决问题)的过程。要使公文内容充实丰富、准确真实,就必须坚持进行广泛的社会实践和认真而深入的调查研究,通过调查研究,了解各种信息,掌握大量的材料,占有充分的数据,只有这样,才能深刻地分析事物的本质,认识其发展规律,把公文写深写透,提出有针对性和指导性的对策,解决工作中的实际问题。

收集材料应力求"多""广",即不管是纵向的历史性材料,还是横向的现实性材料;不管是正面的,还是反面的;不管是概括的,还是具体的,等等,都应尽可能广泛地去收集。材料越多,撰稿人就越能从容地选择与公文主题相符合的材料。

选择材料时应注意抓住已收集的众多相近和同类材料中最有利于实现行文目的、有助于表现公文主题的那一部分材料。特别注意选择以下材料：能正确反映客观事实并可作为理论依据的材料；能较深刻地反映事物本质、具有广泛代表性、典型性的材料；对说明或解决现实问题有实际意义的材料。

选材原则与方法请参见本教材第二章第二节之"公文材料"的相关内容。

三、拟写提纲

提纲是撰写公文的计划，提纲的主要内容应当包括公文的主要观点、结构层次和段落架构、材料分布、纲目字数安排等情况，以帮助撰稿人在写作过程中树立全局观念，防止因受其他工作的干扰而在写作中出现顾此失彼、前后失调的现象，有助于撰稿人预先理出一条系统、周密、明晰的逻辑思路，然后按照既定的思路写作，这样可节约写作时间，提高写作质量和速度。

根据公文主题的需要，提纲可粗可细，粗的只简单描述公文的总体轮廓，拟出标题、确定结构层次和前后排列的逻辑次序即可；细的则还要在此基础上具体确定以下事项：怎样划分段落，怎样过渡和照应，怎样开头和结尾，在哪些地方用理论材料，哪些地方用具体事实材料，哪些地方应详尽，哪些地方应概略，公文中的小标题应该如何拟写，行文目的和要求以及公文主题应在哪里点明或再次强调，等等。

四、草拟文稿

根据拟定的文稿结构大纲来拟写正文。在草拟文稿的过程中如发现层次不清、材料不足或逻辑关系处理不当，可以随时修改、补充与调整。

在规范的公文用纸上（电脑写作可以通过打印机输出草稿）形成文稿，在文稿完成后将统一规格式样的"发文稿纸"作为其首页，并将"发文稿纸"上的有关项目一一填写清楚，其项目主要包括：公文标题、密级、紧急程度、签发人、核稿人、拟稿单位、拟稿人、主题词、主送机关与抄送机关、附件等。相关人员应当认真填写这些信息，以便为印制公文正本格式提供依据。

五、修改审核

文稿形成后，必须对文稿进行全面的检查审核，纠正和弥补错漏，进一步充实内容，调整结构，对语言文字做深入的加工，以保证公文的质量。

公文写作具有群体性，有多种人员参与公文修改审核工作：

首先，业务人员、秘书人员等撰稿人自审，按照有关的行文目的和要求，对照有关法规、规定以及其他写作要求与规范检查修改文稿；

其次，业务部门负责人进行修改审查，其工作侧重于对公文中业务内容的准确性、行文必要性、专业规范性进行审查把关；

第三,综合办公部门的负责人或专门的公文核稿人进行修改审核,侧重于对公文行文规则、体式的规范性和内容的合法性进行审查。重要文稿必须通过集体讨论修改,如在这一过程中对有关问题有重大分歧,应按组织规则以集体决议为最终修改的依据,或者报请该组织的领导定夺。

公文修改审核工作是把好公文质量关的重要环节,其工作重点是:

一是确定是否有发文的必要,即判断发文是否是实际工作中解决问题所必需的,通常,当面谈、电话、会议等无法满足信息交流的需求时才选用此种书面行文方式;

二是检查文稿是否符合行文规则,即检查文稿是否符合有关部门提出的统一的控制规则;

三是检查文稿内容是否符合要求,即文稿内容是否符合发文目的和国家的方针、政策、法律、法规和规章的规定;

四是检查文稿形式是否符合公文写作规范,即确定文稿的结构、语言、人名、地名、简称、数字、引文、结构层次序数、国家法定计量单位、原稿使用的纸张和字迹材料等形式是否符合有关规定。

修改过程中应正确使用修改符号,具体方法可参照国家标准《校对符号及其用法》。

六、签发定稿

文稿从草稿转换成公文定稿主要有两种基本方式:一是经有关负责人签发后文稿即为定稿;二是按有关程序或规定,经有关机构批准或会议讨论通过后,即为定稿。文稿一经定稿,不经签发人批准或单位同意,任何人不得再对文稿的内容做任何修改。

单一行文的签发,由单位各级负责人依照职权分工分层签发;联合行文的签发,一般由主办机关首先签署意见,协办单位依次会签,一般不使用复印件会签。

经过审核签发后的文稿就成为具有法定效用的定稿。定稿是制作公文正本的依据,正本的正文内容必须保持与定稿内容完全一致。

定稿是否规范完整直接影响着公文正本的制作。因此,定稿在外观形态上须符合一定的文面规范和要求,包括公文用纸、图文颜色、行款格式等。

公文文面各项目的规范要求如下:

1. 公文用纸:规定使用国际通行公文用纸 A4 型,其成品幅面尺寸为:210mm×297mm,公文用纸天头(上白边)为 37mm±1mm,公文用纸订口(左白边)为 28mm±1mm,版心尺寸为 156mm×225mm(不含页码);一般使用纸张定量为 $60g/m^2$~$80g/m^2$ 的胶版印刷纸或复印纸。纸张白度为 80%~90%,横向耐折度≥15 次,不透明度≥85%,PH 为 7.5~9.5。

2. 图文颜色:如未作特殊说明的,公文中图文的颜色均为黑色。

3. 字迹材料:黑色油墨应达到色谱所标 BL100%,红色油墨应达到色谱所标 Y80%,M80%。公文字迹着墨实、均匀。力求文面干净无底灰,字迹清楚无断划。

4. 标题:公文标题均应居中排列,正文中的层次小标题首行应缩进 2 个汉字,标题过长需转行时不得将完整的词分置于两行。

5. 正文：双面排版印刷，一般每面排 22 行，每行排 28 个汉字。段落起首空 2 个汉字位置，回行顶格。

6. 层次序号：文中层次序号一般按层级依次表达为：一、……；（一）……；1. ……；（1）……

7. 页码：凡有图文均需依次用阿拉伯数字规范标注连续页码。

8. 注释：简短注释一般用"夹注"，解释词语的语句应加圆括号"（）"。

9. 公式：应居中书写。公式的序号标于公式右侧，外加圆括号"（）"。较长的公式应选在运算符号加、减、乘、除等符号处转行，转行的行首出现加、减、乘、除等符号。

10. 字体、字号：公文中常用字体是黑体、宋体、小标宋体字和仿宋体。3 号黑体字一般用于密级、紧急程度、标记字符或其他重点字句；发文机关标识用小标宋体；标题用 2 号小标宋体字；3 号仿宋体字一般用于正文、发文字号、"签发人"（其姓名用 3 号楷体字）、附件说明、附注。

11. 计量单位，要使用法定的单位，如表示长度使用"米"、表示重量使用"千克（公斤）"等。

12. 标点符号：按标点符号使用规范选用，如陈述句、祈使句末尾用句号；句内主谓语、动词与宾语之间停顿用逗号；句内并列词语间停顿用顿号；列举各项目间的停顿用分号；数字区间用浪纹连接号（～），等等。

根据定稿制作的公文正本，采取左侧装订，以不掉页为原则，四角成 90°，无毛茬或缺损。骑马订或平订的公文的订位为两钉外订眼距上边缘各 70mm 处，无坏钉、漏钉、重钉，钉脚平伏牢固；骑马订钉锯均订在折缝线上，平订钉锯与书脊间的距离为 3～5mm。包本装订公文的封皮（封面、书脊、封底）与书芯应吻合、包紧、包平、不脱落。

【复习思考】

1. 什么是行文规则？行文规则具有什么作用？
2. 行文主体应当具备哪些资格或条件？
3. 为什么一个社会组织的内设机构一般不得对外行文？确需对外行文时又有什么变通的处理方法？
4. 社会组织之间主要的行文关系有哪些类型？不同的行文关系在选择公文种类时具有什么样的特点？
5. 如何选择公文文种？如何选择主送机关、抄送机关？行文方式有哪些种类？越级行文应满足哪些条件？
6. 撰写公文一般要经过哪些步骤？如何保证公文撰写工作的质量？
7. 如何做好公文文稿修改审核工作？撰写公文写作提纲有什么作用？
8. 公文文稿如何定稿？定稿的文面要注意哪些规范？

【案例研习】

1. 根据下列情景提示，分析下列行文是否符合行文规则，并说明理由：
（1）为了规范管理各集贸市场，××县工商行政管理局将《××县××市场管理办法》以

"公告"形式印发各单位,以便于周知和执行。

(2) 为保证××运动会期间城市交通的畅通,××市交通管理局和该市××区交通管理局联合发布交通管制通告。

(3) 为了在青少年中提倡科学,反对迷信,加强科技知识的普及和推广工作,中共××县委与该县县委宣传部、县教育局联合制发公文。

(4) ××贸易公司为了提高市场营销人员的专业素质,拟对其进行分批培训,为此,特向××大学发出通知,希望予以协助。

(5) 为了加快公文处理的速度,××房地产开发公司将办理有关开发用地相关内容的公文直接主送给该市国土资源管理局庄××局长,并附该公司董事长致庄局长的信函。

(6) 中国政府网于2008年1月15日以国务院令的形式公布了《国务院关于废止部分行政法规的决定》,××县政府一位官员说,经批准在媒体上发表的公文只能作为参考资料供学习和工作参考,还要等待国务院的红头文件发下来才正式贯彻执行。

(7) 为了迅速调查、处理××市××区第十中学突发学生群体食物中毒事件,中共××市委特向该区人民政府发出紧急通知。接通知后,该区政府将情况撰写成报告,汇报事发后的应急处理情况和将要采取的相关解决措施等,并将报告直接主送该市市委书记王××,向他汇报工作。

(8) ××职业中学要建立5个多媒体教室,需要购置260台电脑及其他设备,特向××办公用品贸易公司发出通知,告知其购置设备一事,该公司回函告知相关设备的型号、价格以及售后服务等问题。

(9) 为了促进市属高校发展,支持各高校加大高级人才引进力度,××市教育局特向该市人事局制发请示,申请将人才引进指标由原来每年200个增加到250个。

(10) ××市物价局就该市2008年农副产品价格上涨状况特制发一份情况通报,在主送市委、市政府、该市发展改革委等单位,同时抄送市教育局、市人事局、市环保局、市交通局、市建委等其他职能部门。

(11) ××市人民政府与该市公安局、文化局、工商局等部门拟于近日联合发出通知,部署在全市范围内集中开展一次打击侵权盗版的专项行动。

(12) ××市发展改革委新任秘书小王,针对××县××局办公用房建设项目的请示草拟了一份批文,文中包括以下内容:该局同意征用××镇的土地××亩作为办公用地;建设资金除市政府划拨×××万元外由县财政补助×××万元;拟定工程建设单位的选择范围与条件等。

(13) ××市实验中学拟建一栋综合教学楼,由于涉及项目立项、建设用地、建设资金等问题,于是该校将《××市实验中学关于修建综合教学楼的请示》同时报送相关业务主管部门:该市教育局、发展改革委、国土资源局和财政局,以期几种批文能够同步办理,提高办文办事效率。

2. 指出下列公文写作活动中存在的不当之处,并分析指出正确做法:

(1) ××市畜牧水产局办公室秘书小李负责草拟一份关于启动生猪标准化规模养殖场建设项目的意见,撰写完毕后小王觉得自己不能准确把握文稿中与生猪养殖及标准化养殖相关的一些专业问题和政策原则,但他知道分管畜牧的周副局长恰好是学畜牧专业的,一定能够补充修正文稿中不清楚的地方,于是他填写发文稿纸,直接将文稿呈送周副局长。周副局长正在开会,匆匆阅文后签注了"同意下发"的批示意见。小李取回文稿并未发现需修改之处,就高兴地将文稿送到文印室印制。但办公室康主任在给公文正本用印时发现了内容与数据方面的错漏。不过,康主任见周副局长已经签发,也就不好意思指出来。于是,公文在盖完章、登记完毕之后就发出去了。

(2)××有限责任公司是一个大型贸易集团,机构稳定,职能明确,分工清楚。为了发挥业务部门的专业特长,提高公文撰写质量,公文草拟工作主要由公司所属各业务部(室)负责。近日,人力资源部小孟撰拟了一份员工职业培训管理办法,经本部负责人唐总监审核后,小孟直接到办公室何秘书处要了公司发文的编号,然后将公文印制出来并下发公司各部门执行。

(3)××县林业局为了大力增加本县森林覆盖面积而开展了退耕还林工作。开展这项工作需要投入大量资金,但由于本县政府财力不足,此项工作进展缓慢。在一份退耕还林的情况报告中,该县林业局汇报近年封山育林、退耕还林工作的进展情况,重点陈述了目前工作中存在的诸多问题,特别是财政资金紧张所导致的工作困难,并恳请市政府划拨60万元支持本县的林业工作。为了让市领导尽快知悉该报告,该县林业局直接派人将报告主送给主管市财政工作的王副市长。

第六章 规范类公文

第一节 规范类公文写作规范

一、规范类公文的特点

规范类公文,是指除法律范畴以外的其他具有约束力的公文,如行政法规、地方性法规、行政规章以及其他团体、社会组织所制定的具有约束力的公文。

规范类公文是国家机关以及其他企事业单位等组织工作法治化、制度化的体现,是管理国家和社会事务以及组织内部事务的一种规范化、制度化的重要手段。其中,国家行政法规、地方性法规、行政规章等是规范类公文的构成主体。

行政法规。行政法规的制发主体是国家最高行政机关(国务院);行政法规的名称一般称"条例",也可以称"规定""办法"等。国务院各部门和地方人民政府所制定的规章不得称"条例"。制定行政法规,应当遵循《立法法》所确定的立法原则,符合宪法和法律的规定。行政法规应当备而不繁,逻辑严密,条文明确、具体,用语准确、简洁。根据内容需要,行政法规可以分章、节、条、款、项、目。章、节、条的序号用中文数字依次表述,款不编序号,项的序号用中文数字加括号依次表述,目的序号用阿拉伯数字依次表述。行政法规由总理签署国务院令公布。

地方性法规。地方性法规的制发主体是省、自治区、直辖市的人民代表大会及其常委会和较大的市(省、自治区的人民政府所在地的市、经济特区所在地的市和经国务院批准的较大的市)的人民代表大会及其常务委员会。地方性法规的内容包括:为执行法律法规规定而需要根据本行政区域的实际情况作具体规定的事项;针对地方性事务需要制定地方性规范的事项。地方性法规不得同法律或者行政法规相抵触。

行政规章。行政规章的制发主体是国务院的职能部门与省、自治区、直辖市和较大的市的人民政府,其中,部门规章由国务院部门(国务院各部、委员会、中国人民银行、审计署和具有行政管理职能的直属机构)组织起草,地方政府规章由省、自治区、直辖市和较大的市(省、自治区的人民政府所在地的市、经济特区所在地的市和经国务院批准的较大的市)的人民政府组织起草。行政规章的制定应当遵循《立法法》所确定的立法原则,不应同宪法、法律、行政法规和其他上位法相抵触。行政规章用语应当准确、简洁,条文内容应当明确、具体,具有可操作性。法律法规已经明确规定的内容,行政规章原则上不作重复规定。除内容较复杂的之外,行政规章一般不分章、节。部门规章由部门首长签署命令予以公布。地方政府规章由省长或者自治区主席或者市长签署命令予以公布。行政规章的名称一般称为"规定"或"办法"。

规范类公文具有以下特点:

内容的制约性,即公文内容是作者单方面意志的表示,不以对方是否同意为前提,在有效的时间、空间内对受文者的行为具有同等的约束力。

条文的反复适用性,即公文所针对的是反复出现的、具有普遍性的事务和问题,在有效期内各项规范也是可以反复适用的。

公文生效的程序性,即公文生效的程序大都需经严格而规范的会议讨论通过并在一定范围内公布后方能生效,除特殊情况外,公文效力不溯既往,公文效力所及只针对公文生效后发生的有关情况。

规范类公文的种类较多,包括条例、规定、办法、章程、规则、细则、准则、规程、守则、简章、制度、公约等,其中,比较常用的文种有条例、规定、办法、细则等。

二、规范类公文的结构

规范类公文在写作结构上具有一些共同的写作体例。其总体构成要素一般包括以下几部分:标题、题注、章题与条款、正文。

(一)标题

构成方法主要有两种:一是由事由、文种两部分组成,如"粮食储备工作规定""商品房销售管理办法";二是由发文机关名称、事由、文种三部分组成,如"国务院关于行政区划管理的规定"。

标题中,事由应确切而概括地反映文件的主要内容,指明被规范的对象范围。必要时,在文种前后加注表明文件文本或执行要求等的限定词语"暂行""试行""实施""补充"等,如果限定词语加注于标题文种之后,应用圆括号括起来,如"××部关于建设工程招标投标管理的办法(试行)"。

(二)题注

即在标题下方居中位置的圆括号中标明文件经法定机构审议通过、批准生效或发布的日期。大都标作"(××××年×月×日通过)"或"(××××机关通过,××××年×月×日发布)"或"(××会议××××年×月×日通过)"等。

(三)章题与条款

规范类公文通常采用逻辑演绎方法分条列款。分条、款可以层次分明地表达文件内容。

章节条款层级划分的层次数量,应当根据规范类公文的内容信息来灵活选用。

"章条格式":适用于条文内容分类层次复杂、内容信息较多的公文,即在条款上面设立"章",必要时,在章下可以分节,将整个公文划分为"章、节、条、款、项、目"等6个层次,或者分为"章、条、款"等3个层次。例如:常用的3个层次结构安排如下:首先将公文内容划分为若干"章",每一章用一个小标题作为章题,章题要准确地概括出该章的内容主题,如"第一章　总则……第二章 工作职责……"等;在"章"之下再划分"条",如"第一条　××××……第二条　××××……";在"条"下根据内容的需要设立"款",如"第六条 会计人员的职责 1.××××……2.××××……",等等。

"条款格式":适用于内容分类层次单一、内容信息不多的公文,即只分为一级"条",正文条款按照内容的逻辑关系有序依次排列为:"第一条　×××……""第二条　×××……""第三条　×××……""第四条　×××……",等等。此外,如果一些规范性公文内容较少时,也可采用数字序号方式安排条文内容,例如:"一、×××……""二、×××……""三、×××……""四、×××……",等等。

(四)正文

正文用于表达规范类公文的具体内容。一般按以下顺序安排内容:总则—分则—罚则—附则。

1. 总则

总则是公文的开头部分。在层次安排上,内容层次较多的公文可以分章节、列条款,内容层次较少的可以直接列条款,分条说明。总则部分的主要内容包括:制定公文的目的和意义、制定依据、适用范围、有关定义及具体规范中带有普遍性、共同性、原则性的内容等。

制定目的,指作者制作公文的动机及预期实现的目标。它是公文的核心内容和指导性纲领,是对公文主题的概要揭示,公文内容不得与其相违背。在语言表达上要求精ారrik概括,常以介词"为""为了"等引叙词在开首处引出正文。

制定依据,指制发公文的前提条件与根据。常以介词"根据""依照""依据"等引叙词引出构成依据的有关法律、法规、规章、上级指示,以及有关的客观事实等。

适用范围,是对公文有效适用对象范围的规定。除在标题中予以反映的之外,都应在公文中明确表达公文对何种人及事物具备有效约束力,以便具体执行。

有关定义,指对公文中所使用的有关名词术语含义的规定。同一词语在一篇公文中只有一个含义,以防止因表达不严谨周密而产生歧义,引起争执。可用"××××是××××××"或"本文所称××是指××××××"等格式表述。

2. 分则

分则是正文的主体部分,是表达具体规范各分项内容的条文,如规定支持、保护、发展什么,限制、禁止和取缔什么,规定有关组织与人员的作为与不作为等内容。通常按事物间的逻辑关系、各部分的性质及相互关联以及工作程序或惯例等分类集中编排。如《党政机关公文处理工作条例》除第一章总则、第八章附则之外,分则部分按照公文处理工作的顺序,分别表述各环节的工作规范；第二章公文种类、第三章公文格式、第四章行文规则、第五章公文拟制、第六章公文办理、第七章公文管理，在每章之下分条说明，章条分明，层次清楚，内容具体。

3. 罚则

罚则是表达对违反分则规定的行为所实施的处罚办法的条文，包括对有关惩罚的方式、程序、措施、标准等的规定，必要时还包括对申诉程序和机构的规定。

罚则在正文中可以单独构成一章，也可以紧接在具体规范条文之后，作为"分则"中最后的条文。需独立成章陈述时，其章题可表达为"罚则""法律责任""处罚办法"等。

4. 附则

附则是对分则部分具体内容的补充和说明。附则可以接在"罚则"之后，依重要程度或其他标准逐条表述；若独立成一章表达时，其章题可为："附则"。其主要内容包括：发布公文的主管部门、施行程序与方式、施行日期、有关说明等条文。

主管部门，即对公文负有执行、监督或解释责任的机构。指明主管部门可以对实施时出现的问题做出回应，有助于公文的执行。

施行日期，即对公文正式生效实施时间的规定。这方面的规定大致采用以下形式：规定自公文公布之日起施行；另行规定实施时间；规定以另一公文的施行时间为施行日期。一份公文只能选用一种施行日期。

施行程序与方式，即对施行过程，施行责任归属，制定具体实施办法的权利责任归属、根据与原则、步骤方法的规定。

此外，还有其他有关说明，如对此份公文与其他公文之间的关系、附件的效用和数量等情况的说明。

上述结构是规范类公文写作的一般结构，但并不是所有规范性公文都必然包括上述内容或者必须按照总则、分则和附则的形式来安排结构。

"条例"通常选择章节条款格式安排结构，然而有时也采用条款式安排结构，例如：国务院颁发的《职工带薪年休假条例》就采用条款式结构，全文共十条，第一、二条交代发文目的、适用范围，第三、四、五条明确规定带薪休假的主要内容，第六、七条指明监督执行的单位与组织、对违反规定的行为的处罚原则；第八、九、十条明确争议的法律法规依据，交代制定实施办法的责任部门和实施日期。

《中华人民共和国海关办理行政处罚案件程序规定》就采用章节条款式，第一章总则；第二章一般规定；第三章案件调查，又分为七节：立案、查问、询问、检查、查验、化验、鉴定、查询存款、汇款、扣留和担保、调查中止和终结；第四章行政处罚的决定，又分三节：案件审查、告知、复核和听证，处理决定；第五、六、七章为行政处罚决定的执行、简单案件处理程序、附则。

总之，规范类公文要针对具体文种、规范的具体对象，灵活地选择相适宜的结构方式，以便集中地表达公文主题。

三、规范类公文的撰写要求

规范类公文要求一定范围内的人们普遍执行或遵守,它具有广泛的约束力和反复适用性,这就决定了其公文内容的相对稳定性、规范性。因此,撰写规范类公文时,要遵循其写作要求。

1. 内容必须合法。

文件的制发者必须是合法的行文主体;必须在自身的职能权限范围内发布公文,不得越权发文;公文内容不能违背法律法规,不能与以前发布的且现今仍有效的规章制度自相矛盾和抵触;公文的外在格式符合有关法定或约定的固定格式。只有这样,才能确保规范类公文的法定效用,在各项管理活动中真正起到组织、规范作用。

2. 结构应严谨、完整。

层次条理要分明,分类要符合逻辑。规范类公文是将所述问题进行分门别类的陈述,要做到:主题突出,分类合理,层次分明,排列合理有序,保持各部分内容的系统性与连贯性。分类时,要符合分类的原则,不要类别交叉和重叠;在确定章、节、条、目等的级别时,必须根据公文内容的多少、内容表达的需要和逻辑结构的表达规则等来确定,不得机械地一律按照条、款或章、节、条、款、项、目来安排层次,否则会使整个公文结构失调。

3. 语言表达应准确、缜密、简明。

要根据需要正确地选择词语,语句应简洁准确,高度概括。尽量少用生僻的术语,不用令人费解的词句;尽量避免不必要的重复,程度、范围要明确,避免出现含混不清、词不达意或歧义的现象;同一公文中的上下文之间、同一概念的表述等要前后一致;正确运用表达方式,一般以说明为主,只说明规范的要求和做法,如对职责、权利、义务、奖惩等的规定,对于其理由和过程等不加议论、举例或过多地解释,行文语气要坚决肯定,不得迟疑犹豫;条文规定要在深入细致的调研基础上拟订,且各项要求要切实可行,等等。力求做到条文准确,内容周详,便于受文者理解、记忆与执行。

4. 选择规范的发布方式。

规范类公文向社会公开发布时,有的可使用"公布令"加以发布,如国家行政法规,国务院各部委制定的"部门规章",省、自治区、直辖市人民政府等制定的"地方政府规章"。有的则用"通知",地方性法规也用"公告"予以发布。

第二节 各文种写作规范

一、条例

条例适用于对某一方面的工作作比较全面、系统的规定。

条例一般是作为法律的重要补充,是行政法规的主要形式。《行政法规制定程序暂行条例》规定:"对某一方面的行政工作作比较全面、系统的规定,称'条例'"。条例的规范层次较高,涉及面较广,约束范围宽,且其内容较为全面系统,因此,主要适用于较高层级的管理机关,例如:"国务院"有权以"条例"形式制发行政法规,国务院的各部门、地方人民政府制定规章就不得使用"条例";各省、直辖市、自治区人民代表大会及其常务委员会有权以"条例"形式颁布地方性法规;党的机构中"中共中央"有权以"条例"形式规范某方面工作。其他机关、人民团体等组织对某方面工作、某些事项作出较全面系统的规定时也可依法、依职选用。

与其他规范类公文相比,条例具有如下主要特点:

较强的行政规范性。有些条例是国务院针对某项工作而提出的管理规则,属于典型的行政法规文种,其法规性强;有些条例是地方权力机关对本行政区域内某一项工作的系统全面的规范,具有权威性与有效性;有些条例是法律条款的具体化,是对一些法律规范的有关条款提出的具体实施法则,往往与有关法律配套使用。可见,条例规范层次较高,属于行政法规和地方性法规层次,法律效力较强,是我国法规体系的重要组成部分,具有鲜明的强制性与约束力。

内容的相对稳定性。条例作为法律的重要补充形式,一般是对一个较长时期内存在的规范对象加以规定,内容比较成熟,条文比较系统完整,修改与调整的时间周期较长,能够适应较长时期内社会发展变化的需要,一个时期内可以反复依据和使用。

条例根据内容可分为:管理工作的条例,用于对某一方面管理工作进行全面系统的规范;实施法律的条例,用于对某一法律条款、适用范围等加以全面系统的解释与说明。

(一)结构要素

1. 标题

条例的标题大致有两种构成方法:

一是由适用范围、事由与文种构成,如"中华人民共和国政府信息公开条例""北京市食品安全条例""重庆市中小企业促进条例"等。

二是由事由、文种构成,如"党政领导干部选拔任用工作条例""信息网络传播权保护条例""职工带薪年休假条例"等。

多在标题下以"题注"方式标注发文机关与成文日期。

2. 正文

开头部分,写明制定条例的目的、依据。实施法律的条例中,应写明制定依据;如果该条例有明确的法律依据,应写出所依据的具体法律条款。制定管理规则和职责权限的条例中,一般应写明制定目的。"总则"或开篇几条应当表达这些主要内容。

主体部分,根据内容篇幅的长短确定结构体例的安排。篇幅长、条款多的,可用章节条款式结构分别说明;反之,则用条款式结构依次安排条款内容。此部分内容常置于"分则""罚则"或者主体条款中。

管理工作的条例,其内容侧重对某一项工作实施管理中所涉及的各个方面如管理原则、管理责任、管理内容及要求、方法等作出明确的规定,旨在规范管理行为,确保依法高效地完成工作任务。

实施法律的条例,其所侧重的内容对原法律文件的有关条文内容进行科学、合法、全面系统的扩展与解析,因此其条文表达要严谨规范,内容要具体明确,便于理解与执行。

结尾部分,说明执行条例的相关事项。包括适用范围、词义解释、制定权、解释权、监督执行权、施行日期、废止有关文件等。此部分一般放在"附则"中或在最后几条列出。

3. 发文机关署名和成文日期

标注在正文后的落款处。如标题中已标明发文机关,或标题下已用题注标明发文机关与成文日期,则落款处不再标注。

(二)撰写要求

1. 文种使用要恰当。如前所述,"条例"对发文机关的法定地位、职权等有较高的要求,主要适用于国家权力机关、行政机关等组织中的高层管理机关。企事业单位内部的管理规章制度等适用于内部管理,其内容要求比较具体,涉及面较小,一般不采用"条例",而应选用内容比较具体、可操作性较强、便于贯彻执行的"规定""办法"等文种。

2. 条款安排要周密。条款必须符合国家的有关法律、法令及有关方面的政策,不得与有关规范类公文相抵触。条款安排要齐全完整,严谨缜密。明确地阐明所约束的对象及程序、范围;清楚地交代对有关职责、权利、义务的规定与时限要求;所提的各项要求要严密确切,无懈可击,否则,会给条例执行带来诸多问题,从而影响条例的严肃性与实效性。

二、规定

规定是对某一方面的工作作部分的规定。规定是常见的一种规范类公文。《行政法规制定程序暂行条例》把"对某一方面的行政工作作部分的规定"的公文称做"规定",主要适用于国家行政机关及其部门。其他国家机关、党的机构、企事业单位、人民团体等组织依法依职对有关事项做出政策性、限定性规范时也可使用规定。企事业单位等使用"规定",主要是用于制定有关自身管理工作方面的制度。

与其他规范类公文相比,规定具有如下主要特点:

使用范围的广泛性。国家机关可以使用规定,其他企事业单位也可以使用规定。写法多样,既可适用于制定较长期的规范,也可对阶段性工作做出限定;既可对重大事项作出规定,也可用于一般性的内容;既可就某些事项的某一方面作出规定,也可就某些政策条文做比较深入的解释、补充。

发文方式的灵活性。规定的制发比较灵活方便。既可用公文形式直接发布,也可作为命令、通知等文种的附件予以发布。其规范对象可大可小,时效、篇幅可长可短,使用者层级可高可低。

内容的限制性。规定是对一定行为规范的限定,如制定办事准则及规范界限,对活动开展、事项管理、问题处置作出规定,要解决"应该如何"和"不应该如何"的界限问题,特别是一些禁止性、限制性规定尤其要明确"允许做什么""禁止做什么"。

根据行文目的及规范内容,规定可划分为以下类型:

政策性规定。这类规定主要用于规定一些政策规范,作为开展某项活动、某项工作的主要办事依据,其依据性与政策性较强。如《××市城市房屋拆迁补偿的有关规定》《××经济特区构建和发展和谐劳动关系若干规定》等,就都有较强的政策性和约束力。

管理性规定。这类规定主要用于制定某方面工作的管理规则,在一定范围内提出管理要求、禁止事项,以达到加强某些工作管理,规范活动和行为及限制某些不规范行为的目的。如《武汉市城市道路交通管理若干规定》《就业服务与就业管理规定》等,这类规定都有较强的管理性。

实施性规定。这类规定是对有关法律法规实施的具体事项的规定,如《〈深圳经济特区企业员工社会养老保险条例〉若干实施规定》《上海市房地产登记条例实施若干规定》。这类规定是和原规范文件配套使用的,其功能和"实施办法""实施细则"相同。

(一)结构要素

1. 标题

规定的标题有三种常见的写法:

一是由发文机关、事由、文种构成,事由用介词结构"关于……的"来表述,如"国务院关于预防煤矿生产安全事故的特别规定""国务院关于职工工作时间的规定"等。

二是由规范范围、事由、文种构成,如"河北省政府信息公开规定""山西省行政执法责任制规定"等。

三是由事由、文种构成,如"禁止使用童工规定""价格违法行为行政处罚规定"等。

有时,为表明制定规定的相关情况,可在文种"规定"之前或之后加上"暂行""试行"等修饰语,如"公安部关于城镇暂住人口管理的暂行规定""关于加强赞助广告管理的若干规定(试行)""关于高级专家退休问题的补充规定"等。

2. 正文

首先,交代制发规定的缘由,并在后面用"特作如下规定"承上启下,自然过渡。如"为了……根据……特制定本规定"等。

其次,写明规定的具体事项。规定内容条理要清楚,措词要庄重、准确、周密。

最后,应说明施行范围、生效与实施时间等。

3. 发文机关署名和成文日期

标注在正文末右下方的落款处。如标题中已标明发文机关,或标题下已用题注标明发文机关与成文日期的,落款处不再标注。

(二)撰写要求

1. 正确使用文种。规定是对某一行政方面的工作做出部分的规定,凡用来单方面制定一些规定性、政策性强的条款,都可以用"规定"。但是,如果要对某一工作做比较全面、系统的规定,或对某一项工作做出详细具体的解说性规定,则不宜用"规定"行文。

2. 灵活运用结构体例。在结构体例安排上,篇幅较长的规定,可将整篇分成若干章节,再分条款表述;篇幅较短的规定,无须死搬硬套章节条款格式,直接分条表述,依次排列制定缘由、规范条款和说明事项即可。一些"补充规定"由于内容信息容量有限,一般无须分章节条款,直接就有关事项补充说明清楚即可。

三、办法

《行政法规制定程序暂行条例》规定:办法是"对某一项行政工作做比较具体的规定",因而一般多用于行政机关及其主管部门。其他国家机关、党的机构、企事业单位、人民团体等组织也可依法依职使用"办法"。

与其他法规性的公文相比,办法具有如下主要特点:

针对事项的管理性。办法主要针对管理工作过程中的具体事务和单一事项,是对某方面的工作提出管理规则,是对某一项工作或活动的管理过程,以及某一项管理活动实施过程中的各方面管理要素及其内容予以明文规定,是管理行为程序化、规范化和科学化的重要依据。

内容的具体操作性。办法是为实施法规或管理工作的需要而制定的具体法则。由于它在内容上针对的是某一具体事项的执行过程,因而要求其内容必须具体化,侧重于对某项工作的工作原则、实施任务、步骤、程序、落实和执行的要求、标准、措施等一一做出说明,要求其条文清晰,其表述明确具体,以便于落实与执行。

办法的种类,主要有以下两种:

管理办法。主要是在管理权限范围内,对实际管理工作内容、管理范围和管理规程等做出的比较具体的规定。适用于党政机关、企事业单位、人民团体等各种社会组织。

实施办法。主要是实施某些法规文件的具体办法,它以实施对象为成文的主要依据,具有附属性,是对原法规文件的一种具体化,或对原法规文件整体上的实施提出措施办法,或对某些条文提出施行意见,或根据法规精神再结合本单位实际情况提出有针对性的实施措施。多用于人民代表大会、政府、法院等国家机关。

注意办法与条例、规定的差异:

一是主要功能不同。"条例""规定""办法"是党政机关规范类公文的主要文种。在党的机关,"条例"适用于党的中央组织制定规范党组织的工作、活动和党员行为的规章制度;"规定"用于对特定范围内的工作和事务制定具有约束力的行为规范。在行政系统,"条例"是对某一方面的行政工作做比较全面、系统的规定;"规定"是对某一方面的行政工作做部分的规定;"办法"是对某一项行政工作做比较具体的规定。

二是内容范围不同。内容范围表现为:条例＞规定＞办法。条例内容通常比较原则,具有很强的包涵性,适用面较广,语句应更具概括性;规定较条例更具体,是对某一专门问题的概括规范,针对性强;办法较规定的针对性更强,内容也更详尽具体,更注重条文内容的可操作性。

三是对发文作者的限制不同。"条例"的使用者在党政系统内均有明确的限制。在党的机关,条例适用于党的中央组织(中共中央)制定规范制度时使用;《行政法规制定程序条例》第四条规定：国务院制发的行政法规的名称一般称"条例",国务院各部门和地方人民政府制定的规章不得称"条例"。而"规定""办法"等的使用范围则比较广泛,对制定和发布机关无严格限制,无论党政机关的中央组织还是基层组织,以及其他社会团体、企事业单位均可使用。

(一) 结构要素

1. 标题：办法标题的写法常用以下结构：

一是由发文机关、事由和文种组成,如"××部关于部管干部的暂行办法""国务院食盐专营办法"等。

二是由适用范围、事由、文种构成,如"广东省科学技术进步奖励实施办法""北京市非机动车停车管理办法"等。

三是由事由、文种构成,如"流动人口计划生育工作管理办法""互联网信息服务管理办法""全国年节及纪念日放假办法"等。

撰写标题时如属"试行""暂行"的办法,应在标题中标明,有时还可根据规范内容在文种"办法"前添加一些修饰语,如"奖励办法""处罚办法""征收办法"等。属会议通过或需标明发布日期的,可在标题下以居中的题注格式加以注明。

2. 正文：办法的正文一般由三部分组成：

开头部分,说明制发缘由、依据、目的。办法的制定依据往往是上级机关的法令、决议、条例等。

主体部分,详细说明办法的内容。内容复杂的,可分为总则、分则、附则来组织结构；内容简单的,通常用分条列项的写法。与"条例""规定"的结构安排大体相同,但在内容构成和条文表述上,"办法"比"条例""规定"要具体些,但又没有"细则"那么细致。

结尾部分,常用以说明办法的适用范围、实施日期、要求、解释权等。

"管理办法"的正文：管理办法是根据管理需要而制定的工作规范,其正文也由因由、规范和说明三部分组成,近似于条例和规定的结构安排。独立行文的管理办法,根据管理对象来确定内容条款,往往就管理的范围、原则、规范、责任和施行要求作出规定,一般比较完整、系统。

"实施办法"的正文：实施办法一般是对法规文件的实施提出办法,多数需要结合实际,写得比较具体。实施办法的正文一般由因由、规范和说明三大部分组成。实施办法依附性强,要围绕实施原法规文件来写作,着重对原法规文件的实施提出具体意见,多是诠释、说明有关条款,或结合实施范围的实际情况补充一些内容条款。要求写得比较具体,有助于指导原文件的具体实施。

3. 发文机关署名和成文日期：

标注在正文后的落款处。如标题中已标明发文机关,或标题下已用题注标明发文机关与发文日期,则落款处不再标注。

(二）写作要求

1. 条款内容具体可行。办法的正文条款要制定得相对完整，具体明确，不能含混笼统、模棱两可。特别是要对规范的对象及具体项目，应从概念、范围、措施、方法、界限、要求等方面做出具体的规定和严谨的表述，如多使用"××××是指……""×××包括以下内容：……"等格式定义与说明有关项目，便于受文者准确理解与执行。

2. 结构合理层次清晰。办法的正文结构安排要灵活得当，要根据篇幅长短、内容多少来确定结构层次的深度。内容比较丰富，需要多层次来安排大容量信息的，可选用章节条款格式，将规范内容适当分章、节、条、款等来表达。如果内容不多，则采用条款格式，按照缘由、具体内容的顺序分条列项，依次编排。

四、细则

细则，适用于对已颁布的法律法规等公文的实施或管理工作做出具体说明和阐释。

细则是为实施或管理工作而制定的详细法则。一般是政府及其职能部门为贯彻执行有关法律、行政法规、规章而制发的一种公文，是对有关法规规章内容的具体化。其他国家机关、党的机构、企事业单位、人民团体等组织均可依法、依职使用细则。

细则主要有如下特点：

说明对象的具体性。实施细则大多是针对具体管理对象或者需要贯彻执行的有关法规而行文，要围绕其规范对象做解释和说明，不能违背原文件精神而增加其他内容。

实施条文的注解性。细则即详细的实施规则，要提出具体详尽的实施意见，如对某些条文的具体含义，法规或管理工作的适用范围，某些规定或管理工作的实施要求等内容，均应一一做出翔实的注释、解说，其条文表述应详尽、细致、周全，以便切实实施和落实。

规则内容的可操作性。细则是对实施法规或管理工作的具体解释和补充，对有关机构的管理行为的实施具有很强的指导意义，因而要求细则的条文表述要准确明了、通俗易懂，便于在工作中有效执行。

根据制定的依据和目的的不同，细则可分为以下类别：

实施性细则：是职能部门对立法机关或行政机关制定的有关法规全部或部分条款制定详尽的实施规则。大多数细则属于实施性细则。

管理性细则：是为了使管理工作规范化、标准化、程序化而制定的详尽具体的法则。实践中这种细则使用得较少。

注意细则与办法的差异：

一是所侧重的内容不同。办法主要侧重于制定某一项工作的管理规则与方法；而细则主要制定法律法规实施的解释性规则。

二是内容详略不同。细则的内容通常比办法更加详细,甚至有些实施细则还是对"办法"的细则化,是对原办法文件做出的更加具体的解释和规定。

三是条文结构侧重不同。办法的条款结构侧重于对措施、步骤、程序、要求等方面作出规定;而细则的条文结构则侧重于对界限范围的划分和对概念、措施的解释说明。

(一)结构要素

1. 标题:构成细则标题的主要方法如下:

一是由实施法规文件的原标题与文种(细则)构成,如"中华人民共和国居民身份证条例实施细则""广东省婚姻登记办法实施细则""上海市城乡集市贸易管理规定实施细则"等。

二是由实施范围、事由与文种(细则)构成,如"吉林省民营企业档案管理细则""北京市住宅专项维修资金使用管理实施细则"等。

三是由事由与文种(细则)构成,如"外贸企业成本管理实施细则""跨区电网建设项目结算管理细则""自主择业军队转业干部安置管理实施细则"等。

撰写细则标题时,如细则是会议批准或通过的,应说明"××××年×月×日经××××会议批准(通过或修订)",并应将其置于标题下一行居中位置。

2. 正文:细则正文一般分为三部分,与上节"实施办法"的写法大体相似。首先,写明制发细则的缘由;其次,详细交代细则的具体内容;结尾,写明实施机关、生效日期、解释权等。

实施法规细则的正文:首先,交代行文依据,要求简明扼要;其次,说明细则的具体内容。对有关法规文件提出全面的、详尽的实施意见,或者只针对法规文件的某一部分条款提出实施意见,内容明确,层次清晰。结构安排方面则根据内容选用章节条款格式或者是条款格式。

管理工作实施细则的正文:其写法与前述实施法规细则的结构体式大体相同,但要注意需要依法依职行文,并结合本区域或本单位实际情况提出实施意见。

3. 发文机关署名和成文日期:

标注在正文后的落款处。如标题中已标明发文机关,或标题下已用题注标明发文机关与成文日期,则落款处不再标注。

(二)写作要求

1. 条文完善细致。细则要针对原法规文件的有关概念、范围进行必要、适当的准确解释、说明,对某些没有反映出来的例外情况进行必要的补充,对一些概括性条款进行具体化表述,对一些特殊情况予以明确界定,使原法规文件更趋完善和严密,便于实施。

2. 措施切实可行。细则对原法规文件不够明确之处的诠释、补充完善要切合实际,力戒形式主义,避免脱离原文件的具体规范进行空泛的一般性说明。而要进行深入的调查研究,科学地预见细则实施中可能出现的各种情况,突出实施中相关管理主体的职责、任务,对工作的标准、要求、程序、方法等做出具体规定,以便于操作执行。

第三节　例文解析

【例文 6-1 条例】①

公 文 内 容	解 析
中华人民共和国电信条例	◀ 适用范围、事由、文种（条例）构成标题。
第一章　总　则	
第一条　**为了规范**电信市场秩序，**维护**电信用户和电信业务经营者的合法权益，**保障**电信网络和信息的安全，**促进**电信业的健康发展，制定本条例。	◀ "为了……"引出行文目的。
第二条　在**中华人民共和国境内从事**电信活动或者与电信有关的活动，必须遵守本条例。 　　本条例所称**电信**，是指利用有线、无线的电磁系统或者光电系统，传送、发射或者接收语音、文字、数据、图像以及其他任何形式信息的活动。	◀ 明确适用范围；定义主题名词"电信"，避免后文产生理解歧义。
第三条　**国务院信息产业主管部门**依照本条例的规定对全国电信业实施监督管理。**省、自治区、直辖市电信管理机构**在国务院信息产业主管部门的领导下，依照本条例的规定对本行政区域内的电信业实施监督管理。	◀ 各级主管部门。
第四条　**电信监督管理**遵循政企分开、破除垄断、鼓励竞争、促进发展和公开、公平、公正的原则。电信业务经营者应当依法经营，遵守商业道德，接受依法实施的监督检查。	◀ 电信监管的工作原则。
第五条　**电信业务经营者**应当为电信用户提供迅速、准确、安全、方便和价格合理的电信服务。	◀ 电信经营者提供服务的基本要求。

---

　　①　由于篇幅所限，本书例文不包括文件版头和版记格式以及公文印章标记等内容，只摘录公文主体的文本内容。其中，对一些篇幅较长的例文进行了删节，目的在于突出公文正文内容结构层次和上下文之间的逻辑关系，便于阅读理解。此外，凡例文中个别字词或语句的加黑、加粗等特殊处理，均系本书作者所加，目的在于指出并强调解析所针对的内容，以便读者阅读时对照。

第六条　电信网络和信息的安全受法律保护。任何组织或者个人不得利用电信网络从事危害国家安全、社会公共利益或者他人合法权益的活动。

……………

▲ 总则部分，集中交代了电信管理目标、原则等基本内容，为后面行文奠定了逻辑基础。

◀ 由于条例所涉及的内容比较广泛，层次比较多，因此全文结构采用章节条款式，分为总则、分则、罚则、附则四部分。

第二章　电信市场
第一节　电信业务许可

第七条　国家对电信业务经营按照电信业务分类，实行许可制度。

……………

◀ 二～五章为分则部分，对电信市场、电信服务、电信建设、电信安全等方面进行了明确规范。章题分类清楚，恰当地概括了章节内的主要内容。

第二节　电信网间互联

第十七条　电信网之间应当按照技术可行、经济合理、公平公正、相互配合的原则，实现互联互通。主导的电信业务经营者不得拒绝其他电信业务经营者和专用网运营单位提出的互联互通要求。

……………

第三节　电信资费

第二十三条　电信资费标准实行以成本为基础的定价原则，同时考虑国民经济与社会发展要求、电信业的发展和电信用户的承受能力等因素。

……………

第四节　电信资源

第二十七条　国家对电信资源统一规划、集中管理、合理分配，实行有偿使用制度。前款所称电信资源，是指无线电频率、卫星轨道位置、电信网码号等用于实现电信功能且有限的资源。

……………

◀ 章下设节，说明更多内容，层次更清晰。节题要概括节内内容，节下的条款也必须说明节题。

第三章　电信服务

第三十一条　电信业务经营者应当按照国家规定的电信服务标准向电信用户提供服务。电信业务经营者提供服务的种类、范围、资费标准和时限，应当向社会公布，并报省、自治区、直辖市电信管理机构备案。电信用户有权自主选择使用依法开办的各类电信业务。

……………

第四章　电信建设
第一节　电信设施建设
第四十五条　公用电信网、专用电信网、广播电视传输网的建设应当接受国务院信息产业主管部门的统筹规划和行业管理。

....

第二节　电信设备进网
第五十四条　国家对电信终端设备、无线电通信设备和涉及网间互联的设备实行进网许可制度。

....

第五章　电信安全
第五十七条　任何组织或者个人不得利用电信网络制作、复制、发布、传播含有下列内容的信息：

....

第六章　罚　　则
第六十七条　违反本条例第五十七条、第五十八条的规定，构成犯罪的，依法追究刑事责任；尚不构成犯罪的，由公安机关、国家安全机关依照有关法律、行政法规的规定予以处罚。

....

第七章　附　　则
第八十条　外国的组织或者个人在中华人民共和国境内投资与经营电信业务和香港特别行政区、澳门特别行政区与台湾地区的组织或者个人在内地投资与经营电信业务的具体办法，由国务院另行制定。

第八十一条　本条例自公布之日起施行。

　　附：电信业务分类目录（略）

（摘自 http://www-sdpt.jn.sd.cn/yaowen/t-tiaoli.htm）

◀ 罚则是对违反上述分则规定所作出的相应处罚办法。它利于切实落实分则内容和增强规范的制约性。

◀ 附则补充说明规范的使用范围、生效时间。

▲ 全文结构完整，章节条理清楚，层次分明，语言简明准确，概念限定明确。附件有助于精简正文，也便于人们查阅、执行。

【例文 6-2 规定】

公文内容	解 析

科技开发用品免征进口税收暂行规定

◀ 事由、文种构成标题，"暂行"标明版本类型。

第一条　为了鼓励科学研究和技术开发，促进科技进步，规范科技开发用品的免税进口行为，根据国务院关于同意对科教用品进口实行税收优惠政策的决定，制定本规定。

◀ "为了"引出行文目的，"根据"引出行文依据。

第二条　下列科学研究、技术开发机构，在20××年12月31日前，在合理数量范围内进口国内不能生产或者性能不能满足需要的科技开发用品，免征进口关税和进口环节增值税、消费税：

（一）科技部会同财政部、海关总署和国家税务总局核定的科技体制改革过程中转制为企业和进入企业的主要从事科学研究和技术开发工作的机构；

（二）国家发展和改革委员会会同财政部、海关总署和国家税务总局核定的国家工程研究中心；

（三）国家发展和改革委员会会同财政部、海关总署、国家税务总局和科技部核定的企业技术中心；

（四）科技部会同财政部、海关总署和国家税务总局核定的国家重点实验室和国家工程技术研究中心；

（五）财政部会同国务院有关部门核定的其他科学研究、技术开发机构。

◀ 说明免征进口税的时限、条件，并说明享受免征进口税的机构范围。分项列举，使行文层次清楚。

第三条　免税进口科技开发用品的具体范围，按照本规定所附《免税进口科技开发用品清单》执行。

财政部会同有关部门根据科技开发用品的需求变化及国内生产发展情况，适时对《免税进口科技开发用品清单》进行调整。

◀ 说明免税用品的范围，并通过附件来具体表达，既使正文行文简洁，又便于附件清单独立使用或日常查阅。

第四条　依照本规定免税进口的科技开发用品，应当直接用于本单位的科学研究和技术开发，不得擅自转让、移作他用或者进行其他处置。

◀ 提出使用免税用品的要求。

第五条　经海关核准的单位，其免税进口的科技开发用品可以用于其他单位的科学研究和技术开发活动。

第六条　违反规定，将免税进口的科技开发用品擅自转让、移作他用或者进行其他处置的，按照有关规定处罚，有关单位在1年内不得享受本税收优惠政策；依法被追究刑事责任的，有关单位在3年内不得享受本税收优惠政策。

◀ 说明对违反规定的处罚。

第七条　海关总署根据本规定制定海关具体实施办法。
第八条　本规定自20××年2月1日起施行。

附件：免税进口科技开发用品清单（略）

▲ 该规定并未按照总则、分则、罚则、附则的结构安排行文体例，但全文依然包含了相应内容：第一条浓缩了总则相关内容，第二～五条浓缩了分则内容，第六条浓缩了罚则内容，七、八条浓缩了附则内容。

（摘自http://www.gov.cn/gongbao/2008/issue_1350.htm）

◀ 指明具体实施办法的制定者。
◀ 规定施行日期。
▲ 全文使用条款式安排结构体例，行文简洁，用语精练，系统地说明了免税所涉及的机构、产品、时限、要求、违规责任、施行时间等要素。本规定既具体又明确，便于理解和执行。

【例文6-3 办法】

公文内容　　　　　　　　　　　　解　析

鲜茧收购资格认定办法

◀ 事由、文种（办法）构成标题。

第一条　为规范鲜茧收购资格认定工作，根据国家有关法律法规，制定本办法。

◀ 开门见山地交代发文目的和依据。

第二条　本办法所称鲜茧收购是指购买未经杀蛹烘干的桑蚕茧的行为。

◀ 给"鲜茧收购"下定义，明确了主题概念。

第三条　国家对鲜茧收购实行资格认定制度。凡在中华人民共和国境内从事鲜茧收购的经营者，必须通过鲜茧收购资格认定、取得鲜茧收购资格，并在工商行政管理机关办理注册登记。

本办法所称的鲜茧收购经营者包括从事鲜茧收购的单位及其分支机构。

◀ 说明鲜茧收购资格认定制度的内容。

第四条　商务部负责全国鲜茧收购资格认定的管理工作。省级商务主管部门（茧丝办）根据本办法，结合本地区的实际情况，制定实施细则。省级商务主管部门（茧丝办）具体负责本地区鲜茧收购经营者的资格认定，颁发《鲜茧收购资格证书》，向社会公布，并报商务部备案。

省级商务主管部门（茧丝办）的鲜茧收购资格认定工作不得下放。工商行政管理部门按照职责，负责鲜茧收购市场秩序的监督管理工作。

◀ 明确资格认定主管机构的职责与分工。

第五条　鲜茧收购资格认定应坚持适度规模、相对集中并有利于促进贸工农一体化发展的原则，提高蚕农生产经营的组织化程度。

◀ 指出资格认定工作的原则。

第六条 鼓励缫丝生产企业、丝绸企业（包括到外地建基地、建厂、建公司的贸工农一体化企业）与蚕农和蚕农合作组织建立稳定的经济关系，给予风险投资，提供技术服务，与蚕农形成订单收购、返利收购等协作关系。　　◀ 鲜茧收购方式。

鼓励在蚕桑基地建设和新农村建设中作出贡献的贸工农一体化缫丝、丝绸生产企业从事鲜茧收购活动。

第七条 鲜茧收购经营者从事鲜茧收购活动必须取得鲜茧收购资格。取得鲜茧收购资格的经营者应具备以下条件：　　◀ 鲜茧收购经营者应具备的必要条件。

（一）符合当地县级以上蚕桑生产发展及茧站布点规划，有稳定的鲜茧茧源。

……………

第八条 鼓励鲜茧收购经营者使用节能降耗、安全环保的烘茧设备。

第九条 拟从事鲜茧收购的经营者应当向所在地县级商务主管部门（茧丝办）提出鲜茧收购资格认定申请，并按要求提供相关材料。

第十条 县级商务主管部门（茧丝办）负责受理所在地鲜茧收购资格的申请材料，对申请材料的真实性以及收购布局的合理性进行实地考察和审核，并将申请材料和审核意见逐级报送省级商务主管部门（茧丝办）。省级商务主管部门（茧丝办）核准本省（自治区、直辖市）获得鲜茧收购资格的经营者，颁发《鲜茧收购资格证书》，并将批复文件报商务部备案。　　◀ 说明鲜茧收购经营者资格许可、认定的程序。

第十一条 《鲜茧收购资格证书》由省级商务主管部门（茧丝办）统一制作。《鲜茧收购资格证书》主要内容应该包括证书编号、鲜茧收购经营者的名称、住所、法定代表人、收购区域、发证时间及有效期等内容。　　◀ 《鲜茧收购资格证书》的主要内容。

第十二条 从事鲜茧收购的经营者持《鲜茧收购资格证书》到工商行政管理部门办理工商注册登记或变更登记。　　◀ 工商注册手续的办理。

第十三条 鲜茧收购资格证书有效期为2年，每2年（在工商部门年检前）审核1次。收购经营者应在《鲜茧收购资格证书》有效期满前60天，向所在地县级商务主管部门（茧丝办）提出审核申请，县级商务主管部门（茧丝办）审核后，逐级报省级商务主管部门（茧丝办）核准换发新证。省级商务主管部门（茧丝办）汇总后，于次年3月底前报商务部备案。　　◀ 指明《鲜茧收购资格证书》的审核与备案的程序与时限。

第十四条 省级商务主管部门（茧丝办）受理鲜茧收购资格申请材料后，应在45天内完成鲜茧收购资格核准工作。

第十五条 省级商务主管部门（茧丝办）应定期向社会公布取得鲜茧收购资格的经营者名单，接受社会监督。对不符合收购资格条件的经　　◀ 鲜茧经营者名单的公示以及对其经营活动的监督。

营者,取消其鲜茧收购资格,注销其《鲜茧收购资格证书》,向社会公告,并在5日内通知原登记注册的工商行政管理部门。被取消鲜茧收购资格的经营者,应在被取消资格之日起20日内,到工商行政管理部门办理变更登记或注销登记。

第十六条 获得鲜茧收购资格的经营者应及时向所在地商务主管部门(茧丝办)上报各期蚕茧收购情况,接受商务主管部门(茧丝办)的监督管理。 ◀ 对鲜茧经营者的工作活动进行监管。

第十七条 鲜茧收购经营者有以下行为的,由认定机关取消其鲜茧收购资格,向社会公告,同时报商务部备案,并由工商行政管理部门依照有关法律法规予以处罚: ◀ 对鲜茧经营者违规、违法责任的追究与处罚。

(一)在资格认定申请中故意隐瞒真实情况或者提供虚假材料的;

(二)超越《鲜茧收购资格证书》核准区域从事收购活动的;

(三)租借、转让《鲜茧收购资格证书》或者使用过期、伪造、变造《鲜茧收购资格证书》的;

(四)其他违反法律、行政法规,扰乱鲜茧收购秩序的行为。

第十八条 实施鲜茧收购资格认定的有关部门应该确保鲜茧收购资格认定工作公平、公正和公开。

商务主管部门和工商行政管理部门的工作人员在工作中滥用职权、徇私舞弊、玩忽职守、索贿受贿的,对负有责任的主管人员和直接责任人员依法给予行政处分;构成犯罪的,依法追究刑事责任。 ◀ 对商务行政与工商行政部门违规违法行政行为的处罚。

第十九条 柞蚕鲜茧收购资格认定的管理工作参照桑蚕鲜茧执行,实施细则由省级商务主管部门(茧丝办)参照本办法结合本地实际制定。 ◀ 对实施办法执行要求的说明。

第二十条 本办法由商务部、国家工商总局负责解释。 ◀ 明确负责解释的主管部门。

第二十一条 本办法自20××年8月1日起实施。 ◀ 施行日期

(摘自 http://www.china.com.cn)

▲ 全文围绕鲜茧收购工作资格认定的原则、流程和工作要求来展开,用简明平实的语言交代了相关工作要素,内容翔实、周全,具有很强的针对性和操作性。

▲ 全文采用条款式安排体例结构,分条列项,层次清楚;第一、二条为总则内容,第三~十六条为分则内容,第十七、十八条为罚则内容,第十九~二十一条是附则内容。

【例文6-4 细则】

公文内容

中华人民共和国车船税暂行条例实施细则

第一条　根据《中华人民共和国车船税暂行条例》(以下简称条例)，制定本细则。

第二条　条例第一条第一款所称的管理人，是指对车船具有管理使用权，不具有所有权的单位。

第三条　条例第一条第二款所称的车船管理部门，是指公安、交通、农业、渔业、军事等依法具有车船管理职能的部门。

第四条　在机场、港口以及其他企业内部场所行驶或者作业，并在车船管理部门登记的车船，应当缴纳车船税。

第五条　条例第三条第(一)项所称的非机动车，是指以人力或者畜力驱动的车辆，以及符合国家有关标准的残疾人机动轮椅车、电动自行车等车辆；非机动船是指自身没有动力装置，依靠外力驱动的船舶；非机动驳船是指在船舶管理部门登记为驳船的非机动船。

第六条　条例第三条第(二)项所称的拖拉机，是指在农业(农业机械)部门登记为拖拉机的车辆。

第七条　条例第三条第(三)项所称的捕捞、养殖渔船，是指在渔业船舶管理部门登记为捕捞船或者养殖船的渔业船舶。不包括在渔业船舶管理部门登记为捕捞船或者养殖船以外类型的渔业船舶。

第八条　条例第三条第(四)项所称的军队、武警专用的车船，是指按照规定在军队、武警车船管理部门登记，并领取军用牌照、武警牌照的车船。

第九条　条例第三条第(五)项所称的警用车船，是指公安机关、国家安全机关、监狱、劳动教养管理机关和人民法院、人民检察院领取警用牌照的车辆和执行警务的专用船舶。

第十条　条例第三条第(七)项所称的我国有关法律，是指《中华人民共和国外交特权与豁免条例》《中华人民共和国领事特权与豁免条例》。

第十一条　外国驻华使馆、领事馆和国际组织驻华机构及其有关人员在办理条例第三条第(七)项规定的免税事项时，应当向主管地方税务机关出具本机构或个人身份的证明文件和车船所有权证明文件，并申明

解 析

◀ 原法规公文的标题、文种(细则)构成标题。

◀ "根据"引出行文依据，既开门见山，又简明扼要。

◀ 本文属于实施法规文件的细则。按照原条例顺序一一进行解释与说明。体现了"细则"的行文特点。

◀ 第二～十一条针对原条例第一～三条的相关内容进行详细的、具体的解释与说明，明确其确切含义。

免税的依据和理由。

第十二条　纳税人未按照规定到车船管理部门办理应税车船登记手续的,以车船购置发票所载开具时间的当月作为车船税的纳税义务发生时间。对未办理车船登记手续且无法提供车船购置发票的,由主管地方税务机关核定纳税义务发生时间。

◀第十二条明确地界定了纳税时间。

第十三条　购置的新车船,购置当年的应纳税额自纳税义务发生的当月起按月计算。计算公式为：……

第十四条　在一个纳税年度内,已完税的车船被盗抢、报废、灭失的,纳税人可以凭有关管理机关出具的证明和完税证明,向纳税所在地的主管地方税务机关申请退还自被盗抢、报废、灭失月份起至该纳税年度终了期间的税款。

◀第十三～十四条对不同情况的车船税款的计算、交纳、退税办法予以明确规定。

已办理退税的被盗抢车船,失而复得的,纳税人应当从公安机关出具相关证明的当月起计算缴纳车船税。

第十五条　由扣缴义务人代收代缴机动车车船税的,纳税人应当在购买机动车交通事故责任强制保险的同时缴纳车船税。

第十六条　纳税人应当向主管地方税务机关和扣缴义务人提供车船的相关信息。拒绝提供的,按照《中华人民共和国税收征收管理法》有关规定处理。

◀第十五～十九条进一步地明确了纳税人的具体权利与义务。

……

第十八条　纳税人对扣缴义务人代收代缴税款有异议的,可以向纳税所在地的主管地方税务机关提出。

第十九条　纳税人在购买机动车交通事故责任强制保险时缴纳车船税的,不再向地方税务机关申报纳税。

第二十条　扣缴义务人在代收车船税时,应当在机动车交通事故责任强制保险的保险单上注明已收税款的信息,作为纳税人完税的证明。除另有规定外,扣缴义务人不再给纳税人开具代扣代收税款凭证。纳税人如有需要,可以持注明已收税款信息的保险单,到主管地方税务机关开具完税凭证。

◀第二十～二十二条规定了扣缴义务人的工作职责、手续费支付办法。

第二十一条　扣缴义务人应当及时解缴代收代缴的税款,并向地方税务机关申报。扣缴义务人解缴税款的具体期限,由各省、自治区、直辖市地方税务机关依照法律、行政法规的规定确定。

第二十二条　地方税务机关应当按照规定支付扣缴义务人代收代缴车船税的手续费。

第二十三条　条例《车船税税目税额表》中的载客汽车,划分为大型客车、中型客车、小型客车和微型客车4个子税目。其中,大型客车是指核定载客人数大于或者等于20人的载客汽车;中型客车是指核定载客

◀第二十三～三十一条针对原条例所涉及的税额、标准以及专有名词具体地进行解释说明。

人数大于9人且小于20人的载客汽车;小型客车是指核定载客人数小于或者等于9人的载客汽车;微型客车是指发动机气缸总排气量小于或者等于1升的载客汽车。载客汽车各子税目的每年税额幅度为:

(一)大型客车,480元至660元;

……

第二十四条　条例《车船税税目税额表》中的三轮汽车,是指在车辆管理部门登记为三轮汽车或者三轮农用运输车的机动车。

条例《车船税税目税额表》中的低速货车,是指在车辆管理部门登记为低速货车或者四轮农用运输车的机动车。

第二十五条　条例《车船税税目税额表》中的专项作业车,是指装置有专用设备或者器具,用于专项作业的机动车;轮式专用机械车是指具有装卸、挖掘、平整等设备的轮式自行机械。

专项作业车和轮式专用机械车的计税单位为自重每吨,每年税额为16元至120元。……

第二十六条　客货两用汽车按照载货汽车的计税单位和税额标准计征车船税。

第二十七条　条例《车船税税目税额表》中的船舶,具体适用税额为:

(一)净吨位小于或者等于200吨的,每吨3元;

……

第二十八条　条例《车船税税目税额表》中的拖船,是指专门用于拖(推)动运输船舶的专业作业船舶。拖船按照发动机功率每2马力折合净吨位1吨计算征收车船税。

第二十九条　条例及本细则所涉及的核定载客人数、自重、净吨位、马力等计税标准,以车船管理部门核发的车船登记证书或者行驶证书相应项目所载数额为准。……

第三十条　条例和本细则所称的自重,是指机动车的整备质量。

第三十一条　本细则所称纳税年度,自公历1月1日起,至12月31日止。

第三十二条　20××纳税年度起,车船税依照条例和本细则的规定计算缴纳。

第三十三条　各省、自治区、直辖市人民政府根据条例和本细则的有关规定制定具体实施办法,并报财政部和国家税务总局备案。

第三十四条　本细则自公布之日起实施。

(摘自http://www.legalinfo.gov.cn)

◀ 该细则针对原条例执行中可能产生的诸多问题进行了补充性解释说明,主题单一,内容细致,大量使用下定义方法,界定明确,便于理解和执行;文中允许制定具体实施办法,留有余地,便于各地切实落实。

◀ 说明施行要求。

◀ 施行日期

【复习思考】

1. 什么是规范类公文？这类公文具有哪些主要特点？
2. 规范类公文的构成主体包括哪些主要层次？不同层次有何不同？
3. 规范类公文的总体结构包括哪几部分？各部分撰写时要注意什么问题？
4. 规范类公文写作有哪些要求？规范类公文有哪些常用文种？
5. 条例的使用有哪些限定？其正文结构包括哪些要素？
6. 规定、办法的正文包括哪些结构要素？
7. 条例、规定、办法等文种在写作方面有哪些不同？
8. 请借助参考书或者网络选择本章所学的主要文种，认真研读，剖析其格式、结构、语言等方面的特点。

【案例研习】

1. 20××年5月25日，安徽省芜湖市聚鑫、商茂等广告公司向芜湖市人大常委会法工委递交了申诉书，申诉书称，市政府城市管理单位所颁布的《芜湖市市区户外广告位使用权出让办法》(以下简称《办法》)的一些内容与新收费项目没有法律依据：《办法》将户外广告位所占用的城市公共空间(含个人、集体、国有、共有)资源定为国有资源并有偿出让的规定，没有法律依据；《办法》关于政府有关部门按一定比例收取单位、个人自有产权户外广告位出让收入的规定，违反了《民法通则》的原则，侵犯了单位和个人的财产所有权；《办法》关于市容管理部门与广告经营者签订户外广告位使用权出让合同的规定不适当，作为城市广告管理部门，应由工商部门管理，等等。这些内容正在实施，要求市人大常委会根据《立法法》第五章"适用于备案中的规定"和芜湖市人大常委会出台的《关于规范性文件备案审查办法》的有关规定，启动审查程序。

芜湖市人大常委会接受了广告公司对政府文件合法性的申诉，根据有关规定和工作职责，立即调阅了该《办法》，并查阅了有关法律法规和文件，认为该《办法》确实存在不适当之处，于是立即启动了文件备案审查程序，起草了《关于对〈芜湖市市区户外广告位使用权出让办法〉审查处理意见的报告》，并向主任会议汇报。在报告中建议主任会议责成市政府进行修改，并提出4条修改意见。后经该市第十三届人大常委会第126次主任会议认真审查，由市人大常委会法工委函告市政府有关单位。市政府有关单位接到函告后，进行了认真研究，并予以修正。

研讨问题：

规范类公文的效力与上一层次的法律法规具有怎样的关系？以芜湖市人大常委会的文件备案审查监督的案例为例，分析规范类公文写作如何保证文件的合法性、规范性、严肃性。

2. 近年来，我国地方政府陆续实行了规范性文件前置合法性审查制度，通过审查分析，发现目前规范性文件中主要存在以下主要问题：一是随意设定行政执法主体。有的违法授权下属单位执法，有的擅自委托不符合法定条件的单位执法；二是违法设定和扩大部门权限。有的擅自设定或变相设定行政许可事项，增加审批环节、审批条件，延长审批期限；有的擅自规定行政许可年检;有的擅自设定收费项目;有的擅自设定罚款、暂扣或吊销许可证等行政处罚;有的擅自规定罚没财物收缴方式;三是文件"打架"。在制定文件过程中不征求相关部门的意见,不协调矛盾,不解决争议,片面地强调部门利益,造成了文件"打架"、职能交叉、重复管理、互相扯皮。有的公文还与上一级规范类公文、行政规章、行政法规不相符合,甚至出现抵触,使行政法规、行政规章在实施中发生变形;四是强化管理,弱化服务。有的随意设定公民、法人和其他组织的义务或剥夺其权利,变相地增加群众负担,而对行政机关自身的约束性规定不够;五是文件制订随意。有的行政机关往往根据某一领导的一个批示甚至一句话或一次大会发言就起草一个规范性文件,然后不经任何程序就各行其是下发执行;六是文件语言要么过于专业、笼统,老百姓看不懂,要么用语过于随意、口语化甚至使用地方方言,语言缺乏严谨周密性。

研讨问题:
请从规范类公文的写作要求出发,分析产生这些现象的原因,并提出解决问题的思路。

3. 指出下列公文中语言表达的不当之处,并予以修正:

关于党政机关厉行节约制止奢侈浪费行为的若干规定

近年来,党中央、国务院多次强调,各级党政机关都要厉行节约,反对奢侈浪费,……但是,讲排场、比阔气、挥霍公款等奢侈浪费现象仍然存在……还呈蔓延之势。为了树立艰苦奋斗、勤俭节约的良好风气,进一步制止奢侈浪费行为……决定重申和制定如下规定:

一、严格控制新建和装修办公楼。……现有办公楼未达到规定建筑面积指标的,从200×年起三年内原则上不准新建或购买办公楼;……除正常维修外,现有办公楼从200×年起三年内不准进行装修。正常维修不得提高原装修标准。

二、严格控制各种会议。党政机关召开会议要坚持务实、节俭、高效的原则,既无明目的又无实质内容的会议或可开可不开的会议,一律不开。……党政机关召开的各类会议,不准赠送礼品和纪念品,不准组织高消费娱乐活动,不准以开会为名游山玩水,不准向企业事业单位摊派会议费。……

三、严格控制各种庆典活动。……庆典活动不准发放礼品和贵重纪念品,不准向企业事业单位摊派各种费用。

四、严禁用公款大吃大喝、挥霍浪费。……不准到上级领导机关所在地宴请领导机关工作人员,不准利用各种学习、培训之机互相宴请,不准参加用公款支付的高消费娱乐活动。……

五、严格控制用公款安装住宅电话或购买移动电话。……

六、严格控制各种检查,禁止形式主义的评比和达标活动。……

七、严格按规定配备和更换小汽车。……领导干部变动工作岗位,能在现有车辆中配备小汽车的,不准配备新车。

八、严格管理公费出国(境)。……

九、各级党委、政府要认真贯彻执行本规定。……

4. 撰写公文:
请通过调研、网上查找资料等方式以北京市××建设投资有限责任公司的名义撰写一份《员工休假管理办法》,要求内容符合国家关于员工休假管理的相关法律法规精神以及企业管理的相关要求,结构格式规范。

第七章　领导类公文

领导类公文，是用于颁布法律法规规章制度与政策，组织、指挥、指导与布置工作，阐明领导指导工作的原则与办理意见，奖惩有关机关与人员，说明具体行动方案、措施与要求的公文。

此类公文的共同特点在于：

内容的指令性，即公文内容直接指示或指引下级组织的管理行为，如基于上下级隶属关系向下级组织下达工作指令、任务、执行目标，提出工作行动方案、意见和要求，被领导与被指导的下级组织应服从上级的工作安排，切实贯彻执行。

执行的强制性，即公文对受文者的行为具有不同程度的强制约束力，有关组织和人员接到文件后必须认真遵行，否则，将会追究有关组织和人员的责任，造成严重后果的，还会追究相应的法律责任。

行文的随机性，即公文所针对的是有关工作开展过程中不断出现的特定事项、人员的问题，是随着工作的进展随机产生的，领导部门不能预先设定行文的时间与内容。

办理的时限性，即公文内容大多是领导指导现实工作的决定、意见、要求等，公文效用有严格的时限要求，旨在保证现实工作向前推进，办文单位如超过了办文时限，就失去了公文对现实工作的指导效用。

领导类公文的种类多，用途广，在各级、各类社会组织系统中普遍使用。如命令、决定、决议、意见、批复、通报、通知等。

第一节　写作规范

一、命令

命令，主要适用于依照有关法律公布行政法规和规章、宣布实行重大强制性措施、批准授予和晋升衔级、嘉奖有关单位及人员。为此，可以将"命令"分为"公布令""行政令""嘉奖令"三种。

命令具有如下特点：

具有法定的强制力。命令一旦发布，受文者必须坚决执行，不得更改或变通处理。

发文机关是限定的。不是任何社会组织都可使用命令，通常只有行政系统和军队系统中的特定组织和个人依照职权才能发布命令（令）。在行政系统中，由于负责管理国家和社会的公共事务,国务院及其各部委、地方各级人民政府等法定发文机关使用最多的是公布性命令。

(一) 结构要素

命令的结构通常包括以下项目:
1. 标题:通常由发文机关名称、命令(令)两部分组成,如"中华人民共和国国务院令""中华人民共和国主席令"等。
2. 令号:命令文种发文的顺序编号,如"第28号"。
3. 正文:主要是以简短的文字宣布已经发生或即将发生的事情,或者针对某种事项下达指令、做出决定,对指令或决定的意义与经过不作进一步的阐述和说理。如关于公布行政法规的命令,只需简要说明该法规文件的批准机关、标题、正式施行和生效的时间、执行要求等,公布的法规公文作为附件附在正文后。
4. 签署人:标注签署人的职务全称和姓名。
5. 成文日期。

命令的行文格式详见第三章第一节"特定格式"中的"命令格式"的相关内容。

(二) 撰写要求

1. 命令的写作要严肃、认真,做到字斟句酌,用词肯定、明确,不得有丝毫含糊或模棱两可之处,以便理解和执行。
2. 由于行政命令多为公布性内容,通常在政府网站、行政公报、报刊上公布,受文对象广泛,可不标注主送机关。

二、决议

决议,适用于经会议讨论通过的重大决策事项,是要求贯彻执行的重要决策性公文。

决议具有如下特点:

决策的权威性。决议是针对一个组织、一个地区以及一个国家的重大事项、重要任务、重要观点所做出的指示、评价与决定,代表一定组织的决策意见,对下级组织的工作具有很强的领导指导作用,一经公布,相关组织、地区须坚决执行,具有很强的约束作用。

生效的程序性。决议要按照一定的组织程序形成,在经过某种会议集体讨论通过后方能产生法定效用,其内容的公开发布必须按照规定由有关机关的负责人签署发布。如果不履行规定程序,决议就不具有合法性。

决议的种类可分为:审议公文的决议,适用于提交某种会议审议的公文,需按照组织程序,经充分讨论使之生效;议决事项的决议,适用于有关专项工作或有关问题,需研究讨论后得出一致意见或结论。

(一) 结构要素

1. 标题:由发文机关名称、事由、文种构成,如"中国共产党第十七次全国代表大会关于十六届中央委员会报告的决议"。有时也可省略发文机关名称,如"关于×××问题的决议"。

2. 正文：

审议公文的决议的正文：

首先，交代做出决议的会议名称及有关法定程序，如在什么会议上、按照什么程序等。

其次，直接说明审议通过的文件名称、生效日期或施行日期。

最后，对批准通过的公文的意义、作用等作出评价，或者概括地提出贯彻执行文件的要求、发出号召。

议决事项的决议的正文：

首先，表明做出此项决议的背景、依据、目的和意义，或者简要地介绍出席会议的人员、人数、法定人数规定、决议表决结果等，以表明会议的必要性与有效性。

其次，说明审议通过的议决事项的具体内容，如果是重大决策，需要广泛宣传动员、统一认识、贯彻执行的，可提出原则性意见和要求；如果是关系全局的重大事件或问题，则要重点写明有关重大问题或重大事件的基本情况，实事求是地进行分析，评价成绩、不足或功过、是非，论事说理，明辨是非，从理论的高度得出符合实际的明确结论。议定事项的内容层次较多时，可以采用分门别类或分条列项的方法安排逻辑结构，或者通过使用"大会赞成""大会同意""大会提出""会议要求""会议号召"等词语引出独立自然段落来表达。

最后，写明对贯彻执行决议的要求、号召等。

3. 发文机关署名：在正文之下的右下角，写明做出决议的会议或机构名称。

4. 成文日期：一是标注于落款处发文机关右下方；二是以题注方式标注于标题之下，写明通过决议的时间和有关会议名称，以括号"（）"括起，如"（200×年×月××日通过）""（200×年×月××日×××全体会议通过）"。

凡在题注中已标明决议制发机构与成文日期的，在落款处不再标注。

（二）撰写要求

1. 正确传达会议精神。要深入领会会议主旨，正确把握会议脉络，准确表达会议议决意见，对会议成果做出全面、正确的评价。会议没有通过的意见或说不清的问题和情况，不能写进决议。

2. 行文简捷。决议内容单一，篇幅简短。必须明确在什么时间，召开了什么会议，做出了什么决议。一般只写议决的结果，不写讨论过程。

3. 语言庄重严谨。决议用于记载重要会议讨论通过的重要问题或重大事项，要求用语规范得体，文字简明扼要，条理清楚，层次分明，不可含糊不清、模棱两可。

三、决定

决定，适用于对重要事项作出决策和部署、奖惩有关单位和人员、变更或者撤销下级机关不适当的决定事项。国家机关、企事业单位以及人民团体等各种社会组织均可使用。

决定具有如下特点：

内容的管理决策性。决定表述的观点或对事项的评价、工作的安排表明了发文机关的管理思路和决策意见，决定适用于事关全局的、政策性的、任务艰巨、执行时间较长的重要工作，是组织、指挥、协调、监督下级机关工作,依法依职行使自身领导决策职权的重要形式。决定的内容对受文者确定管理思想、工作原则与内容、制定管理方案与措施等具有直接的领导指导作用。

较强的执行性。决定的制约性虽没有行政命令那样强,但它比较集中地体现了上级领导机关对重要事项和重大行动的领导指挥意志、处置意图和倾向,其内容相对成熟,比较科学合理,具有较好的稳定性。决定一旦经领导机关做出,就具有郑重性、权威性和公信力,通常将成为各项管理工作的主要政策依据,要求在一定时期内贯彻执行。

决定的种类有:决策指挥决定,用于对重大事项做出决策、对重大行动做出统一部署,其政策性、指令性强;奖励惩处决定,用于对有关组织、人员或者某些事项予以表彰或惩处,发挥其教育警示作用;变更撤销决定,用于变更或撤销下级机关不适当的决定事项或其他事项,以适应管理需要或纠正不当管理行为。

决定与命令、决议等其他领导类文种间存在着很大的差异。

决定与命令的主要差异:

一是依据不同。命令是国家机关行使重要职权的体现,其制发行为依据的是法律法规对命令的法定作者和制发内容的明文规定。如《宪法》第80条规定,中华人民共和国主席根据全国人民代表大会及其常务委员会的决定,公布法律,任免国务院总理、副总理、国务委员、各部部长、各委员会主任、审计长、秘书长,授予国家勋章和荣誉称号,发布特赦令,宣布进入紧急状态,宣布战争状态,发布动员令。而决定的主要依据是工作的重要程度,发文机关针对自身工作中的重大事项均可选用决定文种,没有明文规定限定法定作者是谁和内容是什么,各发文作者可以依据本组织的实际情况来界定"重要事项或者重大行动"。

二是适用范围不同。命令主要适用于依照有关法律公布行政法规和规章,宣布实行重大强制性行政措施,嘉奖有关单位及人员。尽管决定也是对重大事项或重大行动的部署和安排,如决定也用于宣布实施行政措施和嘉奖有关单位和人员,但是就行政措施的强度和嘉奖等级层次来说,命令高于决定;就行文灵活性来说,决定的可选择空间更大。

三是约束力不同。命令表达了上级机关的工作意图,具有很强的权威性,其内容执行具有完全的强制性,受文单位接文后应立即无条件地执行;而决定在内容执行的强制力度上和时间要求上均没有命令那么严格,因而命令比决定的领导性、指挥性和约束力更强。

决定与决议的主要差异:

一是形成的程序不同。决议是经过重大的正式会议讨论表决通过后形成的文件,一般要履行法律程序,并以会议或一定机构的名义发布;而决定对此项要求不那么严格,既可由会议讨论通过,也可是职权范围内的决策行为,由领导机关或领导个人做出,以机关名义发文。

二是公文内容的侧重点不同。决议的内容多是比较重大的、有关全局性的重要决策事项,侧重于对会议议决事项或问题提出贯彻要求和号召,旨在统一思想和部署行动;而决定的内容既可是党和国家的重大方针决策,也可以是一般机关、企事业单位中的重要事项。决议的内容相对而言比较具有原则性,决定的内容相对而言比较具体。

三是行文方式不同。决议一般采用公开行文的方式正式公布出来;而决定既可以公布出来,也可直接告知相关机构或人员。

（一）结构要素

决定的结构通常包括以下项目：

1. 标题：由发文机关名称、事由、文种三部分组成，如"×××关于加强工业企业管理若干问题的决定""×××关于第四批取消和调整行政审批项目的决定""×××关于授予××县公安局等单位荣誉称号的决定"。

2. 主送机关：如有明确的主送机关，可以使用全称，或规范化的简称，或直接标出统称；如果是需要周知的以公开行文方式发布的决定，则可以省略主送机关。

3. 正文：

不同的决定类型，可以采用不同的正文表达方法：

决策指挥性决定的正文内容：首先，交代制发文件的背景、根据、目的、意义或原因等。其次，陈述有关事项或行动安排的具体内容，包括决定事项或行动的指导思想、指导原则、工作目标、实施的时间、空间范围和人员范围，实施的步骤、方式方法和条件，思想与组织保障，与其他措施的关系以及有关的政策界限、执行要求等。可采用论说、分条列项、附加小标题的方式，概括揭示，便于执行。

奖励惩处性决定的正文内容：首先，交代制发文件的背景、依据、目的等，做到奖惩有根有据，以事理服人。其次，对所针对的组织、人员的先进事迹或错误行为进行分析、评价并明确有关组织的奖惩意见。最后，提出学习先进的号召或吸取教训的警示，或者提出今后工作的要求、方法措施、注意事项等。

变更撤销性决定的正文内容：首先，交代变更或撤销有关决定事项的依据、原因、目的等。其次，直接说明决定变更或撤销的事项的具体内容。最后，简要说明决定变更或撤销事项的性质、后果或者相关要求等。

4. 发文机关署名：如果标题或题注中已有发文机关名称，落款处则不再标注。

5. 成文日期：除使用题注的情况外，均应在公文正文末尾的右下方规范地标注成文时间。

（二）撰写要求

1. 写明决定的依据。在写作决定时，应完整而准确地交代公文的生成程序、过程或权威的行文依据，之所以如此是因为，决定的事项往往是一些重要的事项或重大的行动，通常需要进行集体研究，履行法定程序或召开专门会议讨论通过。

2. 决定事项具有可执行性。决定内容应明确、易懂，所提出的措施和方法、时限和要求等应是实际工作活动中可以实现的，要注意结合本地区、本系统、本行业、本部门、本单位的实际情况，以便于理解其内容并使之得到切实的贯彻执行。

3. 语言务必郑重平实、准确简练。表达一定要完整、周密，语气要肯定坚决，不得模棱两可，要避免出现歧义和其他疏漏，否则会影响决定的现实效用和执行效果。

4. 正确选用决定文种。选择文种时必须考虑该事项的重要性，不得事无巨细都使用"决定"，特别是关于"奖惩"的通报、决定和命令，在选用时尤其要注意相互之间的差异性；通常，一般性的奖惩事项可以选用"通报";如果是有关法律法规、规章条例等明文规定的奖惩事项,可以选用"决定";根据法律法规规定的等级较高(如授予荣誉称号等)的奖励事项,则选用"命令(令)"。

四、意见

意见,适用于对重要问题提出见解和处理办法。

意见是 2000 年 8 月 24 日国务院发布的《国家行政机关公文处理办法》中新增加的文种,而中共中央办公厅在 1996 年就已将其列为正式文种。2012 年 4 月 16 日中共中央办公厅、国务院办公厅发布并于 2012 年 7 月 1 日实施的《党政机关公文处理工作条例》中继续保留了这一文种。在现实工作中,意见使用得越来越广泛,它适应了新形势下建设有中国特色的社会主义民主政治的需要。"意见"是就某项工作提出见解和处理办法,表明看法和主张,以便对工作起到指导和建议作用。意见不仅可以适用于党政机关,同时也可以适用于企事业单位等。

意见的主要特点表现在:

行文的多向性,即根据需要可向多个方向传递,它可以用作下行文种,表明主张,作出计划,阐明工作原则、措施、步骤、方法和要求等;又可用作上行文种,对工作提出建议、参考和意见;还可以作为平行文,就某一专门问题或工作同平行的或者不相隶属的组织商洽工作,作出评估、鉴定结论和答复咨询。

功能的多样性,即意见的内容涉及社会活动的各个领域,其功能体现出多样性。有的意见具有指导、规范功能,如《中共中央国务院关于做好农业和农村工作的意见》;有的具有呈请、建议的功能,如民政部报请国务院的《关于在全国推进城市社区建设的意见》;有的具有鉴定、评估的功能,如《关于××××项目的评估意见》;有的具有批评的功能,如××市人大代表提出的《对××市城市环境建设的几点意见》,等等。

根据意见的不同用途,可以将其划分为指导性意见、呈请性意见和评估性意见,分属于下行文、上行文、平行文。为了内容介绍的需要,本书将属于上行文的意见、平行文的意见均纳入此处集中、系统地进行介绍。

指导性意见,多用于党政机关向下级机关布置工作,属于下行文,这是"意见"中适用最广泛、最频繁的一种。它对下级机关的管理行为具有领导指导、规范作用,但与命令、决定等文种相比较而言,其指令性和强制性相对弱一些,而指导性表现得更强一些。如中共中央组织部、人事部联合发出《关于加快推进事业单位人事制度改革的意见》一文提出了任务、目标、制度等多方面的意见,内容比较概括、原则,在不违背该意见内容的前提下,各单位可以结合自身情况制定切实可行的方案贯彻执行。有时,一些意见还在标题的文种前加上"指导"二字,如《关于×××的指导意见》,更加明确地突出公文内容的指导性,尽管在该文中也对工作的开展提出了一系列方针、措施方法和步骤要求,但更注重内容的原则性和灵活性、规定性和变通性的统一,为下级单位进一步开展工作留有较大的自主裁量空间。有时部署工作不宜以决定、命令、通知等文种向下行文,可用意见行文,以阐明工作的原则、方法,提出要求。

呈请性意见,多用于下级组织向上级组织提出工作建议和方案设想等情况,属于上行文,这类意见的主要目的是就某项工作提出自己的意见、建议、设想和打算，供上级组织做决策时参考，或者请上级审定后转发至更大的范围执行，如××部、××部联合向国务院报送《关于实行国家公务员医疗补助意见》，提出了一些建议和处理办法，经国务院批准后，由国务院办公厅以"国务院办公厅转发××部××部关于实行国家公务员医疗补助意见的通知"为题下发，使之由呈请性文件转化为领导性文件，在更大的范围内执行。

评估性意见，多用于组织和个人针对有关工作或活动提出看法、建议、结论等，如某业务职能部门或某专业机构对某项工作进行调查研究和鉴定评审后将其结果形成鉴定性意见，或者各级人民代表大会、政治协商会议及其代表以及人民群众等对国家机关及其工作人员的工作提出意见、批评等。这类意见可以是同一系统内部的组织之间的上、下行文，也可是同级组织、不相隶属组织之间的平行文。

此外，要注意区分意见与决定的主要差异：

一是行文方向不同。决定是下行文，一般只能主送下级机关，不能主送上级或者平级机关；而意见具有多向行文的特点，可选择主送上级机关、下级机关和平级机关。

二是内容不同。决定是对重要事项或重大行动做出的决策和安排，内容明确、稳定，针对性强，是具有决策性的领导指导性文件；而意见是对某一重要问题或工作提出见解、处理办法或者建议，内容根据行文方向的不同表现出指导性、呈请性、评估性等特点，即使是指导性意见，其内容较之于决定往往也更加有原则性。

三是执行的要求不同。决定具有鲜明的领导性和规定性，下级机关必须遵照执行。而作为下行文的意见，对下级机关的工作往往具有指导性，其中，对贯彻执行有明确要求的必须执行，如果没有明确要求的，大多由受文单位根据自身的实际情况参照执行。

（一）结构要素

意见的结构通常由以下几部分组成：

1. 标题：由发文机关名称、事由和文种组成，如"××部关于进一步整顿和规范建筑市场秩序的意见"等。

2. 主送机关：规范地写明主送机关名称。

3. 正文：包括三部分。

首先，简要阐明行文的原因、目的、依据、背景等。在这部分的最后通常使用一些承转句引出下文，如"现……提出如下意见："" 为了……特提出以下意见"等。

其次，说明意见的具体内容，如指导思想、目标任务、实施要求、措施办法和建议事项等。在结构的安排上，通常采用分条列项的方法或者列小标题的方法，这样可以使内容条理分明，层次清楚。

最后，结束语，注意应根据不同的意见类型使用不同的结束语。如指导性意见可选用"以上意见，请结合实际情况贯彻（参照、遵照）执行"，呈请性意见可选用"以上意见，请领导参考""以上意见，如无不妥，请批转各地执行"等，旨在再次强调行文目的和要求。如果在正文中已将内容说明清楚，也可不用结尾语，言尽意达，自然结尾。

4. 发文机关署名：在落款处规范地标注其名称。

5. 成文日期：可在正文末右下方标明，也可在标题下方以题注方式表达。

(二) 撰写要求

1. 不同种类的意见在内容上各有侧重，指导性意见应写明任务、措施、步骤等具体内容，应具有可操作性；呈请建议性意见中的请求、建议、设想应经调查研究后提出；评估性意见的评价、鉴定和结论要客观、科学、恰如其分，尤其是批评性意见，要有理有据，实事求是，并尽可能提出富有建设性的改进意见。

2. 语言表达要准确简明，少用或不用命令性词语，多用指导性、协调性、期请性词语，以体现组织之间在管理、协调、服务工作中相互尊重、协商合作的良好风气。

3. 除领导交办的事项外，下级机关一般不得以本机关名义直接向上级机关的领导人个人报送"意见"，避免造成工作的延误和被动。

五、批复

批复，适用于答复下级机关的请示事项。

批复具有以下主要特点：

行文的被动性。批复行文是依据请示被动而为的。先有请示，后有批复；没有请示，就没有批复。在内容上必须针对请示事项而做出答复，请示什么事项，就回应性地批复什么事项。无论是同意、不同意或者部分同意都应围绕这一事项而发，不得随意改换主题。同时，批复的被动性还体现在，批复的主送单位只能是请示的单位，确需有关单位知悉批复内容时，可将其作为抄送机关，但必须要严格限制抄送范围。

内容的指示性。批复代表着上级机关对下级机关请求批准或指示的具体意见，如工作的方针、政策和执行的措施、方式方法以及注意事项等，对请示单位具有极强的约束力。与命令、决定等公文主动领导指导工作不同，批复是上级单位对下级单位主动提出的工作中的问题给以回复，这使批复的指示性意见更加具有针对性。

批复的种类，根据请示的种类可分为两种：请求指示的批复，是针对下级机关工作中、法规政策执行中出现的认识与理解上的问题做出的批示意见；请求批准的批复，是依法依职对下级机关自身无法解决的事项做出的审查或批准意见。

此外，要注意区分批复与决定两种文种间的差异：

一是公文的内容不同。决定是对重要事项或重大行动的安排，具有很强的指令性，内容比较全面、系统；而批复是答复下级机关的请求事项，答复事项具有限制性和针对性，所涉及的内容具体、单一。

二是行文的自主性不同。决定一般是主动行文，可依照职权主动对下级机关的工作事项或重大行动进行积极筹划，合理组织，统一安排，做出指令性决策；而批复是被动行文，发文机关不能主动对下级机关制发批复，而必须针对下级机关的请求做出具体回复，其内容必须直接针对来文请求的事项，不得答非所请。

三是发送范围不同。决定的发送范围通常比较广泛，因此多采用多级行文或者采用公开行文方式公开发布；而批复的发送范围一般只针对一个或多个请示机关，如无特殊必要，一般不抄送其他下级机关。

（一）结构要素

批复的结构通常包括以下几个部分：

1. 标题：由发文机关名称、事由和文种组成，事由部分可以用"关于……"的结构，如"国务院关于办理商标注册附送证件问题的批复"；也可根据需要在事由部分加上表态词"同意""允许"等词语，如"××省教育厅同意××大学增设文化产业专业的批复"。批复的标题不应使用"关于对……的请示的批复""关于答复……的请示的批复"等结构形式。

2. 主送机关：规范标注发送请示的机关名称。

3. 正文：

首先，开首第一行写明所答复的"请示"的成文时间、标题、发文字号等内容，目的在于直接明确此批复所针对的"请示"内容，也便于收文单位处理公文时查找上报的请示。例如："你局200×年×月×日《关于×××××的请示》（××发〔200×〕45号）收悉"。如有必要，还可简要交代形成答复意见的程序或过程，如"经局长办公会研究决定……"等，以体现批复意见的合法性和权威性。

其次，明确答复所请示的事项。针对来文的请求事项，态度鲜明地回答是否同意或批准对方的请求，或应对方请求提出解决问题的指导性意见；如完全批准请求事项时，需写明肯定性意见的全部内容，不能只表态"同意你们的请示"，或者只笼统地写"同意你们的意见"；如完全不同意请示事项，应当说明这样批复的依据和理由；如只能部分同意或批准请示事项时，除简要说明理由外，还可提出具体的修正补充意见，以避免下级机关因不明情况而重复"请示"。

第三，结尾部分，常以"此复""特此批复"等结尾词结束全文，有时也可提出所请事项办理以及办结后的要求；也可根据需要不写结尾部分，只需将指示的事项分条列款说明清楚即可，不需要明显的结尾段落或结尾词语。

4. 发文机关署名：在落款处规范地标明其名称。

5. 成文日期。

（二）撰写要求

1. 答复问题要有针对性。批复行文态度要明确，内容要简练准确。下级请示什么问题，就应当针对该问题进行答复。无论完全同意，还是部分同意，甚至是不同意均应做出明确回复，不能回避问题，或模棱两可、含糊其辞。

2. 批复写作要讲究时效性。下级机关提出的请示事项一般都是工作中面临的急需解决的问题，如果上级机关久拖不回复，必然影响下级机关的工作效率。即使是目前暂无法具体回答的请示，上级机关也应简要复文说明情况，避免下级机关因等待回复的时间过长而延误工作。

3. 批复的意见要具有可操作性。一些指示性批复的目的在于指导下级部门的工作行动，因此批复意见不应过于抽象或笼统，而应针对事项的办理落实进行解释、说明，如明确政策界限、厘正认识偏差、说明处理原则与要求、提出办理措施与方法等，以便下级机关能够切实执行。

4. 批复意见要合法合理有效。批复是上级机关领导行为的体现，批复意见往往成为下级机关的工作依据，因此在审查批复事项特别是一些重大复杂问题时，应当先进行深入的调查研究与反复研讨磋商，论证其可行性和操作性后方可作出批复意见，确保批复意见合理合法、真实有效。此外，批复内容若涉及其他部门的职权，起草批复时应同有关部门商量，取得一致意见后方可行文答复。

六、通报

通报，适用于表彰先进、批评错误、传达重要精神和告知重要情况。各级党政机关以及其他企事业单位等社会组织均可以使用通报。

通报具有以下特点：

对象的典型性。通报的事实或者人物对象要求有典型意义，具有普遍性、代表性。通报对象越典型，其以点带面的示范、警示和借鉴意义就越大，对现实工作就越有指导价值。

内容的现实性。通报的内容总是对当前现实工作的客观反映，与当时当地的工作形势有着紧密的联系，因此必须及时予以通报，只有这样，才能给人以深刻的印象与认知，如果发文过于迟缓，时过境迁，其沟通情况、宣传教育的积极作用就难以实现。

通报的种类有三种：表彰通报，用于表彰先进人物或先进集体，介绍先进事迹、推广典型经验；批评通报，用于对单位或个人工作中发生、出现的重大事故、重大失误、错误倾向、不良风气等提出批评；情况通报，用来传达重要精神和沟通重要情况。

此外，还要注意区分通报与决定的主要差异：

一是行文目的不同。通报的行文目的是让下级机关和有关人员吸取经验教训，起教育告诫作用；决定的行文目的是依照职权对重大事项进行安排，对下级机关及其人员的公务行为具有重要的指令作用。

二是针对事项不同。通报针对的事项侧重于事项的代表性、典型性；而决定侧重于本单位工作行动或事项的重要性。

三是内容安排不同。通报的内容比较宽泛，侧重通过典型说明事理，提高认识；而决定内容具体，安排精细，针对性更强，一般直接说明决定的内容，而不对所决定的事项进行深入的分析评价，或者条分缕析阐述决定的原因。

四是行文方式不同。通报一般采用逐级行文的方式，直接主送被通报的下级机关或者抄送其他需了解文件内容的机关；而决定除了采用逐级下行文方式外，一些内容涉及面广、周知性强的重要决定，还可借助报刊、网站、电视等媒介公开行文，以便于受文者多渠道知悉文件内容。

（一）结构要素

通报的结构由以下几部分组成：

1. 标题：由发文机关名称、事由和文种组成，如"××省人民政府关于表彰章××同志教书育人先进事迹的通报"。对情况通报的标题有时也可以在"通报"前加上"情况"二字，以点明通报的类型，如"××工业大学关于学生2号楼火灾事故的情况通报"。

2. 主送机关：要规范地标注，有时可省略。

3. 正文：

表彰与批评通报的正文内容包括：

首先，交代事实经过，如先进或错误事实发生的时间、地点、人物、过程、结果，要求采用说明性的叙事方法，用简要的文字陈述。

其次，对事实进行分析评价，如分析先进事迹发生的主客观条件，评价其性质、意义，得出规律性认识，吸取经验教训等。

最后，组织的决定事项，即给有关单位或个人何种精神上和物质上的奖励，提出一些学习先进事迹、借鉴典型经验的要求或号召等，或者对有关组织或人员的工作过失进行处理，要求有关方面吸取教训等。

情况通报的正文内容包括：

首先，交代事件发生的概况，即什么时间、在什么地点、经过什么过程、产生了什么结果等。

其次，对发生事件的性质、原因以及后果的分析说明。

最后，提出对策性的指导意见，如果是针对工作中的一些重大事故，还需提出防止发生类似事故的措施、要求及应吸取的主要教训，有时还包括对事故责任者的处理决定等。

4. 发文机关署名。

5. 成文日期。

（二）撰写要求

1. 要突出通报的指导作用。通报行文的价值往往并不单纯停留于发布动态信息、宣布奖惩结果，而旨在传达重要情况，树立学习榜样，激励先进，或者提供反面典型，督促后进，使读者能够总结经验、吸取教训，得到有益的启示和警示。因此要选准、选好典型，使通报真正起到激励教育、推动工作和批评警戒的作用。

2. 注重内容的时效性。制发通报要抓住时机，及时地将先进典型和经验向社会宣传推广，对反面典型予以揭露，引起警戒，或对某些重大事项和重要情况及时予以通报，以起到交流信息、指导工作的作用。发文时要把握有效时机，在事情发生后立即予以通报，才能起到教育作用。

3. 事实可靠，评价适当。通报中所涉及的事例，必须是客观存在的，经过反复调查、真实可靠的，绝不允许捏造和虚构。同时，对事迹和事件进行分析评价时，应以实事求是的态度进行客观公正的分析和表述，不得故意拔高或贬低。同时，观点要鲜明，提倡什么与反对什么，要让人一目了然。

4. 恰当选用表达方式。在表达方式上，通报应以记叙为主，兼用说明和议论的方法，概括陈述过程，不必全面地反映事情的详细进程和细节，要使内容结构合理，详略得当，夹叙夹议，突出主题。

七、通知

通知,适用于发布、传达要求下级机关执行和有关单位周知或执行的事项,批转、转发公文。通知多用于下行文,各级、各类国家机关、企事业单位、人民团体等社会组织均可使用。

通知具有以下特点:

适用范围的广泛性。首先,作者广泛,不受发文机关性质、级别的限制,各级、各类社会组织均可选用;其次,内容广泛,批转转发与印发公文、布置工作、传达重要指示、告知周知事项、任免人员等,无论是安排重大工作,还是知照细小事项,均可使用。通知是通用公文中使用频率最高、应用范围最广的一种文种。

内容的告知性。通知的目的在于将有关事项或办事要求的具体内容告知有关机构或人员,使之周知与了解,或者要求有关机构或人员在一定的时间与空间范围内及时办理,或认真传达落实通知精神。其内容集中凸显了告知事项及办理事项的要求与措施。

通知的种类主要包括:指示性通知,用于对下级某项工作提出指示与要求,具有强制性、指挥性和决策性;转发性通知,用于批转、转发、印发某些法规规章以及其他公文,以沟通情况,指导工作;知照性通知,用于宣布某些应知事项;任免通知,用于宣布有关人员的职务任免情况。

此外,要注意通知与通报之间的主要差异:

一是行文时间不同。通知的行文目的是告知事项、布置工作、部署行动,需要受文单位周知为什么办、办什么、怎样办,并要求严格按照文件精神遵照执行,因而通知一般在某一事项或行为发生之前行文;而通报的行文目的主要是交流重要的工作情况,或者使有关单位了解正反面典型,使人们从中受到启发、教育,提高认识,因而通报一般在某一典型事例、重大情况发生之后才予以行文。

二是公文内容不同。通知的内容宽泛,包括批转下级机关的公文,转发上级机关和不相隶属的机关的公文,传达要求下级机关办理和需要有关单位周知或者执行的事项,任免工作人员等;通报的内容比通知狭窄,包括表扬先进事迹、推广典型经验、批评违法违纪的组织和人员、传达上级重要指示精神以及指出工作中的重点或带有倾向性的重要情况、重点问题等。

三是事项重要程度不同。通知的事项可大可小,可重要可一般;通报则要强调事项或事例的典型性、重要性和代表性。

四是表达方式不同。通知的表达方式因通知类型不同各有不同,如事务事项性通知主要使用记叙的表达方式,简要叙述通知的内容,告知人们什么时间、什么地点、做什么;指示性通知主要采用议论与说明的表达方式,要进一步分析说明做什么和怎样做,简明具体,语言平实;通报的表达方式则常兼用记叙、说明和议论,简述事实经过,说明组织的决定与要求,分析原因或评价成绩等,具有较强的情感色彩。

(一)结构要素

1. 标题:标题的构成方式主要有四种。

第一,由发文机关名称、事由和文种组成标题,如"××部关于召开全国防汛工作会议的通知";第二,由事由、文种构成标题,如"关于加强机关工作作风建设的通知";第三,张贴式的知照性通知可直接用文种"通知"作为标题;第四,批转转发印发公文的通知,其标题的事由部分不是一个词或词组,而是被批转转发印发的原公文的标题。其结构可以表示为:

$$发文机关+\begin{cases}批转（下级机关）\\转发（上级、平级、不相隶属机关）\\印发或发布（本机关）\end{cases}+原公文的标题+的通知$$

上述标题结构中,如果被批转转发印发的公文属于规范类公文,则可使用"《》"将该标题括起,否则,直接写出原公文标题。通常,如一份公文需要各层级的机关贯彻执行,可多级行文或公开行文,避免因层层转发而出现如下通知标题:"××局关于转发×××市人民政府关于转发×××省人民政府关于转发××部关于公开选拔××××的通知的通知",特殊情况下确需如此行文的,撰写标题时可删节一些重复的"关于""转发""的通知",如上述标题可改写为:"×××局转发××部关于公开选拔××××的通知"。

由于批转转发公文的机构之间的工作关系不同决定了相互之间的行文关系各异,故撰写标题时要特别注意恰当选用"批转""转发"和"印发""发布"等颁行词语。例如:

(1)"<u>国务院</u> **批转** <u>交通部关于×××规划的通知</u>"
　　发文机关　　　　被批转公文的标题　　　文种

(2)"<u>教育部</u> **转发** <u>文化部关于×××的决定的通知</u>"
　　发文机关　　　　被转发公文的标题　　　文种

(3)"<u>财政部</u> 关于**印发**《××××××管理办法的实施细则》的通知"
　　发文机关　　　　所印发的公文的标题"细则"属于规范　文种
　　　　　　　　　　类公文,故将该标题用"《》"括起

例(1)中,国务院转发的是其下级机关交通部的文件,故选用"批转"一词;例(2)中,教育部与文化部均是国务院的职能机关,相互之间是平级关系,因而转发文时应选用"转发"一词;而例(3)中《××××××管理办法的实施细则》的制发者就是财政部自身,选用"印发"或者"发布"等词语即可。

2. 主送机关:应明确地标注全称,或使用规范化的简称或统称。

3. 正文:通知的内容不同,在写作上也各有差异。

(1)指示性通知的正文:

其正文内容包括:一是交代现实情况或存在的问题,提出行文的客观依据或目的、意义等;二是说明具体的通知事项,如工作任务、具体要求与政策界限等;三是明确地指出落实通知事项的步骤、方法、时间安排、汇报办理情况的方式和期限以及其他办理要求与注意事项等。

(2)转发性通知的正文:

转发性通知的发文目的在于使被印发、转发的文件在更大的范围内产生效用,扩大文件的有效执行范围。包括批转(下级机关)、转发(上级、平级、不相隶属机关)、印发(本机关)文件的通知。

其正文内容包括：一是概括地交代印发、转发文件的依据、原因、意义等；二是说明被印发或转发的文件或其主要内容；三是提出执行要求和施行时间。必要时，还可对被印发、转发的文件或对其所针对的事物进行简要的评价、分析，指出执行中的要求，或者需注意的事项，或者针对文件中的规定、要求等提出的补充意见。

（3）知照性通知的正文：

知照性通知主送对象广泛，所涉及的事项包括告知一般事务性工作信息，召开各种会议，成立、调整、合并、撤销机构，启用或废止公章，变更组织或刊物的名称，出版发行刊物，更改电话号码，更正公文差错信息等。

其正文内容包括：一是简要地交代通知形成的过程、原因、根据等，通常使用"为了""根据""依照"等引叙词引出正文。二是说明通知的具体内容，例如：会议通知需要交代召开会议的时间、地点、与会人员及资格条件和人数、食宿安排、经费报销办法、交通安排、与会的要求、会议筹办者及联系方式等；机构建立与撤销的通知需要说明：建立或撤销了什么机构及其性质、任务、构成、办事机构或人员、办事方式等；启用或废止印章的通知需要说明：有关印章名称及印章规格式样、启用或废止的时间等。三是使用"特此通知"等词语结束全文，以强调行文目的，表明公文内容结束。

（4）任免通知的正文：

任免通知主要用于各类组织中一般干部和人员的任免（任职或免职）或聘用，其正文内容包括：一是直接说明任免或聘用的有关根据和法定程序；二是交代被任免或聘用的人员的姓名、职务、任职起止时间等。有时，免职通知也可简要说明免除职务的原因。

4．发文机关署名：应规范标注。

5．成文日期：用阿拉伯数字规范标全年、月、日，如"20××年8月8日"。

（二）撰写要求

1．指示性通知：内容上要求合理、细致、具体，在规定的执行方面应注意实事求是，避免一刀切或指标定得过高，要便于下级机关操作执行；不要对通知事项做过多的议论，即使有时在正文开头要记叙现实状况、说明制发通知的缘由，也必须采用说明性的记叙方法，简要地概括说明，不需详细记叙整个情况发生发展的全过程。在表达方式上，可适当使用议论方式，讲清道理，提高受文者的认识，以便于其自觉贯彻通知精神；语言准确简明，语气要坚定等。

2．转发性通知：要正确处理转发文机关与被转发文机关之间的行文关系，不得在转发上级、同级或其他不相隶属的机关的公文时提出否定性意见；如确需变通执行被转发的公文，应说明缘由，必要时还应征得被转发文机关等的同意；注意恰当地使用"认真遵照执行""切实遵照执行""参照（参考、参酌、酌情）执行"等与执行要求有关的颁行词语。此类通知在正文后都以被批转、转发、发布的公文作为附件。语言表述上强调准确、简练，不得含混不清或模棱两可，以便贯彻落实。

3. 知照性通知：内容上要求写清楚各种需要通知的事项，在说明通知的具体事项时，选用恰当的逻辑安排方法，如会议通知常用分条列项方法，而其他情况则多采用篇段合一的说明方法。如需众多机关与人员知悉，可选择新闻媒体、网站等形式公开行文，或者公开张贴通知。

4. 任免通知：在标题中使用"任命""任职""免职""任免"等词语时，标题与正文内容应一致，不得出现标题为"任免通知"，正文中却根本没有免职内容的文题不一致的现象；写明任免的法定生效程序或依据，如"经×××会议研究决定""根据××文件的精神""经×××同意"等，以保证任免通知的合法性和严肃性；文中要直接写明被任免人员的姓名和职务，不对人员任免的原因以及考查过程等作进一步的交代；正确选择抄送对象；如确需众多机关与人员知悉，可选择新闻媒体、网站等形式公开行文。

第二节 例文解析

【例文 7-1 公布令】

公文内容	解析
北京市人民政府令	◀ 由发文机关名称、文种（令）构成标题。
《北京市人力客运三轮车胡同游特许经营若干规定》已经20××年8月1日市人民政府第69次常务会议审议通过，现予公布，自20××年10月1日起施行。	◀ 开门见山地说明要公布的文件标题、公布依据和施行日期。
市　长　××× 　　　　　　　　　20××年8月26日	◀ 签署人职务和姓名，其中姓名一般用签名章。 ◀ 成文日期 ▲ 全文采用篇段合一的结构方式。开宗明义，行文精要，用语规范准确。

（摘自首都之窗网）

【例文 7-2 任命令】

公文内容	解析

中华人民共和国国务院令

依照《中华人民共和国香港特别行政区基本法》的有关规定，**根据**香港特别行政区行政长官选举委员会选举产生的人选,任命×××为中华人民共和国香港特别行政区第×任行政长官,于20××年7月1日就职。

总　理　×××
20××年4月2日

（摘自中国政府网）

解析：
◀ 由发文机关名称、文种（令）构成标题。
◀ 用"依照""根据"引出法律与程序依据,这是任免合法性的重要来源。
◀ 被任命人员姓名和职务;就职日期。
◀ 签署人职务和姓名（一般用签名章）。
◀ 成文日期
▲ 全文采用篇段合一的结构方式。主题明确,内容简明扼要,有根有据,用语郑重严谨。

【例文 7-3 嘉奖令】

公文内容	解析

国务院 中央军委关于授予丁晓兵同志 "保持英雄本色的忠诚卫士"荣誉称号的命令

公安部、中国人民武装警察部队：

丁晓兵,男,1965年9月出生,现任武警一八一师五四二团政治委员,上校警衔,1983年10月入伍,1984年10月在遂行军事任务中英勇负伤,失去右臂。该同志入伍20多年来,牢记使命,献身国防,以伤残之躯续写人生辉煌篇章,先后被人事部和中国残联授予"全国自强模范"称号,被武警部队评为第八届"中国武警十大忠诚卫士",被中组部授予"全国优秀共产党员"荣誉称号,荣立一等功1次、三等功2次。他自强不息,争创一流业绩,任指导员期间,所在连队被军区评为基层建设先进

解析：
◀ 标题由发文机关名称、事由、文种三部分构成。
◀ 开篇简要说明丁晓兵的基本情况。
◀ 第一段用简短的文字交代丁晓兵入伍二十多年来不平凡的生命历程和先进事迹。
◀ 引用一系列数字,凸现其主要工作业绩。

第七章　领导类公文

连,荣立集体一等功1次、三等功2次;任营教导员和团政治处主任期间,所在单位年年被评为先进。他刻苦钻研,积极探索新形势下的带兵特点规律,总结归纳出"心理自我调节12法""群众性教育20法"等105条带兵经验,被上级推广。他关爱部属,以情带兵,先后捐款5万多元救助67名家庭困难的干部战士,在他的教育帮助下,28名后进战士被转化,30多名战士考上军校,17名战士直接提干。为表彰先进,国务院、中央军委决定,授予丁晓兵同志"保持英雄本色的忠诚卫士"荣誉称号。 ◀ 交代行文目的和组织决定,点明公文主题。

丁晓兵同志是践行"三个代表"重要思想和落实科学发展观的楷模,是保持共产党员先进性的典范。 国务院、中央军委号召全体公安民警、武警官兵和全军指战员向丁晓兵同志学习,学习他爱党爱国、永葆党和人民忠诚卫士本色的崇高品质,坚决听党话,始终跟党走;学习他战时舍身、平时忘我的崇高思想境界,努力实践我军宗旨,自觉为祖国和人民的利益不懈奋斗;学习他心系基层、情注士兵的高尚情操,坚持为基层官兵做好事、办实事、解难事;学习他自强不息、奋发有为的进取精神,立足本职岗位争先创优、建功立业。广大官兵要以丁晓兵同志为榜样,高举邓小平理论和"三个代表"重要思想伟大旗帜,牢固树立和落实科学发展观,爱岗敬业,无私奉献,为构建社会主义和谐社会,更好地履行新世纪新阶段我军历史使命而努力奋斗!

◀ 组织评价

◀ 使用"学习他"的排比句,凝练地概括其崇高品质和不断进取的精神,便于读者理解和学习。

◀ 最后一段发出学习的号召,提出学习的要求和目标。

国务院总理　×××
中央军委主席　×××
20××年12月5日

◀ 签署人职务和姓名,其中姓名一般用签名章。

◀ 成文日期

▲ 全文运用逻辑递进的方式安排结构,说明其为什么先进、应当学习他什么等问题,内容充实,语言平实生动,充分说明了丁晓兵事迹的先进性,具有很强的说服力。

(摘自中国政府网)

【例文 7-4 审议公文的决议】

公 文 内 容	解 析

公文内容：

第十一届全国人民代表大会第一次会议
关于政府工作报告的决议

（2008年3月18日第十一届全国人民代表大会第一次会议通过）

　　第十一届全国人民代表大会第一次会议听取并审议了国务院总理温家宝所作的政府工作报告。会议认为，过去的五年，我国改革开放和现代化建设取得了举世瞩目的重大成就。会议充分肯定国务院五年来的工作，同意报告提出的2008年经济社会发展目标任务和工作部署，决定批准这个报告。

　　会议号召，全国各族人民在以胡锦涛同志为总书记的党中央领导下，全面贯彻党的十七大精神，高举中国特色社会主义伟大旗帜，以邓小平理论和"三个代表"重要思想为指导，深入贯彻落实科学发展观，万众一心，锐意进取，埋头苦干，协调推进中国特色社会主义经济建设、政治建设、文化建设、社会建设，为夺取全面建设小康社会新胜利而努力奋斗！

（摘自中国人大网）

解析：

◀ 由发文机关名称、批准文件的名称、文种构成标题。

◀ 题注，说明决议通过的时间与批准会议的名称，这是公文生效的程序。正文末不再标注发文机关名称与成文日期。

◀ 交代审议文件的主要意见。通过"会议认为"引出对政府工作报告的评价，"同意""批准"明确表态，直接说明审议结果。

◀ 发出号召。使用"会议号召"引出一个段落，"贯彻""高举""贯彻落实"等动宾结构句型以及四字句的使用，凝练地概括了号召的主要内容。

▲ 全文采用主体、结尾两部分结构，开篇直接说明会议听取并审议的文件名称，主题集中，内容单一，行文简洁，语言精练郑重，表意准确肯定，结尾部分富有感召力。

【例文 7-5 议决事项的决议】

公文内容

**全国人民代表大会常务委员会
关于加强法制宣传教育的决议**

（2006年4月29日第十届全国人民代表大会
常务委员会第二十一次会议通过）

自2001年开始，我国在全体公民中实施了第四个法制宣传教育五年规划，以宪法为核心的法律知识得到较为广泛的普及，人民群众的法律意识逐步增强；依法治理工作深入开展，各项事业的法治化管理水平逐步提高。为了适应构建社会主义和谐社会和全面建设小康社会的新形势，全面贯彻科学发展观，落实国民经济和社会发展"十一五"规划的新要求，促进依法治国基本方略的实施，有必要从2006年到2010年在全体公民中组织实施法制宣传教育第五个五年规划。为此，特作决议如下：

一、根据国民经济和社会发展第十一个五年规划纲要提出的目标，确定法制宣传教育的内容。要进一步宣传普及宪法，使全体公民进一步掌握宪法的基本知识，忠于宪法、遵守宪法，维护宪法的权威。要适应公民学习和运用法律的需求，学习宣传与经济社会发展相关的法律法规，学习宣传与群众生产生活密切相关的法律法规，学习宣传整顿和规范市场经济秩序的法律法规，学习宣传维护社会和谐稳定和促进社会公平正义的相关法律法规……

二、突出重点，区别不同对象提出法制宣传教育的要求，增强法制宣传教育的针对性。要在继续做好全体公民法制宣传教育的基础上，重点做好公务员的法制宣传教育。各级领导干部要带头学法用法，提高依法决策和管理经济和社会事务的能力；所有公务员特别是司法和行政执法人员要牢固树立有权必有责、用权受监督、违法要追究的观念……要继续做好青少年的法制宣传教育……企业经营管理人员要着力培养诚信守法观念和社会责任意识……引导广大农民依法参与村民自治活动和其他社会管理……

解 析

◀ 由发文机关名称、事由、文种构成标题。

◀ 题注，说明决议通过的时间与批准会议名称。正文末不再标注发文机关名称与成文日期。

◀ 概括地介绍2001年以来法制宣传教育的基本情况，交代行文背景。"为了……"指出行文的目的。

◀ 用"学习宣传……"的排比句，凝练地概括学习内容，便于阅知和执行。

◀ 针对不同对象分别说明法制宣传教育的主要内容和要求。

三、坚持法制宣传教育与法治实践相结合,提高全社会法治化管理水平。……

四、创新和丰富法制宣传教育形式,强化大众传播媒体和新闻通讯单位的社会责任。……

五、加强法制宣传教育工作的组织领导,动员和依靠全社会力量共同参与。……

六、加强对法制宣传教育工作的监督检查,保证本决议得到切实执行。……

◀ 段首主题句概括简明,有利于抓取段落主要内容,引导阅读。

▲ 全文运用总分方法安排逻辑结构,开头介绍行文背景与目的,主体从六个方面分别说明议决事项的内容、对象、原则、组织领导、执行要求等,层次清楚,条理分明,内容充实,语言庄重得体。

(摘自中国人大网)

【例文 7-6 决策指挥性决定】

| 公 文 内 容 | 解 析 |

××市人民政府关于破除一批行政性垄断和行业性垄断的决定

为维护市场公平竞争秩序,保护消费者和经营者合法权益,根据《中华人民共和国反不正当竞争法》和《××市反不正当竞争条例》及国家有关法律、法规的规定,现就破除一批行政性垄断和行业性垄断决定如下:

一、凡政府及其所属部门滥用行政权力,限定他人购买其指定经营者的商品,或限定他人接受其指定经营者提供的服务,以及限制外地商品进入本地市场、限制本地商品进入外地市场的行为,为行政性垄断行为。供水、供电、供气、邮政、电信、运输等公用企业和具有独占地位的企业限定他人购买其指定经营者的商品,或限定他人接受其指定经营者提供的服务,排挤竞争对手的行为,为行业性垄断行为。

二、各区县(自治县、市)人民政府、市政府各部门应当认真贯彻市人大、市政府清理地方性政策、法规、规章的工作部署,认真清理本级政府、部门制定的规范性文件。凡具有行政性垄断内容的各类规范性文件、决定、命令,要按程序停止适用或予以废止。

三、允许外国投资者、港澳台侨投资者和私人投资者根据法律规定

◀ 由发文机关名称、事由、文种构成标题。

◀ "为……""根据……"交代了行文目的和依据。

◀ 过渡句转入主体部分,从七个方面交代了决定的内容。

◀ 明确地界定"行政性垄断行为"和"行业性垄断行为"的含义,照应标题,也为下文奠定基础。

◀ 划定行政性垄断行为的清理范围,提出处理办法。

和中国"入世"进程,以合资、独资、组建有限责任公司或股份有限公司的形式,逐步参与供水(公共管网除外)、燃气、电力、邮政、电信、公交、保险等行业或其相关行业的投资经营。分步、有序实施部分公用企业和具有独占地位的企业的改制、改革,对有条件的行业实行业务分拆,促进投资多元化和竞争主体多元化。 ◀ 明确具有独占地位的企业改制与改革的工作思路。

四、禁止行政机关以任何形式实施行政性垄断行为。重点整治下列行为: ◀ 列举行政性、行业性垄断行为的整治重点,既便于有关部门执行、监管,也便于公众监督。

(一)限定管理相对人接受其指定经营者提供的体检、检测、消毒、照相、中介等服务的行为;

……

五、公用企业和具有独占地位的企业不得限定用户(含开发、施工单位及消费者,下同)购买其指定经营者的商品或限定用户接受其指定经营者提供的服务,排挤竞争对手。重点整治下列行为:

(一)供水企业限定用户购买指定经营者的商品,强制其接受指定经营者管道安装或滥收费用的行为;

……

六、全面清理公用企业和具有独占地位的经营者自行拟定并推行的各类格式合同文本。凡对消费者不公平、不合理的规定,或者减轻、免除其损害消费者合法权益应当承担的民事责任的规定,一律无效。 ◀ 行业格式合同清理和处理原则方法。

七、凡违反本《决定》,实施行政性垄断和行业性垄断行为的,由政府法制机构、行政监察部门和工商行政管理机关分别依照政府层级监督、行政监察和反不正当竞争及消费者权益保护的有关规定予以查处。对有关领导、直接责任人员,由监察机关予以行政处分。涉嫌犯罪的,移送司法机关依法处理。

欢迎广大企事业单位、公民及新闻媒体监督。

◀ 查处违规违法行为的责任机关及其执行依据。

▲ 全文由开头、主体两部分构成,主题集中,重点突出,用语郑重、肯定,工作原则、处理方法、查处责任机关及其工作依据等交代清楚,便于受文者理解执行。由于是向社会公布,故省略了主送机关。

××市人民政府
20××年6月2日

(摘自 http://www.unn.com.cn/GB/channel204/208/365/)

【例文 7-7 奖励决定】

公文内容

国务院关于20××年度国家科学技术奖励的决定

各省、自治区、直辖市人民政府，国务院各部委、各直属机构：

　　为认真学习贯彻党的十七大精神，深入贯彻落实科学发展观，大力实施科教兴国战略、人才强国战略，提高自主创新能力，建设创新型国家，国务院决定，对为发展我国科技事业、促进经济社会发展、推进国防现代化建设作出突出贡献的科学技术人员和组织给予奖励。

　　根据《国家科学技术奖励条例》的规定，经国家科学技术奖励评审委员会评审、国家科学技术奖励委员会审定和科技部审核，国务院批准并报请国家主席胡锦涛签署，授予闵恩泽院士、吴征镒院士20××年度国家最高科学技术奖；国务院批准，授予"热河脊椎动物群的研究"等39项成果国家自然科学奖二等奖，授予"卫星新型姿控储能两用飞轮技术"1项成果国家技术发明奖一等奖，授予"王码五笔字型"等50项成果国家技术发明奖二等奖，授予"9409工程"1项成果国家科学技术进步奖特等奖，授予"长江口深水航道治理工程成套技术"等19项成果国家科学技术进步奖一等奖，授予"海水循环冷却技术研究与工程示范"等235项成果国家科学技术进步奖二等奖，授予英国地球物理学专家李向阳、美国材料科学与工程专家刘锦川、俄罗斯地学专家尼·列·多布列佐夫、德国生物学专家彼得·格鲁斯和国际水稻研究所中华人民共和国国际科学技术合作奖。

　　全国科学技术工作者要向闵恩泽、吴征镒两位院士及全体获奖者学习，继续发扬团结协作、顽强拼搏、求真务实、勇于创新的精神，坚持走中国特色自主创新道路，认真落实《国家中长期科学和技术发展规划纲要（2006～2020年）》，加快创新型国家建设，为推动经济社会又好又快发展，夺取全面建设小康社会新胜利作出更大的贡献。

国务院

20××年1月1日

（摘自中国政府网）

解析

◀ 发文机关名称、事由和文种构成标题。

◀ 标明主送机关，明确其主办责任。

◀ 用"为……"引导的几个动宾句式简要交代行文目的。

◀ 说明决定的事项，点明公文主旨。

◀ 交代奖励的依据、评审程序，表明公文内容的合法性和权威性。

◀ 说明决定事项的具体内容：获奖组织、获奖人员及其所授奖项类别、名称与等级等。项目表达清晰明确。

◀ 提出学习号召和要求，用四个四字句概括获奖者的科学精神，朗朗上口，便于理解记忆。

◀ 全文由开头、主体（决定事项）、结尾（号召要求）三部分构成，结构合理，层次清楚，主题集中，内容明确，语言流畅，行文简明，体现了决定的郑重性。

【例文 7-8 撤销决定】

公文内容	解析

国务院关于第四批取消和调整行政审批项目的决定 ◀ 发文机关名称、事由和文种（决定）构成标题。

各省、自治区、直辖市人民政府，国务院各部委、各直属机构： ◀ 主送机关，统称。

　　20××年4月以来，**按照**国务院的统一部署和行政审批制度改革的要求，国务院行政审批制度改革工作领导小组**依据行政许可法的规定**，组织对国务院部门的行政审批项目进行了新一轮集中清理。经严格审核和论证，国务院决定第四批取消和调整186项行政审批项目。其中，取消的行政审批项目128项，调整的行政审批项目58项（下放管理层级29项、改变实施部门8项、合并同类事项21项）。另有7项拟取消或者调整的行政审批项目是由有关法律设立的，国务院将依照法定程序提请全国人大常委会审议修订相关法律规定。

◀ 交代制发该决定的背景和程序，为下文做好铺垫。

◀ 决定事项的具体内容和相关说明。

　　各地区、各部门要**认真做好**取消和调整行政审批项目的落实和衔接工作，**切实加强**后续监管。要**深入贯彻**科学发展观，适应完善社会主义市场经济体制、加强和改善宏观调控以及转变政府职能的要求，继续深化行政审批制度改革，依法对行政审批项目实行**动态管理**，加强对行政审批权的**监督制约**，努力在规范审批行为、创新审批方式、完善配套制度、建立长效机制等方面取得新的进展。

◀ 提出该项工作落实、衔接与监管的相关工作要求和工作目标，有利于有关部门具体落实。

　　附件：1. 国务院决定取消的行政审批项目目录（128项）（略）
　　　　　2. 国务院决定调整的行政审批项目目录（58项）（略）

◀ 附件有助于缩短正文篇幅，增强正文层次感；便于查阅。

国务院
20××年10月9日

◀ 成文日期
▲ 正文由行文缘由、决定事项、执行要求三部分组成，逻辑清晰，内容简明扼要，有根有据，执行要求清楚，用语肯定，表达严谨，便于贯彻，也体现了"决定"的领导性。

（摘自中国政府网）

【例文 7-9 指导性意见】

公文内容

环境保护部、发展改革委、财政部、建设部、水利部
关于加强重点湖泊水环境保护工作的意见

  湖泊（包括水库，下同）是我国饮用水的重要来源，兼有防洪、发电、航运及维系流域生态平衡等重要功能，关系到人类的生存与安全，关系到区域及全国经济社会发展大局。党中央、国务院高度重视湖泊水环境保护工作。"九五"以来，湖泊水环境保护工作取得了一定进展。但由于粗放型经济发展方式尚未根本转变，工业污染物排放稳定达标率低，城镇污水处理设施建设滞后，水资源开发利用不当等问题，不少湖泊的水环境保护工作面临严峻考验。为加强重点湖泊水环境保护工作，现提出以下意见：

  一、进一步明确指导思想、方针和目标

  （一）**指导思想和方针**。湖泊水环境保护要坚持以人为本，全面贯彻落实科学发展观，以污染物减排为核心，以保障饮用水安全为重点，综合运用经济、法律和必要的行政手段，坚持不懈地推进全面、系统、科学、严格的污染治理，让湖泊休养生息，从根本上解决湖泊水污染问题。湖泊水环境保护要贯彻远近结合、标本兼治，分类指导、因地制宜，科学规划、综合治理，加强领导、狠抓落实的方针。

  （二）**近期和远期目标**。继续以太湖、巢湖、滇池（以下称"三湖"）以及三峡库区、小浪底库区、丹江口库区为保护重点，并加强洪泽湖、鄱阳湖、洞庭湖和洱海等水环境保护工作。到 2010 年，重点湖泊富营养化加重的趋势得到遏制，水质有所改善；到 2030 年，逐步恢复重点湖泊地区山清水秀的自然风貌，形成流域生态良性循环、人与自然和谐相处的宜居环境。

  二、采取多种措施实行综合治理

  （三）加大工业污染防治力度。重点湖泊流域地方各级人民政府要加大对造纸、酿造、印染、制革、医药、选矿以及各类化工等行业落后生产能力的淘汰力度。到20××年年底前，依法完成所有排污单位排污许可证核发工作，对未达到排污许可证规定的企业要实施限产限排。超标排放水污染物的企业要在20××年6月底前完成治理；对逾期未完成的，实行停产整治或依法关闭。"三湖"流域各省（市）要制订比国家标准更

解 析

◀ 发文机关名称、事由和文种构成标题。此公文为联合下行文。

◀ 行文缘由：将湖泊的重要作用与湖泊水环境保护存在诸多问题相比较，引出公文主题，行文背景清晰，开头自然。

◀ 明确指导思想、方针、近期目标、远期目标。

▼ 提出了针对各行业的具有可行性的多种措施来解决湖泊的污染问题。

◀ 防治工业污染的具体措施。

严格的水污染物排放标准,严格新建项目环境准入,禁止新上向"三湖"排放氮、磷污染物的项目。……

（四）加强**城市生活污水处理**。在重点湖泊流域内城镇新建、在建污水处理厂都要配套建设脱氮除磷设施,保证出水水质达到一级排放标准;已建污水处理厂要在20××年年底前完成脱氮除磷改造,出水水质达到规定的排放标准。统筹安排污水处理设施、污水再生利用和污泥处置设施建设,加强配套管网建设,改造或完善排水管网雨污分流体系。严格执行城市排水许可制度…… ◀ *科学处理城市生活污水的具体措施。*

（五）控制**农村生活污染和面源污染**。重点湖泊流域地方人民政府要因地制宜开展农村污水、垃圾污染治理,有条件的小城镇和规模较大的村庄应建设污水处理设施。科学规划畜禽饲养区域,鼓励建设生态养殖场和养殖小区,通过发展沼气、生产有机肥和无害化畜禽粪便还田等畜禽粪污综合利用方式,确保达标排放,对目前未能达标排放的规模化畜禽养殖场要抓紧进行治污改造。加快发展农业清洁生产,积极引导和鼓励农民使用测土配方施肥、病虫草害综合防治、生物防治和精准施药等技术,采取灌排分离等措施控制农田氮磷流失,推广使用生物农药或高效、低毒、低残留农药。在重点湖泊最高水位线外1公里范围内严格控制种植蔬菜、花卉等单位面积施用化肥量大的农业活动,严禁施用高毒、高残留农药。 ◀ *控制农村污水与垃圾污染的具体措施。*

（六）控制**旅游业和船舶污染**。科学规划湖泊周边旅游业,防止超环境容量过度发展。湖泊周边度假村、旅游宾馆饭店等必须安装污水处置设施,并确保达标排放。在20××年年底前,所有进入湖泊的机动船舶都要按照标准配备相应的防止污染设备和污染物集中收集、存储设施,船舶集中停泊区域要设置污染物接收与处理设施。制订船舶污染水域应急预案。 ◀ *控制旅游业和船舶污染的具体措施。*

（七）削减**湖内污染负荷**。"三湖"和三峡库区流域地方人民政府要组织专业队伍,建立打捞藻类或漂浮物作业制度,提高机械装备水平和打捞效率,并妥善处理打捞上岸的藻类或漂浮物,避免二次污染。要有计划地开展底泥生态疏浚。要于20××年年底前全面取消"三湖"流域禁养区内的湖泊围网养殖和肥水养殖;不再扩大其他湖泊现有围网养殖面积,并在3年内逐步降到规定的面积以下。 ◀ *削减湖内污染的具体措施。*

（八）加强**生态保护和修复**。要合理开发湖泊水资源,保证生态用水,增强水体自净能力。优先实施湖泊湿地保护和恢复工程,禁止围湖造田、围湖养殖等缩小湖泊水面的行为。采取生物控制、放养滤食鱼类、底栖生物移植等措施修复水域生态系统,加强生态湖滨带和水源涵养林等生态隔离带的建设与保护。对主要入湖泊河道、河口进行综合治理,实施生态恢复。推广前置库、尾水湿地处理等生态处理方法,进一步降 ◀ *加强生态保护与修复的具体措施。*

低氮磷入湖总量。有条件的地方,要进一步做好调水引流工作,采取科学调水、合理控闸等措施,加快湖泊水体循环交换。选择不同类型的湖泊开展污染防治和生态修复试点。

（九）**大力加强科技攻关**。要强化对重点湖泊富营养化形成和消除机理、水体氮磷污染控制、藻类生长和暴发规律、水体自然修复、沼泽化防治和水库消落带保护等方面的关键技术研发,增强科技支撑能力。开展重点湖泊生态安全评估。开展农业污染防治关键技术研究,实施限定性农业技术规范。全面推进湖泊环保标准研究和修订工作。

◀ 增强水体保护的科技支撑能力的具体措施。

三、强化责任和监督管理

（十）**落实领导责任**。要逐级落实责任,建立考核机制,实行严格的问责制。地方人民政府是重点湖泊水环境保护的责任主体。重点湖泊流域地方各级人民政府要充分认识湖泊水环境保护的重要性,正确处理发展经济与保护环境的关系……；要制订分年度的工作计划,明确任务和进度要求,狠抓落实。流域管理机构要加强省界断面的水质监测,及时与相关省级人民政府、环保和水利部门协调,实现水资源的合理配置和有效保护。跨省界湖泊地区的省级人民政府要建立联防治污、预警、应急等方面的协调机制。国务院有关部门要切实履行职责,加强指导和协调,加大支持力度,中央预算内……

◀ 说明各级政府、流域管理机构、环保与水利部门及国务院有关部门等的各自职责和配合协调机制的领导责任。

（十一）**健全环境监测预警体系**。加强水质监测能力建设,优化监测网络。扩大藻类易发期的监测范围,增加监测断面和监测频次。对水质、水情和水环境污染事故隐患进行认真分析,制订水环境保护预警和应急预案,健全指挥管理系统,逐步建立污染源、水环境质量和应急系统的综合信息管理平台,及时发布预警信息。逐步开展农业面源污染监测体系建设。

◀ 健全环境监测网络,提高水质监测能力。

（十二）严格环境执法。各级环保部门对环境违法行为要加大执法力度,对恶意排污行为要依法从重处罚。……对未批先建、未经验收擅自投产的建设项目,责令停产停建。对治理无望的企业和落后生产能力,实施关闭淘汰。有悖于环保法律法规的地方性规定,要立即全部取消。对违法排污的企业负责人和失职、渎职的领导干部,要坚决查处,情节严重的要依法追究刑事责任。

◀ 对各种违规违法行为的追究。

▲（一）～（十二）的段首主题句的使用,提纲挈领,有助于阅文者快速阅读和了解公文的主要内容。

▶ 落款处的署名应是5个发文机关名称,分二行按标题中机关的顺序标明。

20××年1月12日

▲ 全文由行文背景、意见内容两部分构成。正文内容充实,既有整体思路、目标,又有组织领导、措施、监管方法等。措施得力,责任明确,便于执行；结构合理,逻辑层次清晰；行文郑重,用语规范严谨；具有鲜明的指示性。

（摘自中国政府网）

【例文 7-10 评估性意见】

公文内容

**教育部专家组关于××大学
理科基地验收评估和中期检查的意见**

　　根据全国高等学校教学研究中心《关于××大学国家理科基础科学研究和教学人才培养基地进行验收评估和中期检查的通知》精神,专家组于 6 月 14 日至 17 日对××大学地理学基地进行了验收评估和对物理学、化学、生物学等第二批基地进行了中期检查。**按照**国家理科基础科学研究和教学人才培养基地建设评估方案的要求,专家组考察了图书馆、资料室、实验室和计算机房等教学设施,查阅了教学文件、改革方案、统计材料、教材;抽查了学生考卷、论文等,召开了教师、干部、学生座谈会,还采取听课和个别访谈的方式,对××大学基地建设和改革进行了全面的检查和评估。经专家组充分研讨,提出以下评估和检查意见:

　　一、××大学**对基地建设和改革十分重视**,按照国家关于理科基地建设的一般原则,密切结合学校实际,提出了整体性建设,按一级学科培养人才,对基地单独投资,单独设班,集中优势力量,"高标准、强培养、严要求、高质量"的思路。采取有效措施,取得了明显成效。学校在经济困难的情况下已向基地投入建设资金 534.5 万元,有关院系自筹资金 295 万元,两项合计 829.5 万元,与 890 万元的国家投资的比例接近 1∶1。其中对第一批基地地理学专业 8 年来总投资为 388.9 万元,其中专项投资 254 万元,学校投资 98.9 万元,院系投资 36 万元。经费使用预算、决算和审计规范,符合要求,保证了各基地建设的顺利实施。学校为迎接此项检查和评估,专门召开党委常委会,进行研究部署,按时完成了校内自评,并提交了自评报告。精心组织了评估和检查的各项活动,为评估和检查的顺利完成提供了保障。

　　二、××大学注重探索理科基地的培养模式,形成了"强化基础,加强实验,重视创新"的指导思想。努力建立科学的课程体系、教学内容,加强实验教学改革,提倡开设讲座和讨论课。加强了基地学生的思想政治工作建设。在教学设施建设方面,确立了切实的指导方针,将基地建设投资的 65% 以上用于实验室建设,已建成先进的遥感地理信息系统等实验室。在加强基地师资队伍建设,提高科研水平和教学能力方面也有长足的进步。基地的建设与改革有力地促进了××大学的学风建设,

解　析

◀ 发文作者名称、事由、文种(意见)构成标题。

◀ 概括性地交代了评估检查的依据、经过、内容、方式等总体情况。

▼ 主体部分。从基地的投资、培养模式、组织管理等方面,分条列项对评估检查的结果做出恰当的概括性说明,并予以评价。

◀ 学校重视基地建设和改革的表现:规划、加大投入、精心组织等。

◀ 探索基地建设的具体做法:教学改革、设施建设、师资队伍建设、学风建设、基地管理等。

增强了基地各学科的影响,发挥了示范辐射作用,有的基地还在全国产生了影响。通过建设,各基地都形成了自己的特色,取得了经验。

三、××大学在理科基地建设中,成立了专门的领导小组,**加强管理**。有一支水平高、敬业奉献的师资队伍,形成了良好的教风。提倡院士、博士生导师、国家跨世纪人才、知名教授给基地班学生上基础课。充分发挥学术活动和教书育人的作用,培养基地学生的科学精神和创新意识。建立了"一级两制,双向对流,动态选拔"的基地班培养模式。形成了××大学基地建设的特色。

四、××大学在相对困难的条件下,基地建设与改革取得很大成绩,理科基础科学研究和教学人才培养已**初见成效**,为今后的改革与发展奠定了坚实的基础。希望今后加强与兄弟院校的交流,吸取先进经验,进一步拓宽思路,深化教学内容和课程体系改革。进一步加强教材和教学实践建设,加快教学手段更新和学生学习阅览环境改善的步伐。在基地建设的管理中,**建议更好地**调动有关院系及广大师生的积极性和创新精神,使基地的改革与建设取得更大的成效。

◀ 得出结论:基地建设"初见成效"。提出希望和建议。

▲ 全文采用总分式结构。开头交代总体情况,主体分别说明特色、希望等。结构合理,条理清晰,内容明确,用语规范得体。较好地体现了评估性意见的特点。

教育部专家组
20××年6月17日

◀ 成文日期

【例文 7-11 批准性批复】

公 文 内 容

解 析

国务院关于同意建立促进中部地区
崛起工作部际联席会议制度的批复

国家发展改革委:

你委《关于报送促进中部地区崛起工作部际联席会议制度的请示》(发改地区〔20××〕4号)收悉。现批复如下:

同意建立由国家发展改革委牵头的促进中部地区崛起工作部际联席会议制度。联席会议不刻制印章,不正式行文,请按照国务院有关文件精神认真组织开展工作。

◀ 发文机关名称、事由和文种结构标题。"同意"一词点明行文态度。

◀ 主送机关,简称。

◀ 说明来文标题和文号,这是制发批复的缘由。开首句的表达规范。"收悉"一词常用于句末。

◀ 表明对来文请示事项的批复态度,提出办理意见。

附件：促进中部地区崛起工作部际联席会议制度（略）

国务院
20××年1月11日

（摘自中国政府网）

◀ 会议制度相对独立，作为附件，有利于精简正文，突出主题，便于查阅。
◀ 成文日期
▲ 全文由发文缘由、批复意见两部分组成。开头开门见山，批复意见简明扼要，态度明确，用语平实，行文简短，体例规范。

【例文 7-12 指示性批复】

公文内容	解析

国务院关于重庆市城乡总体规划的批复

重庆市人民政府：

　　你市《关于报请审批重庆市城市总体规划的请示》（渝府文〔20××〕19号）收悉。现批复如下：

　　一、**原则同意**修订后的《重庆市城乡总体规划（2007～2020年）》（以下简称《总体规划》）。

　　二、重庆市是我国重要的**中心城市之一**，**国家历史文化名城**，长江上游地区**经济中心**，国家重要的现代**制造业基地**，西南地区**综合交通枢纽**。要以科学发展观为指导，坚持经济、社会、人口、环境和资源相协调的可持续发展战略，引导城乡产业分工协作，统筹做好重庆市城乡规划、建设和管理的各项工作。要大力推进经济增长方式的转变，积极调整产业结构和布局，优先发展高新技术产业和第三产业，不断完善城市功能，充分发挥城市的辐射带动作用，形成大城市带大农村、城乡统筹协调发展的整体推进格局。逐步把重庆市建设成为经济繁荣、社会和谐、设施完善、生态良好、特色鲜明、城乡统筹发展的现代化城市。

　　三、**科学引导城乡空间布局**。要按照建设全国统筹城乡综合配套改革试验区的要求，在规划区范围内，实行城乡统一规划管理，充分发挥城乡规划对城乡统筹发展的先导作用，引导城乡生产力要素合理配置。加快以都市区为核心的"一小时经济圈"发展，引导渝东北和渝东南地区

◀ 发文机关名称、事由和文种构成标题。

◀ 开首句的程式表达，说明来文标题和文号，便于查询。
◀ "原则同意"表明批复态度。

◀ 明确重庆市的城市定位和发展目标。

◀ 六个主谓结构词语并列限定"现代化城市"，描绘了重庆市的建设目标。

协调发展,逐步缩小城乡差距和地区差距。要贯彻工业反哺农业、城市支持农村的原则,优化和完善市域城镇和乡村发展布局,促进农业产业化和农村经济发展。

　　四、合理确定城市人口和建设用地规模。……
　　五、完善城乡基础设施体系。……
　　六、建设资源节约型和环境友好型城市。……
　　七、切实改善城乡人居环境。……
　　八、重视历史文化和风貌特色保护。……
　　九、严格实施《总体规划》。在《总体规划》的指导下,积极进行城乡统筹规划的探索,建立适合重庆市情的城乡规划体系,加强对乡村的规划引导。城乡建设要实现经济社会协调发展,物质文明与精神文明共同进步。城市管理要健全民主法制,坚持依法治市,构建和谐社会。《总体规划》是重庆市城乡发展、建设和管理的基本依据,各类涉及城乡发展和建设的规划以及规划区内的一切建设活动都必须符合《总体规划》的要求。要结合国民经济和社会发展"十一五"规划,明确实施《总体规划》的重点和建设时序。城乡规划行政主管部门要依法对规划区范围,包括各类开发区在内的一切建设用地与建设活动实行统一、严格的规划管理,切实保障规划的实施,市级规划管理权不得下放。加强公众和社会监督,提高全社会遵守规划的意识。驻重庆市各单位都要遵守有关法规及《总体规划》,支持重庆市人民政府的工作,共同努力,把重庆市规划好、建设好、管理好。

　　重庆市人民政府要根据本批复精神,认真组织实施《总体规划》,任何单位和个人不得随意改变。建设部要对《总体规划》实施工作进行指导、监督和检查。

国务院
20××年9月20日

(摘自中国政府网)

◀ 二~九从八个方面提出了针对性的意见,对实施规划具有鲜明的指示性。

◀ 用数字序号分项说明,层次清晰;每一段落的段首主题句概括提炼段意,便于快速阅读与处理公文。

▲ 全文由开头和主体两部分组成。明确批复意见,提出并强调执行规划中的有关问题,内容翔实,结构合理,用语规范,办法具体,要求明确,对规划的执行具有明确的指示性和具体的针对性。

【例文 7-13 奖励通报】

公文内容	解析

共青团××县委关于表彰张××同志先进事迹的通报

各乡镇、中学团委，县直各单位团组织：

  张××，男，1997年8月参加工作，1998年6月任××乡团委书记。20××年7月13日，县计生局和××乡政府工作人员在该乡华洋村检查计划生育工作时，遇到该村村民李某的无理阻挠，李某挥舞长约40公分、宽5公分的刀袭击检查组工作人员，面对危险情况，张××同志奋不顾身冲上前阻止他的袭击，致使头部、肩部、背部被砍中数刀，由于伤势严重，先后被转送乡、县、地多级医院接受治疗，经医治，伤势已痊愈。

  张××同志自担任团委书记以来，以团干部的标准严格要求自己，积极圆满地完成上级团委和党委、政府布置的各项工作，并事事为先、勇当排头兵，体现了一名团干部的优秀品质。在团建创新、青年农民知识化、团员青年思想道德教育等方面取得了较好的工作业绩。在抓青年团员的思想教育工作中，形成了抓学习、抓骨干、抓契机、抓阵地的有效做法；在推进青年农民知识化工作中，通过引进来和送出去培训相结合的方式，有效地提高了该乡青年的就业创业能力。

  张××同志是我县正在开展的"新时期团干部形象大讨论"过程中涌现出的基层团干部的先进典型，他的事迹充分体现了立足本职、大胆实践、务实创新、奋勇争先、不畏艰险的工作作风和优秀品质，展示了我县新时期团干部的优秀风采。为表彰张××同志的先进事迹，团县委决定对张××同志进行通报表彰。

  全县各级团组织在今后工作中要充分发挥基层团组织和广大共青团员的战斗堡垒作用，继续抓好团员先进性教育。要深入挖掘先进典型，认真组织团员青年，学习先进人物的模范事迹，激发广大团员青年立足岗位，建功成才的热情，努力开创新时期共青团和青年工作的新局面，继续团结和带领广大团员青年，为全面建设生态小康县而努力奋斗！

共青团××县委
20××年8月13日

解析：

◀ 发文机关名称、事由、文种构成标题。

◀ 主送机关，统称。

◀ 公文开头，介绍被表彰人员的个人情况，以便读者理解后文内容。

◀ 简要介绍张××的先进事迹。

◀ 张××过去的良好工作业绩是他当前奋不顾身的事迹的背景原因。

◀ 团县委对张××同志的评价。

◀ 团县委做出的表彰决定。

◀ 公文结尾，通过一系列动宾结构短句提出工作要求和号召，便于各级团委组织学习和贯彻文件精神。

▲ 全文由开头、主体、结尾三部分构成，结构合理，层次清楚，内容充实，语言质朴，行文流畅，采用夹叙夹议的方式，有利于叙事析理，有助于发挥通报的教育与指导作用。

【例文 7-14 批评通报】

公文内容	解 析

国务院办公厅关于内蒙古自治区人民政府制止违规建设电站不力并造成重大事故的通报

◀ 发文机关名称、事由、文种构成标题。

各省、自治区、直辖市人民政府，国务院各部委、各直属机构：

20××年以来，国务院多次要求各地区采取积极有效措施，坚决制止电站项目无序建设。但内蒙古自治区人民政府未能认真贯彻执行国家有关政策和规定，在制止违规建设电站方面工作不力，违规建设的丰镇市新丰电厂发生重大施工伤亡事故。为保证中央方针政策和宏观调控措施得到落实，增强宏观政策的公信力和执行力，防止类似事件再次发生，经国务院同意，现将有关情况通报如下：

◀ 简要交代发文背景、目的，引出后文内容。

◀ "经国务院同意"，说明发文的合法依据。使用"现…通报如下"过渡至下一层次。

一、经调查，内蒙古自治区违规建设电站情况十分严重，其规模高达860万千瓦。新丰电厂属于内蒙古自治区有关部门越权审批，有关企业违规突击抢建的项目之一。内蒙古自治区违规建设的有关电站项目被国家有关部门责令停止建设后，自治区人民政府没有按国家要求认真组织清理，有效加以制止，致使一些违规电站项目顶风抢建、边建边报、仓促施工，最终酿成20××年7月8日新丰电厂6死8伤的重大施工伤亡事故。同时，内蒙古自治区人民政府执行国家电力体制改革方案有偏差，允许专营电网的内蒙古电力（集团）有限责任公司建设新的电站项目，形成新的厂网不分。

◀ 简要地说明违规事实产生和发展的基本情况及所造成的严重后果。

二、新丰电厂违规建设并发生重大伤亡责任事故，是一起典型的漠视法纪、顶风违规并造成严重后果、影响极坏的事件。目前事故有关责任人和责任单位已受到党纪政纪处分，触犯法律的已由司法机关依法处理。国务院同时责成对项目违规建设负有领导责任的内蒙古自治区人民政府主席××，副主席×××、×××向国务院做出书面检查。

◀ 依据调查事实作出定性结论；明确对责任人、责任单位的处理意见。

三、内蒙古自治区人民政府没有认真领会和严格执行国家宏观调控政策和电力体制改革规定，未从全局高度认识电站盲目布局、无序建设的危害性，对国家宏观调控的全局性、重要性和严肃性缺乏深刻认识，按程序办事的意识不强，这是内蒙古自治区违规建设电站总量较大、无序建设得不到有效制止的重要原因。为严肃政纪，现对内蒙古自治区人民政府予以通报批评，所有违规电站项目一律停止建设，认真进行整顿。内蒙古自治区人民政府要以此为鉴，提高认识，切实整改。

◀ 深入分析违规事实发生的重要原因，明确地表明态度：通报批评，并对其今后工作提出要求。

四、各地区、各部门都要从这起事件中吸取教训,引以为戒。要牢固树立和全面落实科学发展观,切实增强全局观念,认真贯彻中央各项宏观调控政策措施,坚决维护中央宏观调控的权威性,加强纪律,确保政令畅通。对有令不行、有禁不止并造成严重后果的行为,要依法依纪追究责任。

国务院办公厅
20××年8月18日

◀ 要求各地区、各部门从中"吸取教训,引以为戒",以充分发挥"通报"的教育警示作用。

▲ 全文主题明确,事实交代清楚,结构合理,逻辑层层递进,用语庄重得体,简明扼要。使用夹叙夹议的方式行文,分析深入透彻,便于受文者理解执行。

(摘自中国政府网)

【例文 7-15 情况通报】

公 文 内 容	解 析
北京市人民政府办公厅关于阳光五月歌厅"3·1"火灾事故调查处理情况的通报	◀ 发文机关名称、事由、文种构成标题。
各区、县人民政府,市政府各委、办、局,各市属机构:	
20××年3月1日8时20分左右,位于朝阳区十八里店乡的阳光五月歌厅发生火灾,造成2人死亡、3人受伤的严重后果。经市政府同意,市安全生产监督局、市监察局、市公安局、市文化局、市公安局、市消防局、市总工会、朝阳区政府等有关单位组成事故调查组,按照"四不放过"的原则,对事故进行了调查处理,现将有关情况通报如下:	◀ 概述事故发生的时间、地点、经过和结果,调查组构成、工作原则等。
一、事故调查情况	
事故的直接原因:歌厅工作人员行为过失造成吧台内电烙铁在通电状态下引燃周围可燃物。事故的间接原因:一是歌厅安全管理混乱,不具备安全条件。该歌厅未申请消防许可并伪造消防安全检查意见书;未制定和落实消防安全制度、消防安全操作规程;未按规定配置消防设施、器材和安全标志;只设置1个安全出口,违反了歌厅安全出口不得少于2个的规定,且起火位置恰好位于出口部位,致使歌厅内人员无法逃生。二是安全监管不力,有关部门责任落实不到位。朝阳区公安分局消防支队的检查工作及内部管理存在问题;该歌厅自2006年3月起即开	◀ 深入剖析事故发生的直接原因与间接原因。

始非法从事娱乐经营活动,一直未取得卫生许可证和营业执照,朝阳区工商分局十八里店工商所取缔无照经营工作不力;该歌厅于20××年12月取得娱乐经营许可证,朝阳区文化委员会在行政许可及检查工作中存在漏洞;朝阳区公安分局十八里店派出所没有将发现的问题及时向有关部门通报;朝阳区十八里店乡综治办未及时采取相应措施。

鉴于上述原因分析,调查组认定,这是一起由于经营场所不符合消防安全规定以及人为过失而引发的责任事故。 ◁ 调查结论的得出有理有据。

二、事故处理情况

为吸取教训,决定对事故责任单位和责任人员依法作出如下处理:

(一)阳光五月歌厅经营者高建非法从事经营活动,保安员兼收银员黄冠行为过失造成火灾,郑虹伪造消防安全检查意见书,以上3人均由公安机关立案侦查,依法追究刑事责任。该歌厅娱乐经营许可证由朝阳区文化委员会依法予以撤销。 ◁ 从经营者、监管者两方面,对事故责任单位与人员做出不同程度的处理。

(二)朝阳区公安分局消防支队民警崔树权已被调离执法岗位,由市公安局纪检部门对其进行立案调查;给予朝阳区十八里店工商所主管副所长赵剑宇行政告诫,并对该工商所予以批评;给予朝阳区文化委员会现场检查人员殷小鹏和金再夯、第三执法分队队长刘秀敏、朝阳区十八里店乡综治办副主任科员祁连有行政告诫;对朝阳区十八里店派出所予以通报批评。

三、预防措施和工作要求

为防止类似事故再次发生,现就进一步加强本市人员密集场所安全监管工作提出以下措施和要求:

(一)各区县、各有关部门要按照《北京市人民政府办公厅转发国务院办公厅关于在重点行业和领域开展安全生产隐患排查治理专项行动文件的通知》(京政办发〔20××〕34号)要求,结合本市5个关于人员密集场所安全生产的规定,认真组织开展隐患排查治理专项行动,消除各类事故隐患。 ◁ 从排查隐患、严格行政执法与监督、落实执法责任制等方面分项提出安全问题的预防措施和要求。

(二)严格执行行政许可法等相关规定,从源头上杜绝不具备安全条件的申请人取得相关行政许可。

(三)加强行政许可后的监督检查,各有关部门要建立行政许可信息共享机制,密切配合,齐抓共管,对存在安全隐患或不具备相关条件的生产经营单位依法进行查处。

(四)严格落实行政执法责任制,加强对执法工作程序的监督和控制,依法严肃查处本单位工作人员失职、渎职行为。

北京市人民政府办公厅
20××年7月17日

▲ 全文由开头与主体构成,结构合理,逻辑清晰;内容充实,原因分析透彻,措施和要求的针对性、可行性强;语言准确精练,行文流畅。本文较好地体现了情况通报的写作特点。

(摘自首都之窗网)

【例文 7-16 指示性通知】

| 公文内容 | 解析 |

国务院办公厅关于做好清明节期间
文明祭扫安全保障工作的通知

◀ 发文机关名称、事由、文种构成标题。

各省、自治区、直辖市人民政府，国务院各部委、各直属机构：

今年是清明节被确定为全国法定节假日的第一年，群众集中出行祭扫现象将更加突出。为引导群众文明祭扫，确保祭扫安全，经国务院同意，现就有关事项通知如下：

◀ 开头简要地说明行文的缘由、目的、依据。

一、提高认识、加强领导，建立健全应急处置机制

地方各级人民政府、各有关部门要从加强社会主义精神文明建设、构建社会主义和谐社会的高度，充分认识做好清明节祭扫安全保障工作的重要性，牢固树立安全防范意识，切实加强组织领导，认真落实属地管理原则，制定清明节应急预案，建立政府牵头，民政、公安、交通、林业、工商、市容管理等部门密切配合的应急处置机制，落实应急值守、重特大事故报告制度，明确分工，强化责任，做到处置及时妥当、措施得力有效，确保清明祭扫文明、安全、有序进行。对因工作不力，引发安全责任事故，造成人员伤亡和群众财产损失的，要追究有关负责人的责任。

▼ 主体部分从思想、组织、职责分工到宣传引导层层深入，紧扣主题。

◀ 从思想、组织方面，强调了要提高认识，加强领导，形成各部门密切配合的应急处置机制。

二、明确责任、密切配合，确保清明祭扫安全

民政部门要立即对殡仪馆、公墓等殡葬服务单位开展一次安全大检查，消除安全隐患；要指导和督促殡葬服务单位抓紧制订应急预案，发现问题及时处置，引导群众有序祭扫；殡葬服务单位要丰富服务内容，创新服务形式，提高服务质量，严格执行价格管理措施、服务标准和操作规范。公安部门要制定疏导方案，认真做好交通疏导工作，保障祭扫场所及周边的交通畅通，并协助民政部门和殡葬服务单位维持秩序，及时处置祭扫活动中的治安案件。交通部门要加强运力调度，合理增加前往祭扫场所和重点祭扫地区的车辆和班次，延长车辆运营时间，满足群众出行需要；各客运站和码头要加大安全检查力度，确保旅客出行安全。森林和草原防火指挥机构要组织开展森林、草原防火安全检查，加大巡查密度，及时发布森林、草原火险和火灾信息，严格管理野外用火，发现火灾及时扑救。工商行政管理部门要加强殡葬用品市场管理，集中清理打击非法销售冥币等封建祭祀用品的活动。城市市容管理部门要依法查处建成区内流动商贩非法销售殡葬用品和群众随意焚烧祭祀物品的

◀ 使用六个"要……"主谓句型表达各部门的责任和分工，主体明确，任务具体详细，便于各部门执行与相互配合。

行为。

　　三、广泛宣传、加强引导，树立文明祭扫新风尚

　　各地区要积极开展以"文明祭扫、平安清明"为主题的宣传活动，弘扬清明节"传递亲情、传承文化"的丰富内涵。要通过新闻媒体及时发布祭扫路线、交通疏导等信息，引导群众主动错峰祭扫。要大力宣传殡葬和森林、草原防火等有关法规政策，总结推广家庭追思、网上祭扫、社区公祭、集体公祭等现代祭扫方式，引导群众采取植树、献花等健康环保的祭扫形式，坚决抵制封建迷信活动和祭扫陋习，倡导文明祭扫新风尚。

国务院办公厅
20××年3月23日

◀ 从宣传方面，通过各种渠道加大信息服务力度，在祭扫方式、方法上做好引导工作。

▲ 全文由开头、主体两部分构成。分项说明，条理清晰，结构合理，重点突出，详略得当；用语准确简明；内容具体，任务分工明确，措施可行，便于贯彻落实。

（摘自中国政府网）

【例文 7-17 批转公文的通知】

公文内容

国务院批转煤电油运和抢险抗灾应急指挥中心低温雨雪冰冻灾后恢复重建规划指导方案的通知

各省、自治区、直辖市人民政府，国务院各部委、各直属机构：

　　国务院同意煤电油运和抢险抗灾应急指挥中心组织制订的《低温雨雪冰冻灾后恢复重建规划指导方案》，现转发给你们，请认真贯彻执行。

国务院
20××年2月25日

低温雨雪冰冻灾后恢复重建规划指导方案（略）

解 析

◀ 标题由发文机关名称、被批转公文的标题、文种构成。国务院是原公文作者的上级机关，故用"批转"一词。

◀ 直接表明"同意"被转发公文的内容。交代转发文的执行要求。

◀ 成文日期

◀ 附件是转发性通知的必备要素，旨在补充说明正文内容。正文中不加附件说明，另面编排。

▲ 全文采用篇段合一的结构方式，行文简洁明快，正文要素表达齐全、规范。

（摘自中国政府网）

【例文 7-18 转发公文的通知】

公 文 内 容	解 析
国务院办公厅转发环保总局等部门关于 加强重点湖泊水环境保护工作意见的通知 各省、自治区、直辖市人民政府,国务院各部委、各直属机构: 　　环保总局、发展改革委、财政部、建设部、水利部《关于加强重点湖泊水环境保护工作的意见》已经国务院同意,现转发给你们,请认真贯彻执行。 　　　　　　　　　　　　　　　　国务院办公厅 　　　　　　　　　　　　　　　20××年1月12日 　　　　关于加强重点湖泊水环境保护工作的意见(略) (摘自中国政府网)	◀ 标题由发文机关名称、被转发公文的标题、文种构成。国办与环保总局同是国务院下属机构,故用"转发"一词。 ◀ 直接交代被转发公文的标题,说明上级领导部门的意见(也是转发公文的依据),提出执行要求。 ◀ 成文日期 ◀ 正文不加附件说明,直接另面编排。 ▲ 全文采用篇段合一的结构方式,行文简洁明快,格式要素齐全,表达规范。

【例文 7-19 印发公文的通知】

公 文 内 容	解 析
北京市人民政府关于印发北京市 新型农村社会养老保险试行办法的通知 各区、县人民政府,市政府各委、办、局,各市属机构: 　　现将《北京市新型农村社会养老保险试行办法》印发给你们,请认真组织贯彻实施。	◀ 标题由发文机关名称、原公文标题、文种构成。本机关印发公文,故用"印发"一词。 ◀ 交代被印发公文的标题与执行要求。

北京市人民政府
20××年12月29日　　　　　◀ 成文日期

北京市新型农村社会养老保险试行办法（略）　　◀ 正文中不加附件说明，直接另面编排。

▲ 全文采用篇段合一的结构方式，以说明的方式开门见山，行文简洁。

（摘自中国政府网）

【例文7-20 任免通知】

| 公文内容 | 解析 |

中共××市委党校
关于章××等同志职务任免的通知

各处、室、部、馆、中心：

　　根据中共××市委《关于章××等同志任职的通知》（×委〔20××〕58号），经校党委会议研究，现将章××、×××、×××三同志职务任免通知如下：

　　章××、×××、×××三同志任我校助理巡视员。

　　报经市委组织部批准，免去章××同志组织人事处处长职务；免去章××同志科研处处长职务。

中共××市委党校
20××年5月8日

◀ 标题由发文机关名称、事由、文种构成。标题中使用"任免""任职""免职"等词语时要与正文内容相一致。

◀ 开头，使用"根据……""经……研究"，直接引出行文的依据，体现任免的组织程序性与有效性。

◀ 正文说明了有关人员的任职与免职情况。任免通知旨在使人周知，不对职务变化的原因与经过进行分析。

▲ 全文分开头、主体两部分，结构简约，层次清晰，内容单一准确，用语简练，引文表达规范。

第七章　领导类公文

【例文 7-21 会议通知】

| 公文内容 | 解 析 |

中国国家认证认可监督管理委员会
关于召开全国认证认可工作会议的通知

◀ 标题由发文机关名称、事由、文种构成。

各直属检验检疫局,各省、自治区、直辖市和计划单列市、副省级城市及新疆生产建设兵团质量技术监督局：

◀ 统称,概述多类主送机关。

为全面学习贯彻党的十七大和中央经济工作会议以及全国质检工作会议精神,贯彻落实科学发展观,坚持以质取胜战略,完善行政监管体系,有效发挥行政监管作用,提高认证有效性,全面总结20××年认证认可工作,研究部署20××年认证认可工作又好又快、科学发展的思路和工作任务,国家认监委决定召开全国认证认可工作会议。现就会议有关事项通知如下：

◀ 开头简明扼要,说明召开会议的目的与任务、召开会议的名称。

一、会议时间和地点：

会议定于20××年1月24日至25日在北京××饭店召开,1月23日报到。

◀ 正文分条列项,交代会议时间、地点、与会人员等会议信息。

二、参加会议人员：

1. 各直属检验检疫局分管认证工作的局领导及认证监管处负责同志(各1人)；

◀ 与会人员资格条件与人数规定,便于控制会议规模。

2. 各省、自治区、直辖市及新疆生产建设兵团质量技术监督局分管认证工作的局领导及认证监管处负责同志(各1人)；

3. 各计划单列市、副省级城市质量技术监督局分管认证工作的局领导(1人)。

三、请参会单位于1月21日前将会议回执传真至国家认监委办公室,以便安排接站。

联系人：×××、×××
联系电话：010-82234567
传　　真：010-82234569

◀ 会务联络人、联系电话、接站安排等会务信息。此外,如有必要,还可根据会议规模与性质,明确是否需要会前准备,如准备学术论文、大会发言、会议提案、会务费用等。

附件：会议回执(略)

◀ 会议回执包括姓名、性别、职务、航班/车次抵达时间、联系电话、驻会与返程要求等信息,有助于大型会议会务的组织与服务。

中国国家认证认可监督管理委员会
20××年1月11日

▲ 全文由开头、主体两部分构成。结构清晰,内容清楚,与会要素齐全,语言表达简明规范。

(摘自 http://www.cnca.gov.cn)

【复习思考】

1. 领导类公文具有哪些共同特点？包括哪些主要文种？
2. 领导类公文写作应当注意哪些问题？
3. 命令文种具有哪些特点？命令与决定具有哪些差异？
4. 批复与决定有哪些不同？如何理解批复行文的被动性？
5. 撰写决定要注意哪些规范？决定与意见有哪些不同？
6. 如何理解"意见"在行文上的多向性特点？撰写时要注意哪些规范？
7. 通报具有哪些种类？如何撰写奖惩性通报？通报与通知在写作上具有哪些差异？
8. 通知有哪些特点？通知包括哪些种类？
9. 如何撰写指示性通知、会议通知、任免通知？撰写批转转发公文的通知要注意哪些问题？
10. 请借助参考书或者网络选择本章所学的各种公文，认真分析研读，掌握其写作特点。

【案例研习】

1. 指出下列公文中的不当之处，并予以修正：

（1）××投资公司制发的任免令：

××投资公司总裁令
第5号

　1.任命章丽女士为常务副总裁，在总裁授权下全权负责集团人、财、物的调配；

　2.任命李萍女士为集团副总裁，协助各大区处理高难度外联事务；

　3.任命柯禾女士为集团副总裁，主抓效益，协调、检查、指导、考核各大区事务；

　4.任命何政先生为集团策划总监，负责集团所有对内、对外形象广告宣传制作和监督，保证集团形象完善和高度统一；

　5.任命党君先生为集团人力资源（HR）总监，负责各地区 HR 主管培训，并监控集团人力资源的调配。

二零零八年四月十七日

（2）××有限责任公司的一份决定：

××股份有限公司办公室关于增加注册资本、修改公司章程等的决定

总裁办公室作出如下决定：

　1.同意本公司的注册资本由原来的 5000 万元增至 10000 万元。

　2.同意修改公司章程，具体修改内容见"××公司章程修正案"或见"×年×月×日修改后的公司新章程"。

××股份有限公司办公室
20××年5月10日

(3)××市××局的一份批复：

××市建设局对××区建设局关于
公共住房制度实施方案的请示的批复

××区建设局办公室：

　　经市局研究决定，对你办报来的关于你区公共住房制度改革实施方案的请示的内容基本同意，对方案中的一些内容已经重新进行了修改、补充和完善，现予批复（修改后的实施方案附后）。

　　接到批复后，请按修改后的实施方案积极投入运行，运行中有任何问题，请及时向市局反馈。

　　附：《××区公共住房制度改革实施方案》

2012年6月5日

(4)一份会议通知：

中小科技企业融资担保与信用研讨会会议通知

　　中小科技企业融资、担保与信用研讨会将于200×年1月10日在北京召开，具体会议通知如下：

　　为了解决中小科技企业的融资瓶颈问题，培育良好的区域信用环境，促进中关村科技企业的健康发展，帮助企业解决在企业融资和经营运作中遇到的实际问题，在××发展研究中心经济技术部、××银行营业管理部、××科技园区管理委员会倡导与支持下，组织本次具有一定规模的中小企业融资、担保与信用研讨会，为政府机构、中小企业、银行、中介机构等各界提供了一个广泛交流的平台，共同对融资、担保、信用进行研究探讨和尝试实际性操作。

　　会议内容：大会邀请国内知名学者、有关政府部门官员、中小企业代表、担保机构、金融机构，主要对融资、信用、担保等内容进行研讨。

　　主办单位：××发展研究中心经济技术部、××银行营业管理部、××科技园区管理委员会

　　承办：北京××科技担保有限公司

　　协办：中国××在线

　　时间：200×年10月9日上午9:00—11:30

　　地点：中国北京××饭店

　　会议规模：100人。会议基本形式：大会主题发言、大会提问等。

　　联系电话：62636263—288、203

　　传真：82628262、62586258

　　联系人：张××、王××、吴×

200×年12月5日

2. 撰写公文：

(1) 根据下列材料，以××区人民政府名义撰写一份批复：

2008年4月，××区农业局向该区政府呈报了一份《关于解决水稻病虫害防控治疗经费的请示》：目前，该区部分乡镇相继出现大面积水稻病虫灾害，一些农户负担较重，无力防控甚至放弃防控，导致虫灾快速蔓延，不利于开展水稻病虫的防控工作。现急需购置各种防控设备、药品，并及时对农户进行抗灾专业指导和资金补贴，需要大量资金。经预算，设备费用、治疗药品及补助等共需经费50万元。请区政府解决资金问题。

(2) 根据下列材料，以中共××市委组织部名义撰写一份任免决定：

20××年2月28日，中共××市委常委会研究了该市粮食局新领导班子人员任职问题，决定由郑××同志担任××市粮食局党委书记、局长；吴×同志因年龄原因不再担任××市粮食局党委书记、局长职务，任调研员；王××同志因年龄原因不再担任××市粮食局副局长职务，任调研员。

(3) 根据下列材料，以××市人民政府名义撰写一份通报：

2008年1月26、27、28日，罕见的大雪席卷了苏州大地，迫使沿江高速、京沪、苏昆太高速公路相继封闭，大量车辆一下子涌入204国道，国道交通压力陡增。××市交通巡警大队近200名交警、300余名交通辅警，听到道路被堵的消息后，不论是在值班还是在家休息的，也不论是年轻人还是年过半百的，都第一时间赶到了工作岗位。一些民警同志连续工作30个小时，在道路上疏导交通不回家，一手拿着话筒喊话，一手指挥；一些民警同志连续工作三四天，其中民警章××的岳父癌症晚期病逝，他也没能去医院见上最后一面。全队同志的艰苦工作，保证了此段道路交通的顺畅和安全。为此，××市人民政府对该交通巡警大队予以表彰，授予其"抗击雪灾先进集体"称号，并号召各单位向其学习。

(4) 根据下列提示，以北京市××区工商局名义撰写一份指示性通知：

根据奥运食品安全行动纲要的要求，为迎接2008年北京奥运会的顺利召开，北京市××区积极维护旅游景区食品安全，力争奥运会期间和"好运北京"系列赛事期间，本区不发生食品安全突发事件。

(5) 根据下列提示，以教育部名义撰写一份会议通知：

教育部拟于20××年10月10～13日在武汉××大学召开全国现代远程教育教学工作会议，研究进一步加强现代远程教育试点高校网络高等学历教育学历证书和学位证书规范管理工作，全国各省教育主管部门、各试点高校各派1人出席。

第八章 请报类公文

请报类公文,是汇报工作、反映情况、答复询问、提请审议事项、请求指示与批准的公文。此类公文是有关机关请求解决现实问题、汇报工作情况的重要工具。

此类公文具有如下主要特点:

行文对象的规定性。请报类公文一般是依据有关法律法规、组织职权划分以及请示报告制度等有关规定来确定行文对象,发文机关不能自主随机选择行文对象,因而此类公文具有相对稳定的主送对象,并大多采用逐级行文的方式来规范行文。

内容的呈请与汇报性。请报类公文的内容往往是针对本单位主要职能活动中的主要问题与困难、工作方案与意见建议、业务进展现状和运行情况、工作调查研究分析等,目的在于呈请上级机关审议、批准、指示,或者汇报工作、答复询问,属于上行公文。

请报类公文主要包括:议案、请示、报告(工作报告、总结报告、调查报告、项目可行性研究报告、经济活动分析报告、述职报告)等。

第一节 写作规范

一、议案

议案,适用于各级人民政府或其他法定机构、人民代表等依照法律程序向同级人民代表大会及其常务委员会提请审议的事项。

议案的特点集中表现在其法定性上。主要包括:

法定的行文主体。议案须由法律规定的国家机构以及一个人大代表团或达到法定人数的人大代表提出。

法定的行文时间。在每次人民代表大会会议期间向大会提出议案。早于或超过规定时间提出的,只能作为代表建议、批评和意见处理;提交人民代表大会审议的议案,须限期审议、表决或提出处理意见;移交政府有关部门办理的议案,也应限期办结汇报。

法定的内容。议案涉及的内容必须是属于本级人民代表大会及其常务委员会法定职权范围内的、具有全局性的和可行性的重大问题,一事一案,以便办理。

法定的程序。依法提出的议案要经过人民代表大会主席团会议审议,或者交由人民代表大会有关专门委员会审议、提出报告,再由主席团会议(或者委员长会议、主任会议)审议决定是否提请人民代表大会(或者常务委员会)会议审议。提请人民代表大会(或者常务委员会)审议的议案,经表决通过后,用命令(令)、公告或决议、决定的形式正式发布。

法定的效力。经人民代表大会主席团会议或者委员长会议、主任会议决定提交人民代表大会或者常务委员会会议审议的议案,一经表决通过,具有法定权威与法定效力。

议案的种类,根据提出议案者的不同,可分为法定机构议案、人大代表议案。法定机构议案,是指各级人民政府、各级人民代表大会主席团、常务委员会和各专门委员会、各级人民法院和人民检察院,以及中央军事委员会等按照法定程序向同级人民代表大会(闭会期间则向常务委员会)提交的议案;人民代表议案,是指一个人大代表团或符合法定人数的人民代表向同级人民代表大会提交的议案。

议案与提案是两种文种,二者的主要区别在于:

一是适用范围不同。议案适用于人民代表大会,是由有关国家机构或达到法定人数的人大代表团体根据法定程序向同级人民代表大会及其常委会提交审议的事项。而提案主要适用于各级政协会议、企事业单位的职工代表大会等会议,如参加人民政协的各党派、人民团体、专门委员会、政协委员等向政协提出的意见和建议。

二是性质不同。议案是有关国家机关或者人民代表行使法定职权的一种形式,处理议案的机构是行使立法权的各级人民代表大会及其常务委员会,议案一经审议通过就具有法律效力,承办机关必须努力组织实施。而提案不具有法律的约束力,如政协提案就是政协组织及其代表行使政治协商、民主监督、参政议政权利的一种形式,其提案转交有关单位根据实际情况研究处理。

三是内容不同。议案的内容必须是属于人民代表大会及其常委会职权范围内的有关事项;而提案的内容范围较宽,如政协提案,既可针对人民代表大会及其常委会的工作,也可针对人民政府等其他国家机构以及中国共产党的工作提出意见和建议。

四是提出时间不同。人民代表的议案必须在人民代表大会或常务委员会会议期间提出,并受截止时间的限制。提案时间限制不严格,可在会议期间集中提出,也可在会后提出。

五是办理方式不同。议案须由法律规定的国家机构或一个达到法定人数的人民代表团体提出,经过人民代表大会或人大常委会审议表决通过;而提案一般由提案委员会审查后转交有关单位办理。

(一)结构要素

议案一般由标题、主送机关、正文、署名与成文日期四部分组成。

1. 标题:一般由提出议案的机关名称、事由、文种组成。例如:"国务院关于提请审议〈中华人民共和国个人所得税法修正案(草案)〉的议案""国务院关于提请审议设立中华人民共和国××部的议案";有时,也可以省略提出议案的机关名称,例如:"关于综合治理食品卫生议案"。

2. 主送机关：负责审议议案的人民代表大会或人大常委会。机构名称使用全称或规范化的简称。

3. 正文：议案的核心部分，陈述提出议案的根据、理由、提请审议的具体事项。一般要写明案由、案据、方案、结尾。

案由，是指提出该议案的理由，说明为什么要提出该议案，交代该议案的重要性、必要性、迫切性，着重讲清提出议案的目的、意义。叙述案由应当明确、清楚、扼要。

案据，是指提出该议案的理论和事实根据、议案的合理性等。理论根据要清楚，事实依据要可靠。

方案，是对提请审议的事项或问题提出解决的途径、方法。方案是为实现议案而提出的建设性措施，应当明确、具体、符合实际。例如：提请审议法律、法规文件的议案，需要提出法律法规草案文本及对其的说明，并提供必要的相关资料。提请审议的文件草案，要按公文处理有关规定和要求进行撰写与办理。起草提请审议的文件时，要进行深入的调查研究，初稿写出后要广泛征求意见，涉及有关部门、单位业务范围的事项要与其协商并取得一致意见。提请审议的文件和说明，应分开排印，统一编页码，与前文一起装订，一起呈报。

结尾，主要用于提出审议请求，言简意赅。常用"现提请审议""请审议决定""现提请审议，并请做出批准的决定"等短语，强调行文目的。

4. 署名。相关国家机关的议案，要注明有关机关名称或者注明有关国家机关负责人的职务与姓名，例如："国务院总理　×××""××市市长　×××""最高人民法院院长　×××"等。以人大代表团名义提出的议案，由代表团团长签署。人大常委会组成人员和人民代表联名提出的议案，要写清楚提出议案人的姓名，附议人员也需在提出议案人姓名的后面逐一签名。

5. 成文日期。

（二）撰写要求

1. 认真进行调查研究。议案具有较强的政策性，应当反映人民群众的利益和要求，以及工作中存在的实际问题。撰写议案前须认真学习有关的政策法规，对提请审议的事项进行深入细致的调查研究，充分论证，使所提议案建立在真实可靠的客观现实基础之上，有根有据，实事求是。

2. 坚持一事一案原则。议案经过审议通过后需要由有关部门负责承办，因而议案的内容要集中、单一，不要一事多案或多事一案，以便提高议案审议与处理的效率。

3. 方案建议具体可行。议案的目的是为了解决问题、推动工作，应在事实准确的基础上提出解决问题的意见、建议，所提方案要力求具体，办法切实可行，便于承办部门办理。

4. 语言规范准确。议案用语力求严谨、郑重、简明，不得模棱两可、含混不清。

二、请示

请示，适用于向上级机关请求指示、批准。

请示具有如下特点：

内容的针对性。请示的事项主要包括本单位工作中出现的自身无力解决的问题而需要明确批示的；执行有关方针政策的过程中出现克服不了的困难或因特殊情况要变通处理需请示批准的；意见分歧无法统一，要求上级机关裁决明示的；制定重要规范性文件要求上级审批的；涉及任务分配、机构设置、编制和经费增加以及干部任免等需请求批准的，以及其他按规定必须履行审批程序的事项均可行文请示。但应避免发生事事请示、将问题或矛盾上交的现象。

事项的单一性。请示严格坚持"一文一事"原则，在一份请示中只请求一件事情或一个问题，便于上级机关依照职权范围和业务分工及时地予以办理。

请求回复性。请示主要针对当前工作中出现的问题或特定事项需要上级机关给予明确指示或者批准，因而请示常常以"请求上级机关尽快批复"作为结尾，以便及时解决工作中的问题与困难。

根据写作目的和内容性质的不同，请示可划分为两类：一是请求指示的请示，多涉及政策、认识方面的问题；二是请求批准的请示，多涉及人事、财物、机构设置等方面的问题。

请示与议案是两种不同的文种，要注意它们之间的区别：

一是适用范围不同。议案适用于有关机构根据法定程序向同级人民代表大会及其常委会提请审议的事项；请示适用于向上级机关请求指示和批准的事项。请示比议案的适用范围更宽泛。

二是行文主体不同。议案的行文主体是由法律明文规定的，如《全国人民代表大会组织法》第九条规定：全国人民代表大会主席团、全国人民代表大会常务委员会、全国人民代表大会各专门委员会、国务院、中央军事委员会、最高人民法院、最高人民检察院，可以向全国人民代表大会提出属于全国人民代表大会职权范围内的议案。行政组织系统中，各级人民政府可向同级人民代表大会及其常委会提出议案。而请示的行文主体的资格条件相对比较宽泛，凡是同一组织系统中具有领导与被领导、指导与被指导工作关系的机构，下级机关根据工作需要均可向上级机关制发请示。

三是针对内容不同。议案的内容通常是涉及国家改革、发展与稳定的重大问题，以及与人民群众切身利益密切相关的重大事项等。例如：各级人民政府向同级人民代表大会提交的议案，通常是针对本行政区域内有关政治、经济、文化和社会等各领域建设与发展的重要的、重大的事项，内容涉及广泛；同时，议案内容一经同级人民代表会议讨论通过后，就具有法律约束力，须认真执行。而请示的内容并不一定要求是重大事项，凡下级机关履行职能过程中遇到的自身职权范围内无法解决的问题或困难等，均可作为请示的内容。

四是处理程序不同。议案办理的程序是法定的，办文程序严格，根据《全国人民代表大会组织法》和《全国人民代表大会议事规则》的规定，各相关机构提出的议案，是由会议主席团决定交各代表团审议，或者并交有关的专门委员会审议、提出报告，再由主席团审议决定提交大会表决；而请示的办理程序通常没有明文规定的法定程序，一般按照常规的公文处理程序办理即可。

（一）结构要素

1. 标题：由发文机关、事由和文种构成，如"×××关于调整××××若干政策问题的请示""×××关于加强××集中统一管理的请示"等。撰写标题时，事由部分不应使用"请求""申请"等词语，以避免语义重复；标题中的文种不得错用为"请示报告""报告""申请"等，如某请示的标题为"关于××至××段高速公路建设资金的请示报告"，其文种就是错误的。

2. 主送机关：选择一个主管上级机关，规范标注其全称或规范化简称，不得写成如"上级局：""局办："等形式。

3. 正文：

请示正文由以下三部分组成：

首先，简要交代制发请示的依据、原因等。要求说明发文的缘由，阐述请示事项的性质、状态、成因等，便于上级单位了解所请示问题的基本概况，请示的理由要充分，陈述要清楚。这是请示得到上级单位肯定答复的重要条件。

其次，明确交代请示事项。请示的事项要解决"请示什么"的问题，应直截了当地写明请求上级机关指示或批准的事项。所请示的事项要适当，且必须属于上级职权范围，切忌不分主次与轻重缓急提出不切实际的要求。同时，应采用"换位思维"，在请示中交代清楚上级部门作批复时需要了解的相关信息，例如：预先拟订出解决问题的措施、办法或初步方案，如有多个方案时，应表明自己的倾向性意见及施行理由等；如针对下级机关的请示，需要以本机关名义向上级机关请示的，也应当提出本机关的倾向性意见后上报，不得原文转报上级机关，以便于上级机关在批复时参考并及时做出批复。如有各种文字说明、图表或解决方案等相对独立的材料，可以以附件形式置于请示的正文之后，这样可使请示正文的行文更加简要。

最后，以简短的语言强调行文目的和行文要求。如"当否，请批复""请审核批示""以上事项，当否，请示""以上意见，妥否，请批示""以上事项，恳请尽快批复为盼"等。

4. 发文机关署名。

5. 成文日期。

（二）撰写要求

1. 坚持"一文一事"的原则，避免分散主题，以至于延误公文办理。请示只主送一个主管机关，不得多头主送，确有需要，可同时抄送相关上级机关和同级机关；若非上级领导人授权交办的事项，不得主送给领导人个人；请示在未获正式批复前，一般不应抄送给下级机关；要按照组织机构的隶属关系逐级请示，一般情况下不得越级请示工作。

2. 请示的理由要客观、充分，事项要明确、清楚，所提问题应经过周密的调查研究，做到建议中肯，方案周全，切实可行。同时，请示的内容必须是确需上级部门批准或指示的事项，不得事无巨细事事请示。

3. 两个或两个以上单位联合制发请示时，必须在事前确定主办单位，并由主办单位负责召集各单位认真洽商，取得统一认识后，方可会签发文。

4. 请示的语言应准确、谦敬、得体，不得使用命令词语。

三、报告

报告有广义与狭义之分。广义的报告，泛指用于汇报工作、概括总结经验教训、针对特定对象的调查研究与分析论证情况等的书面材料。狭义的报告，仅指工作报告，即《党政机关公文处理工作条例》中所指的"报告"（即本书所言的"工作报告"）。本书使用报告的广义概念。报告是当今各类社会组织常用的一种文种，其行文目的在于保证上下层级之间的信息畅通，便于上级机关掌握信息，了解情况，科学决策，正确指挥，有效监督，提高管理效率。

根据报告内容的不同，可将其分为工作报告、总结报告、调查报告、项目可行性研究报告、经济活动分析报告、述职报告等。

（一）工作报告

工作报告，即狭义的"报告"，适用于向上级机关汇报工作、反映情况，回复上级机关的询问。

工作报告具有如下特点：

内容的陈述性，即概述工作的基本内容。如遵照上级的什么指示，做了什么工作，怎样做的，取得了哪些成绩，还存在哪些不足等；或者陈述有关工作情况发生的时间、地点、人物、事实经过、原因、结果等信息。

行文的单向性，即工作报告的行文目的是使上级机关了解和掌握下级机关的工作进展或基本情况，通常不要求上级机关给予回复，而上级机关在处理公文时一般也将其作为传阅类文件处理，不予回复。

根据工作报告的内容不同，可以将其分为如下类型：

情况报告。主动汇报工作进程与工作业绩状况，反映重要的新情况、新问题、新风气以及工作最近出现的新事物等。可分为综合性工作报告和专题性工作报告两种。综合性工作报告要涉及主要工作范围之内的方方面面，但有主次的区分；专题性工作报告要针对某一方面的工作或者某一项具体工作进行汇报。此类报告在各级、各类组织中使用最为广泛。

呈转性报告。依照职权提出对某方面工作的意见、办法、方案与建议，希望上级机关采纳，或批转给有关部门实施，但最终是否采纳或批准由上级机关根据实际情况自行决定。

答询性报告。答复上级机关布置或询问的有关事项或问题，要在进行深入的调查研究后给予答复，有针对性地汇报。这种报告内容针对性最强，上级询问什么，就答复什么，不能答非所问。

此外，要特别注意报告与请示的区别。二者虽均是上行文，却存在明显的差异：

一是行文目的不同。请示是向上级机关请求指示和批准，要求上级机关能及时批复，请示与批复构成针对同一问题的密切联系的问复性文件；报告是向上级机关汇报工作经过、结果，答复询问等，使上级机关阅知，为其决策提供参考，并不要求上级机关必须就其内容作出相应回复，通常是单向性行文。

二是行文时间不同。请示要求事前行文，在事项办理之前行文请求指示或批准，待上级批准后方可按其批示意见处理事项,如果先斩后奏事后请示,往往会打乱上下级组织之间的职权分工,破坏既定的组织原则和办事规程;而报告一般是事后行文,即在完成工作后全面汇报工作的经过与结果,对于一些重要工作或者时间周期比较长的工作,也可在事前、事中、事后分别行文汇报工作。

三是针对的内容不同。请示的事项通常是自己职权范围内无法解决或需要上级机关审查批准的事项,要求一文一事;而报告的内容一般是依照自身职权办理完毕后应当汇报的,或者是答复领导询问的事项,可以一文多事。

四是对主送机关的选择要求不同。请示均需上级机关办理答复,严格要求选择一个上级主管机关,不得多头主送;报告不需上级机关直接回复,其主送机关通常也选择一个主管机关,但如有必要,也允许选择一个或多个主送机关。

1. 结构要素

(1) 标题:由发文机关、事由和文种组成,如"民政部关于加强城市街道居民委员会建设的工作报告""××市人民政府关于200×年财政预算执行情况和其他财政收支情况的审计工作报告"等。不应使用"关于汇报(呈报)×××的报告""关于向×××汇报×××工作的报告""关于对××××××的报告"等标题形式。

(2) 主送机关:一般主送一个上级主管机关。向上级报送的,写明报送机关全称或者规范化简称;用于在各种会议上宣读的,写出呼语,如"各位代表""各位领导、同志们"等。

(3) 正文:工作报告的正文主要包括三部分:

首先,简要交代行文根据、原因或者背景等。如说明是根据有关规定主动汇报,还是针对上级领导交办或询问的要求而被动汇报等情况。

其次,陈述具体工作情况和问题。例如:情况报告,要交代工作活动的时间、地点、起因,发生、发展的经过、现状与结果等,并重点分析取得的成绩及原因、存在的问题以及对下一步工作的安排意见或者建议;答询性报告,要有针对性地说明事实情况、办理情况或办理结果,如有关问题尚未处理完毕或事态尚在发展中,可写明"将持续报告"。此部分是工作报告的重心,可采用按工作发展的进程或按逻辑分类等方法分条列项安排结构,层次明晰、条理清楚地概述工作情况。

最后,常用结尾词或短语结尾,再次强调行文目的。例如:情况报告常用"以上报告,如有不当,请指正(示)""以上报告,请审阅";呈转性报告常用"以上意见,如无不当,请批转×××、×××执行";答询性报告可用"特此报告"等结尾。

(4) 发文机关署名:正文右下方标注发文机关的名称。

(5) 成文日期:规范标注。向上级报送的,成文时间一般在正文右下方;在大会上宣读的,可将成文时间或宣读时间与报告人姓名一起标注于公文标题之下的题注位置。

2. 撰写要求

(1) 遵循工作报告的写作要求。除反映某一方面工作的综合报告外,一般报告也应尽力遵守一文一事的原则,一份报告汇报一项工作,报告中不能夹带请示事项,这样做有利于提高公文处理的效率;坚持逐级行文,非特殊紧急情况一般不得越级报告工作。

（2）主题明确，重点突出。报告内容应力求抓住现实工作的关键，以及上级关注的重大问题，特别是工作中出现的新情况、新经验、新问题，如显著成绩、重大进展、典型经验、严重教训等，避免把工作报告写成面面俱到的"流水账"。

（3）实事求是地反映工作业绩或存在的问题。在报告中引用各种数据、列举具有代表性的典型事例等能够更好地说明工作情况，但所列数据和事例必须真实、准确，不得夸大或缩小，不得断章取义，要确保为上级机关制定决策、指导工作提供准确可靠的信息；报告中提出的各种建议应明确、肯定，工作思路清晰，改进工作的措施具体可行。

（4）以记叙为主，兼用说明与议论的表达方式，记叙要简明扼要，说明要准确清晰，议论要切合实际。

(二) 总结报告

总结报告，又称总结，它是人们对一定阶段的总体工作或某方面、某项工作的回顾和检查，以总结经验与教训，得出规律性的认识，指导今后工作的汇报性公文。在实践活动中，我们总是需要把工作中的主要经验加以总结，推广那些有益的经验；另一方面从失败中吸取教训。只有这样，工作才能不断得到推进，社会才能不断发展。因此，总结工作是人们"计划—实施—总结—再计划—再实施—再总结"这一实践活动链条中不可缺少的一环。而总结报告正是对已完成的工作进行理性思考的一种汇报性书面记录。

总结报告的主要特点表现在：

内容的概括性。即通过回顾实践或工作的全过程，概括归纳实践中的成功经验，分析失败的教训，正确评估过去的工作，合理安排未来的工作，并要求提炼典型事实，尤其是典型事例和确凿的数据。如面面俱到地罗列工作内容，就难以突出工作重点。

认识的理论性。即要求人们对以往完成的工作活动进行冷静的反思，剖析研究，总结经验，吸取教训，使人们对客观事物的认识更加系统和深化，同时通过对这些感性认识的概括抽象，将感性认识上升为对事物的内在本质及规律的理性认识，为日后的工作提供参考与指导。

结论的科学性。即总结报告不能就事论事，不能简单呈现现象和事实，而应对现象和事实进行科学的分析与归纳，舍弃非本质的次要材料，抓住事物之间的主要联系，揭示事物的内在本质和规律性。为此，须对实践中获取的材料进行去粗取精、去伪存真、由此及彼、由表及里的认真分析、概括与提炼，不能"跟着感觉走"，而要就事论理，全面、辩证地研究事物，力求得出科学的认识。只有这样，才能使"总结"真正对日后工作起到推动、促进和指导作用。

总结报告，根据作者的不同，可划分为单位工作总结报告、个人工作总结报告；根据内容的不同，可划分为综合性工作总结报告和专题性工作总结报告。综合性工作总结报告是对一定时间内实施和完成的各项工作进行全面、系统的总结。专题性工作总结报告是针对某项工作和某一方面的工作进行专门的深入总结。本教材重点关注单位工作总结报告中的综合性与专题性工作总结报告。

此外，要注意区分总结报告与工作报告之间的差异：

一是写作目的不同。工作报告的写作目的是为了向上级机关汇报工作、答复询问，为上级机关的领导、决策与管理提供信息；总结报告的写作目的是将工作中的经验与教训提炼为理性认识，以指导今后的工作。

二是所侧重的内容不同。工作报告的所侧重的是对工作进展以及主要工作成绩进行集中交代；总结报告的所侧重的是总结经验并注重将其提炼、升华为理性认识。

三是行文方式不同。工作报告多为正式对外发文，一般采取逐级行文方式向上级主管部门报送；而总结报告一般采取宣讲方式或内部行文方式下发各组织机构学习。

四是表达方式不同。工作报告主要采取记叙和说明相结合的表达方式；而总结报告主要采取叙议结合、夹叙夹议的表达方式。

1. 结构要素

总结报告一般由以下部分组成：

（1）标题：一是由发文机关名称、时间（有时可省略）、事由、文种（总结报告或总结）组成，如"××市经贸委2007年扶贫工作总结报告"；二是由时间（有时可省略）、事由、文种组成，如"××省2008年普通高校招生工作总结"；三是一般的文章式标题，如"提高教学质量是高校人才培养的中心任务""加速技术改造，提高产品质量——××轧钢厂2007年工作总结报告"等。

（2）正文：

首先，简要交代总结的背景、原因，或明确限定总结的内容、范围、目的，对所做的工作或过程进行扼要的概述、评估。

其次，重点写清主要成绩与问题、经验体会。如做了什么，采取了哪些方法，效果怎样，有哪些成绩，分析取得成绩的原因，提炼对工作规律的认识等；反思存在哪些问题和不足，检讨失败或失误的教训，提出防止或减少失误的对策等。

最后，根据已经取得的成绩以及新形势、新任务的要求，提出今后的规划、设想与打算，如怎样发扬成绩，解决存在的问题，明确今后的努力方向等。也可以展望未来，提出新的奋斗目标。

正文部分的结构安排常用以下方法：一是基本情况—主要成绩或经验—原因和规律—存在的不足—今后努力方向的逻辑结构，多用于专题性总结报告的写作；二是工作的基本概况—工作类别的逻辑结构，开头概括交代工作的总体情况，主体部分条列项地说明主要工作业绩、成功经验与规律性认识；或者按照工作进程—类别的逻辑结构，将活动划分为不同部分或不同阶段，每一部分或阶段再分别按照主要职能内容分别陈述工作成绩，分析总结规律。

（3）发文机关署名：以机关名义制发的总结报告，可在标题下也可在文末标注发文机关名称；单位负责人宣读的总结报告，多在标题下署名。

（4）成文日期：标注于正文末发文机关署名下方，或者以题注方式置于标题下方。

2. 撰写要求

（1）总结报告重在探讨工作规律，以作为今后工作的指导准则，因而要抓住工作中取得的主要经验，或发现的主要问题，集中笔墨反映本质问题。应敏锐地发现并高度关注工作中隐藏的新情况、新现象、新问题、新趋势等,发现现象背后的规律,以指导今后的工作实践。

(2) 叙议结合,有评有论。以第一人称进行总结。总结中的经验体会是从自身实际工作的大量事实材料中提炼出来的具有实用价值的材料,要对这些材料进行分析评议,阐明自身的观点,使经验教训条理化、理论化,使观点与材料统一起来。避免只叙不议罗列现象,或只议不叙一味空谈。力求做到以叙带议,叙中有议,叙议结合,叙议得当。

(3) 语言表达应简明准确,事例应真实确凿,评断应肯定明确。切忌"为了总结而总结",或使用不可靠的材料,或者故意夸大或缩小事实,无中生有地伪造材料和数据,或者生搬硬套其他单位的工作总结,因为这些做法会使结论失去科学性,从而无法科学地指导今后的工作。

(三) 调查报告

调查报告,是对某一现象、某一事件或某一问题进行深入细致的调查,对获得的材料进行认真分析研究之后写成的书面报告,是调查研究的最终成果。其行文方式灵活,既可用于向上级机关汇报工作、反映情况,为领导制定管理决策、指导工作提供依据,又可发往下级机关和同级机关,以及在媒体上公开发表,用以宣传政策、推广经验和交流信息。

调查报告具有以下特点:

调查对象的典型性。以具有典型意义的情况、社会问题或成功经验为对象进行调查研究,了解其历史、现状、经验教训,探索其发展规律,寻求解决矛盾的办法,以便为现实工作服务。

写作材料的客观性。调查问题的提出、大量现实和历史事实材料的获取、调查对象的分析与结论的得出,都源于调查所获得的客观事实材料,以及对这些材料的系统阐述和本质分析。因而充分了解实情和全面掌握真实可靠的调查素材是写好调查报告的基础。

分析结论的理论性。调查报告离不开确凿的事实,但又不是材料的机械堆砌,而是对核实无误的数据和事实进行深入的分析,以找寻事物变化的原因,预测事物发展的趋势,得出科学的结论,从而为相关工作提供决策依据和现实指导。

根据内容的不同,调查报告可分为情况调查报告、典型经验调查报告和问题调查报告。情况调查报告,是较系统地反映本地区、本单位综合性或专题性工作的基本情况,目的是为了弄清情况,供有关人员抉择或决策使用;典型经验调查报告,是通过分析典型事例,总结工作中出现的新经验,目的是为了更好地指导和推动某一领域或者某一方面的工作;问题调查报告,是针对某一问题进行专项调查,澄清事实真相,判明问题的原因和性质,确定造成的危害程度,提出解决问题的措施或建议,目的是为处理现实问题提供依据或借鉴。

此外,要注意区分调查报告与总结报告之间的差异:

一是写作目的不同。总结报告的目的是通过对过去工作的回顾与梳理,将工作中的经验与教训提炼为理性认识,以指导今后的工作;而调查报告是对特定事物或问题等调查对象进行深入的考察调研,以系统地掌握相关情况,为领导决策或其他管理活动提供有价值的信息。

二是所侧重的内容不同。总结报告的内容侧重于对本单位已经完成的工作情况进行归纳总结,简要地介绍主要成绩、存在的问题、下一步的打算等;而调查报告所侧重的内容于交代调查对象(本单位工作对象或与本单位相关的其他对象)的基本情况及对其进行研究与分析的结果,揭示调查对象的主要特征、存在的问题以及解决问题的思路或相关启示等。

三是材料来源不同。总结报告的材料主要来源于本单位的职能活动;而调查报告的材料来源更加广泛,既可以是本单位的,也可以是其他单位的;既可以是过去的,也可以是现在的;既可以是国内的,也可以是国外的。

1. 结构要素

(1) 标题:调查报告的标题分为两种。

第一种是公文式标题,由作者、内容、文种构成,如"××钢铁公司关于××××的调查报告""××环保组织关于××流域水污染情况的调查报告"等。为强调"研究性",文种"调查报告"有时也写做"调研报告",如"全国人大常委会关于金融支农问题的调研报告"。

第二种是文章式标题,标题概括主题或提出问题,如"200×年亚太经济发展情况的调查报告""200×年美国的人权纪录""东北师范大学硕士毕业生就业情况调查"、"为什么大学毕业生择业倾向沿海和京津地区";有的采用正副标题,正副标题虚实结合,一般正标题概括主题,副标题进一步补充说明,如"成功影楼的成功秘诀——关于成功影楼经营思路的调查报告""买房,离你是近还是远——关于买房问题的调查报告""高校发展重在学科建设——××大学学科建设实践的思考"等。

(2) 主送机关:调查报告通常公开发表、发布,一般省略主送机关。但如有明确的报送对象,也可直接标出受文者。

(3) 正文:调查报告的正文一般包括三部分。

导语部分,又称前言、总述等,简要地说明调查活动的基本内容,包括调查目的、时间、地点、原因、对象、范围、调查要点、所要解决的问题以及调查研究的方式方法等,从中引出中心问题或主要观点或基本结论,突出其内容的重要意义,便于阅文者从总体上了解全文的内容。

主体部分,是调查报告的核心内容,是对调查研究结果的具体引证、论说部分。一是集中交代"调查材料",即调查情况和问题的具体内容,二是交代"研究结果",即对调查情况和问题进行剖析后得出的结论、规律性认识或者解决问题的对策、方法、措施、步骤等建设性意见。调查报告写作中,调查所得事实的叙述或材料的罗列是基础,是手段,其根本目的在于揭示调查对象的实质、特征和状况等,因此要重点记录调查分析的最终结果。

主体部分的结构安排,可根据内容的需要,按照事件发生发展的顺序进行叙述、分析和说明,使内容层次清楚,条理分明;也可以将其内容分成几个类别加以分析说明。在小型的调查报告中,也可先对材料进行分类叙述,再对所有材料进行分析。如"基本情况—成因—结论及对策"式结构,多用于情况调查报告;"主要成绩、成果—经验、做法—启示"式结构,多用于典型经验调查报告;"问题—原因及危害—措施、办法"式结构,多用于问题调查报告。

结束语,对调查报告的内容进行简要的概括总结,再次强调主题。要求简明扼要,言尽意止。主要写法有:提出解决问题的方法、对策或改进工作的建议;总结全文的主要观点,进一步深化主题;提出问题,引发人们进一步思考;展望前景,发出鼓舞和号召等。

(4) 附件:为了使正文部分行文更加简洁明快,也可将调查样表、统计说明等有关补充说明调查结论的材料,以附件的方式附在调查报告正文的后面,进一步增强调查报告的真实性和说服力。如无附件材料,不用标注。

(5) 发文机关署名与成文日期:调查报告也要注明调查者(单位或个人),以及定稿时间。位置在正文结尾的落款处。如果已经在题注(标题下方)中注明调查者,此处不再标注。

2. 撰写要求

(1) 在调查报告形成之前,必须进行深入的调查研究,充分占有材料。"没有调查,就没有发言权","调查"是写好调查报告的基础和前提,"研究"是目的,"报告"是形式。只有通过调查研究获得丰富翔实的材料,并对其进行分析研究,才能抓住事物的本质,提炼出调查报告的正确主题,写出内容充实、具有说服力的调查报告。

(2) 要认真地鉴别、筛选材料,获得真实可靠的调查资料。要明确写作目的,以认真负责的态度反复核对事实与数据材料,正确地分析、鉴别和精选材料,选取与主题有关的真实材料,舍弃与主题无关的材料,从杂乱中梳理出事物的来龙去脉,以便从偶然中发现必然,透过现象抓住本质,并形成对问题的正确认识、观点与看法,实现调查报告的行文目的。

(3) 明确写作目的,确立正确的写作立场。调查报告要求以事实为依据,因而应保持调查设计、调查过程以及调查报告撰写的全过程的客观性,以认真负责的态度来维护所撰写的调查报告的严肃性、可靠性和公正性,切忌无中生有或主观片面。

(4) 强调研究分析后得出调查结论。调查报告是对从感性认识到理性认识飞跃的反映,因此要在核实无误的数据和事实基础上进行严密的逻辑论证,探明原因,预测趋势,得出合乎事理的结论,不得主观臆断,信口开河。

(5) 常用第三人称行文,表达方式以叙为主,叙议结合。用语要求准确精练,生动活泼,将生动的叙述、适当的说明和精辟的议论有机地统一起来,还可适当运用比喻或生动的口语,恰到好处地引用一些诗词、典故及名言警句等,以起到画龙点睛的作用;一些调查数据的表达还可采用图表方式,形象直观,以增强调查报告的可读性和表现力。

(四) 可行性研究报告

可行性研究报告是在制定某一建设项目或科研项目之前,全面分析、研究、论证项目实施的可行性和有效性的一种书面报告。它要求对项目的实施条件、工作方案与措施、项目规模与效益等进行全面的论证和评价,确定其可行性,并选择和确定一个最佳方案,为项目决策和实施提供充分的科学依据。目前,一些大中型项目在上马编制设计任务之前,都必须进行可行性研究,并形成书面的可行性研究报告。

可行性研究报告是集体智慧的结晶,是有关方面技术人员、专家、领导共同参与、协作的成果,因此,写作之前,必须做好充分的前期准备工作:明确撰稿意图,然后根据需要来确定各个写作者的不同分工;有针对性地深入开展调查研究工作,向权威部门和专家咨询,占有大量的第一手资料;制订方案并认真提出一个"技术上最合理、经济上最合算"的可行方案。

可行性研究报告的主要任务,是在详细调查研究和规划设计的基础上对提出的任务目标进行有理有据的分析论证,以选择最佳方案,为最终决策提供科学依据。因此,可行性研究报告的写作具有以下特点：

分析的论证性。可行性研究报告的"可行性论证"是必不可少的一环。对可能采取的计划和方案能否顺利运行，能否取得显著的经济效益或社会效益，必须从各个不同角度进行论证。要求论点鲜明，论据充实可靠，论证充分有力。

研究的系统性。可行性研究是一个工作系统，往往需要业务方面与管理方面的专家、领导和其他多种学科的专家共同参与，收集各种数据、资料，运用数据进行测算，研究并设计方案，以及对方案进行比较、评价等。可行性研究报告要以书面的形式反映出可行性研究工作的系统性特点，通过定性定量的、静态动态的、微观宏观的分析、论证，从研究人员系统、所需的知识系统、研究对象系统、研究方法系统、研究参数指标系统等方面来建构某一项目的可行性研究系统。从一定意义上看，可行性研究报告可算得上是一项复杂的"系统工程"。

结论的科学性。可行性研究报告是在严密细致的调查研究、科学的分析论证基础之上形成的书面材料，其本身就是科学研究工作的一个组成部分，因而，可行性研究报告要遵循科学研究的一般原则，要求撰写者采取认真的态度、严谨的科学方法和程序、正确的逻辑推理，并以科学的理论和方法论为指导，从理论、数据、技术、经济等方面来说明拟建项目的科学性。

根据项目对象的不同，可行性研究报告可以分为建设项目可行性研究报告和科研项目可行性研究报告。其正文既可采用文章条款形式，也可采用表格形式，或者文字与表格相结合的形式。通常，建设项目可行性研究报告的正文多采用文章条款形式，而科研项目可行性研究报告的正文多采用表格形式。

1. 结构要素

（1）首页（封皮）：应当写明项目名称、项目主办单位、项目咨询单位、可行性研究报告编写时间。扉页上写明项目经济负责人、技术负责人以及参加编写的人员。

（2）目录：可行性研究报告的篇幅一般都较长，应该在目录中标明每一部分的主要内容及具体位置（页码），以便审阅和查找。如果是表格形式，可以不做目录。

（3）正文：分为建设项目与科研项目可行性研究报告。

建设项目可行性研究报告的正文内容：

第一，开头部分，简要交代项目建设的背景，包括项目提出的依据、项目实施区域情况概述、项目建设的有利条件、存在的问题、项目建设的意义和必要性等内容。

第二，主体部分，论证项目所提出的任务和目标的合理性和可行性，具体包括：

前景预测。主要是对项目所采用的技术的国际、国内的发展趋势进行分析、论证，研究项目产品在国际、国内市场的需求情况，依此对项目实施的前景做出合理的预测。

项目建设目标。是指项目建设所要达到的具体目标，包括经济效益目标、社会效益目标、环境、劳动保护和安全防护目标等。

项目建设方案。主要是指项目建设的指导思想、技术措施、工艺流程等。不仅要包括项目建设方案与整体布局方案，还要包括环境保护措施及方案。一个项目有多个实施方案可供选择时，要对掌握的各个方案进行评估，认真对比、分析，从中筛选出一个最优方案。

项目建设的内容与规模。包括具体的分期工程，材料的质量、数量与规格要求，设备的数量与规模,以及项目施工要求。

项目建设的实施进度。即项目建设实施的期限以及年度安排计划。

物资采购计划。即项目建设所需设备的采购地点、采购办法、设备价格等。

项目的投资估算与资金筹措。包括主体工程和辅助配套工程所需资金(如利用外资项目或引进技术项目应标明外汇额度)、生产流动资金估算项目管理费与不可预见费、资金的来源方式、借款的偿还办法等。

项目效益分析。包括项目建成后的经济效益、社会效益和生态效益等。

项目建设的管理方式。包括项目建设中组织实施的管理方式和管理体系,项目建成后的管理与运行方式。

其他不确定性问题分析。

第三,结论。根据以上的论证分析,提出项目实施的可行性,对拟建项目进行总体评价。对拟建项目最后可行与否做出明确结论,或者指出其存在的问题,提出具体建议。

第四,附件。附件是指对正文起参考、补充和说明作用,又不宜安排在正文中的书面材料。例如:项目建设的内容、规模、投资估算、实施进度等方面的表格;项目建设的布局、工程设计附图等有关重要试验数据;成本、效益计算参数;政府主管部门所发的营业执照副本;法定代表人证明书;资产负债表、损益表;有关主管部门对项目的预审或评估报告;由环境保护部门出具的企业环境污染及治理的意见等。

科研项目可行性研究报告的正文内容:

第一,开头部分,简述本项目立项的背景、社会与经济意义、申请立项的必要性等。

第二,主体部分,对研究项目的论证。主要包括以下内容:

国内外研究现状与发展趋势。简述本项目国内外发展现状、存在的主要问题及近期发展趋势,并将本项目与国内外同类技术或产品进行对比说明。

项目实施的主要内容、技术关键与创新点、预期目标。详细说明本项目实施的主要技术内容、所要解决的关键技术,描述项目的技术或工艺路线;重点说明本项目的创新点,包括技术创新、产品结构创新、生产工艺创新、产品性能及使用效果的创新等;说明项目的技术来源、合作单位情况、知识产权归属情况;说明项目实施各阶段及项目完成后预期取得的主要科研成果(包括新技术、新工艺、新产品等)、技术水平及相应的技术指标等。产业化项目可以是成果工程化或中试(大规模量产前的试验)成果,以及产业化过程中的技术创新、产品创新、机制创新等。基础研究项目主要是学术论文、著作等。

应用或产业化前景与市场需求。主要说明本项目技术或产品的市场需求;目前主要使用领域的需求量以及未来的市场预测;分析项目在国内外市场中的竞争能力,预测市场占有份额。

现有工作基础、条件和优势。说明本项目已开展的前期工作,项目实施在技术、设备、人才、资金等方面所具备的条件和优势,项目实现预期目标的基础条件。

项目实施方案、组织方式与课题分解。简述项目实施方案、组织方式、管理措施、课题分解等。

进度安排与年度计划内容。分年度列出项目实施进度安排、年度主要工作内容和主要目标。

承担单位和主要研究人员简况。说明项目承担单位基本情况（产业化项目还应重点说明企业的财务经济状况）、项目组主要研究人员的基本情况，重点介绍项目负责人情况。同时应列出项目负责人及专家组成人员的姓名、性别、年龄、单位、学历、职称及其所从事的专业的简表。

经费预算来源、使用计划及还款能力分析。简述项目总投资及资金筹措渠道，根据项目进度和筹资方式，编制资金使用计划。对申请周转金的项目，应对还款来源、还款能力进行分析。

经济、社会效益分析。如果是基础研究和科技攻关项目，可对项目完成后的经济效益和社会效益作简要的预测性分析。如果是中试和产业化项目，应对项目完成后的规模及产品生产成本和销售收入估算、新增产值、利润、税收、创汇、投资回报情况以及社会效益进行综合分析，并就项目的风险性进行实事求是的阐述。

有关上级单位或评估机构的意见。

第三，附件。

2. 撰写要求

（1）项目可行性研究报告的目的是为决策者的决策和项目的实施提供科学依据，因此，其内容必须全面、完整、准确，力求观点鲜明，是非清楚，条理分明，并正确使用专业术语。

（2）项目方案设计论证严密。可行性研究报告是在事件没有发生之前的研究，具有预测性和论证性，需要深入地调查研究，充分地占有资料，运用切合实际的分析和预测方法，全面、系统地分析论证围绕项目的各种影响因素，科学地预测未来前景，提高项目方案的科学性与可行性。

（3）语言规范、严谨、准确。对项目可能产生的经济效益、社会效益、生态效益等进行全面、客观、公正的分析，引用的资料和数据正确，论证过程言必有据，结论的得出必须建立在可靠严密的科学论证之上，切不可主观臆断、简单推断。

（4）主体内容的各项目可以根据不同项目的要求确定各部分的内容和重点，但编写的格式一定要规范，论证要严密，材料要有说服力。可行性研究报告可以单独使用，也可作为请示、公函等公文的附件，补充说明正文内容。必要时还可注明单位名称、代表人姓名、拟写时间、地点等项目。

（五）经济活动分析报告

经济活动分析报告，又称"经济活动分析"，是利用计划指标和会计、统计、业务数据等经济核算资料以及调查获得的其他信息资料，对某部门、某企业，或者社会某方面的经济活动状况进行分析、研究、说明的一种书面报告。它贯穿于各个经济领域的经营与管理工作之中，是正确认识经济活动的重要手段，也是加强经济核算、改善经营管理、提高经济效益的重要工具。

经济活动分析报告的主要特点表现在：

内容的实用性。经济活动分析报告揭示和反映了社会活动中的某些经济现象和问题，能够及时为有关部门和领导提供翔实、可靠的决策依据，以便对某部门、某企业，或者社会某方面的经济活动进行及时有效的调整、改进和控制，以指导并确保其经济活动健康、稳定、持续发展。

数据的客观性。经济活动分析报告从数据入手，把可靠的数据作为科学地说明问题和分析问题的基本依据，这比主观臆测得出结论更加客观，更有说服力。而使用数据不仅仅是单纯地罗列数据，还须对大量计划指标、业务核算、会计核算和统计核算的数据资料进行对比，运用判断、推理的逻辑方法进行合乎事实的逻辑分析，只有这样才能如实地反映客观事物的内在联系，做出科学的判断，得出客观的结论，以正确地反映经济现象的变化规律，使内容充实、实用。

行文的分析性。经济活动分析报告要明确分析对象，确定要分析什么，怎样进行分析，然后紧紧围绕要分析的主题，有的放矢地从错综复杂的经济现象中抓住主要问题进行解剖，梳理出经济活动的发展脉络、规律和趋势；如果眉毛胡子一把抓，重点不明，偏离分析主题，迷失分析目标，就难以得出科学合理的结论。

经济活动分析报告常用的分析方法有：比较分析法，是将两个以上具有可比性的数字加以对比来研究经济活动状况的方法；因素分析法，是对各种数据资料进行对比分析，在错综复杂的因素中找出本质性的关键因素来说明经济活动特点的方法；动态分析法，是从数量方面来研究某一经济现象发生、变化的情况与未来前景的分析方法；综合比较法，是对各方面指标的执行情况进行综合对比、计算和评价的方法；调查分析法，是对用各种调查方式获取的数据资料和大量的可靠材料进行分析研究，并对分析结果加以验证、纠正或补充的方法。

此外，要注意区分经济活动分析报告与调查报告之间的差异：

一是写作目的不同。经济活动分析报告的写作目的是反映经营管理成效、核算经济效益、评估经营活动，为今后经营方向的确定及经营决策的制定提供数据参考和建议；调查报告的写作往往是为制定方针政策、总结经验、树立典型、揭示问题与矛盾、改进工作而提供调查研究材料、认识结论与意见建议等。

二是所侧重的内容不同。经济活动分析报告侧重于使用经济数字反映经营状况及其变化情况，如经营形势、政策因素、市场因素、人为因素、经营环节等，以及对经营活动进行客观评估，提出解决问题的建议；调查报告侧重于反映调查者对某一调查对象分析研究后的认知态度、主要观点与意见。

三是表达方式不同。经济活动分析报告主要采取说明和议论相结合的表达方式；调查报告主要采取叙议结合、夹叙夹议的表达方式。

1. 结构要素

经济活动分析报告的结构大体上包括标题、正文、落款三个部分。

（1）标题：经济活动分析报告的标题主要有三种形式：

一是由作者、时间、内容、文种构成，如"××公司20××年第二季度经济活动分析报告"。

二是由作者、时间、分析范围（地区或单位）、分析内容（成本、利润、财务状况、库存等）和文种组成，如"××商业局关于20××年×××系统财务状况的分析报告"；标题中的要素也可根据实际情况有所取舍，但分析内容与文种一般不可省略，如"水泥购销情况分析报告"。

三是文章式标题。通常使用一个观点鲜明的判断句,用以表明分析报告的建议或倾向性意见,如"要从削价损失中吸取教训";有的还用副标题注明分析的范围、对象,如"注重实效,规范管理——××××年××银行工业贷款使用情况分析";还有的用设问句式等表达,如"××市××公司为什么亏损"。

(2)正文:包括引言、主体、结尾三个部分。

引言。又称导语、前言,是分析报告的开头部分。一般的写法是针对分析的问题,简明扼要地介绍基本情况,例如:说明企业在财务管理、商品购销、资金、费用、利润、计划指标等方面的完成情况。引言既要有文字的概述,又应有数据和指标的说明,主要作用是为展开主体部分的分析做好铺垫。如有必要,也可开门见山地直接叙述主体内容。

主体部分。经济分析报告的主要部分一般应包括基本情况和分析评价两部分内容。

基本情况,介绍分析报告的基本内容。要综合各种经济形势,介绍经济活动的概貌,说明经济指标完成的具体实际情况和经营生产情况,让读者对分析报告产生整体的印象。

分析评价,要运用"对比分析法""因素分析法"等科学方法和辩证唯物主义观点,解剖各个指标的构成因素,例如:利润分析、成本与费用分析、资金分析等。综合分析报告要对各项重要的经济指标逐项进行分析;简要分析报告要抓住主要问题进行重点分析;专题分析报告要针对分析的专题对象进行分析,从中找出企业或部门在经济活动中取得成绩或出现问题的主客观原因,并做出正确的评价。这部分内容主要依靠数据和文字来说明,二者互为补充。但在安排上比较灵活,如先进行文字分析说明,后列出数据;或先列出数据指标,后加以文字说明;也可以在文字说明中插入表格或列出主要数字。为了使眉目清楚、中心更加鲜明突出,可给这部分内容分别加上小标题进行说明。

在分析评价的过程中,首先要有充分的数据资料。大量运用真实的数据材料去准确地、详尽地反映经济面貌,有助于科学地反映经济现象和经济活动的实际情况,从而得出正确的结论。其次,分析过程应是一个严谨的对论点的论证过程。不能就事论事,或就数据论数据,在数据上兜圈子,而应具体问题具体分析,既要分析经济活动的实效,总结先进的经验,又要指出存在的问题,并找出问题发生的主、客观原因。第三,分析要理论结合实际,达到材料和观点的统一。

结尾部分。根据分析中所发现的问题,得出相应的分析结论,这个结论应是作者对经济活动的状况和经济现象进行系统周密的分析、对比和全面的研究总结之后所产生的认识升华,并由此形成对经济活动的本质和规律的把握及评价,从而为企业或经济管理部门等的管理活动提供科学依据。此外,结尾部分还应针对问题提出改进意见、建议或措施,意见要中肯,建议和措施要切实可行。

有时,经济活动分析报告的正文部分也可采用表格式结构安排正文。这些表格可以直观地反映经济活动情况,并且设有文字分析说明栏目,提示应该分析说明的方面。这样做有助于经济活动分析的标准化、规范化和统一化,但固定的表格在表达信息和深入分析问题方面又有一定的局限性。

(3) 落款：

在正文的右下方写明报告单位的名称，并加盖公章。署名下的成文日期，要写明年月日，以备查考。

2. 撰写要求

(1) 经济活动情况要清楚。经济活动分析报告是以经济数据作为主要的分析依据，应根据经济数据顺藤摸瓜，深入实践调查研究，把数据分析和掌握的具体情况紧密联系起来，相互印证和补充，只有这样才能去粗取精，去伪存真，使分析结果既能正确地说明问题，又能有效地解决问题。

(2) 注重分析数据。切忌堆砌、罗列数据材料，数据资料的运用一定要与具体问题的分析相结合，用材料说明观点，观点与材料有机统一，做到实事求是、分析透彻、重点突出，具有一定的理论水平。如立足宏观经济政策高度，从微观经济入手，来分析具体问题，形成理论观点；以摆事实讲道理的科学态度，分析经济活动中存在的问题并提出解决办法，增强报告的实用价值和理论色彩。分析如果缺乏理论指导，就容易造成经济现象的简单列举，流于泛泛而论或陷入抽象的推理过程。

(3) 掌握经济活动相关行业的专业知识以及经济政策。只有这样，才能看懂财务统计报表，明确主要经济指标的意义、来龙去脉、相互联系及计算方法，深入地分析经济现象；此外，还应熟练掌握和恰当运用各种科学的分析方法，以提高分析报告的思想性和科学性。

(4) 选用文字、图表、表格等多种形式来表达经济活动的基本情况和分析过程，把事物的规模、结构、速度、发展过程及变化规律形象地显示出来，增强对比分析的效果，给人们清晰、确切的感觉，增强分析报告的可读性。

(5) 语言要准确简练。经济活动分析报告的用语要言简意赅，特别是使用专业术语要力求通俗易懂，经济数据应准确、客观、具有代表性，实事求是地表现经济现象的变化过程及结果。

(六) 述职报告

述职报告是党政机关、企事业单位等各类组织中具有一定职务的工作人员，就限定的任职期限内的德、能、勤、绩等各方面进行自我回顾和评价而写成的，向考核者与所属单位的领导、群众进行陈述的书面汇报材料。

述职报告是各类被考核者接受上级考核、群众监督的一种形式。一方面干部公开做述职报告增加了干部履行职责情况的透明度，可让人民群众了解并评议被考核者，有助于达到干部考核的目的；另一方面，述职报告又是干部管理部门、人力资源部门和主管领导全面了解、考察和评价所属人员的重要途径，是评价被考核者的政绩，确定其是否称职，决定其是否留任、升迁，调整职务、职称的重要依据之一。因此，述职报告不仅有利于加强对被考核者的管理，而且有利于被考核者进一步明确责任、总结经验、吸取教训、提高和改进工作，还有利于形成一种民主评议和监督的良好社会风气。

述职报告具有以下特点：

自我陈述性，即要求以第一人称来陈述与评价本人的履职情况，客观地回顾和反思任职期间的岗位职责、预定目标、工作情况、实际成绩、所得经验、存在的不足和今后努力的方向等,因此撰写述职报告应扣紧个人的职责范围,以个人守职尽责的情况以及业绩为主,进行自我鉴定、自我评价。

陈述的概括性,即要求重点叙述工作中的大事、要事,概括陈述主要工作,不要事无巨细地编"流水账"。为此,撰稿人应加强自身的文化素养、提高政策理论水平和分析问题解决问题的能力,只有这样才能将自身的感性认识上升到理性认识,以指导今后的工作。

内容的公开性,即述职报告形成后,除在调动、离任时向主管部门或领导递交书面报告外,通常须在年终考核时向领导机关或单位的干部职工公开宣读或讲述,它是业绩考核和民主评议的重要依据和前提,其内容具有较强的透明性和公开性。

此外,要注意区分述职报告与个人总结之间的差异:

一是写作目的不同。述职报告的写作目的是为了让领导、人事部门和群众了解述职者在现任岗位上的工作成绩和能力,是考核述职者的重要依据;而个人总结的写作目的是个人总结自己的经验或教训,从中引出规律性的认识,以指导本人今后的工作。

二是适用范围不同。述职报告的作者一般是具有一定职务或职称的被考核者,从一定意义上说,述职报告是个人总结的一种特殊形式。个人总结的使用不受限制,有无职务者均可使用,适用范围更宽泛。

三是所侧重的内容不同。述职报告侧重于展示述职者的成绩和能力,述职者要依据岗位职责来对照、衡量与陈述在规定任期内自己履行职责方面的主要工作业绩等情况,通常需要在一定范围内公开宣讲;而个人总结没有固定的内容限定,也没有严格的时限,如有需要,任何时间都可以对个人的工作、学习、生活予以总结,一般不公开宣讲。

四是结构安排不同。述职报告要求写明述职者的职务、分管工作、岗位职责和目标等基本情况,一般按工作中的主要业绩、存在的问题、产生问题的原因及改进的措施、对未来的工作设想与规划、述职者的愿望和态度等逻辑思路来安排结构;而个人总结尽管正文也可写出有关工作的基本情况、存在的问题及其原因、改进的方法和今后的打算,但写作结构可更灵活,内容可更宽泛。

1. 结构要素

述职报告的结构通常由以下几部分构成:

(1) 标题:有三种常见的写法。

一是直接以"述职报告"作为标题,多用于大会上宣读的述职报告。

二是由任期(职务)与"述职报告"构成标题,如"200×~200×年述职报告""××市中级人民法院院长 200×年度述职报告"等。

三是由文章式的正、副标题一起构成述职报告的标题,如"继往开来 与时俱进 全力以赴向国家级示范性高中冲刺 ——在××中学第二届教职工代表大会上的述职报告(200×~200×年度)""200×年工作的回顾——××大学校长张××的述职报告"等。

(2) 称谓:根据主送机关或听取述职报告的人员来确定,要求准确、周全,如"各位领导"

"各位同志"等。

（3）正文：述职报告的正文通常可分为三大部分。

首先，概述基本情况，如自己的职务及其变动情况、岗位职责责任和目标；介绍任职期内的情况以及个人对现职的认识；对自己工作的总体评价，以确定述职的范围和基调等。这部分内容要根据受文对象、述职内容的需要有针对性地进行介绍、说明，语言表达要简洁。

其次，陈述履行职责的主要工作情况。就本人所负职责和分管工作进行陈述评估，扼要讲明各种主要事项，如交代做工作的指导思想；自己主要做了哪些工作，尤其是富有成效的创新性工作；评估自己在任职期内所取得的业绩、经验、体会；实事求是地讲明工作中的失误或存在的问题与不足，对今后工作的设想、打算等。

这部分内容的逻辑安排常用两种方法，一种是递进式结构，按时间的先后顺序或工作进程分阶段述说，然后得出一个综合结论。年度述职、阶段性述职可采用此种结构。另一种是类别式结构，按一定的分类标准将工作分成不同类别来分别陈述，并分别拟出小标题。分管工作较多、任职时间较长、职责范围较宽的，宜采用此种结构。

最后，表明本人的愿望和态度，如根据主体部分的陈述、评估、分析、推断自己称职或不称职，对能否连任或续聘做出表态，请求领导和有关人员严格审查评议、批评帮助，或者表示感谢等。

（4）署名：述职者的姓名，如果是向领导机关报送的述职报告，还应在述职者姓名前写明其职务，标注于正文末右下方或者标题下的题注位置。如标题中已出现述职人的职务、姓名，则不再署名。

（5）成文日期：直接标注在正文右下方或者题注位置。

2. 撰写要求

（1）自述自评，重点突出职责。述职报告具有鲜明的自述性、自评性和报告性，而且要围绕述职者自身的岗位职责、目标等进行写作。由于述职者的职务层次不同，其职责、目标等就不同，须按照考核所限定的任职期限，根据自己的实际情况严格地衡量自己的任职情况，对自己做出恰如其分的评价。不能将述职报告写成单位的工作总结、先进人物汇报材料或者讲演稿。

（2）材料真实，评价确实。述职报告要正确处理陈述与评价的关系，列举的数据和事实材料应准确，不得浮夸、虚报工作成绩，或回避、粉饰存在的问题。要求讲清自己履行职责的情况，把成绩说够，把问题说透。在讲成绩时，不能将集体成绩与个人成绩混为一谈，更不能将集体之功归于个人，要处理好自己与他人的关系，切忌把成绩吹上天，对问题不沾边，防止凡功劳皆归自己、有错误均推给他人的情况出现。

（3）夹叙夹议，表述准确肯定。在回顾工作时应简要地进行概述，分析评价成绩时要在叙述的基础上进行，避免夸夸其谈，喧宾夺主，交代情况时要言简意赅。在结构层次上要脉络分明，条理清晰。用语力求诚挚、朴实、得体，行文简洁，避免含混不清、晦涩浮夸、面面俱到。

第二节 例文解析

【例文 8-1 议案】

公文内容	解析
国务院关于提请审议国务院机构改革方案的议案	◀ 由发文机关名称、事由与文种（议案）构成标题。
全国人民代表大会：	
中国共产党第十七次全国代表大会明确提出，要加快行政管理体制改革，抓紧制定行政管理体制改革总体方案。根据党中央的部署，经过认真调研，广泛听取意见，反复研究论证，形成了《关于深化行政管理体制改革的意见》和《国务院机构改革方案（草案）》，并先后经国务院常务会议、中央政治局常务委员会会议、中央政治局会议讨论和修改。党的十七届二中全会审议通过了这两个文件。现将《国务院机构改革方案》提请第十一届全国人民代表大会第一次会议审议。	◀ 提出议案的依据。 ◀ 简要地说明议案形成的前期准备工作及论证过程。指出报经有关机构讨论通过，是要表明议案形成过程的程序性，这也是提请人大会议审议事项的前提条件。 ▲ "现将……提请……审议"强调行文的目的。 ▲《国务院机构改革方案》另文附后便于精简议案正文，体现了方案内容的完整性。
国务院总理　××× 20××年3月4日	◀ 议案提出机关负责人的职务、姓名。 ▲ 全文采用篇段合一的结构，扼要地交代了议案的缘由、经过和方案（另文附后）。行文目的明确，语言准确、凝练、郑重，便于阅读与审议。

（摘自中国财经网）

【例文 8-2 请求指示的请示】

公文内容

××省高级人民法院
关于交通肇事是否给予被害人家属抚恤问题的请示

最高人民法院：

　　据我省××县人民法院的请示，他们对交通肇事致使被害人死亡，是否要给被害人家属抚恤的问题，持有不同意见。一种意见认为，被害人是有劳动能力并遗有家属要求抚养的可以给抚恤，被害人是没有劳动能力的老人或儿童的不给抚恤；另一种意见认为，只要不是被害人自己的过失所引起的死亡，不管被害人有无劳动能力都应酌情给予抚恤。我们同意后一种意见，认为这样有利于安抚死者家属。

　　由于此种做法无现行法律、政策根据，是否妥当，请批示。

××省高级人民法院
20××年 10 月 15 日

解析

◀ 由发文机关名称、事由与文种（请示）构成标题。

◀ 交代行文的背景，直接说明工作中的分歧意见及其各自的理由，以便上级机关掌握分歧所在，做出准确的批复意见。

◀ 清晰地表明发文机关对问题的倾向性意见以及坚持这种意见的理由，便于上级机关做出批复意见时参考。

◀ 成文日期

▲ 全文采用主体、结尾两部分结构，直截了当地交代了请示事项和请示原因，内容单一，行文简洁，表意清晰，语言凝练、明确。

【例文 8-3 请求批准的请示】

公文内容

××市人民政府信息化工作办公室
关于市政府直属部门使用正版软件的资金问题的请示

××市人民政府：

　　推动政府办公软件正版化是我国政府依法保护知识产权，促进民族产业发展，进一步整顿和规范市场经济秩序，提高全民素质的一项重要

解析

◀ 由发文机关名称、事由与文种（请示）构成标题。

举措。为了贯彻落实《××市人民政府办公厅转发××自治区人民政府办公厅关于做好使用正版软件工作的通知》(×政办字〔20××〕103号)文件精神,切实加强对此项工作的领导,扎扎实实地推进我市政府办公软件正版化工作,市信息办对市政府直属部门所需正版办公软件的数量、资金需求等情况进行了调查摸底,并会同相关部门制定了《××市人民政府直属部门使用正版软件的采购方案》(见附件)。目前,市政府37个部门的598台电脑软件需要更换正版办公软件(主要是操作系统、办公系统、杀毒软件三项)。按照《××自治区人民政府办公厅〈关于做好使用正版软件工作的通知〉》(×政办字〔20××〕231号)文件要求,该项目所需经费均由各级财政部门集中支付,因此,特向市政府申请经费178万元,请予批准。

◀ 简要地说明政府办公软件正版化的重要意义,为提出资金问题奠定基础。

◀ 调查摸底,说明采购方案的真实性、现实性与针对性。

◀ 说明请示购置资金的依据性文件、申请资金的确切数目,便于上级机关审批。

附件:××市人民政府直属部门使用正版软件的采购方案

××市人民政府信息化工作办公室
20××年7月2日

▲ 全文采用篇段合一的结构,行文简洁,短小精悍,层次清楚,请示的缘由、根据、事项既清晰明确又规范简练。所提方案有根有据,增强了请示事项的合理性与说服力。

××市人民政府直属部门使用正版软件的采购方案

◀ 用附件表达,利于简化正文,保持方案的完整性。

软件产业是国民经济的基础性、战略性产业,对经济和社会发展具有十分重要的作用。保护和使用正版软件,清理和抵制盗版软件,是今年整顿和规范市场经济秩序的重点。通过对××市人民政府直属部门37家单位使用办公软件情况进行核查,现提出我市政府直属部门使用正版软件的采购方案:

一、需求配置现状

目前,全市政府单位使用计算机总台数为997台,其中需安装正版软件的计算机总台数为598台,按每台计算机配置一套操作系统、一套办公软件、一套杀毒软件计算,共需要配置操作系统598套,办公应用软件598套,杀毒软件598套。可选择的产品有:

1. 操作系统普遍使用 Windows XP 或 Windows2000;
2. 办公软件普遍采用金山 WPS Office 2005 或 Ms Office;
3. 杀毒软件普遍采用金山毒霸、瑞星杀毒或江民科技。

二、配置方案建议

操作系统采用 Windows XP(COEM 版),办公软件选用金山 WPS Office 2005 一体化专业版,杀毒软件选用瑞星杀毒单机版。

◀ 采购方案补充说明了正文内容,如正版软件的需求、配置方案、价格计算等,以便上级机关了解资金的使用范围、方法、支出构成等相关事宜,为其批复提供参考。

三、配置价格情况

Windows XP（COEM 版）：1150 元；金山 WPS Office 2005 一体化专业版：1600 元；瑞星杀毒单机版：228 元。598 台计算机共需配套资金 1780844.00 元。

20××年7月2日

【例文 8-4 情况报告】

公文内容

××股份有限公司
关于公司治理专项整改情况的报告

　　根据中国证监会关于巩固 20××年公司治理专项活动成果有关要求及××省证监局"加强上市公司规范运作专题工作会议"精神，为强化公司治理、完善内部控制制度，公司董事会责成公司专项治理工作小组，对 20××年 12 月 25 日公告的《××股份有限公司专项治理活动整改报告》的落实情况及效果重新进行了审慎评估，现将有关情况报告如下：
　　一、20××年公司专项治理活动的基本情况
　　根据中国证监会《关于开展加强上市公司治理专项活动有关事项的通知》（证监公司字〔20××〕28 号）和××省证监管下发的《关于做好加强上市公司治理专项活动有关工作的通知》的文件精神，公司于 20××年 4 月成立了由公司董事长为第一责任人的公司治理专项活动领导小组，制订了《关于公司治理专项活动的自查报告和整改计划》，公示了专门电话、邮箱和专项活动网站，按照学习动员、自查、公众评议及整改提高四个阶段认真开展了公司治理专项活动。根据××省证监局现场检查意见和上海证券交易所提出的整改建议，结合前期自查事项中亟待改进的问题，经董事会研究讨论，提出系列整改措施，并按要求进行了整改。20××年 12 月 25 日，公司在《中国证券报》《上海证券报》《证券时报》和上海证券交易所网站（www.sse.com.cn）上披露了《××制药股份有限公司治理专项活动整改报告》。

解　析

◀ 由发文机关名称、事由与文种（报告）构成标题。

◀ 用"根据……"点明行文的依据与目的，引出主题，过渡转入下文。

▼ 主体部分按照基本情况—主要内容—下一步计划的逻辑汇报了整改情况。

◀ 对治理活动开展情况的说明，有利于读者从整体上把握活动概况。

二、公司专项治理整改情况

1. 关于进一步完善公司治理相关制度并提高制度执行力的问题。公司董事会根据上海证券交易所发布的《上市公司内部控制指引》,结合公司经营的实际情况以及有关法律、法规和规范性文件的要求,制定了包括《管理层问责制度》《敏感信息排查制度》《关联方资金往来及对外担保制度》等文件,修订了《信息披露管理制度》等文件,使公司内部控制体系进一步健全和完善,各项内控制度更加科学化和体系化。 ◀ 分项说明工作中所存在的主要问题以及整改措施和结果,条理清楚,内容明确。

2. 公司独立性方面的问题。关于公司董事会人数与章程不符的问题,在公司第五届董事会第七次会议及20××年第一次临时股东大会审议通过增补董事会董事的议案,公司董事会人数与公司章程不符的情形得到解决。……

3. 关于公司的透明度问题。

……………

三、公司治理的下一步改进计划

经过自查,未发现公司目前的治理水平与相关法律法规要求存在原则性差异的情形,但同时,公司也充分认识到加强公司治理是一项长期持续的工作,应不断探索、创新、提升公司的治理水平,进一步深化推进制度建设,主要包括: ◀ 对需要长期改进的内容进一步地提出改进计划,能体现整改工作思路的整体安排。

1. 保持上市公司的独立性,确保公司重大事项的管理决策均能依制度规定独立做出。

2. 深化独立董事在董事会运作和决策中的作用,充分发挥独立董事的专业技术才能。

……………

在各级证券监管部门、证券交易所的重视和指导下,我公司专项治理及整改工作将不断深入推进,并将持续重视治理专项活动的开展和自查、整改工作,进一步健全公司治理、加强内部控制,提高公司透明度,不断改进和完善公司治理,维护中小股东利益,保障和促进公司持续健康稳步发展。 ◀ 结尾概括总结,再次强调推进整改工作的思路与目标。

××股份有限公司
20××年7月25日

▲ 全文由开头、主体、结尾三部分构成。开头、结尾简明扼要,主体结构合理,内容明确,用语简练,表达规范。因报告要依法向社会公布,故省略了主送机关。

【例文 8-5 呈转性报告】

公文内容	解析

××省海洋与水产厅关于加强全省海洋管理工作的报告

××省人民政府：

　　为了进一步加强我省海洋管理工作，依法规范海洋资源的开发利用和管理、保护，确保建设"海上××"战略的顺利实施，现提出如下意见：

　　一、强化海洋法制建设，坚持依法管理海洋

　　《联合国海洋法公约》（以下简称《公约》）生效及××与朝鲜、韩国、日本隔海相望这一特殊的地理位置，使我省海洋管理面临更加复杂的新形势。从这一具体实际出发，当务之急应加快我省海洋法规体系建设。近几年，要特别加大《××省海域使用管理规定》的宣传和实施力度，使全省海域开发利用较快走上制度化、规范化轨道。同时要在海洋环境保护、海洋倾废管理、海底电缆与管道管理、海洋石油勘探开发环境保护管理、海洋自然保护区管理和涉外渔船管理等海洋管理方面加快制定相应的法规和规章，做到依法管理。加快我省海洋立法步伐，力争到200×年，使全省海洋管理的法规体系基本建立起来。对省里出台的有关海洋法规和规章，沿海市地可结合当地实际制定具体实施办法。

　　全省海洋系统要按照开展"三五"普法教育的总要求，做好法制宣传教育工作，重点学好有关海洋管理方面的法律制度，普及法律知识，增强全体干部职工的法律意识，着重提高各级领导干部与执法人员的法制观念和依法办事能力。

　　各级海洋行政部门必须依法行政，切实保障管理相对人的合法权益，实行行政执法责任制和评议考核制，建立和完善行政执法监督机制。

　　各级海洋监察人员，必须参加全国统一培训并由国家海洋局考核合格后，颁发海洋监察员证，持证上岗，同时要努力提高自身法律素质和执法水平，切实做到有法必依、执法必严、违法必究。从事海洋监察、渔政管理和渔港监督的海上执法人员要各司其职，密切配合，加大海上综合执法力度。要加强与海关、边防、港监等海上执法部门的联系，积极探索海上联合执法的新路子，形成海上执法的合力，严厉打击海上各种违法违规行为，共同维护好海上生产和治安秩序，切实为"海上××"建设保驾护航。

解析：

◀ 标题由发文机关名称、事由与文种（报告）构成。

◀ 交代行文目的，并用"现提出……"转入主体部分，开头简明扼要。

◀ 全文围绕"如何加强海洋管理"提出意见，内容充实。

◀ 制度完善。明确法制建设的依据、内容，法制教育的要求，海洋行政部门及其监察人员依法行政的总体要求。制度先行，这是海洋行政管理的依据和首要条件。为写作后文内容奠定了一个逻辑演进的基础平台。

二、加大海洋资源管理力度,实现海洋经济可持续发展

海洋资源是"海上××"建设的自然环境条件和必不可少的物质基础,务必加大管理力度,以实现海洋经济持续、健康发展。

近岸海域是海洋开发利用的密集区域,也是海洋管理的重点。沿海各级海洋行政主管部门要按照省里的统一部署,依据全省海洋功能区划和当地社会发展计划,争取在200×年底前完成比例尺不小于1∶50000的海洋功能区划或海域使用规划,并以此作为审批海域使用申请的主要依据,加强对各类用海活动的宏观管理和监督指导。同时,要在对本行政区毗邻海域使用情况调查勘测的基础上,按照《××省海域使用管理规定》的要求,认真做好海域使用登记和申请审批工作,全面实行海域使用许可制度,对海域使用者核发海域使用证,确认其使用权,依法保障其合法权益;要在抓好试点的基础上,积极稳妥地推行海域有偿使用制度。

海洋渔业资源管理要适应《联合国海洋法公约》生效后的新形势,建立新的渔业秩序。严格执行渔业法律法规和规章,加大近海渔业资源的管理力度,严厉查处各种违法违规作业行为,使近海渔业资源免受过度开发的危害。……

◀ 海洋资源管理。包括近海海洋资源开发利用的工作内容、宏观管理与监督指导;海洋有偿使用的登记、审批、许可、确认使用权管理;建立海洋渔业资源管理的新秩序等。这是海洋行政管理的重要内容。

三、加强海洋环境保护,维护海洋生态平衡

正确处理海洋开发与海洋环境保护的关系,坚持预防为主、防治结合的方针和谁开发谁保护、谁污染谁治理、谁破坏谁恢复的原则,依照《海洋环境保护法》等有关法律法规,切实加强我省海洋环境保护。

海洋环境保护以加强近岸海域环境的监视、监测与执法管理为重点。对向海域排放陆源污染物给近岸海域造成严重污染损害的企业,要限期治理,达标排放;对污染严重又无治理规划的企业,当地政府要下决心关、停、转,竭尽全力减少陆源污染物入海量。对不同海湾、河口和封闭、半封闭海区,应根据其环境状况确定接纳污染物的总量,并在达标排放的前提下逐步实行污染物排海总量控制制度。对新建、改建和扩建的海岸及海洋工程项目,要认真执行海洋环境影响报告书审批制度,严格控制出现向近岸海域排污形成新的污染源。

各级海洋管理部门要建立海洋环境监视、监测网络,依法加强对海上废物倾倒、海洋石油勘探开发溢油漏油、拆船、船舶泄漏等海洋污染事件的监督、查处。建立举报制度,向社会公布举报电话,对主动举报海洋污染事件或提供证据者,给予表彰奖励。对重大海洋污染事件和大面积赤潮,要及时发现,快速处置,应急治理,把危害减小到最低限度。对莱州湾、胶州湾、桑沟湾、套子湾等重点海湾和沿岸主要排污口,要进行重点监视、巡查和观测。

◀ 海洋环境保护。交代了海洋环境保护的管理原则、工作重点、监督查处范围等内容。这是海洋资源可持续开发与利用的重要保障条件,是对第二项内容的进一步补充。

四、建立和完善以海上安全为重点的海洋防灾减灾保障服务体系

海上生产事关广大渔民、职工的人身和财产安全,沿海各级政府应对此引起高度重视,坚持海上生产与安全两手抓,实施全方位防灾减灾战略。

加强对海洋防灾减灾工作的宏观领导,推进海洋防灾减灾立法工作,编制各级海洋减灾防灾规划;建立和健全海洋灾害立体观测和中长期预警预报体系;建设和完善山东省海洋预报台、海洋灾害跟踪观测系统和海洋灾害信息传播网络,提高海洋预报的准确性和时效性;加快全省沿海风暴潮警戒水位的核定;实施沿海修建标准海堤和营造海岸防护林带等防灾减灾工程。

◀ 建立和完善安全保障体系。加强海洋防灾减灾防御应急体系的建设,特别强调要加强指挥系统与信息系统、海洋基础数据系统等重点建设,以保证海上安全。

建立和完善××省海上减灾救灾指挥系统,实行24小时海上安全值班制度,保持省及沿海市(地)、县(市)三级海洋行政主管部门及渔船与渔政海监船电台信息传播网络的联通。设立海上抢险救生基金,用于奖励和补助海上施助船只和人员。强化海洋救灾、海上救助机构及设施的建设,最大限度地减少海洋灾害造成的经济损失和人员伤亡。

按照国家统计局和国家海洋局的要求,搜集海洋统计综合资料,建立海洋基础数据库,各部门要准确、积极地向当地海洋主管部门提供有关统计资料,为各级政府作出海洋管理决策提供必要的信息资料和依据。

五、各级政府要切实加强对海洋管理工作的领导

沿海各级政府要充分认识搞好海洋管理工作对于促进当地海洋经济发展、推动"海上××"建设的重大意义,高度重视和关注海洋管理工作,坚持开发与管理并重,把海洋管理工作纳入政府工作的议事议程,把它当做一件大事抓紧抓好。

◀ 组织领导。明确工作分工、主管职责,管理机构与人员、经费等问题。这是前四项工作顺利推进的保证。

根据国家海洋管理部门与地方的分工,近岸海域主要由沿海地方各级人民政府负责管理。为使这一工作真正落到实处,沿海各市(地)、县(市)政府应加强对海洋工作的领导,确立一名副职分工负责海洋管理工作,同时应明确主管海洋工作的行政部门,赋予其主管海洋事务的职责,并将海洋管理专项经费列入各级财政预算。各级海洋主管部门要按照职能要求,抓紧调整内部机构,使海洋管理人员尽快到位,切实担负起海洋管理的各项重要职责。

以上报告,如无不当,请批转沿海各市地及省有关部门贯彻执行。

◀ 结尾,提出批转请求。针对文中所汇报的管理意见提出批转请求,旨在通过上级转发增强该报告内容的约束力和法定效力。

××省海洋与水产厅
20××年5月15日

▲ 全文开头、结尾简明,主体思路清晰,层层深入,内容充实,主题突出,语言表达严谨得体,有较强的可操作性,有助于上级部门批转公文。

【例文 8-6 答询性报告】

公文内容

××市规划建设委员会办公室
关于××县拟建工业开发区的报告

××市人民政府：

  根据张××副市长的批示意见，我办就××县人民政府《关于建立工业开发区的请示》(××政〔20××〕110号)中涉及的有关问题，曾与市规划局、规划院进行了认真研究，20××年1月13日，我们在规划办系统联席会议上再次进行了深入研究，现将有关意见报告如下：

  一、××县人民政府提出在××公路以南(即××县城西南)地区建立工业开发区，与××县城总体规划并无矛盾，可原则同意。

  二、××县城××公路以南至县城规划中的××公路之间的土地可用于工业用地(共2平方公里)，其中，规划中的自来水九厂所在的××路至××路管线铺设线路以北地区为1.2平方公里。……

  三、由于××公路和规划中的××公路之间地区是自来水八厂的水源补给区，因此，在选择工业项目时，必须注意保护环境。……

  四、……

  特此报告

  附件：××县工业区规划图

××市规划建设委员会办公室
20××年10月12日

解 析

◀ 发文机关名称、事由、文种(报告)三要素构成标题。

◀ 报告的行文依据。

◀ 交代办理情况：根据领导批示进行的沟通、调研工作。用"现将……如下"引入主体内容。

◀ 主体部分，必须针对上级领导提出的质询或问题一一进行答复，有问有答。用数字序号列项，层次清楚。

◀ 专用词语结尾，强调行文目的。

▲ 对上级机关所询问的情况，事先要进行认真的调查研究，搞清问题的性质、具体情节、处理结果以及有关数据等，确保答复报告内容的真实性、准确性。

▲ 附件中的规划图可直观地展现工业区的位置，补充文字说明的不足。

▲ 全文由开头、主体、结尾三部分构成。层次结构清晰，调研、答询内容清楚，语言表达简明规范。图文结合，有助于增强公文的表现力。

【例文 8-7 专题性总结报告】

公文内容	解析
首次全国职业指导人员职业资格鉴定工作总结 一、基本情况 　　在国家劳动与社会保障部培训就业司、中国就业培训技术指导中心、职业技能鉴定中心的统一组织下,各省、自治区、直辖市职业技能鉴定中心、就业服务机构、培训机构的大力支持和积极参与下,我们于××××年6月15～20日,进行了首次全国职业指导人员职业资格鉴定,21个省、自治区、直辖市,共计3259人参加了考试。其中职业指导员386人,通过率为68％,助理职业指导师808人,通过率为75％,职业指导师2065人,通过率为76％。(见表8-1)	◀ 由事由与文种(总结)构成标题。 ◀ 第一部分,陈述鉴定工作的经过与结果,为后文总结经验与教训提供基础材料。 ◀ 总括鉴定考试的时间、地点、人员及结果等基本情况。

表8-1　首次全国职业指导人员职业资格鉴定总体状况

鉴定等级	实际参考人数(人)	及格人数(人)	通过率(％)
职业指导员	386	264	68
助理职业指导师	808	611	75
职业指导师	2065	1571	76
总　计	3259	2446	75

◀ 使用表格使表达直观,有助于比较、理解总体状况。

(一)组织过程
　　××××年9月劳动保障部培就司下发了《关于开展职业指导人员职业资格培训和鉴定工作的通知》,明确了此次职业指导人员职业资格培训鉴定的指导思想、基本原则,并对鉴定对象、鉴定内容和方式,以及如何组织实施提出了明确的要求。为了搞好这次鉴定,去年底在北京、大连两市进行了试点,今年初又在佛山举办了考评员培训班,专门培训了考试的技术方法。在此基础上,200×年1月,印发了《关于开展全国职业指导人员职业资格鉴定的函》;200×年4月,印发了《关于实施首次全国职业指导人员统一职业资格鉴定的通知》,对职业指导人员的申报条件、考试等级、考试时间、考试管理和考试程序等进行了部署安排。……

　　这次考试采取机器阅卷。为了保障阅卷的顺利进行,我们开发了"职业指导人员职业资格鉴定考核管理系统",通过这次实际检验,该系统不仅较好地实现了阅卷功能,同时,在队伍的基本情况分析、试卷、试

◀ 按照时间顺序说明鉴定工作的准备、组织、考试、阅卷等工作过程,有助于梳理主要工作环节、内容。

题分析等多方面功能实现上,取得了很好的效果……

（二）考试结果分析

通过对各等级鉴定人员试卷的分析,现将其结果归纳如下：

1. 各等级人员各项目成绩较为理想,除职业指导员操作试卷略显偏难外,各科试卷难度适中；

2. 各类试题质量较好,覆盖范围适中,几乎没有错题出现；

3. 职业指导师论文试题主题突出,结合实际紧密,但在实际考试中,明显反映鉴定人员论文质量不高,表明高级职业指导人员的基本素质有待提高；

4. 操作考试中的情景模拟测试有较好的甄别效果,对培训和实际工作都有促进效果。

二、主要经验

举办职业指导人员职业资格鉴定在全国尚属首次。这次鉴定是对我国职业指导工作和人员队伍状况的一次摸底和检验。总结这次考试的经验,主要有如下几点：

1. 各级领导高度重视。这次培训鉴定工作得到了各地劳动保障厅（局）领导的高度重视,他们把职业指导人员培训和鉴定工作作为培育和发展劳动力市场的一项重要基础性工作来抓。许多地方劳动保障厅领导……。实践证明,调动方方面面的积极性,协同作战是做好这项工作重要的条件,也是今后开展这项工作并取得成功的重要保证。

2. 密切结合实际,努力促进就业。从制定职业指导人员国家职业标准到编写培训教材,从培训到命题,从组织申报到鉴定形式的确定,都本着从实际出发,从更加有效地促进就业出发,平时工作做什么,将来的工作需要什么,我们就培训什么,就考什么的原则。由于在考试中始终贯彻这一原则,这项工作才取得了良好的实际效果。……

3. 适应社会需求,社会效益明显。通过这次职业指导人员培训和鉴定,职业指导人员队伍的精神面貌发生了"三变"：一是手里的活变了,过去工余时间扑克麻将不离手,现在都捧起了与就业有关的书籍认真学习……；二是嘴里的话变了……；三是职业指导人员普遍受到重视。这次鉴定在社会上引起强烈的反响。目前,残联、妇联都已发文加入到鉴定工作中来,教育部门、企业、民办个体职业介绍机构也纷纷询问,希望参加鉴定,表明了我们的工作成效。

4. 运用鉴定新技术,向更高的水准迈进。在这次鉴定工作中,有一个明显的特点,就是几乎在每一个环节上都采用了新技术、新方法,充分体现了开拓创新,将鉴定工作推向更高水准的精神。例如：……

◀ 考试结果分析。根据考生答题情况,分析试卷难度、试卷质量、试题主题、情景模拟试题效果等,有助于系统清晰地认识鉴定工作的结果。

◀ 第二部分,总结工作取得成功的主要经验：领导重视、联系实际、适应了社会需求、鉴定新技术的应用等四个方面。这些经验和体会有助于指导今后的鉴定工作。

◀ 文中段旨句的使用,便于读者快速阅读、了解公文内容。

三、存在的问题

尽管这次鉴定工作取得了很大的成绩,但也存在不足之处,归纳起来主要有:

1. 鉴定的规范化问题。……
2. 技术操作问题。……
3. 师资和考评员队伍建设问题。……
4. 考试的内容和形式进一步改进问题。……

◀ 工作中的不足。客观地说明工作中的规范化、技术操作、队伍建设、考试内容与形式等方面存在的不足,清晰地剖析问题,有助于改善工作与确定下一步工作的思路和所要采取的措施。

四、下一步工作设想

(一)基本思路

1. 要进一步紧密联系工作实际,突出职业介绍和职业指导工作的特点,更加有效地促进就业。
2. 继续坚持全国统一标准、统一教材、统一命题、统一考务管理、统一证书的原则。
3. 要扩大鉴定范围,在现有鉴定的基础上,向全社会发展。各地要按照劳动保障部6号令要求,尽快实现职业介绍、职业指导人员的职业准入,在全国范围内,逐步实行职业指导人员持证上岗制度。
4. 各地要加强规范化管理,在组织实施方面,要进一步加强协调,密切协作,精心组织,提高考试的管理质量。

◀ 下一步工作的思路和措施是在分析前述经验与不足的基础上提出来的,是在回顾、总结过去的基础上展望未来,具有明确的针对性,有助于把握工作的连续性。

(二)具体措施

1. 明年鉴定工作要在全国全面展开,各地要提早做出计划,并做好各项准备工作,未参加省要积极推动这项工作的开展。
2. 大力宣传职业指导工作……
3. 加大职业指导师资、考务人员和考评员培训力度……
4. 各地要有计划、分期分批地开展鉴定人员培训……

…………

总之,这次考试取得了很大的成功,今后要充分发挥职业指导人员职业资格鉴定的作用,为提高队伍自身素质,更加有效地促进就业服务,推行职业资格证制度服务。

◀ 结尾部分。对首次全国职业指导人员职业资格鉴定工作进行总评,并强调了它的重要意义。

▲ 全文按照工作基本情况、经验体会、存在问题、工作设想的顺序安排结构。内容安排层层深入,重点突出;用语平实,通俗易懂;夹叙夹议,概括经验与不足,便于提高认识,指导工作。

××就业培训技术指导中心　　×××职业技能鉴定中心
　　　　　　　　　　　　　　20××年10月10日

【例文 8-8 综合性总结报告】

公文内容	解 析

××市非税局20××年工作的总结报告

20××年我市非税收入管理工作在市财政局党组的正确领导下,在省财政厅的指导下,全局按照"内抓管理,外树形象,促进增收"的工作思路,扎实工作,加强非税收入征管,严格票据和归集户财务管理,认真开展非税收入稽查和专项检查,稳步推进规范公务员津贴补贴工作,积极开展综合治税工作,促进了收支两条线规定的落实,各项工作都取得新的进步。现总结报告如下:

一、主要工作情况

(一)内抓管理,外树形象

一是建立制度,严格执行。非税局内部建立了学习首问责任制,上班期间检查工作纪律等工作制度,并由执勤局长严格执行,对早退、工作松弛的现象进行通报批评,严肃工作纪律。二是加强学习,提高素质。通过讲正气树新风活动加强党性和理论学习,通过非税收入管理讲座、各科室业务介绍、业务考试等措施加强业务学习,提高业务技能、业务水平。三是提供优质服务,树立良好形象。实行"首问责任制",全局同志热情待人,勤奋工作,讲原则、讲政策,高效办事,树立了财政人的良好形象。

(二)强化征管,增收明显

通过清理非税收入项目,取消不合理收费,拓宽非税收入范围,分类强化征管,对市直48个部门、289个单位的收费项目、收费标准及依据进行清理,加强非税收入归集户管理、建立票据源头控管机制,完善非税收入监管体系,加强监督检查,努力做到应收尽收,使非税收入及时、足额地纳入国库和财政专户管理,提高了收费质量,促进了收支两条线的落实。20××年全市非税收入完成226030万元,较上年同期增长41.43%,增收66212万元。其中:市本级非税收入完成80506万元,较上年同期增长76%,增收34985万元。

(三)深入调研,规范管理……

(四)做好市直非税收入监管系统运行准备工作,实现财政监管交警执罚异地代收……

(五)稳步推进全市规范公务员津贴补贴工作……

◀ 由发文机关名称、时间、事由与文种(总结报告)构成标题。

◀ 简要地交代20××年度该局工作的整体情况,"各项工作都取得新的进步"要在下文中才能充分体现出来。

◀ 主要工作业绩。(一)~(十一)分类说明:强化内部管理,非税征管,开展调研,非税监管,规范公务员津贴,综合治税,票据管理,专项稽查制定非税年度计划,彩票公益金管理等。突出了工作中所取得的成绩。

◀ 分项说明,使用小标题来概述主要业务内容,使层次清楚,条理分明,便于阅读。同时,用大量数据资料说明工作业绩,便于比较分析和深入理解工作状况。这部分是公文的中心,内容详细,但并不是事无巨细地面面俱到。

（六）积极开展综合治税工作……

（七）实行源头控制，加强票据管理……

（八）加强稽查监督，开展专项检查……

（九）提高会计信息质量，做好非税收入资金管理……

（十）认真编制下年度市本级政府非税收入计划

汇总和编审非税收入年度计划是非税收入管理的源头，是编制部门预算实行综合财政预算管理的基础，是规范非税收入管理的重要手段。……根据国家政策变化和单位收费项目、标准增减变动情况，确定单位下年度政府非税收入征收计划数，对一些收入计划数和往年实际收入数有较大差别的单位，要求重新填报，做到单位收入计划无瞒报、无漏报、无虚报。

（十一）积极争取彩票公益金，大力支持社会福利事业

加强彩票公益金管理，积极向省财政厅、民政厅争取彩票公益金扶持项目和资金，大力支持我市社会福利事业和基础设施建设。一是积极争取彩票公益金扶持项目和资金。争取了市儿童福利院新建、扶沟县老年公寓新建等36个项目，扶持资金1155万元，支持了社会福利事业发展。二是完善彩票公益金使用、管理和监督机制，提高资金使用效益。

二、目前工作中存在的问题

20××年非税收入管理工作虽然取得了一定成绩，但目前工作中仍存在一些问题：

（一）非税收入宣传力度不够，造成一些单位对"非税收入"概念理解不深。

（二）非税收入管理政策不健全，实际工作中的一些问题无章可寻。

（三）征管机制不规范，没有做到应收尽收。突出表现在个别单位随意降低收费标准，擅自减征、免征、缓征非税收入，造成非税收入流失。

（四）征管措施乏力，没有做到应管尽管。如各行政事业单位国有资产变价收入和门面房出租出让收入、国有资本的经营收益以及凭借政府赋予的垄断权利、政府信誉、国有资产（资源）等收取的其他收入、经营收入和捐赠收入等没有纳入财政管理。

（五）违规自立项目，擅自提高标准。有些单位擅自设立收费项目，不执行国家已明令降低的收费标准，对已取消的收费项目继续收费等。

（六）违规将非税收入存入单位小额账户。有个别单位把应属于非税收入的固定资产变价收入、房租收入等存入单位在支付中心开设的小额账户。还有的甚至私设小金库。

三、下一步工作重点

下一步我局计划重点做好以下几项工作：

◀（一）～（六）简要地说明了工作中的问题。写作时一般比较简明扼要，不做过多深入细致的论说。但也不应过于笼统，一带而过。要求实事求是，理性、客观地分析问题。

◀通过深入地分析现有工作以找到工作中的不足或者存在的主要问题，这些是下一步工作要解决的，是总结报告中的重要组成部分。

公文内容	解析
（一）加强宣传，设立非税收入管理动态专刊，发各单位、各县区，加强社会监督，促进全市落实非税收入规范管理。 （二）完善非税收入减征、免征、缓征程序；落实罚没收入（物资）管理办法。 （三）切实规范和加强政府非税收入管理，继续深化收支两条线管理制度改革。进一步拓展政府非税收入的管理范围，做到应收尽收。 （四）严格收罚票据管理，强化源头控制。 （五）加强非税收入计划管理，努力提高收入质量。 （六）加强稽查和专项检查工作，开展全市清理国有资产（资源）等政府非税收入大检查，严肃查处违规违纪案件。 （七）协助搞好财政支出管理制度改革，确保实行部门综合预算单位的收费资金等非税收入足额及时入库。 　　　　　　　　　　　　××市非税局 　　　　　　　　　　　　20××年1月4日	◀今后工作的重点。此部分内容是在总结经验、吸取教训、提高认识的基础上对今后工作的安排，具有预测性，写作时应当简明扼要，不宜深入阐释说明，避免陷入"工作计划"之嫌。必要时，也可省略。 ▲全文采用总分的结构方式，开头对全年工作的整体情况进行概括说明；主体部分从业绩、问题、下一步工作重点等方面予以充分说明与阐释。结构合理，层次清晰，内容充实，主次分明，详略得当，用语简明平实。

【例文 8-9 情况调查报告】

公文内容	解析
城市居民环境认知调查报告 　　为了解公众对城市环境服务业的认知水平以及政府在加强环保宣传、引导公众参与保护环境、完善环境服务的监督体系方面所承担的角色和发挥的作用，课题组委托国家统计局城市司牵头，经过近两年时间在全国10个大中城市，共抽选4000户居民进行了入户调查。依据调查结果分析得出的一些结论，对于我们制定相关政策具有参考作用。 　　一、调查的基本情况 　　（一）调查对象、范围及样本量 　　本次调查采用等距抽样的方法选取调查户，对抽中户进行入户访问。被访的市民由调查员根据调查问卷中的随机数现场确定。 　　本次调查对象为16岁以上的本市（不包括市辖县）常住居民，一共4000位。	◀由事由与文种构成标题。 ◀简要地交代调查的目的、调查单位、时间、方法、作用等，以便读者了解调查的基本情况。 ◀第一部分，调查的基本情况。详细地说明调查方法、对象选择、样本获取范围、抽样调查方法与样本抽选原则及样本分布情况。这些情况的交代有助于明确调查材料的有效性、真实性、代表性等。

调查范围为北京、上海等10个百万人口以上的大城市,调查地点和样本数量如下:北京400份,上海400份,广州400份,成都400份,大连400份,武汉400份,昆明400份,西安400份,天津400份,杭州400份。

(二)抽样调查方法和样本分布

每个居委会(社区)调查20个(户)市民,400位市民样本共需调查20个居委会(社区)。按市辖区人口规模大小分配各辖区居委会数量。

本次调查按抽样代表性原则,分别在全国东、中、西部各抽选10个城市进行了问卷调查,其中男性占45%,女性占55%,女性被调查者高于男性10个百分点。主体年龄为23~51岁,占被调查者的60%以上,52岁以上也占有一定比重,为26%。家庭人口数以3口人为最多,占调查比重的62%。从整体看,受教育程度以高中、中专、大专、大学学历为主。人均月收入800元以下占25%;801~1500元占38%;1501~3000元占21%;5000元以上占0.7%。被调查者职业分布比较广泛,但是离退休人员比重较高,达22%。

二、调查问卷分析得出的一些结论 ◀ 第二部分,分析调查所获取的材料,并得出结论性认识。

(一)对水资源及供水情况的认识

水资源调查共设10个问题。从总体上看大多数被调查者对目前城市水资源现状表示满意,65%的被调查者认为所居住城市的用水不紧张,27%的被调查者认为比较紧张,4%的被调查者认为用水非常紧张。

调查显示,10个城市的居民对水质基本上是认可的。其中,回答非常好的占4%,回答比较好的为39%,一般的占42%,三者合计占总回答人数的80%以上。水价合理性调查显示,只有1/3强的居民认为目前的水价比较合理,认为非常合理的仅占被调查者的1.6%。持中立态度的占被调查者的34%。回答不太合理、非常不合理的占20%之多。显然,部分居民对所在城市水价的不断上涨表示不满。调查显示,大多数居民认为将饮用水与生活用水分开有助于提高水质、对健康有利并有利于节约。其中一些持犹豫态度的是怕水价因此而上涨。在回答不接受的人群中,除担心水价上涨之外,大多数人还是对水的质量不放心,认为没有必要提高水价。…… ◀ 文中利用大量的调查数据进行比较、分析,使结论有根有据,较客观、可信。

◀ 对水资源及供水情况进行分析。

(二)对环境和垃圾问题的认识 ◀ 对环境和垃圾问题进行分析。

对环境和垃圾状况认识的调查共设13个问题。对所在城市是否有空气质量监测预报的调查显示,74.4%的人了解所在城市有空气质量监测预报,其中回答很真实和基本真实的占回答人数的80%以上;只有5%的人认为不真实。

…………

以上结果说明,城市的空气质量预报还是受到广大群众关注的,其准确程度也是令人满意的。被调查者普遍认为当前城市的主要污染是大气污染,占42%;噪音污染占24%,排在城市污染的第二位;水质污染为15%;固体废气物污染为17%。实际上只有不到2%的人回答无污染。由此可见,城市环境污染相当严重。虽然各级政府在治理城市环境方面投入了一些人力和物力,但效果并不明显,工作并未被广大群众认可。同时装修污染已经越来越为大家所关注,如何解决好这一问题,保证消费者的合法权益和居民健康,也应引起有关方面的重视。……

(三)对能源使用和节约意识的认识

在所调查的城市中,居民做饭基本上使用的是管道天然气、煤气、罐装液化气,使用煤和其他燃料的已经很少了。在用电量日益增长的今天,用电虽然有时会紧张,但对于居民生活用电各城市还是可以保证的。调查显示,多数城市在居民用电高峰时段偶有停电现象发生,但不足以影响居民的正常生活。对政府出台的各项节能环保措施有少部分人持否定态度,他们的看法是自己愿意花钱享受,根本没有考虑费用问题;再者认为一些公共场所也尚未实行节能环保措施,自己也就可以不用实行了。还有的被调查者认为这些措施与己无关,而且从个人角度来说对全社会根本产生不了多大影响。由此可见,节约能源的意识尚未深入到百姓的生活之中,仍然需要努力加强节约能源的教育。

◀ 对能源使用和节约意识进行分析。

…………

(四)对环境保护问题的认识

各级政府虽然对环境保护、污染整治做了大量工作,但只有9%的被调查者能准确回答相关问题,或多或少地知道一些的占79%,明确表示知道政府正在进行重点污染治理和进行各种环境保护宣传工作的仅有10%,回答不知道的占21%。说明政府在进行环境保护治理和宣传方面所做的工作尚未被广大居民所知晓和了解。因此,我们还要花大力气加强对环境保护的宣传工作。……

◀ 对环境保护问题进行分析。

◀ 揭示问题、说明启示、提出建议等是调查研究的最终目的,往往是决策的重要信息支撑,写作时应客观、充分地表达出来。

三、几点建议

通过对以上10个不同城市的调查,可以得出结论:目前国内环境服务业的发展在城市化进程中滞后于经济发展。其原因是多方面的……所以在加快环境服务业改革的同时要照顾各种各样人群的需求,改变对环境服务业抱有怀疑、观望以及不信任者的态度,推进环境服务业的改革。建议如下:

(一)加强教育,转变人们的观念

随着城市居民生活水平的提高,各种新的服务应运而生;城市环境服务已不再是原来的收旧利废和垃圾清扫,而要向更广的领域发展,包含环境设施运营服务、环境监测服务、环境污染治理服务、环境影响评价服务、环境技术咨询服务、环境工程设计服务以及有关的环境服务等。可是,这些名词在百姓眼里还显得是那样的高深。……因此,要转变他

◀ 第三部分,提出工作建议。从观念转变、城市政府作用、城市环境服务业、城市消费模式等四个方面提出工作建议,目的是为解决调查中所发现的问题提供可行性的对策与措施。对策建议应切实可行,具有针对性。

们的观念,使他们明白:过上好的生活也需要付出成本。

（二）发挥政府作用,规划好城市服务业的发展

对于城市环保设施的改革,政府还不能完全将其推向市场,而必须发挥价格干预和监督等作用。事实证明,2005年全国城镇居民用于水、电、燃料及其他服务性收费已经占到居民可支配收入的5%。……

（三）以居民需求为导向发展城市环境服务业

服务与消费是互为因果的两个要素。在社会主义市场经济体制下,消费者对服务运营商的"驱动力"和导向作用越来越明显。……

（四）转变消费观念,形成可持续的消费模式

……树立节约意识,保护生存环境,是我们每一个人的责任和义务,要将资源节约和环境保护的意识体现在我们的日常生活中,形成可持续的生活方式和消费模式。……

展望中国环境服务业的发展前景,空间非常广阔,只要你的产品更健康、更安全,你的服务更优秀,你的收费更合理,你的企业有良好的形象和信誉,你就会成为大家青睐的对象,拥有更广阔的市场。

20××年4月10日

（摘自 http://www.dss.gov.cn）

▲ 本文开头总括调查情况,主体部分则交代调查结果,分析调查材料,得出调查结论,提出相关建议。整个报告层次清晰,结构合理,材料充分,内容详略得当,分析论断有据,用语简明规范,使调查结论较具说服力。

【例文8-10 经验调查报告】

公文内容	解析
建设小康社会的成功典范 ——义乌发展经验调查报告 义乌地处浙江中部,面积1105平方公里,下辖6镇7街道。20××年底全市人口160余万,其中户籍人口68万,外来建设者近100万。改革开放20多年来,义乌市坚持"兴商建市"发展战略,从"鸡毛换糖"、马路市场起步,通过繁荣发展小商品市场,积极推进市场化、工业化、城市化,走出了一条独特的区域经济社会持续快速协调健康发展的成功道路。特别是近年来,义乌市在推进全面建设小康社会的实践中,认真贯	◀ 正副标题。正标题揭示主题,副标题补充说明调查对象和调查内容。 ◀ 简要地介绍了义乌的地理位置、发展战略,贯彻实施的系列重大决策部署等,并明确地提出义乌走出了一条独特的区域经济社会持续快速协调健康发展的成功道路。点明调查报告的主旨,与标题呼应。

彻党的十六大和十六届三中、四中、五中全会精神,全面落实科学发展观和构建社会主义和谐社会的要求,注重从实际出发,贯彻落实省委关于实施"八八战略",建设"平安浙江"、文化大省、"法治浙江",加强党的执政能力建设和先进性建设等一系列重大决策部署,有力地促进了小商品市场加快提升,经贸国际化不断发展,城乡一体化快速推进,和谐社会建设取得显著成效,党建工作整体水平不断提高,经济社会呈现出全面协调持续发展的强劲势头,并向全面小康社会快速迈进。

——相对落后的农业小县发展成实力雄厚的经济强市。从1982年到20××年,义乌的生产总值、财政收入、金融机构存款余额的年均增幅分别达24%、25%、36%。20××年,全市实现生产总值300.1亿元,人均生产总值超过5400美元;财政总收入35亿元,其中地方财政收入19.6亿元;全市金融机构存款余额586.2亿元、贷款余额355.8亿元;一、二、三产业结构比为2.9∶46.2∶50.9。义乌在20××年度全国百强县(市)中居第15位,城市综合竞争力已跃居浙江省县级市首位。

——资源贫乏的丘陵地区培育出全球最大的小商品批发市场。……
——远离都市的内陆小城正在向国际性的商贸城市迈进。……
——基础薄弱的落后乡村呈现出城乡一体化的崭新面貌。……
——敢闯敢创的义乌人民基本过上了比较宽裕的小康生活。……
——复杂多元的社会环境保持了稳定和谐的良好局面。……
——蓬勃发展的义乌市场引领着日益兴旺的"义乌经济圈"。……

◀ 概括了义乌20年发展的主要成果。通过纵、横向比较的方法,运用大量数据说明发展业绩。

深入探究义乌发展之"谜",我们可以看到,义乌市在全面建设小康社会的实践中,始终坚持以邓小平理论、"三个代表"重要思想和科学发展观为指导,从实际出发,创造性地贯彻中央的精神,落实省委的决策部署,积极探索具有浙江特色和义乌特点的有效做法,坚持兴商建市,促进产业联动,注重城乡统筹,推进和谐发展,丰厚文化底蕴,力求党政有为,走出了一条独特的区域经济社会持续快速协调健康发展的成功道路。

◀ 过渡段落,承上启下。简要地评议义乌走出了一条独特的区域经济与社会持续快速协调健康发展的成功道路的经验,同时转入下一层次内容的表达。

一、兴商建市:推进专业市场的扩张提升,这是义乌全面建设小康社会、走科学发展之路的龙头和基石。

………………

目前,义乌市基本形成以商贸流通、物流、金融、会展、购物旅游等为主要支柱产业的现代服务业体系。20××年,全市共有各类服务业经营单位10万余家,从业人员50多万人,第三产业增加值已超过生产总值的一半,20××年义乌国际小商品博览会实现成交额81亿元,境外参会客商达1.4万人。

二、产业联动：市场带动工业，工业支撑市场，市场与产业联动发展，这是义乌全面建设小康社会、走科学发展之路的独特路径。
....

三、城乡统筹：以工哺农、以商强农，以城带乡、城乡互促，这是义乌全面建设小康社会、走科学发展之路的有力举措。

四、和谐发展：注重生产生活生态的和谐相容，注重经济社会的和谐互动，注重各类社会成员的和谐共处，这是义乌全面建设小康社会、走科学发展之路的重要特征。
....

五、底蕴丰厚：秉承深厚的文化传统，弘扬独特的人文精神，发展具有时代特征的先进文化，这是义乌全面建设小康社会、走科学发展之路的不竭源泉。
....

六、党政有为：党委总揽全局、把好发展方向，政府调控有度、搞好公共服务，这是义乌全面建设小康社会、走科学发展之路的根本保证。
....

◀ 一～六分项深入分析义乌发展成功的主要经验：行商建市、产业联动、城乡统筹、和谐发展、底蕴丰厚、党政有为等，分析了义乌全面建设小康社会、走科学发展之路的路径、举措、特征、源泉、保证。

义乌的发展，是贯彻党的路线方针政策，全面建设小康社会，走科学发展之路的成功实践；是贯彻省委、省政府一系列重大决策部署，特别是近年来结合实际推进"八八战略""平安浙江"、文化大省、"法治浙江"、加强党的执政能力建设和先进性建设各项工作的成功实践，是浙江发展的一个生动缩影。义乌的发展经验是"浙江经验"的重要组成部分，"义乌精神"是"浙江精神"与时俱进的具体体现。从义乌全面建设小康社会、走科学发展之路的成功实践中，我们可以得到以下启示：

◀ 过渡段落。分析提炼主题，承启自然，转入义乌成功经验所带来的重要启示。

第一，必须始终坚持一切从实际出发，尊重人民群众的首创精神，保持与时俱进的精神状态，积极探索具有自身特色、符合客观规律的区域发展之路。要善于把中央精神和本地实际紧密结合起来，根据本地资源状况、经济基础和产业传统，因地制宜、因势利导地推动区域经济社会发展，努力开辟具有时代特征、区域特色的发展之路。……要树立强烈的创新意识，求真务实，与时俱进，创造性地开展工作，根据客观实际的发展变化及时提出适合实践要求的政策和措施，不断推进观念、体制、科技、文化等一系列创新，努力使我们的工作始终体现时代性、把握规律性、富于创造性。要充分尊重群众的首创精神，大力弘扬与时俱进的浙江精神，始终保持奋发有为、昂扬向上的精神状态，切实引导好、保护好、发挥好各方面的积极性、主动性和创造性，努力营造让一切劳动、知识、技术、管理和资本的活力竞相迸发，让一切创造社会财富的源泉充分涌流的发展环境。……

◀ 第一～第五分析义乌创造性地建设小康社会、走科学发展之路的实践的启示：坚持一切从实际出发、坚持发展、坚持生产生活生态相结合、坚持以人为本、坚持党的领导等。相同句型，语言工整，易于理解。

第二，必须始终坚持发展党执政兴国的第一要务，以经济建设为中心，贯彻"五个统筹"的要求，努力走全面协调可持续的科学发展之路。……

第三，必须始终坚持生产生活生态的和谐相融，激发社会的创造活力，加强社会建设和管理，努力走具有中国特色、时代特征、浙江特点的和谐发展之路。……

第四，必须始终坚持以人为本，以实现人的全面发展为目标，切实保障人民群众的经济、政治和文化权益，努力走发展成果惠及全体人民的富民强省之路。……

第五，必须始终坚持党的领导，充分发挥地方党委的领导核心作用，正确处理政府和市场的关系，坚定不移地走中国特色社会主义道路。……

20××年4月25日

（摘自 http://www.zjol.com.cn）

◀ 全文按照义乌发展成果、经验、启示三部分安排结构，层层递进，逻辑清晰，承转自然，材料充分，内容充实，叙议结合，主题突出；语言凝练生动，长短句、散整句结合使行文跌宕起伏，增强了语言的表现力和报告的可读性。

【例文 8-11 问题调查报告】

公文内容

全国人大常委会关于金融支农问题的调研报告

委员长、各位副委员长、秘书长、各位委员：

根据全国人大常委会关于围绕"三农"问题开展执法检查和工作调研的部署，今年5月，全国人大常委会金融支农问题调研组对金融支农问题进行了专题调研。调研组由全国人大常委会副委员长成思危任组长，全国人大财政经济委员会、全国人大环境与资源保护委员会和全国人大农业与农村委员会的部分组成人员参加了调研。5月上旬，调研组在北京召开座谈会，听取了国务院有关部门和金融机构的情况介绍，并和有关专家学者进行了座谈。随后，分三个组赴湖南、江西、安徽、广西、吉林、辽宁开展了调研。调研组听取了地方政府及有关部门的情况介绍，与当地农业银行、农业发展银行、农村信用社负责人、信贷人员、基层干部、农户和农村企业负责人等进行了座谈，走访了一些农户和企业。

解析

◀ 由发文机关名称、事由与文种三部分构成标题。

◀ 呼语。听取报告的主要人员。

◀ 说明调查的依据、时间、调查机构及其构成，调查对象、方式和范围等基本情况。

现将调研情况报告如下。

一、金融支农工作基本情况

近年来,各级政府和金融机构重视金融支农工作,采取了一系列政策措施,不断改进金融服务,农业信贷投入呈逐年增加趋势,农民贷款难问题得到一定缓解。当前农村信用社改革工作进展顺利,试点地区的信用社负担减轻,历史包袱减轻,活力增强,政策效应已经显现,出现了好的发展势头。邮政储蓄政策的调整减少了农村资金外流,改善了农村信用社的资金状况。中央和地方财政通过财政补贴、停息挂账、减免税收等措施,对金融支农工作给予了有力支持。 ◀ 第一部分,简要地说明金融支农的总体情况。

中国人民银行通过再贷款等措施不断增加对农村金融机构的投入。1999年至20××年,共安排农村信用社再贷款1238亿元,重点支持中西部、灾区、粮食主产区及其他资金紧张地区的信用社发放农户贷款,20××年又增加安排50亿元再贷款,用于粮食主产区发放春耕生产贷款。 ◀ 说明中国人民银行、农村信用社、中国农业银行、农业发展银行等在落实金融支农政策中的主要工作措施。

农村信用社坚持为"三农"服务的经营方向,把农户和农业经济组织作为主要服务对象,在金融支农中的作用越来越明显。1996年底,农村信用社农业贷款余额为1487亿元,到20××年3月末,已经增加到8180亿元,平均每年净增加799亿元。农业贷款占其贷款总额的43.3%,乡镇企业贷款6122亿元,占其贷款总额的32.4%。农村信用社农业贷款占全国金融机构农业贷款的85.6%。……中国农业银行把支持农业产业化经营作为支农工作的重点。到20××年底,农业产业化贷款余额654亿元,其中当年发放399亿元。……

农业发展银行认真落实粮棉购销政策,做好收购资金供应和管理工作,1998年至20××年,累计发放粮棉油收购贷款9187亿元,解决了多年困扰广大农民的"打白条"问题。

今年以来,各地认真贯彻落实……加大了工作力度。一季度末,吉林农户贷款同比增长24%,辽宁……。从调研情况看,全国金融支农工作正在得到加强。 ◀ 通过分析调研情况得出结论:全国金融支农工作正在得到加强。

二、金融支农工作有待解决的问题 ◀ 第二部分,分析金融支农中存在的主要问题。

农村金融需求的主体包括普通农户、种植和养殖大户、农业产业化龙头企业和其他涉农企业。农村金融需求主要分两类:第一,生产性借贷需求,又可以分为两个层次:一是农户为了维持农业简单再生产而产生的借贷需求;二是随着农村经济结构调整以及农业和农村经济向规模化、多元化和产业化发展,机械化程度提高,农户、种养大户和农村企业对金融的需求不断增强。农业综合开发、农村扶贫、农村基础设施建设等都需要金融的支持。第二,消费性借贷需求,主要是农户因为盖房、看病、婚丧嫁娶、子女教育而产生的借款需求。 ◀ 农村金融需求的主体与需求种类及其主要用途。

从调研情况看：农民的消费性借贷主要依靠民间借贷解决。购买化肥、种子、农药等的费用主要依靠信用社的农户贷款解决（包括农户小额信用贷款和联保贷款），满足程度相对较高。种养大户、产业化龙头企业和其他涉农企业扩大再生产贷款难，满足程度不高。金融机构提供的金融服务与农民对金融的需求相比还有很大差距。 ◀ 指明金融服务与金融需求之间存在差距，引出下文的具体表现（第一～第四）。

第一，信贷资金投入不足，农村资金外流严重

一是金融机构对农业和乡镇企业的贷款所占比重较低。1998年以来，两项贷款合计占金融机构贷款总额的比重略高于10％，最高的1999年也只有11.7％，20××年我国农业增加值占GDP的比重是14.8％，但是农业在整个金融机构中占用的贷款余额不到6％。调研所到地区，农业贷款比重普遍不高，农村信用社资金紧张。二是农户存款大于贷款，存贷差逐年扩大。1997年，全国农户存款大于贷款7357.9亿元，到20××年这一差额扩大到9403.7亿元。三是农村资金大量外流。外流的渠道主要是邮政储蓄和商业银行。1997年末，农村邮政储蓄存款余额为1710.6亿元，到20××年末，达到4421.4亿元。邮政储蓄在农村只存不贷，吸收的存款全部存入银行。20××年4月末，辽宁和吉林四大国有商业银行从县及县以下吸收存款余额分别为938.2亿元和596亿元，贷款余额分别只有596.5亿元和482亿元。还有部分资金通过农村信用社购买债券、拆出资金、向城市客户贷款而流出农村。 ◀ 通过纵向比较说明了信贷资金投入不足，农村资金大量外流。

◀ 运用大量的数据进行比较，使问题直观简明地呈现出来。

第二，农户从金融机构获得贷款难，贷款满足率不高……

第三，小额信用贷款不完全满足农户需要…… ◀ 农户贷款难、小额贷款需求难满足、金融服务单一等问题同样严重。

第四，金融机构提供的服务比较单一，突出表现是农业保险严重滞后，多数地区的农村基本上只有传统的存贷款业务，结算、保险、咨询、外汇等其他服务很少。……

三、制约金融支农的主要因素 ◀ 第三部分，分析制约金融支农的相关因素。

农村特别是农户信贷有以下特点：一是信贷需求主体数量大，高度分散，经营规模小。二是农业生产季节性强，周期长，受自然资源和自然灾害影响大。三是农村经济相对落后，交通、通信条件差，信息传递不便。四是农民收入水平远低于城市，户均拥有的财富和抵押品严重不足。这些特点决定了农村金融的交易成本和信贷风险都很高。现有的农村金融体系从整体上看，已经不适应农村信贷的特点和农民的金融需求，不适应农业和农村经济发展的需要。 ◀ 说明农户信贷的主要特点，以及当前的金融体系与这些特点的不适应之处。

第一，国有商业银行出于防范风险和提高经营效益的考虑，已经大规模撤离农村，贷款权纷纷上收，留在县和县级以下的分支机构主要以吸收存款为主，从农村吸收的资金更多地投向回报高的产业和地区。1999～20××年，四大国有商业银行从贫困省份撤掉分支机构3万多 ◀ 制约金融支农的因素有：国有商业银行贷款权上收、信用社的困难与问题、农村发展银行业务太窄、金融风险机制不健

个。20××年,湖南省内工商银行、建设银行和中国银行的农业贷款余额分别为0.75亿元、0.97亿元和3万元,在农业贷款总额中的份额几乎微不足道,但国有商业银行在农村存款中占的份额却达53.4%。1998年以来,江西全省金融机构撤并县及县以下营业网点达2790个,吉林撤销营业网点922个。农业银行脱离农村和农业的步伐越来越快。

第二,农村信用社要发挥金融支农"主力军"的作用还面临很多困难和问题……

第三,农业发展银行业务范围太窄,没有起到应有的作用。……

第四,农户和农村企业贷款抵押难,担保难,分散风险的机制不健全。……

第五,各地对防范和打击高利贷、地下钱庄比较重视,但对如何组织和引导民间借贷为"三农"服务重视不够。

四、进一步加大金融支农力度的建议

从调研情况看,金融支持力度不足是制约当前农业和农村经济发展的重要因素。增加信贷资金投入,对全面发展农业和农村经济,不断提高农民收入,具有十分重要的作用。为此,要采取有效措施,增加当前支农信贷资金总量,缓解农民贷款难问题;同时,深化改革,对政策性金融、商业性金融和合作性金融重新进行功能定位,统筹研究,建立合理有效的运行机制,强化农村金融体系的整体功能。

(一)加大财政支持力度,进一步明确和强化政策性金融的支农作用

农业是弱势产业,农村金融具有交易成本高、风险高的特点,完全由市场配置资源难以完成,必须有政府的支持、引导和推动。政策性金融是财政扶植农业的形式之一,必须大力发展。一是调整农业发展银行的业务范围,允许其开办农业综合开发贷款、粮食生产专项贷款、农村基础设施建设贷款和扶贫贷款等业务。二是建立政策性金融的财政补偿机制。中央财政和省级财政建立金融支农风险基金,向有政策性金融业务的机构提供贴息和呆账损失的弥补,用少量的财政补贴引导社会资金流向农业和农村经济。研究通过发行金融债券等渠道,增加农业发展银行的资金。可将邮政储蓄的一定比例,用于购买农业发展银行的债券。三是研究制定农业政策性金融的专门法规或条例,对政策性金融的经营宗旨、经营原则等加以明确,确保其稳健、持久地运营。

(二)加大政策和法律引导,发挥商业金融的支农作用

一是要通过税收等政策鼓励、引导商业银行为县域经济特别是农业和农村经济提供金融服务,增加信贷投入。二是针对农民抵押难的问题,研究适当放宽商业银行贷款制度,如对支农信贷实行单独考核等。三是借鉴一些国家的经验和做法,制定专门法律,或通过修改现行商业银行法,明确规定商业银行有义务为其经营业务所在社区提供金融服

务。在保证资金安全的前提下,将商业银行分支机构吸收的一定比例的存款用于本社区信贷投入。放款达不到一定比例的可以撤掉网点,让出存款市场。

(三)深化农村信用社改革,完善农户小额信贷机制

••••••••••••

(四)组织和引导各种民间资金更好地为"三农"服务

••••••••••••

(五)建立和完善农村金融风险规避机制,培育良好的农村信用环境

••••••••••••

(六)建议国务院研究出台关于金融支农的政策文件

金融支农问题涉及面较广,涉及财政与金融的关系,政策性金融、商业性金融、合作性金融的定位,保险和担保制度等,不是金融机构或者一个部门能够单独解决的,需要全面研究,统筹考虑。建议国务院针对制约金融支农的主要问题,研究制定专门的政策文件,加强金融支农工作。

以上报告,请予审议。

20××年4月17日

(摘自 http://www.xinhuanet.com)

◀ 全文首尾简明扼要,主体部分由基本情况、问题、制约因素、建议等构成,逻辑清晰,结构合理,揭示问题有根有据,论析原因深入具体,建议针对性强,语言郑重规范,很好地体现了问题调查报告的特点。

◀ 结尾。再次强调行文目的:"请求审议"。

【例文 8-12 建设项目可行性论证报告】

| 公文内容 | 解析 |

××县灯光球场建设项目可行性研究报告

◀ 标题由项目名称与文种构成。

一、项目背景

1.国家实施西部大开发战略,加强西部地区基础设施建设,尤其是对西部农村地区的基础设施建设非常重视。

2.中共中央、国务院根据新时期经济发展、社会进步、体育工作情况做出了《关于进一步加强和改进新时期体育工作的意见》;省委、省政

府做出了《关于进一步加快发展体育事业的决定》;党的十六大提出了全面建设小康社会的奋斗目标,把体育事业作为全面建设小康社会的大事来抓。

3. 全县上下认真实施"全民健身计划"和参与"奥运争光计划",群众体育和竞技体育运动得到了长足发展。

二、项目建设的必要性、可行性

(一)必要性

1. 体育作为一种群众广泛参与的社会活动,不仅可以增强人民体质,也有助于培养人们勇敢顽强的性格、超越自我的品质、迎接挑战的意志和承担风险的能力,有助于培养人们的竞争意识、协作精神和公平观念。……

2. 参加体育活动,能够增加人们的情感交流,增进人与人之间的相互了解,改进人际关系,建立健康、合理的生活方式,创建文明和谐的社会环境。高水平竞技体育对丰富人们的精神文化生活,弘扬集体主义、爱国主义精神,增强国家和民族的向心力、凝聚力,都有着不可缺少的作用。

3. 党的十六大将提高全民族的健康素质和形成比较完善的全民健身体系纳入全面建设小康社会的奋斗目标……省委、省政府《关于进一步加快发展体育事业的决定》中要求:"县(市、区)要有标准的田径场、带看台的灯光球场和训练房"。

4. ××县位于××省××东南部,……全县总面积538平方公里,全县共辖五镇五乡,102个行政村,总人口20.3万人,其中农业人口19.3万人,农村劳动力8.4万人,其中……

5. 1982年修建的××县灯光球场,已有20年的历史,由于维修配套跟不上,导致看台倒塌,场地积水,无法正常开展体育活动。全县现有各类体育场所91处,体育人口5.7万人,体育设施和健身场地数量少、标准低,不能满足群众健身的需求,严重制约着群众体育运动的开展。

(二)可行性

1. 群众体育运动有着优良的传统与基础……

2. 我县经济和社会的发展,为体育事业的发展创造了良好的物质条件和社会基础。……

3. 当前人民群众日益增长的体育文化需求,培育了……

三、建设计划

计划在城关镇××村河滩修建"××县灯光球场"1处,占地面积6×××平方米,建筑面积4×××平方米,可容纳观众1万多人。工程包括会议室、休息室、办公室、仓库、宿舍、男女更衣室、运动员休息室、厕所等。……

◀ 简明扼要地交代项目建设的缘由、依据和目的。

◀ 阐述项目建设的必要性:体育对人民生活的重要作用与功能,体育设施是全民建设的需要,本县现有体育设施的严重老化与不足等,充分说明建设灯光球场对于增强人民体质、建设和谐社会具有重要的意义。

◀ 本县的体育传统、经济社会发展基础、体育文化需求等,都为操场建设以及建成后的运行提供了切实可行的有利条件。

四、主要建设内容
(一)主体工程
1. 修建主席台雨棚480平方米；
2. 球场北阶梯长57米，宽0.6米，共修建20级，合计684平方米；……

◀ 具体建设方案。包括主体工程、附属设施等具体内容。

五、投资估算和资金来源
建设项目计划投资3××万元，县上自筹××万元，请求上级部门帮助解决×××万元。资金投资及使用预算表详见附件2～3。

◀ 资金预算与来源。附件以表格式表现内容，直观清晰。

六、综合效益分析
(一)社会效益
体育场建成后，为全县开展大型体育活动提供场所，满足广大人民群众日益增长的体育文化需求，以实际行动实践"三个代表"重要思想，促进群众体育与竞技体育协调发展，坚持体育为人民服务、为社会主义现代化建设服务，组织实施"全民健身计划"和"奥运争光计划"，力争抓好计划纲要中要求抓好的"三个环节"，即建设群众健身场地、健全群众体育活动组织、举办经常性群众体育活动。

◀ 综合效益分析，从社会效益与经济效益两个方面进行。

(二)经济效益
1. 在灯光球场前面修建20间铺面，每间每月收房租费×××元，每月共收房租费××××元，年可收房租费×万元。……
以上收入共计×万元，可用于体育场维修和管护、开展体育活动。

七、项目实施计划与进度(见附件4)

◀ 用附表表达项目主要内容以及时间进程，便于查阅。

八、项目组织领导与实施管理
(一)组织领导
体育场建设项目工作量大、周期长、技术要求高、政策性较强、涉及面广。因此必须成立强有力的组织机构，来保证项目的实施。由县委、县政府分管领导总体负责，计划经贸局、文体局、土地局、城建办、城关镇等部门配合完成"××县灯光球场"项目建设。

◀ 项目组织管理机构，目标责任管理，资金管理。

(二)实施管理
项目实行目标责任管理。县计划经贸局、县文化体育局负责项目总体工作，对项目任务进度、工程质量进行安排和检查；县城建办、土地局、城关镇等部门密切配合，分工协作，争取保质保量完成项目建设任务。
规范并加强资金管理。资金管理工作制度化、规范化，是管好用好项目建设资金的根本措施。实行分期付款，坚持"先建设、后验收、再拨款"的资金管理原则。

九、项目运行管理与维护

体育场竣工验收后，及时办理移交手续，建立健全各项运行管护制度，保证体育场的正常运转，使其长期发挥作用。坚持"以工程养工程"的原则，把体育场的经营收入用作体育场运行管护费用。积极探索产权制度的改革，对工程项目以租赁、承包等方式经营。

十、结论和建议

（一）结论

项目实施后可以促进××县体育体制改革和运行机制转变，增强全县体育发展的活力和后劲，保障体育事业持续、健康发展，实现体育与经济社会协调发展，为全面建设小康社会提供有力的保障。经可行性研究分析，本项目在技术、经济、社会、环境诸方面都比较理想，项目实施的意义比较深远和重大，该项目建设是切实可行的。

（二）建议

××县灯光球场建设项目，在资源、社会经济条件和资金等方面都有较高的可行性。因此，广泛宣传项目建设的重大意义，使广大群众认识到项目建设是繁荣本县农村经济和致富奔小康的重大举措，从而为项目征地等活动提供方便；多渠道筹措资金，保证自筹资金在项目筹备期间到位，先期开展征用土地等活动；搞好项目招投标活动，保证工程质量，保证按期完工交付使用。

附件：1. ××县灯光球场建设项目领导小组名单（略）
      2. 主体工程预算表（略）
      3. 附属设施预算表（略）
      4. 项目实施计划与进度一览表（略）

解析：
◀ 项目运行管理与维护坚持"以工程养工程"的原则，探索产权改革制度。

◀ 明确地得出结论："项目建设是切实可行的"，并建议有关部门在征地、资金、项目投标等方面提供大力支持。

▲ 全文由十个部分组成，结构要素齐全，按照项目要素层层深入，对该建设项目的可行性进行了较深入的分析，材料较充分，论证过程具有较强的说服力。

◀ 附件说明表达规范，旨在补充完善正文内容。

【例文 8-13 科研项目可行性论证报告】

公文内容

××开发项目可行性研究报告

一、研究目的

本项目计划在200×年～200×年期间，以即将建成的×××为主

解析：

◀ 标题由项目名称与文种构成。

要依托，开展以探索提高未来聚变堆经济性的有效途径为目标的××等离子体条件下的改善约束研究，以研究××工程可行性为目标的××物理和工程问题等与聚变反应堆有关的工程及物理课题研究，发展聚变关键技术，培养人才，取得具有国际前沿水平的创新成果，进一步缩短我国聚变研究与国际先进水平之间的差距，为我国建造工程试验堆奠定基础。

◀ 简要地交代项目研究的目的、已经取得的高水平重大成果、该项目研究的重大意义。

……………

上述与本项目有关的国际××研究的热点及前沿性课题的研究中，"九·五"期间，我院在×××装置上通过二级加热、电流驱动和弹丸加料等手段，对××参数的剖面分布控制进行了成功探索，获得了××剪切位形，在改善约束方面取得了有自己特色的创新成果；在×××、××工艺研究中取得了多项具有国际先进水平的研究成果；同时我国第一个带有××的装置已于2001年年底在我院建成。因此，我院具备了实施本项目并取得高水平科研成果的良好条件。同时，根据当前国际××研究的现状和我院已有的××研究基础，"十·五"期间，实施本项目也是我国××研究迅速达到国际水平的良好机遇，对我国××能源开发事业有相当重要的意义。

二、前期科研工作情况、现有基础和条件

××物理研究院的受控核聚变研究工作始于二十世纪六十年代早期，经近四十年的努力，先后建成×××、×××等各种类型的受控核聚变研究实验装置××个，并成功地开展了物理实验研究；发展了×××加热技术、电流驱动技术、加料技术等相关技术；成功地承担并出色地完成了××期间国家××技术领域××专题重要课题的研究任务；积累了大量的实验、工程数据，取得了丰硕的科研成果；形成了一支专业配套、结构层次合理的高水平核开发研究队伍，代表着我国××研究的规模和水平。我院目前拥有先进的××实验装置以及较先进的××研究开放实验室。近年来，在改进×××、×××等方面取得了重大进展，部分达到了国际先进水平，为完成本项目所涉及的国际前沿课题研究提供了良好的条件和基础。

◀ 简要地说明前期重要科研情况，包括相关技术、科研成果及其层次水平、研究队伍、实验设备等方面的基本情况。目的是论证开展本项目研究已经具有良好的科研基础与前提条件，项目承担单位有足够的实力来承担并完成该研究项目。

1. 我院拥有一支专业配套、结构层次合理的高水平核聚变能源开发研究队伍。目前，我院直接从事核聚变研究的人员为350多人。其中：有院士一名、高级职称科技人员×××多人、博士和硕士导师××多人，并设有博士后流动站；现有博士……研究队伍的专业涉及核聚变与等离子体物理的十多个学科，研究队伍中大部分科研人员参加了××装置的研制及物理实验的全过程，有丰富的装置建造和运行及实验经验，有良好的专业素质和奉献精神。

◀ 本部分从八个方面进一步详细深入地说明各种现实条件。数据客观，材料翔实，有力地论证了该项目承担单位具有"良好的研究条件"这一结论。

2. 建院以来取得了一批高水平的科研成果，引起了国内外同行的广泛关注。……

3. 拥有国际同类型、同规模装置先进水平的×××装置和即将建成的我国第一个带有偏滤器的×××装置。……

4. 拥有相当规模的二级××系统以及先进的×××技术。……

5. 先进的×××控制技术。……

6. 拥有我国××领域的第一个部级重点实验室。……

7. 聚变堆设计与工艺研究工作国内领先。……

8. 广泛的国际合作基础。……

三、国外同类研究项目的研究水平概况

人类对×××的大规模研究始于二十世纪四十年代末期，当时各国在相互保密的情况下用多种方式探索实现×××的途径。直到二十世纪六十年代末期……

◀ 通过纵向和横向比较，说明该项目在国际上的研究价值和研究水平等基本情况。

四、考核目标

本项目的考核目标为：……

◀ 主要任务与目标，是该项目研究与验收的依据。

五、项目关键技术

实施本项目必须要解决和发展的难度较大的技术有：……现将这些技术的难点和可行性分析叙述如下：……

◀ 研究难题，解决这些难点的可行性。

六、技术路线

1. 在××物理研究方面，首先将对现有×××进行杂质控制和偏滤器特性的研究。……
…………

◀ 指出项目研究的技术路线是从物理、设计、材料等方面的研究得出规律性结论。

七、主要研究课题

本项目主要开展三个方面的研究工作：第一，……第二，……第三，……课题的安排及研究内容如下：

1. ××装置物理实验研究……

2. ××的聚变关键技术研究……

3. ×××技术研究……

◀ 研究内容的框架。

八、经费概算及分年度匡算

1. 本项目共需研究经费××××万元，分项及分年度估算详见下表1：（略）

2. 本项目研究经费分项预算如下表2~表7：（略）

3. 本项目研究经费分专题预算如下：（略）

◀ 科研经费年度分项目预算。

九、分年度进度及目标

本项目的完成，将使我国在托卡马克物理与工程技术，特别是在约束改善、偏滤器物理与工程等核聚变核心技术方面接近国际先进水平。

◀ 阶段性进度安排、成果形式。

同时在聚变关键技术方面取得长足的进步,完成硬件设备的研制,并完成相应的技术报告及论文。在混合堆设计和材料方面,将开发出一批设计软件包,同时研究开发若干种关键堆材料。在本项目完成过程中和完成后,将有一大批具有国际先进水平的研究论文发表,这将大大地提高我国核聚变研究在国际上的地位。

本项目的研究期限为200×～200×年,各项研究课题的计划进度及预期达到的目标安排如下表8。(略)

十、项目负责人,主要承担单位及组织方法

1. 本项目主要承担单位为:××××物理研究院。

2. 项目负责人简介:

张××:研究员,1942年1月23日……共取得重要研究成果近30项,其中获国家和部省级重大科技成果奖7项(国家重大科技成果奖4项)。

◀ 项目负责人的学术资历、研究与组织协调能力等。

柳××:研究员,硕士,1961年出生。……曾获部省级科技进步一等奖一项,三等奖五项。在国内外重要刊物上发表论文40余篇。现任×××科学所所长。

3. 组织形式:课题负责制。

十一、经济性分析

能源的供需矛盾长期困扰着我国国民经济的发展和人民物质文化生活水平的提高,随着我国经济的快速发展,这个矛盾将日趋尖锐,开发新能源将成为我国发展国民经济面临的首要课题。……因此,深入开展本项目的研究工作对我国经济的腾飞有重要的意义,有着不可估量的经济和社会效益。同时,由于核聚变研究所涉及的学科领域多为世界前沿性学科,因此,开展本项目的研究工作还可带动和推进我国科技的进步和发展,促进新兴学科及相关产业的形成,直接促进我国经济的发展,还可为巩固我国国防作出贡献。

◀ 经济效益与社会效益分析。

▲ 全文从该项目研究的人财物条件、内容框架及研究思路、技术难点与发展潜力、项目效益等方面论证其可行性。逻辑清晰,结构合理。内容系统全面,论据充分,论证有力;语言表达严谨周密。运用大量数据、表格、图表进行对比说明,有助于增强内容的可信度和报告的说服力。

十二、附件(略)

【例文 8-14 经济活动分析报告】

公文内容

××（集团）有限公司
二〇〇×年上半年经济活动分析报告

一、集团基本面分析

200×年上半年，××集团公司在党政班子的直接领导下，全体员工紧紧围绕年初职代会制定的"坚持严、细、实，遵循高、大、新，实现××集团公司新一轮快速发展"的工作目标，克服了原材料持续上扬、业务承接量不足等诸多不利因素的影响，完成机械加工总量17194吨，M产品106台，N产品8台，创造工业总产值7760万元，实现合并营业收入8315.68万元，营业利润331.73万元，利润总额303.45万元。若剔除SS公司的影响，则上半年完成机械加工总量12700吨，创造工业总产值5969万元，实现合并营业收入6485.18万元（其中主营收入6435.22万元、外销257.50万元），营业利润256.36万元，利润总额255.48万元，与上年同期相比，分别增长了915万元、1676.41万元、18.92万元和15.93万元，增长率分别为18.10%、34.86%、7.97%和6.65%；营业收入、外销收入和利润总额分别完成年度计划11100万元、400万元和610万元的58.43%、64.38%和41.88%；但合并销售毛利率、合并销售利润率和合并净资产收益率分别由上年同期的16.98%、4.98%和2.17%下降至14.90%、3.94%和1.69%，这说明集团公司在营业收入强劲增长34.86%的同时，由于成本费用以比营业收入更快的速度增长，使利润总额仅增长6.65%，经营成果距"时间过半，任务达半"的目标有一定的差距。

从资产状况来看，截至6月末，资产总额13277万元，资产结构（流动资产与长期资产之比）为1.83：1，权益比率（负债与股东权益之比）为1.16：1，流动比率为126.01%，这说明流动资产足够偿还短期债务，但同时部分股益资本被流动资产占用，对盈利能力势必造成一定程度的影响。

为了便于与上年同期数据相比较，以及与年度计划口径一致，以下对经营成果的分析以剔除SS公司的合并财务数据为准进行。

解析

◀ 由发文机关名称、时间、事由与文种构成标题。

◀ 说明上半年经济发展的总体情况，运用系列数据进行比较，使得出的结论具有有力的支撑。

◀ 写作中要确保数据的真实性与有效性；注意比较方法的选择；要通过比较得出结论。

二、各项目具体分析

（一）实现产值、营业收入、利润分析

上半年完成工业总产值5969万元，实现营业收入6485.18万元（其中主营收入6435.22万元，外销257.50万元），利润总额255.48万元。

合并营业收入完成年度计划的58.43%，比上年同期增加1676.41万元，主要呈现为XX公司和YY公司的销售增长，而母公司的销售相对萎缩。

合并利润总额完成年度计划的41.88%；与上年同期相比，各母子公司都有所增加，其中母公司在营业收入下降的同时实现了增利，YY公司实现扭亏，稍有盈余，开创了良好发展的新局面。

母公司的营业收入与上年同期相比下降了248.87万元，但利润总额增加71.88万元，除投资收益增加36.17万元外，其他归功于成本费用的有效控制。

XX公司PP产品销售量与上年同期基本持平，但由于5月份某公司（客户）补差价566.97万元（含税），使平均结算价格（含税）由上年同期的3576.34元/吨增至4455.53元/吨，增加了879.18元/吨，从而营业收入增加779.58万元，实现增利16.05万元。

YY公司积极、主动地开发市场，实现外销183.70万元，同时采取到现场包换N产品的售后服务等有效措施，基本上占领了B市内N产品市场。与上年同期相比销售收入增加821.93万元，实现盈余3.16万元。

ZZ公司营业收入和利润总额与上年同期相比分别增加23.32万元和9.23万元，可见正处于持续性发展中。（产值、营业收入等情况如图8-1所示）

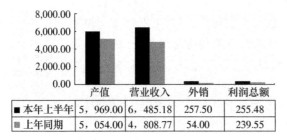

图8-1 产值、营业收入、外销及利润总额比较图

产值、销售收入、利润总额比较表（略）

（二）成本费用分析

上半年，营业成本为5519.06万元，较上年同期3992.36万元增加1526.70万元，增长率为38.24%；期间费用为826.72万元，较上年同期546.19万元增加280.53万元，增长率为51.36%。

由于总体成本费用的增长率39.58%大于营业收入的增长率34.86%，使得今年上半年的销售成本费用率达98.38%，与上年同期的95.06%相比增长了3.32%，增长幅度为3.49%，最终使利润总额以比营业收入少28.21个百分点的速度增加。

原材料的持续上扬是成本费用上升的主要原因，虽然5月份有所回落，但自6月初以来又出现强势反弹，与上年平均原材料采购成本相比，今年上半年由于涨价因素对生产成本的影响金额为1135.47万元，其中母公司39.19万元、XX公司992.85万元、YY公司103.43万元。

◀ 深入分析总体成本费用上扬的原因、母公司与分公司的差异等情况。

值得一提的是，母公司与整个集团的情况正好相反，与上年同期相比，母公司的营业成本下降了495.61万元，期间费用增长214.21万元，成本费用总额下降了283.60万元，下降幅度大于营业收入的下降幅度，致使母公司由上年同期亏损11.16万元扭转为今年上半年盈利60.72万元。这一方面与各分公司的成本控制意识是分不开的，另一方面是为了更加如实地反映成本状况，今年对收所属分公司的管理费由以往冲减管理费用改为冲减制造费用，若剔除此因素的影响，管理费用应是相对节约的。（成本费用如图8-2所示）……

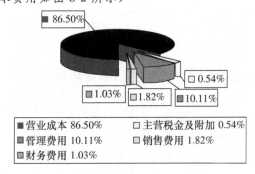

图8-2 成本费用构成图

◀ 成本费用构成图既形象又生动，便于理解与记忆。同时，同一公文中采用不同格式的图表，增强了公文的表现力和可读性。

成本费用构成变动情况表（占营业收入的比例）（略）
可控性管理费用为年度财务计划216.10万元的48.55%……
可控管理费用执行情况对照表（略）

（三）资产营运效率分析
……

（四）偿债能力
……

◀ 系列变动表、对照表的使用，增强了受文者对经济活动动态变化的理解与掌握，有助于深入浅出地分析、说明观点。

◀ 资产运营效率、偿债能力分析。

（五）盈利能力

上述已提及，由于成本费用的增长大于营业收入的增长，公司的盈利能力与上年同期相比有所下降。销售毛利率为14.90%，销售利润率为3.94%，成本费用利润率为4.00%，资产收益率为0.51%，净资产收

益率为0.94%,资产和净资产的收益率均小于企业实际贷款利率,盈利能力偏低。(盈利能力如表8-2所示)

表8-2 盈利能力指标表

项目名称	本年上半年	上年同期	相对增长
销售毛利率	14.90%	16.98%	−2.08%
成本费用利润率	4.00%	5.24%	−1.24%
销售净利率	0.64%	1.32%	−0.67%
资产收益率	0.51%	0.63%	−0.12%
净资产收益率	0.94%	1.10%	−0.16%

◀ 文字与表格互相补充,有助于深入细致地分析问题、论证观点。

六、资金分析

公司通过销售商品、提供劳务所收到的现金为7806万元,这是公司当期现金流入的最主要来源,约占公司当期现金流入总额的80.10%。但是,由于公司原材料价格的上扬,购买商品、接受劳务支付的现金增加,上半年经营业务的现金支出大于现金流入,因此经营业务自身不能实现现金收支平衡,经营活动出现了360万元的资金缺口。下半年预计经营活动的资金缺口会更大,为此需要继续增加产成品的销售,加快资金的周转速度,及时收现,加速资金回笼。

◀ 资金状况分析。

三、问题综述及相应措施

(一)原材料价格不断上涨,产品内部结算价格调整滞后,要完成年度利润计划指标需尽快调整结算价格。

(二)公司生产产品的主要客户某公司实行"零库存"和"代储代销"管理,结算迟缓,同时客户生产量承包结算,N产品实行承包试用,使公司库存持续增长,至6月底,产成品库存达3587万元,占用大量流动资金,加上原材料涨价因素,资金日益紧张在所难免。为此要更好地加强资金管理,确保生产经营的有效运行。

(三)业务量承接不足。除实行总承包的N产品项目外,其他项目的业务量都在下降。

(四)完善各项规章制度和内部控制制度的建设,管理更上新台阶,继续加强成本管理,促进降本增效。

(五)严把产品各道工序控制,切实提高产品质量,并减少废次品损失和返工、返修率,保持产品的稳定性,凭优质产品在市场竞争中取胜。

(六)继续开拓外部市场,扩大销售渠道,加大销售力度,加快新产品的开发,逐步向国内、国际同类先进行业看齐。

(七)创新用工和分配制度,采取内培、外聘、外招相结合的灵活方法,不拘一格用人才,扭转目前技术人员青黄不接的局面。

(八)防洪、防盗,并做好防暑降温工作,确保安全生产。

▼ 概括公司经济活动运行的主要问题以及解决措施,是报告写作的根本目的所在。

◀ (一)~(八)针对结算价格、资金管理、业务量、控制制度、产品质量、市场拓展、人才引进、安全生产等问题,提出解决措施。问题明确,措施可行。

▲ 全文从公司基本情况、经济指标的分析中概括出问题,提出解决的措施,层次清晰,结构合理;内容充实,重点突出,详略得当;用语准确周密;数据材料充分,分析论证透彻有力;文字与图表相结合,增强了报告的科学性与表现力,便于受文者阅读理解。

【例文 8-15 述职报告】

| 公文内容 | 解 析 |

述职报告

××区计划统计局局长　×××

主任、各位副主任、各位委员：

  我是20××年11月被区人大常委会任命为我区计划统计局局长的,现将本人履行职务的情况报告如下,请予评议。

  一、认真履行职责,做好本职工作

  两年来,在区委、区政府的正确领导和区人大的监督支持下,我恪尽职守,与局领导班子一道,依靠广大人民群众和全局干部职工,为促进全区计划、统计、物价事业的发展作出了一定的努力。

  (一)加强学习,打好为人民服务的基础

  作为一个政府部门的主要负责人,只有不断加强学习,才能在政治上与党中央保持高度一致,才能不断提高贯彻党的路线、方针、政策的自觉性和依法行政的能力,才能高瞻远瞩地思考问题。两年来,我把政治学习、业务学习、法律学习放在重要位置,积极参加全区组织的专题理论报告会,我本着虚心学习的态度,通过外出培训、向有经验的老同志请教、自学钻研等多种途径,认真学习计划、统计、物价方面的业务知识,增强了自己对新岗位、新工作的适应能力;积极响应区委、区人大和区政府"依法治区"的号召,带头学法懂法,并在区人大组织的对区政府组成人员的法律知识测试活动中,取得了较好的成绩。同时,在努力学政治、学业务、学法律的基础上,还十分注重理论联系实际,结合我区实际,先后撰写了《农村产业结构调整的现状问题及对策》《发展城郊特色农业之我见》《项目建设与经济发展》等调研文章,分别被《××研究》《计划工作》等刊物采用。通过系统的学习、调研,我逐步形成了"三局"合一的、新的、有效的工作思路,明确了工作重点及工作方向。

  (二)强化服务,扎扎实实做好每一件工作

  1. 认真分析把握区情,科学编制发展计划。两年来,我先后组织编制完成了《××区国民经济和社会发展"十一五"计划》《××区走向2015年战略研究报告》《××区2005～2020年新型工业化规划纲要》等综合性中长期计划以及各年度计划。……

◀ 使用"述职报告"作为标题。通过题注说明述职者的职务与姓名。

◀ 呼语。听取述职的主要人员。

◀ 说明本人任职的时间、任命机关、职务名称等。明确述职的目的。

◀ 第一部分,工作业绩汇报。(一)～(四)从理论与业务学习、决策与项目服务、依法行政、议案办理等方面分别说明了履职情况,材料比较充分,内容比较充实,具有较强的说服力。

2. 加大力度多方争取国家投资。组织对可以争取国家投资的项目进行梳理,对重点申报项目进行科学评估论证,形成了争取国家投资所需的完备资料。两年来,共申报项目32个,争取国家投资项目8个,争取资金近1000万元。

3. 认真开展经济分析,为领导决策服务。……两年来,本人围绕经济运行中的重点、难点问题,认真组织调查研究、提出对策建议,已有4篇调研报告被区委办、市委办采用。

4. 立足招商引资,抓好项目建设。……收录了近50个具有较高科技含量和发展潜力的项目进入项目库;围绕重点调度项目,实施全程跟踪督办服务,如为××蜂业扩建项目、电子谐振器基座项目落户高新区提供各种服务。两年来,我与同事们一起引进项目3个,项目投资达1380万元。

(三)依法行政,营造优良的发展环境。……

(四)接受监督,认真办理人大议案建议。……

二、加强自身建设,发挥班长作用

(一)严于律己带好头。作为班长,我十分注重加强自身修养,弘扬正气,带好队伍。一是严格要求自己,保持清正廉洁。……二是敬业务实,改进工作作风。……。三是强化宗旨观念,密切联系群众。……

(二)坚持民主集中制,增强工作聚合力。坚持民主集中制原则,一是建立了党支部议事规则,凡重大问题都是通过征求群众意见——科室长讨论——班子集体研究程序决定的,基本做到了依法决策,并且一经决定,自己就带头执行。二是坚持民主生活会制度。……三是坚持分工协作制度。……

三、自我剖析问题,切实整改到位

(一)存在的问题

1. 进取创新意识不强,在工作实践中深感管理体制上存在着诸多弊端,非改革不行。但在一些重大改革举措上,如对人员分流问题,怕弄得不好惹麻烦、招是非、分散精力,影响安定团结,影响当前工作的大局,因此总是犹豫徘徊、等待观望,难以痛下决心全面执行到位。

2. 坚持依法行政力度不够。一方面表现在对执法队伍的管理还不够严格,工作失误时有发生,少数执法人员法制观念不强,执法水平不高,在执法过程中仍然存在程序不合法的问题;另一方面表现在执法工作力度还不够,尤其是依法处罚时顾情顾面。

3. 对思想政治工作抓得比较松。对业务工作研究得多,检查督办多,对思想政治工作研究得少,检查督办少;与下级谈业务工作多,交心谈心少,即使做思想工作,也往往三言两语,有时甚至性情急躁,方法简单,批评过重,伤害了一部分同志的感情。

4. 注重党建工作不够。平时抓业务工作多,抓党建工作少,未充分

◀ 用数字标注逻辑层次,并用概括凝练的主题句来表达段落主旨,增强公文的层次感,同时,也便于述职者汇报发言以及受文者阅办报告时有效地抓取其关键信息。

◀ 第二部分,重点交代履职中的个人情况,主要包括:职业道德、敬业精神、工作作风、领导能力、决策原则等方面的内容。紧密围绕职务进行自身作用评估,有助于深入地了解述职者的思想品德操守、能力、职业态度等。

◀ 第三部分,自我剖析。深入分析履职中存在的问题及其原因,以及今后努力的方向。这是述职报告自评性的重要体现。

发挥党员的先锋模范作用。

5. 联系群众不够,服务群众、服务基层意识不够强。如对群众反映的价格及收费问题,自己只是督办,没有及时有效地处理。

(二)产生问题的原因

1. 理论学习不够。近年来,本人虽然系统学习了马列主义、毛泽东思想、邓小平理论及"三个代表"重要思想,但没有真正从科学体系上把握其精神实质,没有真正把学习理论同改造自己的世界观和提高自己的政治素养结合起来。

2. 放松了世界观改造。由于自己是在基层工作,总觉得只要脚踏实地干好本职工作就行了。改造客观世界多,改造主观世界少,导致了革命意志的减退。在工作中往往按部就班、求稳怕乱,怕担风险、怕出风头,缺乏开拓进取的精神。

3. 放松了党性锻炼。对一些群众的呼声和要求,对一些消极甚至错误的思想和行为,未从坚持党性原则、坚持党的全心全意为人民服务宗旨的高度去认识和处理。

◀ 寻找问题要客观、准确,不得避重就轻,不痛不痒;挖掘原因要到位,不得走过场;确定今后工作的努力方向要有针对性和可行性。

(三)努力的方向

1. 加强学习,努力提高自己的理论素养和业务水平。

2. 坚持"两手抓"的方针,注重点面结合,促进工作平衡发展。

3. 从严管理干部队伍。加大培训教育力度,坚持做到常抓不懈,努力培养一批高素质的业务骨干、执法人员。

4. 坚持走群众路线,密切联系群众,今后,要摆脱日常事务,多到一线调查研究,及时解决企业及人民群众的困难和疾苦。

主任、各位副主任、各位委员,我就任两年来,做了一些工作,取得了一些成效,这主要得益于区委区政府的正确领导,得益于区人大的有效监督,得益于各部门的大力协作,归功于全区人民的鼎力支持,也是与局党委班子的团结合作和全体干部职工的共同努力分不开的。一分为二地看自己,尚有许多不足之处,必须在今后的工作中认真加以改进,我诚恳地欢迎各位代表提出宝贵意见和建议。这次述职评议后,我将自加压力,振奋精神,真抓实干,为我区社会经济的快速发展做出不懈的努力!

◀ 结尾。简要地概括前述内容,再次请求审议,并对述职评议后的工作整改明确表态。

▲ 全文开头、结尾简明精练,主体部分结构安排合理,层层深入;内容充实有据,自我剖析较深入,整改措施可行;语言表达客观、明确、平实。

20××年12月24日

【复习思考】

1. 请报类公文的共同特点有哪些?主要包括哪些文种?
2. 议案具有哪些特点?对其发文机关和主送对象有什么限制?
3. 议案与请示的正文各自包括哪些结构要素?二者具有哪些差异?

4. 请示和报告有哪些主要区别？
5. 工作报告、总结报告、述职报告、调查报告等文种在正文内容表达上各有哪些不同？
6. 工作报告包括哪些主要内容？如何写好工作报告？
7. 总结报告的行文目的何在？其正文内容包括哪几部分？
8. 调查报告一般包括哪几部分？撰写时要注意哪些问题？
9. 项目可行性论证报告主要应用于哪些领域？其正文结构包括哪几部分？撰写时有哪些要求？
10. 经济活动分析报告包括哪些主要内容？使用数据分析说明问题时要注意什么问题？
11. 述职报告具有哪些特点？正文侧重于哪些内容？
12. 请借助参考书或者网络资源选择本章所学的主要文种，并对其进行格式、结构、语言等方面的剖析，掌握其写作方法。

【案例研习】

1. 指出下列公文中的不当之处，并予以修正：

（1）××市农业局的一份请示：

××市农业局关于解决农村沼气建设工作经费的请示

××市人民政府：

市委、市政府把农村沼气建设作为"十一五"时期实施"六个一"工程的重要内容之一，200×年又把它作为为民办的十件实事之一，提出今年全市确保完成10万口农村沼气计划任务，力争完成12万口的总体要求，对此，市农业局将按照统一部署，积极搞好项目实施的相关工作，但由于建设任务增大，工作难度增加，为保证计划任务的完成，努力提高现有技工的建池水平，积极开展"三沼"试点示范工作，加强督促检查力度，恳请市人民政府解决农村能源工作经费50万元，以保证我市今年农村沼气建设顺利开展。

以上请示当否，请速示复。

二〇〇×年三月十七日

（2）××镇人民政府的请示：

××镇人民政府关于要求购置车辆的请示报告

县政府、县财政局：

随着我镇经济的快速发展，各项工作任务日趋繁重，特别是石灰石采矿点较多，矿山安全生产管理面临严峻形势。目前，我镇共有三辆汽车，其中用于接送干部上下班的中巴车一辆，桑塔纳轿车两辆（均购于94年），已难以适应当前工作的需要。为了进一步提高工作效率，确保安全，特要求购置"猎豹"牌越野车一辆（价值20万元），主要用于矿山安全检查。

以上事项如无不当，请批准。

二〇〇×年元月一日

(3) ××市公安局的工作报告：

关于×××公安局破获一起伪造、印刷、贩卖客运票据重大团伙案件情况的报告

　　我局根据××市政府领导的批示认真组织×××公安分局等有关单位，对非法使用伪造小公共汽车票据一案进行了侦破。8月26日到9月3日，×××公安分局民警根据线索，经过八个昼夜的艰苦工作，终于查清了这起我市近年来罕见的团伙伪造、印刷、贩卖客运票据案件。初步查证，这起案件涉及我市、××县和××省××市数十人，现已上缴伪造的客运票据（包括小公汽、出租车、长途客车和旅店发票），价值60多万元，赃款、赃物合人民币4万余元，已抓获人犯8人，目前正在进一步深挖和审理中。

　　这起案件的侦破，对于当前整顿我市交通运输市场，打击扰乱市场秩序的非法行为，具有重要的意义。为此，我们的意见是：

　　一、案情查清后，对案犯从快从重公开进行处理，以巩固交通运输市场整顿的大好形势，震慑扰乱客运秩序的不法分子；

　　二、建议由新闻单位对此案的侦破进行广泛宣传；

　　三、对公安分局有关单位和人员记功授奖。

　　特此报告。

××市公安局
二○○×年×月×日

(4) ××小学校长的述职报告：

我的述职报告

　　一学期来，我在上级的正确领导、关心支持和帮助下，在本校全体教师的理解支持下，忠于职守，务实工作，认真贯彻执行教育方针和党的各项政策、法令，坚持正确的办学方向，结合学校发展规划，切实制订好学期工作计划，并有计划有步骤地组织人力、物力和财力认真实施。我能认真履行校长职责，依法治校、以德治校，努力完善学校各项硬件软件建设。认真完成上级交给的各项任务，使我校各方面的工作在一学期来又取得长足的发展，下面，就我一学期来的工作情况向大家做个汇报。

　　我能全身心地投入学校的工作，以"事业第一、学校第一"，时时处处以身作则，带领学校班子成员和全体教师勤奋工作，乐于奉献。在思想上，我能深入学习邓小平理论，努力实践"三个代表"重要思想，加强自己的政治修养，不断提高思想觉悟，增强党性观念，认真执行上级方针政策，坚持原则，顾全大局；在学习上，能以参加校长提高学习为契机，充分利用业余时间通过各渠道努力加强学校管理系统理论地学习，并能与实际工作相结合，不断地更新管理理念，不断提高自身的管理能力和水平；在工作作风方面，能够尊重教师，平等待人，与人为善，团结班子成员，集思广益，求真务实地开展好学校的每一项工作；在学校管理上，有较强的事业心，有比较清晰的工作思路，有开拓进取、勤奋务实的工作态度，对待工作认真负责，有一定的开拓创新的意识和勇于克服困难的决心；在工作态度方面，能够恪尽职守，勤勤恳恳、踏踏实实做好每

一项工作;在工作业绩方面,能够较好的完成上级各项任务,学校各项工作取得一定成绩,并逐步形成了学校自身特色。

本学年以来,在各级党政领导及兄弟学校校长的关心支持和帮助下,在我校全体教师的理解宽容和支持帮助下,深刻地感受到了大集体的温暖,学到了许多宝贵的工作经验,让我受益终身。更是让我发现自身存在的许多缺点和不足:如在平时的学校管理工作中,缺乏对学校工作的深刻思考,理论的学习和提高还不够,自己的工作水平提高还不够快;对教师的思想工作还不够深入、谈工作多、谈思想少,对教师关心还不够,对自己的要求还不够严格等等。这些现实的差距是我今后自身整改的目标,请大家一如既往地帮助和督促我,让我能更好地带领全体师生,积极认真地做好各项工作,更圆满地完成上级交给的各项教育教学任务,使我校又有崭新的发展。

××小学校长　×××

(5) ××州××区的一份项目可行性研究报告:

高山菊开发建设项目可行性研究报告

菊花是我国传统常用的中药材,又名甘菊,已有二千多年的应用历史,远销日本、东南亚等国家和地区,是目前国内外药材市场的重要商品。高山菊是国内名菊与苏仙区廖家湾乡海拔800米以上的高山野菊杂交培育的新品种,仅适宜该地栽种。高山菊因生长在高海拔地区,昼夜温差大,无污染,品质特优,供不应求,具有很高的开发价值。高山菊为多年生草本植物,耐旱怕涝,喜注意力耐寒,在0℃—10℃能生长,并能忍受霜冻,地下宿要能忍受—17℃的低温。高山菊栽种后管理粗放,病虫害较少,且易于防治,投资投劳少,非常适合当地的经济开发。

两江源牌高山菊产业化建设项目采取公司+基地+农户的运行模式。××州××区两江源农副产品生产基地计划用4年时间,建成年种植高山菊1万亩基地,年产干菊花110万公斤,产值达4000万元,实现税金600多万元,农民人平增收1000元以上。

××州××区两江源农副产品生产基地还处于起步阶段,经专家论证,需投入的项目及资金有:1. 加工厂房及相关项目,资金约为654万元;2. 生产设备,资金约为250万元;3. 生产设备及安装,资金约为50万元;4. 铺底流动资金,资金约为246万元。以上合计1200万元。

面对如此之巨的资金,我乡党委政府多次召开专题会议,确定了项目资金筹措的来源,1. 申请上级有关部门支持投入800万元,2. 银行贷款200万元。3. 乡财政投入200万元。以上共计1200万元。

高山菊既是常用药材,又是日常饮料的重要原料,有九大药理作用,目前,有常用验方66例,常用制剂23种,常用食疗方52种,是一种无公害保健绿色食品。高山菊资源独特,虽然开发时间不长,但因其颜色鲜美,菊香独特,品质好,饮用或药用都优于国内其他名菊,现正日益被广大消费者接受和喜爱,具有很强的市场竞争能力,社会需求量大,有着广阔的市场,菊花在日本和东南亚等国家和地区供不应求,高山菊以其独特的品质必将打入国际市场,成为出口创汇农产品。

目前该产品已通过省农产品质量检验检测中心论证并获得了无公害农产品称号,并注册为"两江源"牌高山菊。在××省第六届(国际)农博会上获得金奖。实施该项目符合国家产业政策,符合当地经济发展方向,项目技术成熟,生产工艺先进,产品市场前景广阔,项目投资少,见效快,回报风险小,具有良好的社会效益、环保效益和经济效益,对改善人们食物结构、提升人们生活质量有十分重要的意义。项目建成达产后,每年可新增利润800多万元,投资利润率为67.29%,并可直接创造8000个就业机会。因而实施该项目具有必要性和可行性。

2. 撰写公文:

(1) 根据下列材料,以××市城市规划协会名义撰写一份请示:

××市城市规划协会是全市从事城市规划设计、研究、管理及与城市规划相关的单位或个人自愿结成的行业社团,是非营利性社会组织。协会在各级政府主管部门与城市规划单位和规划者之间起到了纽带作用,为推进本市城市规划事业的发展作出了积极贡献。由于协会属非营利性社会组织,现有的会费收入有限,无法支持完成以上工作,因此特向××市政府申请拨付10万元经费,以确保协会活动的正常开展。下一年度该协会的主要工作是:研究、探索与推进城市规划工作的改革,不断更新城市规划的观念和内容,改进完善城市规划的方法和手段以提高城市规划设计和规划管理的水平。完成1~2个规划专题研究。组织开展规划沙龙活动。开展科技调研,及时传达政府有关法令、方针和政策,并向各级政府和有关部门反映会员的意见和要求。举行学术年会,组织两次全国规划专家讲座。进行行业培训和业务培训工作,加强职业道德的宣传教育,以提高规划工作人员的政治和业务素质。沟通并传递省、市内外城市规划信息,学习先进国家和地区的规划技术,交流城市规划设计、科研和管理工作的经验和成果。完成有关行政主管部门、单位、社会团体交办或委托的其他相关业务。

(2) 根据下列材料,以××县治理商业贿赂工作小组的名义撰写一份工作报告:

×县治理商业贿赂专项工作原则:按照统一部署,分类指导,突出重点,稳步推进的工作要求坚持标本兼治综合治理,统筹谋划有序进行,明确重点注重实效,把握政策维护大局的工作原则。

治理商业贿赂是完善社会主义市场经济体制的必然要求,是维护人民群众切身利益,构建和谐社会的重要措施,是惩治腐败,推进党风廉政建设,促进经济社会快速发展的重要保证,治理工作是一项系统工程,也是一项民心工程。党员、干部、职工的思想认识程度、参与意识及积极性的高低直接影响着治理效果。因此,××县对治理商业贿赂宣传教育工作较为重视。

在宣传发动阶段采取分工负责,一级抓一级的宣传教育机制。县委在全县干部大会上把学习治理商业贿赂有关文件精神作为一项专项工作,进行宣传、发动和安排。县委宣传部把宣传治理商业贿赂作为一项重要的宣传任务,积极组织、利用各种媒体进行宣传。各局委办,尤其是牵头部门把治理商业贿赂工作作为班子会必学、必研究的内容,多次召开全体人员会议,学习中央和省市文件精神,大力宣传治理商业贿赂的重要性和现实意义,统一思想,提高认识,增强干部职工反对商业贿赂的自觉性和积极性。县卫生局为加大宣传和教育的力度,除在宣传发动阶段组织局机关、县医院、镇卫生院全体人员学习上级精神外,6月8日又召开了由局机关、县医院、镇卫生院中层以上干部,辖县企业医院(门诊部)及个体诊所人员参加的宣传、教育、警示会,邀请县有关部门领导、县检察院等单位业内人士到会,讲形势、讲法律、讲政策、讲规定,通报相关案例,以案说法,警钟长鸣,收到了较好的效果。

4月18日省治理商业贿赂专项工作电视电话会议结束后,××县委高度重视,按照省、市要求,及时召开会议,认真组织学习中纪委六次全会和国务院四次廉政会议精神,统一思想,对治理商业贿赂专项工作进行安排部署,并指定常务副县长分工负责治理商业贿赂专项工作。市治理商业贿赂专项工作实施方案下发后,××县委、县政府再次召开会议进行研究，具体安排部署，成立以县委常务副县长为组长，县纪委监察局局长、县纪委监察局副局长为副组长，重点行业、单位主管部门负责人为成员的治理商业贿赂领导小组。制订了《××县治理商业贿赂专项工作实施方案》，抽调有关单位人员在县纪委监察局成立治理商业贿赂办公室。

按照"谁主管、谁负责"的原则和明确责任、突出重点的要求，进一步明确了领导小组、办公室及重点行业单位牵头部门的任务和责任。各牵头部门一把手为第一责任人，实行责任追究，要求做到"五到位"，即：任务到位、责任到位、认识到位、组织领导到位、工作落实到位。多个牵头部门在县委安排布置的前提下分别召开专题会议，成立机构和组织，研究制订实施方案，治理商业贿赂工作全面展开。

自查自纠是整个治理商业贿赂专项工作的重点，自查自纠的重点是摸底、排查、解决公益性强、与人民群众切身利益密切相关、严重破坏和影响市场秩序的问题，纠正和治理工程建设、土地出让、产权交易、医药购销、政府采购等领域的商业贿赂行为。

××县在自查自纠期间，将工作任务分为调查摸底、查找突出问题、处理违法违纪问题、全面整改四个阶段。明确各行业、单位的主管部门为牵头部门，部门一把手为第一责任人，全面负责本行业、本系统、本单位的查纠治理工作。在此基础上结合实际将任务和职责进行分解，如卫生部门重点排查医药购销中的不正当交易问题，特别是药品、医疗设备、医用耗材购销中的回扣和提成等问题；财政部门负责治理政府采购、有关社会中介组织等领域商业贿赂行为，配合有关部门开展产权交易领域和商业贿赂治理工作。

把重点工作放在领导干部、重要岗位和重要工作环节上的工作人员身上，要求领导干部首先查，重要岗位和重要工作环节上的人员主动查，全体人员自觉查，不留死角和漏洞。对查找出的问题要严格区分正常的商业活动与违纪违规和违法犯罪活动的界限，坚持宽严相济，自查从轻，被查从严的原则，分类处理。在自查自纠中，各部门按照阶段划分和工作进度，及时将工作进展情况上报县领导小组，发现问题随时上报。领导小组派出人员对各部门的治理工作进行检查指导，及时纠正存在的问题和不足。努力使治理商业贿赂专项工作形成条块结合，上下联动的工作格局，达到预期目的。

××县在前一阶段的治理商业贿赂专项工作中尽管做了一定的工作，也取得了一定的成效，但离上级的要求还有很大差距。在今后的工作中，要抓好宣传教育工作，把治理商业贿赂作为一项长期的宣传教育任务，常抓不懈，使可能涉及商业贿赂的人员不想为、不能为、不敢为，从源头上堵塞商业贿赂的漏洞。要推进体制改革和制度建设。要在进一步深化行政审批、财政税收价格、医疗卫生、行业协会、商会管理等体制改革的同时，结合实际，建立和健全一整套转变政府职能、规范行政行为的规章制度，真正做到用政策教育人，用纪律约束人，用制度管理人。要把专项治理工作与其他工作有机结合起来，将治理商业贿赂融入惩防体系建设之中，使专项治理工作在全县持续有效地开展，进一步营造守法、公平、诚信的市场环境和社会氛围，促进经济社会的健康发展。加强对治理商业贿赂专项工作的领导，切实把治理工作摆上党委、政府的议事日程，针对每一阶段的工作进行研究部署，解决存在的问题。要严格按照中央、省、市的工作要求，加大工作力度，抓好各阶段工作的落实，力求取得实效，不走过场，真正解决一些损害人民群众利益、破坏和影响市场秩序的问题。要努力探索，建立防止商业贿赂的长效机制。

(3) 撰写一份调查报告：

请选择恰当的调查方式，对大学生利用图书馆的情况进行深入的调查，并根据调查所获取的材料，撰写一篇《大学生利用图书馆情况的调查报告》。

(4) 根据以下材料，撰写一份××大学20××年学生工作总结报告：

20××年3月我校积极参加教育部京、津、沪、鄂、粤、陕、苏、赣等十一省市高校学生思想政治状况滚动调查，并在此基础上撰写了《××大学20××年学生思想政治状况调查报告》；20××年9月，我校又配合省教育厅思政处对学生的宗教信仰现状进行了调研，形成了《××大学学生宗教信仰现状的分析报告》。

一年来全校共处分违纪学生96人(其中留校察看处分16人，记过处分80人)。在处理违纪学生时注重以人为本，依法依规进行处理。完成了20××届毕业生档案2588份的转递、邮寄工作。对216份20××届考研学生档案进行了及时登记、整理、发档。完成3089份20××级新生档案的换袋、编号、上架工作，接待提档和档案查询715人次，更新网上毕业生档案转递数据2827条。

20××年，学生处积极联系铁路部门，在寒暑假前两次进校园现场售卖火车票，为外地学生及时回家提供便利。遵循教育部要求，20××年我校对全校学生进行了健康体质测试，对全校学生体质状况有了全面掌握和了解。20××年全国高校足球锦标赛上，我校女足获得了第×名的好成绩。政法学院注重班级建设，法学20××级2班获全国优秀班集体光荣称号。在20××年，我校继续采取项目化运作社会实践，在今年的××省第六届"挑战杯"大学生课外学术科技作品竞赛中，我校13件参赛作品中，一件获一等奖、五件获二等奖、两件获三等奖，学校也获得了"优胜杯"。

继续积极联系、落实国家助学贷款工作。经过努力工作，中国银行武汉经济技术开发区支行共分两批为我校718名学生发放国家助学贷款313.6万元。我校共设立勤工助学岗位300余个，支付学生勤工助学报酬近50万元。全员勤工助学活动的开展得到全校各有关部门的一致好评和学生的热烈拥护与积极响应，先后有1300多名学生申请加入活动。

4月13～15日，组织27名优秀贫困学生代表赴江西南昌、共青城等地开展红色之旅活动，使同学们更加坚定了克服困难、勇于拼搏的信心；6月，举行诚信宣誓仪式等对在校贷款学生加强诚信教育；国庆节，学校组织贫困生到校外参加拓展训练，以磨砺他们的意志；12月学校又为贫困生发放寒衣补助，当辅导员将一件件羽绒服送到学生寝室时，贫困生们身心俱暖！

筹备、组织、实施了我校20××级3466名本、专科生的军事技能训练工作，共评出先进集体22个，先进工作者7名，优秀学员362名。上半年组织实施了20××级3176名本科学生《军事理论》课考试、阅卷、成绩登录等工作；协助卫生技术学院、高等职业技术学院组织实施了20××级628名专科生《军事理论》课的教学和考试工作。下半年，组织实施了20××级3041名本科学生《军事理论》课考试。

9月份新生入学时，组织开展了主题班会、新老生学习交流会等一系列教育活动，使广大新生较快地适应了大学生活。

注重家庭因素在学生成才过程中的重要影响，我们将学生的成长记录及时与学生家长共享，通过《告全体家长的一封信》及时将学校的有关工作通知学生家长，当学生本人取得进步、获奖时，我们寄给家长喜报，全年发出7500份；当学生表现不佳、受到处分时也及时与家长取得联系。

9月,我校大学生心理健康教育中心对20××级全体新生进行了心理健康普查,建立了学生心理咨询档案。面向全校学生的《心理健康报》共出刊8期,在宣传、普及心理健康知识方面起到了良好的促进作用。把心理健康教育重点放在班级,在学生班级增设心理健康委员一职,并对他们进行培训,这对心理健康教育知识的普及起到了重要的推动作用,同时,也使心理危机干预体系真正落在了实处。

在党委领导下,党委宣传部、学生工作部、教务处、政法学院等部门共同落实中宣部、教育部《关于进一步加强和改进高等学校思想政治理论课的意见》,制订实施方案,做到了课程设置、课时、教材的到位,在省里检查中,我校"毛泽东思想、邓小平理论和'三个代表'重要思想概论""中国近代史纲要"两门课程的教学效果受到好评。大力推进思想政治工作进网络。积极借助网络媒体帮助学生树立正确的价值观。正确引导网上舆论,特别是在配合树立身边典型活动中成为学生的知心朋友。

制定了《××大学学生公寓辅导员工作职责》,要求公寓辅导员切实做好重要信息上报工作。对校内发生的重大事件做到第一时间报学生处和有关部门,坚决做到重要信息不过夜。

从专业教师、行政干部中吸收优秀人才充实辅导员队伍。我校现有本科学生12712名,专科生3654人,负责本科学生的专职辅导员48名(其中聘用制4人),本科专职辅导员与学生比例为1∶265。

各学院还积极在学工队伍建设方面进行创新。化学环境学院、政法学院进一步推行综合导师制,为20××、20××级本科学生配备了综合导师。综合导师在政治上对学生进行引导,在学习上对学生进行辅导,在心理上对学生进行疏导,在就业上对学生进行指导,切实解决学生学习和生活中存在的问题。综合导师制已经成为我校学生工作的一个品牌。

为了解我校辅导员20××年的工作情况,组织4个考核小组,深入学院、班级考核辅导员工作。此次考核,面向全校学生对辅导员工作情况进行了问卷调查。共发出问卷1645份,收回有效问卷1614份。65.84%的学生认为辅导员对工作认真负责,59.94%的学生认为辅导员的工作称职,65.23%的学生认为辅导员能及时准确地传达学校和学院的精神,92.4%的学生认为辅导员有人格魅力,91.71%的辅导员不接受学生的吃请。当然,从问卷中我们也发现辅导员在随班听课了解教学情况、下寝室、定期召开班级活动、有针对性地指导学生成才方面还有很大的欠缺,这将是我们今后努力改进的地方。组织辅导员进行了心理健康教育培训,组织全校辅导员认真学习国家新的资助政策。12月,还组织了辅导员的军事日活动。

10月15日,党的十七大在北京人民大会堂隆重开幕。我们依托班集体、业余团校等学生组织积极组织学生通过电视、网络收看开幕式直播,开展了十七大知识竞赛、参观革命老区、观看革命电影、学唱红色革命歌曲等多种形式的活动。

11月30日晚在校体育馆隆重举行"××大学20××年先进学生颁奖典礼"。校领导、各部门和学院的领导、教师嘉宾和160名学生家长代表以及3200余名学生出席了典礼。共颁发了国家奖学金(42人)、国家励志奖学金(559人)等十个奖项。五四期间我们还表彰了66个校级先进集体和2228名校级先进个人;还评选出了校"十佳青年""校园之星"。20××年,我校获得各类奖学金、助学金的学生达9818人次,奖励金额达1460余万元。

举办了20××届毕业典礼暨学士学位授予仪式,3000余名学生参加了大会,240余名优秀毕业生受到表彰,组织优秀支教生回校作报告。

第九章　告知类公文

告知类公文,用于直接公开发布或传达公文内容,使一定范围内的社会组织以及公民知晓,以便正确地处理各种事务。

告知类公文具有如下主要特点:

公文内容的周知性。此类公文的内容一般涉及一些比较重要的或重大的事件、政策性规范,以及与广大人民群众的切身利益密切相关的事项。这些内容需要被多数人周知,尤其是那些要求社会组织与公众严格执行的事项更是如此,否则文件的规范与约束作用就无法实现。

发文方式的公开性。此类公文的内容无保密要求,一经形成即通过一定方式公开发布,让受文者及时、快捷地获知公文内容。公文发布方式多种多样,既可通过逐级行文上传下达,也可采用报刊、电视、广播、网络等媒介发布,或采用政府公报以及公文张贴等方式发布。由于受文者比较广泛,一般情况下可省略公文的主送机关。

告知类公文的种类,主要包括公报、公告、通告等,其各自的功能不同,因此适用于不同的领域。

第一节　写作规范

一、公报

公报适用于公开发布重要决定或者重大事项,以及社会普遍关注的重要公共信息。

《党政机关公文处理工作条例》明文规定:公报是党政机关公文种类中的一个主要文种,"适用于公布重要决定或者重大事项"。公报在党的机关经常使用,而公报作为行政公文出现的情况也并不鲜见,如外交公报、统计公报、环境公报等。

公报作为党的机关公文使用时,主要是党的中央机关用于发布重要决策。例如:《中国共产党第十七届中央委员会第一次全体会议公报》向全社会宣布了全会选举产生的中央政治局委员、中央政治局常务委员会委员、中央委员会总书记、中央书记处成员、中央军事委员会组成人员、中央纪律检查委员会书记、副书记和常务委员会委员人选等党中央重要机构的人员组成情况。

公报作为行政公文使用时,主要是国家和政府用以通报外国元首或政府首脑来访时的情况以及双方形成的共识,如《中华人民共和国与肯尼亚共和国联合公报》(2006年4月28日发布),公布了胡锦涛主席与肯尼亚共和国总统姆瓦伊·齐贝吉会谈后就双边关系和共同关心的国际问题达成的广泛共识、双方签署的八个合作协议文件等情况。此外,随着民主行政和政府信息公开进程的不断推进,许多与广大人民群众日常生活密切相关的、社会普遍关注的各种公共信息、公共数据的发布也采用"公报"的形式,如《××市200×年环境公报》《××省国民经济与社会发展统计公报》等。

公报具有如下主要特点:

内容的重要性。公报的发布机关层级比较高,如公报经常以中共中央的名义、国家的名义、中央政府的名义,或以权威行政职能部门的名义发布。公报所涉及的内容,均应是党内外、国内外普遍关心和瞩目的应当公开发布的重大事项或重要决定。

事项的新闻性。公报的内容都是新近发生的重大事项或新近做出的重大决定,属于广大人民群众普遍关心和高度关注的事项,因此公报的制作和发布要求真实、迅速,因此公报又具有新闻性。

公报的种类主要包括会议公报、联合公报和重要信息公报。

会议公报,是就重要会议的有关情况或重要决定事项公开发布的公报,其内容必须是经会议讨论通过并决定公开发布的。

联合公报,是政党之间、国家之间、政府之间就某些重大事项或问题经过会谈、磋商取得一致意见或达成谅解后,双方联合签署发布的文件。

重要信息公报,是定期或不定期公开发布社会公众普遍关注且需要了解的重要信息、数据等情况的公报。

此外,《中华人民共和国全国人民代表大会常务委员会公报》(200×年第×期)、《中华人民共和国国务院公报》(200×年第×期)、《中华人民共和国最高人民法院公报》(200×年第×期)、《×××人民政府公报》(200×年第×期)等形式的公报,不是指一份公报,而是指多份、多种公文的文件汇集,是一些国家机构定期或不定期连续发行的、具有期刊性质的公报,其目的是便于集中公开有关国家机关的公文信息,便于公众查找、获取与使用有关信息。

选用文种时还要注意区分公报与通报之间的差异:

一是适用范围不同。公报适用于公开发布重要决定或者重大事件,以及社会普遍关注的重要公共信息;通报适用于表扬先进、批评错误、传达重要情况。

二是所侧重的内容不同。公报所侧重的是对重大决定、事件或重要公共信息的公布,侧重于结论与结果的公布,便于人们知悉;通报所侧重的是交代典型人物与重要情况出现与产生的经过、原因以及对此的认识与评价,便于下属机关从中学习经验,吸取教训。

三是发文方式不同。公报的主送对象是社会公众,无需标明主送对象,一般直接借助于报纸、电视、广播、网络等媒介以公开行文的方式发文;通报的主送机关为发文者的下属机关,一般需明确标注主送对象,多以逐级行文的方式发布。

（一）结构要素

公报一般由标题、正文、发文机关署名、成文日期组成。

1. 标题：

会议公报的标题：一般由会议名称、文种组成，如"中国共产党第十七届中央委员会第一次全体会议公报"。

联合公报的标题：一是由发文者名称、事由、文种组成，如"中华人民共和国和美利坚合众国关于建立外交关系的联合公报"；二是由发文者名称、文种构成，如"中华人民共和国和哈萨克斯坦共和国联合公报"。

重要信息公报的标题：一般由发文者名称（或信息针对的地域）、时间、事由、文种构成，如"××市水务局20××年6月城市供水水质公报""××市20××年国民经济和社会发展统计公报"等。

2. 正文：

会议公报的正文：开头部分，简明扼要、清楚明白地交代会议的基本情况：会议的时间、地点、出席人员、主持人等。主体部分，简要地介绍会议议定的情况和主要精神，内容表达要逻辑清晰、层次分明。结尾部分，提出号召、希望和要求等。

联合公报的正文：开头部分，写明会谈的基本情况：时间、地点、人物、事件等。主体部分，写清双方会谈议定的事项，或写明事件的过程以及与此有关的立场、态度、做法、评价等，必要时可分条列项撰写。结尾部分，可补充说明会谈的意义、交代会谈的气氛或双方对会谈的肯定态度，以及受邀回访的意向等。如无必要，也可不写结尾部分。

重要信息公报的正文：开头部分，简明扼要、直截了当地说明有关信息产生的原因、背景、时间、依据、目的、意义，指出存在的问题等。主体部分，说明相关信息的具体内容，为便于对比、阅读和理解信息内容，可采用文字、表格、图表等相结合的方式来呈现信息内容。此外，如有必要，此类公报还需在正文后添加"注释"，注释的主要对象包括：公报正文中出现的一些公众不常用、不易理解的专用名词、术语、缩略语词，以及正文中数据的计算公式、方法、数据来源等，以方便公众阅读、理解正文内容。

公报正文的逻辑表达方式，常见的有两种：一种是分段式，即每段说明一层意思或一项决定，常用"会议认为""会议指出"等词语放在段首，引出一个段落层次；第二种是数字序号式，用"一、……""二、……"等标明层次序号，以使公文层次醒目、内容清晰。

3. 发文机关署名：一般在正文下方标注。如需双方领导人亲笔签署，应写明双方领导人的职务，并留出领导人签署姓名的空间；标题中已明确发文机关的可不再标注发文机关名称。

4. 成文日期：多在标题下方居中位置标注，如《中国共产党中央纪律检查委员会第八次全体会议公报》在其标题下方居中位置标注有"（20××年10月12日中国共产党中央纪律检查委员会第八次全体会议通过）"。必要时，也可在落款处的发文机关署名下方标注成文日期。

(二)撰写要求

1. 公报的内容要完整、系统、有序,对重大事项或重要决定发生的时间、地点、人物、事件等相关要素的陈述要清晰,对其评价要客观公允,对重要信息的说明要准确可靠,以确保公报内容的权威性与公信力。

2. 公报写作要讲究时效性。公报的内容是需要社会公众广泛知悉的重大事项或重要决定,应当依照有关信息公开的规定及时公开发布,这既是公报制发者依法管理、依法行政和实现公众知情权的必然要求,也是实现公报新闻价值的重要途径。

3. 公报的语言要庄重准确、简练肯定,不得模棱两可或含糊不清。如确有必要,公报写作有时也可简明扼要地分析原因,指出存在的问题,提出一些建设性意见,但必须以事实、数据等信息为基础,不得喧宾夺主,空发议论。

二、公告

公告,适用于向国内外宣布重要事项或者法定事项。所谓"重要事项"是指国内外普遍关注的重大决策、重要事件、重要活动,以及需要国内外周知的其他事项;所谓"法定事项"是指依照法律、法规规定的程序、内容和方式等向国内外公开宣布的重要事项或情况。公告的行文主体多是国家机关的高层组织,因此,在选用文种时应明确本组织是否有权或是否被授权可以发布"公告"。

公告具有如下主要特点:

作者的限制性。由于公告宣布的是需要国内外周知的重大事项和法定事项,因此其发文主体一般被限制在国家机构的高层机关及其职能部门的范围之内,如全国人大及其常委会,国务院及其所属职能部门,各省、自治区、直辖市行政领导及其职能部门,或者是法律、法规明文规定的其他机构。相对于党政机关而言,社会团体、企事业单位则较少向社会发布公告。

受文者的广泛性。公告一般要向国内外公开发布与传播,因此公告一般不采用逐级行文的方式行文,而往往借助于传播范围更加广泛、速度更加快捷的报刊、广播、电视、网络等媒体来公开发布。

行文的庄重性。公告宣告的事项往往具有重要性和法定性,这决定了其用语必须庄重、严肃、规范、准确,以确保公告的权威性和公信力。

公告一般可分为重要事项的公告、法定事项的公告两类。

重要事项的公告,是用来宣布有关国家的政治、经济、军事、科技、教育、人事、外交等方面的重要事项。例如,外交部发布公告:中华人民共和国将自 2007 年 2 月 5 日起启用中华人民共和国香港特别行政区(以下简称香港特区)电子护照和电子签证身份书。外交部请各国军政机关对持照人予以通行的便利和必要的协助。

法定事项的公告,是依照有关法律和法规的规定,以公告的方式向社会公布一些重要事情和工作程序。例如：商务部出口商品配额招标委员会对轻重烧镁、氟石、滑石、碳化硅、矾土、甘草及甘草制品等商品出口配额的招标,依照《招标投标法》第十六条规定,"招标人采用公开招标方式的,应当发布招标公告。依法必须进行招标的项目的招标公告,应当通过国家指定的报刊、信息网络或者其他媒介发布",从2008年5月起,就在《国际商报》、商务部政府网站及中国国际电子商务网上以公告的形式公布。

此外,要注意区分公告与公报之间的差异:

一是适用范围不同。公报适用于公布党组织的重要会议内容、外交工作中的重要议定事项,以及社会普遍关注的公共信息等;公告适用于宣布重要事项或者依照法定程序公布法定事项,使用领域比公报更加广泛。

二是内容详略不同。公报侧重于陈述事项的主要内容,内容较具体,篇幅较长;公告侧重于直接说明告知事项,内容简明,篇幅较短。

三是发文机关不同。公报的发文机关主要是党组织的高层机关,部分行政机构如外交部门、统计部门、环境部门等宣布重大事项或重要公共信息时也可发布公报;而公告的发文机关多是各级人民代表大会、行政机关、人民法院等国家机构以及其他公共管理部门,凡宣布重大事项、法定事项均可发布公告,公告比公报的行文主体范围更宽泛。

（一）结构要素

1. 标题：常用的撰写方法有：

一是由发文机关名称、事由、文种构成,如"商务部、国家质检总局赋予首批供港活猪注册养殖场供港活猪自营出口经营权的公告"等;

二是由发文机关名称、文种构成,如"中华人民共和国商务部公告""中国人民银行公告"等;

三是由事由、文种构成,如"采购公告""办公自动化设备招标公告";

四是使用文种"公告"作为标题,主要适用于在公共场所张贴的公告。

2. 编号：公告编号一般按照年度编制顺序号,格式为"第×号"或"200×年第×号",标注在标题下方居中位置。

3. 正文：首先,交代发布公告的缘由,包括根据、目的、意义等;其次,写明公告的事项,通常只需用简短的文字,表达出什么时间、什么地点、为了（根据）什么、已经或将要发生（出现）什么事情,有时可指出受文者需注意的事项。如有必要,可对其内容加以简要说明,便于受文者了解事情的经过;结尾,一般使用"特此公告"来结束。如有必要,也可写明执行要求。

4. 发文机关署名：标注在正文右下方。如果标题中已经明确标明发文机关的,也可省略。

5. 成文日期：在发文机关署名下方标全年、月、日。如果题注中已标注成文日期,则在落款处不再标注。

（二）撰写要求

1. 公告的内容单一,篇幅简短,要求直截了当地说明要公开的事项。不需对公告形成经过的细节进行详细的记述或者深入的分析评价,只需重点陈述、说明公布事项的具体内容。

2. 依照制发机关的职权行文。公告的作者一般是较高层级的国家机关或法律法规授权的有关组织,它们要依照职权与法律法规的有关规定行文,以确保公告的合法性。普通企事业单位、人民团体等组织的告知性事项一般不采用"公告"文种发布。

3. 公告的条理清楚,用语庄重、准确、简明。内容层次较多时,可分条列出公告的具体内容。公告的主送机关比较广泛,无法一一列举时可省略。

三、通告

通告,适用于在一定范围内公布社会各有关方面应当遵守或者周知的事项。通告的内容包括公布政策性、法令性的事项,在全国、某一地区或某一系统、某一领域内需要各方遵守或知晓的具有一定普遍意义的事项。其适用范围较广,不仅各级国家机关可以使用,其他企事业单位、人民团体等各类社会组织也可以使用。

通告具有以下主要特点:

事项的具体指向性。通告要求一定范围内的机构或人员普遍知晓,使之了解有关政策、法令,遵守某些规定事项,共同维护全社会或一定范围内的公共管理秩序等,因此,通告的内容往往直接指向某项明确、具体的事项,如税务局关于征税的通告,机动车管理部门关于机动车辆年度检验的通告等,要求行文规范、内容简明周详,便于理解与执行。

条文内容的规范性。通告常用来宣布、告知一些具有规范性、约束性的事项或提倡、禁止的事项,一经颁布,特定范围内的单位、部门和民众就需要知晓、遵守或执行。如《××县人民政府关于坚决禁止和清除滥栽乱种树木的通告》要求:"严禁在县城规划区范围内和县级以上重点工程规划占地区域内擅自滥栽乱种树木,凡在上述区域范围内栽种树木的,必须报经当地乡镇人民政府批准。""凡未经批准已经擅自抢栽抢种、滥栽乱种的树木,必须在200×年4月30日前自行移栽和清除。对在规定期限内未自行清除的,县政府将组织有关部门予以强行清除,由此而造成的经济损失,全部由树木栽种人承担。"此通告的内容就具有很强的规范性,各有关单位或个人均需依照执行。

通告的种类一般可分为规范性通告和知照性通告两类。这两种通告是以法规性的强弱不同为标准来区分的,二者之间没有绝对的界限。需广大公众周知且强制性措施较多的,属于规范性通告,如《关于依法查处人力三轮车无照经营和违法行驶的通告》就人力三轮车无照上路、经营等行为进行明文禁止,规定对违规者的处罚措施等。主要告知需公众周知的事项而没有强制性措施的,则属于知照性通告,如因施工而停水、停电的通告。

此外,要注意通告与其他文种之间的差异,避免错用文种。

通告与公告之间的差异:

一是告启范围不同。公告面向国内外的广大公众,接受的人越多越好,其告启面广泛;通告一般只是面向国内一定范围内的公众,其告启面相对较窄。

二是制发者不同。公告的制发者多是党和国家重要领导机关或其他一些被授权的组织;通告的制发者可以是各级党政机关和企事业单位、人民团体等各级、各类机构,其制发者的范围比公告更宽泛。

三是内容的重要程度不同。公告所涉及的内容多是重要事项或重大事件,或者是法律、法规规定的须依法公开的事项。而通告的内容可以是重大事项,也可以是一般性事项,内容限定没有公告那么严格。

四是行文要求不同。公告的内容比较重大,一般需受文者知晓但并不要求其必须办理或执行,兼有消息性和知照性的特点;通告的内容可大可小,通常需要有关受文者遵守或办理,执行性、约束性较强。

五是主要发布方式不同。公告要求公开传播,适用范围广泛,多采用报刊、网络、广播、电视等传媒方式发布;通告大多面向一定范围内的公众,多采用广泛张贴或者逐级行文的方式定向发布,当然必要时也可借助于各种媒体手段发布。

通告与通报之间的差异:

一是适用范围不同。通告适用于公布各有关方面应当遵守或者周知的事项;通报适用于表扬先进、批评错误、传达重要情况。

二是行文目的不同。制发通告旨在让一定范围内的公民、法人以及其他组织周知或遵守有关事项,其告知性与规范性特点更明显;制发通报旨在通过具有代表性与典型性的人、事,态度鲜明地表达发文机关的态度,其指示性、宣传教育性更明显。

三是行文时间不同。通告用于发布需要遵守或周知的事项,需在事前行文,以便有关组织或人员对即将展开的工作进行安排;而通报则是针对已经出现或发生的典型人、事来行文,在事后或事情发展的过程中行文。

四是发文方式不同。通告需一定范围内的相关组织与人员知晓,其主送对象比较广泛,常省略主送机关,多采取在公共场所张贴的方式发文,或者定向发文,或者在报纸、网络等媒体上公开发文;通报常需明确地标注主送机关(其下属机关),一般以逐级行文的方式发布。

(一) 结构要素

1. 标题:常用三种结构方法:

一是由发文机关名称、事由和文种构成,如"××区交通局关于开展20××年度道路货运车辆审验工作的通告";

二是由发文机关名称、文种构成,如"××市人民政府通告";

三是单独使用文种"通告"做标题,常用于张贴性通告的标题。

2. 编号:可以按照发文字号编制,如"××发〔20××〕××号";也可按照一个年度中"通告"的发文顺序号编制,如"第×号"或"20××年第××号",标注于标题下方居中位置。

3. 正文:

首先,简要交代发布通告的背景、根据、目的、意义等。

其次，具体交代通告的内容，如对象、过程、结果、原因、时间、地点或有关政策的内容、基本要求和对违反者的处置办法，主要是使受文者了解重要消息，掌握重要情况，或者向受文者交代需要其实际遵照执行的政策、措施及其他有关的行为规范。文字较多、内容较复杂的通告，可采用分条列项的写法，以做到条理分明；内容比较单一的通告，可采用篇段合一的结构表达。

结语，常以结尾词"特此通告"表示正文结束。

4. 发文机关署名：标注发文机关的全称或简称。

5. 成文时间：规范地标注年、月、日。

(二) 撰写要求

1. 语言准确、简明、严密，深入浅出，通俗易懂，忌用冷僻晦涩的语词，以便于公文阅读理解、贯彻执行。

2. 坚持一文一事的原则，一份通告只公布一件专门事件或事项，以使主题明确集中。要依据有关法令、政策行文，使通告具有针对性和合法性。

3. 通告在表达方式上多采用说明的方式，着重说明公布的事项，而不对通告事项进行具体的解释或评议。

第二节　例文解析

【例文 9-1 会议公报】

公文内容	解析
中国共产党中央纪律检查委员会第八次全体会议公报 （20××年10月12日中国共产党中央纪律检查委员会第八次全体会议通过）	◀ 由会议名称、文种（公报）构成标题。 ◀ 以题注方式标明公报通过的时间（成文日期），正文末不再标注。
中国共产党中央纪律检查委员会第八次全体会议，于20××年10月11日至12日在北京举行。中央纪律检查委员会委员112人出席了会议，列席了中国共产党第十六届中央委员会第七次全体会议。中央纪律检查委员会常务委员会主持了会议，中共中央政治局常委、中央纪律检查委员会书记吴官正作了重要讲话。	◀ 扼要交代会议的总体情况：时间、地点、出席与列席情况、会议主持与重要领导人讲话。

全会审议并通过了中共中央纪律检查委员会向党的第十七次全国代表大会的工作报告,同意将报告提请党的第十七次全国代表大会审查。

全会认为,党的十六大以来,中央纪委和各级纪委在以胡锦涛同志为总书记的党中央领导下,坚持以邓小平理论和"三个代表"重要思想为指导,深入贯彻落实科学发展观,认真履行党章赋予的职责,扎实推进党风廉政建设和反腐败工作。经过全党全社会的共同努力,反腐倡廉在继承中发展,在改革中创新,取得新的明显成效。但是,也要清醒地看到,消极腐败现象仍然比较严重,反腐倡廉形势仍然严峻,必须充分认识反腐败斗争的长期性、复杂性、艰巨性。

全会强调,要把反腐倡廉建设放在更加突出的位置,坚持标本兼治、综合治理、惩防并举、注重预防的方针,加强以保持党同人民群众血肉联系为重点的作风建设,加强以完善惩治和预防腐败体系为重点的反腐倡廉建设,在坚决惩治腐败的同时,更加注重治本,更加注重预防,更加注重制度建设,努力拓展从源头上防治腐败的工作领域,进一步提高反腐倡廉工作水平,推动科学发展,促进社会和谐,为实现党的十七大作出的各项重大决策和战略部署提供有力保证。

全会要求,各级纪委要更加紧密地团结在以胡锦涛同志为总书记的党中央周围,高举中国特色社会主义伟大旗帜,坚持党的基本路线不动摇,锐意进取,扎实工作,不断取得党风廉政建设和反腐败斗争的新成效,为夺取全面建设小康社会新胜利、开创中国特色社会主义事业新局面而努力奋斗!

(摘自新华网)

◀ 审议并通过了中纪委工作报告。

◀ 党风廉政建设与反腐败的形势不容乐观,为引出下一段做好铺垫。

◀ 反腐倡廉建设的重要性、方针、重点、措施、工作目标。

◀ 会议对各级纪委提出了具体要求。

◀ 运用"全会认为""全会强调""会议要求"等词语分别引出一个段落,表达了会议的主要内容,层次清晰。

▲ 全文开头简要地交代了会议的总体情况,主体部分交代了会议的主要内容,层次清晰,行文简明,语言严谨郑重。需公开发布,故省略主送机关。

【例文 9-2 联合公报】

公文内容	解 析

中华人民共和国和哈萨克斯坦共和国联合公报

应哈萨克斯坦共和国总统努尔苏丹·纳扎尔巴耶夫邀请，中华人民共和国主席胡锦涛于20××年8月17日至18日对哈萨克斯坦共和国进行国事访问。两国元首在阿斯塔纳举行了正式会谈。访问期间，胡锦涛主席还会见了卡西姆若马尔特·托卡耶夫上院议长和卡里姆·马西莫夫总理。

一、两国元首满意地指出，中哈战略伙伴关系建立两年来，两国各领域合作快速发展，给两国人民带来实际利益。近年来，两国就共同关心的重大问题建立了有效的定期对话机制。双方强调，将保持经常性的高层互访，就双边关系和国际局势的重大问题举行磋商。

双方表示将继续加强两国议会的交往，开展多层次的友好交流与合作，努力完善双边合作的法律基础。

二、中方高度评价哈萨克斯坦共和国宪法改革，认为这是哈萨克斯坦及中哈关系进一步稳定发展的重要因素。

三、双方强调，两国安全领域合作不针对第三国。双方将继续保持两国在维护国家安全，打击恐怖主义、分裂主义、极端主义、跨国犯罪、毒品贩运领域合作的高水平和良好发展趋势，并在上海合作组织框架内采取有力措施，共同防范和打击"三股势力"。双方将继续加强在防灾减灾领域的合作。

四、哈萨克斯坦政府坚定奉行一个中国政策，重申2006年12月20日两国元首签署的《中华人民共和国和哈萨克斯坦共和国21世纪合作战略》中关于台湾问题的立场。哈方认为台湾问题是中国的内政，支持中国政府为实现国家统一所做的努力。

五、双方将继续采取相应措施规范两国公民往来，并为其创造必要条件。双方将加强在打击非法移民活动领域开展合作，包括在双边和上海合作组织框架内查明和切断非法移民渠道，打击非法移民活动的组织者及其同谋者。

双方将根据各自法律为在对方国家从事投资贸易活动创造便利条件，采取有效措施保护对方国家公民的人身、财产和合法权益。

六、双方将在中哈利用和保护跨界河流联合委员会机制下，进一步

解析：
◀ 由发文机关名称、文种（公报）构成标题。

◀ 说明公报的背景与缘由，为引出公报的具体内容做好铺垫。

◀ 对两国关系的发展进行整体评价，并对未来发展趋势予以定位。

◀ 中方对哈方宪法改革的认同与高度评价，表明中方态度与立场。

◀ 双方强调国家安全领域的合作内容与措施。

◀ 哈方重申奉行"一个中国"的政策与关于台湾问题的立场。

◀ 双方规范、保护两国公民往来与贸易活动的措施。

加强两国在跨界河流领域的交流与合作，本着公正、合理原则开发和利用跨界河流水资源。双方将采取有关措施，以实现上述原则，保障双方利益。双方将继续就建设霍尔果斯河"友谊"联合引水枢纽工程保持密切合作。

◀ 双方合理建设、利用、保护跨界河流的原则。

七、双方将在国际和地区事务中继续加强协调，深化战略协作，为两国发展创造良好的国际环境。双方决心扩大……双方重申将进一步巩固核不扩散机制，强调各国必须全面执行联合国安理会第1540号决议。

◀ 双方在国际地区事务中的协作。

八、双方指出，发展上海合作组织框架内多边协作是中国和哈萨克斯坦对外政策的优先方向之一。双方将继续就该组织的活动在不同级别进行协调和磋商。上海合作组织正成为地区和国际政治中具有重要影响的因素。双方认为，在上海合作组织发展的新阶段，就彼此关切的国际问题积极进行政治对话意义重大。双方认为，上海合作组织成员国应优先关注安全、经济、社会和人文领域的务实合作，造福成员国人民。

双方认为，作为促进亚洲地区对话和建立信任措施的论坛，亚洲相互协作与信任措施会议是促进亚洲各国协作的重要积极因素。双方支持亚洲相互协作与信任措施会议进程的发展，将共同努力维护亚洲地区的和平、安全和稳定。

◀ 双方在上海合作组织框架内发展多边协作的主要内容。

中方高度评价哈萨克斯坦关于定期举行世界和传统宗教领袖大会的倡议，并将继续积极参与大会及相关活动的筹办工作。

九、双方满意地指出，中哈贸易增长迅速。双方将共同努力，争取双边年贸易额在2015年达到150亿美元。双方将努力促进进出口平衡，提高附加值产品在双边贸易中的比重，优化商品结构。

◀ 双方贸易增长，将努力促进进出口平衡。

十、双方将完善中哈合作委员会的工作，充分发挥其潜力，促进务实领域合作取得实际成果。中哈两国将致力于加强投资合作。这已成为双边合作的优先方向之一。

双方将协助各自的经济实体实施中哈原油管道二期工程、中哈天然气管道工程、石油化工联合体等项目以及在油气深加工领域开展合作。

◀ 双方将致力于加强投资合作、协助各自的经济实体实施有关项目并开展有关合作。

十一、双方将继续由实施大型油气项目向开展非资源领域重要项目合作的过渡，特别是油气机械制造、食品工业和纺织工业、交通物流服务、冶金、建材及旅游业等。中方支持哈萨克斯坦在华投资建立和发展合资企业。双方认为，中哈地区和边境合作是双边经贸关系的重要组成部分，双方将推动霍尔果斯国际边境合作中心的发展。

◀ 开展机械、食品、纺织等非资源领域重要项目的合作。

十二、双方愿为两国银行在对方境内开展实际工作创造平等和便利条件，支持两国银行间建立更紧密的战略合作关系。

◀ 双方均支持两国银行间的战略合作。

公文内容	解析
十三、双方将充分利用过境运输潜力，提高口岸接运能力，推动建设国际运输走廊，以保障经过中哈境内的欧亚货物的运输。	◀ 双方提高口岸接运能力，推动建设国际运输走廊。
十四、双方将继续推动扩大两国人文领域的交流和联系，深化文化交流，支持开展联合考古、历史文献研究、庆祝民俗节日，进行丝绸之路跨国申报世界遗产等工作，以及促进双方在广播电视领域的交流与合作。	◀ 双方将推动扩大两国人文领域的交流与联系。
双方积极评价设在哈萨克斯坦国家图书馆内的"中国文化之家"所开展的活动。中方支持哈国家图书馆在中国条件相当的图书馆开设"哈萨克斯坦文化之家"。双方将继续推动互设国家文化中心。	▲ 全文采用开头、主体两部分结构，开头交代行文背景、缘由，主体部分分条列项，按照政治、经济、文化的顺序，依次说明会谈协商议定的事项。全文结构合理，逻辑清晰，内容明确，语言庄重得体，行文严整流畅。
双方将继续在体育领域积极开展合作。2008年北京奥运会前，双方将鼓励国家队运动员参加在两国举行的热身赛及其他赛事。	
中华人民共和国主席　　哈萨克斯坦共和国总统 　　　　　　胡锦涛　　　　　　努·阿·纳扎尔巴耶夫 　　　　　　（签字）　　　　　　　　（签字） 　　　　　　20××年8月18日于阿斯塔纳	◀ 发文机关、成文时间与地点。联合公报通常需会谈双方法定代表人郑重签署姓名，方能生效。

（摘自华夏经纬网）

【例文9-3 重要信息公报】

公文内容	解 析
第二次全国农业普查主要数据公报 第5号 （国务院第二次全国农业普查领导小组办公室、中华人民共和国国家统计局20××年2月27日）	◀ 由事由与文种（公报）构成标题。 ◀ 公报编号：指此次普查制发的系列信息公报的第5号。 ◀ 信息发布的机构与发布时间，正文后不再标注。
农村劳动力资源与就业 　　第二次全国农业普查对农村劳动力资源与就业情况进行了调查，现将主要结果公布如下：	◀ 分项标题。 ◀ 直接说明信息公报涉及的主题以及产生方式。

一、农村劳动力资源总量与结构

20××年末,农村劳动力资源总量为53100万人。其中,男劳动力26989万人,占50.8%;女劳动力26111万人,占49.2%。

农村劳动力资源中,20岁以下6947万人,占13.1%;21~30岁9184万人,占17.3%;31~40岁12679万人,占23.9%;41~50岁11021万人,占20.7%;51岁以上13269万人,占25%。

农村劳动力资源中,文盲3593万人,占6.8%;小学文化程度17341万人,占32.7%;初中文化程度26303万人,占49.5%;高中文化程度5215万人,占9.8%;大专及以上文化程度648万人,占1.2%。

▸ 说明劳动力资源总量与结构构成。通过总量、分类数量、百分率揭示劳动力资源的现状,客观、清晰、明确。

表9-1 农村劳动力资源总量及构成

	全国	东部地区	中部地区	西部地区	东北地区
农村劳动力资源总量(万人)	53100	19828	14582	15142	3548
农村劳动力性别构成(%)					
男性	50.8	50.9	50.4	50.9	52.0
女性	49.2	49.1	49.6	49.1	48.0
农村劳动力年龄构成(%)					
20岁以下	13.1	13.2	13.8	12.8	11.1
21~30岁	17.3	18.8	15.4	16.9	18.4
31~40岁	23.9	23.4	23.7	24.5	24.6
41~50岁	20.7	21.4	20.9	19.1	23.5
51岁以上	25.0	23.2	26.2	26.7	22.4
农村劳动力文化程度构成(%)					
文盲	6.8	4.6	6.7	10.7	2.6
小学	32.7	28.3	29.8	41.0	33.2
初中	49.5	53.9	52.0	39.7	56.7
高中	9.8	11.8	10.4	7.5	6.4
大专及以上	1.2	1.4	1.1	1.1	1.1

▸ 数据表格化,表项分类清晰,全国与各地区对比表达,既直观又形象,减少了阅读者自我筛选、对比加工信息的时间,有助于大大提高其信息阅读速度,方便其理解、掌握数据信息的意义。

农村从业人员47852万人,占农村劳动力资源总量的90.1%。其中,从事第一产业的占70.8%;从事第二产业的占15.6%;从事第三产业的占13.6%。

表 9-2　农村从业人员总量及构成

	全国	东部地区	中部地区	西部地区	东北地区
农村从业人员总量(万人)	47852	17652	13043	13927	3230
第一产业(%)	70.8	52.4	76.8	86.3	80.1
第二产业(%)	15.6	28.8	10.6	5.2	7.8
第三产业(%)	13.6	18.8	12.6	8.5	12.1

二、农村劳动力流动

20××年,农村外出从业劳动力13181万人。其中,男劳动力8434万人,占64%;女劳动力4747万人,占36%。外出从业劳动力中,20岁以下占16.1%;21～30岁占36.5%;31～40岁占29.5%;41～50岁占12.8%;51岁以上占5.1%。外出从业劳动力中,文盲占1.2%;小学文化程度占18.7%;初中文化程度占70.1%;高中文化程度占8.7%;大专及以上文化程度占1.3%。

表 9-3　农村外出从业劳动力总量及构成(略)

外出从业劳动力中,在乡外县内从业的劳动力占19.2%,在县外市(地区)内从业的劳动力占13.8%,在市(地区)外省内从业的劳动力占17.7%,去省外从业的劳动力占49.3%。

外出从业劳动力中,从事第一产业的劳动力占2.8%;从事第二产业的劳动力占56.7%;从事第三产业的劳动力占40.5%。

表 9-4　农村外出从业劳动力流向及从业情况　单位:%

	全国	东部地区	中部地区	西部地区	东北地区
外出从业劳动力从业地区构成					
乡外县内	19.2	29.9	13.5	15.2	26.9
县外市内	13.8	18.4	9.9	12.4	31.5
市外省内	17.7	33.1	9.0	12.8	24.2
省外	49.3	18.6	67.6	59.6	17.4
外出从业劳动力产业构成					
第一产业	2.8	2.5	2.2	3.6	4.2
第二产业	56.7	55.8	57.1	58.4	44.3
第三产业	40.5	41.7	40.7	38.0	51.5

◀ 农村劳动力流动的情况。

◀ 数据表达规范。特别要注意：信息公报中各种统计数字分类要合理、清楚,类别间不要交叉与重复,数据要准确,数量概念表达要规范,否则会影响信息的真实性与公信力。

◀ 表格表达规范。表格一般由表题、表项、表文组成,必要时可加上表注。

注：

1. 农村劳动力资源：是指20××年末农村住户常住人口（即在本户居住6个月以上人口）中16周岁及以上具有劳动能力的人员。

2. 农村外出从业劳动力：是指农村住户户籍从业人员中，20××年到本乡镇行政管辖区域以外从业1个月及以上的人员。

3. 四大地区：东部地区包括北京市、天津市、河北省、上海市、江苏省、浙江省、福建省、山东省、广东省、海南省。中部地区包括山西省、安徽省、江西省、河南省、湖北省、湖南省。西部地区包括内蒙古自治区、广西壮族自治区、重庆市、四川省、贵州省、云南省、西藏自治区、陕西省、甘肃省、青海省、宁夏回族自治区、新疆维吾尔自治区。东北地区包括辽宁省、吉林省、黑龙江省。

（摘自国家统计局网站）

◀ 信息公报的注释主要针对公报中不易理解的名词概念、专业术语、数据来源与计算公式等情况，有助于阅读理解公报内容。

◀ 全文由开头、主体两部分构成。开头直截了当地说明调查内容，引入下文，主体从两方面分别说明信息内容。全文结构合理，内容简明扼要，数据表达规范准确，数据表格化有助于增强公文内容的可读性和可理解性。

【例文9-4 重要事项公告】

公　文　内　容

×××博物院、×××纪念馆免费开放公告

为贯彻中宣部、财政部、文化部、国家文物局下发的《关于全国博物馆、纪念馆免费开放的通知》，遵照温家宝总理在十一届人大一次会议上所作的《政府工作报告》关于公益性博物馆、纪念馆要更好地为公众服务的要求，×××博物院、×××纪念馆自20××年3月31日起，正式对全社会免费开放，现将有关事宜公告如下：

一、开馆时间

1. ×××博物院：周二至周日免费开放，周一全天闭馆（国家法定节假日照常开馆）。夏季：9:00～17:30 冬季：9:30～17:00

2. ×××纪念馆：周一下午至周日免费开放，周一上午闭馆（国家法定节假日照常开馆）。上午：9:00～12:00 开馆 下午：14:30～17:30 开馆 每年1月1日～3月20日闭馆整修。

解　析

◀ 标题由发文机关名称、事由与文种（公告）构成。

◀ 扼要交代行文目的、依据以及公告的具体事项，点明主题。通过"现将……"转入具体内容。

◀ 开馆时间安排，便于公众提前安排参观日程。

二、免票参观办法

采取"免费不免票、领票凭票入场"的方法进行,观众可在指定地点领取当日免费门票。每人限领3张,仅限当日有效。

×××博物院发票点:×××博物院南侧临时展厅领票点;

×××纪念馆发票点:×××纪念馆雕塑广场旁参观咨询处。

1. ×××博物院发票时间:20××年3月31日至4月10日,每天分3个时段面向公众限额发放免费参观券2000张,4月10日以后根据情况逐步增加至每日3000张。每天9:00～10:00、13:00～14:00、15:00～16:00发放参观券。团体票请提前3天电话预约。联系电话:04××-4614000。

2. ×××纪念馆发票时间:2008年3月31日起每天上午9:00～11:30,下午14:30～16:30,各发放免费参观券1000张。团体票请提前3天电话预约。联系电话:04××-3953990、3965138。

三、参观注意事项

1. 为了确保观众和文物展品安全,请观众凭票排队入场,服从博物院、纪念馆工作人员的引导……

……

5. ×××博物院内请勿使用闪光灯照明设备拍摄文物;×××纪念馆展厅内谢绝拍照。

四、参观地点

1. ×××博物院位于:××市新华东街与东二环交汇处西北侧。公交线路:市区内乘坐××、××等路公交车至×××博物院。联系电话:04××-4614000(团体预约)、4614333。

2. ×××纪念馆位于:……

特此公告

××博物馆　××纪念馆
20××年3月28日

◀ 免票参观的办法具体详细,方便易行,有助于社会公众获取门票,有序参观。

◀ 对安全、拍照等问题提出了针对性要求,有利于公众提前做好参观准备。

◀ 介绍博物院纪念馆的地址与乘车线路,方便公众乘车前往参观。

▲ 全文由开头、主体、结尾三部分构成,开头简明扼要,主体内容分条列项说明公众参观所需周知的相关事项,以"特此公告"结束全文。层次清晰,内容简明,语言平实,通俗易懂,便于公众阅知。

【例文 9-5 法定事项公告】

公 文 内 容	解 析

<h3 style="text-align:center">中华人民共和国商务部公告</h3>

　　中华人民共和国商务部于20××年4月10日发布该年度第3号公告,公布对原产于韩国、马来西亚、新加坡和印度尼西亚的进口丙烯酸酯征收反倾销税,实施期限自20××年4月10日起,为期5年。

　　20××年10月10日,商务部发布20××年第77号公告,自该公告发布之日起,国内产业可在原反倾销措施终止日60天前,向商务部提出书面复审申请。

　　20××年2月1日,商务部收到上海华谊丙烯酸有限公司等八家企业代表中国丙烯酸酯产业正式递交的反倾销期终复审调查申请,申请人请求商务部对原产于韩国、新加坡和印度尼西亚的进口丙烯酸酯所适用的反倾销措施进行期终复审并裁定维持该反倾销措施。

　　20××年4月9日,商务部发布立案公告,决定对原产于韩国、马来西亚、新加坡和印度尼西亚的进口丙烯酸酯所适用的反倾销措施进行期终复审调查。

　　依据《中华人民共和国反倾销条例》第五十二条的规定,根据商务部建议,国务院关税税则委员会决定,在反倾销期终复审调查期间,对原产于韩国、马来西亚、新加坡和印度尼西亚的进口丙烯酸酯仍然按照中华人民共和国商务部20××年第3号和20××年第40号公告公布的征税范围和反倾销税税率,继续征收反倾销税。

　　特此公告

中华人民共和国商务部
20××年4月9日

（摘自中国政府网）

解析：

◀ 标题由发文机关名称、文种（公告）构成。

◀ 法定事项公告是依照法律法规等要求公开披露的信息。行文具有强制性与规范性。

◀ 行文缘由：交代前期颁布的公告的时间与内容,为此公告的行文提供一个背景。

◀ 行文依据：说明递交反倾销期终复审调查申请的文件依据。

◀ 交代该反倾销期终复审调查申请的具体内容。

◀ 同意发布立案公告,并说明在立案调查期间反倾销税的具体征收办法。

▲ 全文采用开头、主体、结尾三部分结构。开头由第一、二自然段构成,交代了行文缘由与依据；主体由第三～五自然段构成,说明收到与处理反倾销期终复审调查申请的情况；结尾以"特此公告"收束全文。

▲ 全文层次清楚,内容单一,按照时间顺序说明前因后果,有根有据,表意清晰,用语郑重平实。

【例文 9-6 规范性通告】

公文内容

北京市人民政府关于发布 2008 年北京奥运会残奥会期间本市空气质量保障措施的通告

为切实履行申办奥运会时的环保承诺，进一步改善空气质量，成功举办一届有特色、高水平的奥运会，针对本市目前空气质量存在的主要问题，根据《北京市实施〈中华人民共和国大气污染防治法〉办法》和《北京市人民代表大会常务委员会关于为顺利筹备和成功举办奥运会进一步加强法治环境建设的决议》，市政府决定，在实施第十四阶段控制大气污染措施的基础上，借鉴奥运会举办城市在奥运会期间保障空气质量的做法，在 2008 年北京奥运会、残奥会期间（7 月 20 日至 9 月 20 日）实施加强机动车管理、严格控制施工重点工序、重点污染企业减排等措施，确保空气质量良好。现将具体措施通告如下：

一、加强机动车管理，倡导"绿色出行"

具体方案和执行时间另行发布。

二、停止施工工地部分作业和强化道路清扫保洁

各施工单位要停止在施工地的土石方工程、混凝土浇筑等作业，做好工地绿化、覆盖等工作。为保证施工安全，凡在 2008 年 7 月 20 日前不能完成土石方工程、基坑安全防护和防汛准备的项目，建设行政主管部门不予批准开工建设。市建委和各区县政府要组织督促各施工单位切实落实各项措施。

环卫作业单位每天要对城市主干道、次干道、重要支路和其他为奥运会提供服务保障的道路进行吸扫和冲刷作业，市市政管委和各区县政府要组织进行监督检查。

三、重点污染企业停产和限产

全市工业企业要采取有效措施，实现污染物稳定达标排放；不能稳定达标排放的，原则上停产治理。

首钢总公司采取严格措施，最大限度降低生产负荷，减少污染物排放。北京东方石油化工有限公司东方化工厂暂停生产。全市水泥生产企业、水泥粉磨站、混凝土搅拌站以及位于本市西南部地区的采石和石灰生产企业，原则上暂停生产。

北京首钢红冶钢厂、北京平板玻璃集团公司、北京首钢股份有限公司第一线材厂、北京秦昌玻璃有限公司、北京鹿牌都市生活用品有限公

解 析

◀ 由发文机关名称、事由与文种（通告）构成标题。

◀ 概述行文目的、依据，直接点明主题。使用过渡句"现将……"转入下文，一～六分类、分项说明通告的具体内容。

◀ 加强机动车管理。

◀ 建筑工地管理：做好各施工单位工地绿化、覆盖工作的安排、监督与检查，对环卫吸扫作业的监督检查。

◀ 污染企业治理：要求采取有效措施或者停产治理。明确指出有关重点污染企业的名称，并一一提出治理措施，便于有关企业有针对性地落实治理工作。

司、北京昌平区南口玻璃瓶厂、北京首钢吉泰安合金材料有限公司、北新集团建材股份有限公司、北京市西六建材工贸公司、北京市翔牌墙体材料有限公司、北京首钢建材化工厂、中国南车集团北京二七车辆厂、中国北车集团北京二七机车厂、北京首钢第二耐火材料厂、北京首钢康宏带钢厂、北京兴民玻璃制品厂、北京方瑞铸造有限公司、北京菲美特协立铸造有限公司等冶金、建材重点企业,采取压缩产量、调整运行方式、强化污染治理等措施,在确保达标排放的基础上减少污染物排放30%。北京燕山石化集团采取暂停三蒸馏、丙烷沥青、一热力和二热力、一电站1号至5号锅炉、二电站1号至4号锅炉运行等措施,在确保达标排放的基础上减少污染物排放30%。

四、燃煤设施污染减排

北京京能热电公司、大唐北京高井热电厂、华能北京热电公司、国华北京热电分公司采取燃用低硫优质煤及加强污染治理设施运行管理等措施,在确保达标排放的基础上减少污染物排放30%。所有夏季运行的燃煤锅炉,其使用单位要采取有效措施,确保污染物排放稳定达到《锅炉大气污染物排放标准》(DB11/139-2007)第二时段排放限值;不能稳定达标排放的,原则上暂停运行。

◀ 燃煤设施污染减排:指明北京主要燃煤企业的名称,并从燃煤质量、运行方式等方面提出有针对性的管理措施,便于执行。

五、减少有机废气排放

本市行政区域内的加油站、油罐车和储油库,未完成油气回收治理改造或改造后仍不能达标排放的,停止使用。全市禁止露天喷漆,暂停含有挥发性有机溶剂的建筑喷涂和粉刷作业;印刷、家具生产、汽车修理等排放挥发性有机物的工序,未达到本市排放标准的停产治理。

◀ 有机废气减排:指明本市行政区内有机废气排放的主要行业及其减排措施。

六、实施极端不利气象条件下的污染控制应急措施

如遇到极端不利气象条件,影响空气质量达标时,在采取上述措施的基础上,将进一步采取应急措施控制污染。

各区县政府和市有关部门要落实属地管理和部门监管责任,加强督促检查,确保各项措施顺利实施。各企业要自觉履行减排责任,切实完成减排任务。对2008年北京奥运会、残奥会期间实施停产、限产等临时减排措施的企业将减免征收排污费。倡导广大市民选择绿色生活方式,主动参与减排行动,为保障2008年北京奥运会、残奥会期间空气质量良好作出贡献。

特此通告

◀ 对"各区县政府和市有关部门""各企业"提出工作要求,向"广大市民"提出倡议和号召。

▲ 全文采用开头、主体、结尾三部分结构。开头交代了行文目的与依据;主体部分分类说明了保障空气质量的措施;结尾提出要求与倡议,并以结尾词"特此通告"收束全文。全文结构合理,逻辑清晰,内容具体明确,语言平实易懂,有助于受文者理解与贯彻执行。

北京市人民政府
20××年4月4日

(摘自中国政府网)

【例文 9-7 知照性通告】

公文内容

关于轨道交通路网票制票价的通告

为充分发挥轨道交通在城市公共交通中的骨干作用,鼓励市民优先选择轨道交通出行,进一步缓解城市交通拥堵,提高城市公共服务和管理水平,本着实行公交优先、坚持低票价政策的原则,经市政府批准,北京市轨道交通执行新的票制票价。现将有关事项通告如下:

一、自地铁 5 号线开通试运营之日起,北京市轨道交通全路网(不含机场轨道交通线)实行单一票制,票价为 2 元/人次,即乘客乘坐轨道交通一次出行,不论乘坐距离长短和换乘次数多少,使用一卡通卡或现金购票,均为 2 元/人次。同时取消地铁专用月票卡。

二、地铁专用月票卡过渡办法

(一)自通告发布之日起,停止地铁专用月票卡 20××年 11 月份的充次;自 20××年 10 月 25 日起停止地铁专用月票卡 20××年 10 月份的充次。

(二)已完成 20××年 10 月份充次的地铁专用月票卡,可使用到 20××年 10 月 31 日,11 月 1 日起地铁专用月票卡月票功能停止使用。

(三)地铁专用月票卡月票功能停止使用后,可作为普通卡继续充值使用,不需退换。

特此通告

▶ 发文机关署名在正式公文格式中排二行,第一行排 3 个机关署名,第二行排第 4 个机关署名,方便加盖印章。

北京市发展和改革委员会
北京市交通委员会
北京市财政局
北京市运输管理局
20××年 9 月 30 日

(摘自中国政府网)

解 析

◀ 由事由与文种(通告)构成标题。

◀ 用"为""本着""经"等引出行文目的、原则与依据,并直接点明公文主题。用"现将……"引出下文。

◀ 说明轨道交通新的票制、票价,正式运行的时间。

◀ 说明地铁专用月票停止使用、停止充次的时间,以及停用后的月票继续作为普通卡使用等情况。办法切实可行。

◀ 以结尾词"特此通告"收束全文。

◀ 发文机关名称。联合下行文的每一机关均应一一标注。

▲ 全文采用开头、主体、结尾三部分结构,开头简要,主体部分直截了当地交代通告的具体内容。层次清晰,主题集中,行文简短,语言简练,通俗易懂。所提出的月票卡过渡办法兼顾各方,留有余地,便于公众周知与贯彻落实。

【复习思考】
1. 告知类公文具有哪些共同特点？包括哪些主要文种？
2. 公报具有哪些种类？如何撰写公报？
3. 公告适用于哪些情况？如何撰写公告？
4. 公报与公告、公告与通告具有哪些差异？
5. 通告正文应写明哪些主要内容？规范性通告与知照性通告的区别何在？在写作上二者有什么不同？
6. 通告与通知、通告与通报的主要差异表现在哪些方面？
7. 如何理解通告的规范性与法规类公文的规范性？
8. 请借助参考书或者网络选择本章所学的主要文种，深入分析并认真学习掌握其结构、内容、语言等方面的写作特点。

【案例研习】

1. 指出下列公文中的不当之处，并予以修正：

（1）××大学制发的公报：

××大学优秀论文奖励公报

根据《××大学科学技术奖励条例》，经专家评审，拟推荐下列45篇论文获2007年度校优秀论文。其中，一等奖11篇，二等奖34篇，现予以公布。自公布之日起至2008年6月5日前，如有异议者请向评审办公室（科技处）提交书面材料，由学术委员会裁决。

附件：××大学2006年优秀论文奖获奖论文（略）

××大学科技处
二〇〇八年六月十五日

（2）××科技有限公司制发的公告：

乔迁之喜：我公司搬迁公告

不知不觉，公司已经走过了5个年头。在××网站建设这个行业不景气情况下，我们仍然不断进取，本着以服务客户为宗旨，与客户共同进步。

为了更好的服务于客户，我们决定将公司搬迁到××市最大的商业中心：×××市北商业圈。新的地址为：××市××区华发北路××大厦508室。

欢迎新老客户光临！

××市××科技有限公司

(3) ××县公安局制发的公告：

防偷防盗公告

近期，××地区社会治安情况出现新的变化，由于我局组织了专业巡逻队开展夜间巡逻，近一个多月来，夜间发案明显减少，但是白天发案数有所上升。为保护人民群众的生命财产安全，提醒群众自我防范意识，特提醒广大市民注意以下几个方面的问题：

1. 停放摩托车、电瓶车时要注意加锁，尽量停放在人多或有专人看管的地方；
2. 暑期不要让小孩单独在家，即使单独在家一定要教育小孩，不能让陌生人进家；不要让小孩到池塘、河流游泳，防止发生意外。
3. 在住处附近发现有形迹可疑人员时立即报警；
4. 存取大额现金时要有人陪同，防止发生意外；
5. 女性佩戴首饰出门时要加强防范，对待故意丢钱包之类骗局要提高警觉；
6. 在乘车、医院挂号、商场收银、试衣间、农贸市场等处，要随时留意随身携带的手提包、手机等物品，防止发生意外；
7. 沿街商铺在接待顾客的同时，要随时留意贵重物品和现金存放处，防止注意力被转移而被盗抢；
8. 老年人不要轻易相信他人的推销，严密防范针对老年人的骗抢行为。

××县公安局
二〇〇八年七月二十四日

(4) ××县公安局制发的通告：

严禁赌博的通告

为了搞好我市的精神文明建设，维护社会治安秩序，根据X政发[200×]第12号《关于严肃社会风气的通知》精神，现将有关事宜通告如下：

1. 通告的必要性：赌博是一种危害社会治安的违法行为，能导致家庭失和，诱发犯罪。因此，必须坚决取缔。
2. 凡是以任何方式参与任何形式的赌博者，均应在本《通告》公布之日起10日内进行登记。
3. 自本《通告》公布之日起，凡继续赌博且赌资超过10000元以上者，将处以5年以下、3年以上有期徒刑。
4. 凡为赌徒提供赌资、赌具、窝点者，将处以5000元以上罚金。
5. 凡变相赌博者，如利用扑克机、老虎机进行赌博，将予以拘留。
6. 因赌博形成的债务，经公安机关核实后，一律废除。

特此通告。

××县公安局
200×年10月11日

(5) ××文化发展有限公司制发的通告：

××文化发展有限公司通告

因业务发展需要招聘以下工作人员：

1. 业务主管二名
2. 办公室文员一名
3. 销售代表拾名
4. 客服伍名

应聘要求：

1) 业务主管，办公室文员需大专以上学历，相关工作经验。业务主管需从事过相关工作三年以上。销售代表和客服需中专以上学历，相关工作1年以上，有吃苦耐劳精神
2) 办公室文员和客服均为女性，30周岁以下，相貌端庄，普通话标准

面试时间及地点：

每周星期六．日上午九点至十一点三十分
持相关证明的面试人员至××街××新村8号1302室参加面试
联系电话：02×-57230771　57223091(传真)
139115008××　联系人：陈先生
外地应聘者可将简历传真至02×-57232071,合则通知面试

(6) ××精神文明建设委员会办公室制发的通告：

关于表彰精神文明建设先进单位与人员的通告

经市文明委全体会议研究通过，并经过了市纪委、市综治办、市计划生育局、市安全生产监督管理局四家"一票否决"部门的审核，近期，市委、市政府。报市委、市政府同意对2007年度全市精神文明建设先进集体和个人进行表彰：××局、××局等32个单位为文明单位，××市行政服务中心等21个单位为文明示范窗口，××市××县××镇等12个镇为文明城镇，××市××区××村委等20个村委为文明村；李碧红等55人为精神文明创建活动先进工作者（名单附后）。

××市精神文明建设委员会办公室
2008年3月2日

2. 撰写公文：

(1) 国家××局局长办公会议讨论通过了《××工作规程(试行)》，请以国家××局的名义撰写一份公布实施的知照性通告。

(2) 根据下列提示，以××市税务局的名义撰写一份公告：

××市地方税务局将2008年一季度全市欠税在200万以上的5户纳税人的欠税情况予以公告，旨在进一步增强纳税人的纳税意识和清缴欠税的主动性。《中华人民共和国税收征收管理法》和国家税务总局《欠税公告办法(试行)》(国家税务总局令第9号)规定，对于有欠缴税

款情形的纳税人、扣缴义务人以及纳税担保人必须进行欠税公告。

（3）根据下列材料，以××海事局的名义撰写一份防止船舶碰撞事故的通告：

近期，××江干线水位持续低位运行，部分航段水浅槽窄，大雨、大雾天气多发，给船舶安全航行带来一定困难，碰撞多发。自2008年2月26日至3月10日，××海事局辖区共发生17次事故和险情。其中，碰撞事故8次，涉及货船、集装箱船、滚装船、油船等共17艘船舶。8次碰撞事故中，2次发生在上游自然河段，6次在中、下游分道航行水域。碰撞事故中除2次是因大雾等客观因素影响外，船员安全意识不强，操作不当是碰撞事故多发的主要原因。为此，该局制发"通告"，从以下方面提出具体要求：关注水位、天气及通航环境，按照内河避碰规则和船舶定线制的各项安全规定操作，加强航运中瞭望，按照事故处理规定报告处理事故等。

（4）根据下列材料，以湖北省××市地震局的名义撰写一份公告：

针对2008年5月12日14时28分发生在四川省汶川县的8级地震，社会上有传言说地震对湖北省××市有严重影响。经湖北省××市地震局初步分析，近期在湖北省××市范围内发生破坏性地震的可能性不大，群众无须惊慌，可以正常工作、学习、生活。希望大家保持理智，不要轻信谣言，要通过正规途径了解权威信息。按照《地震预报管理条例》（国务院令第255号），地震预报由省级政府按照规定程序对外发布。根据《地震预报管理条例》第十九条规定，对今后制造、散布地震谣言，扰乱社会正常秩序的，依法给予治安管理处罚。

（5）根据下列材料，撰写一份会议公报：

××县第××届人大常委会第八次会议于200×年3月10日在县人大机关五楼会议室举行。会议由常委会常务副主任洪自成主持。

会议讨论通过了县人大常委会200×年工作要点。会议确定了200×年县人大常委会工作的指导思想：以邓小平理论和"三个代表"重要思想为指导，认真贯彻党的十六大、十六届三中、四中全会精神，落实科学发展观，着力构建和谐社会，按照县委十一届三次全会和县十五届人大二次会议的要求，围绕"抢抓中部崛起的历史机遇，加快竹溪发展，努力把竹溪建设成为全省水电大县、茶叶大县"的奋斗目标，认真履行宪法和法律赋予的职责，积极探索、大胆实践，推进社会主义物质文明、政治文明、精神文明建设和依法治县进程，努力把我县人大工作推上一个新的水平。

会议听取和审议了县卫生局的工作情况汇报。会议认为，一年来，县卫生局在保护人民群众生命和预防疾病等方面做了大量工作。会议要求，县卫生局应从以下几个方面进一步加强工作：一是要加强对医务人员的业务培训，提高医务人员的专业技术水平；二是要加强医疗市场管理，下大力气治理医疗行业贿赂行为；三是要积极探索医疗体制改革，降低医疗成本，下大力气解决看病贵的问题；四是要重点加强农村卫生工作，下大力气解决群众看病难的问题。会议还听取和审议了县爱卫会工作情况汇报。会议要求，县爱卫会要认真落实创建文明卫生县城的措施，抓住当前建设社会主义新农村的机遇，加快做好农村改水改厕工作。会议听取和审议了县民政局关于社会福利和社会事务工作情况汇报。会议认为，近年来，我县社会福利和社会事务工作取得了新的进步。一是引进民营资本，创办了全县首家老年公寓，拓展了社会养老服务；二是五保供养工作取得了长足进展；三是正在积极筹建综合性社会福利中心。会议指出,我县社会福利和社会事务工作还存在以下几个方面的困难和不足:一是县殡仪馆建设缓慢;二是火葬在全县特别是在农村还没有得到推广;三是社会福利事业有待进一步发展,敬老院建设任重道远。

会议听取和审议了县畜牧局关于动物防治工作情况汇报。会议认为,近年来,县畜牧局在动物防治方面的工作成绩显著,为保护我县人民群众生命财产安全作出了较大贡献。会议指出,畜牧局应从以下几个方面进一步加强动物防治工作:一是要加强队伍建设,建立专门的动物检疫队伍;二是要加强防疫工作,应对突发事件;三是要搞好乡镇站所改革;四是要打破生猪垄断屠宰的格局。

会议听取和审议了县水务局工作情况汇报。会议认为,去年以来,县水务局从上级争取到的资金为历年之最,为我县水利事业建设作出了较大贡献。会议要求,县水务局要以乡镇站所改革为契机,抓队伍建设;要认真做好当前的防汛抗旱工作;要确保基层水利系统职工工资正常发放;要加强对水利资金的监管,防止水利资金被挪用。

会议听取和审议了县规划局关于城乡规划工作情况汇报。会议认为,我县规划编制工作开展有序,取得了一定的成绩。会议指出,县规划局在规划编制工作中要把握好以下几点:一是要加强整体规划;二是要注重公益设施和休闲场所的规划;三是要坚持规划先行,加强规划的落实;四是要加强对新农村村庄建设的指导;五是要积极向县委、县政府反映情况,争取将规划局机构升格。

会议听取和审议了县审计局关于200×年财政预算执行情况与其他财务收支情况的审计汇报。会议认为,审计报告被审计出财政支出方面存在的一些问题。会议要求,对审计出的问题,县审计局要发出整改通知书,监督整改到位,并将整改监督情况向县人大常委会汇报;县财政局要将全县财政风险情况向人大主任会议汇报。

会议还进行了人事任免。会议还听取了县人大常委会各专工委关于县人大及其常委会选举任命的国家机关工作人员200×年度述职报告和本县区域内中央、省、市所属的国家机关200×年度执法工作情况报告的审查报告。

第十章　商洽类公文

商洽类公文,是不相隶属机关之间商洽工作、询问和答复问题、请求批准和答复审批事项的公文。其主要作用在于联系工作,商洽事宜,沟通信息,询问、答复有关业务问题,请予批准以及回复审批事项等。

商洽类公文具有如下特点:

主体的平等性。商洽类公文的行文主体与行文对象是不相隶属的机关。"不相隶属的机关"这一概念包括两个方面的含义:一是指一个组织系统内部的平级机关;二是指属于不同组织系统的机构,双方在行政或组织上没有领导与被领导的关系、业务上没有指导与被指导的关系,无须考虑双方的级别高低。在不相隶属的机关之间,级别高的一方不能向级别低的一方制发指挥、指导性公文(知照性通知除外),级别低的一方也无须向级别高的一方制发请示和报告。

适用范围的广泛性。商洽类公文对发文机关的资格要求很宽松,无论高层机关、基层单位,还是党政机关、社会团体、企事业单位,均可向其他不相隶属的机关制发各种商洽类公文。加之,这类公文的内容和格式也比较灵活,因而其应用领域十分广泛。

内容的单一性。商洽类公文的内容一般要求一文一事。不需要在原则、目标、意义等方面进行深入阐述,通常只需务实地直接说明商请事项即可。

行文的往复性。商洽类公文通常针对某一具体事项进行洽商、协调、沟通,往往围绕同一问题有问有答,有来有往,形成具有很强指向性的且密切相关的两份或两份以上的来往函件。

商洽类公文的主要文种为"函",在党政机关、企事业单位、人民团体等各级、各类组织机构中广泛使用。根据不同的分类标准,函可以分为不同种类:一是按照函的格式划分为公函与便函,公函是正式的公文,要求严格按照公文的通用格式或特定的信函格式撰写制作;便函的格式可以比较随意,一般采用书信格式,可不拟文件标题,只有主送对象、正文、发函机关和日期,不编文件号,发文时可盖公章,也可签个人姓名。二是按照行文方向划分为发函(又称问函)和复函(又称回函),发函是主动制发的函件,复函是被动回复对方发来的函件。三是按照行文内容划分,可分为商洽函、问复函、请批函和知照函。本章将重点介绍商洽函、问复函、请批函、知照函等各类公函的写作方法和要求。

第一节 写作规范

一、商洽函

商洽函,是不相隶属的机关之间针对某一事项进行沟通、商洽而形成的往来函件。商洽函主要用于不相隶属的机关之间联系、商洽有关事宜,或请求对方协助办理某事,或向对方提出有关事项的处理意见,或向对方提出需共同办理某事的要求,以及答复来函所针对的事项等,具有鲜明的洽商性、合作性。

尽管商洽函与请批函均是往复性函件,但二者之间存在明显的差异:

一是适用范围不同。商洽函适用范围广泛,不相隶属的机构之间均可制发商洽函,而请批函主要是向某些依法需报批或请求许可的有关事项的业务主管机关制发的请求函及审批函。商洽函较之请批函的适用范围更宽泛。

二是所侧重的内容不同。商洽函所侧重的是现实工作中需要对方支持、需要与对方协商与合作的事项,对商洽事项的内容、程序、时间等没有特殊的限制与规定;而请批函的内容则侧重于某些需要批准或许可的事项,这些事项通常是由有关法律法规行政规章等予以明文规定,并需要依照权限、程序、时限等向有关业务主管部门报批、核准的事项。

(一) 结构要素

1. 标题:一是由发文机关名称、事由、文种(函)构成。需要注意的是,无论在发函的标题中,还是在复函的标题中,文种都是"函",如"中国科学院××研究所关于建立全面协作关系的函"(发函标题)、"×××有限责任公司关于同意合作建立×××研发基地的函"(复函标题)等。二是由事由、文种(函)构成,如"关于鄂穗两地携手联合打捞'中山舰'的函"。必要时,在回复来函时,可以将复函标题中的文种写为"复函",以便直接从标题上明了该份函件的行文方向,如"××公司关于合作建立××大学管理学院的复函"。

2. 主送机关:规范地标明洽商对象机关的全称或者规范化简称。

3. 正文:

开头部分,主要用来说明制发商洽函的缘由、依据、目的等,如果是复函,则先引用对方来函的标题、发文字号,然后再交代根据,说明缘由。之后,常用"现将有关情况说明如下""现就有关问题函复如下"等过渡语句转入主体部分。

主体部分,具体说明需要沟通、协调、商洽事项的主要内容:什么事项,需要对方支持、协助的具体工作内容,提出自己的初步意见或方案等;如果是复函,则要针对来函所提出的商洽事项予以答复,表态要明确、肯定,如遇商洽事项无法解决,可简要说明原因和困难,以便对方理解。

结尾部分，向对方提出愿望或请求，希望对方提供支持与帮助，或以"请即复函""特此函商""望予合作""请予大力协助为感（为盼、为荷、是荷）""祝我们合作愉快""特此函复""谨致谢忱"等结尾词语收束全文。

4. 发文机关署名。

5. 成文日期。

（二）撰写要求

1. 商洽的事项必须清楚明确，避免转弯抹角、含糊不清或模棱两可，要使人阅文后能准确地知悉来函的因由、目的和主题，以提高洽商的效率，否则，受文者将难以了解商洽的具体事项，无法就支持、帮助、合作等具体事宜做出有针对性的及时回应。

2. 商洽用语要得体，语言要平和礼貌。如果是发函，要开门见山，直接说明主题，把请求对方办理、协作或支援的事直截了当、言简意赅地写出来；如果是复函，要在正文开头援引来函的标题（或有关事项）后，立即明确而简洁地写出答复事项。商洽函中不得使用命令词语，既不要盛气凌人、强人所难，也不要卑躬屈膝、阿谀奉承。

二、问复函

问复函，是不相隶属的机关之间因询问和答复问题而形成的往复函件，主要用于向对方询问己方工作中所出现的自身职权无法解决的问题，或者询问一些工作方针、政策等问题，也用于受文者针对来函所询问的问题予以解释和说明，给出答复意见。问复函内容单一，行文简短，语言简明，具有很强的请求回应性与办理时效性。

问复函不同于请批函，二者的主要差异表现在：

一是适用范围不同。问复函主要适用于不相隶属的机关之间询问或答复问题，对问复双方机关的资格条件和询问答复的事项都没有限制，适用范围比较宽泛；而请批函主要适用于不相隶属的机关之间依法请求批准和答复请求的事项，答复请求函的机关一般被限定为业务主管机关，且对请求审批事项通常有明文限定，故请批函的适用范围相对来说要窄一些。

二是所侧重的内容不同。问复函侧重于针对工作中所遇到的各种自身无权处理或难以把握的各种法规、政策等问题，内容随机性比较强；而请批函侧重于明文规定需要依法、依职报批或者核准的有关事项，内容限制性比较强。

（一）结构要素

1. 标题：由发文机关名称、事由和文种构成，如"××市工商行政管理局关于贯彻《××××办法》有关问题的函"（问函标题）、"××省××局关于贯彻实施《行政复议条例》有关问题的函"（问函标题）、"财政部关于企业技术改造贴息资金财务处理的函"（复函标题）等。

无论是主动发出的问函，还是被动回复的复函，其标题中的文种都是"函"。如果在文种"函"前加上"问"或"复"字，则是为了标明"函"的行文方向，如"××省物价局、财政厅关于机动车驾驶员体检收费问题的问函""××部关于明确城市商品房预售管理主管部门问题的复函"。

2. 主送机关：规范地标明受文机关名称的全称或者规范化简称。

3. 正文：

问函的主要内容：

开头部分，交代行文目的和原因，有时也可对有关情况加以简要叙述，以便对方能清楚地了解"为什么"提出所询问题。

主体部分，明确说明需要询问的具体问题和事项"是什么"，如向对方介绍基本情况，表明自身对问题的倾向性认识或意见及其理由、依据和背景材料，以便对方机关了解缘由后准确地予以回复。

结尾部分，再次提出希望或要求，常以"盼复""请复文""望尽快函复为荷""以上意见可否，请予函复为盼""可否，请函复""以上意见如何，盼复"等结尾词或语句作结。如果对方不是个人，那么一般不用"此致敬礼""顺致敬意"等敬辞。

复函的主要内容：

开头部分，开首处写明所答复的来函的成文时间、标题、发文字号等，这样既可明确来函内容，也便于收文单位进行文书处理，例如："你局《关于土地有偿使用中的几个问题的函》（××函〔200×〕14号）收悉……""你局200×年9月30日《关于调整经济特区和三个试点行业外汇留成比例的函》收悉……"

主体部分，有针对性地答复询问，对来函提出的问题要一一解答，提出解决问题的办法或处理意见。若答复的事项内容比较复杂，可使用过渡句引出内容，分条列项地回复，例如："……经研究，特答复如下：一、……二、……"等。如果对来函提出的问题持否定态度，应说明理由（但不能有过多的论述），以便对方理解或办理。

结尾部分，常用"特此函复""此复"结尾，或提出处理有关问题时需注意的事项。分条列项答复问题时，也可言止意尽而自然收束全文。

4. 发文机关署名。

5. 成文日期。

(二) 撰写要求

1. 问复函应坚持一函一事的原则。询问事项要明确，便于对方尽快办理与答复；复函时必须围绕来函所征询的事项作答，态度肯定，条理清晰，便于受文者理解、办理。

2. 注意文种的使用。复函、批复和答复性报告尽管都属于答复性公文，但三者又有所区别。复函是平行文，其对象是不相隶属的平行机关；批复是下行文，其对象是下级机关；答复性报告是上行文，其对象是上级机关。

3. 语言表达应尽可能简要、明了。问复函在不相隶属的机关之间行文，发文双方不需考虑彼此之间组织层级的高低，用语要得体，语气要委婉，要讲究礼节，要充分体现出平等、坦诚、相互尊重的精神，以营造出良好的交流与合作氛围。

三、请批函

请批函是不相隶属的机关之间就主管业务范围内的事项请求批准和答复审批事项的往来函件。请批函的内容通常是按照有关法规的规定或职权分工的要求需要向有关业务主管部门报批或由其审批的事项。请批函的制发具有较强的内容规定性与办理程序性。

请批函不同于请示与批复，主要区别在于：

一是发文机关的工作关系不同。请批函是请求业务主管部门批准或许可，不受收发文单位级别层次高低的限制，收发文双方是不相隶属的机关；请示是同一组织系统中的下级机关向上级主管机关请求批准或指示；批复是上级机关回复下级机关的请求事项，收发文双方具有领导与被领导或者指导与被指导的工作关系。

二是行文方向不同。请批函是不相隶属机关之间的平行文，属于商洽类公文；请示是向上级领导机关或主管机关制发的上行文，属于报请类公文；批复是针对请示事项的下行文，属于领导、指导类公文。

（一）结构要素

1. 标题：一是由发文机关名称、事由、文种构成，如"×××省教育厅关于转请审批××大学学生公寓建设项目可行性研究报告的函"；二是由事由、文种构成，如"关于同意××××的函"。

2. 主送机关：规范地标明主送机关的全称或者规范化简称。

3. 正文：

请求函（发函）的正文：

开头部分，说明制发请求函的缘由、根据、目的等，常用"现将有关情况说明如下"引入下文。

主体部分，说明请求对方批准的具体事项。如有必要，可考虑提出自身对需要审批事项的打算、初步意见或详细预案、方案，有多种预案时应说明本机关的倾向性意见等，为审批单位提供一些可资参考的意见，这样有助于提高答复审批的效率。

结尾部分，再次向对方提出希望或请求，明确行文目的，如用"以上事项，请予批准""请即复函""请予批准为盼"等结尾语词收束全文。

审批函（复函）的正文：

开头部分，规范地引用来函的成文日期、标题以及发文字号，便于受文者查阅与处理相关公文，如："你公司《关于××××××××的函》（×××〔20××〕××号）收悉……"常用"现就有关问题函复如下""现答复如下"等过渡语句转入下一部分内容。

主体部分，具体答复审批事项，如明确说明审批的依据、程序，写明具体要求，明确是否同意来函报批的事项，需要注意哪些问题等。如果不同意或者部分同意来函请求的事项，则要尽量说明缘由，以便受文机关理解。如果答复内容较多，为了条理清晰，可分条列项予以说明。

结尾部分，常使用"特此函复""此复"等结尾词结束全文，如分条列项予以答复的，则可自然收束，不需结尾部分。

4. 发文机关署名。

5. 成文日期。

（二）撰写要求

1. 正确使用文种。请批函是向不相隶属的机关行文，请求或回复需要批准的事项，文种应使用"函"，而不应使用"请示"或"批复"。一些发文机关认为用"请示"比用"函"更能表示自己的谦虚与对对方的尊重，有利于所请求的事项得到批准，这种认识是不对的。同时，也要防止该用"复函"时用"批复"的现象发生。

2. 坚持一函一事。请批函要避免一函中夹杂需要几个部门办理的多个事项，这样会使公文因辗转传递而延误办文时间，降低公文处理的效率。请批函的事项要明确，行文要简练，要直陈事项，不讲套话、空话、假话，内容要具有针对性。

3. 用语得体、规范。语言要郑重、平实，体现出平等、礼貌和对对方的尊重。既不应使用命令式语言，也不应过于委婉或采用祈求式语气。

四、知照函

知照函主要用于不相隶属的机关之间相互告知有关事项，或请对方知晓（信息），或请对方参与（工作、会议、活动），或请对方选购、订购（商品、产品）等。其行文目的在于传递某些信息、引起重点关注、提示有关注意事项等，以便对方知悉后有效处理各项事务。可见，知照函具有鲜明的告知性和沟通性。

与商洽函、问复函、请批函一般为双向往复行文不同，知照函并不一定要求收文机关书面回复。收文机关如果认为确有必要正式复文，也可制发复函说明自身对告知事项的态度、看法、意见或者表达谢意等。

知照函不同于知照性通知，二者的差异主要表现在：

一是行文的方向不同。知照函的发文机关与收文机关之间不相隶属，因此知照函属于平行文；而知照性通知的发文机关与收文机关之间大多是领导与被领导、指导与被指导的上下级工作关系，因此知照性通知多属于下行文。

二是公文的内容不同。知照函侧重于告知不相隶属的机关需要周知的事项,对于是否办理、办理方法与要求等一般难以限制,而是由收文单位自行决定;而知照性通知侧重于告知下级机关需要知悉或办理的事项,收文单位需要根据通知的内容开展相关工作。

三是公文的作用不同。知照函传达了需要不相隶属机关知悉的与其业务活动相关的各种信息,具有信息沟通与协调的作用;而知照性通知传达了上级机关需要下级机关知悉、办理的事项,具有一定的领导、指导作用。

(一)结构要素

1. 标题:一是由发文机关名称、事由、文种构成,如"××大学关于举办五十周年校庆的邀请函";二是由事由与文种构成,如"关于水务项目投资开放信息的告知函""关于××证券股权转让的告知函""国家助学贷款信息告知函"等;三是直接用"告知函"做标题。

2. 主送对象:规范地标注主送单位名称或者个人姓名。

3. 正文:

开头部分,交代行文的缘由、依据、目的及与告知事项相关的背景情况等内容,要求简明扼要。

主体部分,明确告知某一事项、工作或活动所涉及的具体内容,如事项、工作或活动的名称、时间、地点与主题、相关人员范围,以及其他需要告知的内容等。如内容比较复杂,可分条列项予以说明,便于阅文者一目了然地获取信息。

结尾部分,常用"特此函告""特此告知""专此函达"等专用词语结束,或者用"竭诚欢迎您届时光临""再次感谢贵公司一直以来对我公司的大力支持"等表达诚挚期盼、感谢、致意性的语句结束全文。

4. 发文机关署名。

5. 成文日期。

(二)撰写要求

1. 知照函的内容要明确、清晰,一函一事,主题单一、集中,篇幅短小,把告知事项说清楚即可。

2. 知照函的语言要简明扼要,措辞得体,不可使用指示性或命令性语句。主要使用说明的表达方式,不对告知事项进行深入的分析与阐释,重点交代事项的相关信息。

第二节 例文解析

【例文10-1 商洽函（发函）】

公文内容

××大学毕业生就业指导中心
关于建立毕业生就业工作长期合作关系的函

××市人才中心：

感谢贵中心多年来对我校毕业生就业工作的大力支持和帮助，我们愿与贵中心加强联系，建立毕业生就业工作长期合作关系，并拟在以下几方面为贵中心提供服务：

1. 宣传贵市人才引进的优惠政策，组织我校毕业生到贵市人才网站投递简历，参加贵市举办的毕业生洽谈会等。

2. 及时通告我校应届毕业生生源和专业情况，以及毕业生应聘活动的有关信息。

3. 将我校毕业生就业网站与贵中心人才网链接，及时发布贵市人才需求信息。

与此同时，我们也竭诚希望贵中心能为我校提供以下帮助：

1. 根据我校毕业生实际情况，组织贵市知名企业到我校招聘毕业生或参加毕业生供需洽谈会。

2. 向我校提供贵市各类招聘会资讯，以及权威的招聘信息，为我校应届毕业生提供就业参考。

3. 通过贵中心人才网和各类招聘会发布我校毕业生的求职信息，全方位推进我校毕业生到贵市就业。

4. 为我校毕业生推荐实习单位并合作建立毕业生用人基地。

以上建议不知妥否，特发函洽商。如有合作意向，敬请复函或来电告知，有关事项可进一步商议。

联系人：赵××

解 析

◀ 标题由发文机关名称、事由与文种（函）构成。由于该大学与××市人才中心是不相隶属的关系，故应选择"函"行文。

◀ 开篇致谢有助于形成良好的交流与合作氛围；直接点明商洽事项，便于对方了解行文目的。

◀ 说明自身在合作中能做哪些工作（3项服务），这也是对方决定是否合作时必然要关注、考虑的问题。

◀ 直接说明希望对方提供哪些帮助，这是函商的中心内容，是对方根据自身的职权和能力来选择是否合作的关键信息。

◀ 再次强调行文目的，表达合作期望。

联系电话：02×-8486××××　　传真：02×-8486××××
网址：www.jyw.xnscu.edu.cn
电子信箱：20082000@yahoo.com.cn
地址：×××市××区××路10号　　××大学毕业生就业指导中心
邮编：××××××

××大学毕业生就业指导中心
20××年10月18日

◀ 提供多种联系方式，便于受文者选择适当的方式进行沟通协商。

▲ 全文由开头、主体、结尾组成，开头直接点明合作主题，主体交代合作的具体内容，结尾说明行文意图和联系方式。全文层次清晰，行文简洁，语言平实，商洽事项明确，清楚地说明我方能做什么、要求对方做什么，双向双赢的合作思路有助于对方了解未来合作中具体的工作内容，从而有针对性地做出答复。

【例文10-2 商洽函（复函）】

| 公 文 内 容 | 解 析 |

农业部关于同意联合举办全国乡镇企业、中小企业、民营企业东西合作经贸洽谈会的复函

甘肃省人民政府：

　　《甘肃省人民政府关于商请联合举办全国乡镇企业、中小企业、民营企业东西合作经贸洽谈暨产品展示展销会的函》（甘政函〔20××〕10号）收悉。经研究，我部同意作为此次活动的主办单位。具体筹办事宜请与我部乡镇企业局联系。

　　专此函复

农业部
20××年3月21日

（摘自每日甘肃网站）

◀ 标题由发文机关名称、事由与文种（函）构成。"同意"一词明确表态，便于收文者一目了然地知悉复函的基本内容。

◀ 农业部与甘肃省人民政府属于平级行政机构，故选用"函"行文。

◀ 开首处交代来函的标题与文号，既明确了复函发文的缘由，也为公文处理提供了查询信息。

◀ 直接表态同意来函提出的商洽事项，并指明具体承办单位，便于来函机关进一步与有关单位协商具体事宜。

◀ 使用专用结尾词结尾，明确表明公文结束，在其后不应再撰写公文的正文内容。

▲ 全文采用篇段合一的结构。开首处使用复函的程式化结构，开门见山地说明来函内容，直接答复来函提出的商洽事项。全文短小精悍，回复明确肯定，用语精练扼要。

【例文 10-3 问复函(问函)】

公 文 内 容	解 析

农业部关于询问农村村民建住宅占用耕地
收取耕地开垦费有关问题的函

国务院法制办：

　　我部在办理国务院领导交办的农民负担信访问题过程中，有关部门对耕地开垦费向谁收取存在不同看法。具体情况如下：

　　四川省合江县农民反映，该县九支镇国土所20××年向建房占用耕地的农村村民个人，每平方米收取耕地开垦费15元。对农村村民建住宅占用耕地的，耕地开垦费如何收取、向谁收取，四川省没有规定。为此，四川省国土资源厅向国土资源部作了《关于〈土地管理法〉第三十一条占用耕地的单位是否包括个人的紧急请示》，国土资源部办公厅20××年7月3日以国土资厅函〔20××〕165号作出答复："《土地管理法》规定，农村村民建住宅，应当符合土地利用总体规划，并尽量使用原有的宅基地和村内空闲地。确实需要占用耕地的，应当执行《土地管理法》占用农用地和耕地的有关规定，履行补充耕地的义务。"根据这一答复，合江县规定，农民建房确需占用耕地的，每平方米先预交耕地开垦费15元，待农民将原宅基地还耕或开垦相同面积的耕地后，全额退还所收取的耕地开垦费。

　　对这个问题，国务院价格主管部门则认为，耕地开垦费应向农村集体经济组织收取，不应向村民个人收取。

　　为了尽快落实领导交办的信访事项，也便于地方有所遵循，按照国家法律法规规定，农村村民建住宅占用耕地，耕地开垦费是向农村集体经济组织收取，还是向村民个人收取，请研究后给予回复。

农业部
20××年5月8日

(摘自 http://www.bokee.net/)

◀ 标题由发文机关名称、事由与文种(函)构成。
◀ 农业部与国务院法制办同属国务院的下级机构，故选用"函"行文。
◀ 直接说明有关部门对耕地开垦费向谁收取存在不同的意见。

◀ 一种意见：向村民个人收取耕地开垦费。具体交代此种意见形成的缘由、依据、标准、费用管理方式等。

◀ 另一种意见：向农村集体经济组织收取耕地开垦费，这是国务院价格主管部门的意见。
◀ 从对两种不同意见的对比陈述中，自然而然地得出了要询问的具体问题，在强调行文目的的同时，提出请求："请研究后给予回复"。
▲ 全文采用主体、结尾两部分结构，直截了当地交代了对该问题的不同意见，清楚地提出了要询问的问题，内容明确，主题集中，语言平实，行文规范简明。

第十章 商洽类公文

【例文 10-4 问复函(复函)】

公 文 内 容	解 析

中国保险监督管理委员会办公厅
关于保险索赔代理公司有关问题的复函

××保监局：

你局《关于保险索赔代理公司是否属于保险中介行政审批范围的请示》(×保监发〔20××〕46号)收悉。经研究，函复如下：

根据《国务院关于第三批取消和调整行政审批项目的决定》(中华人民共和国国务院令第412号)、《保险代理机构管理规定》(保监会令〔2004〕14号)、《保险经纪机构管理规定》(保监会令〔2004〕15号)、《保险公估机构管理规定》(保监会令〔2001〕3号)，对于从事以下保险中介业务，须经中国保监会批准，且应使用规范的名称。

一、代理销售保险产品，代理收取保险费，代理相关保险业务的损失勘查和理赔，以及从事中国保监会批准的其他业务，须经中国保监会批准，且名称中应包含"保险代理"字样。

二、为投保人拟订投保方案、选择保险公司以及办理投保手续，协助被保险人或者受益人进行索赔，从事再保险经纪业务，为委托人提供防灾、防损或者风险评估、风险管理咨询服务，以及从事中国保监会批准的其他业务，须经中国保监会批准，且名称中应包含"保险经纪"字样。

三、从事保险标的承保前的检验、估价及风险评估，从事对保险标的出险后的查勘、检验、估损及理算，以及从事中国保监会批准的其他业务，须经中国保监会批准，且名称中应包含"保险公估"字样。

中国保险监督管理委员会办公厅
20××年5月5日

(摘自中国保险监督管理委员会网站)

解析：

◀ 由发文机关名称、事由与文种(函)构成标题。

◀ 根据公文处理办法，经授权，中国保监会办公厅可以自身名义用"函"回复下级报送中国保监会的事项。

◀ 开头交代来文的标题与文号，有助于收文机关处理公文。

◀ 说明答复问题的主要依据，并明确指出有关保险中介公司属于中国保监会行政审批的范围。答复时援引多种行政规章制度，使行文有根有据，也便于有关机关进一步查阅相关制度规定。

◀ 分条列项从"保险代理""保险经纪""保险公估"等三个方面具体回答了保险中介的主要业务范围，以及对公司名称的字样规定。条理清晰，内容明确。

▲ 全文由开头、主体两部分构成，结构合理，层次清晰，主题集中，表意明确，用语郑重准确，有助于收文机关对政策的掌握与执行。

【例文 10-5 请批函（请求函）】

| 公文内容 | 解析 |

江西省教育厅关于转请审批
××大学学生公寓建设项目可行性研究报告的函

××省发展与改革委员会：

　　由于××市阳明路东扩，按××市规划局批准的新规划，××大学对××校区布局进行了较大调整，拆除上世纪六十年代建设的2#、3#、4#、5#几栋学生宿舍（建筑面积13000平方米），加上阳明路东扩拆除的学生宿舍（建筑面积19500平方米），共拆除学生宿舍32500平方米。为满足××校区现有6000余名高年级学生的住宿需要，学校提出新建2栋学生公寓，均为18层楼，建筑面积共34000平方米，可安排4000名学生入住，加上保留的3栋学生公寓（建筑面积16700平方米），可住2000名学生，总体上能基本满足6000名学生的住宿需要。为此，学校委托××市城市规划设计研究总院完成了建设2栋学生公寓项目的可行性研究报告，经我厅研究，原则上同意该报告，现转请你委审批。

　　附件：××大学学生公寓建设项目可行性研究报告（略）

江西省教育厅
20××年3月16日

解析：

◀ 标题由发文机关名称、事由与文种（函）构成。

◀ 江西省教育厅与该省发展改革委是共同隶属于省政府的行政职能部门，故应选用"函"行文。

◀ "由于……"引出××大学学生公寓建设项目的背景与缘由等基本情况。

◀ "为满足……"引出建设目的，说明项目建设安排的必要性。

◀ 说明本部门对该项目研究报告的倾向性意见是"原则同意"，明确表态，便于省发展改革委复函时参考。"现转请……"强调行文目的。

◀ "××大学学生公寓建设项目可行性研究报告"篇幅较长，因此独立成文，将其作为附件，这样有助于保持原文件的整体性，同时使正文更简洁。

▲ 全文采用篇段合一的结构，开篇交代项目产生的缘由，其次说明转请的事项及自身对项目建设的态度。全文行文简短，层次清晰，主题集中，表意明确，用语规范精练。

【例文10-6 请批函（审批函）】

公文内容

教育部职业教育与成人教育司关于同意
开展交通中等职业学历网络教育试点工作的复函

交通部办公厅：

你厅《关于申请开展交通中等职业学历网络教育试点工作的函》（厅科教字〔20××〕250号）收悉。经研究，同意你们开展交通中等职业学历网络教育试点，现将有关事宜函复如下：

一、试点工作的主要任务是探索通过现代远程教育方式面向交通行业一线技术操作和管理人员实施中等职业学历教育，同时广泛开展职业资格证书教育、成人继续教育和职业培训，逐步形成开放教育体系框架，为建设学习型行业，构建终身学习体系服务。

二、试点工作由交通部科教司领导和管理，由北京交通管理干部学院下设的"交通远程职业技术学校"具体实施。试点单位经当地省级教育主管部门同意后，可以在各地交通系统设立校外教学中心（设置条件及管理办法由交通部科教司制定），并报当地省级教育主管部门备案，接受其指导和监督。学历教育的专业设置、招生计划、教学计划和大纲由交通部科教司审批，并将有关情况报我司。

三、中等职业学历网络教育的学制以3年制为主，可根据需要实行弹性学制，对达到毕业要求的学生，颁发由交通部科教司验印的"交通远程职业技术学校"毕业证书，国家承认中等职业教育学历。可根据需要逐步实行"双证书"（即中等职业教育毕业证书和相关职业资格证书）制度。

四、希望你们认真贯彻落实《国务院关于大力推进职业教育改革和发展的决定》精神，发挥行业举办职业教育的作用，加快培养适应本行业需要的技能型、实用型、高素质的劳动者和专门人才。同时，加大对试点单位工作的领导和管理力度，逐步建设网络教育质量保证体系，不断提高教学质量和办学水平，及时总结试点工作经验。请于每学年末将试点工作情况报我司。

教育部职业教育与成人教育司
20××年7月2日

解 析

◀ 由发文机关名称、事由与文种（函）构成标题。发文与收文机关属于平级行政机构，应当选用"函"行文。

◀ 交代来函的标题与文号，说明回复程序，直接表态同意来函事项。用"现将……"过渡到下文。一～四明确答复请批示项，便于受文者办理。

◀ 明确试点工作的主要任务。

◀ 指明试点工作的领导、管理与实施的机构，工作程序与要求。

◀ 对学制设置、毕业证书发放、"双证制"制度的有关意见。

◀ 提出工作目标和工作实施的要求。

▲ 全文采用开头、主体两部分结构，开头引用来函的标题与文号，说明复函的缘由，明确表态"同意"报批事项；主体部分分项说明与报批事项相关的问题，主题集中，层次清楚，内容明确，行文简洁。

（摘自中国教育咨询网）

【例文 10-7 知照函】

公文内容

××市气象局关于××经济特区建设 25 年庆典活动中
气球施放有关事项的告知函

各有关单位：

  根据××市委宣传部《关于认真做好××经济特区建设 25 年庆祝活动期间气氛布置工作的通知》要求，将利用"空飘气球"形式营造和谐热烈、奋发有为的社会气氛，为做好庆祝活动期间的空中飞行安全保障工作，依据有关法规、规章以及《××市人民政府关于加强施放气球安全管理的通告》精神，特将有关事项告知如下：

  一、根据机场净空区设定范围，×××、××大桥、××宾馆、工人文化宫、机场、火车站、轮渡码头、××植物园等地段属于净空区范围，不允许"空飘气球"或系留气球施放。各单位为了配合市政府庆典气氛布置的需求，如确有需要，须经市委、市政府领导或办公厅领导签批、协调，并委托具有《施放气球资质证》的单位，持《××市施放气球作业申报表》提前 3 天向市气象局、机场航管站提出申请，经批准同意后才能施放。

  二、在机场净空区之外施放气球，需委托具有《施放气球资质证》的单位，持《××市施放气球作业申报表》提前 3 天向市气象局提出申请，经市气象局会同机场航管站批准同意后才能施放。

  三、施放气球必须由取得《施放气球资格证》的作业人员进行操作。在施放气球现场必须有专人值守，以预防和处理意外情况，直至庆祝活动结束。

  四、××市取得《施放气球资质证》单位及联系方式：

  1. 资质证编号：×气证字〔2006〕第 1 号，××市同安气象科技咨询服务中心，陈××，电话：×××××××

  2. ……

  3. ……

  4. ……

××市气象局
20××年 12 月 8 日

解 析

◀ 标题由发文机关名称、事由与文种（函）构成。

◀ 由于与气球施放有关的诸多机关是不相隶属的、共同协作的工作关系，故选用"函"行文。

◀ 简要地交代行文的依据与目的。用"特告知如下"过渡到下文，分别介绍告知事项的内容。

◀ 对在机场净空区内施放气球的要求，申请与审批气球施放的流程。

◀ 对在机场净空区外施放气球的要求，申请与审批气球施放的流程。

◀ 对施放气球的作业人员的要求。

◀ 公开具有施放气球资质证的单位名称以及联系方式，便于联络。

◀ 全文由开头与主体两部分构成。开头简明扼要，主体部分层次清晰，行文简洁；语言平实，通俗易懂；告知依据明确，告知事项的相关内容清楚具体，便于理解与执行。

【复习思考】

1. 商洽类公文主要适用于哪些范围？具有哪些主要特点？
2. 公函与便函的区别何在？公函写作一般要符合哪些写作要求？
3. 商洽函与请批函有何区别？
4. 请批函写作要注意哪些问题？请批函与请示、批复各有什么不同？
5. 问复函有什么特点？写作上要注意哪些问题？
6. 知照函适用于哪些范围？知照函与知照性通知有何不同？
7. 商洽类公文在语言表达上有什么特点？应当注意哪些问题？
8. 请借助参考书或者网络选择本章所学的主要文种，对其进行格式、结构、语言等方面的剖析，掌握不同类型函的写作特点。

【案例研习】

1. 指出下列公文中的不当之处，并予以修正：

（1）××省旅游学会的告知函：

××省旅游学会告知函

××省各旅游经纪公司、执证旅游经纪人：

20××年××省工商行政管理局已在全省持续加大对各种经纪人的规范管理，现有几点予以关注，并请大家相互转告。

1. 请已领取旅游经纪人资格证的同志尽快去当地工商行政管理局市场科年检，六月底前将结束年检工作。

2. 省工商局已经部署并下发文件在今年7—9月重点查处十大行业中商业贿赂违法行为（为了查处的保密需要，没有明确说明哪十大行业），特告知大家认真按照《经纪人管理办法》合法从事中间、居间经营业务。

20××-4-11

（2）××公司的商洽函：

关于与贵公司建立商务关系的函

××公司：

我方在《××杂志》上，得到贵公司名称和地址，盼与贵公司建立商务关系，关于我公司情况，特函奉告。

本公司系中国化学产品最大的出口商之一，具有五十年的商务经验，商誉驰名，服务优良，各类产品在国内外具有广阔的市场。我方的服务和产品品质保证会使贵方满意。如需进一步的了解我公司情况，请与我公司联系。

盼尽速回音。

2008/5/25

(3) ××县农业局的商洽函：

关于赴 A 市农业局学习参观的商洽函

A 县农业局办公室：

为学习借鉴你市现代农业建设经验，进一步开阔视野，拓展思路，切实抓好我县现代农业建设工作，现定于十一月十二日到你局学习取经。现将有关事项函告如下：

一、参加对象

我县农业局机关中层以上干部、局属事业单位负责人近 20 人。

二、时间安排

11 月 12 日（星期一），上午 8：30 从 A 市高速道口出发，上午安排学习交流，下午安排参观考察，晚上回我县。

三、学习考察内容

学习考察你局近年来现代农业建设的基本情况。

诚请你局安排有关参观考察事宜。

××县农业局
200×年 11 月

(4) ××县人事局人才引进的商洽函：

××县关于人才引进的函

××管理学院：

为大力实施人才强县战略，我县决定近期赴你院引进各类人才，现就有关事项函告如下：

1. 引进对象：博士或具有正高职称以上的专家 10 名、重点专业 15 名、重点行业和重点学科的全日制本科生 20 名、重点引进城市建设、规划、环保、工业、地矿、经贸、旅游、农林、畜牧、水利等专业人才。

2. 引进方式：我县将组织招聘团直接到你校招聘，其中博士生面试，根据职位需要，面谈确定人选；硕士生，全日制本科生采取面试方式确定人选，符合条件的有意者可以参与现场招聘，也可直接与××县人事局联系。

联系方式：××县人事局公务员治理科，电话（传真）：0×××-81234589；E-mail：bma@qq.com。

烦请你院予以大力协助组织。

××县人事局
200×年 4 月 22 日

(5) ××镇政府的复函：

关于对××物流有限公司来函的复函

××物流有限公司：

贵公司上月来函所反映的情况已全部了解。镇政府对此高度重视，专门召开会议进行了认真研究，决定请公安、工商等部门进一步加大对贵公司外部经营环境的治理力度，为企业创造良好的发展环境，请贵公司不用担心，放心大胆进行各种货物的正常到发、仓储工作。同时，请转告驻货场各企业也放心经营，镇政府将严厉打击各种破坏我镇发展环境的行为，确保驻货场各企业的合法利益及货物安全。

××镇政府
三月二十一日

(6) ××省物价局的复函：

××省物价局关于对××县人民法院咨询函的复函

××县人民法院：

你院〔200×〕××初字第263号关于××××的咨询函收悉，经商省司法厅，现函复如下：

根据原国家计委、司法部印发的计价费〔1997〕284号《乡镇法律服务收费管理办法》和我局×价费字〔200×〕231号《关于基层法律服务行业收费管理办法及标准的通知》等文件精神，基层法律服务所与委托人签订专门的书面收费协议时，其约定的收费数额时应遵循以下原则：

一、×价费字〔200×〕231号文件附件二中的所规定的收费标准为最高限价，其约定收费标准时不应突破该最高限价。

二、上述附件二中没有具体收费标准的（如第三条第2款所列的"其他行政案件"），则可由当时双方自行约定收费标准。

2. 撰写公文：

(1) 根据下列提示，以××管理学院、××公司名义撰写发函与复函：

为贯彻落实教育部关于安排高校毕业生实行毕业实习的有关规定，为毕业生提供自我检验、自我提升的平台，提高学生实际管理能力，××工商管理学院拟与一些公司联系商洽建立接受该院毕业生实习的合作关系。

(2) 根据下列提示，以××报社名义撰写一份商洽函；以××大学新闻学院名义撰写一份同意接受进修生的复函：

××报社为了提高青年记者的业务能力，决定抽出10名年轻记者，到××大学新闻学院脱产进修一年。需行文协商有关进修时间、内容、费用等相关事宜。

(3) 根据下列提示，以吉林省××市人民政府的名义撰写一份邀请函：

吉林省××市是一座风景秀丽的发展中城市，地处长白山脉向松嫩平原过渡的地带，南接化工之城吉林，北联黑龙江省省会哈尔滨，幅员面积4557平方公里，人口67万，为省辖县级市。农业经济发达，盛产水稻、玉米、大豆、小杂粮，是国家重要商品粮基地和国家绿色食品生产基地。为了进一步实现农业产业化发展,拟举办一次农业招商引资洽谈会,欢迎全国相关农产品生产、加工、销售企业参加,交流和洽谈特色农产品开发,进一步拓展在农产品开发与贸易领域的合作与发展。

（4）根据下列提示,以××大学名义撰写一份告知函：

国家助学贷款作为一种信用贷款,体现了国家对广大低收入家庭及其子女的关爱和扶助,为每个优秀的学生都能够顺利地完成学业提供了强有力的支持。××大学也为考入本校的学生提供了国家助学贷款的相关申请服务,以便广大新生家长了解国家助学贷款信息。

（5）根据下列提示,以××市旧机动车交易市场的名义向中国汽车流通协会(旧车行业)撰写一份问函：

××市旧机动车交易市场在工作过程中遇到了两个无法解释与处理的问题：一是买卖合同问题,在旧机动车交易过程中没有到旧机动车交易市场进行交易和办理过户手续,发生纠纷后,法院判定交易合法有效；二是旧机动车作为特殊商品,未到交易市场和车管部门办理过户手续,是否可以引用最高人民法院、最高人民检察院、公安部、国家工商行政管理局《关于依法查处盗窃、抢劫机动车案件的规定》的通知中有关条文,将其视为非法车辆。特行文询问该事项的政策解释与处理办法。

第十一章　会议类公文

会议类公文,通常是指在各种会议活动中使用与形成的公文。其主要作用在于保障会议的顺利召开与会议任务的顺利完成,同时也能够使会议议定的事项或形成的决议得以传达、执行。

会议类公文具有以下主要特点:

广泛性。会议类公文用途广泛,在党政机关、企事业单位、社会团体等各级、各类组织中被普遍使用。上到最高国家权力机关,下到基层社会团体,在召开各级、各类会议时,都会写作并形成相应的会议类公文。

针对性。会议类公文是专为保障各种会议的顺利召开和会议的圆满完成而写作和使用的公文,因此,具有非常明确的针对性。

会议类公文的种类繁多,从文种的功用上看,有的属于知照性公文,如会议通知、会议安排;有的属于告知性公文,如会议公报;有的属于领导决策决定性公文,如会议决议、会议纪要;有的则属于礼仪性公文,如欢迎词、欢送词、开幕词、闭幕词等。从会议类公文形成的时间上看,可涉及会议前、会议中、会议后各个环节,主要包括会议召开前的会议安排、会议通知;会议进行中的会议讲话稿、会议记录、会议决议;会议结束后的会议纪要、会议公报、会议简报等。

会议决议、会议公报、会议简报等内容详见本教材领导类、告知类、信息材料等章节的相关内容,本章重点介绍会议纪要、会议讲话稿的写作。

第一节　写作规范

一、会议纪要

会议纪要,适用于记载会议主要情况和议定事项。

会议纪要属于法定公文文种之一,是国家党政机关常用的文种。《党政机关公文处理工作条例》对这种文种进行了明文规定。会议纪要是在对会议记录、会议讲话稿等进行整理、归纳的基础上写成的,主要具有通报会议精神、反映情况、汇报工作、统一认识、指导工作、沟通信息、交流经验等作用。

会议纪要具有以下主要特点：

纪实性。会议纪要须如实地反映会议的内容和议定的事项，不能把没有经过会议讨论的问题写进会议纪要。这样，才能起到传达会议精神、为有关单位提供工作依据、指导有关工作的作用。

摘要性。会议纪要是会议的要点，不是会议记录，不能有闻必录，平铺直叙，而是要对会议繁杂的情况和内容进行综合、概括性的整理，即概括出主要精神，归纳出主要事项，体现出中心思想，使人一目了然，易于把握会议精髓。

约束性。会议纪要一经下发，有的要求遵守、执行，有的要求周知，有的要求保存备查等，对与会单位和有关人员具有不同程度的约束力。

会议纪要的种类，可根据不同的标准划分。一是按照会议的类型可分为两类：日常例会纪要，即日常党政办公会议的纪要，如县长办公会、局长办公会、党委办公会的纪要；专题会议纪要，即专门为研究讨论某一问题或事项而召开的会议的纪要。专题会议包括工作会、座谈会、研讨会、报告会等形式。二是按照会议的任务可以分为三类：指示性会议纪要，主要是传达会议精神、通报有关情况，指示有关单位或人员贯彻执行有关事项；决策性会议纪要，主要是记载会议所议定的有关事项，知照有关单位或人员遵照执行；研讨性会议纪要，主要是通报会议研究、讨论、交流的大致情况，梳理出不同的意见或见解。

会议纪要不同于会议记录，要正确区分二者的差异：

1. 性质不同。会议纪要属于法定公文文种，可以直接向外行文；会议记录则属于内部事务文种，一般不对外行文。

2. 功用不同。会议纪要有记载会议情况、传达会议主要精神和议定事项的功用，具有一定的指导性、约束性；而会议记录只是记载会议情况，具有资料性、凭证性。

3. 适用范围不同。会议纪要可以对外发出，可用于同一组织系统的上下级之间、平级或不相隶属的机关之间传达会议精神与议定事项；而会议记录多在某一机关或单位内部使用。

4. 所侧重的内容不同。会议纪要重在对会议主要精神、会议议定事项的归纳与简要地介绍；而会议记录则侧重于对会议内容与经过进行比较全面、详细的记载。

（一）结构要素

会议纪要的结构通常包括标题、正文两大项目。

1. 标题：

一是由会议名称和"纪要"构成，例如："第十三次总经理办公会会议纪要""××市人民政府市长办公会议纪要""全国劳动仲裁疑难问题研讨会纪要"等。这是会议纪要常用的标题形式。

二是由发文机关名称、事由（会议名称）、"纪要"构成。例如："××市人民政府平抑粮油价格工作会议纪要""××公司20××年第二季度财务工作会议纪要"。

三是使用文章式的正副标题结构，正标题揭示会议的主要内容或精神，副标题点出会议的名称和文种，如"以××精神为动力，大力开展××工作——××工作会议纪要"。

使用"纪要格式"制发的,其标题一般标注在版头中,正文部分可不再标注标题,发文机关名称和成文日期也标注于版头中;采用"通用格式"制发的,其正文之前应标明标题,正文之后应标明发文机关名称和成文日期。

2. 正文:会议纪要的正文部分通常由开头、主体、结尾三部分组成。

开头,一般简要交代会议的基本情况,如会议的时间、地点、与会人员、会议任务、发言情况、报告情况等,所写内容要看具体情况而定,不要求面面俱到。要求简明扼要,让人读后对会议有个总体的了解。本部分内容通常由一个段落构成,在段落结束处,常用"现将会议内容纪要如下""现将会议议定事项纪要如下"等过渡句,以引领下文。

主体,是会议纪要的写作重点。根据会议的中心议题,分主次、有重点地写出会议的情况和成果,包括对工作的评价,讨论的主要问题,对问题的分析,提出的要求,解决问题的方式方法,共同确认的责任、义务,达成的主要共识,会议议定的事项等。通常,指示性会议纪要主要交代会议的重要指示意见或要求,决策性会议纪要主要记载会议的具体议定事项,研讨性会议纪要主要记载与会人员的研讨情况并归纳出相应的意见、见解。

会议纪要主体结构安排的常用方法一般有三种:

一是条项式,就是分条列项表达讨论的问题和议定的事项,依照内容主次,使用数字序号"一、……""二、……"等表达,使内容一目了然,层次清晰,行文简明扼要。

二是综合式,就是对会议的内容或议定事项进行综合概括,然后分成若干类别分别述说。要突出主要内容,分清主次,一般把主要的、重要的内容放在前面,而且尽量写得详细、具体一些,次要的和一般性的内容放在后面,写得简略些。经常使用以下提示性语词领起内容,如"会议讨论""会议通过""会议认为""会议决定"等。

三是摘要式,就是把与会者的具有典型性、代表性的发言要点摘录出来,按发言顺序或内容分类写出。要尽量保留发言人谈话的风格,避免一般化和千篇一律。

结尾,可以提出贯彻会议精神的相关要求或注意事项,也可以补充交代其他相关内容。本部分内容也可以不写,这要看具体行文需要而定。

(二)撰写要求

1. 全面了解会议内容,做好写作准备。动手写作前,撰稿人要尽可能全面地了解会议情况,如会议目的与任务、议题与议程、与会人员构成、指导思想、基本精神、意见分歧、议定事项等。只有全面收集材料,才能为写好会议纪要打下坚实的材料基础。

2. 突出会议主题,领会会议精神。各种会议都会有一个相对集中而明确的主题,写作会议纪要时必须突出会议主题,围绕主题把握写作核心。同时,要结合本次会议乃至本单位、本部门的具体情况准确解读会议内容,尤其是会议的主体文件和材料、领导同志的发言,在此基础上如实概括会议精神与内容。只有准确领会了会议精神,会议纪要的写作才会有正确的指导方向。必要时,会议纪要要写清一致意见和重要的不同意见。

3. 注意其特定格式,规范制发。会议纪要是一种法定公文,可用"通用格式"印发,或以"通知""函"等文种的附件形式制发,作为附件时其法定效用由正文的印章予以确认。一些常规例会,常常使用"纪要格式"制发,其法定效用一般由会议主持人签名确认;而重要的决策性会议,有时也由全体与会人员签名确认。会议纪要不加盖印章,其格式请参见本教材第三章第一节公文特定格式之"纪要格式"的相关内容。

二、会议讲话稿

会议讲话稿,是指在各类会议上讲话时使用的文稿。它具有阐发思想、传达政策、下达任务、指导工作、交流经验与体会的重要作用。

会议讲话稿具有如下主要特点:

限制性。会议讲话稿的写作主题来自会议,直接受到会议目的和领导讲话用意的限制与规定。为此,要清楚地了解会议的相关情况,如会议召开的有关背景,会议大小,听众对象及其人数和知识水平的高低,出席会议的领导及相关人员情况,讲话的时间、地点、方式,会场音响效果,讲话人出席会议的身份和意图,等等,以便有针对性地提炼主题,选取材料,构思结构和内容,组织语言,使会议讲话稿充分体现讲话人的身份、思想与风格,准确表达讲话人的意图。

沟通性。会议讲话稿是讲话人与听众进行沟通的文字材料,要达到有效沟通的良好效果,其内容和表达形式就需要考虑讲话人与听众双方的需求,如符合讲话人的思维特点、文化层次、讲话能力等,切合听众的文化层次、职业特点、心理因素和兴趣需要等,否则,就难以有效地沟通。

会议讲话稿的种类,根据会议内容、场景,可划分为:工作会议讲话稿,是在工作会议上的讲话;代表会议讲话稿,是在各级、各类代表会议上的讲话;电视电话会议讲话稿,是在利用现代通信设备召开的远程同步会议上的讲话;典礼仪式讲话稿,是在各种典礼仪式上的讲话,如开幕词、闭幕词、欢迎词、欢送词、答谢词等。其中,工作会议讲话稿、开幕词、闭幕词等广泛应用于党政机关、企事业单位、人民团体等社会组织的各类会议中。其中:

工作会议讲话稿,主要是指由领导人或重要人物所做的针对会议议题的讲话。这类讲话稿的内容根据会议情况可以涉及各项管理工作的各个方面或者某一专题工作的情况,由讲话人提出意见、布置工作、提出要求等。

开幕词,是指在会议开始时由领导人或其他重要人物所发表的讲话。主要阐述会议的宗旨、目的、意义、任务和要求等,并对会议的过程和结果提出希望、表达祝愿。开幕词为会议确定基调,是会议正式开始的标志。

闭幕词,是指在会议结束时由领导人或其他重要人物所发表的讲话。主要对会议举办情况进行总结,概括会议任务的完成情况,指出会议的成绩、影响,阐释会议精神及以后的工作要求等。

(一)结构要素

会议讲话稿的结构通常包括标题、称谓语、正文。

1. 标题：一是由会议名称、文种组成标题，如"中国共产党第十二次全国代表大会开幕词""在纪念中国人民抗日战争暨世界反法西斯战争胜利六十周年大会上的讲话"。二是用文章式的标题。可以使用单标题，如"为建设一个伟大的社会主义国家而奋斗"，也可使用正副标题，正标题概括讲话的主题思想，副标题说明是在什么会议上的讲话，如"加入WTO后的应对战略——在×××研讨会上的讲话""科学的春天——在全国科学大会闭幕式上的讲话""共同推进新世纪的亚洲合作——在亚洲合作对话第三次外长会议开幕式上的讲话"等。

讲话时间与讲话人署名标注在标题下。讲话时间标全年、月、日，用圆括号括起；讲话人署名使用姓名全称。讲话时间与讲话人署名应分别置于上下两行，居中排布。如下面的格式：

干干净净为国家和人民工作
——在十一届全国人大一次会议闭幕会上的讲话
（2008年2月29日）
胡锦涛

2. 称谓语：由于会议讲话稿是在会议上宣讲的，因而与会人在发表讲话时需要使用相应的称谓指称在场的对象或听众。称谓语一般应按照与会者职位或地位的高低顺序排列，职位高者、地位尊者在前。必要时，讲话稿中对不同职位或地位者的称谓还需要分行写出，以表示对职位高者、地位尊者的尊重。常用的习惯性称谓语如："各位领导、各位代表""女士们、先生们""同志们"，或在称谓前加上敬语，如"尊敬的各位领导、各位来宾"。会议如有重要人物在场，则需要直接称谓其姓名与职务，并在首位或首行加敬语，如"尊敬的×××主席，尊敬的×××副主席，各位来宾、朋友们"。称谓语顶格书写，其后标注冒号。

3. 正文：会议讲话稿的正文部分通常由开头、主体、结尾三部分组成。

开头，交代会议的相关情况，或说明讲话的要领。例如：工作会议讲话稿可提出工作问题，说明会议的指导思想，或对工作会议召开的政治、经济、社会环境、会场环境等进行描述；开幕词可以交代会议背景、议题、议程等内容；闭幕词可以交代会议实际完成的任务、取得的成绩及对会议的总体评价等。常用方式有：开门见山式、提示说明式、概括总结式、自然引进式、提问启发式、问候祝贺式、表明态度式等。

主体，陈述讲话的主要内容。例如：工作会议讲话稿通常是交代政策原则、分析评价会议议题、概述工作任务，或详述某项工作的开展情况、取得的实绩与存在的问题等；开幕词重点突出会议的意义、对会议进程及结果的展望，这些内容可以在回顾历史的前提下表述出来；闭幕词重点总结会议的主要成绩，提炼会议精神。

会议讲话稿主体结构布局的常用方法有：时间顺序、工作进度安排、工作性质的主次安排、讲话内容的轻重分量安排、问题的逻辑关系等。力求言之有物、言之有序、言之有理。

结语,归纳讲话的主要内容,提出解决问题的办法、今后的任务要求,或发出号召、倡议等。例如:工作会议讲话稿重在提出对相应工作的建议、要求或期望等;开幕词一般表达对会议的良好祝愿或提出相应希望;闭幕词一般表达对未来工作的展望,提出对贯彻会议精神、执行会议决定的要求等。

(二) 撰写要求

1. 主旨集中,观点明确。会议讲话稿的写作都有明确的使用场合和意图,因而在写作这类文稿时,首先要做到主旨集中,观点明确,表明讲话者的态度或立场。

2. 讲求实效,内容充实。各种会议讲话稿都应该切合会议的主题或议题,要有明确的针对性,不可随意闲扯,漫无目的,使听众不知所云。讲话稿的长短取决于讲话所涉及的内容,该长则长,该短则短,力求言简意赅,以便将讲话时间控制在适当的时间内。

3. 要适于宣读,语义清晰。会议讲话稿大多在会议上宣读,要考虑讲话时口头表达的需要,实际上,会议讲话稿的写作是针对与会者的听觉的,因此用词不要有歧义,不使用不规范的缩略语,力求语义清晰,通俗生动,使听众能够迅速理解文意。

4. 语言平实,表达得体。会议场合一般是比较庄重、严肃的,因此写作会议讲话稿时,不要刻意煽情,用语要尽量平实,表述要准确得体。如在工作会议上使用称谓语时不能用"亲爱的"之类的词语。

第二节　例文解析

【例文 11-1　日常例会纪要】

公文内容	解析
××公司第×次总经理办公会议纪要 时间:20××年4月10日上午8:30~12:00 地点:×××会议室 出席:×××、×××、×××、×××、××× 列席:×××、×××、×××、××× 主持人:××× 记录人:××× 20××年4月10日上午,公司召开第×次总经理办公会议,研究讨	◀ 标题由发文机关名称、会议名称、"纪要"构成,要素齐全。 ◀ 格式化地分项排列会议的时间、地点、与会人员,清楚醒目。 ◀ 这是日常例会纪要的通行开头,对会议情况做简要概括,引出主体内容。

论公司经济合同管理、资金管理办法、岗位工资发放等事宜。现将会议讨论议决事项纪要如下：

一、关于公司经济合同的管理办法

会议讨论并原则通过了总经办提交的公司经济合同管理办法。会议要求总经办根据会议决定进一步修改完善，发文执行。

二、关于职工因私借款的规定

职工因私借款是传统计划经济的产物，不能写成文件加以规定。但是，从关心员工的角度考虑，在职工遇到突发性困难时，公司可以酌情借10000元以内的应急款。计财处要制定内部操作程序，严格把关。人力资源处配合。

三、关于公司资金管理的办法

计财处提交的公司资金管理办法有利于加强公司资金管理，提高资金使用效率，保障安全生产。会议讨论并原则上通过了该资金管理办法，由计财处修改完善后发文执行。

四、关于职工工资由银行代发事宜

会议听取了计财处提交的关于职工岗位工资由银行代发的汇报。会议认为银行代发工资是社会发展的必然趋势，既方便员工领取，又有利于规避存放大额现金的风险。由计财处认真做好实施前的准备工作，人力资源处配合，计划明年1月开始实施。

五、关于公司机关效益工资发放问题

会议听取了人力资源部关于公司机关岗位工资发放标准的建议。会议决定发放机关员工3月~5月份的岗位工资。对已经发文明确岗位的干部执行新的岗位工资标准，没有发文明确岗位的干部暂维持现标准不变，待三个月考核明确岗位后，一律按新的岗位标准发放。

◀ 主体部分（一~五）采用条项式扼要地叙写了五个方面的具体议定事项。每个方面采用小标题概括表达主旨，然后分别陈述具体内容，条理清晰，利于读者快速获取会议内容。

▲ 这是一篇典型的例会纪要，也是一篇决策性会议纪要。主题集中，层次清晰，事项内容明确，用语规范，表意清楚。

【例文 11-2 专题会议纪要】

公文内容	解 析

20××年年中工作总结会议纪要

20××年7月11~12日在公司会议室由×××总经理主持召开了20××年年中工作总结会议。公司全体领导、公司中层以上干部及××分公司中层正职以上干部参加了会议。会议首先由财务部××部长作了20××年上半年公司经济活动分析,×××副总经理作20××年上半年工作总结,其他各部门也分别对上半年的工作进行了认真总结。

会议认为,上半年公司在落实总公司战略及我公司总体规划上向前迈进了一大步,较好地完成了各项经济指标,成绩显著。同时也指出了存在着管理工作跟不上、各部门发展不平衡、管理思想意识滞后于形势发展等诸多问题。

会议明确,20××年1月~6月主要预算指标完成情况、三项费用支出情况及净资产收益率情况较好。上半年各项工作的主要特点表现在:一是早布局、早起步,经营工作开局良好;二是整体经营规模同比大幅增长,经营品种进一步多元化;三是资金瓶颈问题得到有效解决,资金成本明显降低;四是充分重视管理,管理工作得到加强;五是加入×××集团公司,使公司面临重要的变化和发展契机。

会议指出,上半年各项工作总体情况较好,但是也存在一些问题,主要表现在:一是各部门发展不均衡;二是三项资金占用额偏大,资金周转速度偏慢,净资产收益率偏低;三是制度建设、队伍建设、信息化建设等方面尚未到位;四是仓储设备陈旧。

会议决定,今年下半年的工作仍要坚持"明确发展定位,优化经营结构;扩大经营规模,实现较快发展"的指导思想,重点做好以下工作:一是着眼长远,立足当前,精心组织,扎实工作,确保全面完成全年预算指标和各项既定的工作任务;二是要在业务上衔接,资源上整合,制度上适应,文化上融合,积极融入×××集团公司这个大家庭。坚决服从并服务于×××,时刻想到企业兴衰与每位员工密切相关,做到企兴我荣,企衰我耻,团结一致,为×××集团公司的明天作出更大的贡献。

20××年7月12日

解析批注:

◀ 会议名称和"纪要"构成标题。

◀ 这是专题会议纪要的开头样式,采用概括式,简要交代会议的时间、地点、议题等主要情况。

◀ 主体部分,以"会议认为""会议明确""会议指出""会议决定"等词语分别引出会议内容,并将上下文有机地串联起来,起到很好的提示作用。

▲ 这是一篇带有指示性的会议纪要,在总结工作成绩和存在问题的基础上,对下半年的工作要求、工作重点做出指示。行文层次清晰,语言简明扼要。

◀ 成文时间

【例文 11-3 领导讲话稿】

公文内容

在国家科学技术奖励大会上的讲话

(2008年1月8日)
温家宝

同志们：

今天，我们隆重召开国家科学技术奖励大会，表彰为我国科技事业发展和现代化建设作出突出贡献的科技工作者。我代表党中央、国务院，向获奖的科技工作者表示热烈的祝贺！向全国广大科技工作者表示诚挚的问候和崇高的敬意！向长期关心和参与中国科技事业发展的国外科技工作者表示衷心的感谢！

科学技术是第一生产力。贯彻落实党的十七大精神，全面建设小康社会、加快推进现代化事业，必须大力发展科学技术。实现未来经济发展目标，关键是要加快转变发展方式，把经济建设真正转移到依靠科技进步和提高劳动者素质的轨道上来；把增强自主创新能力，建设创新型国家，真正摆在国家发展战略的核心位置。

要加快实施国家重大科技专项。发挥社会主义集中力量办大事的优越性，是我们这样的发展中国家显著提高产业技术水平、增强科技竞争力的重要途径。要通过多部门协作、多学科集成，共同搞好重大科技攻关，突破核心技术，建设重大工程，形成战略产品。同时，培养一批杰出的科学家和学科带头人，锻炼和凝聚一支高素质的人才队伍。

要着力突破制约经济社会发展的关键技术。科学技术是我国经济社会发展的引擎和支撑。要特别重视解决关键技术问题，加强高新技术产业、资源能源开发与集约利用、生态环境保护与污染治理、农业增产、产品质量、食品安全、安全生产等领域的重点科技项目攻关，带动相关领域技术水平整体提升，增强科技服务人民生活、推动产业结构优化升级、促进可持续发展的能力。

要切实加强重大基础科学研究。抓住世界科技前沿制高点，部署和落实一批重大基础性、公益性科学研究项目，建设科技基础平台，建立开放共享机制，全面提高我国的科技发展水平，增强自主创新的后劲。

要重视引进消化吸收再创新。引进国外重大先进技术，经过消化吸收再创新，可以提高我国科技进步的起点，尽快缩小与发达国家的差距。

解 析

◀ 标题由会议名称加"讲话"构成。
◀ 讲话日期
◀ 发言人

◀ 称谓语

◀ 问候祝贺式开头，表达对获奖人员的祝贺，对全国科技人员的敬意和感谢。

◀ 阐明科学技术在国家发展战略中的重要作用。为后文做好铺垫。

◀ "要……"引出六个段落，凝练概括地提出今后科技发展的工作思路和工作任务。段首段旨句清晰醒目，便于读者掌握讲话内容。

要开阔视野,学习先进,兼收并蓄,大胆吸收国际上一切优秀科技成果,充分利用国际科技资源,积极引进智力和人才,为加速我国科技发展不断注入活力。

  要大力弘扬科学精神。科学是老老实实的学问,来不得半点虚伪和骄傲。科学工作者要有为追求真理而埋头苦干、甘于寂寞、无私奉献的科学精神。克服心浮气躁,反对弄虚作假,树立脚踏实地、实事求是的优良学风。领导干部要尊重科学、尊重人才,和科学家交朋友,广泛听取科学家的意见和建议。要发扬学术民主,倡导百家争鸣,活跃学术气氛,为科技进步和优秀科技人才脱颖而出创造良好的环境。

◀ 全文紧扣会议主题,既具有高度的前瞻性,又指明工作落实的方向。全文结构严谨,层次清晰,内容充实,用语准确,号召鼓舞人心。

  要努力提高全民族的科学素质。国民的科学素质是自主创新的土壤。世界发展史证明,富于科学精神的民族,才能不断发展进步。要广泛普及科学知识,传播科学方法,用科学思想战胜愚昧落后。在全社会形成学科学用科学,尊重知识、尊重人才的浓厚氛围。

  中华民族是富于创新精神的伟大民族。中国曾是科技发达的文明古国。当代中国科技发展取得了辉煌成就,正在大踏步赶超世界先进水平。让我们在以胡锦涛同志为总书记的党中央领导下,高举中国特色社会主义伟大旗帜,以邓小平理论和"三个代表"重要思想为指导,深入贯彻落实科学发展观,继续解放思想,大胆开拓创新,勇攀世界高峰,努力把我国科学技术事业提高到一个新水平!

◀ 结语:发出号召,鼓励科技工作者勇攀高峰。

(摘自 http://www.gov.cn)

【例文 11-4 闭幕词】

<table>
<tr><th style="text-align:center">公 文 内 容</th><th style="text-align:center">解 析</th></tr>
<tr><td>

在北京第 29 届奥林匹克运动会闭幕式上的致辞

(2008 年 8 月 24 日)
国际奥委会主席　雅克·罗格

亲爱的中国朋友们:

  今晚,我们即将走到 16 天光辉历程的终点。这些日子,将在我们的心中永远珍藏。感谢中国人民,感谢所有出色的志愿者,感谢北京奥

</td><td>

◀ 会议名称和具体文种构成标题。

◀ 称谓语

◀ 开头点明事件:奥运会结束,表达感谢之意。

</td></tr>
</table>

组委。

　　通过本届奥运会,世界更多地了解了中国,中国更多地了解了世界。来自204个国家和地区奥委会的运动健儿们在光彩夺目的场馆里同场竞技,用他们的精湛技艺博得了我们的赞叹。

　　新的奥运明星诞生了,昔日的奥运明星又一次带来惊喜,我们分享他们的欢笑和泪水,我们钦佩他们的才能与风采,我们将长久铭记在此见证的辉煌成就。

　　在庆祝奥运会圆满成功之际,让我们一起祝福才华横溢的残奥会运动健儿们,希望他们在即将到来的残奥会上取得优秀的成绩。他们也令我们倍感鼓舞。

　　今晚在场的每位运动员们,你们是真正的楷模。你们充分展示了体育的凝聚力。来自冲突国家竞技对手的热情拥抱之中闪耀着奥林匹克精神的光辉。希望你们回国后让这种精神生生不息,世代永存。

　　这是一届真正的无与伦比的奥运会。

　　现在,遵照惯例,我宣布第29届奥林匹克运动会闭幕,并号召全世界青年四年后在伦敦举办的第30届奥林匹克运动会上相聚。

　　谢谢大家!

◀ **主体**:指出北京奥运会的意义及竞技的总体情况。

◀ 对残奥会进行展望并予以鼓励。

◀ 对参与比赛的运动员予以评价、提出希望。

◀ 对2008北京奥运会进行总体评价。

◀ 宣布奥运会闭幕,发出下届邀请。

▲ 本文用简短的文字表达了感谢、赞美、鼓励、感叹、评价、邀请等内容,层次清晰,内容充实,言简意赅。

(摘自 http://news.yule.com.cn/html/200808/16671.html)

【复习思考】

1. 会议类公文包括哪些主要文种?这类公文具有哪些共同特点?
2. 如何区分会议纪要与会议记录?
3. 会议纪要、会议讲话稿各具有哪些特点?
4. 会议纪要包括哪几部分?会议纪要正文结构安排有几种常用方法?
5. 会议讲话稿结构各包括哪几部分?写好会议讲话稿需注意哪些问题?
6. 领导讲话稿与会议报告有何差异?
7. 请借助参考书或者网络选择本章所学的主要文种,对其进行深入剖析,掌握其写作特点。

【案例研习】

1. 指出下列公文中的不当之处,并予以修正:
(1)日常例会纪要:

<h2 style="text-align:center">党委常委第××次会议纪要</h2>

各院、系、部:

20××年5月19日召开了党委常委第××次会议,专题研究、部署抗震救灾工作。会议由学校党委书记×××同志主持。校党委常委×××、×××、×××、×××、×××同志出席了会议;×××、×××同志参加了会议。

有关部门负责人列席了会议。

会议决议如下:

研究了按照上级指示精神,组织好5月19日为遇难者默哀的活动,以及5月19日至21日全国哀悼日期间学校有关工作安排。

研究决定向灾区北川中学捐款200万元,用于资助"5·12"汶川大地震中幸存的北川中学学生,并与北川中学建立长期互助关系,充分发挥学校学科和专业优势,为其提供支教、师资培训、心理健康教育、教育技术服务、教学实践基地等多方面的支持与帮助;

通报了四川籍学生、教职工的家庭受灾情况,以及我校教职工及其家属赴川抗震救灾情况的摸排调查和统计工作情况;

决定对学校47名四川籍的学生中家庭受灾较为严重的5名学生每人补助2000元,家庭受灾较轻的42人每人补助1000元;

部署了继续做好赈灾募捐工作

(2)专题会议纪要:

<h2 style="text-align:center">××建筑工程公司安全生产经验交流会会议纪要</h2>

根据公司安全生产工作要求部署,4月14日公司召开安全生产经验交流会。参加会议的人员有公司总经理、副总经理等全体领导及各相关部门经理、6个分公司的经理及安全生产处处长等。会议由公司××副总经理主持。会议首先对公司的安全生产工作取得的成绩进行了总结,然后各分公司安全生产处长分别介绍了各自在安全生产方面的主要经验,最后×××总经理做了重要讲话,对今后公司的安全生产工作提出了相关要求。

会议认为,公司各级领导对安全生产的重视程度大有提高,并且做了大量工作,安全生产工作的基础更加扎实,防范措施更加到位,对安全生产的投入加大,通过多次的排查整改,隐患源得到控制。

为进一步做好公司安全生产工作,统一思想,明晰思路,狠抓落实,扎实推动安全生产各项工作,××副总经理提出几点工作要求:

1. 要求各部门、各分公司进一步认清安全生产工作的重要性,认清安全生产工作现状,认清安全生产工作的危害性，认清安全生产工作的可控性，认清安全生产责任追究的严肃性。一定要把安全生产作为工作的重中之重来抓。

2．安全生产工作要制度规范化、教育经常化、人员网络化、工作制度化。要完善组织机构建设，完善制度建设，做好台帐记录。

3．要突出预防和控制的重点。预防群死群伤事故，预防导致群体性事件以及造成恶劣社会影响的事故发生。基础性工作要落实到位，人员要持证上岗，职工防护、保护措施要到位，设备、设施要到位。

4．要求各分公司之间取长补短，积极交流，密切合作。对存在安全隐患的分公司，要尽快制定出整改方案。杜绝违法、违规、违章行为，从严、科学、规范管理。争取抓早，抓主动，抓出成效。

会上各分公司安全生产处长分别介绍了各自的经验与教训。第一分公司的×××处长主要介绍了强化职工安全生产意识方面的经验。

最后，××总经理指示，对安全生产工作必须高度重视，不能松懈，公司安全生产的关键是施工人员的生命安全。并且要求对违反安全生产制度的人员要严肃追究。

2．撰写公文：

（1）根据下列提示撰写一份会议纪要：

20××年×月×日全天，××公司召开第×次总经理办公会议，研究公司在全球金融危机的形势下关于产业转型、人力资源储备、产品营销等方面的问题。会议由××副总经理主持，××总经理做总结讲话，参加者为总公司全体领导、部门经理、分公司经理等。

（2）根据下列提示撰写一份领导讲话稿：

20××年6月，××大学将召开20××届本科生毕业典礼，届时该校刘××校长将代表学校党政领导发表讲话。讲话中该校长将对本科毕业生四年的在校学习生活进行简要的评价，重点分析当前职场的就业形势，鼓励毕业生认清职场环境，积极融入社会，努力自主创业，避免好高骛远，从小处做起，力争把在校所学用于职场实践中去，使学有所用、学用结合，并祝愿广大毕业生能够在未来的职场中创出佳绩，为社会作出更大贡献。

（3）根据下列提示撰写开幕词、闭幕词各一份：

电子科技产品是××市的龙头产业，经过多年的努力，××市的电子科技事业已经取得了飞速发展，工业产值大幅提高，相关产品占据了国内同类产品的较大份额，部分产品还远销国外，获得多项国内科技奖励，受到国内外业界的好评。为了进一步推进全市科技事业的发展，××市将在20××年底召开为期1周的全市科技产品展览及科技成果表彰大会。会议由市科技局和科技协会共同主办，要求全市各科技企业积极参与，并邀请省级主管科技的副省长和多位科技专家莅临指导。大会期间，市长×××同志将亲自到会，并在开幕式与闭幕式上致辞，欢迎上级领导、订货商代表及展览观众参加，感谢大家对该市电子科技产品的厚爱及支持，鼓励本市科技企业继续创新。

第十二章 计划类公文

　　计划类公文,是指为完成一定时期内的某项任务而事先作出筹划和安排的公文。计划类公文广泛应用于党政机关、企事业单位、社会团体等各级、各类社会组织系统中。其作用在于通过预先的筹划与安排,避免工作的盲目性和随意性,从而保证各项工作的顺利开展。

　　计划类公文具有以下主要特点:

　　目的性。计划类公文都是针对一定的具体任务而制定的,所以写作时首先要有明确的目的,要弄清为何写作。由于计划类公文是对未来某一事项的筹划与安排,因而必须明确具体事项,围绕具体事项进行全面筹划。

　　预见性。计划类公文是筹划未来的,所以要对未来将要实施的工作该怎样做、能做到何种程度、何时做等问题事先进行预测。计划制定者要站得高、看得远,具有很强的预见性,使计划类公文尽可能地符合将来的发展实际,从而更好地指导今后的工作。

　　可行性。计划类公文是为了指导未来工作的,因而必须具有很强的可行性,而不能纸上空谈,因此工作宗旨要明确,工作目标要适当,工作进度要合理,措施方法要得力,否则计划就可能无法具体实施。

　　计划类公文主要包括工作规划、纲要、计划、设想、要点、方案、安排等。规划、纲要,一般是指对某项工作所作出的带有远景发展设想性质的提纲挈领式的总体计划,如《公民道德建设实施纲要》;方案,一般是指对要做的某一专项工作从总体上所作的周密筹划,如《××大学硕士研究生培养方案》;安排,一般是指对短期内所做的工作提出的具体计划,如《××学校毕业分配工作安排》;设想,一般是指对某一事项的初步的、不太成熟的计划;要点,一般是指在一定时期内的工作指导原则和总体要求、主要工作任务及工作重点,如《××部2009年工作要点》。

　　本章重点介绍工作规划、计划、方案的写作。

第一节　写作规范

一、规划

规划，一般是指对全局范围内带有远景发展设想性质的某项工作所作出的提纲挈领式的总体计划，是时间较长、范围较广、内容比较概括的计划。

（一）结构要素

1．标题：通常由三要素构成：制发机关名称、事由、文种。如"中国红十字会20××～20××年卫生救护工作规划"，有时，文种也使用"规划纲要"，以提示内容的概要性，如"国家'十一五'时期文化发展规划纲要""国家教育事业发展'十二五'规划纲要"。

2．正文：

开头，主要交代规划的制定目的、意义、依据等，即交代"为何做""凭什么做"。

正文，阐述规划制定的指导思想、基本原则、有关的各项主要工作内容，即分项陈述"怎么做""做什么"。这一部分是工作规划写作的重点。

结尾，提出实施规划的要求或鼓舞干劲，或者阐述规划执行中的注意事项。也可根据情况不写。

3．落款：制发机关名称与成文日期。多以题注形式用圆括号标注于标题之下。制发机关在标题中已经标明的，可省略。必要时，也可标注于正文末落款处。

（二）撰写要求

1．高瞻远瞩，具有全局观。工作规划属于事关全局的中、长期战略性部署，所以必须立足全局，从总体上全面衡量各项工作任务。不能局限于某一局部，也不可过于具体，否则不利于各部门具体地落实计划。

2．抓住重点，写好主体部分。主体部分的"做什么"是工作规划的写作重点，只有找准了重点，规划才真正具有实际价值，才能有效地指导各有关单位、部门未来的工作。如果工作任务不明确或不全面，就会影响规划的实施。

二、计划

计划，是指为完成一定时期内的任务而事前拟订目标、措施和要求的计划类公文。计划所涉及的时间期限不如规划或纲要长，但通常又比安排、方案长。内容比规划具体些，又比安排粗略些，是介于规划与安排之间的一种计划类公文。

计划具有如下主要特点：

可操作性。制订计划要符合实际，切实可行，否则计划就只能流于形式。计划所确定的目标要适中，过高无法完成，过低则缺乏约束性与激励性；计划实现的措施、步骤、时限、要求等要具体明确，便于对照落实，检查与监督计划的实行情况。

约束性。计划是机关单位搞好管理工作的基础，也是个人搞好工作和学习的基础。计划一旦制定，就要指导并约束有关单位或个人的管理行为，人们必须围绕计划的要求展开工作，而不能抛开计划盲目行动。科学合理、切实可行的计划，可以增强工作的预见性，减少工作的盲目性，节省人力、财力、物力，提高工作效率。

此外，还要注意区分工作计划与工作规划、纲要的主要差异：

1. 针对事项与时限不同。工作规划、纲要属于事关全局的中、长期战略部署，具有原则性、概括性和较强的指导性，如《国家教育事业发展"十一五"规划纲要》；而一般性的工作计划通常是年度性或季度性的工作安排，内容单一性、专指性强一些。

2. 文本内容不同。工作规划、纲要通常是事关全局性的部署，而普通的工作计划可以是实施规划的具体安排。工作规划、纲要通常是确定方向、规模，展望远景；而工作计划是确定指标、时限、措施等。工作规划、纲要通常更宏观些，而一般性的工作计划更具体些。

计划按性质分，有综合计划、专题或单项计划等；按内容分，有生产计划、工作计划、学习计划、科研计划、教学计划、活动计划等；按范围分，有国家计划、单位计划、科室计划、班组计划、个人计划等；按时间分，有长期计划、年度计划、季度计划、单月计划等；按体式分，有条文式计划、表格式计划、文字陈述式计划、文字表格复合式计划等。

（一）结构要素

1. 标题：通常由制定者、时限、事由、文种构成，如"××大学20××～20××学年度研究生科研工作计划""××公司关于20××年1～6月×××生产进度计划"等。

2. 正文：

开头，主要交代计划的制订目的、意义、依据，或者指导思想、基本原则等。例如：对基本情况的分析，或对计划的概括说明，或说明依据什么方针、政策以及上级的什么指示精神、在什么条件下制订这个计划，以及完成这个计划的必要性、可能性等。这是制订计划的基础，要写得简明扼要、灵活多样。

正文，陈述计划的主要工作任务、工作目标或指标、方法措施、步骤进度等。其中，目标、措施、要求三项内容（又称计划"三要素"）是工作计划写作的重点。

首先，确定目标，可以是总体目标，也可以是具体任务或指标。总体目标往往是要实现的最终目的，是多方面综合指标的最终体现。具体任务或指标，则是具体说明要完成什么任务，达到什么指标，做好什么工作，开展什么活动等，因此要写得具体明确。制定目标，对计划的撰写乃至计划的实施至关重要，目标过高或过低都不合适。这就需要深入地调查研究，广泛征求意见和进行充分的论证，科学地确定目标。

其次，制定措施，包括组织分工、进程安排、物质保障、方式方法等。组织分工一般说明责任机构。进程安排是计划事项的重要内容，如果是年度计划，每一季度（甚至月份）要完成哪些工作，要达到什么指标都要加以明确；如果是专项计划，则要划分阶段，明确每一阶段的大致任务及具体安排，如做好某项工作，可以分为准备阶段（如传达、动员、学习、成立组织、物质准备等）、实施阶段（具体工作的开展、落实）、总结阶段（梳理工作、小结）。物质保障，包括为实施计划而进行的人力、财力、物力的配备等。方式方法是完成任务的具体手段，一般写得比较简要。

最后，提出要求，主要是质量、数量、时间上的要求或执行计划的注意事项。

计划三要素是互相联系的，没有目标，或者目标不明确，就谈不上提出措施和要求；没有具体的措施，目标就难以实现；而没有具体要求，实现目标的速度、质量就没有保证。它们之间是互相依存、缺一不可的。

3. 落款：标题中已标明发文机关的，或题注中已标明成文日期的，正文末落款处不再标注。

（二）撰写要求

1. 切合实际，不走过场。工作计划的制定是为了具体指导今后的实际工作，因此撰写计划前要深入地调查研究，广泛地听取意见，密切结合当前工作的实际情况，确定工作任务，制定工作目标或指标，选择工作方法，安排工作步骤。只有这样，才能避免"为总结而计划"，使计划流于形式的情况发生。

2. 服从整体，科学预见。具体单位或部门的某项工作计划，往往只是它所从属的某项整体工作中的一部分，因此在制定具体工作计划时，要充分考虑其在整体工作中的位置，坚持整体原则，既要服从大局，处理好多种关系，又要体现本单位工作的特点，科学地预见具体工作的目标，合理地确定工作任务、措施。

3. 具体明确，适于执行。计划不同于规划，规划的内容宏观、概括，而计划的内容比较具体、详细，但是由于计划是预先制定的，工作开展过程中一些随机出现的情况无法事前一一预见，因此，在制订工作计划时，要在力求目标明确、指标具体、措施得当、进度合理的前提下，留出适度的调整空间，以确保计划的执行。

三、方案

方案，是针对一些重要工作或重大活动，对其作出系统谋划、全面构想、周密部署和具体安排。其目的在于有序、有效地保障重大工作或活动目标的实现，避免因人多事杂而出现一盘散沙或混乱无序的状态，造成人、财、物和时间上的巨大浪费。

方案具有如下主要特点：

策划性。工作方案要在事前对历时较长、责任较重大、涉及面较宽、工作量较大、工作程序较复杂的重要工作或重大活动做出全面的策划与安排。其中，策划是否妥当是决定方案成败的关键,因此要在深入调研的基础上全面谋划。

周详性。工作方案是预先安排重要工作与活动的目的、要求、方式、方法以及具体工作进度的一个完整的实施计划。如果能在事前编制细致、周全、严密的工作方案,那么在工作进程中就会更加有序、有效地展开和推进各项管理活动。

方案虽属计划类公文,但与其他计划类公文相比仍存在一些差异。与工作安排相比,工作方案对具体工作或任务的目的、要求、目标、措施等制定得更详细;与工作规划、工作计划相比,工作方案的针对性更加单一,大多是针对某项专门任务而做预先筹划,侧重于具体内容及其细则的制定,注重可操作性,以保障任务的顺利完成。

(一) 结构要素

1. 标题:

一是由发文机关名称、事由、文种(方案)构成,如"××公司关于×××庆祝活动方案""中国×××集团关于开展干部作风纪律教育活动的实施方案""××市公安局刑侦分局×××特大案件侦破方案"等。

二是由事由、文种(方案)构成,如"'5·12'地震灾后动物疫病防控工作实施方案""药品监督管理体制改革方案"。

2. 正文:

开头,主要交代方案的制订目的、意义、依据等。一般以"为了……根据……特制定本方案",或"根据……为……结合……的实际,特制定本方案"等形式来表述。此部分是工作方案形成的基础,制定意义和依据等是方案可信、可靠、可行的前提,因而要将其简明扼要地表述清楚。

正文,陈述各项工作的具体内容,包括指导思想、工作原则、基本任务、组织实施、基本要求等。这部分是工作方案写作的重点。主要包括:

首先,说明基本情况。如重大活动的时间、地点、主题、内容、方式、主办与协办单位等。其中,时间、地点应具体明确,活动的目的、意义、价值的表述要概括集中。

其次,按阶段或分工情况具体地安排如下内容:各阶段、各部门的基本目标、工作内容、主要措施手段、步骤以及相应的安排和要求,包括人力、财力、物力、时间等的组织安排和部署等。重点写明:在什么时间,什么范围内,由哪些人做哪些工作,采取什么方式,做到哪种程度。如果是大型活动方案,同一时间集中参与活动的人数众多,还必须考虑安全问题,要求安全措施要切实有效。上述内容既是方案的核心内容,也是方案价值、功用的集中体现,以及方案制订者素质、管理能力与水平的集中体现。

结尾,提出执行方案的要求和注意事项,或鼓舞干劲、提出希望等。有时,如预见到工作中可能涉及一些问题与矛盾,还应当在方案中明确说明协调与解决的方法,以保障目标任务的顺利完成。如无必要,有时也可根据上文具体情况不写结尾。

3. 落款:方案编制机构名称与成文时间。规范地标注于正文末落款处。必要时也可标注于题注位置。

（二）撰写要求

1. 注意选择编制对象。方案编制的对象通常是重大活动、重要工作，要完成这些活动、工作需由多部门的多种人员共同参与，组织、指挥、协调工作比较繁杂，因此往往需要通过编制方案来协调工作。对一些简单易行的一般性工作活动就不必编制工作方案、活动方案，否则，反而会降低执行效率。

2. 全面了解工作的各个环节。一项工作的实施，通常涉及许多方面，需要多个相关单位或部门通力配合，因此在制订工作方案时，撰写者必须全面地了解工作的各个环节，如工作的组织部署、机构设置、管理执行、活动事项等，使方案既严密可靠又便于操作，从而能有效地推动工作的开展。

3. 内容详尽，条理清晰。一个全面完整的工作方案涉及的问题是多方面的，因此在行文时必须统筹安排，力求做到内容全面、重点突出、主次分明、条理清晰，以便于受文者理解、执行。

第二节　例文解析

【例文 12-1 规划】

公　文　内　容	解　析
××××2006～2010年审计工作发展规划	◀ 标题由编制单位、事由、文种构成。
"十一五"时期是全面建设小康社会的关键时期。为了充分发挥审计监督在促进社会主义经济、政治、文化和和谐社会建设中的职能作用，根据《国民经济和社会发展第十一个五年规划》，结合审计工作实际，制定本规划。	◀ 开头：简要地阐述制定规划的目的与依据。
一、指导思想 今后五年审计工作的指导思想是，以邓小平理论和"三个代表"重要思想为指导，以科学发展观为统领，继续坚持"依法审计、服务大局、围绕中心、突出重点、求真务实"的审计工作方针，认真履行宪法和法律赋予的职责，全面监督财政财务收支的真实、合法、效益，在推进社会主义经济、政治、文化、社会建设中发挥更大作用。	

二、工作目标

今后五年审计工作的总体目标是,以审计创新为动力,以提升审计成果质量为核心,以加强审计业务管理为基础,以"人、法、技"建设为保障,全面提高依法审计能力和审计工作水平,进一步加强审计工作法制化、规范化、科学化建设,积极构建与社会主义市场经济体制相适应的中国特色审计监督模式。

三、重点工作及保障措施

(一)认真落实修订后的审计法,全面加强审计监督。

——继续坚持以真实性为基础,严肃查处重大违法违规问题和经济犯罪,治理商业贿赂,惩治腐败,促进廉政建设。

——全面推进效益审计,促进转变经济增长方式,提高财政资金使用效益和资源利用效率、效果,建设资源节约型和环境友好型社会。

——充分发挥审计监督在宏观管理中的作用,注重从政策措施以及体制、机制、制度层面发现问题并提出审计意见和建议,促进深化改革,加强宏观管理。

(二)在审计内容和审计方式上坚持"两个并重"

——坚持财政财务收支的真实合法审计与效益审计并重,每年投入效益审计的力量占整个审计力量的一半左右。以专项审计调查为主要方式,以揭露严重损失浪费或效益低下和国有资产流失问题为重点,以促进提高财政资金使用效益和管理水平为主要目标,全面推进效益审计,到2010年初步建立起适合中国国情的效益审计方法体系。

(三)继续着力加强三项基础工作。…………

(四)规范财政审计,提高财政资金使用效益。…………

(五)加强金融审计,推进建立安全高效稳健的金融运行机制。…………

(六)加大国有及国有控股企业审计,加强国有资产监管。…………
…………

(十三)加强调查研究,总结推广先进经验,进一步加强对地方审计工作的指导。

——指导地方审计机关紧紧围绕地方党政工作中心开展审计工作,使之更好地为促进地方经济发展、深化改革和社会稳定服务。

——加强对地方审计队伍建设、机关党的建设、廉政建设情况的调研,针对存在的共性问题,从政策制度上提出切实可行的措施。

◀ 主体部分:采用条项式结构,分别从指导思想、工作目标、工作重点及保障措施等三方面全面地规划未来五年的审计工作。

▲ 全文着眼未来,立足现实,全面而切实地筹划了未来五年审计工作的各项具体工作。在简要阐述指导思想、工作目标后,从13个方面提纲挈领地规划了各项具体工作。内容重点突出,行文层次清晰,语言表意准确。

本规划自发布之日起施行。各执行单位根据规划要求,研究制定本部门具体落实措施,以确保完成规划提出的各项目标。 ◀ 结语:交代执行要求。

【例文 12-2 计划】

<table>
<tr><th>公 文 内 容</th><th>解 析</th></tr>
<tr><td>

××公司 20××年员工培训工作计划

　　为响应××集团公司创建学习型企业的号召,适应现代知识经济发展的需要,更好地应对市场经济的挑战,提高公司员工的整体综合素质和业务能力,提升公司的核心竞争力,推进公司健康快速发展,依照集团公司创建学习型企业的实施意见,结合我公司的实际,制定20××年员工培训工作计划。

　　一、培训原则与要求

　　1. 坚持按需施教、务求实效的原则,依据公司改革与发展的需要和员工多样化培训需求,分层次、分类别地开展内容丰富、形式灵活的培训,增强教育培训的针对性和实效性,确保培训质量。

　　2. 坚持自主培训为主,外部委培为辅的原则。……

　　3. 坚持企校联合办学,业余学习为主的原则。……

　　4. 坚持培训人员、培训内容、培训时间三落实原则。20××年,公司高管人员参加经营管理培训累计时间不少于×天;中层干部和专业技术人员业务培训累计时间不少于×天;一般职工操作技能培训累计时间不少于×天。

　　二、员工培训方式与内容

　　(一)员工自主学习

　　全面提高企业员工的文化素质,最为重要的是鼓励员工自发、自主、自觉地学习,这不仅是员工个人职业发展的基础,也是学习型公司建设与发展的基础。为此,公司将大力做好以下工作:

　　1. 加强宣传教育。办好公司的宣传栏,积极向职工宣传创建学习型企业的重要性。

　　2. 到 20××年全公司业务管理人员都要达到大专以上学历。

</td><td>

◀ 标题由编制机关、时间、事由、文种构成。

◀ 开头:计划的制订目的、依据,交代"为何做"。

◀ 交代培训工作的原则与总体要求。

◀ 交代"做什么""以什么方式做":培训方式和培训的具体内容。分别说明,清楚明白。

</td></tr>
</table>

3. 鼓励员工根据工作需要、专业对口原则进修各类专业和申报各类专业职称。……

（二）企业内部培训

今年公司主要对职工进行机械、业务管理、计算机方面的培训。培训方式主要有两种：一是邀请社会、专家来公司授课；二是请公司内部的优秀专业技术人员授课，解答实际工作中的疑难问题，传授心得等。培训时间的安排采取定期与不定期、集中短训与分散培训相结合的原则，根据不同层次培训对象的具体情况灵活安排。

（三）参加外部培训

1. 参加集团组织的培训。公司已将20××年机动车修理、电气修理、业务管理等方面需培训的人数和培训方式上报集团。同时公司将积极参加集团组织的各种交流会、讲座等各种活动。

2. 脱产、半脱产方式培训。公司将选派10名优秀人员到相关大学或各专业培训点进行培训。

3. "双证制"培训。……

4. 参观学习。……

三、员工培训的保障

为使培训计划顺利实施，保障培训质量，将建立相关保障机制。

1. 建立健全培训制度，严肃学习纪律，保障员工参加培训；

2. 依照××集团公司的文件精神，公司设立员工培训专项基金；

3. 实行培训考核制度，对培训人员进行考核，外出参加学习人员要写出学习心得；

4. 由相关部门对学员培训出勤和考核成绩进行记录，作为今后公司选拔干部的依据之一；

5. 负责培训工作的具体管理人员要将相关的学习培训记录进行整理归档，并将资料送人力资源部备案。

××公司
20××年1月4日

◀ 交代"如何保障任务的完成"：建立制度、设立资金、实行考核、做好管理工作等。

▲ 本文主体部分在确立原则的基础上，具体指出了工作方式与任务、目标等，这样能使计划的实施方向明确，最后提出保障机制。全文层次清晰，语言简明。

【例文 12-3 方案】

永定河干流水量分配方案

永定河是海河流域重要水系之一,流经山西省、河北省、北京市和天津市。永定河流域水资源严重短缺,随着流域内人口的急剧增加和经济社会的快速发展,用水量大幅度增长,上下游之间用水矛盾日益突出。为规范永定河干流用水秩序,合理配置流域水资源,保障首都供水安全和流域经济社会又好又快发展,依据《中华人民共和国水法》,制订本方案。

一、分配原则

永定河干流水量分配方案的制订,遵循下列原则:

（一）充分考虑历史和现状用水;

（二）坚持公平、公正;

（三）兼顾上下游地区的利益;

（四）坚持节约用水;

（五）统筹考虑生活、生产和生态用水。

二、分配意见

（一）正常年份（保证率50%）,山西省出境水量达到1.2亿立方米,河北省出境水量达到3.0亿立方米;

（二）一般枯水年份（保证率75%）,山西省出境水量达到0.65亿立方米,河北省出境水量达到1.5亿立方米;

（三）特殊枯水年份（保证率95%）,山西省出境水量达到0.3亿立方米,河北省出境水量达到0.6亿立方米;

（四）正常年份与特殊枯水年份之间,山西省、河北省的出境水量按照丰增枯减原则,采用直线内插法核定;

（五）天津市的用水问题在编制全国水资源综合规划时统筹研究解决。

三、核定方法

（一）山西省出境水量包括南洋河、桑干河和壶流河的出境水量。

1. 南洋河出境水量按柴沟堡水文站实测径流量核定;

2. 桑干河出境水量按册田水库下泄水量与册田水库以下山西省区间产水量之和（扣除区间用水量）核定;

3. 壶流河出境水量按壶流河水库入库水量(依山西、河北省流域面积比例分摊)核定。

(二)河北省出境水量按八号桥水文站实测径流量核定。

四、保障措施

(一)加强领导,落实责任。各有关省(市)人民政府要将水量分配方案确定的任务层层分解,落实行政首长负责制,做到责任到位、管理到位、措施到位。同时,要加强监督管理和绩效考核。

(二)积极推进节水型社会建设。各有关省(市)县级以上地方人民政府要将水量分配方案的实施纳入地方经济社会发展年度计划,按照确定的可利用水资源,调整经济结构和产业结构。要以用水总量控制为核心,建立健全水资源管理制度。要深化水价改革,运用经济杠杆促进节约用水,合理利用和有效保护水资源。要严格控制灌溉面积增长,加快灌区续建配套与节水改造,积极推广用水户参与用水管理。

(三)加强水资源管理。……

水利部　发展改革委
20××年×月4日

▲ 这是一篇任务相对单一的工作方案,文章全面地交代了与水量分配工作相关的各方面事项。文中的分配原则明确,分配意见具体,分配方法易行,保障措施得当。全文层次清晰,结构完整,语言表达准确明晰。

(摘自 http://law.baidu.com)

【复习思考】

1. 计划类文件包括哪些主要文种?这类公文具有哪些共同特点?
2. 工作规划与工作计划在内容上各有哪些侧重?
3. 工作规划主要包括哪些内容?具有哪些写作特点?
4. 工作计划写作的主要内容包括哪几部分?如何写好工作计划?
5. 工作方案的结构包括哪几部分?要掌握哪些撰写要求?
6. 工作方案的主要特点是什么?它与工作安排在写作上有什么不同?
7. 请借助参考书或者网络选择本章所学的主要文种,对其进行深入剖析,掌握其写作特点。

【案例研习】

1. 指出下列公文中的不当之处,并予以修正:

(1)工作计划:

××县今后6个月的经济工作计划

为了完成县委、县政府下达的全年5亿工业企业总产值的任务,结合我县工业企业生产的实际情况,县工业企业局计划在今后6个月重点抓好以下工作:

(一)进一步深化工业企业改革。在全面推行厂长、经理责任制的基础上,结合上半年的经济工作实际,有针对性地分别实行租赁、承包、合资、参股经营方式。××局长全面主抓深化改革的工作;租赁、承包事宜由副局长××同志具体负责,合资、参股事宜由副局长×××同志具体负责;各工业企业要从实际出发,确定相应的经营形式,并明确专人负责,制定相应工作方案,及时上报相关领导。

(二)加快技术改造项目和新项目的建设速度。必须在6月底完成造纸厂、麻纺厂、啤酒厂的技术改造项目;力争7月初启动××科技园区的皮革制品加工项目。新项目和技术改造项目由副局长××同志具体负责,科技处×××处长主抓。×××处长可以直接与财务处和人事处沟通,调拨有关资金与人员。

(三)进一步加强企业管理。企业要结合新形势、新任务制定合理的规章制度,并且要明文标贴在车间、厂房、办公室等场合。要有奖惩分明的纪律约束,奖励先进,带动后进。这一工作由县工业企业局××副局长负责,各企业要分配专门领导主抓。

(四)加强职工培训,提高工作效率。企业要努力提高职工队伍思想、技术素质。为提高职工的政治思想觉悟,每周一次的政治学习是必不可少的;定期举行业务培训班,提高职工的技术素质;还可以采用走出去、请进来的形式,一方面选派优秀职工到南方对口优秀企业取经,另一方面聘请专家来厂指导、培训。并且力争形成制度,认真把职工培训做到实处。

工业企业局
6月10日

(2)工作方案:

街道"五好文明家庭"创建活动工作方案

各村(居)委会、街直各单位:

街道"五好文明家庭"创建活动协调小组成立以来,在协调小组成员单位的共同努力下,围绕全街精神文明建设的总目标,在创建、评选、宣传、表彰"五好文明家庭"方面做了大量卓有成效的工作,在提高家庭成员素质,树立具有时代特色和传统美德的先进家庭典型,弘扬家庭文明新风,推动三个文明建设等方面作出了贡献。

为了继续开展"五好文明家庭"创建活动,更好地服务我街建设"中国食用菌之都"和构建社会主义和谐社会,根据上级精神,街道文明办和街道妇联会联合开展这项工作。现将具体要求通知如下:

一、从2007年起,街道文明办和街道妇联联合组织开展评选表彰街道"五好文明家庭"和推荐全国、省、市级"五好文明家庭"工作。各村(居)、直属单位要继续组织开展好本单位"五好文明家庭"创建、评选和表彰工作,特别是文明单位、文明学校、文明村、文明社区要积极响应,创造性地开展创建活动。通过创建活动,以家庭的文明和谐推动社会的文明和谐,为建设文明和谐的城西做出新的贡献。

二、"五好文明家庭"评选条件:

根据闽妇[2007]68号《福建省委文明办、福建省妇联会关于开展第六届福建省"五好文明家庭"评选表彰活动的通知》精神,省委文明办和省妇联对2000年下发的"五好文明家庭"的"五好"具体评选条件作了修改。今后,将按照修改后的"五好"条件,开展评选推荐工作。其新的"五好文明家庭"评选条件为:

1. 爱国守法,热心公益好,家庭成员牢固树立正确的世界观、人生观、价值观,模范实践以"八荣八耻"为核心的社会主义荣辱观,大力弘扬"平静之中的满腔热血、平凡之中的伟大追求、平常之中的极强烈责任感"的精神,自觉遵守各项法律法规和规章制度;热心社会公益事业,诚实守信,扶贫济困,乐于助人。

2. 学习进取,爱岗敬业好。家庭成员自觉树立终身学习的理念,刻苦钻研科学文化知识和业务技能,养成良好的学习习惯。严格遵守职业道德,努力提高工作质量和服务水平,岗位建功,岗位成才。

3. 男女平等,尊老爱幼好。家庭关系平等、民主、和谐、友爱,夫妻之间在感情上互相信任、在工作上互相支持、在生活上互相关心;尊敬长辈,关心老人的精神和物质需求;爱护儿童,维护未成年人的合法权益;邻里之间团结互助,和睦相处。

4. 移风俗,少生优育好。家庭成员积极弘扬科学精神,破除陈规陋习,反对封建迷信,提倡婚事新办、丧事简办、厚养薄葬,建立文明、健康、科学的生活方式;自觉参与平安建设,家庭无黄、赌、毒、邪现象发生;严格遵守国家计划生育政策,树立正确的生育观和教子观,做到晚婚、晚育、优生、优育、优教,争当合格家长,培养合格子女。

5. 勤俭持家,保护环境好。家庭成员以艰苦奋斗为荣,以奢侈浪费为耻,勤劳致富、勤俭节约、合理消费、科学治家;增强环境意识,学习环保知识、崇尚绿色生活、热爱环境、建设环境、美化环境、保护环境,从家庭做起、从身边做起、从小事做起。

三、今后街道文明办和街道妇联会将联合召开年度"五好文明家庭"工作会议,研究部署全街"五好文明家庭"创建活动。多年来,我们把"五好文明家庭"创建活动作为精神文明建设的一项内容,列入文明单位(村、学校、社区)评选和综合量化考评之中,收到良好的效果,今后我们将继续作为考评内容。各村(居)、街直各单位要结合本部门实际,制定2007年"五好文明家庭"创建工作意见(8月底前报街道妇联会),狠抓落实,做出成效。

2. 撰写公文:

(1)根据下列提示材料撰写一份年度工作计划:

北京××汽车代理销售企业在2008年取得了相当优异的销售业绩。在国家积极鼓励自主创新、倡导节能减排的大形势下,在汽车企业的精心努力下,国产自主品牌汽车的声誉提高、销量大涨,北京××汽车代理销售公司所代理的四大国产品牌汽车的表现尤为突出。值此良机,北京××汽车代理销售公司准备在2009年继续扩大业绩,对所代理销售的奇瑞、吉利、华晨、比亚迪四大汽车产品进行整合,合理部署,找准卖点,以点带面,分别制定销售策略、销售指标;严格执行分工负责制,要求各4S店员工,认真坚持"服务顾客,品质至上"的理念,礼貌待客,耐心导购,力争2009年销量比上年增加10%,创造生产商、销售商、顾客三赢的局面。

(2) 根据下列提示材料撰写一份活动方案:

中华人民共和国第十一届全国运动会将于2009年10月举行。××体育用品公司为了扩大企业影响、提高品牌知名度,准备利用召开第十一届全运会的机会,于2009年10月在全国范围内举办以"运动·健康·快乐"为主题的大型活动,为期1个月。本次活动,一方面要向社会公众展示企业的运动服装、运动器械等产品,倡导"运动·健康·快乐"的理念,另一方面要采取让利大促销的形式,回馈广大客户。总公司要求全国所有合作商、品牌店、直销点协同运作、统一行动,并成立专门的活动工作组,由×××总经理亲自负责,下设相应的部门,认真筹备、全面开展××体育用品公司"运动·健康·快乐"活动月活动。

第十三章　契约类公文

契约类公文是两个或两个以上的当事人之间为实现一定的目的，以书面形式，约定商洽各自的行为，明确彼此的权利与义务的公文，如用来记录协商结果，约定信守内容，证明买卖、抵押、租赁、转让等各种关系的凭据性公文。其作用在于将双方经过洽谈商定的有关事项记载下来，作为检查信用的凭证，据此互相牵制、互相监督、践行承诺，以保证合作事项的顺利推进。

契约类公文具有如下特点：

自愿性。契约类公文是两个或两个以上的当事人在自愿的基础上，协商达成一致的协议，是当事人之间"合意"的结果。这种契约关系是双方（或多方）当事人独立承担责任的行为，是双方（或多方）当事人自愿作出的共同意思的表达。

协商性。契约类公文的内容需经双方（或多方）共同讨论会谈，协商一致后形成公文内容，即使是直接负责撰写公文的一方也必须将写成的文本交由相关当事人阅知、商讨，不得将自己的单方意见强加给其他当事人，否则该公文无效。

契约类公文的种类，主要包括合同、协议、意向书、备忘录等。其中，合同、协议是各方主体的法律行为，具有法律效力，对订立主体各方均产生法定的拘束力；而意向书、备忘录大都是对协商经过、议定事项、各方观点与意见的记录，具有备忘的性质，一般情况下不属于法律行为的结果，不具有法律效力，对订立主体不产生法定的拘束力。本书主要介绍合同、意向书。

第一节　写作规范

一、合同

合同是现代民法最重要的法律概念之一，有广义与狭义之分。广义的合同是指一切以明确权利和义务为内容的协议，它包含了所有法律部门中的合同，不仅包括民法中的合同，还包括行政法规中的行政合同、劳动法中的劳动合同等。狭义的合同是将合同仅仅看成民事合同，《中华人民共和国合同法》（以下简称《合同法》）第二条规定："本法所称合同是平等主体的自然人、法人、其他组织之间设立、变更、终止民事权利义务关系的协议。"这一条款从立法上确认

"法人""自然人""其他组织"为合同法律关系的主体,确认其享有签约的自由,享有依法获得法律保护的权利。

本教材所言的"合同",是指《合同法》所指的民事合同,即指各民事主体之间设立、变更、终止民事权利义务关系的合同。合同的形式有书面形式、口头形式和其他形式,本教材所言的"合同"只指合同的书面形式,即以文字为表现形式的"合同书"。

合同具有以下主要特点:

平等性。订立合同是当事人各方在平等、自愿的基础上产生的民事法律行为。在合同关系中,当事人无论是法人还是公民,无论其地位高低,其法律地位都是平等的,任何一方都不得把自己的意愿强加于他方,否则,合同无效。合同的这一法律特征,反映了合同主体在法律上的平等地位,从而使合同内容能尽可能地体现双方当事人的意志和经济利益。当事人权利、义务的平等性是合同关系的基础,是实现合同自愿订立、公平订立的前提条件。

合法性。订立合同是一种民事法律行为,是民事主体实施的能够引起民事权利和民事义务的产生、变更和终止的合法行为。这种法律行为是人们表示自己的意思的、有法律后果的行为,由此而产生的权利义务关系是法律关系。因此,合同当事人所作出的意思表示要符合法律要求,这样合同才具有法律约束力。合法的合同一旦签订,当事人的权利就将受到法律保护,当事人的义务就将受到法律监督,不履行或不完全履行合同要承担相应的法律责任。

程序性。合同的订立要采取要约和承诺的形式。依照法律,要约应当是明确的订立合同意愿的意思表示,应具有所欲订合同的全部主要条款,应有确定的答复期限的规定,要约人受此期限的约束。而法律对承诺的要求是:承诺必须是受要约人本人对要约人做出的答复,非受要约人答复无效;承诺必须是在要约规定的期限内做出的答复,逾期则无效。

合同的种类。《合同法》列举了15种最常用的合同类型:买卖合同,供用电、水、气、热力合同,赠与合同,借款合同,租赁合同,融资租赁合同,承揽合同,建设工程合同,运输合同,技术合同,保管合同,仓储合同,委托合同、行纪合同、居间合同。

合同的种类很多,但在写作上具有共通性,下面将重点介绍合同的总体结构与撰写要求。

要特别注意合同与协议、意向书的区别,避免混淆或错用。

合同与协议之间的主要差异:

一是概念的外延不同。协议,又称协议书,是国家机关、社会团体、企事业单位之间或者单位与个人之间以及个人相互之间,为了某一事项共同议定并签订的一种契约性公文。合同是平等主体的自然人、法人、其他组织之间设立、变更、终止民事权利义务关系的协议。通常情况下,所有的合同都应是协议,但并非所有的协议都是合同,合同是具有特定内容的协议。协议的外延大于合同的外延,只有当协议具有合同内容的必备要素时,协议才与合同是同义词。

二是适用范围不同。协议的适用范围广泛,可适用于共同商定的社会生活各方面的事务,而合同主要是针对经济关系方面的事项;协议的主体非常广泛,具有行为能力的任何组织、个人都能够成为其主体,而合同的主体多数情况下是具有平等地位的法人、其他经济组织以及个体工商户、农村承包经营户等。

三是内容要素的限制性不同。协议的内容要素可按协商事项充分说明其数量、质量、价款、权利与责任等内容,也可由当事人协商约定一些具体条款,内容相对来说比较灵活、原则;而合同的内容要素具有严格的限制性,必须具备合同法规定的内容要素才能成立,合同的标的、数量与质量、价款与履约时间、地点与方式、双方的权利义务以及违约责任等必须明确,否则合同无效。如果合同的条款比较简单、概括,既不具体也不完全,不符合合同法律规范的要求,那么,即使双方明确签订的是"合同"(即标题为"××合同"),但实质上也只是一种协议。因此,合同与协议书不能仅仅从名称上来区分,而应当根据其实质内容和法律规定来区分。

四是内容详略不同。协议的内容大多是单位之间就重要的原则性问题所达成的共同认识并写成的条款,其内容条款比较概括、笼统;而合同的条款内容则需全面、周密,要具体细致、具有可执行性,一旦签订就一次性生效。就复杂的合作项目而言,协议签订以后,往往还需要就协议中所涉及的各种具体问题进一步谈判并签订合同加以细化、补充、完善,以最终确定协议中相关内容的法定效力。因而,一般是协议签订在前,合同签订在后,协议是签订合同的依据,合同则往往是协议内容的具体化。

合同与意向书之间的差异:

一是适用范围不同。合同是具有特定内容的协议,用来约定当事人相互之间的权利、义务关系。意向书则是当事人通过初步洽商,就各自的意愿达成一致认识而签订的书面材料,是双方进行实质性谈判的依据,是签订合同的基础。

二是内容不同。合同的内容是约定合同的订立主体之间的民事权利和义务关系,而意向书的内容仅是合同的订立主体之间就某一事项所达成的共同意愿与认识的记录,并不是双方民事权利、义务关系。

三是签订时间不同。合同是双方就权利、义务关系达成一致协议后签订的,而意向书是双方就某一事项达成共识后就可以签订。就一些复杂的合作事项而言,往往是意向书签订在前,合同签订在后,意向书是签订合同的基础,意向书的内容往往会影响后期合同签订的内容,但并不是所有的合同在签订前都必须签订意向书。

四是法律后果不同。合同一旦签订即会产生法律效力,对签约各方均具有约束力,而意向书的签订不会导致法律效力的产生,对签约主体不具有拘束力。但是如果有些意向书约定了签约主体之间的民事权利与义务等内容,那么即使它仍然称为"意向书",也对签约主体双方具有法律约束力,因而不能片面地从名称来确认意向书一律都不具备法律效力,关键还是要看其内容是否具备了合同所规定的内容要素。

(一)结构要素

1. 标题:

一般由合同标的内容和文种(合同)构成,也可根据合同的主要内容直接标明合同所属的种类,如甲乙双方就建设××大学体育馆项目所签订的合同的标题可以表达为:"××大学体育馆建设工程合同",或者"建筑工程合同"。

2. 订立合同的当事人的名称或者姓名和住所：

当事人的名称或者姓名和住所，是指自然人的姓名、住所以及法人和其他组织的名称、住所。法人、其他组织的名称是指经工商行政管理等机关登记、核准的名称，其住所是指它们的主要办事机构所在地；自然人的名称要写明真实姓名。如合同是当事人委托代理人订立的，应在合同中写明被代理人，即实质上的合同当事人的名称，同时写明代理人名称。这一条款有助于杜绝虚假合同、欺诈合同的产生。

有关机构的名称可在其全称后注明简称甲方、乙方等，并用圆括号括起，便于后文引用；当事人的住所地址有时也可在正文末的落款处标示。

合同中当事人等的名称的使用应当注意：同一名称的表述前后要一致，职务与单位的名称要用真实的全名，不能用字号、代称、笔名；人名出现要注意先后次序，不要损害当事人的平等地位；译名（包括国名、地名、人名、党派名、机构名、刊物名等）要以新华社使用和全社会公认的译名为准，港、台地区与大陆译名不一致的应加括号注明；合同中第一次出现的名称一律要用全称，无论与国内单位还是与国外组织签订合同都不能随意使用简称。

3. 正文：

（1）开头部分，简要地交代订立合同的依据和目的。例如："根据中华人民共和国《合同法》的规定，遵循互利互惠原则，在平等、自愿、公平、诚实信用的基础上明确双方的权利义务，现经甲乙双方共同协商，达成以下协议：……"

（2）主体部分，用条文或表格逐项写明合同的主要内容，是对合同当事人权利与义务的具体规定。一般包括以下条款：标的、数量、质量、价款或者报酬、履行合同的期限、地点和方式、违约责任、解决争议的办法等。

第一，标的。

这是指合同权利、义务指向的对象。标的是合同的核心内容，是一切合同的主要条款之一。标的是任何一份合同所不可缺少的内容，如无标的，当事人双方的权利义务就得不到实现，合同也就失去了意义。

根据合同种类的不同，标的可以是某种物，也可以是某种服务或者智力成果等。但是，并不是所有的物、服务、智力成果等都可以成为标的，如国家禁止流通的物、危害社会公共利益的智力成果等就不能成为合同的标的。

合同标的的表达必须准确无误，一方面，不得以口语代替书面语或混用概念，如一家制毡厂与一家工厂签订了一份棉毛毡《供销合同》，在合同的"标的"中把"棉毛毡"写作了"毛毡"，一字之差，结果买方在收货时发现毛毡材料掺假，因而遭受了严重的损失；另一方面，标的的表达要严谨周延，对标的的名称、型号、规格、品种、等级、花色等都要规定清楚，如一份合同以"白布"为标的，就应详细写明是哪一种品质、等级和类型等的标的。此外，在标的因人、因地的不同而有不同称谓的情况下，更应当对标的予以明确的表达，以避免发生纠纷。例如：某市金属材料公司（简称需方）与某县劳动服务公司（简称供方）签订了一份"纯碱"购销合同。当需方接到供方发给的纯碱（碳酸氢钠）后凭感观认为货物有质量问题，于是将抽样送至某化验中心检验，检验发现碳酸氢钠含量为84.7%。需方立即电告供方：货物质量不合格，要求退货。为此双方发生纠纷,多次协商不成,终于形成诉讼。仲裁机关调查后认为,这是一起因误认标的物而导致的纠纷,双方都有责任,经调解,双方达成如下协议:因供方所发货物达不到合同规定的质量要求,故供方同意分期赔偿需方经济损失 6000 元整。其实,纯碱与碳酸氢钠虽同属工业用碱,但纯碱的用途较碳酸氢钠广泛,价格也高于碳酸氢钠。本案例中供需双方经办人因缺乏一定的业务知识,不知道纯碱与碳酸氢钠的区别,误将碳酸氢钠当做纯碱,因而违背了订立合同的本意而对簿公堂。可见,每一个概念或专用词语都表示一个特定的意义,签订合同的人员必须正确理解和掌握其确切含义,明确其使用范围,尤其要认真辨析那些极易混淆的术语,只有这样,才有可能避免纠纷的产生。

第二,数量。

这是指标的计量,是衡量标的的大小、多少、轻重的尺度,也是衡量双方当事人权利义务大小的尺度。合同中如果没有数量要求,当事人双方的权利义务就无法落实。

表达数量时一般应使用阿拉伯数字,或者用阿拉伯数字标明数量的同时又在其后用汉字标明,并用圆括号括起,如 65898600 公斤(陆仟伍佰捌拾玖万捌仟陆佰公斤);数字表达应完整,不能省略,否则容易产生歧义。

标的数量必须使用国家法定计量单位和统一计算方法(国家没有统一规定的,由双方协商)。计量单位必须合法、具体、准确,如"克""公斤""公吨"等,切忌使用含混不清的计量概念,如"篓""筐""箱""打""袋"等。标的计量方法的约定要准确合理,如果标的物由于物理属性可能产生自然增减等情况,应当标明其合理磅差、正负尾差、超欠幅度、自然损耗、毛重和净重等。例如:深圳一家公司与澳大利亚某建筑公司签订了一份合同,约定中方"按每车 12 美元出售"一批矿石给澳方。合同签订后,澳方第一次用 3 吨的货车运,第二次用 7 吨的车、第三次用 12 吨的车。中方拿出合同与澳方交涉,澳方说我们是按合同规定的每车 12 美元结算的。供方原估计能获得 5 万美元利润,到最后结算时却损失惨重。可见,标的物的数量是合同的主要条款,而计量单位又决定着数量的多少。本案例中如果对装载矿石所用货车的吨位予以明确规定,中方就完全可以避免遭受损失。

在订立合同时,由于商品的特性、生产能力、船舶舱位、装载技术和包装等原因,难以准确地按合同约定的数量交货,买卖双方在商定交货数量时应明确规定溢短装条款,明确数量的机动幅度(卖方在交货时可以溢交或短交合同数量的百分之几)、溢短装数量的计价方法(按装船时或按到货时的市价计算,或者按合同规定的价格计算)等内容,例如:"中国大米一千公斤,麻袋装。卖方可溢装或短装 5%,超过或不足部分按市场价格计算。"

第三,质量。

这是指标的性能、稳定性、效用、外观形态、耗能指标、工艺要求、品质等级等质量标准和技术要求。具体包括:标的的物理和化学成分;标的的规格,即通常用度量衡来确定的标的的品质特征;标的的性能,包括强度、硬度、弹性、延度、抗腐度、耐水性、耐热性、传导性等。

质量条款是当事人行使权利和义务的依据。订立合同时应当按照以下优先顺序执行质量标准:国家标准—行业标准—协商的标准。如果质量标准以事物样品为依据,那么双方应共同封存样品，妥善保管，以便对封存的样品进行检验。

标的的质量表达要准确严谨，做到限定明确、概念清楚，不能写错别字。如一家建筑安装公司与某玻璃厂签订了一份购销合同，在质量条款上将"玻璃均匀"写成"玻璃均允"。供方玻璃厂将一些次品玻璃交付这家建筑安装公司，建筑公司见货后发现货物不符合质量标准而提出退货，而玻璃厂却拿出合同说：合同上写明"玻璃均允"，即只要是玻璃，不管什么玻璃都可以。在这个案例中，由于表达不当，引发了不必要的争议。

第四，价款或者报酬。

这是有偿合同的主要条款。价款是取得标的物所支付的代价，报酬是获得服务所应支付的代价。价款或报酬除国家规定价格的以外，可以由当事人约定其支付方式（一次支付或分期支付）、币种、支付地点、结算方式、各种附带费用、计价单位、保值金额等内容。在大宗商品交易活动中，通常还需支付运输费、保险费、装卸费、报关费等费用，合同中应写明这些费用由哪一方当事人支付。

在表示价款时，要注意正确使用一些合同专用词语，如"定金""预付款""订金"就是不同的概念：

"定金"是对债权的一种担保。根据《担保法》的有关规定，当事人可以约定一方向另一方交付定金作为债权的担保。债务人履行债务后，定金应当抵作价款或者收回。根据合同法中的定金罚则，定金具有惩罚性，交付定金的一方如不履行约定债务，则无权要求返还定金；收受定金的一方如不履行约定的债务的，则应当双倍返还定金。定金应当以书面形式约定。当事人在定金合同中，应当约定交付定金的期限。定金合同从实际交付定金之日起生效。

"订金"一词在法律上没有明文的规定，一般仅表示一种预先支付的价款，不具有定金的性质，不存在违约责任的赔偿问题。订金具有预付款的性质，不具有惩罚性，如果合同未履行，可以要求退还；如果订立合同时当事人的本意是支付定金，但由于把"定金"写成了"订金""预付货款"，将不能得到双倍的赔偿。

"预付款"是一种支付手段，其目的是解决合同一方周转资金短缺问题。预付款不具有担保债务的履行的作用，也不能证明合同的成立。如收受预付款一方违约，只需返还所收款项，而无须双倍返还。此外，法律对预付款的使用有严格的规定，当事人不得任意在合同往来中预付款项，而对定金则无此限制。

第五，履行合同的期限、地点和方式。

履行期限，是指履行合同的时间界限，它可以约定为定时履行，也可以约定为在一定期限内履行。如果是分期履行的，应当写明每期履行的时间。合同必须有确定的时间期限，即完成合同所规定义务的起讫时限。这个时限，明确了合同当事人履行权利和义务的有效时期，以及违约的时间界限，如果当事人无故不按合同规定的期限履行义务，即属于违约行为，应负法律责任。

履行合同的期限应规定得具体、明确，特别要注意区别三个容易混淆的专用词语："交货日期"，指交货的特定日期；"交货期限"，指约定的交货时段的下限；"交货时间"，指在商定的某一时点至另一时点内发货。例如:"交货日期为7月1日",指7月1日那一天交货;"交货期限为7月1日",则指在7月1日之前的任何一天均可交货;"交货时间为7月",则指7月份的任何一天均可交货。交货日期一般不用"年终""年底""月初""季度""中旬""上旬""下旬""左右"等模糊词语表述,而应写明某月、某日、某时。另外"分期分批供货""货到付款""款到发货"等措辞约定不清,应明确约定发货时间、付款时间,避免执行合同时延迟。

合同履行的地点,是指支付或者提取标的的地方,是确定运输费用由谁负担、风险由谁承受的依据,是确定标的物的所有权是否转移、何时转移、转移到哪一地点的依据,是合同实现的具体措施,因此应当明确约定,不得笼统含糊。如河北某玻璃幕墙有限公司(供方)与北京某建筑单位(需方)签订了一份玻璃幕墙供销合同,规定"供方负责运货到北京,途中破损由供方负责",其中"货到北京"过于宽泛,双方对此产生分歧,需方理解为运货到地处京郊的建筑单位所在地,供方却理解为北京的火车站,从而引发纠纷。

合同的履行方式,是指采用什么方式履行合同义务。可以分为:一次性履行或者分期分批履行;当事人自己履行或者他人代为履行;交付实物或者交付标的物的所有权凭证等。撰写合同时,双方应当根据实际情况予以明确规定。

第六,违约责任。

这是指因当事人一方或者双方不履行合同义务或者履行合同义务不符合约定时应当承担的责任。违约责任是促使当事人履行义务,使非违约方免受或少受损失的法律措施,对当事人的利益关系重大,合同对此应予以明确约定。除法律所规定的违约责任外,当事人还可在合同中约定承担违约责任的形式,如明确规定违约方支付违约金的数量、违约致损的计算方法、赔偿范围、违约责任的制裁幅度(如货款总价值的百分之几)等,不应使用"如违约,严惩不贷""如违约,必须承担合同内的一切经济损失""如违反合同规定,应按照《合同法》的有关规定执行""本合同任何一方违约,守约方均可要求违约方赔偿一万元的违约损失"等空洞的、难以明确责任的语句。

订立违约责任,不仅需要考虑将来可能会出现哪些问题,而且更重要的是要考虑到出现问题后如何解决。在约定违约责任时,应根据双方的主要义务来约定,有针对性地订立违约责任。违约责任约定的具体内容包括:不可抗力条款,如不可抗力事件范围、认定方式、发生不可抗力事件后双方的通知义务、双方责任的免除等;判断履行瑕疵和违约责任条款,如违反合同规定的期限交付延迟和受领延迟;实际交付货物的数量与约定不符;交付的合同标的或标的物有法律或实际状态上的瑕疵;不配合办理相关手续、交货不给提单、收款不开正式发票、不遵守保密义务、不履行及时通知义务等;运用不安抗辩权保护先履行方的相关约定,如中止履行合同、宣布解除合同或要求对方提供履约担保等内容。

违约责任表达要准确。例如:一份合同中约定"双方友好合作,如果其中一方中途悔约,要赔偿对方损失,并承担违反约定的责任,违约金为20万元"。其中,"悔约"就不等于"违约":"悔约"反映的是行为人的主观心理,指行为人主观上对于订立合同的反悔,意欲废弃合同,但不一定造成客观上的损害后果;而"违约"指的是行为人在客观上有违反合同的行为并由于该行为造成了一定的损害后果或者致使合同无法履行,而只有客观上造成了损害后果或者致使合同无法履行才可能要求其承担违约责任。因此,依照上述合同,如果一方悔约,另一方将难以追究其违约责任且获得相应的违约赔偿。

第七,解决争议的办法。

这是指合同当事人解决合同纠纷的方式、地点。解决合同争议的方式主要有:和解、调解、仲裁、诉讼等。解决合同争议的地点是关于仲裁、诉讼的管辖机关的地点。当合同双方发生纠纷时,这一条款有助于问题与矛盾的顺利解决。

以上七个方面的合同条款内容为当事人订立合同提供了指导和提示,起到合同示范条款的作用。订立合同时,当事人可以根据所订合同的性质全部或者部分选用以上的主要条款,还可以根据合同的性质与需要增加订立合同双方认为应在合同中规定的其他相关内容条款,使之成为当事人行使权利、履行义务的依据。

(3)结尾部分:注明合同的份数、保管人、生效期限、有效期限、附件名称。

4. 落款:

包括署名(单位、代表人)、地址、开户行、账号、电话、鉴证机关或公证机关、签订日期等项目。写明双方单位的全称、代表人姓名,并签名、盖章;写明鉴证机关名称,并签名、盖章,注明签订合同的日期或地点等。

合同的鉴证,是由县级以上工商行政管理机关对合同进行审查与鉴定,确认其有效性和合法性的一种证明和监督活动。合同鉴证,应坚持当事人自愿鉴证的原则,根据合同当事人的申请予以实施。当事人可以向合同签订地或履行地的工商行政管理机构提出申请。鉴证机关的鉴证人应当在合同文本上签署鉴证意见,并签名和加盖工商行政管理机构的合同鉴证章,同时发给当事人鉴证通知书。经过鉴证的合同,在我国行政区域内具有法律约束力,不具有强制执行效力。

合同的公证,是国家公证机关根据订立合同当事人的申请对订立合同的法律行为进行证明的一种非诉讼性活动,旨在审查、核实合同的真实性与合法性,预防合同纠纷的发生,为解决纠纷提供可靠的证据。直辖市、县(自治县)、市设立公证处,各公证处之间没有隶属关系,各自出具的公证书具有同等的法律约束力。合同公证时,公证人员应当按照统一的格式出具公证书,不在原合同文本上签字盖章。经过公证的合同,具有证据效力、强制执行效力以及域内域外(国内外)的法定效力。

合同的签章,《中华人民共和国合同法》第三十二条规定:"当事人采用合同书形式订立合同的,自双方当事人签字或者盖章时合同成立。"当事人在合同上签章是表示已经了解了合同内容,并愿意按照合同条款与对方达成协议,将按照合同约定承担义务和享受权利,签章应当真实、齐全。

签章的具体方式,一般为签名、盖章。可分为法人或其他组织签章、公民个人签章两种情况。

法人或其他组织在合同上的签章,应当是法人或其他组织的公章或合同专用章,以及法定代表人(负责人)或者其授权的代理人的签名章(也可是亲笔签名)。法人或其他组织的公章或合同专用章上的名称应当与其组织在有关部门注册登记的名称完全一致。

公民个人的签章,较为常见的方式为亲笔签名。这是因为订立合同的公民本人在合同上亲笔签署自己的名字,既能直接反映出作为当事人的姓名,又易于通过笔迹检验的方法证明名字确实为其所签。公民个人也可在合同上加盖自己的签名印章,这也符合签订合同约定俗成的方式,带有一定的仪式色彩,能在某种程度上增添合同的庄严感和郑重性。

合同的签章应当在各方当事人都在场的情形下进行,以免出现名字由他人代签等在签章方面可能造成后患的情况。如果签章人不是法定代表人或负责人时,需要法人或其他组织出具书面的授权委托书。书面的授权委托书应当写明代理人的姓名、代理事项、权限和委托期间,并由委托人签章或签名确认。

(二) 撰写要求

1. 合同的内容合法。国家明令禁止流通的商品,不得作为合同的具体内容;胁迫签订的合同为无效合同;合同的条款内容要体现协商一致、等价有偿的原则,缺乏公平的合同为无效合同。订立合同的目的、合同主体的资格条件、合同的标的和当事人的权利和义务等内容与形式均不能违反我国法律、法规和司法所解释的强制性和禁止性规定,以确保所签订合同的合法性与有效性。

2. 合同的条款完备。合同的主要条款既是对当事人的权利与义务的明确规定,也是避免今后发生争议、解决纠纷的依据,应特别注意根据《合同法》的要求写明相关的合同要素,如果缺少标的则合同无效;缺少质量要求,则易产生合同纠纷;缺少违约责任,则会使合同缺乏执行力与约束力。因而撰写合同时应逐条检查主要内容是否残缺不全,必要时,应请专业的法律服务机关的律师认真审核合同文稿,避免出现因约定不明确、内容不合法、合同没有成立或不能生效而引发合同纠纷,给当事人带来损失的情况。同时,还应对合同履行过程及其完成的可能性进行充分估计、反复磋商后立为条款,力求避免问题发生后出现争议。

3. 合同的用语要精确,表述要严密。准确使用概念,切忌模棱两可或令人费解。尤其在容易引起歧义的地方,务必仔细斟酌,写得清楚、明白,能用数据表达的不用文字叙述,特别是对时间、规格、数量等的限制要十分明确,不能笼统地用"前""后""以上""以下""左右""接近"等模糊词语;合同条款规定得越具体明确,双方当事人的权利与义务指向就越清楚明了,也就越有利于合同的履行,因此应力求避免标的笼统,数量含混,质量不清,交货时间、地点、方式不明,当事人违约责任难追究等情况的出现。对于不敢肯定的字句或者容易让人误解的字句,有法律条文的直接依据法律条文表述,没有的则要准确表达。为防止随意改动,合同中表示货款和物品数目的数字最好在使用阿拉伯数字的同时用汉字书写确认;时间的书写应统一使用公历,写全年、月、日;规范地使用标点符号和法定计量单位。

如果是同一内容的多种语言的合同文本,必须注意不同语言表达同一概念的差异性,避免出现语言含混不清、模棱两可的情况,确保合同内容的一致性。涉外合同中不得使用有损双方国格、人格的词语,注意尊重国家与民族的独立、平等地位。

4. 合同文面要规范整洁。书写要工整,字迹要清楚端正,不应有错别字,不得随意涂改;书写合同文本要用钢笔或毛笔(其墨迹耐久性好),不应用圆珠笔或铅笔;合同用纸应坚韧耐用、不易涂改挖补。如果合同的内容文字有错漏而必须改正补充时,须在双方协商一致的基础上进行修改,并在修改处由双方加盖印章,以示慎重负责,也可用互换函件的方式进行修改补充,并将来往函件作为合同附件一并存档备查。

二、意向书

意向书是企业、其他经济组织之间或者个人之间,在某项业务活动进入实质性谈判前所形成的表达合作意愿的书面协议。意向书的目的在于:表达意向,提请对方注意,反映业务关系,约定双方行动,推动双方业务沿着健康有利的方向发展,为下一步缔结正式协议(合同)奠定一个良好的基础。

在当前经济活动实践中,意向书有多种表现形式:一是信函式,即双方以交换信函的方式来表示各自的合作意向。二是建议式,即一方向另一方提出未来协商的要点和建议。三是会谈纪要式,即对协商或预备协商过程的记录,包括经过协商达成一致的内容,也包括双方的意见分歧。四是方案式,即比较系统完整的协商意见的记录,是双方当事人深入接触并在诸多问题上协商达成一致意向后,一方以这些一致意见为基础形成的,并需要发往另一方要求其"确认"或"接受"。前两种方式是单方提出意向性意见或者回复性意见的记录,后两种是双方会谈议定意愿或需要进一步协商事项的内容记录。

意向书具有如下特点:

意向性。意向书集中表达了合作各方的心意所向,记录了协商过程中各方的基本观点、意思表达的主要内容,如各自的意图与目的、基本主张或打算、有关意见与条件、各自的态度和愿望等,但各项内容仅仅是表达出原则性的意向,旨在推动双方下一步对实质性问题与条款的协商谈判,促成"合意"的正式合同的达成。

不确定性。意向书的内容与语言比较灵活,表达的大都是原则性的意向,如订立有效合同的程序性约定、一般性诚信协商条款、未来合同条款的备忘性说明,因此,意向书不具有法律意义上的强制约束力。为了进一步强调意向书的非法律效力,一些当事人还在意向书中特别约定:"以下条款需双方进一步协商确定",或"以上内容具体由正式合同确定",或"本意向书不具有法律约束力",或"双方的权利义务具体由正式的合同确定",或"本意向书不产生对任何一方的权利或义务"等条款,直接表明双方不希望受到意向书中的有关内容的约束。

要特别注意意向书与协议、备忘录的区别,避免错用。

意向书与协议的差异:

一是行文目的不同。协议是各种社会组织、个人等为了完成某一共同议定的事项而签订的一种契约文件。意向书则是当事人通过初步洽商,就各自的意愿达成一致认识而签订的书面文件,是双方进行实质性谈判的依据,是签订协议的前奏。

二是内容不同。协议的内容往往是当事人之间针对某一事项协商达成的双方权利义务的实质性共识的确认与表达；而意向书的内容仅是合同签订主体就某一事项的共同认识与意愿的非实质性意向的约定，并不具有双方民事权利义务的法律关系。

三是签订时间不同。协议签订的时间是在双方就权利义务关系达成一致意见之后；而意向书是双方就某一事项达成意愿或共识后即可签订。就一些复杂的合作事项而言，一般是意向书签订在前，协议签订在后。

四是法律后果不同。协议的签订会导致公文法律效力的产生，对签约各方均具有约束力；而意向书的签订不会导致法律效力的产生，对签约主体不具有约束力。但如果有的意向书具备了实质性权利义务关系等协议或者具备了合同的内容要素，则会对签约主体具有法律约束力，因而，意向书的具体内容是判断其法律后果的关键。

意向书与备忘录的差异：

一是行文目的不同。意向书是当事人通过初步洽商，就各自的意愿达成一致认识而签订的书面文件，是双方进行实质性谈判的依据。备忘录是指在某项业务的磋商过程中参加洽谈的双方人员摘要记录洽谈中的问题及关于问题的观点、见解，用以提醒与提示对方注意，或作为今后双方交易或合作的依据，或者以备将来进一步洽谈时查考。

二是内容详略不同。意向书一般不对双方的分歧与争议要点进行陈述，而主要记录各方主体的一致性认识。备忘录多是会谈记录，内容比较详细，通常要将会商谈判的题目、双方共同承诺的事情、有待进一步磋商的有分歧的问题、彼此提出的意见要点、争议或合作的解决办法、继续磋商的时间安排等实事求是地记录下来。

三是使用范围不同。意向书主要用于各种经济贸易活动领域，而备忘录不仅在各种经济贸易领域使用，而且还在各国政府及其外交部门广泛使用，如用以阐明自己的立场观点，提醒对方注意，陈述事实，补充、说明自己的意见，驳复对方的观点，确认双方就一些专门性或临时性问题达成的协议等，有时还可作为外交正式照会、普通照会和一些国际会议的决议、公报、声明的附件，起补充或说明作用。

（一）结构要素

1. 标题：一是由订立意向书的机构名称、事由与文种（意向书）构成，如"北京××公司、美国××公司合作经营×××的意向书"；二是由事由与文种构成，如"关于代办×××的意向书""关于合作创办×××学院的意向书""×××项目合作意向书"等；三是直接用"意向书"作为标题。

2. 正文：

开头部分，写明订立意向书各方单位的全称，简要交代订立意向书的原因、根据、原则、指导思想、双方出席代表的姓名、时间与地点、商谈意向的经过等情况。常用"双方就有关事宜，达成如下意向"之类承上启下的惯用语导出主体部分。

主体部分，写明具有合作意向的事项。分为两种情况：

一是协商过程中一方单方意思的表达，要明确协商合作的事项是什么，说明自身的基本情况，提出合作意向的具体意见：自身的准备情况及相关条件，对方在合作中的地位以及需要合作支持的相关问题等,或者以"以下是我方建议的协商要点……"或"以下是我方建议的协议条款……"等方式,提出各方的协商建议。

二是多次协商后各方共同意思的表达,要准确表述协商一致后"各方合意"的约定内容,主要为双方的意图及初步商谈后达成的一致认识和共同认同的事项。多采用分条列项的形式撰写,各项条款之间的界限要清楚,各条项的内容要相对完整。常用"双方一致同意""双方协商认为"等词语表达共同约定的事项。

结尾部分,或再次简要地说明合作意向,请求对方回复;或表示致意,提出合作的希望、意见与要求;或写明"未尽事宜,在签订正式合同或协议书时再予以补充"一语,以便留有余地。说明抄印份数、报送单位,也可写明各方地址、电子邮箱、电话号码等,便于联络与沟通,等等。

3. 发文机关署名:订立意向书的机构全称和代表人姓名(经盖章或签字确认)。

4. 成文日期:写全年、月、日。

(二)撰写要求

1. 忠实地表达各方协商的事项。撰写各方意向时要重点关注各方协商一致的意见或认识,如实表达具有共同倾向的观点和主张,既不要断章取义,也不要以偏概全,这将有助于提高谈判协商的效率。

2. 表述语言要符合意向书的特点。由于意向书表述的内容比较概括、笼统,需为以后的谈判和合同的正式签订留有余地,以便下一步洽谈时能进退自如,取得主动。因而必须注意使用留有余地、富有弹性的语言,如果把关键问题写得像合同的必备条款一样具体、精确、可执行,就容易混淆意向书与合同的概念而引发纠纷。

3. 各条款的内容要合理合法。意向书的内容要符合事理、情理,不得与国家相关法律法规以及现行政策相抵触、相违背。

第二节 例文解析

【例文 13-1 合同(房屋租赁合同)】

公 文 内 容	解 析
房屋租赁合同	◀ 由事由与文种(合同)构成标题。
出租方:_____公司(以下简称甲方) 承租方:_____公司(以下简称乙方)	◀ 标明合同主体的全称,同时标注简称,既便于后文引用,又使行文简洁。

根据中华人民共和国《合同法》的规定,遵循互利互惠原则,明确双方的权利义务,经甲乙双方共同协商,达成以下合同条款,共同遵守。

第一条　租赁房屋坐落在_____、间数_____、_____、建筑面积_____、房屋质量_____。

第二条　租赁期限从_____年____月____日至_____年____月____日。

本合同终止后,乙方应当在三日内将房屋归还甲方。乙方逾期的,应当按每日租金的二倍赔付甲方。

(提示:租赁期限不得超过二十年。超过二十年的,超过部分无效。)

第三条　租金(大写):_____。

第四条　租金的支付期限与方式:_____。

第五条　乙方负责支付出租房屋的水费、电费、煤气费、电话费、光缆电视收视费、卫生费和物业管理费。

第六条　租赁房屋的用途:_____。

第七条　租赁房屋的维修:
甲方维修的范围、时间及费用负担:_____。
乙方维修的范围及费用负担:_____。

第八条　甲方允许乙方对租赁房屋进行装修或改善增设他物。装修、改善增设他物的范围是:_____。乙方进行装修或改善增设他物时,不得损害房屋的安全,不得改变房屋的用途。

租赁合同期满,租赁房屋的装修、改善增设他物的处理:_____。

第九条　甲方不允许乙方转租租赁房屋。乙方如经甲方书面同意转租给第三人的,仍应按本合同约定承担义务和责任,甲方有权直接向第三人收取租金,第三方直接向甲方交纳租金的,冲抵乙方的租金义务。

第十条　乙方在_____前交付甲方定金(大写)_____元。

第十一条　合同解除的条件

(一)有下列情形之一,甲方有权解除本合同:

1. 乙方不交付或者不按约定交付租金达_____个月以上;
2. 乙方所欠各项费用达(大写)_____元以上;
3. 未经甲方同意及有关部门批准,乙方擅自改变出租房屋用途的;
4. 乙方违反本合同约定,不承担维修责任致使房屋或设备严重损坏的;
5. 未经甲方书面同意,乙方将出租房屋进行装修的;

◀ 交代签订合同的依据、原则和目的,说明合同订立的合法基础。

◀ 第一条清楚地说明合同标的及其数量、质量等基本情况。

◀ 第二~五条明确约定租赁起止时间及违约赔偿;租金及支付期限与方式;费用交付范围。

◀ 第六~十条对租赁房屋的用途、维修与装修权限、范围、转租、定金交付时间与数量等进行约定。

◀ 明确约定甲方解除合同的条件,有助于严格约束乙方的履约行为。

6. 未经甲方书面同意,乙方将出租房屋转租第三人;

7. 乙方在出租房屋进行违法活动的。

(二) 有下列情形之一,乙方有权解除本合同:

1. 甲方延迟交付出租房屋_____ 个月以下;

2. 甲方违反本合同约定,不承担维修责任,使承租人无法继续使用出租房屋。

3. _____。

> ◀ 明确约定乙方解除合同的条件,有助于约束甲方的履约行为。

第十二条 房屋租赁合同期满,乙方返还房屋的时间是____之前。因乙方的过错致使房屋损毁灭失的,乙方应当承担赔偿责任。

> ◀ 第十二条约定合同期满交房的时间,有助于约束乙方的延迟行为。

第十三条 违约责任:

甲方有本合同第十一条第一款约定的情形之一的,应按月租金的____%向乙方支付违约金。

因甲方未按约定履行维修义务造成乙方人身、财产损失的,甲方应承担赔偿责任。

租赁期内,甲方需提前收回该房屋的,应提前_____日通知乙方,将已收取的租金余额退还乙方并按月租金的_____%支付违约金。

乙方有本合同第十一条第二款约定的情形之一的,应按月租金的____%向甲方支付违约金。

乙方擅自对该房屋进行装修、装饰或添置新物的,甲方可以要求乙方恢复原状或者赔偿损失。

租赁期内,乙方需提前退租的,应提前____日通知甲方,并按月租金的____%支付违约金。

甲方未按约定时间交付该房屋或者乙方不按约定支付租金但未达到解除合同条件的,以及乙方未按约定时间返还房屋的,应按_____标准支付违约金。

其他:……

> ◀ 第十三条厘清甲方、乙方违约赔偿责任承担、违约金支付方式与比例,有助于判定责任的归属与计算赔偿金数额。

第十四条 合同争议的解决方式,本合同在履行过程中发生的争议,由双方当事人协商解决;也可由有关部门调解;协调或调解不成,按下列第_____种方式解决:

(一) 提交_____仲裁委员会仲裁;

(二) 依法向甲方所在地人民法院起诉。

> ◀ 第十四条约定合同争议的解决方式。协商调解优先;协商或调解不成,则按仲裁、司法审判方式解决争议。

第十五条 其他约定事项:

(一) ……

(二) ……

本合同经甲乙双方签字盖章后生效。本合同(及附件)一式____份,其中甲方执____份,乙方执____份,房屋租赁管理行政机关备案一份,执____份。

本合同生效后,双方对合同内容的变更或补充应采取书面形式,作为本合同的附件。附件与本合同具有同等的法律效力。

出租方(甲方)签章:	承租方(乙方)签章:
负责人签名:	负责人签名:
住所:	住所:
证照号码:	证照号码:
法定代表人:	法定代表人:
委托代理人:	委托代理人:
电话:	电话:

签订日期：　　　　年　　月　　日
签订地点：

◀ 合同的生效方式、份数、补充或变更内容的形式、附件效力。

▲ 全文条理清晰,结构完整,格式规范;合同必备的要素齐全：标的明确,数量与质量要求清楚,租金价款与支付方式规范,双方权利义务及违约责任明了,解决争议的方式清楚；行文简明,语言严谨、规范,便于甲乙双方履行合同。

【例文 13-2 合同(买卖合同)】

公文内容

买 卖 合 同

合同编号：

买方：××××××公司(以下简称甲方)：
卖方：××××××公司(以下简称乙方)：

根据《中华人民共和国合同法》及其他有关法律、法规的规定,遵循互利互惠原则,明确双方权利义务,经双方协商一致,签订并共同遵守如下协议：

第一条　双方之间任何与本合同相关的正式信函以及结算,均使用并且只能使用下列甲方、乙方地址和银行账号。

甲方　　　　　　　　乙方
通信地址　　　　　　通信地址

解 析

◀ 由事由性质与文种(合同)构成标题。

◀ 买卖双方名称的全称与简称,要求标示规范准确。

◀ 明确订立合同的依据、原则、目的,引出下文。

◀ 约定双方履约的通信地址、开户银行等固定信息,以维护履约行为的稳定性与有效性。

邮政编码　　　　　　　　　　邮政编码
电话　　　　　　　　　　　　电话
传真　　　　　　　　　　　　传真
发票单位　　　　　　　　　　开户银行
发票类别　　　　　　　　　　客户代表
收货联系人　　　　　　　　　联系电话
营业执照号码　　　　　　　　营业执照号码

第二条　产品内容

产品名称型号：_____。规格计量：_____。单位数量：____。

单价（万元）：_____,总金额人民币_____万元（大写：　　）。

产品的质量要求：产品应当符合_____,质量保证期为：_____。（厂家产品基本配置见附件）

◀ 合同标的及其型号、数量、质量要求、单价与总价。这些是履行合同的基本条件，必须清晰明确。

第三条　支付和结算方式

本合同甲乙双方之间发生的一切费用均以人民币结算和支付。

1. 本合同生效，乙方交付货物并经初验合格后七日内，甲方向乙方支付合同全部货款的____%,即人民币_____元（大写：　　　）。

2. 设备终验合格（并稳定运行）三十日内，甲方向乙方支付合同全部货款的_____%,合计人民币_____元（大写：　　　　　）。

3. 尾款_____%,合计人民币_____元（大写：　　　　），作为质量保证金，在保修期满后十日内结清。

◀ 约定支付与结算款项的时限与金额比例，有助于提高合同的执行效率。

4. 如乙方根据本合同第八条的规定有责任支付违约金或其他赔偿，在甲方书面通知乙方后，甲方有权从上述付款中扣除款项。

第四条　交货和交货条件

1. 产品交货

交货日期：_____。　货运方式：_____。

交货地点：_____。　费用承担：_____。

◀ 明确约定交货日期、地点、方式、运费以及搬运途中的风险责任等，可以避免交货延迟或纠纷。

2. 货物损毁、灭失的风险责任于交付时转移。因卖方包装、标记不当、运输或订立运输不当造成货物在运输途中损毁、灭失的，风险责任由卖方承担。

第五条　包装和标记

1. 乙方向甲方提供的全部产品，均应采用国家或专业标准保护措施进行包装，使包装适应于远距离运输，由于包装所引起的货物锈蚀、损坏和损失均由乙方承担。

◀ 约定包装与标记以及包装箱内产品说明书等文字资料，便于甲方检查产品质量与使用产品。

2. 乙方向甲方提供的合同设备应为全新并未被使用过的，合同设备的性能与质量应与厂商提供的技术指标相符。

3. 乙方向甲方提供的产品包装箱内应附一份详细装箱单、产品说明书和质量合格证等文件。

第六条 安装、调试、验收

1. 验收标准：产品外形、包装完好；产品符合本合同第二条、第五条的条款要求。乙方向甲方提供本合同所涉及产品的安装、操作和维修说明书等必要技术资料。

2. 安装：_____。

3. 调试：_____。

第七章 保证

1. 乙方向甲方提供免费保修服务，本合同所购产品保修期为_____年。保修期自_____之日起计算。

2. 乙方向甲方提供免费技术支持服务_____。

3. 在保修期外，乙方向甲方提供维修的零部件按成本价或本合同折扣价计算。

4. 乙方保证出售的产品没有任何权利瑕疵。因乙方出售的货物涉嫌侵犯第三人的知识产权或其他合法权利的，侵权纠纷的应诉、费用和侵权赔偿责任由乙方承担。第三人直接起诉甲方或者对甲方已经收取的货物进行财产保全时，若甲方还有货款未向乙方付清，甲方有权暂停付款直至乙方提供相应担保时止。

第八条 索赔及违约责任

1. 乙方不能按本合同第四条的时间交货时，从超出之日起每日应向甲方偿付不能交货部分____%的违约金。如乙方在合同规定的交货期满后_____日内未能交货，甲方有权解除合同，并且乙方仍需及时向甲方支付违约金。乙方交付合同标的物不符合合同约定的产品质量标准的，乙方应负责无偿更换，因此造成迟延交货的，还应承担迟延履行违约金。乙方交付合同标的物不符合合同约定的产品质量标准致使合同目的难以实现的，甲方亦有权解除合同，乙方应当向甲方偿付合同总价____%的违约金。

2. 乙方所交的产品不符合本合同第五章规定的，乙方向甲方偿付产品不符合部分____%违约金。

3. 甲方中途退货，应向乙方偿付退货部分货款____%违约金。

4. 甲方延期付款，应向乙方偿付迟付货款部分____%违约金。

5. 就违约提出索赔的期间为两年，自乙方交货或应当交货之日起计算，乙方更换货物的，自更换后的货物向甲方交货之日起计算。但就产品质量问题或技术服务问题提出异议与索赔，应当在合同约定的质量保证期、技术支持服务的期间内提出。

第九章　不可抗力

1. 甲乙双方的任何一方由于不可抗力，如：战争、火灾、台风、洪水、地震等原因而被迫停止或推迟合同的履行，应及时向对方通报不能完全履行本合同的理由，在取得有关机构证明后，允许延期履行、部分履行或不履行合同，双方对此互不承担责任。　　　◀ 约定因不可抗力导致某方履约停止或延迟时的通知义务及责任。

2. 如不可抗力持续30天，双方将通知友好协商解决未来的合同履行情况。

第十条　争议解决方式

本合同有关的一切争议，双方应首先友好协商解决，协商不成，选择以下第_____种方式解决。　　　◀ 约定合同争议的解决方式。

1. 提交_____仲裁委员会仲裁。2. 向_____人民法院起诉。

第十一章　合同生效

本合同一式_____份，双方各执_____份，自双方签字盖章之日起生效。本合同有效期为_____。本合同附件与本合同具有同等法律效力。　　　◀ 约定合同份数、生效方式与期限、附件的法律效力等。

附件：×××××（略）

甲方（盖章）：　　　　　　　乙方（盖章）：
处所地址：　　　　　　　　　处所地址：
法定代表人：　　　　　　　　法定代表人：
委托代理人：　　　　　　　　委托代理人：

　　　　　　　　　　　　　　签订日期：　　年　月　日
　　　　　　　　　　　　　　签订地点：

◀ 双方签章、处所地址、签订时间与地点，确保合同的法律效力。

▲ 全文分条列项，条理清晰，行文简洁，语言准确、简明，合同格式完整，内容要素表达齐全、规范，甲乙双方的权利义务约定具体、明了，有助于双方履行合同和保障双方的权益。

【例文 13-3 意向书（双方议定）】

公 文 内 容 | 解 析

中外合作经营企业意向书

甲方：××××公司
乙方：××××公司

　　甲、乙双方经过友好协商，一致同意在中国××市共同举办合作经营企业，并达成如下原则协议：

　　一、拟举办的合营企业暂定名称为：××××有限公司；地址设在××××高新技术产业开发区。

　　二、合营企业的经营范围是：……。主要产品的生产规模为：……。

　　三、合营企业的投资总额约为____万美元，注册资本约为____万美元。

　　其中：甲方出资_____万美元，约占注册资本的____%，包括：
　　1. 现有厂房和设备作价_____万美元；
　　2. 土地使用权作价_____万美元；
　　3. 技术作价_____万美元；
　　4. 人民币现金折合_____万美元。

　　乙方出资_____万美元，约占注册资本的____%。包括：
　　1. 设备作价_____万美元；
　　2. 技术作价_____万美元；
　　3. 外汇现金_____万美元。

　　四、合营期限拟定为_____年，在合营期内，甲、乙双方可按各自出资额在注册资本中所占比例分享利润并承担风险和亏损，或者双方可根据各自提供的合作条件，通过协商，进一步约定利润分配比例、承担风险的办法。

　　五、自本意向书签订之日起一个月内，双方将按照商定的日程，相互提供有关资料，开展合营准备工作。如一方逾期不履约，另一方有权另找合营对象。

　　六、本合作意向书需由双方代表进一步协商订立合同确定。

　　七、本合作意向书一式二份，双方各执一份。未尽事宜，双方另行协商补充。

◀ 由事由与文种（意向书）构成标题。

◀ 甲乙双方的机构名称，应是公司注册时的全称。

◀ 开门见山地说明同意合作的事项，直接转入正文。

◀ 第一～四条就合作企业的暂定名称、经营范围与规模、双方出资比例和形式、合作期限等达成了共同意愿，内容概括，为进一步协商具体内容与细节留下空间。

◀ 第五～七条约定进一步谈判的内容及时间、意向书与未尽事宜的确认方法。

公文内容	解析
甲方：××××公司（盖章）　　乙方：××××公司（盖章） 法定代表人：××（签名）　　法定代表人：×××（签名） 公司地址：　　　　　　　　　公司地址： 联系电话：　　　　　　　　　联系电话： 传　真：　　　　　　　　　　传　真： 邮　编：　　　　　　　　　　邮　编： 签订时间：　　　　　　　　　签订时间：	◀ 说明公司地址、联系方式等信息，便于沟通。 ◀ 签章确认的是合作经营的意向性意见和下一步的工作进程，未涉及双方的权利与义务、违约责任等实质性内容，体现了意向书的不确定性。 ▲ 全文行文简洁，结构清晰，格式规范；共同意向集中于基本原则和今后的工作日程安排等，内容简明扼要，为订立合同留有空间，体现了意向书的写作特点。

【例文 13-4 意向书（单方提出）】

公文内容	解析
××大学××研究协会关于品牌宣传的意向书 ××外语培训学校： 　　贵校作为英语培训专业学校，以专业的品质，赢得了广大家长和学生的信赖，贵校追求卓越的精神品质令我们钦佩。贵校和本协会，有着共同的目标——面向大学生，让更多的人来关注我们的工作。因此在品牌宣传方面我们具有共同的合作基础。 　　对于本协会来说，我们需要更多的大学生来关注我们研究的问题，而对于贵校来说，则需要更多的学生加入。目前，我校有近五万名在校学生，其中，有10%的学生需要参加"雅思""托福"等各种英语培训，存在大量潜在生源。如通过本协会的报纸和会员在全校范围给予大力宣传，将有助于进一步扩大贵校的知名度，增强贵校品牌的影响力。 　　本协会是××大学一个校级学生社团。成立于2000年10月。成立以来，在校团委和社团联合会以及社会各界的关怀和支持下，取得了丰硕的成果。在校内外产生了广泛的影响，并获得××大学"十佳优秀学生社团"的称号。本协会现有自己的网站、会刊《×××》与报纸《××××》（周报），其中，会刊每期出版1000册，报纸每周发行量为2000	◀ 由发文机关名称、事由与文种（意向书）构成标题。 ◀ 意向协商的对象，应当规范地标注全称或规范化简称。 ◀ 说明双方的共同目标与合作基础，这是意向达成的前提条件。 ◀ 介绍协会自身的定位、在学校中的地位，以及目前所拥有的宣传资源，便于对方了解有关情况。

份,均向全校公开发行。

基于上述认识我们拟与贵校开展互惠合作,具体合作事宜如下:

1. 贵校为协会报纸《××××》提供赞助经费××××元/期,本协会在报纸上用一个版面的四分之一为贵中心做品牌宣传广告,报头的"赞助商"写明贵校名称。

2. 本协会负责在我校各校区、各年级、各专业进行广泛宣传,负责在校园内张贴贵校的招生宣传海报。

3. 合作时间视具体合作效果而定,第一期报纸出版后,若双方对合作效果满意可以考虑下一期继续合作。

4. 有关每期合作具体事宜以双方签订的"合作协议书"确认。

◀ 提出合作的主要意向性内容,比较粗略、笼统。指明以"合作协议书"确认具体事宜,为权利与义务细节的协商留有余地。

我们真诚地希望能与贵校开展长期友好合作,追求事业共赢。以上合作意见可否,望研究后予以答复。

负责人:汪××

电　话:1390×××345

◀ 再次表达合作意愿,以及请求回复的愿望,有助于营建良好的合作氛围。

附件:1. ××大学××研究协会简介
　　　2. ××报纸编辑出版策划书

◀ 附件提供的材料有助于对方更深入地掌握该协会的详细情况,以增进了解与信任,加强合作意向实施的针对性与操作性。

▲ 开头部分简明扼要地交代缘由,主体部分清楚明了地阐述合作事项,而不涉及具体细节,结尾提出希望。行文简洁,表意明确,语言平实,符合意向书的写作特点与规范。

20××年9月6日

【复习思考】

1. 契约类公文具有哪些主要特点?
2. 如何认识合同的合法性?合同与协议在写作上存在哪些差异?
3. 合同、协议与意向书三者在内容上有何主要区别?什么条件下意向书才具有法律效力?
4. 意向书与备忘录有何共性?二者正文表达各侧重哪些内容?
5. 合同具有哪些特点?分为哪些种类?合同撰写中如何体现平等、自愿、公平与诚实信用原则?

6. 合同应包括哪些基本内容？撰写合同时需注意哪些问题？

7. 意向书适用于哪些范围？具有哪些主要特点？

8. 如何撰写意向书？撰写时要特别注意哪些问题？

9. 请借助参考书或者网络选择本章所学的主要文种，对其进行格式、结构、语言等方面的剖析，掌握其写作特点。

【案例研习】

1. 指出下列公文中的不当之处，并予以修正：

（1）一份茶叶供应合同：

茶叶供应合同

合同编号：×××

供方：×××茶厂（甲方）

法人代表：×××

地址：浙江省××市××路××号

需方：×××商贸公司（乙方）

法人代表：×××

地址：河北省××市××路×××号

  为了繁荣市场，保证茶叶供应。根据《中华人民共和国合同法》的规定，双方代表经平等协商，订立本合同，以资共同信守。

  一、需方购买供方一级云雾茶8000千克，150元/千克；一级红茶6000千克，98元/千克；特级茉莉花茶4000千克，110元/千克。总金额120万元。

  二、供方自5月开始三个月内分三批交货，由供方负责包装并将货物运抵河北省××市火车东站，包装费及运费由需方负责。

  三、需方过秤验收后，一次性通过银行托收承付方式将全部货款及包装费、运费结清。

  四、乙方拒绝收货，应处于货款总额20%违约罚金；甲方交货量不足，应处以货款总额20%违约罚金。

  如因不可抗力不能按时履行合同时，供方应提前1个月通知需方。

  五、供、需双方任何一方如要求变更或解除合同时，应及时通知对方，并采用书面形式由双方达成协议。未达成协议前，原合同仍然有效。当事人一方接到另一方要求变更或解除合同的建议后，应在收到通知之日起十五天内做出答复，逾期不做答复的，即视为默认。

  六、执行本合同发生争议，由当事人双方协商解决。协商不成，双方同意由河北省××市仲裁委员会仲裁，按达成的书面仲裁协议执行，不再向人民法院起诉。

  七、违约金或赔偿金，应在供、需双方商定的日期内或由有关部门确定责任后十天内偿付，否则按逾期付款处理。

  本合同一式三份，供需双方各执一份，鉴证机关一份。本合同自签订之日起生效，至双方义务履行完毕之日失效。

  鉴证机关：××市工商行政管理所

  供方：×××茶厂　　　　　　需方：×××商贸公司

  法人代表：×××　　　　　　法人代表：×××

  开户银行：　　　　　　　　开户银行：

  银行账号：　　　　　　　　银行账号：

  电话：　　　　　　　　　　电话：

  地址：　　　　　　　　　　地址：

  签订日期：××××年×月×日　签订日期：××××年×月×日

  签订地点：××市××区　　　签订地点：××市××区

（2）一份鱼塘转让合同：

鱼塘转让合同

甲方：章××

乙方：吴××

  一、现有甲、乙双方协商一致，甲方愿意将××鱼塘承包给乙方经营，承包鱼塘面积约38亩左右，承包期从今年×月×日起至××××年×月×日止，共×年。

  二、从转让之日起，原有鱼塘所有建筑物归乙方所有。

  三、承包鱼塘每年金额为50000.00元。

  四、转让金按年缴纳。乙方必须在每年12月31日前交付清下一年的转让金给甲方。甲方不管乙方在任何情况下都要乙方先交款后使用鱼塘，如果超期未交甲方有权终止合同并作出违约处理。

  五、如果在转让期内遇到集体或国家征用该转让的鱼塘，征用款归乙方所有。所征用面积必须由乙方在征用补偿费中剩余年限一次性退回给甲方每年推土费为100元正（由征用之日起计算）。同时，如果没有全部征用的，剩余部分继续由乙方承耕到期满，但征用后乙方在所征用的面积里按每年每亩×××元同等递减给甲方转让金。

  六、在甲乙双方转让合同生效之日，乙方要交付转让押金4000元给甲方，此合同押金在转让期最后一年的转让金中扣除。

  七、在转让合同期内，甲方不得以任何理由改变乙方对鱼塘使用权利，若甲方有违约要赔偿给乙方10万，乙方有违约也要赔偿给甲方10万。

  八、合同期满后五天内，乙方必须交回鱼塘给甲方，如超期鱼塘所有物业归甲方。

  九、此合同一经签约，即时生效。

  十、此合约一式3份，甲乙双方一份，公证处一份，同具法律效力。

甲方：　　　　　乙方：

时间　　　　　　时间

(3) 一份经济合同:

经济合同

甲方:××大学

乙方:××建筑公司××施工队

为建筑××大学室内体育馆,经双方协商,订立本合同。

1. 甲方委托乙方建造室内体育馆,由乙方全面负责建造。
2. 全部建造费(包括人工、材料费)14万元。
3. 甲方在签订合同后先交一部分建造费,其余在体育馆建成后抓紧归还所欠部分。
4. 工期待乙方筹备就绪后立即开始,争取十一月左右完工。
5. 建筑材料由乙方全面负责筹备。
6. 合同一式两份,双方各执一份。

××大学(公章)　　　　　　　××建筑公司××施工队(公章)

代表人:××(签章)　　　　　　代表人:×××(签章)

年　　月　　日

(4) 一份购销合同:

深圳市××科技有限公司的购销合同

签约时间:200×年×月××日　　　地方:

甲方:深圳市××科技有限公司　(以下称甲方)

乙方:长沙市××机械制造厂　　(以下称乙方)

本着友好合作,平等互利的原则,就购销甲方产品一事,经双方协商签订如下合同:

一、甲方根据乙方的需要,按照乙方的要求,供应合格的产品给乙方。

二、乙方购进的产品名称型号:×××××。

三、乙方购进的产品数量是:××××台。

四、甲方供给乙方该产品的价格是:××××元/台。

五、以上供应价格为不含税价格,开票另计。

六、运输方式:甲方负责发货并代办运输,运费由乙方承担。

七、付款方式:现金结算,款到发货。

八、甲方责任:

1. 甲方保证产品质量,并提供产品资料及相关证件。
2. 产品保修半年,如有产品本身质量问题,甲方负责免费维修,维修后发回的货运费由甲方负责(参照说明书的保修条款)。
3. 保证按需及时为乙方发货到乙方所在的城市。

九、双方未尽事宜,可随时协议补充合同。

甲方：深圳市××科技有限公司　　　乙方：长沙市××机械制造厂

签字代表：　　　　　　　　　　　　签字代表：

200×年×月××日

（5）一份建筑项目合作意向书：

建筑项目合作意向书

甲方：××有限公司

乙方：××××公司

为适应市场竞争的需要，增强甲乙双方的市场竞争力，达到优势互补，实现双赢的目的，甲乙双方本着平等协商、互利互惠的原则，就本项目的合作事宜达成具体协议如下：

一、合作原则和合作范围

甲乙双方从本协议书签订并生效之日起，甲方将本项目的施工总承包权交与乙方，同时乙方按照双方的约定，为项目办理相应的融资手续，甲方提供必要的配合。乙方为项目提供的该笔融资的相关金融费用（如：利息等）由甲方承担。乙方为项目提供的壹亿元人民币融资，由甲方、乙方和银行共同监管使用，以保证融资金额全部用于本项目。

二、工程承包方式和计价原则

1. 乙方的施工总承包合同按××省现行建筑安装预算定额标准和××省建委相关配套文件的规定取费。建筑材料由乙方自行采购。人工、机械、材料按施工及采购时市场价进行调差。

2. 材料价差的规定：材料签价由乙方报甲方审批，甲方在收到乙方申请签价单15天内完成签价工作。如甲方未在15天内签价，乙方视为甲方同意，以确保施工工期。

三、项目资金运作及资金管理

1. 为解决甲方前期开发资金和建设资金不足的困难，乙方同意自行融资1亿元人民币流动金用于该项目的建设，融资期限为一年，融资费用由甲方承担。甲方承诺按期归还乙方所融资金……

四、工程支付及工程结算

1. 双方同意，本项目施工工程款采用工程月进度支付的方式。乙方每月25日向甲方申报当月进度完成工程量，甲方在接到报表后7个工作日内核实工程量，并按已完工程量的85％支付乙方工程款。本项目的工程结算，按照双方事先约定的工程节点，对已完工程量进行结算。结算结果甲乙双方确认后14日内，甲方按照结算数额支付乙方工程款至95％。

3. 工程项目竣工，经甲方、监理公司和政府质检部门验收合格，乙方于28天内向甲方提交工程结算书及全套符合当地档案馆要求的工程档案资料。甲方收到结算书后，在28天内完成最终结算审核，并经双方签字确认后30日内，甲方向乙方支付工程款项至工程结算总额的95％，剩余5％作为工程维修保证金。

本意向书中未尽事宜，由甲乙双方另行协商。意向书一式四份，甲、乙双方各执两份。

甲方：××有限公司　　　　　乙方：××××公司

代表：　　　　　　　　　　　代表：

签订日期：20××年　　月　　日

签订地点：

(6) 一份广告业务合作意向书：

广告业务合作意向书

为迅速扩大甲方(××××报社)发行量和广告业务,迅速扩大在全国的影响,甲方与乙方(××传媒公司)经友好协商,就合作具体事宜,达成如下条款:

一、合作方式和内容

1. 甲方委托乙方全权代理除报社所在省域以外的所有广告业务,为运作方便,甲方成立"××××报社××市运营中心"(以下简称中心),刻制公章,中心由乙方全权承包运作并独立承担法律责任。

2. 报纸发行按×元/份,双方按月结算报纸发行费用。广告价格按广告报价的××‰,乙方按月交纳广告费用(附甲方广告报价表)。

3. 为促进广告、发行等各类业务的开展,乙方可以"中心"名义组织读者交流,商家聚会等各类社会活动。

4. 在发行占有一定市场后,为贴近当地市场,乙方可组织《××××报》"时尚生活"专刊(暂定16到48版),每周一期,甲方终审,乙方负责稿件的组织、制作。乙方凭甲方所在地的新闻出版局开具的分印证明手续分印,所需印刷、办公等费用由乙方承担。乙方需要完成的创收任务为:×××××元(人民币大写　　)

5. 甲方任命乙方××同志为社长助理兼××××报的"时尚生活"专刊运营总监,负责"中心"及专刊的日常工作。版面终审权在甲方。稿件由报社统一审定。"时尚生活"专刊系××××报社的专有特刊,可单独发行。

6. 双方合作后,甲方在报社所在省外不再设立其他分支或代理机构。

二、双方权利及义务

1. 乙方必须严格遵守国家新闻出版管理部门和甲方的相关规定,一切因乙方原因导致的责任后果由乙方自行负责。

2. 为便于乙方顺利开展工作,甲方须根据需要为乙方及时办理工作证件或相关证明。

3. 甲方提供报纸出版许可证复印件及相关法律手续的复印件一套,以便乙方备查。

三、违约及违约责任

1. 违反本协议条款即为违约。违约方须承担相应法律责任。

2. 因违反国家法律法规造成损失,及因法律诉讼造成损失,过错方承担经济损失和一切后果。因不可抗原因或甲方原因,造成合作中止,甲方须向乙方按比例退还各种费用。

四、合作期限：

双方合作期限为5年,自200×年×月×日至200×年×月×日止,到期后双方无异议可继续执行此协议。本协议未尽事宜,双方本着友好协商的原则另行拟订补充条款。

五、本意向书一式四份,双方各执两份。

甲方：   乙方：
法定代表：   法定代表：
签约日期：   年 月 日   签约日期：   年 月 日

2. 撰写公文

（1）根据下列材料,撰写一份电子产品购销合同：

居住在湖南省××市天元区××镇的张××（甲方）向广东省××市××区××大道××大厦1415号的××市××科技有限公司（乙方）购买TM003桑拿锁370把,单价58元/把,总金额21460.00元,双方约定：

全款提货。甲方支付货款总额的30%即人民币6498.00（陆仟肆佰玖拾捌）元整作为定金,定金到达乙方账面（或凭汇款传真件）第二日起,乙方开始安排生产,产品生产加工完毕,甲方付清余款15162.00（壹万伍仟壹佰陆拾贰）元后,乙方将货物交给甲方。产品保修期为一年,一年内免费维修及更换。终身维护,以成本价提供零配件。24小时热线服务,随时为您解决在使用过程中所遇到的任何疑难问题。

甲方按乙方提供的样品以及IS 9002认证体系进行验收。如收到的产品品种、数量、规格、质量不符合规定,一方面要妥善保管好产品,另一方面要在四天内提出书面异议。如甲方未在规定期限内提出书面异议（以传真件为准）,则视为所交货品合格。定金到达乙方账面起开始生产,按合同清单发货。由于甲方定金未到而延迟发货,乙方不负责任。此价格不含税、不包括电池、不包括安装及调试费用。如需乙方派人上门指导安装,则费用另议。如有任何争议,由双方协商解决,如果不能通过友好协商解决,可以向中国国际经济贸易仲裁委员会深圳分会仲裁解决,该仲裁委员会的裁决对双方均有约束力。此合同一式两份,甲、乙双方各执一份,经甲、乙双方代表人签字盖章后生效。

（2）根据下列材料,撰写一份房屋场地租赁合同：

甲方（出租方）将位于××市××大街13号房屋租赁给乙方（承租方）,双方约定：租赁期3年,即从××××年×月×日起,至××××年×月×日止,租金每年××万元整。期满后,在同等条件下,乙方有优先租赁权。甲方应保证该房产及场地使用的合法性,乙方应同时保证合法地使用该处房产及场地。

租赁期间,甲方保证承担以下义务：上述房产及场地符合出租的使用要求,并保证上述房产及场地权属和租赁事宜清楚；甲方租赁期前因上述房产及场地而发生的所有遗留问题或债权债务与乙方无关,乙方不承担任何法律责任,不得因此影响乙方的正常生产经营活动,否则甲方承担相应的违约责任和经济责任；甲方如因特殊原因（如房屋大修等）需暂时占用出租的房屋及场地,应提前通知乙方；租赁期内甲方保证不将上述房产及场地出租给第三方,否则乙方有权终止本合同,并追究甲方的违约责任,即甲方向乙方支付相当于年租金10%的违约金；

甲方若有合同期满后终止合同的意向,应于合同期满前三个月通知乙方;房产及场地由于自然原因而需正常维修,甲方自行承担维修费用。

租赁期间,乙方保证承担以下义务:乙方所承租的房产装修方案应征得甲方同意后方可进行装修(应具体约定装修费用的承担问题及合同期满或者中途解除时装修部分的补偿问题);未经甲方书面许可,乙方不得将上述房产及场地转租给第三方,否则甲方有权终止本合同;乙方保证安全使用水电路设施,并按水电表计量数目向甲方缴纳水电费,水电价格按有关部门核定的标准计费;乙方如续签合同,应在合同期满前一个月与甲方签订书面合同;如乙方增加设备,合同期满后甲乙双方协商作价或由乙方自行处理。

(3) 根据下列材料,撰写一份买卖合同:

农户王××(卖方)与××市食品公司(买方)签订了白菇买卖合同。双方约定了以下内容:标的(品种规格:菇盖直径、菇柄长短、含水量、色泽度)、数量(计量单位:kg)、价款(保护价:××元/kg,总金额);质量标准,按《中华人民共和国农产品质量安全法》和《××省无公害××白菇质量标准》执行;产品检验标准、方法、地点及期限;白菇菌种的提供方式,提供菌种的数量、时间和方式,菌种质量标准,对菌种验收的方式;菌种价格××元/瓶,合计金额,菌种价款结算方式;定金支付数量、方式;标的物的所有权转移时间、方式;交货时间、方式和地点;运输方式及运输费用负担;结算方式、时间及地点,担保方式;解除合同的条件;违约责任;合同争议的解决方式;合同生效时间,其他约定事项等。

(4) 根据下列材料,撰写一份合作意向书(双方意向):

××集团公司拟与×××股份有限责任公司合作设立××××公司(名称暂定);注册地址:××市西城区×××,拟投资总额人民币×××亿元,××集团公司投资×××亿元,×××股份有限责任公司投资××亿元;经营范围:×××,×××,×××。合作企业董事会成员拟由5人组成,其中:××集团公司委派×人,×××股份有限责任公司委派×人。董事长由××集团公司委派,副董事长由×××股份有限责任公司委派;总经理由×××股份有限责任公司方推荐,董事会聘任。有关事宜,由双方代表进一步协商,并通过订立合作协议书予以确认。

(5) 根据下列材料,以××物流中心的名义撰写一份合作意向书(单方意向):

××物流中心拟与××大学管理学院合作创办一个物流专业,为自身定点培养物流专业人才,满足自身快速发展对人才的需求。

意向书的内容包括:该物流中心的简介,合作创办专业的名称、性质、任务和学制,课程设置意见、教师队伍构成、教学方式方法,招生、经费与管理等。物流中心每年委派技能型教师举行业务讲座;接受该专业的学生实习,并为每名学生指派指导老师等。××大学负责:专业申报与建设;配备教师队伍;负责日常教学安排与管理;负责该专业宣传与招生;负责每年为××物业中心定单式培养20名专业人员等。上述意见可否,请研究后答复。如可行,望能尽快安排商谈并签订协议书。

3. 简析下列合同写作中的问题,并说明正确的做法:

(1) 2006年11月,上海××包装公司(甲方)与中国电信集团黄页信息公司(乙方)就下一年在大黄页上刊登企业广告一事签订合同,甲方支付了广告费 22470 元。12 月底,乙方向甲方送达印有"您的广告在刊登时的清晰度及色彩可能与本清样略有差异"等文字的"广告确认版",甲方加盖公章予以确认。在《大黄页》上的广告刊登后,色彩与"广告确认版"上的存在一定的差异。甲方认为乙方错登了其广告色彩,提起诉讼,要求赔偿。

(2) ××市供销公司(甲方)从××县粉条厂(乙方)以 1.00 元/公斤的价格购入粉条两万公斤,总货款为两万元。合同规定:"按样品质量交货,验收合格后付款"。甲方收货后发现粉条粗细不均,含水量过高,与样品不符,要求乙方退货。乙方派人前来协商解决时,发现部分粉条已霉变,认为是由甲方保管不善造成的,不同意退货。为此双方发生了纠纷。

(3) ××有限公司(甲公司)欲购买××设备有限公司(乙公司)的××设备一套,两公司订立合同约定:乙公司为甲公司提供××设备一套,价款为 50 万元;交货时间为 2008 年 5 月 1 日;结算方式为甲先付原价款总额 15% 的订金,余款于安装调试完成后一次付清。如果不遵守合同的约定,要承担违反约定的责任:违约金的数额为合同总价款的 5%。后甲公司先向乙公司支付了订金,但乙公司迟迟不能将××设备交付甲公司。甲公司要求乙公司双倍返还订金并且支付违约金,乙公司则只同意返还甲公司已支付的订金并赔偿合同所约定的 5% 的违约金。因双方意见难以达成一致而致诉讼。

(4) A 公司与 B 公司订立了一份《广告代理协议书》。协议书约定,双方确立广告代理关系,即 A 公司作为 B 公司推销品牌服装在中国大陆的广告代理商,代理期限暂定为一年,并约定:"双方确认在 B 公司年度销售目标达 1 亿元人民币的前提下,广告总预算为 1000 万人民币","双方认可的广告计划、各项制作、媒体发布、大型公关等广告费用的支付形式和交付执行等,以双方另行签订的单项合同为准"。协议履行一年后,经结算,A 公司仅做了价值 130 万元的广告代理业务(均订立了单向合同。按约定以广告价值的 8% 支付广告代理费 104000 元),而按 1000 万元的总预算则尚有 870 万元的广告代理业务,B 公司将这些业务交给了 C 公司来做。为此,A 公司起诉 B 公司,要求法院判令 B 公司违约并向 A 公司支付 87 万元的"违约金"(870 万元广告费的 10%)。

第十四章　信息材料

　　信息材料，是记录和反映组织管理与社会发展中各种新经验、新问题、新趋势、新知识等情况的文字资料，是各种信息简报、大事记、消息、情报和参考参阅资料等的总和。

　　信息材料是党政机关、企事业单位、人民团体等各级、各类社会组织收集、整理和传播各种管理信息的一种常用文字材料。在不同的行业、不同的范围、不同的角度和不同的层次具有各种各样的表现形式，使用范围广泛，直接或间接地影响着一个组织的管理决策与决策的执行情况，在启发管理思路、形成管理观点、辅助管理决策、交流管理信息、沟通管理情况等方面发挥着重要的辅助性、参考性作用。

　　信息材料具有如下主要特点：

　　信息来源的广泛性。信息材料既有来自上级机关、下级机关的各种信息，也有来自本级机关各部门的信息；既有来自党政机关、人民团体、企事业单位的信息，也有来自社会中广大人民群众的信息；既有来自本国相关单位的信息，也有来自外国同类机构的信息，等等。广泛的信息来源为信息文稿写作中材料的比较、鉴别、筛选和提炼提供了丰富的资料。

　　信息内容的概括性。信息材料是对各种资料的加工编撰，需要通过"去粗取精、去伪存真、由此及彼、由表及里"的加工，从零散的资料中提炼出具有典型性、普遍性、倾向性的高品质信息。此外，信息材料大多直接服务于组织中各个层次的管理者，这些管理者往往由于工作繁忙，时间和精力有限，他们希望能用较少的时间获得较多的有价值的信息，因而对信息材料的概括性要求很高。通常，组织机构的层次越高，对信息材料的概括性要求越高。

　　信息成果的层次性。信息材料一般是经过加工的资料。根据加工程度、反映问题的深广度、参考价值大小等的不同，表现为不同的层次性。例如：篇幅较短、内容较精、传递较快的动态性的信息、一般性综合信息、统计性数据信息等，这些信息一般只是不加分析地陈述信息内容，目的是使阅文者了解一般情况，是初始层次的信息材料；篇幅较长、内容较复杂的分析性信息，则具有一定的分析性、结论性和指向性，对有关部门的工作具有一定的指导作用；专题调查或专题研究等富于研究性的信息，理论性比较强，一般具有明确的结论和可行性建议，对各种组织的管理决策具有重要的参考价值，是较高层次的信息材料。

　　信息材料不是公文，但在现实的公文写作中使用频率很高，故本书特将其作为一个类别予以介绍。信息材料与正式公文的区别集中表现在以下几个方面：

　　一是法定效力不同。信息材料主要是记述本单位组织管理的各种信息，或者为本单位的管理者提供其他单位、地区，甚至其他国家的相关信息，多属于机构内部或者系统、行业内部供传阅、备查、交流及学习的资料，具有参考性、纪实性，不需要加盖印章或者由领导签署，因而不具备法定效力。而公文是各级、各类社会组织依法管理、切实履行职能的重要工具，直接表达了发文者的管理意图与决策内容，一般要向受文机关发送，有的公文还必须依法向社会公开发布，具有很强的权威性、执行性和凭证性，具有法定效力并借助于印章或签署等生效标志予以确认。

二是撰写目的不同。大多数情况下，信息材料写作的服务对象是一个组织内部的领导机关及其决策者，目的是及时、准确、全面、实事求是地为其科学决策、领导指导工作提供具有参考价值的各种信息资料。因此其内容信息的采集、撰写甚至报送、传递、刊用等一系列工作均需始终围绕这一目的进行。而公文的行文目的，是布置与检查工作、发布决策与决定、安排重大事项与管理行动、汇报与请示工作、提出管理意见与建议、联系与商洽工作等，撰写公文往往就是履行管理职责，就是办事，是组织及其内部机构完成自身管理任务的一个有机组成部分，是一种直接的管理行为。

三是信息内容的性质不同。信息材料一般是通过对丰富的材料进行归纳分析、分类筛选、提炼加工后而获得的有价值的信息精华，其内容可以自由选择，来源宽泛，表达灵活，要求具有比较鲜明的资料性与参考性。而公文的内容是要直接解决管理活动中的诸多现实问题，主要针对各项具体的工作，其内容不能逾越自身职能、职权去自由选择其他组织或单位的发文内容；同时，公文一般要求一文一事，内容比较单一，文中要求明确交代为什么做、做什么、如何做、按照什么原则与标准做，态度要鲜明，意见要明确，措施要得当，要求具有较强的可操作性。

四是制发程序不同。信息材料是各级、各类组织根据本单位现实工作的需要而编制的，一般由办公厅（室）、专设的信息机构、各业务部门等来进行编写，编写者要凭借自身的能力去发现"新鲜"的信息，选择编写角度，开发与挖掘信息价值，然后编写成文报送有关领导机构及决策者，其制发程序比较灵活。而公文的制发有严格的发文程序，公文撰稿人撰文后，需由部门负责人审核，审核无误后再送办公厅（室）负责人核查，核查无误后才能送单位负责人签发，经领导人签发后的文稿由文秘部门复核无误后进行校对、登记、用印、发出。其中，签发环节是赋予公文法定效力的重要环节，如果不履行签发程序，公文就不具有法定效力。

五是发送范围不同。信息材料多属于内部资料（新闻报道的消息除外），其发送范围主要以本单位领导部门及决策者为主，有时也可发给内部有关机构参考学习，必要时也可发送给上级机关及其领导、其他相关单位及其领导等，其发送范围及阅文群体比较固定。而公文可以根据工作关系、行文关系选择不同的发送范围：可向本单位下属机构、上级机构、平级机构或者其他社会组织发送公文，一些机构还可向全社会公开发布公文，如政府发布的行政规范性公文，上市公司的重大信息披露公告等。

第一节 写作规范

一、简报

简报是用于反映情况、传播信息、交流经验、指导工作的一种连续的摘要性信息材料。简报在党政机关、企事业单位、人民团体等各种社会组织机构中使用广泛。

简报的名称，在实际工作中有各种各样，如"工作简报""信息简报""信息快递""情况简报""情况反映""工作动态""信息参考""内部参考""昨日情况""信息"等，有的简报名称，也直接将某一方面工作的具体内容标明，如"机关工作作风督察简报""防汛工作简报""教学工作简报"等。尽管名称不同，但它们都具有如下作用：向上级机关反映各种工作情况；向下属单位传达管理意图或带指导性、倾向性的意见，为其提供参考信息；报道具体工作的进程、经验和教训，在组织之间传递和交流信息、沟通情况，从而推动工作的开展。

简报不等同于各级、各类组织中制发的正式公文，它只是起传递信息、辅助决策的参考作用，因此，它不具有正式文件的法定效用，不得代替"请示""意见""报告""决定""通知"等公文向上请示汇报工作或向下传达要求执行或办理的具体工作事项。

简报的主要特点如下：

选材的现实性，即反映的事实必须是现实工作中有根有据的可靠情况，列举的事例、数据必须客观、全面和准确。简报内容的选材，通常是围绕本单位当前中心工作开展的基本状况，从丰富的管理业务实践中掌握和整合各种信息资源，从而发现、挖掘出蕴藏于其中的新苗头和事物发展的新趋势，这是增强简报信息的现实价值，使之得到关注与重视的重要途径。

信息的时效性，即简报要及时快捷地传递情况，有时甚至要争分夺秒，以便让领导机构及其决策者以及其他相关单位等能够及时掌握情况，作出科学决策，扶持新生事物，推广先进经验，制止不良现象，解决面临的问题。因此简报必须做到简明扼要、中心明确、一事一报，这是简报做到快速反映情况的重要条件。

编发的连续性，即简报往往不只制发一期，而通常是连续制发，形成一种简报编发制度，定期或不定期地报道管理活动中的各种信息，或者编纂有信息价值的各种参考信息。

根据不同的划分标准，简报可以划分为不同的种类。我们按照信息内容可将简报划分为如下种类：

工作简报，是反映机关或系统内部日常业务工作情况的简报，是机关中最常用的一类简报。综合性的工作简报多是定期的，而配合某一工作或活动编发的专题性工作简报则多是不定期的。工作简报通常由各组织的秘书部门或业务部门负责编制。

会议简报,是为了组织、引导会议的进行,及时反映会议的情况而在会议期间编写的简报。这类简报适用于会期长、人数多的大型会议,是用来交流会议的有关信息、反映会议各侧面典型情况的重要工具。其主要内容一般来源于会议的重要报告、讨论发言、会议动态和会议议决的事项等材料,通常由会议秘书处负责编制。

信息简报,是通过对有关信息进行收集、整理和加工,编制成一条或一组具有现实使用价值的信息,以简报形式来发送传递。它是机关信息工作的重要手段,通常由各组织的综合办公厅(室)、专门信息中心或咨询参谋机构等负责编制。

(一) 结构要素

简报的结构一般分为报头、主体、报尾三部分,具体写法如下:

1. 报头:简报报头由以下部分组成:

简报名称,通常标在首页上方居中位置,要求郑重醒目,使用套红大号字体写出"工作简报""会议简报""情况简报"等;

期数,在简报名称的下方标明"(第××期)",排在简报名称的下方居中位置,按期编制期数序号,也可注明总期数,期数与总期数的序号用阿拉伯数字表示。

编印单位,在期数的左下方、分隔线的左上方注明编制简报的部门名称,如"××部办公厅秘书处""××会议秘书处"等。

编发日期,在期数的右下方、分隔线的右上方注明编制简报的时间。年、月、日用汉字小写数字或者阿拉伯数字表示。如简报内容有绝密、机密、秘密、内部情况等要求,可在报头左侧上方位置,标注密级及保密期限,如"机密★1年";同时,在首页左上角注明印制的份数序号。

2. 主体:包括按语、标题、正文等。其写法如下:

(1) 按语:又称"编者按",简要地介绍编制简报的目的、意义、原因等,说明材料来源、主体内容的取舍与加工方法,以及表明编者自身对简报内容的立场、观点、倾向性意见,提出对简报所反映的问题引起重视、进行讨论研究的希望等,旨在帮助读者领会简报的主题,对阅读简报起到引导作用。

按语常有三种类型:一是注解性按语,是对简报内容的产生过程、作者情况、主体内容作简要的介绍、解说;二是提示性按语,侧重于对简报内容的理解或者对学习、参考简报内容时需注意的事项等加以说明、评介与提醒;三是批示性按语,常援引领导人的原话或上级机关的指示,结合简报内容对现实工作提出具有批示性的意见。按语写作要提纲挈领,言简意赅,针对性要强,不得脱离简报的主题随意发挥,以免使读者不知所云。

按语的位置,在报头分隔线下、标题之前。并非每份简报都必须有按语,而是要根据具体情况来决定是否选用。一般来说,反映典型经验与问题的工作简报、重要信息简报常常配发按语，便于阅文者阅读理解或学习参考。

此外，如一期简报的内容是性质接近的一组文章时，可在报头下设计"目录"栏，将各篇文章的标题陈列于此，然后依次刊出每篇文章的内容，这样便于阅读者一目了然地了解简报的总体内容，从而进行有选择性的阅读。

（2）标题：概括地揭示简报的主题，在写法上可以多种多样，概括起来有两种情况：

一是单标题，主要包括以下几种形式：判断式标题，如"发展横向联合是繁荣经济的重要途径"；说明式标题，如"请看一组喜人的数据"；提问式标题，如"这个乡的摊派风为何越刮越猛？"；引用式标题，如"纸上谈兵——一个造纸厂的用人策略"。

二是复合标题，如"建立科学合理的分配制度体系——中国努力防止收入分配'两极分化'"。

（3）正文：要求观点明确、事实充分、条理清晰，一般是一报一事，使简报内容集中。

简报的正文内容主要包括：一是报道性内容，及时、简明、准确地陈述、报道最近发生的新情况、新动态。一般由编报者自己采访、撰写而成。二是汇编性内容，这是对众多材料剪辑加工而成的专题或综合信息简报，其信息量大面广，编写者应善于从一般中见特殊，从细微处发现有价值的信息。

简报正文文稿编写的常用方法有：

新闻报道的方法，即采用消息写作的基本结构形式去陈述事实和说明问题。它常用于反映本单位、本部门最近发生的或即将发生的某些重大事件或重要现象，如经济建设中的新成就、新气象，科技领域的新发明、新突破，社会生活中的新动态、新现象，工作中具有推广价值的新典型、新经验，值得引起重视的新问题等。其正文由导语、主体、结尾等部分组成，在谋篇布局上一般采用"倒金字塔式"结构，即先讲事情的结果，然后再按事情的来龙去脉或事情发展的先后顺序组织材料。一般是一事一报，篇幅短小，语言简练，对内容通常不作过多评论，只如实报道事实。这种写法主要适用于日常工作动态简报文稿的写作。

信息编纂的方法，即围绕同一主题下不同来源、不同内容的相关材料，进行认真阅读、分析、筛选，精心选择其中有价值的材料，将其编辑成一份简报文稿，使之有效地反映出某项工作或某件事情的全貌。在正文的标题前，可拟写一个前言或按语，简要地说明或揭示全文的主题。在结构布局上，可按性质的不同分类组织材料、安排层次，一个层次设置一个小标题，使文章纲目清楚；也可使用一个段落或数个段落并列说明事实、问题，把各方面情况反映得清楚、系统、全面。在材料的选用上，要注意点面结合，详略得当；选材角度要新，能给人以新的启示；要善于全方位地开发信息，丰富信息内涵，不能就事论事；要善于比较，开掘多个角度，将有新意、有价值、有效用的内容编写成既有深度又有广度的简报。这种方法主要适用于介绍先进典型、推广成功经验或揭露普遍存在的问题等各类管理信息简报文稿的写作。

数据统计的方法，即通过对行政管理或企业管理中产生的某些统计数据进行分析说明，及时地反映工作进程、效益增减、发展变化等情况。它分为两种情况，一是数据说明，二是数据比较分析。前者只对事物的性质和数量、事物发生的时间、地点、范围和经过清楚地进行说明,不做分析;后者要客观、全面地反映情况,准确、科学地说明问题,因此需要进行深入的分析以得出结论。运用数据统计方法撰写简报文稿时,要对数字信息内容加以提炼、整理,抓住重点,去掉繁杂,以时间为序或以问题的性质为序分门别类进行排列。在数字的使用上,可通过数据对比、数据串联等方法,增强数字信息的概括力、说服力和吸引力。同时,要切实做好数字核实,如果数字不准、不实,简报内容就不会给人以实在、有用的感觉,如果将其作为领导决策的依据、指导工作的参考,不仅无益反而会贻误工作。这种方法主要适用于政府的经济管理部门和企业的生产与管理部门的经济信息简报的写作。

言论摘要的方法,即通过精心筛选、认真组织,从某一人或数人的发言或文章中摘录具有代表性的言论,编写成一期简报。具体编写方法灵活多样,可以集中摘录一个人的会议报告或重要发言的基本要点,也可以在一个主题之下分别摘录多个人既有共同性又有不同特点的具体言论。这种方法多适用于会议简报的写作。

3. 报尾

正文结束后,在简报最后一页的分隔线下注明简报的发送范围、本期印刷总数等。发送对象按照上级、平级、下级的顺序依次排列即可。

简报首页的样式如图14-1所示。

(二) 撰写要求

1. 主题要明确集中。一期简报一般只转发一份材料,也可转发一组围绕同一主题的简短材料,或反映某地区、某系统带有共同性、代表性、典型性的问题,主题要明确、单一、集中,以便于读者阅读、掌握和使用相关的信息。

2. 内容信息要真实准确。简报贵在"真",编写者应深入细致地进行调查研究,反复核实所反映的情况、问题、经验等,做到准确无误,在对转发材料作必要的技术处理时,不能断章取义地改变原文的意思,要注意保持原材料主题的完整性和真实性,为领导和其他阅文者作出科学决策或正确判断提供可靠的信息支撑,否则,就难以达到编制简报的目的。

3. 语言表达要精练。简报崇尚"简",文字要简明精练,不说空话、套话、废话;可长可短的文稿坚决要短,可用可不用的文稿坚决不用,可发可不发的简报坚决不发;不得在简报中刊登广告或进行其他经营性行为。根据内容和行文的需要,简报的语言表达可比正式的公文更加清新活泼、生动形象,以增强可读性。

4. 讲究时效性。简报追求"新",要反映新近发生的新情况、新问题、新经验、新趋势,这就要求编写快、传递快。为此,要精炼内容,缩短篇幅,快速成文。另外,还要尽可能采用先进的通信手段,如传真、网络等方式加快简报的传递速度。

情 况 简 报

第×期

××市××局秘书处编　　　　　　　　　二〇〇八年四月十日

按语：本简报通报了××市2～3月份机关工作作风明察暗访的基本情况，其中对我局个别同志接听电话不文明、态度生硬不热情等情况提出了批评……对此，局属各单位要认真组织学习先进，深刻反思，查找差距，制定措施，切实整改本部门作风建设中存在的问题。

××市2～3月份机关工作作风明察暗访情况通报

　　××。
　　××。
　　××。
　　××。
　　××。
　　…………

图14-1　简报首页样式

二、大事记

大事记，是按时间顺序记载重大事件、重要活动的一种书面信息材料。它反映了一个机关、一个地区、一个领域内各项工作活动的发展变化，是查证管理历程、总结工作的重要依据，也是编撰年鉴、地方志、组织史的重要资料。

大事记具有如下主要特点：

结构的时序性。大事记是以时系事，按时间的先后顺序来梳理、排列材料，时序在记载事件过程中始终处于显要的地位。这样不仅有助于编写者有条不紊地按照时间的前后顺序依次记述大事、要事，而且也方便读者阅读、查找信息。

记事的摘要性。大事记记事的密度大，信息容量丰富。要言简事赅，做到文字精简地勾勒出一个组织或者一项管理活动的发展运行轨迹，无须铺陈描述、起承转合。

通常，现行社会组织编写工作大事记可以在本单位职能活动的不断推进与发展过程中逐项记录，日积月累。一般由综合办公厅（室）或秘书部门指定专人负责记录，其他各个部门协助提供有关情况。可以每月整理一次，年终再通篇进行一次材料删补和文字加工工作，然后交由有关领导审阅后定稿、印发及存档。

大事记的种类，根据其内容可分为：一是综合性大事记，即将本地区、本行业、本机关各方面的大事、要事，按时间顺序进行记录；二是专题性大事记，即将某一专题事项发展进程中的大事、要事，按照时间顺序分类进行记录。

（一）结构要素

1. 标题：

一是由机构名称、时间与文种（大事记）构成，其中，"时间"项可以是一个年度，如"20××年"；也可以是一个时间段，如"20××年1月～6月"或"2000年～20××年"等，如"××局20××年大事记""××公司2000年1月～20××年6月大事记""××市糖业有限责任公司2005年～20××年大事记""中国共产党80年大事记"等。综合性大事记常使用这种结构的标题。

二是由事件涉及范围、事由与文种组成，如"北京申办2008年奥运会大事记""中国证券市场发展大事记""新中国体育大事记"等。有时标题后可加上起止时间，如"中国互联网发展大事记（1987年～20××年）"。

2. 正文：

由时间和事项内容两部分组成。时间是"经线"，事项是"纬线"，按照时间的先后顺序排列事项，经纬交织，来反映某一特定时期所发生的特定事项。

时间，要求清楚规范，使用阿拉伯数字标明事件发生的年、月、日，如"2008年8月8日"，对一些重大事项，还应同时标明时、分，如"2008年5月12日14时28分"。

事项内容，以简明的文字简要地记载事项，写清大事发生的时间、地点、人物、事由、原因、结果等记叙要素，扼要地说明事项的主要内容即可，不长篇叙述事项的发生过程，不作议论、评述,如"1999年9月6日,经党中央、国务院批准,由国家体育总局、北京市人民政府和国务院相关部门组成北京2008年奥运会申办委员会,申办大幕正式拉开。"(《北京申办2008年奥运会大事记》)、"1949年4月1日,长春邮政局与长春电信局合并,成立吉林省长春邮电局"(《长春邮政大事记》)。

应当选择大事、要事作为大事记的事项内容。通常,一个组织管理活动中的大事、要事,主要包括如下内容:

一是关系全局的大事、要事,如对本单位、本地区甚至全国具有重要影响的事项;

二是本单位重要组织机构、重要人员的变动情况,如本单位的建立,职权范围的调整,内设机构的变动,驻地的迁移,人员编制,主要任务及分工,主要领导人的任免变动,所属干部的重要奖励和处分,下属分支机构的建立及职能、人员变动等;

三是本单位的主要工作,如重要的发文(记录发文字号、日期、标题及主要内容等)、本单位领导的重要批示、发生的重大问题与采取的主要措施、本单位所属机构的重要科研成果、重大工程建设、大型组织活动、重要外事活动等;

四是上级组织针对本组织的重要领导、指导活动,如上级的重要批文(记录发文字号、日期、标题及主要文件精神等)、重要指示、重要视察(记录日期、上级领导职务和姓名、部署的主要任务、提出的主要工作意见)等;

五是本单位召开的重要会议情况,如会议的名称、任务、主要议题、主要议决事项等。

撰写持续时限较长、内容篇幅较大的大事记时,可以在大事记的正文前后分别增加前言、后记。前言说明编写的目的、意义、体例、时限等内容,以引导阅读。后记则记载编写中材料的取舍原则、材料的使用处理等有关情况。

(二) 撰写要求

1. 时间准确无误。时间表述应当完整、清楚,不应只标年、月而省略日期。必要时,一些重大事件所发生的时间还要写明确切的时、分、秒。对一些因时间久远而难以确定准确时间的,应考证出大致的时间,并将此时间用方括号括起,加以简要说明。如果是同日发生的多项大事,可按时、分的顺序或事件的重要程度排列。

2. 事项简明扼要。大事记并不要求完整地记述某一件大事,而是要求高度概括事件的主要内容。分清大事、要事,不能漏记。事项中不清楚的地方应予以核查清楚;大事记要求一事一记,可一日一条,也可一日数条,必要时,还可以给每一条目编上顺序号。

3. 做好资料的平时收集工作。现行党政机关、企事业单位、群团组织等撰写大事记,应当在平时做好资料收集工作,定期或不定期地记录大事、要事,为最终整理、定稿积累丰富的真实材料,避免临时抱佛脚而依靠回忆来写大事记。收集、积累材料应当以本机关的大事、要事为主,写作时要秉笔直书,避免妄加评议,力求客观、全面、真实地反映本机关管理活动的全貌。

4. 做好审核备查工作。大事记撰写完毕,通常需送有关负责人审阅同意后,方可下发有关单位备查和存档保存。必要时,也可以根据需要按照一定的程序以简报、报纸、网络或其他文件的附件等形式发送,以沟通与交流信息。

三、消息

消息,是用概括的叙述方式、简洁的语言文字,迅速及时地报道新近发生或发现的有价值的、群众关心的新闻事实的报道形式。消息是新闻的一种形式,新闻可分为广义与狭义两种形式。广义的新闻指消息、通讯、报告文学、特写、评论等,狭义的新闻即指消息。消息短小精悍、报道及时,在各级、各类社会组织中广泛使用。

消息具有如下主要特点:

新鲜性。消息是新闻,贵在一个"新"字,就是要把读者想知道又尚不知道的新近或正在发生的事实告诉给读者。这个"新",首先是指发生的事实是新鲜的。消息中所含的事实应当是处在变化中的动态事实,客观事物只有处在荣枯、聚散、升降、兴衰、动静、得失等变化之中才是新鲜的。而新闻事实的"新鲜"不是有闻必录,更不是挖掘千奇百怪、耸人听闻的材料,而是要抓住对实际工作有指导意义的、对人民群众有教育意义的新东西。此外,消息的"新",还指报道的角度要新,否则,就容易使读者产生视觉疲劳,难以引起阅读的兴趣。

真实性。消息报道的内容是对客观事实的反映,事实永远是第一性的。我们平时常说的新闻的五个要素,即什么时间(when)、什么地方(where)、什么人(who)、什么事(what)、什么原因(why)。这五个W,就是把事实写清楚的最起码的条件。消息的事实必须是真实准确的,它引用的材料和数据必须是确实可靠的,不允许弄虚作假、凭空虚构。如果消息的内容虚假,就会降低消息的价值,不仅会失信于民,还会导致人们行为选择上的失误,因此消息必须尊重事实,以事实说话。

时效性。消息要求敏锐地发现新人物、新事物、新情况、新问题,并把它们迅速及时地反映出来。力求"三快":快采,即能在最短的时间内采访并获得第一手独家资料;快写,即能以最快的速度写作文稿;快发,即能抢时间刊发,争取在第一时间把消息传递给读者。如果消息报道的速度迟缓,"新闻"变成了"旧闻",便会降低消息的价值。

根据不同的标准,消息可划分为不同的类型。如根据所报道的内容,可分为工业消息、农业消息、政法消息、文教消息、科技消息、军事消息、体育消息等。根据消息所包含的事实呈现的状态,可分为静态消息、动态消息等。根据新闻与事件的关系,可分为事件性新闻和非事件性新闻。根据报道的对象与写作手法,可分为事件消息、人物消息、会议消息、动态消息、综合消息、经验消息、述评消息等。其中,在各级、各类社会组织的自身管理活动中,常用的消息种类有:

事件消息,报道重大事件、重要工作与活动、重大发明创造等新闻事件,篇幅短小,简洁明快,一事一叙,捕捉最具特色的动态点,预测新闻发展的动向和重心转移。

人物消息,报道新闻人物新近发生的重要事实,常以叙述为主,白描为辅,高度概括故事情节。要选择具有"新闻点""新闻价值"的事实,篇幅要短小,不要面面俱到,叙事要简明、生动。

会议消息,以各种重要会议为题材的新闻报道。要求把握会议的整体情况,抓取会议中最有新闻价值的事实,巧选报道的角度,突出典型特点,内容简短,形式活泼。

(一) 结构要素

消息的正文结构,由标题、导语、主体、背景、结尾等部分构成。通常,标题、导语、主体是一篇消息不可缺少的部分(标题新闻、简明新闻除外),背景、结尾有时可根据情况省略。

1. 标题:是对消息的核心内容的概括与提炼。要提炼出消息的主要精神和要点,凝聚文意,提挈全文,要有吸引力,使人一目了然。消息的标题可分为两种类型:

单标题,由几个词,或一个短语,或一句话构成,如"一座城市向一位普通市民告别""中日之间:心结都打开了吗?""官员触网全面提速""工人王××荣获国家科技进步奖"等。

复合标题,由眉题、正题、副题构成。眉题,又称引题、肩题,用来交代背景,说明原因,烘托气氛,解释意义等,一般多作虚题;正题,又称主题、母题,是标题的主体和核心,高度概括消息的中心内容,一般为实题。副题,又称辅题、子题,用来补充、注释、说明和印证主题,一般多作实题。例如:

老师随意缺课 学生回家自修 家长困惑(正题)
——上课咋也"缺斤少两"(副题)

中共十六届五中全会昨在京闭幕(引题)
全会通过"十一五"规划建议(正题)
会议由中央政治局主持,胡锦涛总书记作重要讲话(副题)

消息的标题力求含义明确、平易亲切、新颖生动、富有吸引力。采用哪种类型的标题,要视消息的内容酌情而定。

2. 导语:是消息的开头部分,要以简要的文字,突出最重要、最新鲜或最富有典型特征的事实,揭示新闻要旨,吸引读者阅读全文。它是整篇消息的核心和精华,是对标题内容的补充。导语写作的常用方法有:

叙述式,简明扼要地写出主要事实、经验等,或对全篇事实材料进行综合概括,揭示主要内容。例如:"我国音乐界第一个学术性团体——聂耳星海学会昨日在武汉成立。"

提问式,把消息中要解决的问题或要介绍的经验、做法以设问的形式提出来,然后用事实作答。例如:"目前世界上究竟有没有贫困的'第四世界'?有!尽管在这不断繁荣的年代里不多见,然而它却一直存在着。"

描写式,对富有特色的事实或有意义的一个侧面,用简练的笔墨进行传神的描绘,给读者以鲜明的印象。例如:"今天下午3点左右,正是立春时分,一场鹅毛大雪匆匆而来,又匆匆而去,由此结束了××市去年入冬以来没有降雪的记录。"

评论式,是对所报道的事实先作出定性评论,然后再用具体事实来阐明。例如:"北京人的生活节奏变快了。过去那种'工作不像工作,休息不像休息'的状况正在改变。"

引用式,引用消息中人物的深刻而富有意义的语言作为导语。例如:"'新农村是个筐,关键要有产业装;产业是根木桩桩,要有文化来包装。'这是朱衣仙子寨农民用自己的朴素语言对新农村的注解。今年春节以来,他们自发组织起来,决心改变家乡的贫穷面貌。"

导语的写作,要求开门见山地点出消息的主要内容;要避免与主体内容重复;要如实交代消息的来源和新闻根据,忌空话、假话;要醒目、明快地点明新闻要旨,语言要生动活泼、扼要凝练;要尽量简短,忌冗长;要新颖多样,忌千篇一律。

3. 主体:是消息的主要部分。它承接导语,对导语进行解释、深化或者补充新的事实,以进一步阐述导语所揭示的主题,或回答导语中提出的问题,对消息事实作具体的叙述与展开。

主体部分的撰写,要求运用生动形象的描述,自由灵活地安排层次与段落,避免平铺直叙,力求做到舍弃无关材料,突出主干;内容具体充实,紧扣中心,突出重点;合理安排层次,结构严密。

消息的结构安排多采用以下方法:

"倒金字塔式"结构,是将最重要、最新鲜的新闻事实放在导语里,主体部分再根据新闻内容的重要程度和读者的关注程度,按先主后次的顺序依次组织安排新闻材料。其特点是打破了记叙事件的常规顺序,按重要程度来编排材料,将最富有吸引力的重要材料放在篇首,以引起读者的阅读兴趣。这种结构适用于日常动态短消息的结构安排。

时间顺序结构,又叫编年体结构,是按时间顺序来安排事实,将先发生的放在前面,后发生的放在后面。这种结构叙事条理清晰,现场感强,适用于故事性强、以情节取胜的消息结构安排。

事物的内在联系或问题的逻辑关系结构,适用于经验介绍、综合评论消息的结构安排。按此结构来安排材料,不论是由果及因还是从点到面,不论是采用递进式、总分式还是并列式,都能做到有条有理,层次分明,有助于读者更好地领会消息的主题和意义。

4. 背景:是指事件发生的历史环境和缘由,用以说明事件发生的具体条件、性质和意义,它是为充实内容、烘托和突出主题服务的。它既可在主体部分出现,也可在导语或结尾部分出现,位置不固定。

背景材料一般有三类:一是对比性材料,即对事物进行前后、正反等的比较对照,以突出事件的重要性;二是说明性材料,即介绍政治背景、地理位置、历史演变、生产面貌、物质条件等;三是诠释性材料,即对人物生平的说明、专业术语的介绍、历史典故的解释等,以帮助读者理解消息的内容。根据写作需要,可选用不同的背景材料来说明、补充消息的内容。

5. 结语:是消息的最后一段或一句话,阐明消息所述事实的意义,以加深读者对消息的理解与感受,使其获得更多的启示。

结尾写得好,有利于深化消息的主题,增强报道效果。但不是所有的消息都要有结尾,如多数的动态消息往往没有结尾,而内容比较复杂的经验性消息、评述性消息常有结尾。

消息的结尾,有照应全文的,有点明意义的,有表明态度的,有展望前景的,有提出希望的,有进行评论的,等等。写作时应紧紧结合报道的新闻事实,写出有个性特点的结尾来,力求做到扣紧事实不空泛、增加信息不重复、简短精练不冗长。

（二）撰写要求

1. 控制篇幅，短小精悍。消息宜短不宜长，篇幅大的几百字，少的数十字，乃至一句话，力求有话则短，无话则免，简洁叙事。为此，消息要一事一文，一篇消息只需说清一件新闻；消息的标题、导语、主体之间的"三度反复"，要围绕同一新闻角度层层递进地叙述，不得简单重复，交叉冗余；在何时、何人和何事三要素齐全的前提下，可根据媒体和受众的特殊性取舍新闻要素，减少文字，缩短篇幅。

2. 直截了当，概述事实。新闻的本源是事实，新闻的生命在于真实——不仅要求现象的真实，而且力求做到本质的真实。同时，为了把最新的事实或信息尽快地告诉受众，写作上主要用概括叙述的手法，开门见山，直陈其事，简明扼要，客观叙事，寓理于事。

3. 语言简练，生动形象。要在炼字、炼句上多下工夫，尽量使用常用词汇，多解释，不要让读者去猜；要善于把概念的表述诉诸具体的形象，使消息的内容可闻、可见、可触、可感；恰当地使用一些通俗易懂、朗朗上口的口语、俚语，能极大地增强消息的亲和力和可读性，有助于将受众带到新闻现场，增强读者的阅读欲望。

第二节　例文解析

【例文 14-1 简报】

简报正文内容	解析
湖北省"大学生就业创业服务月"活动全面启动 　　20××年10月28日，湖北省"大学生就业创业服务月"启动仪式在武汉市光谷体育馆隆重举行。此次活动，是湖北省各级团组织进一步深化"中国青年就业创业行动"，切实为大学生就业创业服务的重要举措。省委常委吴永文出席启动仪式并向大学生代表赠送由团省委、省学联组织编写的《湖北大学生求职创业指南》。团中央青工部、湖北团省委和湖北省各大知名企业有关负责人等出席了启动仪式。 　　此次湖北共青团在全省范围内全面开展的以"岗位进校园、青春促和谐"为主题的"大学生就业创业服务月"活动，是以实际行动贯彻十七大精神、落实科学发展观，为高校毕业生特别是经济困难毕业生提供就业岗位和就业服务，帮助他们顺利走向社会，从而协助党和政府做好青	◀ 陈述性单标题，一报一事，简明扼要。 ◀ 概述启动仪式现场的总体情况：时间、地点、出席人员、活动内容与意义等。

年群众工作,为和谐社会与和谐青年的共生共长提供支持。

　　此次活动主要围绕"职业指导、岗位对接、就业援助、创业带动"等四个方面的内容,为大学生特别是高校毕业生提供就业服务。活动期间,将集中组织开展职业导航行动、"百企万岗"就业行动、就业援助行动、大学生创业行动等项目活动,重点是实施"四个一百"计划:100场"学习贯彻十七大、我与祖国共奋进"形势政策报告、100场就业创业校园励志报告、100名大学毕业生就业创业典型报告会、100场就业辅导报告。此外,还将组织"百企万岗促和谐"大型公益招聘会,为大学生特别是经济困难的优秀大学生就业提供岗位;启动湖北省第五届动感地带"挑战杯"大学生创业计划竞赛,培养学生的自主创新和创业能力。

　　启动仪式上,中国移动通信集团湖北有限公司向团省委捐赠100万元设立"湖北省大学生就业创业基金",进一步为大学生就业创业服务,直接为经济困难的大学生服务。

　　启动仪式后,与会领导一起观摩了在光谷体育馆举行的"百企万岗促和谐"经济困难的优秀大学生就业大型公益招聘会。招聘会邀请了武汉钢铁集团公司、东风汽车公司、中铁大桥集团等来自18个省市的知名企业、高校、科研院所共306家,涉及IT、电子技术、冶金等众多行业领域,提供工作岗位11121个,其中,武汉钢铁集团公司、东风汽车公司两家省内大型企业就分别一次性拿出500个岗位帮助大学生就业。招聘会共吸引了来自省内50多所高校,以及省外部分高校的50000余名高校毕业生参加,受到了青年学子的热烈欢迎。

　　此次招聘会,系今年以来湖北团省委组织举办的首场公益性高校毕业生就业招聘会,面向全省大学毕业生免费开放。为举办好此次招聘会,组织更多更好的企业提供有效岗位,湖北团省委采取"整合团内资源、依托强势媒体、联合专业机构"三步走的措施,为大学生就业牵线搭桥。同时,组织法律维权、心理咨询、就业指导等方面的专家,在招聘会现场为大学生提供权益保障、政策指导等多方面的就业服务。

◀ 补充说明该活动的背景:活动的主题思想、主要内容。有助于阅文者理解活动的意义,了解活动安排。

◀ 补充说明第一自然段启动仪式现场的信息,增强了活动内容的层次感。

◀ 介绍启动仪式当天的大型公益招聘会的基本情况,有助于表现活动的"全面启动"。

▲ 此份简报比较详细地报道了活动的主要信息,其中特别突出地报道了活动的主题、内容安排和招聘会情况。标题直截了当地陈述主题,正文重点突出,层次清晰,语言简练,有助于阅读者及时有效地把握活动的情况。

【例文 14-2 综合性大事记】

大事记内容

××县国土资源局20××年大事记

1月25日,市国土资源局党组成员、纪检组长任××来我局检查指导工作并对×××、×××工作提出了具体要求。

3月5日,我县1∶10000土地利用数据库建成并通过省级验收,使我县初步实现了地籍管理制度化、现代化,全面提高了地籍管理的工作效率和管理水平。

3月6日,全县集中整治违法用地、违法建设工作指挥部召开全体成员会议,总结前阶段"两违"整治工作的开展情况,分析存在的问题,部署处理阶段的工作任务。县长章××出席会议。

3月20日,我局荣获"十五"期间全省地籍管理"先进单位"称号。

4月27日,我局联合县法院等7部门一举拆除××镇××村的39座吊丝窑,拉开了全县小窑场大拆除的序幕。

4月28日,县政府在××会议中心召开全县耕地保护暨土地开发复垦整理工作会议,安排部署20××年的工作任务。县长章××、市国土资源局副局长王××作了重要讲话。

5月29日,县政府召开全县建设用地置换调度会。会议确定城关镇农贸大市场等5个地块为第一批上报的建设用地置换地块。

6月6日,国土资源部执法监察局巡视员黄××一行来我县调研窑厂毁田烧砖情况。

6月11日,我局组织拍卖1.07亩国有土地使用权,成交价204万元,创我县地价历史新高。

7月10日,"586"建设项目土地规划调整方案通过专家评审。

7月17日,我县建立土地储备制度。将按不低于土地收益20%的比例建立土地储备发展基金,基金纳入财政专户管理,专项用于土地储备的各项开支。

8月5日,县国土局、监察局联合启动查处土地违法违规案件专项行动"回头看"工作,旨在发现和纠正20××年11月份专项行动工作中存在的问题。

9月16日,公开选拔基层国土所所长笔试开考。这是我局首次公开选拔基层国土所所长3名。

解 析

◀ 标题由发文机关名称、时间与文种(大事记)构成。清楚地说明了事项产生的范围与时间。

◀ 以时间为序,依次安排结构。主要事项均是该县国土资源管理局职能活动中的重大事项。

◀ 该大事记记录的不是某一专题(如土地执法)工作的内容,而是针对国土资源局全局在履行职能活动中出现的各方面的大事、要事,如领导检查、获奖情况、重要会议、干部选拔等,其内容具有综合性。

▲ 这篇大事记标题简练,事项表达以日系事,内容清晰、精练;大事、要事选择恰当,确能体现该局的中心工作与主要职能活动。全文格式规范,语言平实简练,便于记事与查阅。

9月28日,我局成功拍卖6.17亩国有闲置土地,成交价805万元,标志着我县闲置土地处置进程全面提速。

11月6日,省检查组对我市矿产资源开发秩序整理和规范工作进行检查验收并给予了充分肯定。

12月15日,我局对查处的3起土地违法、违规案件通过电视媒体进行了公开曝光,惩处全过程将接受社会监督。

【例文14-3 专题性大事记】

大事记内容	解　析
北京奥运会筹备工作大事记 **(2008年1月～7月8日)**	◀ 标题由事由(北京奥运会筹备工作)与文种(大事记)构成。
1月20日,以"祥云"图案为核心图形的北京奥运会、残奥会制服在北京正式发布。工作人员制服为红色,志愿者制服为蓝色,技术官员制服为灰色。制服色彩动感流畅、欢快大方,传达了北京奥运会的理念,具有浓烈的中国文化特色。 　　2月27日,北京奥组委正式设立北京残奥会筹备工作指挥部,进一步加强对残奥会筹办工作的领导,充实残奥会筹办队伍。 　　3月24日,在希腊奥林匹亚举行北京奥运会圣火采集仪式,"祥云"火炬首次点燃奥运圣火。随后进行了为期6天的希腊境内传递。 　　3月30日,在雅典举行了圣火交接仪式。 　　3月31日,圣火抵达北京,在北京举行隆重的欢迎圣火进入中国仪式和北京奥运会火炬接力传递正式启动仪式。中共中央总书记、国家主席、中央军委主席胡锦涛在天安门广场点燃圣火盆,北京奥运会境内外传递活动正式启动。 　　3月31日,北京奥运会、残奥会赛会志愿者报名结束,赛会志愿者申请人数为112.5799万人,其中90.8334万人同时报名残奥会志愿者。 　　4月1日～5月3日,北京奥运会火炬完成境外传递。5月4日至今,奥运火炬内地传递正在进行。 　　4月9日,国际奥协主席拉涅亚在北京宣布,全世界205个国家和地区奥委会都将参加北京奥运会。这意味着,北京奥运会将成为历史上参赛国家和地区最多的一届奥运会。	◀ 全文始终围绕北京奥运会活动的推进情况来选择事项,表明了该篇大事记鲜明的专题性特点。 ◀ 时间项的表达规范、准确,以月系日,按照日期的先后顺序来排列事项。

4月12日,北京奥运村(残奥村)村长第一次工作会议在北京举行,会上宣布北京奥运村和残奥村设同一个村长工作班子,由全国人大常委会副委员长、北京奥组委副主席陈至立担任村长。

4月23日,北京奥运会门票设计方案正式发布:以祥云为核心图形的北京奥运会门票票面设计,充分体现了中国文化艺术和奥林匹克精神的完美结合。

◀ 事项的表达清楚,内容涉及的重要场景、重大事件、重要人物、重大项目建设与竣工等的表达简练。

5月8日,北京奥运会火炬在珠峰顶上传递,兑现了申奥时的承诺。全球数十亿观众通过电视、网络等方式目睹了人类这一伟大的壮举。

5月12日,四川汶川大地震发生。5月18日~21日,全国哀悼日。火炬传递活动暂停。

5月22日,北京奥运会火炬传递活动继续进行,四川省奥运会火炬传递活动调整至北京传递前的8月3日~5日进行。

6月28日,北京奥运会主体育场国家体育场"鸟巢"正式落成,此前这里已进行了两场好运北京的体育比赛。"鸟巢"的落成,标志着北京奥运会所有的竞赛场馆全部竣工,为奥运会做好了准备。

▲ 全文格式规范,层次清晰,内容简明,大事要事选择恰当,语言准确平实,切实地反映了奥运会筹备工作中的重大事项,有助于人们阅读与备查。

7月3日,北京奥运会和残奥会所需要的6000枚奖牌,已全部制作完毕,必和必拓公司在北京把奖牌正式移交给北京奥组委。

7月3日~4日,北京奥运会奥运村进行了综合测试,为7月27日奥运村正式开村奠定了坚实的基础。

7月8日,北京奥运会主新闻中心和国际广播中心正式启动,这里将成为来自全世界各地2万多名注册记者的"家"。

(摘自 http://www.beijing2008.cn)

【例文14-4 事件消息】

消息内容

七台河"11·27"矿难周年祭
李毅中质疑:为何还没人被究刑责?

本报哈尔滨11月22日电(记者王××)国家安监总局局长李毅中今天再次质疑:"11·27"事故发生快两年了,移送司法机关的10多名责任人,为何还没有得到处理?按照有关规定,移送司法机关、如何判刑

解析

◀ 标题为复合标题。正题使用疑问句,将消息所反映的主要问题直接提出来,直观醒目,能引起阅读兴趣。

◀ 导语,说明标题所提出的问题的背景,以便读者了解问题的来龙去脉。

等情况都应该向社会公布,希望早点把处理结果透明地公布。

黑龙江省省长张左己表态:一定要记住"11·27"事故的教训,事故中该处理的干部已经处理,但造成矿难的主要责任人移交检察院后却还没有得到处理,逍遥法外,怎么得了?不能睁只眼闭只眼,要好好查!

2005年11月27日,龙煤集团七台河分公司东风煤矿发生特别重大煤尘爆炸事故,死亡171人,伤48人。国务院调查组认定:这是一起重大责任事故。

2006年7月,经国务院常务会议研究,同意对东风煤矿矿长马金光、龙煤集团七台河分公司调度室主任杨俊生等11人移送司法机关追究刑事责任;同意对龙煤矿业集团有限责任公司总经理侯仁等21人给予相应的党纪、政纪处分。 ◀ 对新闻背景的追溯性交代,说明消息的缘由、经过。

今天再次提起那次事故,李毅中的眼圈红了。11月21日,李毅中特意率领督查组到东风煤矿走访,在曾经发生事故的井口,他声音略显颤抖地说:"当年我就站在这里等待救护队的人员救出死难的矿工,心情非常沉痛。" ◀ "声音略显颤抖""眼圈红了"等描述,表现出李毅中对职工生命安全的高度重视。

当李毅中了解到"11·27"事故中包括矿长在内的11名事故责任人还没有得到处理时,他气愤地说:"我是事故调查组组长,有权利责问事故责任追究。事故发生快两年了,为什么还没有处理结果?"李毅中当即请黑龙江省副省长刘海生了解此事。随后,当地有关方面反馈的信息是:大家都觉得很奇怪,谁都不清楚怎么回事。

在今天督查组与黑龙江省政府交换意见时,李毅中指出黑龙江省安全生产工作存在"死角漏洞"等问题。比如,七台河市在"回头看"过程中,对一些小企业还没有进行补课;对城子河瓦斯发电机组现场查看中,发现没有瓦斯浓度监控设施;东风煤矿瓦斯抽采率只有17%,远低于全省平均水平。 ◀ "谁都不清楚怎么回事""东风煤矿瓦斯抽采率只有17%"等现状揭示了地方政府、司法机关及矿难发生企业对职工生命安全的态度。

▲ 消息开头的"本报讯""本报电"等,称为消息头,它既是消息文体的标志,也是报纸等媒体"版权所有"的一种标志,又能表明消息来源,以利于读者判断,同时还能督促消息发布单位客观、翔实、新鲜、生动地报道消息。

▲ 全文用现场展示、人物对话、细节描写等鲜活的方式,揭示了矿难背后的深层原因,表达了如何维护职工生命安全这一重大主题。主题鲜明,层次清晰,语言生动,文字简短,具有很强的可读性。

(摘自《工人日报》2007年11月23日)

【例文 14-5 人物消息】

消息内容

刘翔夺金　创造世界高栏史传奇

新华社大阪 8 月 31 日体育专电（记者杨×　肖×××）起跑，刘翔落后！50 米，刘翔落后！80 米，刘翔依然落后！

大屏幕中的刘翔咬紧牙关、双眼爆出血丝，拼命地追赶着领先的美国名将特拉梅尔。

距离在一厘米一厘米地缩短，终点在一米一米地接近。还剩最后一个栏了，刘翔还在苦苦地追赶，他和特拉梅尔相差半个身子。

似乎只有奇迹发生，才能挽回刘翔当晚在世界田径锦标赛男子 110 米栏决赛中的"颓势"，而奇迹居然就在这瞬间出现！

最后 10 米，刘翔宛如霹雳雷神，以惊人的速度冲刺。撞线时，人们惊呆了，就在这短短的 10 米内，刘翔居然明显地超越了特拉梅尔，冠军最终属于刘翔！成绩是 12 秒 95！刘翔欣喜若狂！

这个胜利使刘翔成为世界高栏历史上，唯一将世界纪录创造者、奥运冠军和世界冠军称号集于一身的传奇明星，其"大满贯"成就超过了英国的杰克逊、美国的阿伦·约翰逊等巨星。这个胜利也结束了中国田径八年里在世界锦标赛上"零金牌"的尴尬。12 秒 95 是今年世界第二好成绩，也是刘翔第五次跑进 13 秒大关。

在这场竞争空前激烈的比赛中，特拉梅尔以 12 秒 99 的成绩赢得银牌，他的同胞帕内以 13 秒 02 的成绩获得铜牌。赛前对刘翔威胁最大的古巴新锐罗伯斯仅获第四名，成绩为 13 秒 15。中国另一名选手史冬鹏跑出个人最好成绩，以 13 秒 19 列第五名。

这场大战赛前充满变数。刘翔被分在最靠边的第九道，这是一条几乎从没产生过世界冠军的跑道。刘翔的对手极其凶悍，两届奥运会亚军特拉梅尔今年曾跑出过 12 秒 95；罗伯斯则在今年的赛事中战胜过刘翔，决赛前竞技状态奇佳。

刘翔当日提前两小时就开始热身，国内预测他夺金牌的呼声给了他空前的压力。"我非常紧张，以前比赛中从没这样紧张过，"刘翔赛后透露。他甚至在赛前哭了起来，他解释说是过于激动，"我对自己说一定要跑出来，我必须要夺冠军。"

刘翔起跑没有优势，前三栏起码有三名对手在他前面，最后一栏前

解析

◀ 单标题，揭示了消息的主题，点明了人物行为的结果，切合人物消息的特点。

◀ 导语，说明起跑后的情形，新颖、大胆，突破传统消息导语的写作手法。

◀ 描写刘翔追赶的过程，刻画细腻，现场感强，比赛的紧张和激烈跃然纸上。

◀ 丰富的背景材料巧妙地穿插于对现场的描写之中，文字凝练、生动、传神，有助于读者了解刘翔以前的战绩。

▲ 全文以独特的视角切入，抓住比赛中最具戏剧性的场面，捕捉到刘翔的典型细节，并深入挖掘出背后的新闻点。主题明确，结构新颖，语言形象生动，内容精练，充分体现了人物消息的写作特点。

依然没有优势。"幸亏我最后冲刺不错,最后一栏下来,我知道领先了一点点。要不是太紧张,今天应该能跑到 12 秒 90 左右,"刘翔赛后说。

孙海平教练赛后动情地说:"这是我带刘翔这么多年来最不容易的一场胜利。这次大赛刘翔的压力很大,我也是第一次看到他这么激动,刘翔太不容易了。"

刘翔承认,这是他拼得最狠、最残酷的一次比赛,"非常不容易,太棒了!太棒了!太棒了!"

◀ 直接引用刘翔及其教练的话语,凸现了消息中人物的思想、情感与精神风貌,说明"创造传奇"的不易,增强消息内容的可信度与吸引力。

(新华通讯社,2007 年 8 月 31 日)

【例文 14-6 会议消息】

消息内容

"只戴帽子,不给票子"
我省扶贫开发工作将在全国率先大胆实行"新政"
即将对"吃躺粮"的 2~4 个贫困县实行"断粮"

　　本报讯(记者杜×)"从 2008 年开始,我省将对 44 个扶贫开发重点县建立'只戴帽子,不给票子'的机制,打破以往'戴上帽子,只等票子'的'大锅饭机制',鼓励各贫困县在竞争中'跳起来摘桃子',把有限的资金落实到真正为扶贫开发工作下实劲的地方去!"

　　12 月 24 日,在全省贯彻落实科学发展观、弘扬红旗渠精神、推进扶贫开发理论研讨会上,省扶贫开发领导小组副组长、扶贫办主任张××的一席话,使 18 个省辖市扶贫办负责人受到强烈震动。

　　从 2003 年起,我省的扶贫开发工作从"撒胡椒面式"的普降甘霖,改变为"握紧拳头"的重点扶持。但是,由于缺乏竞争激励机制,44 个扶贫开发重点县中,少数县(市)存在着不推不动,等着每年上级给政策,省里给票子的"等馅饼"的"懒汉意识",不愿动,少作为。

　　为了打破这种"吃躺粮"、养懒人的消极局面,省扶贫办大胆创新工作机制,决定从明年开始,建立完备的竞争体系,对 44 个贫困县实行"只戴帽子,不给票子"的扶贫新政,使 2~4 个规划不到位、行动不积极、群众不满意的贫困县沉降为"资金轮空"县,以进一步提高扶贫开发水平。

解　析

◀ 生动形象的正题和简明快捷的副题,概括了该省扶贫新政的方向性内容。这种复合标题突破了"××召开××会议"的会议消息标题的传统写法。

◀ 导语,使用直接引语补充说明标题中"新政"的具体内容。

◀ 追溯了扶贫工作的发展过程,使"大胆变脸,惊险一跃"的河南扶贫新政(对"吃躺粮"的 2~4 个贫困县实行"断粮")有了历史发展的逻辑轨迹。

据记者了解，实行这种"大胆变脸，惊险一跃"的扶贫新政在全国尚属首次。

张××当天此言一出，立即在18个省辖市的扶贫办主任中激起一片惊呼和议论。会议结束，他们当即通过电话向各自的政府主管领导作了口头汇报——谁也不想被这趟改革之旅甩在车外。

记者问道："张主任，您想过吗？采取这种做法您不怕挨骂得罪人吗？"

对此，张××坚定地说："我不怕得罪人。因为这是为老百姓办事，它符合以人为本的科学发展观的本质要求，真正为百姓谋福的干部应该都能理解。"

昨晚，记者电话采访国家扶贫开发重点县鲁山县委书记贺××时，他对这种新举措斩钉截铁地表示："我非常赞同！不能惯着某些人老躺在国家的怀抱里吃现成的。我对鲁山县在未来的竞争中取胜充满信心。如果这种激励机制建立、实行起来，老百姓将会受益更大，扶贫开发效果肯定也会更好。"

▲ 本文作者视角独特，会议消息的新闻点抓取巧妙，避免了"会议认为""会议指出"等平铺直叙的固有表达程式，新颖、富有表现力。

◀ "我不怕得罪人！"的细节描写，直截了当地描述了新政实行者的改革勇气和政治远见。

◀ "非常赞同""充满信心""不能惯着某些人老躺在国家怀抱里吃现成的"等语言描写给这篇报道以有力的舆论基础支撑。

▲ 本文作者以饱含勇气和激情的笔触，简明扼要地传达出河南将在全国率先大胆实行扶贫"新政"。篇幅简短，意蕴深刻，语言生动形象，通俗易懂，是一篇大胆创新、夺人眼目的会议报道佳作。

（摘自《大河报》2007年12月27日）

【复习思考】

1. 信息材料的含义。信息材料具有哪些特点？现行组织中常用哪几种信息材料？
2. 信息材料与公文之间具有哪些主要不同？
3. 简报具有哪些特点？简报的格式包括哪些主要构成要素？
4. 简报有哪几种常用种类？简报正文编写的常用方法有哪些？编写简报要注意哪些问题？
5. 编写大事记的主要作用是什么？大事记的时间与事项表达要注意哪些问题？
6. 编写大事记时，如何选择大事要事？
7. 消息写作结构要素包括哪些？各部分如何写作？要注意哪些问题？
8. 现行组织中常用哪些种类的消息？各自的写作特点有哪些？
7. 请借助参考书或者网络选择本章所学的主要文种，对其进行格式、结构、语言等方面的剖析，掌握其写作特点。

【案例研习】

1. 指出下列信息材料中的不当之处,并予以修正:
(1) 一份节水工作简报:

节水工作简报

第六期(总第九十三期)

××市节约用水办公室　　　　　　　　　　　　　　　　2007-5-13

水危机不容忽视　中国发起全国性节约用水活动

今年五月十三日至十九日是"全国城市节约用水宣传周",宣传主题是"全面普及使用节水型生活用水器具,大力推进节水型城市建设"。建设部城市节约用水办公室和共青团中央宣传部今天向全国青少年发出"爱惜每一滴水,共建人水和谐"的倡议。并指出,中国淡水资源短缺,人为的水资源浪费和水环境污染现象依然严重,水危机不容忽视。

目前中国城镇年节约用水三十五亿吨左右,相当于中国城镇年供水总量的百分之六至八,也相当于南水北调水量的三分之一左右,节约用水的效益日益显现。目前中国日人均用水二百升左右,而新加坡日人均用水才一百五十多升,城镇用水浪费主要包括管网的漏失和家庭的不良用水习惯,所以我们节水潜力很大。

中国是一个干旱缺水国家,全国每年缺水三百至四百亿立方米,有四百多个城市缺水或严重缺水;此外,还存在水环境恶化等问题。最近几年,全国每年新增城镇人口一千六百万人左右。专家指出,建设节水型社会是解决中国干旱缺水问题最根本、最有效的战略措施。

为了提高城市居民节水意识,从一九九二年开始,每年五月十五日所在的那一周为"全国城市节水宣传周"。

(2) 一份20××年价格工作大事记:

20××年3月。出台标杆上网电价政策,统一制定并颁布各省新投产机组上网电价。

国家发展改革委与教育部、财政部联合印发《关于在全国义务教育阶段学校推行"一费制"收费办法的意见》,决定从20××年秋季学年开始,在全国政府举办的普通小学和普通初中(含义务教育阶段的特殊教育学校及特教班)推行"一费制"收费办法。

20××年4月。国务院办公厅印发《关于推进水价改革促进节约用水保护水资源的通知》,明确提出了水价改革的目标、原则和主要措施。

推行两部制上网电价改革试点,颁布东北区域电力市场竞争限价办法和辅助服务价格管理办法。

国家发展改革委与民航总局联合出台《民航国内航空运输价格改革方案》。

20××年5月。国务院印发《关于进一步深化粮食流通体制改革的意见》,全面放开粮食收购市场,转换粮食价格形成机制;决定20××年起对稻谷、20××年起对小麦实行最低收购价政策。

20××年6月。国家发展改革委与财政部、建设部、水利部和国家环保总局联合下发《关于贯彻国务院办公厅关于推进水价改革促进节约用水保护水资源有关问题的通知》。

20××年10月。对电解铝、铁合金等6个高耗能行业用电,区分淘汰类、限制类、允许和鼓励类企业试行差别电价。

20××年12月。国务院办公厅印发《南水北调工程基金筹集和使用管理办法》。

出台煤电价格联动机制措施;建立煤价监测制度。

印发《行政事业性收费项目审批管理暂行办法》。

(3) 一则会议消息:

中国节水用水先进技术设备展览会召开

全国节约用水办公室、水利部水资源管理中心主办的中国节水用水先进技术设备展览会于3月23~25日在京召开,受到社会各界的广泛关注。全国政协副主席××、水利部副部长×××,水利部、国家发展改革委、建设部有关司局的领导和各省市节约用水办公室的代表出席了23日的开幕式。

展会期间,一批优秀企业展出的具有国际先进节水理念、具备自主知识产权的技术设备备受广大消费者和生产者的关注。展会同期,展出了各省市目前节水型社会建设的成效和经验,一些优秀节水用水产品成为展览会上的焦点。与此同时,还举办了节水型社会建设展示,吸引了广大关心节水的普通市民、大中小学生,有近30000多人参观展览会,有力推动了节水技术产品在我国的普及和发展,为我国建设节水型社会创造了更加有利的环境。

2. 撰写信息材料

(1) 根据下列材料,自选角度,撰写一则会议消息:

20××年×月18日,××组织部召开了领导干部和公务员科学素质教育培训工作会议,会议要求,按照全民科学素质工作领导小组第二次会议的要求和《全民科学素质行动2012年工作要点》的部署,以实施《20××年~20××年领导干部和公务员科学素质行动实施方案》为主线,立足工作实际,发挥职能作用,突出重点,扎实工作,有力地推动各项教育培训工作的落实。主要内容包括:一是加强宏观指导。在干部教育培训工作中,把科学发展观等党的创新理论成果作为干部教育培训的中心内容,突出抓好对广大干部进行节约环保文明的生产方式和消费模式等方面的教育培训。二是扎实开展提高科学素质的教育培训。三是在领导干部境外培训中突出科学素质的教育培训。四是围绕"节约能源资源、保护生态环境、保障安全健康"的主题开展培训活动。

(2) 根据下列材料,撰写一则有关"绿色奥运"的消息:

国家游泳中心"水立方"采用了国际先进的净水新工艺,泳池的水经过砂滤—臭氧—活性炭等净水工艺的层层处理后已达到饮用水标准。奥运村、奥林匹克森林公园等5项工程采用了高水平的污水处理系统。

顺义奥林匹克水上公园启用了赛道水循环处理系统,采用曝气悬浮生物填料工艺和高效纤维过滤相结合的技术,每天可处理水流量7.2万立方米,25天可以循环一周期,可确保水质达到净化要求。

奥林匹克公园中心区水系通过建设自然水景修复系统,采用先进的净化技术,远期水质将好于Ⅲ类水体。结合雨水利用、信息化调度,每年将节约水量9万吨,节约水质维护费用约50万元。

所有奥运场馆都采用了中水利用技术。奥运村等地实现了污水零排放,污水处理及循环利用量每年达100万立方米。

"鸟巢"、五棵松篮球馆、奥林匹克森林公园等7个工程采用了太阳能光伏发电技术。北京射击馆、老山自行车馆、奥运村等10个工程采用了太阳能光热技术。奥运村6000平方米的太阳能热水系统在奥运会期间将为1.68万名运动员提供洗浴用热水。

奥运村再生水源热泵系统每年从再生水中提取的能量折合标煤约3600吨、折合天然气约270万立方米,可减排二氧化碳4300吨、二氧化硫148吨、粉尘40吨。

国家游泳中心和国家体育场利用膜结构充分利用自然光。北京科技大学体育馆、奥林匹克中心区地下商业区、森林公园、奥运村等4项工程采用了光导管采光技术。国家体育馆、射击馆等6项工程采用了自然采光屋面。

奥运会射击馆在双层幕墙之间安装有温度感应装置,可以根据温度的变化,使外界的冷风和热风与室内空气进行交换,实现自然通风对流。

(3) 根据下列材料,以交通部能源管理办公室的名义撰写一份发送全行业的、带有"按语"的信息简报:

奥运会前后北京交通节能减排的主要措施如下:

1. 加快轨道交通建设。目前,北京市共有轨道交通运营线路5条,运营里程142公里,车辆1166辆,日均客运量303万人次。

2. 发展大容量公共汽车。2005年至2008年5月共有4280辆载客容量大、运载能力高的新型环保城市铰接公共汽车投入运营。

3. 全力推进公共电汽车车辆更新。2005年到2007年,共更新10904辆老旧公共电汽车辆,已淘汰了全部国Ⅰ及国Ⅰ以下排放标准的老旧公交车辆。计划2008年7月前再完成新增、更新2500辆,截至5月底,已完成1300辆,新增、更新车辆全部达到欧Ⅳ排放标准。

4. 推广节能技术,加强运营管理。公共交通运营企业从新车购置、技术匹配、驾驶操作规范,到运营线路规划、车辆保养维护、新技术应用、指标考核管理、现场过程监控等各个环节入手,完善能耗定额指标管理。开展电动车、燃料电池车示范运营,奥运会期间将有50辆电动车、25辆混合动力车投入运营。

5. 加快更新出租汽车。从2005年1月开始,对出租汽车进行大规模更新,到目前已更新59996辆,占行业总车数的90%。2008年计划更新2000辆,目前已更新4805辆,提前并超额完成任务。更新出租车的排放标准全部达到国Ⅲ标准。

6. 推进省际客运,发展结点运输,鼓励车辆更新。北京市交通委员会为鼓励企业加快车辆更新,简化了车辆更新的许可程序。从2005年到2007年,北京市省际客运企业更新车辆343辆,2008年1月~5月又更新136辆。

7. 发展货运专用车辆、多轴重型车辆。北京市道路货运专用车辆比重从1990年的4.23%,提高到2007年的18.2%,专用载货汽车中,集装箱车、冷藏车和罐式车的年增长速度分别达到10.51%、7.31%和4.84%,重型车辆吨位比重达到普通载货汽车吨位总数的61.7%。

8. 采取各项措施,减少废气排放。开展对部分道路运输车辆技术状况和尾气排放的检测、开展对机动车维修企业露天喷烤漆作业和有机物挥发的治理;规定了高于国家标准的技术要求,对汽车维修竣工的检验标准提出了更高的要求;开展制冷剂回收利用工作;开展废油废液处理工作等。

9. 积极推进黄标车治理工作。截至2008年5月29日,道路运输车辆完成黄标车治理1697辆,其中本市道路运输车辆完成黄标车治理1261辆,为计划的12.6%;安装后处理产品670辆,签约车辆改造率为24%;提前淘汰、转出和更新车辆591辆。外省市省际客运车辆完成治理396辆,提前淘汰、转出和更新车辆40辆。

3. 认真阅读下列一则会议消息,并分析评述其写作特点:

全省人口和计划生育工作会议严肃查找问题
批评不留情面　响鼓仍需重锤

本报兰州讯(记者×××　×××)与日渐浓厚的节日欢乐气氛相比,1月21日的全省人口和计划生育工作会议显得有些沉重。计生委主任××当天下午的大会发言,把本系统一年来的"家丑"亮了个底儿朝天。

这份长达万余字的发言,有近两千字涉及了工作中的问题,共七个方面,从出生漏报、二女户结扎比例偏低、人口性别比失调、管理措施不到位到弄虚作假等无一幸免。

两个小时的会议中没有人交头接耳,没有手机铃声,近二百名代表脸色凝重,对被批评者进行"对号入座"。

无论问题大小,程度轻重,受到批评的都被直呼其名,没有"某县""某市"等含糊其辞的字眼。记者粗略地统计了一下,有七十多个市、县(区),在"主要问题"一栏中"榜上有名"。

"成绩鼓舞人心,问题触目惊心",省委常委、省委宣传部部长××如果是评价这份发言。

实际上,2005年我省的人口和计划生育工作取得了长足进展,如期完成了责任目标。全国人口和计划生育委员会主任×××在我省调研时指出,甘肃的计划生育工作"为在欠发达地区创新人口和计划生育工作思路、机制和工作方法,体现我们党以人为本、执政为民的根本要求,促进甘肃经济社会发展和实现可持续发展创造了成功经验。"据悉,省人口和计划生育委员会专设一项"求实进步奖",以杜绝计划生育工作中弄虚作假、虚报浮夸的不正之风。

计生委主任是日的发言,给全省的计划生育工作带了一个求真务实的好头。

(《甘肃日报》2006年1月23日1版)

第十五章 电子公文

第一节 电子公文

一、电子公文的含义

电子公文,是指各级、各类社会组织在履行职能、处理各项事务的活动中使用计算机系统及其网络环境生成、阅读、使用、传输、处理、保存的公文。

电子公文具有存储体积小、检索速度快、远距离快速传递及同时满足多用户共享等优点,是当前我国电子政务、电子商务不断推进与深入开展的必然产物,是降低公文制作成本、加强及时交流与沟通、提高管理效率的有效手段。

本教材所言的电子公文,泛指各级、各类社会组织在电子政务与电子商务等活动中形成的所有电子公文,不仅指党政机关,也指企事业单位、人民团体等社会组织形成、使用、归档保存的电子公文;不仅指红头"通用格式"的电子公文,也指非"通用格式"的电子公文;不仅指文本文件,还包括数字图形、声音、影像、多媒体、程序软件、数据库等多种信息类型的文件。

电子公文的文种种类与纸质文件相同,此处不再赘述。电子公文的信息类型,根据其生成的环境可以划分为:

1. 文本文件:指用计算机文字处理技术形成的文字文件、表格文件等,通常以 XML、RTF、TXT、PDF 为通用格式。

2. 图像文件:指用扫描仪、数码相机等外部设备获得的静态图像文件,以 JPEG、TIFF 为通用格式。

3. 图形文件:指采用计算机辅助设计或绘图工具获得的静态图形文件。

4. 影像文件:指用数码摄像机、视频采集卡等视频设备获得的动态图像文件,多以 MPEG、AVI 为通用格式。

5. 声音文件:指用音频设备获得并经计算机处理的文件,以 WAV、MP3 为通用格式。

6. 超媒体链接文件:指用计算机超媒体链接技术制作的文件。

7. 程序文件：指计算机使用的商用或自主开发的系统软件、支撑软件和应用软件等。

8. 数据文件：指用计算机软硬件系统进行信息处理等过程中形成的各种管理数据、参数等，以 DBF、XLS 文件为通用格式。

二、电子公文的特点

电子公文与纸质公文都属于公文的范畴，二者同样具有公文的工具性、权威性、规范性、实用性等重要属性，在公文的作用、公文的文种、公文的要素、公文的语言表达、公文的格式显现等方面也相同。但是，由于公文的载体形态、形成与生存技术环境的变化，因此二者在写作、制发、传递、办理、存储、保管、利用等环节中表现出明显的差异性。

与纸质公文相比，电子公文具有以下特点：

（一）载体的光介质磁介质化

纸质公文以纸张为载体，公文信息内容具有直接可读性；公文信息内容固化于纸张载体上，二者的结合具有稳固性，可以利用公文上的字体、字迹、纸张性质、印刷方式、印章、印文等物理特性来判断公文信息内容的真实性。而电子公文是以数字形式存储于磁带、磁盘、光盘等载体上，通过人的肉眼无法直接识读公文内容，必须借助于计算机设备显现公文内容后方能识读；其信息内容与载体的关系不再如纸质文件那么紧密，仅仅保证载体（磁带、磁盘、光盘等）的完好无损并不能确保信息内容的真实。可见，电子文件在可读性方面没有纸质公文快捷方便，其真实性比纸质公文更易受威胁，更难维护与认证。

（二）生存环境的电子化

对于纸质公文，人们能清楚地感受到公文的实际存在以及所接受到的信息的物理稳固性与真实性。而电子公文则不同，它是在计算机系统及其网络中生成、传递、阅读、处理、存储的，除另行打印的之外，都以电子文本形式出现，呈现为无纸化状态，人们往往不能感触到公文的实体。"电子化的环境"是电子公文生存的必备条件，因此，电子公文对由软件与硬件设备建构起来的电子环境具有与生俱来的依赖性。

（三）公文信息传输的即时化

纸质公文的发送与接收要借助于一定的传递工具的物理位移来实现，因此其接收与发送之间总是存在长短不同的时间差。而电子公文以 30 万公里/秒的速度通过纵横交错的网络来传递、交换信息，将公文从甲地传输到乙地的时间减缩到最低限度，一方发送公文与另一方接收公文几乎是同时的，实现了信息的同步实时传输。因此，电子公文的即时传递功能大大提高了信息传递的速度，从而提升了各级、各类社会组织的管理效率。

（四）办文程序的网络化

网络是电子公文所依附的主要物质载体，电子公文的收发文处理程序的办理全程均在网络环境下运行，如文稿的生成、审核、签发、复核、签章、发送等以及公文接收、审核、拟办、批办、承办、注办等办文处理程序均是在网络环境下来完成的，组织与组织之间、组织内部的机构与机构之间、组织与社会公众之间能够在畅通的网络中打破时间、空间、机构的限制办理公文，从而加强了办文者之间的相互联系与交流，减少了公文积压或"公文旅行"，避免了纸质公文流转中的时滞。

第二节　电子公文写作

一、电子公文的写作特点

（一）写作工具的简捷化

传统的公文写作工具，主要是用笔（毛笔、铅笔、钢笔等）在传统的界面上（竹、石、木、帛、纸等）篆刻、记录公文的信息内容，而电子公文写作则是以键盘、扫描仪、电子笔、数据板等作为新的电子书写工具。通过这些工具写出来的电子公文文稿可以方便地进行复制、增补、删除、修改、润色。写作工具的变革使电子公文写作比人工用笔写作更简单化、快捷化。

（二）写作格式的标准化

传统的公文写作活动的写作设备与写作环境相对比较独立，相互之间的依赖性不强，因此公文写作格式的统一化、标准化对公文阅读、处理的影响并不明显。而电子公文写作的软硬件环境、格式等都直接影响到公文的阅读与处理。因而，电子公文写作必须严格遵守国家有关标准与规范，如《党政机关公文格式》和《党政机关公文处理工作条例》等。同时，鉴于当前我国各级党政机关已广泛应用电子公文，有关部门又制发了《电子公文传输管理办法》《电子文件归档与管理办法》《电子公文归档管理暂行办法》《基于 XML 的电子公文格式规范》等专门规范电子公文的格式标准，提出传输、管理和归档等方面的标准和要求。还要求在系统软件设计开发时就把这些标准和规范提前设计嵌入电子公文的处理系统中，使之集成到技术框架中，以确保电子公文写作、运转系统与网络技术平台的规范化与标准化。目前，在一些办公系统中集成了一些通用化、标准化的写作软件，有助于公文写作的规范化与科学化。

（三）写作方式的非线性化

传统的公文写作方式是一种线性顺序方式，由于受到写作载体有限空间的影响，人们必须按照一定的时空顺序和逻辑顺序依次书写信息,而且信息很快就被固化、定型于载体上,并以不可逆的稳定的静态方式真实记录着公文作者所表达的思想意义,在公文处理、传输和存储等过程中具有持久性与稳定性。如果需对某一节点内容进行添加、删除、变动,就只得删除这个节点之后的所有文字,再接着续写,因而写作活动受到撰稿人所处的空间和时间的限制。而电子公文写作突破了传统写作的线性轨道,可进行逆向或多维度写作,甚至多主体同时写作,尤其是多媒体的电子文稿,可实现文字、声音、图像、图形并茂。电子公文写作还可瞬时编排文稿,无痕复制、无缝粘贴拼接大段文字,扩张句子,调换字体,改变或添加颜色,借助于超级链接功能可轻松转换写作平台,方便跳转于不同媒体、文本、或某些不同地址的阅读视点之间,从而打破了传统的点线叙事的固有模式,真正使撰稿人的思维以及写作处于一种超时空的、跨媒体的、全息式的电子文本的动态建构过程中。

（四）写作语言的规范化

传统的公文写作活动主要是撰文者个人驾驭语言的活动,因此撰文者个人的语言风格在公文中能够得到较明显的表现。而在电子环境中,规范的字库、词典以及语法规则、范文模板等已预先嵌入了计算机系统中,要求遣词造句必须通顺、准确,如果出现表达晦涩、歧义和不合语法等现象,计算机系统工具中的一些自动纠错功能系统就会启动,来主动地监控并指出语言文字的表达不规范问题,避免出现错别字或不合语法规则的词语或句子。例如：一些字处理软件中大都具有如下功能：在系统认为有问题的词语下方用下划线提醒并引起注意；在键入文字有误时会启动自动更正功能予以更正,保证输入文字的规范性；启动自动校对功能检查英文拼写错误、中文词汇使用不当,便于减少电子文本的差错率；在对词语和概念取得共识的基础上,使用不同国家的不同语言的公文还可以启动语言翻译功能,实现语言之间自动翻译或转换；自动图文集功能可以建立常用的公文专用语言、主题词表、专业术语表等电子词典,撰写公文时方便自动套用规范的词语。事实上,这种语言文字的"嵌入式技术框架"已经作为一种写作要素而存在,公文撰稿人能够时刻接受语言规范技术系统的"规则和资源"的约束,有助于实现公文写作语言表达的规范化。

（五）写作资源的网络化

在传统的公文写作活动中,搜集材料一般采用直接搜集和间接搜集两种方法,撰稿人通常要到档案馆(室)、图书馆查找所需资料,或者通过实地调查研究收集原始数据,需要花费的时间和精力比较多,但所获得的材料往往仍局限在某一时一地,范围较窄,渠道单一。而电子公文写作的材料搜集可以通过四通八达的互联网络实现,所有互联网络上的电子文本形成了一个巨大的信息素材库,通过点击鼠标,就可以随心所欲地找到所需要的统计数据及典型材料。网络作为电子公文撰稿人的合作伙伴,可以协助撰稿人访问各级党政机关的官方网站、电子档案馆、电子图书馆、电子报纸杂志、各种电子资料数据库等,利用搜索引擎的强大功能,方便地查找、下载所需材料。如现阶段党的路线方针政策、国家的法律、法规、规章、主营与主管业务方面的公共政策与决定意见、相同或相近行业系统和组织作出的重要决策、服务对象的意见建议等各种信息，实现了跨时空"一网打尽"过去与现在、本地与外地、国内与国际的各种相关联的材料，搜集时间快、范围广、内容全。这种写作材料的网络共享性，大大拓展了公文撰稿人的眼界与思路，有助于其提炼与升华公文主题。同时，由于网络材料都是数字形态，因此筛选、加工、引用、复制、粘贴等工作轻松快捷，这样就极大地提高了电子公文的写作效率。

（六）写作媒体的多元化

传统公文写作的媒体主要是单一化的文字符号，表现为信息内容与载体的一体化。而电子公文的写作，不仅可以用文字陈述内容，同时还可以将文本文件、图形文件、图像文件、影像文件、声音文件、数据库文件等不同格式的文件粘贴或链接在同一个电子公文文本中，使纯文本文件变成图、文、声、像并茂的多媒体文本，改变了传统公文的静态形象，其信息内容和形式不再定格在一个物理意义上的平面上与固定的时空坐标中，不再根植于人们可感触的物理空间之中，不再强调物理意义上的时间和空间的彼此协调性，从而赋予了电子公文以动态的新活力；生存于一种非线形的多维时空中，穿行在绚丽多彩的多媒体信息集合中，永不停息地对公文信息进行重新定位与建构，形成一种全息式信息呈现，这样就能够充分调动起阅文者的各种感觉器官，使之产生一种"身临其境"的"真实"感受。

二、电子公文的写作方法

从公文写作的规则、材料筛选、语言特点、结构要求等方面看，电子公文与纸质公文实质上同样要遵守本教材第一～五章中所介绍的公文写作的基本规范，因此在此章中不再重复。本节所言的"电子公文的写作方法"侧重于介绍电子公文写作技术的使用方法。

目前，常用的办公系统软件有 Microsoft Office、金山的 WPS Office、永中 Office 等。其中，比较常用的是 Microsoft Office，包括 Word 文字处理、Excel 电子表格、PowerPoint 幻灯片制作等。Word 文字处理在公文写作中使用频率很高。下面，即以 Word 文字处理为例，从使用方法出发，重点介绍电子公文的写作方法。

（一）文字符号的输入方法

Word 是目前国内各级、各类党政机关、企事业单位等组织的办公系统中通用的中文编辑软件，提供了多种常用的易学易记、使用方便、录入快速准确的中文输入法。

1. 自定义输入方法

写作者可根据各自的情况选择不同的输入法，可选用微软拼音输入法、智能 ABC 输入法、五笔输入法等，或重新安装其他输入方法，如语音识别输入方法、手写输入方法等；可选择自定义新词快速输入；可设置自动记忆，调整并优先显示常用词汇等。

例如：在智能 ABC 输入法状态下，快速输入文字符号可采用全拼方法，也可采用简拼方法输入词语或惯用语等；同时，还可高效使用"V 键"与其他"快捷键"输入方法：

V＋数字键 1：选择输入常用符号；

V＋数字键 2：选择输入各种格式的数字编号；

V＋数字键 3：选择输入常用标点、特殊符号和拼音字母大小写；

V＋数字键 4～8：选择输入各种拼音字母；

V＋数字键 9：选择输入各种线段符号；

V＋英文字母或英语单词：按空格键后，可输入该英文字母或者英语单词的小写格式；

Ctrl＋Alt＋.：快速输入省略号；

Shift＋数字键或符号键：可输入这些键的上一排符号；

Alt＋Enter：输入叠字，即输入第一个字后，按该组合键则输入下一个相同叠字。

2."插入"菜单输入方法

输入文字符号时，点击"插入"菜单，可输入时间、日期、页码、特殊符号、脚注与尾注、题注、索引与目录等内容；

通过建立的自动图文集插入一些公文专用语、机构名称与人员姓名、页眉与页脚格式；

通过插入图片、图形、图表、组织机构图、艺术字、图示、文本框、文件、对象、书签、超链接等项目，可以便捷地制作各种多媒体文件；

点击"插入"菜单上的"数字"命令，在弹出的"数字"对话框中输入需要的阿拉伯数字，然后在"数字类型"里面选择中文数字版式"壹、贰、叁……"，单击"确定"，可直接输入中文大写数字形式，如"壹佰贰拾叁万壹仟贰佰玖拾壹"。

3."软键盘"输入方法

Windows 内置的中文输入法提供了 13 种软键盘：PC 键盘、希腊字母、俄文字母、注音符号、拼音、日本平假名、日本片假名、标点符号、数字序号、数字符号、单位符号、制表符、特殊符号等。用鼠标右键单击输入法词条上的软键盘图标，在弹出的软键盘列表中选中所需要的软键盘，即可选定、插入各种形式的符号。

（二）电子公文模板的使用方法

电子公文模板，是指供公文撰稿人摹写、参考的公文的底板。它通常由一些办公系统软件附带，或者是由一些软件公司专门开发的应用软件产品，或者是由一些业务主管部门统一公开发布的公文模板，其格式规范，结构合理，允许个性化选择，或者根据统一规范进行自主再创作。便捷地运用公文模板，有助于学习公文写作的知识，提高公文写作的素质，掌握公文写作程式，提升公文写作效率，推动公文写作的规范化与科学化。

1. Word 自带模板的选用方法

选择"文件"下的"新建"，在 Word 窗口右侧会出现"新建文件"窗口任务格，单击"本机上的模板"，其中已经分门别类放置好了各种模板，有常用的空白文档、XML 文档、网页、电子邮件，报告类的公文向导、实用文体向导等，各种类型的备忘录、信函和传真向导等，可以单击相应的标签打开，其中会有相应的模板文件名及模板描述信息，并可预览。选中你所需要的模板，单击"确定"按钮即可打开已经套用该模板的新文件，然后根据实际需要在模板信息内容的基础上进行补充、修改与完善。

2. 修改、改造已有的公文模板

Word本身带有各式各样的文件模板，但使用时可能仍然不尽如人意。此时，可以自己来修改已有的公文模板，使它更符合自身公务活动的写作要求。首先，选择"文件"下"新建"的"模板"，从中选择一个类别，然后选择某一模板，双击打开，对该模板中的各种信息内容进行修改、改造，使之符合自身的业务需要、写作要求与专业规范，最后单击"文件"下的"另存为"，在"另存为"对话框的"保存类型"下拉框中选择"文件模板"，并默认保存在模板文件夹下。使用时，只需在模板文件夹下相应类别中找到自己修改后的模板，双击后即可使用。

3. 自定义公文模板

如果拟将一篇结构严谨、格式规范、语言准确简明的公文文档定义为模板，可选择"文件"下的"另存为"，然后再在"另存为"对话框中的"保存类型"下拉框中选择"文件模板"，再输入一个文件名，并把它保存到默认的模板文件夹下。以后只要选择"文件"下的"新建"，就可以在"常规"模板标签中看到自定义制作的模板，双击后即可使用自己定制的模板了。通过此法，可快速地把DOC文件转换为Word的模板。

4. 安装或下载辅助公文写作的模板

目前在市场上销售的辅助写作的应用软件《金山书信通》《中·港合同范例大全》《合同订立高手》《写作之星》等，提供了众多的公文模板，如《写作之星》中就包括每一模板的文体概念、基本特征、种类划分、使用范围、写作技法、规范例文等内容，还提供了典型的公文范本，购买并安装此类写作软件即可使用。此外，可以从网络上搜寻可以共享的并存放在Office Online或者其他网站上的Word模板，将其下载、安装到本地电脑上，或将一些权威机构制作的、在网络上公开发布的标准范本公文，如标准合同书、协议书、招投标书等，下载到本地电脑上并保存为模板，就可以方便地为我所用了。

5. 删除不必要的公文模板

如果不需要太多模板，或觉得安装了太多模板，可打开"资源管理器"，进入用户自定义模板文件夹，把相应的模板文件删除即可。

(三) 电子公文的编辑排版方法

1. 格式排版软件的使用方法

根据《党政机关公文格式》(GB/9704-2012)的规范要求设计的公文格式自动排版软件，可以帮助撰稿人制作格式规范的公文。通常，只要我们根据需要选择公文文种，打开该文种的模板，输入或者导入相应的公文内容信息，那么输出的Word文档中的公文要素的位置、字体字号、行间字间距、公文的文面等就均会按照规范的格式自动排版完毕，这样就极大地提高了公文排版的效率和准确性。一些格式排版工具还具有直接打印红头文件的功能，并嵌入Word中使用，方便、快捷地实现了公文的自动排版。

2. "快捷键"编辑排版方法

利用Word文档编辑窗口的菜单"文件""编辑""视图""插入"等可以编辑、排版文档。与这种利用菜单进行编辑排版的方法相比较，利用各种快捷键，可以大大提高编辑排版的速度：

Ctrl＋A（或 Ctrl＋小键盘上数字键）：选中全文；
Ctrl＋B：给选中的文字加粗（再按一次，取消加粗）；
Ctrl＋C：将选中的文字复制到剪贴板中；
Ctrl＋D：打开"字体"对话框，快速完成字体的各种设置；
Ctrl＋E：使光标所在行的文字居中；
Ctrl＋F：打开"查找与替换"对话框，并定位在"查找"标签上；
Ctrl＋G：打开"查找与替换"对话框，并定位在"定位"标签上；
Ctrl＋H：打开"查找与替换"对话框，并定位在"替换"标签上；
Ctrl＋I：使选中的文字倾斜（再按一次，取消倾斜）；
Ctrl＋J：两端对齐；
Ctrl＋K：打开"插入超级链接"对话框；
Ctrl＋L：使光标所在行的文本左对齐；
Ctrl＋Shift＋L：给光标所在行的文本加上"项目符号"；
Ctrl＋M：同时增加首行和悬挂缩进；
Ctrl＋Shift＋M：同时减少首行和悬挂缩进；
Ctrl＋N：新建一个空文档；
Ctrl＋O（或 Ctrl＋F12）：打开"打开"对话框；
Ctrl＋P（或 Ctrl＋Shift＋F12）：打开"打印"对话框；
Ctrl＋R：使光标所在行的文本右对齐；
Ctrl＋S：为新文档打开"另存为"对话框，或对当前文档进行保存；
Ctrl＋T：增加首行缩进；
Ctrl＋Shift＋T：减少首行缩进；
Ctrl＋U：给选中的文字加上下划线（再按一次，去掉下划线）；
Ctrl＋V：将剪贴板中的文本或图片粘贴到光标处。若剪贴板中有多个内容，则将最后一次内容粘贴到光标处；
Ctrl＋X：将选中的文字剪切到剪贴板中；
Ctrl＋Z：撤销刚才进行的操作（可以多次使用）；
Ctrl＋Delete：删除光标后面的一个词语（可反复使用）；
Ctrl＋退格键：删除光标前面的一个词语（可反复使用）；
Ctrl＋Enter：将光标以后的内容快速移到下一页；
Ctrl＋End：快速将光标移到文末；
Ctrl＋Home：快速将光标移到文首；
Ctrl＋Insert＋Insert：打开或更改"任务窗格"到"剪贴板"状态；
Ctrl＋Home：回到文档开头；
Ctrl＋End：回到文档末尾；

Ctrl＋Page Up：回到上一页的文档开头；

Ctrl＋Page Dn：回到下一页的文档开头；

Home 键：回到行首；

End 键：回到行末；

Ctrl＋向上或向下方向键：使光标依次向上或向下移动一个段落；

Ctrl＋向左或向右方向键：使光标依次向左或向右移动；

Ctrl＋Shift：切换汉字输入方法，按一次切换一种输入法。

3. 文本"块操作"的编辑排版方法

将鼠标置于页面左侧，等到鼠标变成向右的空心箭头时，单击左键选中一行；双击左键选中一段；三击左键选中全文；

将鼠标置于文档中，双击选中一个词语，三击选中一个段落；

将光标置于拟选文本的开头，单击鼠标，按住"Shift"键，然后拖动鼠标到拟选文本的末尾后单击，即可选中鼠标两次点击间的大块文本；

单击格式刷，可以复制一次所选内容的文字格式；

双击格式刷，可以将选定格式复制到多个位置，然后再次单击格式刷或按下"Esc"键即可关闭格式刷；

Shift＋Home：选中光标处到该行行首的文档；

Shift＋End：选中光标处到该行行末的文档；

Shift＋Page Down：选中光标后的一屏；

Shift＋Page Up：选中光标前的一屏。

(四) 电子公文的存储方法

1. 存储格式

电子公文的存储可选择以下常用格式：

一是 Word 格式：是比较规范的存储格式，是机关常用的公文文字编辑制作的格式，通常也是公文的报送格式。

二是网页格式：其体积比 Word 文档小、占用空间少，适合网页间的链接、显示和传送。在网络中传输或在网站上公布公文主要采用这种格式。

三是纯文本格式：是 TXT 文档格式，它是只保留文字信息的一种体积小、占用空间少的文本格式。

四是 XML 格式：XML 即可扩展置标语言(Extensible Markup Language)，是结构化描述电子公文格式与内容的一种存储格式。

此外，从网页下载公文时，公文存储常用如下格式：

一是存储全部网页：保留网页上的所有信息。

二是存储 Web 档案，单一文件：保留文档中的图片和文字。

三是存储网页，仅 HTML：只保留文字信息。

四是存储文本文件：只保留文字符号信息。

2. 存储介质

电子公文的写作过程中，一般应将电脑硬盘作为存储介质。硬盘是计算机必不可少的外部设备，也是保存计算机数据最重要的外部设备。它直接与网络连接，是保存网络传输和共享公文的一个存储介质，适合于公文写作状态中的文稿存储以及网络办公环境下的在线存储。如果在"工具"菜单中"选项"对话框中设置了自动保存、自动保存时间以及快速保存等，公文写作过程中系统会自动保存，即使出现突发事件，当重新启动 Word 编辑窗口时，系统也会重新恢复上次非正常退出的编辑文档，并要求选择是否保存，这样便于找回遗失的文稿内容。

电子公文撰写中一般不要将软磁盘、U 盘作为存储介质，特别是在电子公文写作的过程中，不要将软磁盘、U 盘作为工作状态的存储介质，因为软磁盘、U 盘介质容易损坏，造成数据丢失，一旦信息丢失，重新恢复原有信息比较困难，有的甚至无法恢复，从而使前期的写作成果付诸东流。但可以将软磁盘、U 盘作为从工作电脑的硬盘上临时转移电子公文文稿的存储介质。电子公文定稿制发后，对于一些需归档保存的电子公文还常采用容量大、读取容易、还原性强的移动硬盘、光盘等介质来存储信息，特别重要的公文，可选择一次性写入光盘、一次性写入 Worm 磁带和缩微胶片等存储介质。

三、电子公文的写作流程

在办公自动化的平台上，电子公文的撰写及其发文流程均是在无纸化的电子网络环境中完成的。为了更直观地了解在网络化的办公自动化系统中电子公文写作的过程，下面就以××省科协系统协同办公管理平台为例，依次介绍电子公文写作的主要流程。

（一）进入办公系统平台

打开××省科协系统协同办公管理平台（http://oa.sta.gd.cn），弹出如图 15-1 的登陆界面。

图 15-1　登录界面

输入用户名、密码。点击"进入系统"按钮。系统验证通过后，进入系统主页。如图 15-2 所示。

发文管理的流程可以在流程设置中自由设置，系统默认的发文流程包括拟稿、部门审核、领导审核、文件核稿、文件签发和归档等。以下重点介绍发文拟稿环节的主要内容。

图 15-2 主页面

(二)进入"发文拟稿"页面

在公文"发文拟稿"页面,集中了公文的基本要素,可分项目进行填写。在"主页面"上,点击"公文管理"标签,点击"发文管理"菜单下的"发文拟稿",进入"发文拟稿"页面,如图 15-3 所示。

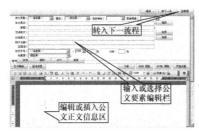

图 15-3 "发文拟稿"页面

(三)输入公文要素

在图 15-3"发文拟稿"页面的上半部分,可以直接输入文字,或者点击"▼"或者"选择"按钮选择输入公文要素。主要包括:

1. 发文类型。在"发文类型"中进行选择,其中的选项在"公文设置"的"文件类型"中自行选择或设置。

2. 模板。在"模板"中进行选择,其中的选项在"公文设置"的"公文模板"中自行选择或设置。

3. 秘密等级。在"秘密等级"中选择,其中的选项有:"秘密""机密"和"绝密",也可以不选择。

4. 紧急程度。在"紧急程度"中进行选择,其中的选项有:"平件""急件""紧急""特急"。

5. 选择或输入发文机关、主送机关、抄送机关。在"发文机关""主送机关"和"抄送机关"中直接输入或点击其后的"选择"按钮,在打开的对话框中进行选择。

6. 输入标题和附件名称。在"标题"和"附件"中输入。

7. 选择发文字号。在"发文字号"中进行选择,其中的选项在"公文设置"的"字号"中自行选择或设置。

8. 插入附件。

上述项目可以根据不同公文内容写作的需要选用。

(四) 编辑公文的正文

编辑正文。在图 15-3"发文拟稿"页面下半部分的 Word 编辑区里编辑公文的正文内容。

正文编辑区实现了与 Word 编辑功能的无缝链接,既可以方便地使用 Word 原有的编辑功能来直接起草公文,也可以轻松地通过页面右侧的"Word 模板"、"Excel 模板"等导入模板写作公文,还可以从本地电脑上快捷地上传已编辑好的公文文稿。上传正文如图 15-4 所示,单击"浏览"打开公文所在的文件夹,选中需上传的文件,点击"提交"按钮即可。

图 15-4　上传正文页面

点击"文档页码"按钮给当前编辑的公文的正文插入页码。

当鼠标或键盘焦点无法移动到 Word 中时可单击"刷新"按钮,焦点就又回到 Word 中。

(五) 保存或打印公文

1. 保存。点击"下载"按钮,打开"另存为"对话框,输入文件名,把编辑的 Word 正文保存到本地磁盘。

2. 打印。单击"打印文档"按钮,把当前显示的正文用打印机输出;单击"打印稿纸"按钮,当前拟定的发文就以设置好的稿纸形式输出一份稿纸。"发文稿纸"是在"公文设置"的"稿纸设置"中进行设置。

(六) 发文审核签发

点击"转下一步"按钮,提交进入审批流程。以业务部门草拟公文为例,公文审核签发流程在一般情况下是按照以下顺序进行的:

1. 各业务部门撰稿人草拟公文。

2. 撰稿人将公文发送给本部门负责人进行修改、审批。启动修订功能,可以保留各级领导的修改、审批痕迹,而公文起草者也可以看到其他人的修订、审阅痕迹。在 Word 文本编辑页面,点击菜单"工具"中的"修订",启动"修订"与"审阅"功能,设置成功后的状态如图 15-5 所示:

在"审阅"下的"显示"中可选择"显示标记的最终状态""批注""墨迹注释"等,如图15-6所示。

图 15-5　启动"修订"记录

图 15-6　启动"审阅"记录

对公文修订审阅的内容可以通过颜色、线形、作者、线框等进行个性化显示，点击图 15-6 中菜单"显示"中的"选项"，弹出"选项"对话框进行选择，如图 15-7 所示。

图 15-7　选择线形与颜色对话框

设置完成后，标注公文的修改、审阅的意见既可在公文文稿中进行，也可通过"批注"框表达，修改、审阅过程中增加或删除的文字都将被记录下来，如图 15-8 所示。

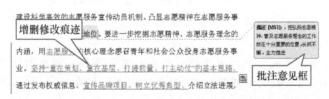

图 15-8　批注意见与修改痕迹保留示意图

3. 本部门负责人审核通过后，将公文发送综合办公部门的文秘人员拟办。如果办公室秘书认为发文有问题，可以直接退回草拟该文的业务部门再次办理。同时应当说明退回公文文稿的理由，以便于业务部门处理。

4. 文秘人员填写拟办意见后,发送综合办公部门的负责人进行审核。

5. 综合办公部门的负责人审核无误后,发送单位领导人审批签发。领导签发后的文稿即为定稿,具有法定效力。

经单位领导人审批签发后,依照签发意见,由综合办公部门复核、校对、加盖电子印章、登记,然后发出。此时,电子公文发文办理程序完毕。

【复习思考】

1. 什么是电子公文?
2. 与纸质公文相比较,电子公文具有哪些突出特点?
3. 与传统公文写作相比较,电子公文写作具有哪些重要特点?
4. 电子公文写作为什么必须要求使用通用的标准化平台?
5. 电子公文写作的模板使用有哪些方法?使用中应当注意哪些问题?
6. 办公自动化系统中编辑公文正文有哪些常用方法?

【案例研习】

1. 分析下列电子公文写作中存在的保密问题,并提出解决措施:

问题1:涉密电子公文写作场所不安全。机关办公很多时候是大家在一个公开的大办公室内。在写作涉密电子公文时,工作人员可能因接听电话、接待来访、出去办事等原因,离开办公电脑。而大多数人怕麻烦,不及时退出电子文档,造成正在处理的涉密公文信息暴露在其他工作人员眼前而泄密。

问题2:存放在电脑中的公文文稿的草稿或定稿副本成为保密管理的死角。一些单位的工作人员的办公电脑中保存着历年来起草的各种公文:普通的、内部的、秘密的等混合保存在一起,大多数经办人没有及时清理、删除,使涉密公文变成个人的"私有"财产,不经批准,可能被任意打印和复制。

问题3:移动U盘泄密隐患多。工作人员存储在U盘中的公文,在不同的办公电脑中辗转修改、审批与签发,随时都有可能泄密。

问题4:一些工作人员为了图方便、省事,经常直接在外网(互联网)上写作、处理涉密电子公文,这些存储在网络环境中的公文,极容易受黑客攻击或感染病毒,造成涉密信息被盗、被删除或被改写等严重后果。

问题5:打印机共享造成密件短时失控。用办公室共享的打印机打印电子密件时,全部打印完可能需要一定时间,本人又不及时取走,而其他人员正好在打印机前,造成密件泄密。

2. ××局建成了办公自动化环境中的协同办公平台,可实现包括电子公文处理与传输、检索查询统计、排版以及与Office的衔接等在内的多功能应用,可多部门协同办公。特别是电子公文处理与传输子系统的运行,实现了公文撰稿、审核、签发、复核等发文流程的全自动、无纸化办理。但该局一些领导认为,要保证公文的真实性和可靠性,还是纸质的公文更可靠些,因此要求公文起草部门将电子公文文稿打印出纸质的文稿来进行修改、审核与签发,最后再根据签发后的定稿修改电子文稿后发文,同时,要将审核签发的定稿及其发文稿纸扫描为电子文稿存档,电子版与纸质版对照印证,保留痕迹,以增强公文的稳定性与凭证性。

研讨问题:

上述××局使用两种方式对照印证来保存公文写作中原始痕迹的做法,你认为是否能更有效地保证电子公文的原始性与真实性?请陈述你的理由。

3. 办公笔记本电脑便于携带,是现代移动办公的重要工具,通常其中保存有大量已定稿或正在起草的公文信息,有的甚至可能涉及国家秘密、商业秘密或者个人隐私。2006年,英国特工曾接连丢失了三台存有绝密反恐情报的笔记本电脑,其中两台存有关于"基地"组织最新动向的情报,另外一台则存有关于北爱尔兰安全局势的重要资料。这三台绝密笔记本的遗失方式各不相同:前两台是两名特工在酒吧饮酒寻欢时不翼而飞的,第三台则是它的主人在伦敦火车站购买车票时,把电脑包放在了地上,结果一转身,电脑就不见了。2008年1月9日,英国皇家海军一名军官的一台笔记本电脑在伯明翰失窃,这台电脑中记录了大约60万人的个人信息,包括申请加入军队、护照、驾照、国家保险号码、家庭详细情况、医生地址以及国家医疗服务号码、个人银行账户等方面的信息。英国国防部承认,过去4年失窃或丢失的笔记本电脑多达747台,目前只找回32台。

研讨问题:

上述案例反映了什么问题?利用笔记本电脑移动办公,进行电子公文写作与处理时应当重视哪些问题?如何规避这一过程中威胁电子公文信息安全的风险?

4. 有些人认为,在办公自动化的平台上将不同文种的公文简化为填空式,撰写公文时直接将相关内容填入,就可轻松撰写制作一份公文;还有些人认为,各单位工作内容、程序等大同小异,写作公文时利用现有的电子公文模板,或者从网上下载一份相同文种的电子公文,将机关名称、领导职务、成文日期等改换成本单位的即可快速复制成文,因此,不必花大力气去学习公文写作知识与技巧了,如不必去掌握内容上的起承转合、语言上的表达规范、结构上的繁复变化等,这一切都可由计算机及网络来代劳了。

研讨问题:

你同意在办公自动化平台上"不必去花时间学习公文写作知识与技巧了,如不必去掌握内容上的起承转合、语言上的表达规范、结构上的繁复变化等,这一切都可由计算机及网络来代劳了"的观点吗?为什么?如何正确理解电子公文写作模版的使用与电子公文写作的关系?

附　　录

附录1　党政机关公文处理工作条例

（中共中央办公厅、国务院办公厅 2012 年 4 月 16 日发布）

第一章　总　　则

第一条　为了适应中国共产党机关和国家行政机关（以下简称党政机关）工作需要，推进党政机关公文处理工作科学化、制度化、规范化，制定本条例。

第二条　本条例适用于各级党政机关公文处理工作。

第三条　党政机关公文是党政机关实施领导、履行职能、处理公务的具有特定效力和规范体式的文书，是传达贯彻党和国家的方针政策，公布法规和规章，指导、布置和商洽工作，请示和答复问题，报告、通报和交流情况等的重要工具。

第四条　公文处理工作是指公文拟制、办理、管理等一系列相互关联、衔接有序的工作。

第五条　公文处理工作应当坚持实事求是、准确规范、精简高效、安全保密的原则。

第六条　各级党政机关应当高度重视公文处理工作，加强组织领导，强化队伍建设，设立文秘部门或者由专人负责公文处理工作。

第七条　各级党政机关办公厅（室）主管本机关的公文处理工作，并对下级机关的公文处理工作进行业务指导和督促检查。

第二章　公文种类

第八条　公文种类主要有：

（一）决议。适用于会议讨论通过的重大决策事项。

（二）决定。适用于对重要事项作出决策和部署、奖惩有关单位和人员、变更或者撤销下级机关不适当的决定事项。

（三）命令（令）。适用于公布行政法规和规章、宣布施行重大强制性措施、批准授予和晋升衔级、嘉奖有关单位和人员。

（四）公报。适用于公布重要决定或者重大事项。

（五）公告。适用于向国内外宣布重要事项或者法定事项。

（六）通告。适用于在一定范围内公布应当遵守或者周知的事项。

（七）意见。适用于对重要问题提出见解和处理办法。

（八）通知。适用于发布、传达要求下级机关执行和有关单位周知或者执行的事项，批转、转发公文。

（九）通报。适用于表彰先进、批评错误、传达重要精神和告知重要情况。

（十）报告。适用于向上级机关汇报工作、反映情况，回复上级机关的询问。

（十一）请示。适用于向上级机关请求指示、批准。

（十二）批复。适用于答复下级机关请示事项。

（十三）议案。适用于各级人民政府按照法律程序向同级人民代表大会或者人民代表大会常务委员会提请审议事项。

（十四）函。适用于不相隶属机关之间商洽工作、询问和答复问题、请求批准和答复审批事项。

（十五）纪要。适用于记载会议主要情况和议定事项。

第三章　公文格式

第九条　公文一般由份号、密级和保密期限、紧急程度、发文机关标志、发文字号、签发人、标题、主送机关、正文、附件说明、发文机关署名、成文日期、印章、附注、附件、抄送机关、印发机关和印发日期、页码等组成。

（一）份号。公文印制份数的顺序号。涉密公文应当标注份号。

（二）密级和保密期限。公文的秘密等级和保密的期限。涉密公文应当根据涉密程度分别标注"绝密""机密""秘密"和保密期限。

（三）紧急程度。公文送达和办理的时限要求。根据紧急程度，紧急公文应当分别标注"特急""加急"，电报应当分别标注"特提""特急""加急""平急"。

（四）发文机关标志。由发文机关全称或者规范化简称加"文件"二字组成，也可以使用发文机关全称或者规范化简称。联合行文时，发文机关标志可以并用联合发文机关名称，也可以单独用主办机关名称。

（五）发文字号。由发文机关代字、年份、发文顺序号组成。联合行文时，使用主办机关的发文字号。

（六）签发人。上行文应当标注签发人姓名。

（七）标题。由发文机关名称、事由和文种组成。

（八）主送机关。公文的主要受理机关，应当使用机关全称、规范化简称或者同类型机关统称。

（九）正文。公文的主体，用来表述公文的内容。

（十）附件说明。公文附件的顺序号和名称。

（十一）发文机关署名。署发文机关全称或者规范化简称。

（十二）成文日期。署会议通过或者发文机关负责人签发的日期。联合行文时，署最后签发机关负责人签发的日期。

（十三）印章。公文中有发文机关署名的，应当加盖发文机关印章，并与署名机关相符。有特定发文机关标志的普发性公文和电报可以不加盖印章。

（十四）附注。公文印发传达范围等需要说明的事项。

（十五）附件。公文正文的说明、补充或者参考资料。

（十六）抄送机关。除主送机关外需要执行或者知晓公文内容的其他机关，应当使用机关全称、规范化简称或者同类型机关统称。

（十七）印发机关和印发日期。公文的送印机关和送印日期。

（十八）页码。公文页数顺序号。

第十条　公文的版式按照《党政机关公文格式》国家标准执行。

第十一条　公文使用的汉字、数字、外文字符、计量单位和标点符号等，按照有关国家标准和规定执行。民族自治地方的公文，可以并用汉字和当地通用的少数民族文字。

第十二条　公文用纸幅面采用国际标准A4型。特殊形式的公文用纸幅面，根据实际需要确定。

第四章　行文规则

第十三条　行文应当确有必要，讲求实效，注重针对性和可操作性。

第十四条　行文关系根据隶属关系和职权范围确定。一般不得越级行文，特殊情况需要越级行文的，应当同时抄送被越过的机关。

第十五条　向上级机关行文，应当遵循以下规则：

（一）原则上主送一个上级机关，根据需要同时抄送相关上级机关和同级机关，不抄送下级机关。

（二）党委、政府的部门向上级主管部门请示、报告重大事项，应当经本级党委、政府同意或者授权；属于部门职权范围内的事项应当直接报送上级主管部门。

（三）下级机关的请示事项，如需以本机关名义向上级机关请示，应当提出倾向性意见后上报，不得原文转报上级机关。

（四）请示应当一文一事。不得在报告等非请示性公文中夹带请示事项。

（五）除上级机关负责人直接交办事项外，不得以本机关名义向上级机关负责人报送公文，不得以本机关负责人名义向上级机关报送公文。

（六）受双重领导的机关向一个上级机关行文，必要时抄送另一个上级机关。

第十六条　向下级机关行文，应当遵循以下规则：

（一）主送受理机关，根据需要抄送相关机关。重要行文应当同时抄送发文机关的直接上级机关。

（二）党委、政府的办公厅(室)根据本级党委、政府授权，可以向下级党委、政府行文，其他部门和单位不得向下级党委、政府发布指令性公文或者在公文中向下级党委、政府提出指令性要求。需经政府审批的具体事项，经政府同意后可以由政府职能部门行文，文中须注明已经政府同意。

（三）党委、政府的部门在各自职权范围内可以向下级党委、政府的相关部门行文。

（四）涉及多个部门职权范围内的事务，部门之间未协商一致的，不得向下行文；擅自行文的，上级机关应当责令其纠正或者撤销。

（五）上级机关向受双重领导的下级机关行文，必要时抄送该下级机关的另一个上级机关。

第十七条　同级党政机关、党政机关与其他同级机关必要时可以联合行文。属于党委、政府各自职权范围内的工作，不得联合行文。

党委、政府的部门依据职权可以相互行文。

部门内设机构除办公厅(室)外不得对外正式行文。

第五章　公文拟制

第十八条　公文拟制包括公文的起草、审核、签发等程序。

第十九条　公文起草应当做到：

（一）符合党的理论路线方针政策和国家法律法规，完整准确体现发文机关意图，并同现行有关公文相衔接。

（二）一切从实际出发，分析问题实事求是，所提政策措施和办法切实可行。

（三）内容简洁,主题突出,观点鲜明,结构严谨,表述准确,文字精练。

（四）文种正确,格式规范。

（五）深入调查研究,充分进行论证,广泛听取意见。

（六）公文涉及其他地区或者部门职权范围内的事项,起草单位必须征求相关地区或者部门意见,力求达成一致。

（七）机关负责人应当主持、指导重要公文起草工作。

第二十条　公文文稿签发前,应当由发文机关办公厅(室)进行审核。审核的重点是：

（一）行文理由是否充分,行文依据是否准确。

（二）内容是否符合党的理论路线方针政策和国家法律法规;是否完整准确体现发文机关意图;是否同现行有关公文相衔接;所提政策措施和办法是否切实可行。

（三）涉及有关地区或者部门职权范围内的事项是否经过充分协商并达成一致意见。

（四）文种是否正确,格式是否规范;人名、地名、时间、数字、段落顺序、引文等是否准确;文字、数字、计量单位和标点符号等用法是否规范。

（五）其他内容是否符合公文起草的有关要求。

需要发文机关审议的重要公文文稿,审议前由发文机关办公厅(室)进行初核。

第二十一条　经审核不宜发文的公文文稿,应当退回起草单位并说明理由;符合发文条件但内容需作进一步研究和修改的,由起草单位修改后重新报送。

第二十二条　公文应当经本机关负责人审批签发。重要公文和上行文由机关主要负责人签发。党委、政府的办公厅(室)根据党委、政府授权制发的公文,由授权机关主要负责人签发或者按照有关规定签发。签发人签发公文,应当签署意见、姓名和完整日期;圈阅或者签名的,视为同意。联合发文由所有联署机关的负责人会签。

第六章　公文办理

第二十三条　公文办理包括收文办理、发文办理和整理归档。

第二十四条　收文办理主要程序是：

（一）签收。对收到的公文应当逐件清点,核对无误后签字或者盖章,并注明签收时间。

（二）登记。对公文的主要信息和办理情况应当详细记载。

（三）初审。对收到的公文应当进行初审。初审的重点是：是否应当由本机关办理,是否符合行文规则,文种、格式是否符合要求,涉及其他地区或者部门职权范围内的事项是否已经协商、会签,是否符合公文起草的其他要求。经初审不符合规定的公文,应当及时退回来文单位并说明理由。

（四）承办。阅知性公文应当根据公文内容、要求和工作需要确定范围后分送。批办性公文应当提出拟办意见报本机关负责人批示或者转有关部门办理;需要两个以上部门办理的,应当明确主办部门。紧急公文应当明确办理时限。承办部门对交办的公文应当及时办理,有明确办理时限要求的应当在规定时限内办理完毕。

（五）传阅。根据领导批示和工作需要将公文及时送传阅对象阅知或者批示。办理公文传阅应当随时掌握公文去向,不得漏传、误传、延误。

（六）催办。及时了解掌握公文的办理进展情况,督促承办部门按期办结。紧急公文或者重要公文应当由专人负责催办。

（七）答复。公文的办理结果应当及时答复来文单位,并根据需要告知相关单位。

第二十五条　发文办理主要程序是：

（一）复核。已经发文机关负责人签批的公文,印发前应当对公文的审批手续、内容、文种、格式等进行复核；需作实质性修改的，应当报原签批人复审。

（二）登记。对复核后的公文，应当确定发文字号、分送范围和印制份数并详细记载。

（三）印制。公文印制必须确保质量和时效。涉密公文应当在符合保密要求的场所印制。

（四）核发。公文印制完毕，应当对公文的文字、格式和印刷质量进行检查后分发。

第二十六条 涉密公文应当通过机要交通、邮政机要通信、城市机要文件交换站或者收件机关机要收发人员进行传递，通过密码电报或者符合国家保密规定的计算机信息系统进行传输。

第二十七条 需要归档的公文及有关材料，应当根据有关档案法律法规以及机关档案管理规定，及时收集齐全、整理归档。两个以上机关联合办理的公文，原件由主办机关归档，相关机关保存复制件。机关负责人兼任其他机关职务的，在履行所兼职务过程中形成的公文，由其兼职机关归档。

第七章 公文管理

第二十八条 各级党政机关应当建立健全本机关公文管理制度，确保管理严格规范，充分发挥公文效用。

第二十九条 党政机关公文由文秘部门或者专人统一管理。设立党委（党组）的县级以上单位应当建立机要保密室和机要阅文室，并按照有关保密规定配备工作人员和必要的安全保密设施设备。

第三十条 公文确定密级前，应当按照拟定的密级先行采取保密措施。确定密级后，应当按照所定密级严格管理。绝密级公文应当由专人管理。

公文的密级需要变更或者解除的，由原确定密级的机关或者其上级机关决定。

第三十一条 公文的印发传达范围应当按照发文机关的要求执行；需要变更的，应当经发文机关批准。

涉密公文公开发布前应当履行解密程序。公开发布的时间、形式和渠道，由发文机关确定。

经批准公开发布的公文，同发文机关正式印发的公文具有同等效力。

第三十二条 复制、汇编机密级、秘密级公文，应当符合有关规定并经本机关负责人批准。绝密级公文一般不得复制、汇编，确有工作需要的，应当经发文机关或者其上级机关批准。复制、汇编的公文视同原件管理。

复制件应当加盖复制机关戳记。翻印件应当注明翻印的机关名称、日期。汇编本的密级按照编入公文的最高密级标注。

第三十三条 公文的撤销和废止，由发文机关、上级机关或者权力机关根据职权范围和有关法律法规决定。公文被撤销的，视为自始无效；公文被废止的，视为自废止之日起失效。

第三十四条 涉密公文应当按照发文机关的要求和有关规定进行清退或者销毁。

第三十五条 不具备归档和保存价值的公文，经批准后可以销毁。销毁涉密公文必须严格按照有关规定履行审批登记手续，确保不丢失、不漏销。个人不得私自销毁、留存涉密公文。

第三十六条 机关合并时，全部公文应当随之合并管理；机关撤销时，需要归档的公文经整理后按照有关规定移交档案管理部门。

工作人员离岗离职时，所在机关应当督促其将暂存、借用的公文按照有关规定移交、清退。

第三十七条 新设立的机关应当向本级党委、政府的办公厅（室）提出发文立户申请。经审查符合条件的，列为发文单位，机关合并或者撤销时，相应进行调整。

第八章 附则

第三十八条 党政机关公文含电子公文。电子公文处理工作的具体办法另行制定。

第三十九条 法规、规章方面的公文,依照有关规定处理。外事方面的公文,依照外事主管部门的有关规定处理。

第四十条 其他机关和单位的公文处理工作,可以参照本条例执行。

第四十一条 本条例由中共中央办公厅、国务院办公厅负责解释。

第四十二条 本条例自 2012 年 7 月 1 日起施行。1996 年 5 月 3 日中共中央办公厅发布的《中国共产党机关公文处理条例》和 2000 年 8 月 24 日国务院发布的《国家行政机关公文处理办法》停止执行。

附录2 标点符号用法

（中华人民共和国国家标准 GB/T 15834—2011）

1 范围

本标准规定了现代汉语标点符号的用法。
本标准适用于汉语的书面语（包括汉语和外语混合排版时的汉语部分）。

2 术语和定义

下列术语和定义适用于本文件。

2.1 标点符号 punctuation

辅助文字记录语言的符号，是书面语的有机组成部分，用来表示语句的停顿、语气以及标示某些成分（主要是词语）的特定性质和作用。

注：数学符号、货币符号、校勘符号、辞书符号、注音符号等特殊领域的专门符号不属于标点符号。

2.2 句子 sentence

前后都有较大停顿、带有一定的语气和语调、表达相对完整意义的语言单位。

2.3 复句 complex sentence

由两个或多个在意义上有密切关系的分句组成的语言单位，包括简单复句（内部只有一层语义关系）和多重复句（内部包含多层语义关系）。

2.4 分句 clause

复句内两个或多个前后有停顿、表达相对完整意义、不带有句末语气和语调、有的前面可添加关联词语的语言单位。

2.5 语段 expression

指语言片段，是对各种语言单位（如词、短语、句子、复句等）不做特别区分时的统称。

3 标点符号的种类

3.1 点号

点号的作用是点断，主要表示停顿和语气。分为句末点号和句内点号。

3.1.1 句末点号

用于句末的点号，表示句末停顿和句子的语气。包括句号、问号、叹号。

3.1.2 句内点号

用于句内的点号，表示句内各种不同性质的停顿。包括逗号、顿号、分号、冒号。

3.2 标号

标号的作用是标明，主要标示某些成分（主要是词语）的特定性质和作用。包括引号、括号、破折号、省略号、着重号、连接号、间隔号、书名号、专名号、分隔号。

4 标点符号的定义、形式和用法

4.1 句号

4.1.1 定义
句末点号的一种,主要表示句子的陈述语气。

4.1.2 形式
句号的形式是"。"。

4.1.3 基本用法

4.1.3.1 用于句子末尾,表示陈述语气。使用句号主要根据语段前后有较大停顿、带有陈述语气和语调,并不取决于句子的长短。

示例1:北京是中华人民共和国的首都。

示例2:(甲:咱们走着去吧?)乙:好。

4.1.3.2 有时也可表示较缓和的祈使语气和感叹语气。

示例1:请您稍等一下。

示例2:我不由地感到,这些普通劳动者也同样是很值得尊敬的。

4.2 问号

4.2.1 定义
句末点号的一种,主要表示句子的疑问语气。

4.2.2 形式
问号的形式是"?"。

4.2.3 基本用法

4.2.3.1 用于句子末尾,表示疑问语气(包括反问、设问等疑问类型)。使用问号主要根据语段前后有较大停顿、带有疑问语气和语调,并不取决于句子的长短。

示例1:你怎么还不回家去呢?

示例2:难道这些普通的战士不值得歌颂吗?

示例3:(一个外国人,不远万里来到中国,帮助中国的抗日战争。)这是什么精神?这是国际主义的精神。

4.2.3.2 选择问句中,通常只在最后一个选项的末尾用问号,各个选项之间一般用逗号隔开。当选项较短且选项之间几乎没有停顿时,选项之间可不用逗号。当选项较多或较长,或有意突出每个选项的独立性时,也可每个选项之后都用问号。

示例1:诗中记述的这场战争究竟是真实的历史描述,还是诗人的虚构?

示例2:这是巧合还是有意安排?

示例3:要一个什么样的结尾:现实主义的?传统的?大团圆的?荒诞的?民族形式的?有象征意义的?

示例4:(他看着我的作品称赞了我。)但到底是称赞我什么:是有几处画得好?还是什么都敢画?抑或只是一种对于失败者的无可奈何的安慰?我不得而知。

示例5:这一切都是由客观的条件造成的?还是由行为的惯性造成的?

4.2.3.3 在多个问句连用或表达疑问语气力加重时,可叠用问号。通常应先单用,再叠用,最多叠用三个问号。在没有异常强烈的情感表达需要时不宜叠用问号。

示例:这就是你的做法吗?你这个总经理是怎么当的??你怎么竟敢这样欺骗消费者???

4.2.3.4 问号也有标号的用法,即用于句内,表示存疑或不详。

示例1:马致远(1250?—1321),大都人,元代戏曲家、散曲家。

示例2：钟嵘(？～518)，颍川长社人，南朝梁代文学批评家。

示例3：出现这样的文字错误，说明作者(编者？校者？)很不认真。

4.3 叹号

4.3.1 定义

句末点号的一种，主要表示句子的感叹语气。

4.3.2 形式

叹号的形式是"！"。

4.3.3 基本用法

4.3.3.1 用于句子末尾，主要表示感叹语气，有时也可表示强烈的祈使语气、反问语气等。使用叹号主要根据语段前后有较大停顿、带有感叹语气和语调或带有强烈的祈使、反问语气和语调，并不取决于句子的长短。

示例1：才一年不见，这孩子都长这么高啦！

示例2：你给我住嘴！

示例3：谁知道他今天是怎么搞的！

4.3.3.2 用于拟声词后，表示声音短促或突然。

示例1：咔嚓！一道闪电划破了夜空。

示例2：咚！咚咚！突然传来一阵急促的敲门声。

4.3.3.3 表示声音巨大或声音不断加大时，可叠用叹号；表达强烈语气时，也可叠用叹号，最多叠用三个叹号。在没有异常强烈的情感表达需要时不宜叠用叹号。

示例1：轰！！在这天崩地塌的声音中，女娲猛然醒来。

示例2：我要揭露！我要控诉！！我要以死抗争！！！

4.3.3.4 当句子包含疑问、感叹两种语气且都比较强烈时(如带有强烈感情的反问句和带有惊愕语气的疑问句)，可在问号后再加叹号(问号、叹号各一)。

示例1：这么点困难就能把我们吓倒吗？！

示例2：他连这些最起码的常识都不懂，还敢说自己是高科技人才？！

4.4 逗号

4.4.1 定义

句内点号的一种，表示句子或语段内部的一般性停顿。

4.4.2 形式

逗号的形式是"，"。

4.4.3 基本用法

4.4.3.1 复句内各分句之间的停顿，除了有时用分号(见4.6.3.1)，一般都用逗号。

示例1：不是人们的意识决定人们的存在，而是人们的社会存在决定人们的意识。

示例2：学历史使人更明智，学文学使人更聪慧，学数学使人更精细，学考古使人更深沉。

示例3：要是不相信我们的理论能反映现实，要是不相信我们的世界有内在和谐，那就不可能有科学。

4.4.3.2 用于下列各种语法位置：

a) 较长的主语之后。

示例1：苏州园林建筑各种门窗的精美设计和雕镂功夫，都令人叹为观止。

b) 句首的状语之后。

示例2：在苍茫的大海上，狂风卷集着乌云。

c) 较长的宾语之前。

示例3：有的考古工作者认为，南方古猿生存于上新世至更新世的初期和中期。

d) 带句内语气词的主语（或其他成分）之后，或带句内语气词的并列成分之间。

示例4：他呢，倒是很乐意地、全神贯注地干起来了。

示例5：(那是个没有月亮的夜晚。)可是整个村子——白房顶啦，白树木啦，雪堆啦，全看得见。

e) 较长的主语中间、谓语中间或宾语中间。

示例6：母亲沉痛的诉说，以及亲眼见到的事实，都启发了我幼年时期追求真理的思想。

示例7：那姑娘头戴一顶草帽，身穿一条绿色的裙子，腰间还系着一根橙色的腰带。

示例8：必须懂得，对于文化传统，既不能不分青红皂白统统抛弃，也不能不管精华糟粕全盘继承。

f) 前置的谓语之后或后置的状语、定语之前。

示例9：真美啊，这条蜿蜒的林间小路。

示例10：她吃力地站了起来，慢慢地。

示例11：我只是一个人，孤孤单单的。

4.4.3.3 用于下列各种停顿处：

a) 复指成分或插说成分前后。

示例1：老张，就是原来的办公室主任，上星期已经调走了。

示例2：车，不用说，当然是头等。

b) 语气缓和的感叹语、称谓语或呼唤语之后。

示例3：哎哟，这儿，快给我揉揉。

示例4：大娘，您到哪儿去啊？

示例5：喂，你是哪个单位的？

c) 某些序次语（"第"字头、"其"字头及"首先"类序次语）之后。

示例6：为什么许多人都有长不大的感觉呢？原因有三：第一，父母总认为自己比孩子成熟；第二，父母总要以自己的标准来衡量孩子；第三，父母出于爱心而总不想让孩子在成长的过程中走弯路。

示例7：《玄秘塔碑》所以成为书法的范本，不外乎以下几方面因素：其一，具有楷书点画、构体的典范性；其二，承上启下，成为唐楷的极致；其三，字如其人，爱人及字，柳公权高尚的书品、人品为后人所崇仰。

示例8：下面从三个方面讲讲语言的污染问题：首先，是特殊语言环境中的语言污染问题；其次，是滥用缩略语引起的语言污染问题；再次，是空话和废话引起的语言污染问题。

4.5 顿号

4.5.1 定义

句内点号的一种，表示语段中并列词语之间或某些序次语之后的停顿。

4.5.2 形式

顿号的形式是"、"。

4.5.3 基本用法

4.5.3.1 用于并列词语之间。

示例1：这里有自由、民主、平等、开放的风气和氛围。

示例2：造型科学、技艺精湛、气韵生动，是盛唐石雕的特色。

4.5.3.2 用于需要停顿的重复词语之间。

示例：他几次三番、几次三番地辩解着。

4.5.3.3 用于某些序次语（不带括号的汉字数字或"天干地支"类序次语）之后。

示例1：我准备讲两个问题：一、逻辑学是什么？二、怎样学好逻辑学？

示例2：风格的具体内容主要有以下四点：甲、题材；乙、用字；丙、表达；丁、色彩。

4.5.3.4 相邻或相近两数字连用表示概数通常不用顿号。若相邻两数字连用为缩略形式，宜用顿号。

示例1：飞机在6 000米高空水平飞行时，只能看到两侧八九公里和前方一二十公里范围内的地面。

示例2：这种凶猛的动物常常三五成群地外出觅食和活动。

示例3：农业是国民经济的基础，也是二、三产业的基础。

4.5.3.5 标有引号的并列成分之间、标有书名号的并列成分之间通常不用顿号。若有其他成分插在并列的引号之间或并列的书名号之间（如引语或书名号之后还有括注），宜用顿号。

示例1："日""月"构成"明"字。

示例2：店里挂着"顾客就是上帝""质量就是生命"等横幅。

示例3：《红楼梦》《三国演义》《西游记》《水浒传》，是我国长篇小说的四大名著。

示例4：李白的"白发三千丈"(《秋浦歌》)、"朝如青丝暮成雪"(《将进酒》)都是脍炙人口的诗句。

示例5：办公室里订有《人民日报》(海外版)、《光明日报》和《时代周刊》等报刊。

4.6 分号

4.6.1 定义

句内点号的一种，表示复句内部并列关系分句之间的停顿，以及非并列关系的多重复句中第一层分句之间的停顿。

4.6.2 形式

分号的形式是"；"。

4.6.3 基本用法

4.6.3.1 表示复句内部并列关系的分句（尤其当分句内部还有逗号时）之间的停顿。

示例1：语言文字的学习，就理解方面说，是得到一种知识；就运用方面说，是养成一种习惯。

示例2：内容有分量，尽管文章短小，也是有分量的；内容没有分量，即使写得再长也没有用。

4.6.3.2 表示非并列关系的多重复句中第一层分句（主要是选择、转折等关系）之间的停顿。

示例1：人还没有看见，已经先听见歌声了；或者人已经转过山头望不见了，歌声还余音袅袅。

示例2：尽管人民革命的力量在开始时总是弱小的，所以总是受压；但是由于革命的力量代表历史发展的方向，因此本质上又是不可战胜的。

示例3：不管一个人如何伟大，也总是生活在一定的环境和条件下；因此，个人的见解总难免带有某种局限性。

示例4：昨天夜里下了一场雨，以为可以凉快些；谁知没有凉快下来，反而更热了。

4.6.3.3 用于分项列举的各项之间。

示例：特聘教授的岗位职责为：一、讲授本学科的主干基础课程；二、主持本学科的重大科研项目；三、领导本学科的学术队伍建设；四、带领本学科赶超或保持世界先进水平。

4.7 冒号

4.7.1 定义

句内点号的一种.表示语段中提示下文或总结上文的停顿。

4.7.2 形式

冒号的形式是"："。

4.7.3 基本用法

4.7.3.1 用于总说性或提示性词语（如"说""例如""证明"等）之后，表示提示下文。

示例1：北京紫禁城有四座城门：午门、神武门、东华门和西华门。

示例2：她高兴地说："咱们去好好庆祝一下吧！"

示例3：小王笑着点了点头："我就是这么想的。"

示例4：这一事实证明：人能创造环境，环境同样也能创造人。

4.7.3.2 表示总结上文。

示例：张华上了大学，李萍进了技校，我当了工人；我们都有美好的前途。

4.7.3.3 用在需要说明的词语之后，表示注释和说明。

示例1：(本市将举办首届大型书市。)主办单位：市文化局；承办单位：市图书进出口公司；时间：8月15日—20日；地点：市体育馆观众休息厅。

示例2：(做阅读理解题有两个办法。)办法之一：先读题干，再读原文，带着问题有针对性地读课文。办法之二：直接读原文，读完再做题，减少先入为主的干扰。

4.7.3.4 用于书信、讲话稿中称谓语或称呼语之后。

示例1：广平先生：……

示例2：同志们、朋友们：……

4.7.3.5 一个句子内部一般不应套用冒号。在列举式或条文式表述中，如不得不套用冒号时，宜另起段落来显示各个层次。

示例：第十条　遗产按照下列顺序继承：

第一顺序：配偶、子女、父母。

第二顺序：兄弟姐妹、祖父母、外祖父母。

4.8 引号

4.8.1 定义

标号的一种，标示语段中直接引用的内容或需要特别指出的成分。

4.8.2 形式

引号的形式有双引号""""和单引号''两种。左侧的为前引号，右侧的为后引号。

4.8.3 基本用法

4.8.3.1 标示语段中直接引用的内容。

示例：李白诗中就有"白发三千丈"这样极尽夸张的语句。

4.8.3.2 标示需要着重论述或强调的内容。

示例：这里所谓的"文"，并不是指文字，而是指文采。

4.8.3.3 标示语段中具有特殊含义而需要特别指出的成分，如别称、简称、反语等。

示例1：电视被称作"第九艺术"。

示例2：人类学上常把古人化石统称为尼安德特人，简称"尼人"。

示例3：有几个"慈祥"的老板把捡来的菜叶用盐浸浸就算作工友的菜肴。

4.8.3.4 当引号中还需要使用引号时，外面一层用双引号，里面一层用单引号。

示例：他问："老师，'七月流火'是什么意思？"

4.8.3.5 独立成段的引文如果只有一段，段首和段尾都用引号；不止一段时，每段开头仅用前引号，只在最后一段末尾用后引号。

示例：我曾在报纸上看到有人这样谈幸福：

"幸福是知道自己喜欢什么和不喜欢什么。……

"幸福是知道自己擅长什么和不擅长什么。……

"幸福是在正确的时间做了正确的选择。……"

4.8.3.6 在书写带月、日的事件、节日或其他特定意义的短语(含简称)时,通常只标引其中的月和日;需要突出和强调该事件或节日本身时,也可连同事件或节日一起标引。

示例1:"5·12"汶川大地震

示例2:"五四"以来的话剧,是我国戏剧中的新形式。

示例3:纪念"五四运动"90周年

4.9 括号

4.9.1 定义

标号的一种,标示语段中的注释内容、补充说明或其他特定意义的语句。

4.9.2 形式

括号的主要形式是圆括号"(　)",其他形式还有方括号"[　]"、六角括号"〔　〕"和方头括号"【　】"等。

4.9.3 基本用法

4.9.3.1 标示下列各种情况,均用圆括号:

a) 标示注释内容或补充说明。

示例1:我校拥有特级教师(含已退休的)17人。

示例2:我们不但善于破坏一个旧世界,我们还将善于建设一个新世界!(热烈鼓掌)

b) 标示订正或增加的文字。

示例3:信纸上用稚嫩的字体写着:"阿夷(姨),你好!"。

示例4:该建筑公司负责的建设工程全部达到优良工程(的标准)。

c) 标示序次语。

示例5:语言有三个要素:(1)声音;(2)结构;(3)意义。

示例6:思想有三个条件:(一)事理;(二)心理;(三)伦理。

d) 标示引语的出处。

示例7:他说得好:"未画之前,不立一格;既画之后,不留一格。"(《板桥集·题画》)

e) 标示汉语拼音注音。

示例8:"的(de)"这个字在现代汉语中最常用。

4.9.3.2 标示作者国籍或所属朝代时,可用方括号或六角括号。

示例1:[英]赫胥黎《进化论与伦理学》

示例2:〔唐〕杜甫著

4.9.3.3 报刊标示电讯、报道的开头,可用方头括号。

示例:【新华社南京消息】

4.9.3.4 标示公文发文字号中的发文年份时,可用六角括号。

示例:国发〔2011〕3号文件

4.9.3.5 标示被注释的词语时,可用六角括号或方头括号。

示例1:〔奇观〕奇伟的景象。

示例2:【爱因斯坦】物理学家。生于德国,1933年因受纳粹政权迫害,移居美国。

4.9.3.6 除科技书刊中的数学、逻辑公式外,所有括号(特别是同一形式的括号)应尽量避免套用。必须套用括号时,宜采用不同的括号形式配合使用。

示例:〔茸(róng)毛〕很细很细的毛。

4.10 破折号

4.10.1 定义

标号的一种,标示语段中某些成分的注释、补充说明或语音、意义的变化。

4.10.2 形式

破折号的形式是"——"。

4.10.3 基本用法

4.10.3.1 标示注释内容或补充说明(也可用括号,见4.9.3.1;二者的区别另见B.1.7)。

示例1:一个矮小而结实的日本中年人——内山老板走了过来。

示例2:我一直坚持读书,想借此唤起弟妹对生活的希望——无论环境多么困难。

4.10.3.2 标示插入语(也可用逗号,见4.4.3.3)。

示例:这简直就是——说得不客气点——无耻的勾当!

4.10.3.3 标示总结上文或提示下文(也可用冒号,见4.7.3.1、4.7.3.2)。

示例1:坚强,纯洁,严于律己,客观公正——这一切都难得地集中在一个人身上。

示例2:画家开始娓娓道来——

数年前的一个寒冬,……

4.10.3.4 标示话题的转换。

示例:"好香的干菜,——听到风声了吗?"赵七爷低声说道。

4.10.3.5 标示声音的延长。

示例:"嘎——"传过来一声水禽被惊动的鸣叫。

4.10.3.6 标示话语的中断或间隔。

示例1:"班长他牺——"小马话没说完就大哭起来。

示例2:"亲爱的妈妈,你不知道我多爱您。——还有你,我的孩子!"

4.10.3.7 标示引出对话。

示例:——你长大后想成为科学家吗?

——当然想了!

4.10.3.8 标示事项列举分承。

示例:根据研究对象的不同,环境物理学分为以下五个分支学科:

——环境声学;

——环境光学;

——环境热学;

——环境电磁学;

——环境空气动力学。

4.10.3.9 用于副标题之前。

示例:飞向太平洋

——我国新型号运载火箭发射目击记

4.10.3.10 用于引文、注文后,标示作者、出处或注释者。

示例1:先天下之忧而忧,后天下之乐而乐。

——范仲淹

示例2:乐浪海中有倭人,分为百余国。

——《汉书》

示例3:很多人写好信后把信笺折成方胜形,我看大可不必。(方胜,指古代妇女戴的方形首饰,用彩绸等制作,由两个斜方部分叠合而成。——编者注)

4.11 省略号

4.11.1 定义

标号的一种,标示语段中某些内容的省略及意义的断续等。

4.11.2 形式

省略号的形式是"……"。

4.11.3 基本用法

4.11.3.1 标示引文的省略。

示例:我们齐声朗诵起来:"……俱往矣,数风流人物,还看今朝。"

4.11.3.2 标示列举或重复词语的省略。

示例1:对政治的敏感,对生活的敏感,对性格的敏感,……这都是作家必须要有的素质。

示例2:他气得连声说:"好,好……算我没说。"

4.11.3.3 标示语意未尽。

示例1:在人迹罕至的深山密林里,假如突然看见一缕炊烟,……

示例2:你这样干,未免太……!

4.11.3.4 标示说话时断断续续。

示例:她磕磕巴巴地说:"可是……太太……我不知道……你一定是认错了。"

4.11.3.5 标示对话中的沉默不语。

示例:"还没结婚吧?"

"……"他飞红了脸,更加忸怩起来。

4.11.3.6 标示特定的成分虚缺。

示例:只要……就……

4.11.3.7 在标示诗行、段落的省略时,可连用两个省略号(即相当于十二连点)。

示例1:从隔壁房间传来缓缓而抑扬顿挫的吟咏声——

床前明月光,疑是地上霜。

………………

示例2:该刊根据工作质量、上稿数量、参与程度等方面的表现,评选出了高校十佳记者站。还根据发稿数量、提供新闻线索情况以及对刊物的关注度等,评选出十佳通讯员。

………………

4.12 着重号

4.12.1 定义

标号的一种,标示语段中某些重要的或需要指明的文字。

4.12.2 形式

着重号的形式是"．"标注在相应文字的下方。

4.12.3 基本用法

4.12.3.1 标示语段中重要的文字。

示例1:诗人需要表现,而不是证明。

示例2:下面对本文的理解,不正确的一项是:……

4.12.3.2 标示语段中需要指明的文字。

示例:下边加点的字,除了在词中的读法外,还有哪些读法?

着急　子弹　强调

4.13 连接号

4.13.1 定义

标号的一种,标示某些相关联成分之间的连接。

4.13.2 形式

连接号的形式有短横线"-"、一字线"—"和浪纹线"～"三种。

4.13.3 基本用法

4.13.3.1 标示下列各种情况,均用短横线:

a) 化合物的名称或表格、插图的编号。

示例1:3-戊酮为无色液体,对眼及皮肤有强烈刺激性。

示例2:参见下页表2-8、表2-9。

b) 连接号码,包括门牌号码、电话号码,以及用阿拉伯数字表示年月日等。

示例3:安宁里东路26号院3-2-11室

示例4:联系电话:010-88842603

示例5:2011-02-15

c) 在复合名词中起连接作用。

示例6:吐鲁番-哈密盆地

d) 某些产品的名称和型号。

示例7:WZ-10直升机具有复杂天气和夜间作战的能力。

e) 汉语拼音、外来语内部的分合。

示例8:shuōshuō-xiàoxiào(说说笑笑)

示例9:盎格鲁-撒克逊人

示例10:让-雅克·卢梭("让-雅克"为双名)

示例11:皮埃尔·孟戴斯-弗朗斯("孟戴斯-弗朗斯"为复姓)

4.13.3.2 标示下列各种情况,一般用一字线,有时也可用浪纹线:

a) 标示相关项目(如时间、地域等)的起止。

示例1:沈括(1031—1095),宋朝人。

示例2:2011年2月3日—10日

示例3:北京—上海特别旅客快车

b) 标示数值范围(由阿拉伯数字或汉字数字构成)的起止。

示例4:25～30g

示例5:第五～八课

4.14 间隔号

4.14.1 定义

标号的一种,标示某些相关联成分之间的分界。

4.14.2 形式

间隔号的形式是"·"。

4.14.3 基本用法

4.14.3.1 标示外国人名或少数民族人名内部的分界。

示例1:克里丝蒂娜·罗塞蒂

示例2:阿依古丽·买买提

4.14.3.2 标示书名与篇(章、卷)名之间的分界。

示例:《淮南子•本经训》

4.14.3.3 标示词牌、曲牌、诗体名等和题名之间的分界。

示例1:《沁园春•雪》

示例2:《天净沙•秋思》

示例3:《七律•冬云》

4.14.3.4 用在构成标题或栏目名称的并列词语之间。

示例:《天•地•人》

4.14.3.5 以月、日为标志的事件或节日,用汉字数字表示时,只在一、十一和十二月后用间隔号;当直接用阿拉伯数字表示时,月、日之间均用间隔号(半角字符)。

示例1:"九一八"事变 "五四"运动

示例2:"一•二八"事变 "一二•九"运动

示例3:"3•15"消费者权益日 "9•11"恐怖袭击事件

4.15 书名号

4.15.1 定义

标号的一种,标示语段中出现的各种作品的名称。

4.15.2 形式

书名号的形式有双书名号"《 》"和单书名号"〈 〉"两种。

4.15.3 基本用法

4.15.3.1 标示书名、卷名、篇名、刊物名、报纸名、文件名等。

示例1:《红楼梦》(书名)

示例2:《史记•项羽本记》(卷名)

示例3:《论雷峰塔的倒掉》(篇名)

示例4:《每周关注》(刊物名)

示例5:《人民日报》(报纸名)

示例6:《全国农村工作会议纪要》(文件名)

4.15.3.2 标示电影、电视、音乐、诗歌、雕塑等各类用文字、声音、图像等表现的作品的名称。

示例1:《渔光曲》(电影名)

示例2:《追梦录》(电视剧名)

示例3:《勿忘我》(歌曲名)

示例4:《沁园春•雪》(诗词名)

示例5:《东方欲晓》(雕塑名)

示例6:《光与影》(电视节目名)

示例7:《社会广角镜》(栏目名)

示例8:《庄子研究文献数据库》(光盘名)

示例9:《植物生理学系列挂图》(图片名)

4.15.3.3 标示全中文或中文在名称中占主导地位的软件名。

示例:科研人员正在研制《电脑卫士》杀毒软件。

4.15.3.4 标示作品名的简称。

示例:我读了《念青唐古拉山脉纪行》一文(以下简称《念》),收获很大。

4.15.3.5 当书名号中还需要书名号时,里面一层用单书名号,外面一层用双书名号。

　　示例:《教育部关于提请审议〈高等教育自学考试试行办法〉的报告》

4.16 专名号

4.16.1 定义

　　标号的一种,标示古籍和某些文史类著作中出现的特定类专有名词。

4.16.2 形式

　　专名号的形式是一条直线,标注在相应文字的下方。

4.16.3 基本用法

4.16.3.1 标示古籍、古籍引文或某些文史类著作中出现的专有名词,主要包括人名、地名、国名、民族名、朝代名、年号、宗教名、官署名、组织名等。

　　示例1:孙坚人马被刘表率军围得水泄不通。(人名)

　　示例2:于是聚集冀、青、幽、并四州兵马七十多万准备决一死战。(地名)

　　示例3:当时乌孙及西域各国都向汉派遣了使节。(国名、朝代名)

　　示例4:从咸宁二年到太康十年,匈奴、鲜卑、乌桓等族人徙居塞内。(年号、民族名)

4.16.3.2 现代汉语文本中的上述专有名词,以及古籍和现代文本中的单位名、官职名、事件名、会议名、书名等不应使用专名号。必须使用标号标示时,宜使用其他相应标号(如引号、书名号等)。

4.17 分隔号

4.17.1 定义

　　标号的一种,标示诗行、节拍及某些相关文字的分隔。

4.17.2 形式

　　分隔号的形式是"/"。

4.17.3 基本用法

4.17.3.1 诗歌接排时分隔诗行(也可使用逗号和分号,见4.4.3.1/4.6.3.1)。

　　示例:春眠不觉晓/处处闻啼鸟/夜来风雨声/花落知多少。

4.17.3.2 标示诗文中的音节节拍。

　　示例:横眉/冷对/千夫指,俯首/甘为/孺子牛。

4.17.3.3 分隔供选择或可转换的两项,表示"或"。

　　示例:动词短语中除了作为主体成分的述语动词之外,还包括述语动词所带的宾语和/或补语。

4.17.3.4 分隔组成一对的两项,表示"和"。

　　示例1:13/14次特别快车

　　示例2:羽毛球女双决赛中国组合杜婧/于洋两局完胜韩国名将李孝贞/李敬元。

4.17.3.5 分隔层级或类别。

　　示例:我国的行政区划分为:省(直辖市、自治区)/省辖市(地级市)/县(县级市、区、自治州)/乡(镇)/村(居委会)。

5 标点符号的位置和书写形式

5.1 横排文稿标点符号的位置和书写形式

5.1.1 句号、逗号、顿号、分号、冒号均置于相应文字之后,占一个字位置,居左下,不出现在一行之首。

5.1.2 问号、叹号均置于相应文字之后,占一个字位置,居左,不出现在一行之首。两个问号(或叹号)叠用时,占一个字位置;三个问号(或叹号)叠用时,占两个字位置;问号和叹号连用时,占一个字位置。

5.1.3　引号、括号、书名号中的两部分标在相应项目的两端,各占一个字位置。其中前一半不出现在一行之末,后一半不出现在一行之首。

5.1.4　破折号标在相应项目之间,占两个字位置,上下居中,不能中间断开分处上行之末和下行之首。

5.1.5　省略号占两个字位置,两个省略号连用时占四个字位置并须单独占一行。省略号不能中间断开分处上行之末和下行之首。

5.1.6　连接号中的短横线比汉字"一"略短,占半个字位置;一字线比汉字"一"略长,占一个字位置;浪纹线占一个字位置。连接号上下居中,不出现在一行之首。

5.1.7　间隔号标在需要隔开的项目之间,占半个字位置,上下居中,不出现在一行之首。

5.1.8　着重号和专名号标在相应文字的下边。

5.1.9　分隔号占半个字位置,不出现在一行之首或一行之末。

5.1.10　标点符号排在一行末尾时,若为全角字符则应占半角字符的宽度(即半个字位置),以使视觉效果更美观。

5.1.11　在实际编辑出版工作中,为排版美观、方便阅读等需要,或为避免某一小节最后一个汉字转行或出现在另外一页开头等情况(浪费版面及视觉效果差),可适当压缩标点符号所占的空间。

5.2　竖排文稿标点符号的位置和书写形式

5.2.1　句号、问号、叹号、逗号、顿号、分号和冒号均置于相应文字之下偏右。

5.2.2　破折号、省略号、连接号、间隔号和分隔号置于相应文字之下居中,上下方向排列。

5.2.3　引号改用双引号"﹁""﹂"和单引号"﹃""﹄",括号改用"︵""︶",标在相应项目的上下。

5.2.4　竖排文稿中使用浪线式书名号"︴",标在相应文字的左侧。

5.2.5　着重号标在相应文字的右侧,专名号标在相应文字的左侧。

5.2.6　横排文稿中关于某些标点不能居行首或行末的要求,同样适用于竖排文稿。

附 录 A
（规范性附录）
标点符号用法的补充规则

A.1 句号用法补充规则

图或表的短语式说明文字，中间可用逗号，但末尾不用句号。即使有时说明文字较长，前面的语段已出现句号，最后结尾处仍不用句号。

示例1：行进中的学生方队

示例2：经过治理，本市市容市貌焕然一新。这是某区街道一景

A.2 问号用法补充规则

使用问号应以句子表示疑问语气为依据，而并不根据句子中包含有疑问词。当含有疑问词的语段充当某种句子成分，而句子并不表示疑问语气时，句末不用问号。

示例1：他们的行为举止、审美趣味，甚至读什么书，坐什么车，都在媒体掌握之中。

示例2：谁也不见，什么也不吃，哪儿也不去。

示例3：我也不知道他究竟躲到什么地方去了。

A.3 逗号用法补充规则

用顿号表示较长、较多或较复杂的并列成分之间的停顿时，最后一个成分前可用"以及（及）"进行连接，"以及（及）"之前应用逗号。

示例：压力过大、工作时间过长、信息不规律，以及忽视营养均衡等，均会导致健康状况的下降。

A.4 顿号用法补充规则

A.4.1 表示含有顺序关系的并列各项间的停顿，用顿号，不用逗号。下例解释"对于"一词用法，"人""事物""行为"之间有顺序关系（即人和人、人和事物、人和行为、事物和事物、事物和行为、行为和行为等六种对待关系），各项之间应用顿号。

示例：［对于］表示人，事物，行为之间的相互对待关系。（误）
　　　　［对于］表示人、事物、行为之间的相互对待关系。（正）

A.4.2 用阿拉伯数字表示年月日的简写形式时，用短横线连接号，不用顿号。

示例：2010、03、02（误）
　　　　2010-03-02（正）

A.5 分号用法补充规则

分项列举的各项有一项或多项已包含句号时，各项的末尾不能再用分号。

示例：本市先后建立起三大农业生产体系：一是建立甘蔗生产服务体系。成立糖业服务公司，主要给农民提供机耕等服务；二是建立蚕桑生产服务体系。……；三是建立热作服务体系。……。（误）
　　　　本市先后建立起三大农业生产体系：一是建立甘蔗生产服务体系。成立糖业服务公司，主要给农民提供机耕等服务。二是建立蚕桑生产服务体系。……。三是建立热作服务体系。……。（正）

A.6 冒号用法补充规则

A.6.1 冒号用在提示性话语之后引起下文。表面上类似但实际不是提示性话语的，其后用逗号。

示例1：郦道元《水经注》记载："沼西际山枕水，有唐叔虞祠。"（提示性话语）

示例2：据《苏州府志》载，苏州城内大小园林约有150多座，可算名副其实的园林之城。（非提示性话语）

A.6.2 冒号提示范围无论大小(一句话、几句话甚至几段话),都应与提示性话语保持一致(即在该范围的末尾要用句号点断)。应避免冒号涵盖范围过窄或过宽。

示例:艾滋病有三个传播途径:血液传播,性传播和母婴传播,日常接触是不会传播艾滋病的。(误)

艾滋病有三个传播途径:血液传播,性传播和母婴传播。日常接触是不会传播艾滋病的。(正)

A.6.3 冒号应用在有停顿处,无停顿处不应用冒号。

示例1:他头也不抬,冷冷地问:"你叫什么名字?"(有停顿)

示例2:这事你得拿主意,光说"不知道"怎么行?(无停顿)

A.7 引号用法补充规则

"丛刊""文库""系列""书系"等作为系列著作的选题名,宜用引号标引。当"丛刊"等为选题名的一部分时,放在引号之内,反之则放在引号之外。

示例1:"汉译世界学术名著丛书"

示例2:"中国哲学典籍文库"

示例3:"20世纪心理学通览"丛书

A.8 括号用法补充规则

括号可分为句内括号和句外括号。句内括号用于注释句子里的某些词语,即本身就是句子的一部分,应紧跟在被注释的词语之后。句外括号则用于注释句子、句群或段落,即本身结构独立,不属于前面的句子、句群或段落,应位于所注释语段的句末点号之后。

示例:标点符号是辅助文字记录语言的符号,是书面语的有机组成部分,用来表示语句的停顿、语气以及标示某些成分(主要是词语)的特定性质和作用。(数学符号、货币符号、校勘符号等特殊领域的专门符号不属于标点符号。)

A.9 省略号用法补充规则

A.9.1 不能用多于两个省略号(多于12点)连在一起表示省略。省略号须与多点连续的连珠号相区别(后者主要是用于表示目录中标题和页码对应和连接的专门符号)。

A.9.2 省略号和"等""等等""什么的"等词语不能同时使用。在需要读出来的地方用"等""等等""什么的"等词语,不用省略号。

示例:含有铁质的食物有猪肝、大豆、油菜、菠菜……等。(误)

含有铁质的食物有猪肝、大豆、油菜、菠菜等。(正)

A.10 着重号用法补充规则

不应使用文字下加直线或波浪线等形式表示着重。文字下加直线为专名号形式(4.16);文字下加浪纹线是特殊书名号(A.13.6)。着重号的形式统一为相应项目下加小圆点。

示例:下面对本文的理解,不正确的一项是(误)

下面对本文的理解,不正确的一项是(正)

A.11 连接号用法补充规则

浪纹线连接号用于标示数值范围时,在不引起歧义的情况下,前一数值附加符号或计量单位可省略。

示例:5公斤~100公斤(正)

5~100公斤(正)

A.12 间隔号用法补充规则

当并列短语构成的标题中已用间隔号隔开时,不应再用"和"类连词。

示例:《水星·火星和金星》(误)

《水星·火星·金星》(正)

A.13　书名号用法补充规则

A.13.1　不能视为作品的课程、课题、奖品奖状、商标、证照、组织机构、会议、活动等名称,不应用书名号。下面均为书名号误用的示例:

示例1:下学期本中心将开设《现代企业财务管理》《市场营销》两门课程。

示例2:明天将召开《关于"两保两挂"的多视觉理论思考》课题立项会。

示例3:本市将向70岁以上(含70岁)老年人颁发《敬老证》。

示例4:本校共获得《最佳印象》《自我审美》《卡拉OK》等六个奖杯。

示例5:《闪光》牌电池经久耐用。

示例6:《文史杂志社》编辑力量比较雄厚。

示例7:本市将召开《全国食用天然色素应用研讨会》。

示例8:本报将于今年暑假举行《墨宝杯》书法大赛。

A.13.2　有的名称应根据指称意义的不同确定是否用书名号。如文艺晚会指一项活动时,不用书名号;而特指一种节目名称时,可用书名号。再如展览作为一种文化传播的组织形式时,不用书名号;特定情况下将某项展览作为一种创作的作品时,可用书名号。

示例1:2008年重阳联欢晚会受到观众的称赞和好评。

示例2:本台将重播《2008年重阳联欢晚会》。

示例3:"雪域明珠——中国西藏文化展"今天隆重开幕。

示例4:《大地飞歌艺术展》是一部大型现代艺术作品。

A.13.3　书名后面表示该作品所属类别的普通名词不标在书名号内。

示例:《我们》杂志

A.13.4　书名有时带有括注。如果括注是书名、篇名等的一部分,应放在书名号之内,反之则应放在书名号之外。

示例1:《琵琶行(并序)》

示例2:《中华人民共和国民事诉讼法(试行)》

示例3:《新政治协商会议筹备会组织条例(草案)》

示例4:《百科知识》(彩图本)

示例5:《人民日报》(海外版)

A.13.5　书名、篇名末尾如有叹号或问号,应放在书名号之内。

示例1:《日记何罪!》

示例2:《如何做到同工又同酬?》

A.13.6　在古籍或某些文史类著作中,为与专名号配合,书名号也可改用浪线式"＿",标注在书名下方。这可以看作是特殊的专名号或特殊的书名号。

A.14　分隔号用法补充规则

　　分隔号又称正斜线号,须与反斜线号"\"相区别(后者主要是用于编写计算机程序的专门符号)。使用分隔号时,紧贴着分隔号的前后通常不用点号。

附 录 B
（资料性附录）
标点符号若干用法的说明

B.1 易混标点符号用法比较

B.1.1 逗号、顿号表示并列词语之间停顿的区别

逗号和顿号都表示停顿，但逗号表示的停顿长，顿号表示的停顿短。并列词语之间的停顿一般用顿号，但当并列词语较长或其后有语气词时，为了表示稍长一点的停顿，也可用逗号。

示例1：我喜欢吃的水果有苹果、桃子、香蕉和菠萝。

示例2：我们需要了解全局和局部的统一，必然和偶然的统一，本质和现象的统一。

示例3：看游记最难弄清位置和方向，前啊，后啊，左啊，右啊，看了半天，还是不明白。

B.1.2 逗号、顿号在表列举省略的"等""等等"之类词语前的使用

并列成分之间用顿号，末尾的并列成分之后用"等""等等"之类词语时，"等"类词前不用顿号或其他点号；并列成分之间用逗号，末尾的并列成分之后用"等"类词时，"等"类词前应用逗号。

示例1：现代生物学、物理学、化学、数学等基础科学的发展，带动了医学科学的进步。

示例2：写文章前要想好：文章主题是什么，用哪些材料，哪些详写，哪些略写，等等。

B.1.3 逗号、分号表示分句间停顿的区别

当复句的表述不复杂、层次不多，相连的分句语气比较紧凑、分句内部也没有使用逗号表示停顿时，分句间的停顿多用逗号。当用逗号不易分清多重复句内部的层次（如分句内部已有逗号），而用句号又可能割裂前后关系的地方，应用分号表示停顿。

示例1：她拿起钥匙，开了箱上的锁，又开了首饰盒上的锁，往老地方放钱。

示例2：纵比，即以一事物的各个发展阶段作比；横比，则以此事物与彼事物相比。

B.1.4 顿号、逗号、分号在标示层次关系时的区别

句内点号中，顿号表示的停顿最短、层次最低，通常只能表示并列词语之间的停顿；分号表示的停顿最长、层次最高，可以用来表示复句的第一层分句之间的停顿；逗号介于两者之间，既可表示并列词语之间的停顿，也可表示复句中分句之间的停顿。若分句内部已用逗号，分句之间就应用分号（见B.1.3示例2）。用分号隔开的几个并列分句不能由逗号统领或总结。

示例1：有的学会烤烟，自己做挺讲究的纸烟和雪茄；有的学会蔬菜加工，做的番茄酱能吃到冬天；有的学会蔬菜腌渍、窖藏，使秋菜接上春菜。

示例2：动物吃植物的方式多种多样，有的是把整个植物吃掉，如原生动物；有的是把植物的大部分吃掉，如鼠类；有的是吃掉植物的要害部位，如鸟类吃掉植物的嫩芽。（误）。

动物吃植物的方式多种多样：有的是把整个植物吃掉，如原生动物；有的是把植物的大部分吃掉，如鼠类；有的是吃掉植物的要害部位，如鸟类吃掉植物的嫩芽。（正）

B.1.5 冒号、逗号用于"说""道"之类词语后的区别

位于引文之前的"说""道"后用冒号。位于引文之后的"说""道"分两种情况：处于句末时，其后用句号；"说""道"后还有其他成分时，其后用逗号。插在话语中间的"说""道"类词语后只能用逗号表示停顿。

示例1：他说："晚上就来家里吃饭吧。"

示例2：“我真的很期待。”他说。

示例3：“我有件事忘了说……”他说，表情有点为难。

示例4：“现在请皇上脱下衣服，"两个骗子说，"好让我们为您换上新衣。”

B.1.6 不同点号表示停顿长短的排序

各种点号都表示说话时的停顿。句号、问号、叹号都表示句子完结，停顿最长。分号用于复句的分句之间，停顿长度介于句末点号和逗号之间，而短于冒号。逗号表示一句话中间的停顿，又短于分号。顿号用于并列词语之间，停顿最短。通常情况下，各种点号表示的停顿由长到短为：句号＝问号＝叹号＞冒号（指涵盖范围为一句话的冒号）＞分号＞逗号＞顿号。

B.1.7 破折号与括号表示注释或补充说明时的区别

破折号用于表示比较重要的解释说明，这种补充是正文的一部分，可与前后文连读；而括号表示比较一般的解释说明，只是注释而非正文，可不与前后文连读。

示例1：在今年——农历虎年，必须取得比去年更大的成绩。

示例2：哈雷在牛顿思想的启发下，终于认出了他所关注的彗星（该星后人称为哈雷彗星）。

B.1.8 书名号、引号在"题为……""以……为题"格式中的使用

"题为……""以……为题"中的"题"，如果是诗文、图书、报告或其他作品可作为篇名、书名看待时，可用书名号；如果是写作、科研、辩论、谈话的主题，非特定作品的标题，应用引号。即"题为……""以……为题"中的"题"应根据其类别分别按书名号和引号的用法处理。

示例1：有篇题为《柳宗元的诗》的文章，全文才2 000字，引文不实却达11处之多。

示例2：今天一个以"地球·人口·资源·环境"为题的大型宣传活动在此间举行。

示例3：《我的老师》写于1956年9月，是作者应《教师报》之约而写的。

示例4："我的老师"这类题目，同学们也许都写过。

B.2 两个标点符号连用的说明

B.2.1 行文中表示引用的引号内外的标点用法

当引文完整且独立使用，或虽不独立使用但带有问号或叹号时，引号内句末点号应保留。除此之外，引号内不用句末点号。当引处处于句子停顿处（包括句子末尾）且引号内未使用点号时，引号外应使用点号；当引文位于非停顿处或者引号内已使用句末点号时，引号外不用点号。

示例1："沉舟侧畔千帆过，病树前头万木春。"他最喜欢这两句诗。

示例2：书价上涨令许多读者难以接受，有些人甚至发出"还买得起书吗？"的疑问。

示例3：他以"条件还不成熟，准备还不充分"为由，否决了我们的提议。

示例4：你这样"明日复明日"地要拖到什么时候？

示例5：司马迁为了完成《史记》的写作，使之"藏之名山"，忍受了人间最大的侮辱。

示例6：在施工中要始终坚持"把质量当生命"。

示例7："言之无文，行而不远"这句话，说明了文采的重要。

示例8：俗话说："墙头一根草，风吹两边倒。"用这句话来形容此辈再恰当不过。

B.2.2 行文中括号内外的标点用法

括号内行文末尾需要时可用问号、叹号和省略号。除此之外，句内括号行文末尾通常不用标点符号。句外括号行文末尾是否用句号由括号内的语段结构决定：若语段较长、内容复杂，应用句号。句内括号外是否用点号取决于括号所处位置：若句内括号处于句子停顿处，应用点号。句外括号外通常不用点号。

示例1：如果不采取（但应如何采取呢？）十分具体的控制措施，事态将进一步扩大。

示例2：3分钟过去了（仅仅才3分钟！），从眼前穿梭而过的出租车竟达32辆！

示例3：她介绍时用了一连串比喻(有的状如树枝，有的貌似星海……)，非常形象。

示例4：科技协作合同(包括科研、试制、成果推广等)根据上级主管部门或有关部门的计划签订。

示例5：应把夏朝看作原始公社向奴隶制国家过渡时期。(龙山文化遗址里，也有俯身葬。俯身者很可能就是奴隶。)

示例6：问：你对你不喜欢的上司是什么态度？

答：感情上疏远，组织上服从。(掌声，笑声)

示例7：古汉语(特别是上古汉语)，对于我来说，有着常人无法想象的吸引力。

示例8：由于这种推断尚未经过实践的考验，我们只能把它作为假设(或假说)提出来。

示例9：人际交往过程就是使用语词传达意义的过程。(严格说，这里的"语词"应为语词指号。)

B.2.3 破折号前后的标点用法

破折号之前通常不用点号；但根据句子结构和行文需要，有时也可分别使用句内点号或句末点号。破折号之后通常不会紧跟着使用其他点号；但当破折号表示语音的停顿或延长时，根据语气表达的需要，其后可紧接问号或叹号。

示例1：小妹说："我现在工作得挺好，老板对我不错，工资也挺高。——我能抽支烟吗？"(表示话题的转折)

示例2：我不是自然主义者，我主张文学高于现实，能够稍稍居高临下地去看现实，因为文学的任务不仅在于反映现实。光描写现存的事物还不够，还必须记住我们所希望的和可能产生的事物。必须使现象典型化。应该把微小而有代表性的事物写成重大的和典型的事物。——这就是文学的任务。(表示对前几句话的总结)

示例3："是他——?"石一川简直不敢相信自己的耳朵。

示例4："我终于考上大学啦！我终于考上啦——!"金石开兴奋得快要晕过去了。

B.2.4 省略号前后的标点用法

省略号之前通常不用点号。以下两种情况例外：省略号前的句子表示强烈语气、句末使用问号或叹号时；省略号前不用点号就无法标示停顿或表明结构关系时。省略号之后通常也不用点号，但当句末表达强烈的语气或感情时，可在省略号后用问号或叹号；当省略号后还有别的话、省略的文字和后面的话不连续且有停顿时，应在省略号后用点号；当表示特定格式的成分虚缺时，省略号后可用点号。

示例1：想起这些，我就觉得一辈子都对不起你。你对梁家的好，我感激不尽！……

示例2：他进来了，……一身军装，一张朴实的脸，站在我们面前显得很高大，很年轻。

示例3：这，这是……？

示例4：动物界的规矩比人类还多，野骆驼、野猪、黄羊……，直至塔里木兔、跳鼠，都是各行其路，决不混淆。

示例5：大火被渐渐扑灭，但一片片油污又旋即出现在遇难船旁……。清污船迅速赶来，并施放围栏以控制油污。

示例6：如果……，那么……。

B.3 序次语之后的标点用法

B.3.1 "第""其"字头序次语，或"首先""其次""最后"等做序次语时，后用逗号(见4.4.3.3)。

B.3.2 不带括号的汉字数字或"天干地支"做序次语时，后用顿号(见4.5.3.2)。

B.3.3 不带括号的阿拉伯数字、拉丁字母或罗马数字做序次语时，后面用下脚点(该符号属于外文的标点符号)。

示例1：总之，语言的社会功能有三点：1.传递信息，交流思想；2.确定关系，调节关系；3.组织生活，组织生产。

示例2：本课一共讲解三个要点：A.生理停顿；B.逻辑停顿；C.语法停顿。

B.3.4 加括号的序次语后面不用任何点号。

示例1：受教育者应履行以下义务：（一）遵守法律、法规；（二）努力学习，完成规定的学习任务；（三）遵守所在学校或其他教育机构的制度。

示例2：科学家很重视下面几种才能：(1)想象力；(2)直觉的理解力；(3)数学能力。

B.3.5 阿拉伯数字与下脚点结合表示章节关系的序次语末尾不用任何点号。

示例：3　停顿

　　　3.1　生理停顿

　　　3.2　逻辑停顿

B.3.6 用于章节、条款的序次语后宜用空格表示停顿。

示例：第一课　春天来了

B.3.7 序次简单、叙述性较强的序次语后不用标点符号。

示例：语言的社会功能共有三点：一是传递信息；二是确定关系；三是组织生活。

B.3.8 同类数字形式的序次语，带括号的通常位于不带括号的下一层。通常第一层是带有顿号的汉字数字；第二层是带括号的汉字数字；第三层是带下脚点的阿拉伯数字；第四层是带括号的阿拉伯数字；再往下可以是带圈的阿拉伯数字或小写拉丁字母。一般可根据文章特点选择从某一层序次语开始行文，选定之后应顺着序次语的层次向下行文，但使用层次较低的序次语之后不宜反过来再使用层次更高的序次语。

示例：一、……

　　　（一）……

　　　　1.……

　　　　（1）……

　　　　①/a.……

B.4 文章标题的标点用法

文章标题的末尾通常不用标点符号，但有时根据需要可用问号、叹号或省略号。

示例1：看看电脑会有多聪明，让它下盘围棋吧

示例2：猛龙过江：本店特色名菜

示例3：严防"电脑黄毒"危害少年

示例4：回家的感觉真好

　　　　——访大赛归来的本市运动员

示例5：里海是湖，还是海？

示例6：人体也是污染源！

示例7：和平协议签署之后……

附录3　出版物上数字用法

（中华人民共和国国家标准　GB/T 15835—2011）

1　范围

本标准规定了出版物上汉字数字和阿拉伯数字的用法。

本标准适用于各类出版物（文艺类出版物和重排古籍除外）。政府和企事业单位公文，以及教育、媒体和公共服务领域的数字用法，也可参照本标准执行。

2　规范性引用文件

下列文件对于本文件的应用是必不可少的。凡是注日期的引用文件，仅注日期的版本适用于本文件。凡是不注日期的引用文件，其最新版本（包括所有的修改单）适用于本文件。

GB/T 7408—2005　数据元和交换格式　信息交换　日期和时间表示法

3　术语和定义

下列术语和定义适用于本文件。

3.1　计量　measuring

将数字运用于加、减、乘、除等数学运算。

3.2　编号　numbering

将数字运用于为事物命名或排序，但不用于数字运算。

3.3　概数　approximate number

用于模糊计量的数字。

4　数字形式的选用

4.1　选用阿拉伯数字

4.1.1　用于计量的数字

在使用数字进行计量的场合，为达到醒目、易于辨识的效果，应采用阿拉伯数字。

示例1：　−125.03　　34.05％　　63％～68％　　1∶500　　97/108

当数值伴随有计量单位时，如：长度、容积、面积、体积、质量、温度、经纬度、音量、频率等等，特别是当计量单位以字母表达时，应采用阿拉伯数字。

示例2： 523.56 km(523.56 千米)　　346.87L(346.87 升)　　5.34 ㎡(5.34 平方米)

　　　　　 567 mm³(567 立方毫米)　　605g(605 克)　　100～150kg(100～150 千克)

　　　　　 34～39℃(34～39 摄氏度)北纬 40°(40 度)　　120dB(120 分贝)

4.1.2　用于编号的数字

在使用数字进行编号的场合，为达到醒目、易于辨识的效果，应采用阿拉伯数字。

示例： 电话号码：98888

　　　　 邮政编码：100871

通讯地址：北京市海淀区复兴路11号
电子邮件地址：x186@186.net
网页地址：http//127.0.0.1
汽车号牌：京A00001
公交车号：302路公交车
道路编号：101国道
公文编号：国办发〔1987〕9号
图书编号：ISBN 978-7-80184-224-4
刊物编号：CN11-1399
章节编号：4.1.2
产品型号：PH—3000计算机
产品序列号：C84XB—JYVFD—P7HC4—6XKRJ—7M6XH
单位注册号：02050214
行政许可登记编号：0684D10004—828

4.1.3 已定型的含阿拉伯数字的词语

现代社会生活中出现的事物、现象、事件，其名称的书写形式中包含阿拉伯数字，已经广泛使用而稳定下来，应采用阿拉伯数字。

示例：3G手机　　MP3播放器　　G8峰会　　维生素B_{12}　　97号汽油　　"5·27"事件　"12·5"枪击案

4.2 选用汉字数字

4.2.1 非公历纪年

干支纪年、农历月日、历史朝代纪年及其他传统上采用汉字形式的非公历纪年等等，应采用汉字数字。

示例：丙寅年十月十五日　　庚辰年八月五日　　腊月二十三　　正月初五　　八月十五中秋　　秦文公四十四年　　太平天国庚申十年九月二十四日　　清咸丰十年九月二十日　　藏历阳木龙年八月二十六日　　日本庆应三年

4.2.2 概数

数字连用表示的概数、含"几"的概数，应当用汉字数字。

示例：三四个月　　一二十个　　四十五六岁　　五六万套　　五六十年前
　　　几千　　二十几　　一百几十　　几万分之一

4.2.3 已定型的含汉字数字的词语

汉语中长期使用已经稳定下来的包含汉字数字形式的词语，应采用汉字数字。

示例：万一　　一律　　一旦　　三叶虫　　四书五经　　星期五　　四氧化三铁　　八国联军
　　　七上八下　　一心一意　　不管三七二十一　　一方面　　二百五　　半斤八两
　　　五省一市　　五讲四美　　相差十万八千里　　八九不离十　　白发三千丈
　　　不二法门　　二八年华　　五四运动　　"一·二八"事变　　"一·二九"运动

4.3 选用阿拉伯数字与汉字数字均可

如果表达计量或编号所需要用到的数字个数不多，选择汉字数字还是阿拉伯数在书写的简洁性和辨识的清晰性两方面没有明显差异时，两种形式均可使用。

示例1：17号楼（十七号楼）　　3倍（三倍）　　第5工作日（第五个工作日）
　　　　100多件（一百多件）　　20余次（二十余次）　　约300人（约三百人）
　　　　40左右（四十左右）　　50上下（五十上下）　　50多人（五十多人）

第 25 页（第二十五页）　　　第 8 天（第八天）　　　第 4 季度（第四季度）
第 45 份（第四十五份）　　共 235 位同学（共二百三十五位同学）　　0.5（零点五）
76 岁（七十六岁）　　　120 周年（一百二十周年）　　　　1/3（三分之一）
公元前 8 世纪（公元前八世纪）　　20 世纪 80 年代（二十世纪八十年代）
公元 253 年（公元 253 年）　　　　1997 年 7 月 1 日（一九九七年七月一日）
下午 4 点 40 分（下午四点四十分）　　4 个月（四个月）　　　12 天（十二天）

如果要突出简洁醒目的表达效果,应使用阿拉伯数字;如果要突出庄重典雅的表达效果,应使用汉字数字。

示例 2：北京时间 2008 年 5 月 12 日 14 时 28 分

十一届全国人大一次会议（不写为"11 届全国人大 1 次会议"）

六方会谈（不写为"6 方会谈"）

在同一场合出现的数字,应遵循"同类别同形式"原则来选择数字的书写形式。如果两数字的表达功能类别相同(比如都是表达年月日时间的数字),或者两数字在上下文中所处的层级相同(比如文章目录中同级标题的编号),应选择相同的形式。反之,如果两数字的表达功能不同,或所处的层级不同,可以选用不同的形式。

示例 3：2008 年 8 月 8 日　　　二〇〇八年八月八日（不写为"二〇〇八年 8 月 8 日"）

第一章　第二章……第十二章（不写为"第一章　第二章……第 12 章"）

应避免相邻的两个阿拉伯数字造成歧义的情况。

示例 4：高三 3 个班　　高三三个班（不写为"高 33 个班"）

高三 2 班　　高三(2)班（不写为"高 32 班"）

有法律效力的文件、公告文件或财务文件中可同时采用汉字数字和阿拉伯数字。

示例 5：2008 年 4 月保险账户结算日利率为万分之一点五七五零（0.015750%）

35.5 元（35 元 5 角　三十五元五角　叁拾伍元伍角）

5　数字形式的使用

5.1　阿拉伯数字的使用

5.1.1　多位数

为便于阅读,四位以上的整数或小数,可采用以下两种方式分节：

——第一种方式：千分撇

整数部分每三位一组,以","分节。小数部分不分节。四位以内的整数可以不分节。

示例 1：624,000　　　　92,300,000　　　　19,351,235.235767　　　　1256

——第二种方式：千分空

从小数点起,向左和向右每三位数字一组,组间空四分之一个汉字,即二分之一个阿拉伯数字的位置。四位以内的整数可以不加千分空。

示例 2：55 235 367.346 23　　　　98 235 358.238 368

注：各科学技术领域的多位数分节方式参照 GB 3101—1993 的规定执行。

5.1.2　纯小数

纯小数必须写出小数点前定位的"0",小数点是齐阿拉伯数字底线的实心点"."。

示例：0.46 不写为.46 或 0。46

5.1.3　数值范围

在表示数值的范围时,可采用浪纹式连接号"～"或一字线连接号"—"。前后两个数值的附加符号或计量单位相同时,在不造成歧义的情况下,前一个数值的附加符号或计量单位可省略。如果省略数值的附加符号或计量单位会造成歧义,则不能省略。

示例：$-36 \sim -8$℃   400—429 页   100—150 kg   12 500～20 000 元

9 亿～16 亿(不写为 9—16 亿)   13 万元～17 万元(不写为 13～17 万元)

15%～30%(不写为 15～30%) $4.3 \times 10^6 \sim 5.7 \times 10^6$(不写为 $4.3 \sim 5.7 \times 10^6$)

5.1.4 年月日

年月日的表达顺序应按照口语中年月日的自然顺序书写。

示例 1：2008 年 8 月 8 日   1997 年 7 月 1 日

"年""月"可按照 GB/T 7408—2005 的 5.2.1.1 中的扩展格式,用"-"替代,但年月日不完整时不能替代。

示例 2：2008-8-8   1997-7-1   8 月 8 日(不写为 8-8)   2008 年 8 月(不写为 2008-8)

四位数字表示的年份不应简写为两位数字。

示例 3："1990 年"不写为"90 年")

月和日是一位数时,可在数字前补"0"。

示例 4：2008-08-08   1997-07-01

5.1.5 时分秒

计时方式既可采用 12 小时制,也可采用 24 小时制。

示例 1：11 时 40 分(上午 11 时 40 分)   21 时 12 分 36 秒(晚上 9 时 12 分 36 秒)

时分秒的表达顺序应按照口语中时、分、秒的自然顺序书写。

示例 2：15 时 40 分   14 时 12 分 36 秒

"时""分"也可按照 GB/T 7408—2005 的 5.3.1.1 和 5.3.1.2 中的扩展格式,用":"替代。

示例 3：15:40   14:12:36

5.1.6 含有月日的专名

含有月日的专名采用阿拉伯数字表示时,应采用间隔号"·"将月、日分开,并在数字前后加引号。

示例："3·15"消费者权益日

5.1.7 书写格式

5.1.7.1 字体

出版物中的阿拉伯数字,一般应使用正体二分字身,即占半个汉字位置。

示例：234   57.236

5.1.7.2 换行

一个用阿拉伯数字书写的数值应在同一行中,避免被断开。

5.1.7.3 竖排文本中的数字方向

竖排文字中的阿拉伯数字按顺时针方向转 90 度。旋转后要保证同一个词语单位的文字方向相同。

示例：

示例一
雪花牌 BCD188 型家用电冰箱容量是一百八十八升,功率为一百二十五瓦,市场售价两千五百五十元,返修率仅为百分之零点一五。

示例二
海军 J12 号打捞救生船在太平洋上航行了十三天,于一九九〇年八月六日零时三十分返回基地。

5.2 汉字数字的使用

5.2.1 概数

两个数字连用表示概数时,两数之间不用顿号"、"隔开。

示例:二三米　　　一两个小时　　　三五天　　　一二十个　　　四十五六岁

5.2.2 年份

年份简写后的数字可以理解为概数时,一般不简写。

示例:"一九七八年"不写为"七八年"

5.2.3 含有月日的专名

含有月日的专名采用汉字数字表示时,如果涉及一月、十一月、十二月,应用间隔号"·"将表示月和日的数字隔开,涉及其他月份时,不用间隔号。

示例:"一·二八"事变　　"一二·九"运动　　五一国际劳动节

5.2.4 大写汉字数字

——大写汉字数字的书写形式

零、壹、贰、叁、肆、伍、陆、柒、捌、玖、拾、佰、仟、万、亿

——大写汉字数字的适用场合

法律文书和财务票据上,应采用大写汉字数字形式记数。

示例:3,504 元(叁仟伍佰零肆圆)　　　39,148 元(叁万玖仟壹佰肆拾捌圆)

5.2.5 "零"和"〇"

阿拉伯数字"0"有"零"和"〇"两种汉字书写形式。一个数字用作计量时,其中"0"的汉字书写形式为"零",用作编号时,"0"的汉字书写形式为"〇"。

示例:"3052(个)"的汉字数字形式为"三千零五十二"(不写为"三千〇五十二")

"95.06"的汉字数字形式为"九十五点零六"(不写为"九十五点〇六")

"公元 2012(年)"的汉字数字形式为"二〇一二"(不写为"二零一二")

5.3 阿拉伯数字和汉字数字同时使用

如果一个数值很大,数字中的"万""亿"单位可以采用汉字数字,其余部分采用阿拉伯数字。

示例 1:我国 1982 年人口普查人数为 10 亿零 817 万 5 288 人。

除上面情况之外的一般数值,不能同时采用阿拉伯数字与汉字数字。

示例 2:108 可以写作"一百零八",但不能写作"1 百零 8""一百 08"

4 000 可以写作"四千",但不应写作"4 千"

附录4　中华人民共和国法定计量单位使用方法

(国家计量局1984年6月9日公布)

一、总　则

1. 中华人民共和国法定计量单位(简称法定单位)是以国际单位制单位为基础,同时选用了一些非国际单位制的单位构成的。法定单位的使用方法以本文件为准。

2. 国际单位制是在米制基础上发展起来的单位制。其国际简称为SI。国际单位制包括SI单位、SI词头和SI单位的十进倍数与分数单位三部分。

按国际上的规定,国际单位制的基本单位、辅助单位、具有专门名称的导出单位以及直接由以上单位构成的组合形式的单位(系数为1)都称之为SI单位。它们有主单位的含义,并构成一贯单位制。

3. 国际上规定的表示倍数和分数单位的16个词头,称为SI词头。它们用于构成SI单位的十进倍数和分数单位,但不得单独使用。质量的十进倍数和分数单位由SI词头加在"克"前构成。

4. 本文件涉及的法定单位符号(简称符号),系指国务院1984年2月27日命令中规定的符号,适用于我国各民族文字。

5. 把法定单位名称中方括号里的字省略即成为其简称。没有方括号的名称,全称与简称相同。简称可在不致引起混淆的场合下使用。

二、法定单位的名称

6. 组合单位的中文名称与其符号表示的顺序一致。符号中的乘号没有对应的名称,除号的对应名称为"每"字,无论分母中有几个单位,"每"字只出现一次。

例如：比热容单位的符号是J/(kg·K),其单位名称是"焦耳每千克开尔文"而不是"每千克开尔文焦耳"或"焦耳每千克每开尔文"。

7. 乘方形式的单位名称,其顺序应是指数名称在前,单位名称在后。相应的指数名称由数字加"次方"二字而成。

例如：断面惯性矩的单位 m^4 的名称为"四次方米"。

8. 如果长度的2次和3次幂是表示面积和体积,则相应的指数名称为"平方"和"立方",并置于长度单位之前,否则应称为"二次方"和"三次方"。

例如：体积单位 dm^3 的名称是"立方分米",而断面系数单位 m^3 的名称是"三次方米"。

9. 书写单位名称时不加任何表示乘或除的符号或其它符号。

例如：电阻率单位 $\Omega\cdot m$ 的名称为"欧姆米"而不是"欧姆·米"、"欧姆-米"、"[欧姆][米]"等。

例如：密度单位 kg/m^3 的名称为"千克每立方米"而不是"千克/立方米"。

三、法定单位和词头的符号

10. 在初中、小学课本和普通书刊中有必要时,可将单位的简称(包括带有词头的单位简称)作为符号使用,这样的符号称为"中文符号"。

11. 法定单位和词头的符号,不论拉丁字母或希腊字母,一律用正体,不附省略点,且无复数形式。

12. 单位符号的字母一般用小写体,若单位名称来源于人名,则其符号的第一个字母用大写体。

例如：时间单位"秒"的符号是 s。

例如：压力、压强的单位"帕斯卡"的符号是 Pa。

13. 词头符号的字母当其所表示的因数小于 10^6 时,一律用小写体,大于或等于 10^6 时用大写体。

14. 由两个以上单位相乘构成的组合单位,其符号有下列两种形式：

N.m   Nm

若组合单位符号中某单位的符号同时又是某词头的符号,并有可能发生混淆时,则应尽量将它置于右侧。

例如：力矩单位"牛顿米"的符号应写成 Nm,而不宜写成 mN,以免误解为"毫 牛顿"。

15. 由两个以上单位相乘所构成的组合单位,其中文符号只用一种形式,即用居中圆点代表乘号。

例如：动力粘度单位"帕斯卡秒"的中文符号是"帕·秒"而不是"帕秒"、"［帕］［秒］"、"帕·［秒］"、"帕—秒"、"(帕)(秒)"、"帕斯卡·秒"等。

16. 由两个以上单位相除所构成的组合单位,其符号可用下列三种形式之一：

Kg/m³   kg·m⁻³   kgm⁻³

当可能发生误解时,应尽量用居中圆点或斜线(/)的形式。

例如：速度单位"米每秒"的法定符号用 m·s⁻¹ 或 m/s,而不宜用 ms⁻¹,以免误解为"每毫秒"。

17. 由两个以上单位相除所构成的组合单位,其中文符号可采用以下两种形式之一：

千克/米³   千克·米⁻³

18. 在进行运算时,组合单位中的除号可用水平横线表示。

例如：速度单位可以写成 $\frac{m}{s}$ 或 $\frac{米}{秒}$。

19. 分子无量纲而分母有量纲的组合单位即分子为1的组合单位的符号,一般不用分式而用负数幂的形式。

例如：波数单位的符号是 m^{-1},一般不用 1/m。

20. 在用斜线表示相除时,单位符号的分子和分母都与斜线处于同一行内。当分母中包含两个以上单位符号时,整个分母一般应加圆括号。在一个组合单位的符号中,除加括号避免混淆外,斜线不得多于一条。

例如：热导率单位的符号是 W/(K·m)而不是 W/K·m 或 W/K/ m。

21. 词头的符号和单位的符号之间不得有间隙,也不加表示相乘的任何符号。

22. 单位和词头的符号应按其名称或者简称读音,而不得按字母读音。

23. 摄氏温度的单位"摄氏度"的符号℃,可作为中文符号使用,可与其它中文符号构成组合形式的单位。

24. 非物理量的单位(如：件、台、人、圆等)可用汉字与符号构成组合形式的单位。

四、法定单位和词头的使用规则

25. 单位与词头的名称,一般只宜在叙述性文字中使用。单位和词头的符号,在公式、数据表、曲线图、刻度盘和产品铭牌等需要简单明了表示的地方使用,也可用于叙述性文字中。

应优先采用符号。

26. 单位的名称或符号必须作为一个整体使用,不得拆开。

例如：摄氏温度单位"摄氏度"表示的量值应写成并读成"20 摄氏度",不得写成并读成"摄氏 20 度"。

例如：30 km/h 应读成"三十千米每小时"。

27. 选用 SI 单位的倍数单位或分数单位，一般应使量的数值处于 0.1～1000 范围内。

例如：$1.2×10^4$ N 可以写成 12kN。

  0.00394m 可以写成 3.94mm。

  11401Pa 可以写成 11.401kPa。

  $3.1×10^{-8}$ s 可以写成 31ns。

某些场合习惯使用的单位可以不受上述限制。

例如：大部分机械制图使用的长度单位可以用"mm（毫米）"；导线截面积使用的面积单位可以用"mm^2（平方毫米）"。

在同一个量的数值表中或叙述同一个量的文章中，为对照方便而使用相同的单位时，数值不受限制。

词头 h、da、d、c（百、十、分、厘），一般用于某些长度、面积和体积的单位中，但根据习惯和方便也可用于其它场合。

28. 有些非法定单位，可以按习惯用 SI 词头构成倍数单位或分数单位。

例如：mCi、mGal、mR 等。

法定单位中的摄氏度以及非十进制的单位，如平面角单位"度"、"[角]分"、"[角]秒"与时间单位"分"、"时"、"日"等，不得用 SI 词头构成倍数单位或分数单位。

29. 不得使用重叠的词头。

例如：应该用 nm，不应该用 mμm；应该用 am，不应该用 μμm，也不应该用 nnm。

30. 亿（10^8）、万（10^4）等是我国习惯用的数词，仍可使用，但不是词头。习惯使用的统计单位，如万公里可记为"万 km"或"10^4km"；万吨公里可记为"万 t·km"或"10^4t·km"。

31. 只是通过相乘构成的组合单位在加词头时，词头通常加在组合单位中的第一个单位之前。

例如：力矩的单位 kN·m，不宜写成 N·km。

32. 只通过相除构成的组合单位或通过乘和除构成的组合单位在加词头时，词头一般应加在分子中的第一个单位之前，分母中一般不用词头。但质量的 SI 单位 kg，这里不作为有词头的单位对待。

例如：摩尔内能单位 kJ/mol 不宜写成 J/mmol。

例如：比能单位可以是 J/kg。

33. 当组合单位分母是长度、面积和体积单位时，按习惯与方便，分母中可以选用词头构成倍数单位或分数单位。

例如：密度的单位可以选用 g/cm^3。

34. 一般不在组合单位的分子分母中同时采用词头，但质量单位 kg 这里不作为有词头对待。

例如：电场强度的单位不宜用 kV/mm，而用 mV/m；质量摩尔浓度可用 mmol/kg。

35. 倍数单位和分数单位的指数，指包括词头在内的单位的幂。

例如：$1cm^2=1(10^{-2}m)^2=1×10^{-4}m^2$，而 $1cm^2≠10^{-2}m^2$。

  $1μs^{-1}=1(10^{-6}s)^{-1}=10^6 s^{-1}$。

36. 在计算中，建议所有量值都采用 SI 单位表示，词头应以相应的 10 的幂代替（kg 本身是 SI 单位，故不应换成 10^3g）。

37. 将 SI 词头的部分中文名称置于单位名称的简称之前构成中文符号时，应注意避免与中文数词混淆，必要时应使用圆括号。

例如：旋转频率的量值不得写为 3 千秒$^{-1}$。

如表示"三每千秒"，则应写为 3（千秒）$^{-1}$（此处"千"为词头）；

如表示"三千每秒",则应写为"3 千(秒)$^{-1}$"(此处"千"为数词)。

例如：体积的量值不得写为"2 千米"。

如表示"二立方千米",则应写为"2(千米)^3"(此处"千"为词头);

如表示"二千立方米",则应写为"2 千(米)^3"(此处"千"为数词)。

附录5 校对符号及其用法

(国家技术监督局1993年11月16日发布·GB/T 14706—93)

1 主题内容与适用范围

本标准规定了校对各种排版校样的专用符号及其用法。
本标准适用于中文(包括少数民族文字)各类校样的校对工作。

2 引用标准

GB9851 印刷技术术语

3 术语

3.1 校对符号(proofreader's mark)
以特定图形为主要特征的、表达校对要求的符号。

4 校对符号及其用法示例

编号	符号形态	符号作用	符号在文中和页边示例	说明
一、字符的改动					
1		改正		改正的字符较多,圈起来有困难时,可用线在页边画清改正的范围 必须更换的损、坏、污字也用改正符号画出
2		删除		
3		增补		增补的字符较多,圈起来有困难时,可用线在页边画清增补的范围
4		改正上下角	$16 = 4^2$ H_2SO_4 尼古拉·费欣 $0.25 + 0.25 = 0.5$ 举例 $2 \times 3 = 6$ $X : Y = 1 : 2$	

续表

编号	符号形态	符号作用	符号在文中和页边示例	说明
二、字符方向位置的移动					
5		转正	字符颠过要转正。	
6		对调	认真经验总结。 认真验结经总。	用于相邻的字词 用于隔开的字词
7		接排	要重视校对工作， 提高出版物质量。	
8		另起段	完成了任务。明年……	
9		转移	校对工作，提高出 版物质量要重视。 "以上引文均见中文新版《 列宁全集》。 编者 年 月 …… 各位编委：	用于行间附近的转移 用于相邻行首末衔接字符的推移 用于相邻页首末衔接行段的推移
10	或	上下移	序号　名　称　数量 01　显微镜　2	字符上移到缺口左右水平线处 字符下移到箭头所指的短线处
11	或	左右移	├── 要重视校对工 作，提高出版物质量。 　3 4　5 6　5 　欢呼　歌　唱	字符左移到箭头所指的短线处 字符左移到缺口上下垂直线处 符号画得太小时，要在页边重标

续表

编号	符号形态	符号作用	符号在文中和页边示例	说明
二、字符方向位置的移动					
12	≡ ‖	排齐	校对工作非常重要。必须提高印刷质量,缩短印制周期。 国家标准	
13	⌐⌐	排阶梯形	RH₂	
14	↑—	正图		符号横线表示水平位置,竖线表示垂直位置,箭头表示上方
三、字符间空距的改动					
15	∨ >	加大空距	一、校对程序 校对胶印读物、影印书刊的注意事项:	表示在一定范围内适当加大空距 横式文字画在字头和行头之间
16	∧ <	减小空距	二、校对程序 校对胶印读物、影印书刊的注意事项:	表示不空或在一定范围内适当减少空距 横式文字画在字头和行头之间
17	# ♯ ♯ ♯	空1字距 空1/2字距 空1/3字距 空1/4字距	第一章校对职责和方法 1. 责任校对	多个空距相同的,可用引线连出,只标示一个符号
18	Y	分开	Goodmorning!	用于外文

续表

编号	符号形态	符号作用	符号在文中和页边示例	说明
			四、其他	
19	△	保留	认真搞好校对工作。	除在原删除的字符下画△外，并在原删除符号上画两竖线
20	○ =	代替	○色的程度不同，从淡○色到深○色具有多种层次，如天○色、湖○色、海○色、宝○色…… ○=蓝	同页内有两个或多个相同的字符需要改正的，可用符号代替，并在页边注明
21	○○○	说明	改黑体 第一章 校对的职责	说明或指令性文字不要圈起来，在其字下画圈，表示不作为改正的文字。如说明文字较多时，可在首末各三字下画圈

5 使用要求

5.1 校对校样，必须用色笔（墨水笔、圆珠笔等）书写校对符号和示意改正的字符，但是不能用灰色铅笔书写。

5.2 校样上改正的字符要书写清楚。校对外文，要用印刷体。

5.3 校样中的校对引线要从行间画出。墨色相同的校对引线不可交叉。

附录 A
校对符号应用实例
(参考件)

[例] 今用伏安法测一线圈的电感。当接入 36 V 直流电源时,流过的电流为 6 A;当插入 220 V、50 Hz 的交流电源时,流过的电流为 22 A。算计线圈的电感。

[解] 在直流电路中电感不起作用,即 $X_L = 2\pi f L = 0$（直流电也可看成是频率 $f = 0$ 的交流电）。由此可算出线圈的电阻为

$$R = \frac{U}{I} = \frac{36}{6} = 6\ \Omega$$

接在交流电源上,线圈的阻抗为

$$Z = \frac{U}{I} = \frac{220}{22} = 10\ \Omega$$

线圈的感抗为 $X_L = \sqrt{Z^2 - R^2} = \sqrt{10^2 - 6^2} = 8\ \Omega$

故线圈的电感为

$$L = \frac{X_L}{2\pi f} = \frac{8}{2\pi \times 50} = 0.025\ \text{H} = 25\ \text{mH}$$

第七节 电容电路

电容器接在直流电源上,如图 3-13 甲所示,电路呈断路状态。若把它接在交流电源上,情况就不一样。电容器板上的电荷与其两端电压的关系为 $q = c u_c$。当电压 u_c 升高时,极板上

附加说明:

本标准由中华人民共和国新闻出版署提出。
本标准由全国印刷标准化技术委员会归口。
本标准由人民出版社负责起草。

参考文献

1. 王键.文书学[M].北京:中国人民大学出版社,2007.
2. 曹润芳.文件写作与处理[M].北京:中国档案出版社,2006.
3. 杨文丰.现代应用文书写作[M].北京:中国人民大学出版社,2006.
4. 冯惠玲.政府电子文件管理[M].北京:中国人民大学出版社,2004.
5. 杨霞.现代文件管理[M].北京:中国档案出版社,2003.
6. 柳新华.实用公文写作与处理[M].北京:中国人事出版社,2002.
7. 费思.现代经济写作[M].兰州:兰州大学出版社,2000.
8. 邱平.公文写作教程[M].广州:中山大学出版社,1999.
9. 曾昭乐.现代公文写作[M].广州:中山大学出版社,1999.
10. 叶黔达.应用写作[M].成都:四川人民出版社,1998.
11. 彭继良.新编公文写作大全[M].南宁:广西人民出版社,1998.
12. 罗奇红.实用商务文书[M].南宁:广西人民出版社,1998.
13. 邰文斌,褚国刚.公务员实用写作[M].北京:中国人民大学出版社,1997.
14. 陈少夫,张振昂.应用写作教程[M].广州:中山大学出版社,1996.
15. 陈子典,李硕豪.应用写作教程[M].广州:暨南大学出版社,1993.
16. 欧阳周等.公务员实用文书写作[M].北京:警官教育出版社,1993.
17. 刘孟宇,萧德明.公务文书写作[M].北京:中国人事出版社,1991.
18. 任愫.公务员应用文写作[M].长春:吉林人民出版社,1989.
19. 国家质量监督检验检疫总局、国家标准化管理委员会等发布的国家标准:
    GB/T 9704—2012 党政机关公文格式 2012-06-29 发布;
    GB/T 19834—2011 标点符号用法 2011-12-30 发布;
    GB/T 15835—2011 出版物上数字用法 2011-07-29 发布;
    GB/T 19667.1—2005 基于XML的电子公文格式规范 第1部分:总则和第2部分:公文体 2005-02-18 发布;
    GB/T 14706—93 校对符号及其用法 1993-11-16 发布。
20. 中央与地方政府的网站中有关公文信息资料。
21. 《秘书工作》《秘书之友》《档案学通讯》等杂志中有关资料。
22. 中共中央办公厅、国务院办公厅发布的《党政机关公文处理工作条例》。